SAGGI

Dello stesso autore in edizione Garzanti:
Il manuale del perfetto impunito
Bananas
Montanelli e il cavaliere

MARCO TRAVAGLIO

Berluscomiche

Bananas 2 la vendetta:
le nuove avventure del Cavalier Bellachioma
dal kapò al kappaò

Prefazione di
Antonio Padellaro

GARZANTI

Prima edizione: ottobre 2005

ISBN 88-11-59765-X

www.garzantilibri.it

A chi, da cinque anni, resiste

PREFAZIONE

Quando una mattina d'estate di quattro anni fa Marco Travaglio mi chiamò sul cellulare non sapevo che quella telefonata avrebbe cambiato la sua vita e la mia. Con voce innocente Marco mi propose per «l'Unità» (da poco tornata in edicola tra mille difficoltà e che io condirigevo accanto a Furio Colombo) una rubrichina di varietà politico. Doveva essere, minimizzò, uno scherzuccio, un divertimento, un giochino senza pretese, tanto è vero che aveva un titolo simpaticamente esotico e privo di malizia: *Bananas*. Cosa ne pensavo? Lo sciagurato rispose di sì.

Indubbiamente *Bananas* ha cambiato in meglio la vita del suo autore che da quattro anni viaggia sull'onda del successo degli scherzucci, riempie piazze entusiaste, firma autografi, incamera sostanziosi diritti d'autore. Indubbiamente *Bananas* ha cambiato la mia vita in peggio visto che a causa sua sono incanutito precocemente, convivo con pile di querele e atti di citazione senza contare le legioni di personaggi influenti che non mi rivolgono più la parola e coltivano nei miei confronti cupi propositi di vendetta.

Quella famosa mattina c'era una domanda che avrei dovuto fare, e che non feci. Questa: caro Marco, visto che sei un'affermata e stimata firma di «Repubblica» e dell'«Espresso», e visto che se tu volessi non ti mancherebbero certo altre prestigiose testate a cui offrire la tua apprezzata prosa, perché mai proponi *Bananas* proprio a noi dell'«Unità» che con quei colossi dell'editoria non possiamo certo competere? Se fossi stato un condirettore meno autolesionista, avrei dovuto indagare preventivamente su *Bananas* e sul suo autore. Chi li mandava? Cosa c'era sotto? Se avessi usato questa elementare prudenza avrei accertato che la caratteristica fondamentale del simpatico divertimento era appunto quella di risultare impubblicabile per la totalità della stampa italiana. Ora, onestamente, provate a immaginare *Bananas* sul «Corriere della Sera» o sulla «Stampa» o sul «Sole-24 Ore». E non biasimo, certo, quegli illustri direttori, miei colleghi, se alle profferte di Travaglio gli avessero responsabilmente chiuso il telefono in faccia dicendogli: ma sei matto?! Quattro anni fa, insomma, si realizzò un combinato disposto tra due diverse pazzie. Quella di Travaglio consisteva nel credere che qualcuno avrebbe mai pubblicato *Bananas*. Mentre l'alterazione psichica di Furio e mia (ben più grave) è provata dal fatto che *Bananas*, malgrado tutto, lo abbiamo messo in pagina, quasi ogni giorno, da quattro anni ininterrotti.

Qualcuno sostiene che Furio Colombo ha perso la poltrona di direttore dell'«Unità» anche per colpa di *Bananas*. Non ci volevo credere fino a quando anche la mia di poltrona ha cominciato a vacillare (sotto la duplice pressione dei nemici di Travaglio e dei lettori che lo vorrebbero al posto mio). Perciò comincio a pensare di essere io il vero obiettivo di *Bananas*; e che Berlusconi, Previti, e la Banda Bassotti che ci governa, siano i falsi bersagli di un oscuro complotto che, in realtà, vuole condurre alla rovina me e la mia famiglia. Ormai, la sera, quando arriva *Bananas* la ingurgito a mo' di cicuta. L'introduzione che state leggendo è la prova che non sto esagerando. Il sadismo di Travaglio è giunto al punto di costringermi a scrivere, con la sua celebrazione, il mio epitaffio.

Antonio Padellaro

Il pallore sgonfiato

Ancora polemiche sull'intervista a puntate di Berlusconi allo «Spectator» contro i magistrati e pro Mussolini. Intanto slitta la nomina di Sandro Bondi a coordinatore di Forza Italia.

Il presidente del consiglio ha preso la pastiglia e ora sta un po' meglio. Le terapie funzionano, il decorso post-esternatorio è stabile. Negli ultimi due giorni non ha più detto «kapò» agli infermieri, ha chiesto soltanto trentacinque volte della Boccassini e, nel sonno, ha ripetuto il nome di Previti per sole tre ore. Poi basta. L'unico accenno di ricaduta si è avuto quando l'ha chiamato George W. Bush per parlare del processo di pace in Medio Oriente. Alla parola «processo», Berlusconi si è sentito male, ma poi si è riavuto subito. Se però i bollettini medici da Villa La Certosa segnano bel tempo, preoccupano le condizioni di salute di Sandro Bondi. Rimasto ad Arcore di guardia al bidone e al mausoleo, il Pallore Gonfiato non ha fatto un giorno di ferie, rendendosi utile anche in cucina e in giardino, con grembiule e crestina di pizzo, mentre il resto della servitù era in vacanza. Un tempo l'unico politico a vegliare sul paese anche a Ferragosto era il ministro dell'Interno. Da quest'anno, anche Bondi. Due o tre dichiarazioni al giorno, l'una diversa dall'altra, l'una più truculenta dell'altra, anche all'Assunta. È così che ha fregato tutti i concorrenti all'ambìta poltrona di coordinatore di Forza Italia, una specie di primo maggiordomo del Cavaliere. Mentre gli altri aspiranti (da Sciaboletta Scajola al piduista Cicchitto) non hanno resistito ai molli ozi del mare o della montagna, il Pallore Gonfiato s'è legato alla sedia e ha sgobbato tutta l'estate, come dimostra il suo smagliante colorito da mozzarella di bufala. Ora però lo stress e le piaghe da decubito cominciano a farsi sentire e il popolare James dà i primi segni di cedimento proprio sul più bello, proprio ora che stava per raccogliere i frutti di tanta amorevole devozione.

Tutti davano ormai per scontata la sua nomina a coordinatore, compreso lui che aveva allestito per l'occasione un presunto «seminario per i quadri di Forza Italia» a Gubbio, con messa mattutina e omelia di Marcello Pera (Baget Bozzo era già impegnato), per solennizzare la cerimonia di investitura. Una specie di Aquisgrana *de noantri* ravvivata dalla presenza di Berlusconi in alta uniforme, con il caratteristico scolapasta in testa e lo spadone in mano. Correva voce che, per l'occasione, si scomodasse financo Mariano Apicella. Senonché, all'ultimo momento, il Cavaliere ha dovuto dare forfait. Ordini dalla clinica, un'altra settimana in osservazione. Per Bondi è stata la fine, anche perché i soliti maligni han cominciato a darsi di gomito con sorrisetti ironici e a insufflare ai giornalisti che l'investitura era saltata. Rinviata a data da destinarsi. Forse, addirittura, revocata per sempre. Perché James è tanto una brava persona, «ottimo teorico» per carità, «ma di come si organizza un partito non sa proprio niente». Barbara Jerkov, inviata di «Repubblica», lo ha colto nel momento della disperazione e, impietosa, lo ha descritto: «Sandro Bondi piange. Ai piedi del palco volta le spalle alla sala mentre grossi lacrimoni gli rigano le guance. La tensione, certo, e la stanchezza. Soprattutto la delusione. Brutta, diciamolo...».

Brutta, sì. Ma come: uno si rovina la faccia ogni giorno che Dio manda in terra, riesce a rendersi molto più detestabile di Vito e Schifani messi insieme, si inventa infamie sempre nuove contro i nemici (veri o presunti) del padrone, escogita giustificazioni le più astruse per coprirgli le spalle quando è più fuori di un balcone, mettendosi contro chiunque abbia la testa sul collo, persino due simboli viventi dell'Antimafia come Rita Borsellino e Maria Falcone, costringendo il Quirinale una volta tanto a dire qualcosa, e alla fine il padrone che fa? Non viene. Rimanda. Dimentica. Mettiamoci nei panni di James. Ogni mattina si alza e sfoglia freneticamente il vocabolario dei sinonimi per non ripetere mai lo stesso insulto contro i giudici e i leader dell'opposizione. «Associazione per delinquere l'ho già detto, criminali anche, eversori pure... Golpisti, ecco: golpisti. Ma no, l'ha già detto il Capo. Magari brigatisti: no, anche quella è del Capo. Come pure banda della Uno Bianca. Pezzi di m.? Riduttivo. Teste di c.? Ci vuol altro. Qualcosa di più forte, di definitivo...». Mentre elucubrava nel suo ufficietto di Arcore con vista sul mausoleo, il Capo gli ha insegnato il mestiere: «Pazzi, disturbati mentali, antropologicamente diversi dal resto della razza umana». Ecco le parole che non gli venivano. Le aveva sulla punta della lingua. Mentre, al riparo da occhi indiscreti applaudiva e sbaciucchiava la foto del Capo, ecco la smentita di Bonaiuti: «Solo battute in libertà, al limite del paradosso». Battute? Ma se è la frase più geniale degli ultimi secoli, «quello che pensano tutti gli italiani»! Così, esagerando un po', James s'è permesso di smentire anche il portavoce del Capo. Riuscendo a collezionare, in un paio di giorni, i ceffoni di Ciampi, Casini, Pera, Follini, Fini, La Russa e persino Calderoli. Un trionfo. Ora, mentre gli stringono un cordone sanitario tutt'intorno (si parla non più di un coordinatore, ma di un triumvirato con Bondi in mezzo), rilegge l'opera omnia del Capo per scoprire dove abbia sbagliato. Eppure è tanto semplice: non ha ancora chiesto la fucilazione, la castrazione chimica e l'impalamento dei giudici, ecco tutto. Qualcuno glielo dica, prima che un altro gli rubi l'idea. *(10/09/2003)*

Terza puntata

Lo «Spectator» fa sapere di possedere altre dichiarazioni di Berlusconi, non ancora pubblicate.

Per gentile concessione dello «Spectator» e della «Voce di Rimini», siamo entrati in possesso della terza puntata della serial-intervista di Silvio Berlusconi. La anticipiamo volentieri.

– *Presidente Berlusconi, dove eravamo rimasti?*

«A quel sant'uomo del Duce».

– *Beh, sant'uomo. A parte il confino, Matteotti, il tribunale speciale, le leggi razziali e la guerra, ce l'aveva pure con noi, con la libera stampa.*

«Lo capisco. Aveva il mio stesso problema: già all'epoca, l'85 per cento dei giornalisti erano comunisti. E, non essendoci ancora la tv, non aveva conosciuto Costanzo e Mentana, i più pericolosi».

– *E di Hitler, che ci dice di Hitler?*

«Non lo conosco. Ma l'ho visto in fotografia, mi pare un bell'uomo, penso di presentarlo a mia moglie. Perché le donne sono tutte mignotte, tranne le mie, eh eh. Questa non scrivetela, è troppo elevata per una certa sinistra, ma se fossi in voi darei un'occhiatina a casa, fra un'intervista e l'altra».

– *Non divaghi: Hitler perseguitava gli ebrei.*

«Perseguitava! Che paroloni. Non dico che facesse bene, per carità, però questi ebrei sono tirchi, sapete? Avari. Non spendono, non consumano, e uno poi come fa a ridurre le tasse?».

– *Perseguitava anche i gay.*

«Chiamiamoli col loro vero nome: culattoni, pederasti, invertiti. Basta con questo politicamente corretto. E poi sfatiamoli, i miti della sinistra: un tocco di creatività nella storiografia imbalsamata, sempre uguale a sé stessa, ci vuole. Lo dice anche Galli della Loggia: basta con questa sinistra conservatrice che dà sempre torto ai nazi e ragione alla resistenza».

– *Perseguitava anche i neri.*

«Vorrete dire i negri. Non abbiate paura, qui si può dire di tutto. Non che io sia razzista: ho un socio arabo e sono sempre stato pieno di siciliani per casa, figuriamoci. Però è un fatto che, a parte il colore che è una cosa loro, i negri hanno anche un altro odore. Vorrei vedere se vostra figlia vi portasse a casa un bel mandingone, che faccia fareste».

– *Di giudici, con quel che è successo l'ultima volta, forse è meglio non parlare.*

«Tutt'altro. Parliamone. Mi hanno frainteso. Quando ho detto che bisogna essere matti per fare quel mestiere, volevo semplicemente candidarmi per un posto in magistratura. Dimostrare che ho tutti i requisiti».

– *I familiari dicono che ha offeso anche Falcone e Borsellino.*

«Falcone e Borsellino erano gelosi di me, come Montanelli e Biagi. Sono morti di invidia. La verità è che tutti i giudici sono così: vorrebbero fare i delinquenti, ma gli manca il coraggio».

– *Non crede di sottovalutare la mafia?*

«Se c'è qualcuno che non merita quell'accusa sono io. Nel 1974 ho assunto uno dei boss più promettenti, l'ho allevato per un paio d'anni pagandolo il doppio dello stipendio di un giudice. Per dire quanto ho sempre valorizzato la mafia. Tutti i siciliani dovrebbero esserle riconoscenti quanto me: piaccia o no, la mafia dà lavoro. Come mi diceva sempre Mangano quando passava a ritirare la paga».

– *Manca solo che lei riabiliti Al Capone.*

«Uno dei tanti italiani che hanno pagato un'unica colpa: essere siciliani. In fondo, per la legge americana, Al era solo un evasore fiscale. Un collega di Previti e Dell'Utri».

– *Lei l'ha visto l'ultimo film su Portella della Ginestra?*

«Come? Caselli dalla finestra? Magari!».

– *No, Portella della Ginestra.*

«Ah, il suicidio di massa dei sindacalisti rossi per dare la colpa agli anticomunisti. No, non l'ho visto. Da quando è morto Bombolo, non vado più al cinema».

– *Avrà letto qualche libro.*

«Da quando Previti ha trovato la Mondadori per strada e me l'ha portata, i libri mi tocca già stamparli. Figuratevi se vado anche a leggerli».

– *Non è anomalo che lei, un presidente del consiglio, continui a insultare gli altri poteri dello stato?*

«Altri poteri oltre al mio? Non ne conosco».

– *La magistratura, per esempio.*

«Ma allora siete fissati. Quelli sono comunisti che inventano reati inesistenti. Prima il furto, per incastrare Bettino. Poi la mafia, per incastrare Marcello. Ora la costituzione, per incastrare me e Cesare».

– *Ma allora ha ragione Scalfaro: lei è come Mussolini.*

«È quel che dico anch'io, solo che i miei non mi danno retta. Per una volta che Scalfaro mi fa un complimento, vanno subito ad attaccarlo. Ma la gente è con me, la gente la pensa come me».

– *Se è per questo, parecchia gente pensa pure che lei sia un grandissimo* bip bip *[incomprensibile,* n.d.r.*].*

«Ma io sono così: mi piace scandalizzare, mi diverto a scatenare reazioni, sono prestato alla politica, rompo il politicamente corretto».

– *Prossime iniziative, in questo senso?*

«Pensavo a una scoreggina nell'udienza generale del papa. E a un ruttone al prossimo G8. Ora però sento Bondi, se ha idee migliori. Vi saluto, e grazie per la vostra missione in Italia. Dopo le bugie dell'"Economist" e compagnia comunista, avete finalmente descritto il vero Berlusconi».

– *Ma si rende conto delle cose che ha detto?*

«Detto? Io? Ho forse detto qualcosa? Tutti mi sono testimoni che non ho detto niente. E, se ho detto qualcosa, sono stato frainteso». *(13/09/2003)*

Corbezzoli e capezzoli

È un peccato che Silvio Berlusconi, ormai a corto di fantasia, dovendo scegliere i coordinatori di Forza Italia, abbia optato per la soluzione più noiosa: il comunista spretato James Bondi e il piduista scappucciato Fabrizio Cicchitto. Il vero colpo di genio, e di scena, sarebbe stato seguire il modello Milan, ingaggiando uno straniero, anzi due: i giornalisti dello «Spectator» Boris Johnson e Nicholas Farrell, che così bene avevano meritato nel recente pellegrinaggio a Villa La Certosa con intervista a puntate incorporata. Che cosa manca, ai due sudditi di Sua Maestà Britannica, per essere meglio del duo Bondi & Cicchitto? Non la devozione religiosa al Capo, né l'impermeabilità al sense of humour. Sono riusciti a trascorrere ben tre ore in compagnia del Nostro senza mai farsi scappare un sorrisetto. Lo dimostra la parte narrativa dell'intervista, purtroppo trascurata dalla stampa italiana. Piccola antologia, in attesa della terza puntata.

La ricreazione del mondo. «Quando Berlusconi è al volante della macchina elettrica non corre tranquillo, ma accelera e frena lungo i sentieri ben puliti della sua tenuta, come Niki Lauda sulle curve di Monza. E, mentre i suoi passeggeri oscillano come anemoni marini, indica a gesti un paesaggio naturalmente splendido, con il sole che tramonta e il mar Tirreno che volge dall'indaco all'azzurrino chiaro. Ma lui vede dappertutto i segni del lavoro delle sue mani e, in un certo senso, tutto sembra il prodotto della sua immaginazione». A differenza del cosiddetto Padreterno, non si riposa nemmeno il settimo giorno.

Bello a mamma sua. «La mamma di Silvio sosteneva che Silvio era un tipo davvero in gamba, e qualunque cosa dicesse la mamma di Silvio, le altre mamme la prendevano molto sul serio. Tutte le pagine della sua autobiografia erano costellate del suo allegro sorrisetto da scoiattolino e del suo naso disneyano...». That's ammore.

Il ministro Cynar. «Un giorno Silvio arrivò e scoprì che avevano abbattuto tutti gli alberi per allestire una pista di atterraggio degli elicotteri. Lui non la voleva. Era disperato. Andò a dormire, la sera di Pasqua, arrovellandosi sul problema. "A un certo punto decisi che da ogni male bisogna saper trarre qualcosa di buono che non era mai esistito prima: un museo dei cactus"... un anfiteatro con 4000 spettatori spinosi, comprendenti 40 specie, provenienti da 7 diversi paesi... "Questo è il cervello del mio ministro delle Finanze", dice Silvio indicando un qualcosa che somiglia a un carciofo rabbioso: "Idee dappertutto"». Tremonti, primo caso di ministro carciofo, sarà contento. Sono soddisfazioni. E poi, con quel cervello a carciofo rabbioso, si capiscono molte cose. Contro il logorio della vita moderna.

La battaglia del cactus. «Berlusconi fa un gesto per smorzare il nostro entusiasmo, ma non resiste alla tentazione di trarne una morale: "Vedete, questo è ciò che riesce a fare il settore privato. Sono io che l'ho fatto". Il vanto di ogni maschio-alfa. Come il bimbo di tre anni alla mamma che lo asseconda, come Agrippa sul fregio del Pantheon». Ecco, proprio come Agrippa.

Lievi tendenze. «Verso le sette, francamente, Farrell e io ci sentiamo un po' stanchi, ma non c'è verso di fermare il raggiante multimiliardario che tende un po' alla calvizie». Non che sia calvo. Tende un po'.

Arcore hard-core. «Siamo stati per tre ore con lui, con Berlusconi a capotavola che mostrava i capezzoli in trasparenza, attraverso un pigiama bianco alla Marlon Brando». E qui, per pudore, gli eccitati cronisti si fermano, lasciando il resto all'immaginazione. *(18/09/2003)*

Telekomiche

Burrascoso interrogatorio di Donatella Dini, accusata dalla maggioranza di aver ricevuto una tangente di 5 miliardi, alla commissione Telekom Serbia.

Loro ci avevano sperato tanto: adesso la signora Dini viene qui e, rapita dalla geniale regìa di Quentin Trantino, nonché dalla sagacia investigativa di Alfredo Vito e di Giuseppe Consolo, confessa di aver ricevuto una valigetta con 5 miliardi dal faccendiere Curio Pintus mentre Aigor Marini occhieggiava astuto da dietro una siepe del Golf Club «Le Querce». Invece niente. La moglie dell'ex direttore generale della Banca d'Italia ed ex primo ministro non ha confessato. Pazienza, sarà per la prossima volta. L'onorevole avvocato Taormina, molto provato dalle ultime fatiche valdostane, non ha aperto bocca, se non alla fine, per esternare il suo amaro disappunto: «Questa c'ha le palle. Dovevamo prepararci, convocarla noi, non farla venire a dire quello che le pareva». Giusto, bisogna prepararsi. Se uno inventa un'accusa, perlomeno deve impararla a memoria. Date, cifre, luoghi esatti. «Punto, punto e virgola, due punti, abbondantis abbondandum», direbbe Totò. Invece niente. Non studiano, non si applicano. Debolucci in matematica, largamente insufficienti in geografia, si sono presentati all'interrogatorio impreparati.

Prendete Alfredo Vito da Capri, che pure le mazzette le sapeva contare bene. Appena esce dai confini della sua materia preferita e si avventura in mare aperto, trasforma l'attesissima audizione in un film di Alvaro Vitali: «Signora, ha mai avuto un paradiso fiscale nell'isola di Turco e Caicco o alle Cayman?». Torna ad aleggiare Totò, con le sue traduzioni a orecchio: tipo «mo' esce Antonio» (Moët & Chandon) o «hai sete, vuoi un'oliva?» (I said where are you living). L'interrogata, che ha girato il mondo, gli corregge la punteggiatura e soprattutto la pronuncia: «Onorevole, solo per dare un contributo alla sua cultura geografica, faccio presente che Turks e Caymans sono un arcipelago di 35 isole. A quale intende riferirsi?». Il Magellano della mutua ripiega precipitosamente in rada: «Ha mai commerciato con queste isole?». Prima che il turco napoletano affoghi, il presidente Trantino gli lancia un salvagente: «Gli affari non si fanno con le isole, ma con le persone fisiche. La prego di essere più preciso».

La fatidica audizione scivola via tra «batterie al lizio» (litio), «Credit Sciusse» (Suisse), «Comunità di Sant'Eccidio» (Egidio), «Ente Porto» (Poste), mentre la signora, precisina, continua a bacchettare: «Qualche nome suona, credo, un po' diverso». Un commissario fra i più sagaci estrae la domanda trabocchetto: «Lei conosce suo fratello?» e lei è costretta ad ammettere: «Sì, lo conosco». Confessa addirittura di conoscere monsignor Paglia, di Sant'Egidio. Roba grossa, cose compromettenti. Purtroppo si dimenticano di chiederle della Telekom Serbia, che in teoria sarebbe l'oggetto dell'interrogatorio. Non hanno studiato. Quentin Trantino comunque non dispera: «Tutto serve a completare il quadro, anche i silenzi e i non ricordo». Già, perché – tuonano i commissari più garantisti del Polo – è una vergogna che la signora si sia avvalsa talvolta della facoltà di non rispondere: quella è riservata a Berlusconi quando lo interrogano sulla mafia, sul boss-stalliere, sui miliardi piovuti dal cielo, mica a una Dini qualunque. Taormina, caposcuola del garantismo *à pois*, trova subito la soluzione: «Convochiamola come teste, così non potrà più avvalersene». Fatica sprecata, secondo l'italoforzuto Enrico Nan: «Il quadro che si sta delineando è questo: Marini conosce Paoletti, Paoletti chiama Pintus e Pintus ha rapporti con la Dini. Stiamo trovando riscontri utili». Elementare Watson, ergastolo assicurato. *(19/09/2003)*

Doppia conduzione

Tutto l'universo ormai sa che Blair e Bush hanno raccontato balle sulle armi di distruzione di massa di Saddam e sull'imminente attacco dell'Iraq al resto del mondo, per giustificare l'ultima guerra. Tutto l'universo tranne Giuliano Ferrara. Ieri il Platinette Barbuto, che è «molto intelligente» a prescindere e piace molto anche a sinistra, le ha cantate chiare alla Bbc, che quelle balle ha smascherato. Ha parlato di «aggressione della Bbc al governo» e si è felicitato per l'epurazione del giornalista Andrew Galligan, «un simil-Santoro», licenziato «senza nemmeno bisogno di un discorso di Blair da Sofia». E questo perché - gongola Ferrara - «la Gran Bretagna è un paese serio». Mica come l'Italia, dove per epurare due giornalisti e un comico deve scomodarsi addirittura il presidente del consiglio, con tutto quello che ha da fare con Apicella, Tony Renis e Mussolini. A Londra - aggiunge ammirato Platinette - «non hanno fatto il girotondo come da noi per Biagi & C., come avviene qui quando le bufale giornalistiche sono premiate dalla protesta del valoroso popolo televisivo».

Ora, fermo restando che la Bbc ha raccontato la pura e semplice verità, sarebbe interessante capire quali sarebbero le «bufale giornalistiche» che sarebbero costate il posto a Biagi e Santoro. Quando mai i due hanno mentito? Quando mai hanno avuto la possibilità di difendersi (magari in una commissione d'inchiesta indipendente come quella britannica)? In questa storia, l'unico che mente per la gola, da quando ha i pantaloni corti, è Ferrara. Per questo piace tanto al Cavaliere: se non sono ballisti, non li vuole. Ed è una vera fortuna che l'Italia non sia un «paese serio». Altrimenti Berlusconi sarebbe solo al mondo.

Maurizio Belpietro, con tutti i titoli di prima pagina sul conte Aigor «supertestimone» e le «prove delle tangenti all'Ulivo» (molto esclusive, talmente esclusive che le ha viste solo lui), lavorerebbe da tempo in una drogheria.

Vittorio Feltri, dopo lo scoop sensazionale sul «conto estero di Di Pietro» da 5 miliardi e soprattutto dopo le scuse a Di Pietro per essersi inventato tutto, farebbe da anni l'indossatore di mezza età.

Paolo Guzzanti, celebre per aver bevuto e rilanciato le baggianate di tal Vincenzo Zagami, alias «signor Favaro», altro presunto «supertestimone» e sicuro truffatore, sulla tangente di Telekom Serbia in sacchi di juta, si limiterebbe ad ammorbare il senato, lasciando in pace gli incolpevoli lettori del «Giornale».

Così come il senatore Lino Jannuzzi, la cui collezione di falsi d'autore è da record del mondo.

Carlo Rossella, noto esportatore di falsi dossier su Saddam dal mercato italiano a quello americano passando per la Nigeria, si limiterebbe all'impegno di parrucchiere personale del Cavaliere, che già lo tiene molto occupato.

Quanto a Ferrara, con il giornalismo non avrebbe neanche potuto cominciare. Nei paesi seri, l'ultima cosa che può fare un funzionario di partito è il commentatore televisivo, l'editorialista o il direttore di un giornale. Soprattutto se si scopre che ha lavorato per un servizio segreto straniero (Cia, Kgb, Mossad o Gennarino 'o spione, cambia poco) in cambio di buste gialle piene di contanti consegnate dietro una siepe. E soprattutto se produce frottole in quantità industriali. Tipo la montatura delle torture in Somalia, sparata da «Panorama» quando lo dirigeva Platinette. O le fantomatiche tangenti incassate da Di Pietro, rivelate dal «Foglio» sin dalla fondazione, e naturalmente mai esistite. Giù giù fino alle fesserie sulla guerra in Iraq e alle corbellerie sulla legge Gasparri. Come questa, dell'altroieri: «Il conflitto d'interessi è la maschera propagandistica di uno degli interessi in campo» - quello dei «debenedettiani» di «Repubblica» - «che denuncia il conflitto dell'altro soggetto in campo (Berlusconi), ma per interesse». Tutto normale: da un lato un imprenditore privato che pubblica due giornali, dall'altro un imprenditore privato che fa il presidente del consiglio e possiede mezza dozzina di giornali e tre televisioni, controllandone indirettamente altre quattro. C'è, è vero, una «anomalia gigantesca»: ma è la Rai, che andrebbe «privatizzata seduta stante». Anche perché «tutta la tv è inguaribilmente di sinistra, compresa Mediaset». Anche senza «gli eccessi clamorosi e indifendibili di Biagi & Santoro & Luttazzi». E, se lo dice Ferrara, c'è da crederci, perché lui è molto intelligente. E molto coraggioso, anche. Ai limiti della temerarietà. Con grave sprezzo del pericolo, continua a bastonare sui giornali di Berlusconi gli epurati da Berlusconi: un signore di 84 anni e due professionisti che avevano il torto di fare ascolti a lui sconosciuti. Ecco finalmente spiegata l'idea ferrariana della «doppia conduzione», nell'ambito del gioco di squadra modello Raiset: Silvio li tiene fermi e Giuliano li mena. *(24/09/2003)*

Pagine inutili

Chissà se c'è qualcosa di vero nelle voci di un prossimo matrimonio tra «Il Foglio» e la sua versione berlusconiana, «il Riformista». Noi ci auguriamo di sì, non fosse che per questioni algebriche. I due colossi dell'informazione hanno, sul mercato dei giornali, lo stesso peso dello Sdi su quello elettorale. Pare che, insieme, riescano a raccogliere addirittura 10.000 acquirenti (compresi quelli involontari, che per mestiere – giornalisti o politici – sono costretti a leggere tutta la stampa). Percentuali da albumina, cifre impercettibili per la statistica. Un po' come *Otto e mezzo* dello stesso Ferrara, l'unico programma di prima serata che non supera il 2 per cento di share (l'altra sera si è attestato sull'1,69 per cento, pari a ben 473.000 spettatori): in pratica meno ascolti del monoscopio. Lo strepitoso successo va equamente diviso con la nuova partner Barbara Palombelli, strappata a fatica ai suoi precedenti impegni di comparsa sul set di *Casa Lorenzi*, la fortunata serie tv girata negli studi di *Porta a Porta*: i protagonisti e il plastico dello chalet di Cogne, rimasti avvolti da teli bianchi antipolvere per tutta l'estate, erano stati appena scoperti, quando la signora Rutelli ha traslocato a La7. E i risultati non si sono fatti attendere. Secondo gli ultimi rilevamenti, appena Barbara apre bocca, metà degli ascoltatori sintonizzati cambia canale, l'altra metà corre a iscriversi alla Lega Nord.

Tornando al «Foglio» e al «Riformista», l'idea di lasciarli ancora soli, come il plancton che galleggia nell'oceano, mette tristezza. Separati alla nascita da una impietosa scissione dell'atomo, questa fusione se la sono proprio meritata. Anche perché la linea di Ferrara e Polito è la stessa: non disturbare il manovratore. Lasciar lavorare Berlusconi, che tanto bene sta facendo al paese, e intanto, per ammazzare il tempo, dialogare su tutto, specialmente sulle nuove tecniche per affamare i pensionati, disarmare i giudici e riabilitare Craxi, cercando di criticare il meno possibile il premier, per non fargli un favore, visto che notoriamente adora le critiche. È la linea del «Corriere della Sera» e dei nove decimi della stampa italiana, il che forse spiega perché i lettori che la pensano così si ostinano a leggere il «Corriere» e i nove decimi della stampa italiana e a snobbare «Il Foglio» e «il Riformista». I quali, fra l'altro, escono su quattro pagine e le fanno pagare un euro. Come i giornali che di pagine ne hanno cinquanta o cento. Certo, non tutti si possono permettere i prelibati commenti di Pialuisa Bianco, Oscar Giannino, Lino Jannuzzi, Adriano Sofri e Lanfranco Pace, come «Il Foglio», e nemmeno quelli di Macaluso, De Michelis e Stefania Craxi come «il Riformista», per non parlare degli abitini della pipetta e dei baffetti del direttore Polito, questo omino Bialetti che parla napoletano e veste inglese. Ma bisogna farsene una ragione.

D'altra parte, se ancora ieri il «Corriere» li definiva «i due quotidiani intelligenti», lasciando intendere che tutti gli altri sono fessi, un motivo ci deve pur essere. Secondo il «Corriere», «Ferrara vorrebbe prendere le distanze da Berlusconi», ragion per cui si sarebbe rivolto a Mondadori e a Tronchetti Provera. «La Stampa» conferma: «Ferrara sarebbe a caccia di nuovi editori: prima la Mondadori e poi Tronchetti Provera». Praticamente, Veronica Berlusconi verrebbe sostituita da Marina Berlusconi, che sarebbe un bel cambiamento, una drastica presa di distanze. In alternativa, si parla dell'uomo Pirelli-Telecom, che ultimamente funge da bidone aspiratutto di casa Berlusconi: appena il Cavaliere o il fratello hanno qualcosa da gettare via, Tronchetti Provera se lo prende, pagandolo profumatamente. È accaduto con la Edilnord, rilevata da Tronchetti a peso d'oro, e con «Pagine Utili», uno dei flop più clamorosi della storia della pubblicità, rilevata da Provera. Ora potrebbe riaccadere con «Il Foglio». Tant'è che nei giorni scorsi si era sparsa la voce di una joint venture La7-«Il Foglio». Ora, per fare buon peso potrebbero imbarcare anche «il Riformista». La nuova testata, assicurano i bene informati, sarebbe già pronta: «Il Foglio» «il Riformista». E perché non «Il Foglista»? O magari «il Riformoglio»? O «il Rifoglista»? Soluzioni macchinose, infelici, e anche un po' noiose. Meglio un taglio drastico. Una testata tutta nuova. Viste le tirature e i contenuti, non sarebbe male «Pagine Inutili». *(25/09/2003)*

Piove, governo Berlusconi

Un clamoroso blackout elettrico paralizza il paese per una notte intera. Polemiche fra Italia e Svizzera sulle responsabilità.

Scartata l'ipotesi 1, politicamente scorretta, che Berlusconi porti sfiga (l'ha detto Violante, gliel'hanno fatto rimangiare), restano quattro spiegazioni plausibili al blackout. 1) È un trend internazionale, come dimostra il caso di New York (che però è una città, non una nazione intera), e non ci si può fare nulla. 2) Sono i primi frutti dell'alleanza Roma-Washington: per far sentire gli amici americani meno soli, l'abbiamo fatto apposta. 3) È tutta colpa dei francesi e degli svizzeri: fossero dei veri amici, provvederebbero da soli (e a loro spese) a riattivare le nostre centrali spente o marce, senza neanche svegliare i nostri ministri di notte; invece ce l'hanno con noi, i francesi per via della guerra, gli svizzeri per le rogatorie e il caso Marini. 4) Sono le conseguenze della politica scriteriata dei governi precedenti, come il buco del bilancio e dell'ozono, il debito, il deficit, la recessione, l'inflazione, la disoccupazione, la calvizie di Berlusconi e forse anche il suo nanismo. Insomma, è colpa degli altri.

Resta da capire di quali «altri», visto che in questo disgraziato paese non c'è mai cesura fra «ieri» e «oggi», confine fra «noi» e «loro», soluzione di continuità fra «questi» e «altri». Prendersela con i governi di compromesso storico? Impossibile: Pisanu, allora capo della segreteria di Zaccagnini, protesterebbe insieme ad altri *capatàz* della sinistra Dc oggi accasati con Forza Italia, tipo Sanza o Gargani. Attaccare il governo Craxi, protagonista della più spaventosa lievitazione della spesa pubblica e del debito d'Europa? Qualcuno potrebbe ricordare a Berlusconi chi e soprattutto dove sarebbe oggi senza i due decreti Craxi che salvarono il suo monopolio illegale sulla tv privata. Sparare genericamente sul penta o quadripartito che sgovernò l'Italia per una dozzina d'anni prima di defungere nel '92? Meglio di no: altrimenti chi li tiene i vari Pomicino, De Michelis, Cicchitto, Baget Bozzo, Ferrara? Prendersela con l'opposizione consociativa? Già, e poi chi li sente Ferrara, Bondi, Adornato, Foa jr. e gli altri comunisti sgominati dal Cavaliere con la tecnica dell'arruolamento? Cannoneggiare il governo Amato? Difficile spiegarlo a Raffaele Costa, allora ministro della Sanità. Fermo restando che il primo governo Berlusconi è immune da colpe, si potrebbe criticare un po' il governo Dini, quello del «ribaltone». Anzi, meglio di no: ne era ministro della Funzione pubblica un certo Frattini, oggi incredibilmente promosso ministro degli Esteri. Attaccare il governo Prodi, che ci portò in Europa, conviene poco, anche perché bisognerebbe spiegare ai partner del Ppe come mai il Mortadellone era così incapace nel '96-98 a Roma e oggi è così bravo a Strasburgo, dove si merita l'appoggio di Forza Italia, Udc e An. Si potrebbe tentare con il governo D'Alema, ma salterebbero su Buttiglione e La Malfa con le loro truppe cammellate, che all'epoca si buttarono a sinistra, salvo rientrare a destra in tempo per le elezioni.

Quale sarebbe dunque il governo colpevole? Chi ha scavato il buco che ora impedisce a Tremonti di abbassare le tasse, a Maroni di alzare le pensioni, a Lunardi di scavare altri buchi e a Marzano di accendere le luci? Mesi fa Ignazio La Rissa ricordò ai democristiani in parlamento che nel '92-93 il loro partito non poteva sostenere Mani Pulite, mentre il suo sì: la Dc prendeva tangenti, il Msi no. Anziché domandargli perché poi avesse smesso di sostenere il pool, gli risposero che quelle cose non si dicono. Ora la scena si ripete con Bossi, che ricorda le colpe di Dc e Psi, oltreché delle opposizioni, nello sfascio della finanza pubblica e ne rimpiange la mancata fucilazione. Facile: lui, allora, non c'era. Ma intorno a lui c'erano tutti. Compreso Pomicino, reclutato ieri dal «Giornale» per spiegare i perché del blackout: un uomo davvero estraneo ai vecchi governi, un marziano. E compreso Paolo Scaroni, condannato da amministratore della Techint per le tangenti all'Enel, e subito promosso dal governo Berlusconi a presidente dell'Enel: una cura omeopatica che sta dando i suoi frutti. Meglio restare nel vago, allora, nella denuncia dell'orrendo passato. Meglio non far nomi. Meglio il vecchio «piove governo ladro». Senza precisare il governo, mi raccomando. E nemmeno il ladro. *(30/09/2003)*

Attentato!

Ricapitoliamo. Ormai è chiaro che in Italia è stata architettata una delle più vergognose operazioni di disinformatija degli ultimi decenni, utilizzando un truffatore e pataccaro disperato, con la complicità di un bel pezzo di una commissione parlamentare d'inchiesta e con la festosa partecipazione degli house organ del presidente del consiglio e delle sue televisioni (tutte), per trasformare il presidente della commissione europea e cinque leader dell'opposizione in tangentari patentati, destinatari della più grande mazzetta della storia dell'universo: 450 miliardi di lire. Qualcosa di simile era già stato architettato, in più riprese, ai danni dei magistrati di Milano, soprattutto Antonio Di Pietro e Ilda Boccassini. Anche allora furono usati trafficchini senza scrupoli e spioni di quart'ordine poi finiti regolarmente in galera, con la grancassa delle tv e dei giornali di famiglia. Uno di questi è «Panorama», tornato recentemente agli onori delle cronache per aver fornito agli americani il dossier-bufala sulle inesistenti armi di distruzione di massa di Saddam Hussein. Un altro è «il Giornale», che attribuì per mesi e mesi a Di Pietro un conto in Austria da 5 miliardi, salvo poi confessare in prima pagina di esserselo inventato, con tante scuse al diffamato. Un altro ancora è «Il Foglio», diretto da un ex informatore prezzolato della Cia, che della circostanza s'è pure vantato e continua a essere scambiato, a destra e a manca, per un opinionista super partes molto intelligente.

Su questa incessante ed eversiva vergogna nazionale, nessun intellettuale «liberale» continua a dire una parola. Tutto normale, che problema c'è. Approfittando della distrazione generale, i mazzieri di regime ricominciano a martellare sul tasto della «demonizzazione». Giuliano Ferrara intima su «Panorama» ai «riformisti del centrosinistra», «quelli che non amano i girotondi e demonizzano gli avversari», di «uscire allo scoperto sulle pensioni contro la demagogia dello sciopero generale» e di essere «coraggiosi come Tony Blair e Gordon Brown». Si associno dunque al governo, per evitare che gli italiani s'accorgano che il Cavalier Padrone li ha buggerati anche sulle «pensioni più dignitose». Anzi, magari la propongano loro, una bella controriforma berlusconiana, così da levargli meglio le castagne dal fuoco. Già, perché se i «toni» della polemica politica sono alti è colpa dei girotondi (mai più visti, peraltro) e non – per dire – di Trantino, Consolo, Taormina, Vito, Cantoni e degli altri iscritti all'Aigor Fan Club.

Qualche ingenuo potrebbe pensare che l'appello del Platinette Barbuto sia stato accolto a fischi e pernacchie. Invece no. Sullo stesso «Panorama», girando qualche pagina, si può trovare un prezioso scritto di Franco Debenedetti («senatore Ds»), che lo raccoglie e lo rilancia da par suo. Titolo: *Non sparate sul premier*. Svolgimento: «Guai se, invece di guardare avanti, si cedesse alla tentazione di rimettere le lancette dell'orologio indietro di dieci anni e... si pensasse a disfare tutto quello che Berlusconi ha fatto: dalla legge Biagi alle imposte di successione. Se vogliamo catturare gli elettori delusi da Berlusconi, e "fare a pezzi" la sua coalizione, una cosa da evitare è quella di "decostruire Silvio"». Chiaro, no? Visto che Berlusconi ha «deluso» tanta gente, non resta che dargli il colpo di grazia conservando le sue prodigiose riforme (quelle che hanno «deluso» molti) e farne altre dello stesso tipo (per deludere qualcun altro). Così la vittoria è assicurata. Di Berlusconi, ovviamente. Che è pure l'editore di «Panorama».

Sullo stesso «Panorama», c'è anche la rubrica di Augusto Minzolini, detto anche Scodinzolini, che ha trovato finalmente il colpevole dello «scontro giudiziario» in atto: la «fretta» dimostrata dalla corte costituzionale nel fissare «già entro la fine del 2003» la discussione sulla legittimità del lodo Maccanico. Roba da «barricate», una vergogna: «fine della tregua» inaugurata dal balsamico lodo in piena estate. A Scodinzolini sfugge che, dopo il lodo, il partito del premier ha annunciato una commissione d'inchiesta sulla «associazione per delinquere costituita dai giudici» e varato una riforma che impedirà ai magistrati di parlare, scrivere, pensare. Sempre nell'ottica della «tregua», si capisce.

Comica finale. Ieri mattina, dopo averlo preannunciato tre giorni fa per motivi di sicurezza, Giuliano Ferrara avvertiva sul «Foglio» che la sua vita è in pericolo: «Se un disgraziato comunista combattente mi dovesse un giorno ammazzare... è su mandato di Antonio Tabucchi e Furio Colombo». Dopo aver epurato tutti gli oppositori dalle tv e killerato Prodi, Fassino, Dini con balle sesquipedali, questi non sanno più come uscirne. Così improvvisano diversivi: tipo l'autoattentato preventivo. Prove? Nessuna. A parte un pacco anonimo di supplì, cannoli allo zabaione, arancini e sfogliatelle consegnato ieri da un anonimo pony express alla redazione del «Foglio». Cominciano sempre così, questi comunisti combattenti: attaccano al colesterolo. *(7/10/2003)*

Operazione Sottosopra

Partecipando alla Festa Azzurra di Milano, sotto lo sguardo languido di James Bondi e degli altri intellettuali del gruppo, il cavalier Silvio Berlusconi ha inaugurato la seconda fase della sua missione. In codice: «Operazione Sottosopra» o «Mondo alla rovescia». Il programma è semplice. Dopo aver rovesciato come calzini tutte le istituzioni, i valori, i reati, la logica, il buonsenso e il significato delle parole, si tratta di compiere l'ultimo passo: convincere chi si ostina a ragionare normalmente che è matto e anche antropologicamente diverso dal resto della razza umana (un po' come i giudici). Poi, eventualmente, si provvederà al ricovero.

Autodenuncia. «Siamo garantisti e non giustizialisti per cui attenzione a non diffondere notizie incerte per certe e il fumo per il fuoco. Però se ci fossero notizie certe di chi profitta del voto di tanta gente onesta per fare affari personali, noi dobbiamo denunciarlo. Guai se tutta la fatica che facciamo potesse venire oscurata dalla disonestà di qualcuno» (Berlusconi, Ansa, 5 ottobre). Per dire: casomai qualcuno avesse notizie di un imprenditore che affogava nei debiti e temeva la galera, o peggio ancora una legge antitrust, e dunque decise di darsi alla politica, facendo sparire i suoi debiti e riuscendo a scansare la galera e l'antitrust, è vivamente pregato di denunciarlo. Con l'autocertificazione, fra l'altro, è tutto più semplice.

La questione morale. «Forza Italia deve sempre essere il partito più generoso, che sopporta. Quindi, quando c'è una nomina, state certi che l'ultimo nome è quello di uno di Forza Italia. Noi non abbiamo certo tirato su una casta di funzionari di partito e piuttosto di mettere in un certo posto qualcuno per il quale non possiamo mettere la mano sul fuoco, preferiamo non metterlo. È chiaro che per noi la moralità è fondamentale» (Berlusconi, *ibidem*). Per dire: se uno cerca candidati di specchiata moralità e gli si presentano un Dell'Utri (pregiudicato per false fatture), un Berruti (pregiudicato per favoreggiamento), un Previti (reo confesso di evasione fiscale), è vivamente pregato di trovar loro un collegio sicuro. Se poi gli capita uno Sgarbi, pregiudicato per truffa aggravata ai danni dei Beni culturali, la cosa migliore è promuoverlo sottosegretario ai Beni culturali. Se infine dovesse accorgersi che il manager Paolo Scaroni (1 anno e 4 mesi patteggiati per le mazzette al Psi in cambio di appalti all'Enel) è momentaneamente disoccupato, non ha che da nominarlo presidente dell'Enel.

Nei secoli Fedele. «Confalonieri ha ricostruito la storia dei rapporti fra il Biscione e la politica. Tra i motivi che hanno spinto il Cavaliere a scendere in campo, ha ricordato quando "c'era uno dei nostri ragazzi in prigione", e i magistrati gli dicevano "di' qualcosa contro Berlusconi ed esci subito"». Il «ragazzo» in prigione doveva essere Aldo Brancher: era il 1993, fortunatamente non disse nulla contro Berlusconi, fu condannato a 2 anni e 8 mesi per finanziamento illecito e altre cosucce (seguì la prescrizione in cassazione), e oggi - sempre per la serie «per noi la moralità è fondamentale» - siede in parlamento e al governo, come sottosegretario alle Riforme. Resta da informare Berlusconi delle vere ragioni che lo spinsero a «scendere in campo»: aveva sempre raccontato che le inchieste sulla Fininvest iniziarono dopo, cioè nel 1994, per perseguitarlo politicamente, invece Confalonieri ammette che iniziarono prima. Quasi a insinuare, il malpensante, che non siano state l'effetto, ma la causa della discesa in campo. Anzi, il movente.

Restituzioni. «È il momento che i Ds ci restituiscano quello che abbiamo fatto per loro nel 1992, quando con Craxi demmo il nostro assenso al loro ingresso nell'Internazionale socialista» (Gianni De Michelis, «Corriere della Sera», 4 ottobre). Trattandosi della stessa persona condannata dai giudici di Venezia per corruzione, cioè per avere intascato mazzette «per alimentare il suo principesco tenore di vita pubblico e privato», l'uso del verbo «restituire» appare lievemente imprudente. Urge sinonimo.

Genova per noi. «C'è una nuova filosofia delle forze dell'ordine: prima era soltanto repressiva, ora punta soprattutto sulla prevenzione» (Berlusconi, 5 ottobre). È il modello Diaz-Bolzaneto. Se vedi un manifestante per strada, pestalo: tu non sai perché, ma lui sì.

Estremo omaggio. «Non sono disponibile a dialogare con chi usa oggi, come un anno e mezzo fa, gli stessi toni e le stesse frasi minacciose e le stesse condanne sommarie rivolte contro Marco Biagi» (Roberto Maroni, Radio Padania, 4 ottobre). Posto che un anno e mezzo fa l'allora ministro dell'Interno Claudio Scajola definì «avido rompicoglioni» il professor Marco Biagi, appena assassinato dalle Br, se ne deduce che Maroni ce l'ha con lui: non dialogherà più con il collega Scajola, ministro per l'Attuazione del programma. Infatti la legge sul lavoro è stata chiamata «legge Biagi». Chiamarla «legge rompicoglioni» sembrava eccessivo. *(9/10/2003)*

Una poltrona per due

Giuliano Ferrara non si piace più. Alla quinta reincarnazione (sessantottino, comunista, craxiano, spia della Cia e berlusconiano) comincia a farsi un po' senso. E prende le distanze da sé stesso nella maniera più infantile: rimuovendo. Perdendo conoscenza di sé. Ieri sul «Foglio», con la scusa di rispondere ad Antonio Tabucchi, ha rifilato ai lettori la sua ennesima autobiografia, ovviamente ritoccata. Qualche esempio.

TeleBettino. «Ho cominciato la televisione non con Berlusconi, ma con la Rai, con la Rai "comunista" di Angelo Guglielmi, a cui piacevo perché ero grasso». Nulla da ridire sui gusti di Guglielmi, ma Ferrara non ha cominciato con la sua Rai comunista. Bensì con quella socialista, al Tg2 craxiano di Antonio Ghirelli. A cui non piaceva perché era grasso, ma perché piaceva a Bettino. Lo ha raccontato lo stesso Ghirelli al giornalista Marco Barbieri, nella biografia non autorizzata del

Nostro (*Il grande fratello orco*): «Mi telefonò Craxi e mi disse: "C'è disponibile Giuliano Ferrara". Lo chiamai, ci incontrammo, era molto grasso e mi si presentò con le bretelle rosse. Erano gli anni del governo Craxi, del potere socialista, ero consapevole che eravamo molto sorvegliati al Tg2, anche per la scelta di quell'opinionista che Bettino mi aveva raccomandato. Era noto come la pensava Ferrara».

Premio fair play. «"Il Foglio" è un giornale perbene, con titoli lunghi, saggi lunghi, sberleffi mai volgari e mai così aggressivi... Il mio "Panorama" fu tutto tranne che un house organ di Berlusconi... Un settimanale anche un po' pesante, fondato sul valore della scrittura, con grande fair play verso tutte le posizioni...». È vero, quelli di Ferrara non sono house organ di Berlusconi: lo sono di Berlusconi, di Previti e di Dell'Utri. Sul «Foglio» e su «Panorama», Ferrara chiamava abitualmente Stefania Ariosto «cortigiana», ma sempre all'insegna del fair play. Di Pietro, invece, lo chiamava in sequenza «baldracca», «troia dagli occhi ferrigni», «trafficante», «protettore di biscazzieri», «golpista», «uno che fa vomitare», ma senza aggressività, senza volgarità: affettuosamente.

Il paese che amo. «Ho rivelato di aver fatto l'analista per l'intelligence americana: ero amico di Craxi e raccontavo agli americani, dietro un compenso congruo... i drammi e i tormenti di un paese che amo e alla cui sorte politica sono affezionato». A parte le questioni terminologiche (chi chiama spia una spia si vergogni: si dice «analista per l'intelligence»), qualcosa non torna rispetto alla scena descritta dallo stesso Ferrara in terza persona nella precedente autobiografia («Il Foglio», 16 maggio 2003): «Per circa un anno, tra il 1985 e l'86, F. fa l'informatore prezzolato della Cia. F. ricorda ancora gli incontri, nella stamberga di Trastevere, con il giovane sveglio e simpaticissimo agente americano... I dollari erano avvolti in una busta giallina fantastica del peso giusto e perdere l'innocenza era meraviglioso. Qualche conversazione avveniva al Pincio vicino alla fontana luminosa... Il passaggio di mano della busta aveva qualcosa di erotico». L'«analista» e lo spione si appartano eroticamente dietro una fontana e il primo distilla al secondo i drammi e i tormenti di un paese che ama e alla cui sorte politica è affezionato. E l'americano che fa? Lo sta a sentire, e alla fine lo paga pure. Poi uno si stupisce se non trovano Saddam e bin Laden.

61 anni e non sentirli. «Sono tornato per la prima e unica volta in Unione Sovietica nell'anno 1990, ormai quarantottenne, dopo aver svolto irregolari ma proficui studi a Roma». Sicuramente non studiava aritmetica, visto che non riesce neppure a calcolare la sua età. Come lui stesso ha scritto sul «Foglio» del 15 maggio, Platinette è «nato a Roma il 7 gennaio 1952». Dunque, se la matematica non è un'opinione, oggi ha 51 anni e 9 mesi. Dunque nel 1990 ne aveva 38 e non 48. Altrimenti oggi ne avrebbe 61 suonati. Ora magari racconterà di essere glabro, filiforme e magari perfino coerente. Ma non sono bugie. Semplicemente, dopo le atroci minacce di Tabucchi e Colombo, si sta mimetizzando.

(10/10/2003)

Antimafia omeopatica

Il capogruppo Ds Luciano Violante dichiara che la mafia non ha nulla da temere dal governo Berlusconi. Dure reazioni dal centrodestra e anche da una parte del centrosinistra.

Chi ha voluto anche per un attimo lontanamente ipotizzare che il governo Berlusconi non voglia combattere la mafia si vergogni e arrossisca. Ma come: uno schiera, in parlamento, al governo e negli enti locali, il meglio che il fronte antimafia può offrire, rischiando anche grosso, e poi salta su un Violante qualsiasi a dire che «la mafia, con Berlusconi, non ha motivo di avere paura»? Cose da pazzi antropologicamente estranei alla razza umana. Prendiamo il presidente del consiglio. Il 13 luglio scorso dice: «Per noi del Nord la mafia è un fenomeno lontano, senza contare che il 90 per cento dei mafiosi sono in carcere e quindi la mafia è sotto controllo». Naturalmente non è vero niente, ma lui lo dice per combatterla meglio. A fine mese sostiene che «il concorso esterno è un reato che non esiste, l'hanno inventato i giudici comunisti per colpire gli avversari politici»: per la verità il primo a codificarlo era stato Falcone, ma l'errore è scusabile con la prorompente foga antimafia del premier. Poi la memorabile esternazione allo «Spectator» sui giudici antimafia matti e antropologicamente diversi eccetera, da un'idea di Luciano Liggio: anche stavolta il Cavaliere viene frainteso, lui i giudici li vorrebbe più duri, più inflessibili, invece li ha notati ultimamente un po' fiacchi. Anche le novanta firme di deputati della Cdl per invocare la cacciata (prontamente ottenuta) dei pm antimafia Lo Forte e Scarpinato, e le continue richieste di trasferire Scarpinato, Ingroia, Russo e Natoli da Palermo per «incompatibilità ambientale», rispondono alla stessa logica: potenziare la guerra alle cosche con forze nuove, fresche e pimpanti.

E poi la squadra. Che squadra, ragazzi. Marcello Dell'Utri, imputato per mafia, senatore della repubblica e parlamentare europeo (lo stesso che, quando Michele Santoro gli domandò se per caso esista la mafia, rispose: «Mah, come diceva Luciano Liggio, "se esiste l'antimafia, vuol dire che esisterà anche la mafia"»). Gaspare Giudice, imputato per mafia, deputato. Totò Cuffaro, indagato per mafia e corruzione, governatore della Sicilia. L'avvocato Nino Mormino, indagato per mafia e già difensore di Riina, deputato e vicepresidente della commissione Giustizia. Gianfranco Micciché, destinatario di trentotto telefonate in due mesi da parte di Giuseppe Fecarotta, prestanome della famiglia Riina, deputato e viceministro dell'Economia (Micciché, non Fecarotta. Non ancora, almeno). Senza dimenticare Pietro Lunardi, il leggendario ministro delle Infrastrutture che uscendo da un consiglio dei ministri constatò comprensibilmente che «con la mafia bisogna convivere». Per combatterla meglio, s'intende.

Estasiato da cotanto impegno antimafia del governo, il leghista Roberto Calderoli ha duramente censurato Violante: «Va bene la lotta politica, ma a tutto c'è un limite. Solo un magistrato e per di più comunista può arrivare a simili enormità». Per la verità c'è pure un tizio che, senza essere né magistrato né comunista, diceva ben di peggio. Si chiama Umberto Bossi. Piccola antologia dai suoi pensieri più alati, dal 1994 al 1998: «Berlusconi è l'uomo della mafia, un palermitano che parla meneghino, nato nella terra sbagliata e mandato su apposta per fregare il Nord... La Fininvest è nata da Cosa Nostra. Ci risponda, Berlusconi: da dove vengono i suoi soldi? Dalle finanziarie della mafia? Ci sono centomila giovani del Nord che sono morti di droga e ora gridano da sottoterra. Sono stato io a buttare giù il partito del mafioso... Quel brutto mafioso di Arcore guadagna soldi con l'eroina e la cocaina... Ci vuole una bella commissione d'inchiesta sugli arricchimenti di Berlusconi... C'è un uomo che firmava gli assegni a Ciancimino, ossia a Totò Riina e alla mafia, e si chiama Dell'Utri, segretario di Berlusconi... Ma possibile che i milanesi non abbiano ancora capito che la canaglia di Arcore è un uomo legato a Cosa Nostra?... Non c'è il minimo dubbio: la Fininvest è controllata dalla mafia, Berlusconi è nel giro della mafia e le tv non sono sue, lui è il fiduciario... La Fininvest ha la testa a Palermo e il conto corrente a Roma... Un palermitano è a capo di Forza Italia: Dell'Utri. In tv compaiono volti gentili che te la contano su, che sembrano perbene. Ma la mafia non ha limiti... Il problema è il camorrista mafioso di Arcore... Non è vero che "pecunia non olet". C'è denaro che ha odore di sudore buono, e c'è denaro che ha odore di mafia. Ma se non ci fosse quel potere, il Polo scomparirebbe. Ecco il punto».

Il 19 agosto 1998 «La Padania», organo ufficiale non delle toghe rosse ma della Lega Nord, titolava in prima pagina a caratteri cubitali: *Berlusconi & Mafia. Cavaliere, risponda!*. E ancora, all'interno: *Berlusconi, sei un mafioso?*. Poi gli intimava di rispondere a dieci domande sui suoi rapporti con i boss, roba da far impallidire l'«Economist» e i peggiori demonizzatori. La Fininvest querelò Bossi, che alzò le spalle: «Siamo andati troppo leggeri, sul mafioso di Arcore». Poi corse ad allearsi con lui. Forse per combattere la mafia dall'interno. Una specie di cura omeopatica. *(15/10/2003)*

La guerra di Pier

Deragliando pericolosamente, come Fini, dal programma di governo, il presidente della camera Pierferdinando Casini ha lanciato la «questione morale» e denunciato il «ritorno della corruzione». A cosa si debba questo improvviso risveglio non è dato sapere, anche perché, per «ritornare», la corruzione avrebbe dovuto sparire almeno per un po'. Il che non risulta: mazzette e mazzettari, in Italia, hanno una certa tendenza a restare. Chi li scopre, invece, a passare. Naturalmente il grido di dolore di Piercasinando ha subito suscitato unanimi consensi in entrambi i Poli. E financo in Forza Italia, sempre nell'ambito di quella cura omeopatica già sperimentata nella lotta alla mafia. Combattere le tangenti con i tangentisti, questo è il segreto, l'idea geniale, la nuova frontiera. Serve un esperto per scoprire le tangenti (immaginarie) di Telekom Serbia? Ecco pronto Alfredo Vito, che di tangenti (vere) ne confessò 22, restituì 5 miliardi sull'unghia, giurò di non fare mai più politica, poi si candidò in Forza Italia e oggi troneggia alla camera e nella commissione di Quentin Trantino, per la serie *Le Iene 2, la vendetta*. Il coordinatore del suo partito, James Bondi, ha subito plaudito a Casini che «molto opportunamente ha richiamato tutti alla questione morale», anche se ha copiato da Berlusconi che «già alla festa di Milano aveva ricordato il valore essenziale di questo tema». Insomma, la questione morale l'ha inventata il Cavalier De Gasperi (già Carlo Magno, Giustiniano, Napoleone, Mosè). Poteva mancare una nota di Renato Schifani? No, non poteva: ed ecco infatti Fronte del Riporto tuonare contro una «nuova Tangentopoli che metterebbe a rischio l'intero sistema democratico».

A quel punto, un brivido di terrore ha attraversato la penisola. Decine di parlamentari condannati o inquisiti, centinaia di amministratori locali arrestati o imputati hanno pensato: «È finita, ora ci cacciano». Almeno quelli bollati da sentenze definitive. Poi una notizia, proveniente non da Corleone ma dal Trentino, ha rassicurato tutti sulle vere intenzioni di Casini, Bondi, Schifani e Berlusconi: scherzavano. La notizia è questa: nell'ambito della rinnovata battaglia contro la corruzione, Forza Italia candida come capolista alla provincia di Trento l'ex presidente Mario Malossini, 56 anni di età e uno di reclusione inflittogli con sentenza definitiva per ricettazione delle tangenti dell'Autobrennero; e altri due processi per concussione finirono prescritti perché la cassazione derubricò il reato «soltanto» a corruzione. Malossini fu comunque condannato a risarcire alla Provincia che lui presiedeva, dopodiché la stessa Provincia gli rimborsò le spese legali. A questo punto qualche ingenuo potrebbe domandare: possibile che in tutto il Trentino non abbiano trovato un incensurato? Ma la domanda è mal posta. Perché, nella politica italiana, la condanna, specie se per corruzione, è una medaglia al valore: fa punteggio. L'aspirante candidato viene sottoposto a rigorose selezioni: quanti avvisi di garanzia? quanti giorni al fresco? quante condanne? Chi ne fosse sprovvisto rischia di finire la carriera politica prima di cominciarla. Perché, come dichiarò Giuliano Ferrara a «MicroMega», «in Italia per stare in politica devi essere ricattabile». E, possibilmente, poter ricattare. Da questo punto di vista, quel sant'uomo di Malossini sembra ben attrezzato, come ha tenuto a precisare la sua signora, Nella, in una strepitosa intervista di qualche giorno fa: «Eh, se Mario avesse parlato... bisognava noleggiare una caserma per metterli dentro tutti. Ma lui non ha mai voluto fare il delatore. E così ha pagato solo lui. Poi tutti hanno fatto finta di non sapere. Mario l'hanno messo in prigione come se fosse un delinquente (*sic!*) per cose che si sapeva che facevano anche gli altri. Se parlava, veniva giù tutto». Invece Supermario non ha parlato, e ora va su lui: «Presidente della provincia? Può aspirare a molto di più. È un percorso naturale che lo porterà molto in alto. Ministro? Tutto è possibile. È uno che non delude mai». Ed è pure «un progressista e un precursore», perché «ha fatto con largo anticipo quel che ha poi fatto Berlusconi». Con una lieve differenza: il Cavaliere si candidò prima delle condanne, Malossini anche dopo. *(17/10/2003)*

I Fidefacenti

Dopo qualche giorno di vacanza per momentanea carenza di bufale, gli house organ di regime son tornati a titolare in prima pagina sul loro argomento preferito: Telekom Serbia. E proprio nel giorno in cui la loro campagna sbilenca prendeva altri due ceffoni da kappaò: l'intervista di Tommasi di Vignano all'«Espresso» e l'audizione del generale Mori al comitato di controllo sui servizi (Copaco). Tommasi, amministratore di

Telecom ai tempi del contratto italo-serbo, ha confermato che «non c'era alcuna autorizzazione da chiedere al governo italiano. Mi stupisco che siano proprio i sedicenti liberisti a lamentarsi perché Telecom, già quotata in borsa, si limitasse a rispondere ai suoi consigli». L'unico contatto col governo fu quando, alle perplessità politiche dell'ambasciatore a Belgrado, «rispondemmo alla competente direzione della Farnesina e all'ambasciata di Belgrado». Libera traduzione del «Giornale»: «Tommasi: informai il governo Prodi... Le mille contraddizioni di Prodi & C... Tutti sapevano dell'operazione Telekom». Chi non ha seguito le puntate precedenti penserà: ecco, alla fine hanno incastrato Prodi. Ma il fatto è che Prodi non ha mai sostenuto che il suo governo non sapesse nulla. Ha detto invece, come del resto Dini, che il governo sapeva dell'affare, ma non fu mai chiamato a pronunciarsi pro o contro, perché non era suo compito: «La trattativa era nota e il governo non ha avuto alcun ruolo perché non doveva averlo» («Corriere», 1° settembre 2003). Proprio quello che ha detto Tommasi, che non ha smentito nessuno.

La scena si ripete col generale Mori, capo del Sisde per volontà del governo Berlusconi. Dice Mori che Igor Marini e la dozzina di faccendieri ingaggiati dalla cosiddetta «intelligence» di Trantino per dare manforte al conte Aigor finché «Repubblica», l'«Espresso» e i pm di Torino non li hanno smascherati, sono dei tali peracottari che nemmeno i nostri servizi volevano averci a che fare (il che è tutto dire): «Personaggi squalificati, di assoluta non credibilità, che in passato avevano già inquinato e depistato». Traduzione del «Giornale»: «Mori: "Nessun rapporto tra Sisde e caso Telekom"». Insomma, un trionfo per i Trentatré Trantini. Spiega poi Fabrizio Cicchitto che, forse nella sua veste (grembiulino) di ex piduista, fa parte pure del Copaco: «Mori ha smontato il teorema politico dell'opposizione e fatto crollare miseramente il castello di carta della sinistra». Ricapitolando: la commissione recluta una masnada di delinquenti bugiardi e calunniatori per calunniare Prodi, Fassino e Dini; due giornali li smascherano; i giudici li incriminano; uno di costoro viene pure arrestato mentre passa un dossier al leggendario Alfredo Vito; il capo del Sisde conferma che trattasi di pataccari; a quel punto chi li ha usati, invece di andare a nascondersi, si mette a esultare: evviva, abbiamo vinto noi.

E dire che persino Cirino Pomicino (il che è tutto dire) aveva dovuto ammettere, l'altro giorno, sullo stesso «Giornale», che la commissione aveva dato credito a «falsi personaggi dal passato burrascoso, ma con forti capacità di recitazione», «kamikaze dei dossier», spacciatori di «notizie false», «barbe finte che da dieci anni ricattano, distruggono, proteggono». Poi però, al momento di tirare le somme su chi li ha coltivati e usati, ecco il gioco di prestigio: è stata «la sinistra politica», con «le tecniche del controspionaggio», a gettare fra le braccia degli ingenui Trantini quei brutti ceffi, così da screditare la commissione, «sollevare un gran polverone» e salvare «chi nel centrosinistra aveva davvero intascato tangenti». Perché Pomicino, alias Geronimo, non ha dubbi: i leader dell'Ulivo le mazzette le hanno intascate. Lo dice un professionista del ramo, bisogna fidarsi.

Intanto il conte Aigor giace dimenticato nella sua cella d'isolamento alle Vallette. Tutti fingono di non conoscerlo. Raccolto sui marciapiedi della disperazione, imbeccato a suon di cicogne, ranocchi e mortadelle, beatificato come l'oracolo di Delfi e infine gettato nel cassonetto di Palazzo San Macuto come un limone spremuto, l'ex «supertestimone» fa quasi pena: lancia messaggi deliranti (non più del solito) e dice di sentirsi «scaricato», mentre il suo avvocato, il celebre professor Luciano Randazzo, chiede la chiusura della commissione Trantino e vuole persino farlo visitare (Marini, non Trantino): «Ho dato incarico alla criminologa Maria Caldarazzo – annuncia – di predisporre una consulenza comportamentale su Marini: non è una consulenza psichiatrica, ma una consulenza della difesa per valutare l'attendibilità di Marini, per dimostrare che è una persona normale». Ma certo che è normale: in un paese dove i migliori giudici vengono definiti dal premier «matti, mentalmente disturbati e antropologicamente diversi dalla razza umana», uno come Marini è normalissimo. In caso contrario, per quanti l'han preso sul serio per quattro mesi, una visitina non basterebbe: bisognerebbe internarli e buttar via la chiave.

Di questo gigantesco complotto, di questa mostruosa calunnia comincia ad accorgersi – con la dovuta calma – anche il «Corriere della Sera». L'altro giorno, a pagina 11, aveva un bel commento di Vittorio Grevi: «È giusto che qualcuno cominci quantomeno a porgere le sue scuse». L'indomani replicava stizzito Quentin Trantino in puro sànscrito: «Le "scuse" sarebbero atto dovuto se mai la commissione come organo collegiale e il suo presidente si fossero mai permessi di essere fidefacenti di Marini. Ma noi non l'abbiamo mai avallato». Uno dice che Marini «sembra Pico della Mirandola per la sua memoria prodigiosa» (Trantino, 19 giugno); che «per ora siamo in grado di dire che Marini non è un collezionista di bufale come è stato presentato da alcuni» (Trantino, 23 luglio); che «le sue dichiarazioni sono importanti per qualità e quantità, e per la sua memoria mostruosa» (Trantino, 7 agosto). Ma non l'ha mai avallato. Mai stato «fidefacente». Anzi, attende le scuse di Prodi. *(18/10/2003)*

Sempre più in alto

Domenica sera, al Tg4, Emilio Fede era più in estasi del solito. Brandiva un articolo del «Washington Post» come se fosse un frammento della Sacra Sindone e lo traduceva piuttosto liberamente, dicendosi «orgoglioso di essere italiano» per l'alto riconoscimento che finalmente, con dieci anni di ritardo, il grande giornale americano aveva finalmente tributato allo Statista di Milanello. Nessuno lo dica a Fede, ma purtroppo, nella versione originale, l'articolo dice tutt'altro. Per esempio che finora quella del premier italiano, proiettato sulla ribalta internazionale dalla presidenza Ue, «non è stata una performance churchilliana». Anzi, «molti italiani sono imbarazzati dalle gaffe di Berlusconi, anche se nessuno sembra esserne terribilmente sorpreso». E giù una sommaria antologia delle ultime figuracce in mondovisione, dal leggendario discorso del kapò, alla riabilitazione di Mussolini, all'invito ai finanzieri di Wall Street a investire in Italia «perché ci sono pochi comunisti e tante belle segretarie». Senza dimenticare il baciamano alla sposa musulmana del figlio del premier turco e le barzellette su «Carlo Max» (come lui chiama Marx). E ancora, come rivelava ieri il «Financial Times» sotto l'impietoso titolo: *Berlusconi raggiunge nuove altezze* (*Berlusconi reaches new heights*), le ultime tecniche di elevazione escogitate dall'ometto di stato: «All'ultimo summit europeo, Berlusconi sedeva su un cuscino bianco». Da seduti, com'è noto, i tacchi servono a poco.

Poco apprezzata dalla comunità internazionale anche l'ultima reincarnazione rivendicata dallo Statista di Milanello, che – come ha notato Teofilatto sul sito centomovimenti.it – «prima ha abolito la tassa di successione, poi s'è dichiarato erede di De Gasperi». Trascurando colpevolmente don Sturzo, Einaudi, Giolitti e Cavour. E mobilitando gli eredi degasperiani veri fino alla quarta generazione in una raffica di smentite: dalle figlie Cecilia e Paola giù giù fino al nipote Marco. Pare infatti che il De Gasperi originale non fosse uso levarsi le scarpe o fare le corna ai vertici internazionali, né annunciare i nomi dei presunti amanti della sua signora, né definire i partner europei «kapò» o «turisti della democrazia». Inoltre, per motivi autobiografici, non gli venne mai in mente di riabilitare Mussolini o di trattare gli oppositori confinati a Ventotene come vacanzieri nell'Isola dei famosi. Secondo «Repubblica», persino Gianni Letta avrebbe obiettato sul frettoloso autoapparentamento, chiedendo lumi a Bonaiuti sull'autore del delirante discorso berlusconiano: così ha scoperto con raccapriccio che era opera di padre Gianni Budget Bozzo, particolarmente in forma. L'indomani, infatti, il prelato ha annunciato la prossima puntata: Berlusconi come Arnold Schwarzenegger. Il Cavaliere però s'è smarcato, e nell'ultima intervista a «Liberal» s'è paragonato, senza offesa per Wojtyla, a Paolo VI, e, senza offesa per Adornato, a Benedetto Croce.

Ammaestrati da cotanto esempio, anche i piccoli berluscones crescono. E tentano di eguagliare lo spirito-guida in tutto, gaffe comprese. Nell'ultima settimana si sono esibiti in massa sul palcoscenico del Trentino-Alto Adige, dove domenica prossima si eleggono i nuovi consigli provinciali. Appena arrivato a Laives, in provincia di Bolzano, Pietro Lunardi ha rassicurato la popolazione: «Fra due anni apriremo il casello di Laives: non è una promessa, è proprio un fatto, un'opera già inserita nel programma di finanziamento della A22 approvato dall'Anas». La platea l'ha guardato esterrefatta: a Laives non c'è ombra di autostrada. Poi ha capito: il ministro credeva di essere a Lavis, in provincia di Trento, dove effettivamente è in cantiere un casello autostradale. Un figurone.

Stesso giorno, a Merano, finto «Meeting internazionale della montagna» promosso dal Polo per raccattare qualche voto, alla presenza di Mike Bongiorno e di tre ministri tre: Lunardi, Frattini e La Loggia. Un inviato del Tg4 al seguito funge da bravo presentatore: «Benvenuti a Merano, la città famosa in tutto il mondo per i suoi vetri». Credeva di essere a Murano, sulla laguna veneziana. Il grande Mike, al confronto, è un dilettante. Poi tutti zitti, parla La Loggia: «Non capisco perché sul territorio italiano ci sia un partito con un nome tedesco: infatti io la Svp continuo a chiamarla Partito popolare». Qualcuno, con discrezione, gli spiega che nel Sud-Tirolo abitano qualcosa come 300 mila e più tedeschi. Da notare che La Loggia non è il ministro della Marina mercantile, ma degli Affari regionali. Li scelgono a uno a uno in base alla competenza specifica, come dimostra anche il caso dell'ex sottosegretario al Turismo Stefano Stefani, che definì i tedeschi «ubriaconi specialisti in rutti alla birra» mentre dalla Germania stavano partendo milioni di turisti alla volta dell'Italia.

L'indomani, per completare l'opera, è giunto a Bolzano il ministro della Cultura Giuliano Urbani, quello che un giorno vide addirittura, in un affresco della Cappella Sistina, «la firma di Raffaello». Al momento non si segnalano nuove gaffe. Senonché, al suo ritorno, Urbani doveva recarsi a Positano per un convegno di costruttori. Ma non è mai arrivato: al suo posto ha inviato una videocassetta con un messaggio registrato. Manco fosse bin Laden. *(22/10/2003)*

I garantisti forcaioli

Un poderoso fremito di garantismo pervade la penisola. Merito degli araldi della Giustizia Giusta che pópolano ogni stanza, sottoscala, anfratto e bugigattolo della Casa delle Libertà. Hanno una caratteristica in comune: esultano immancabilmente a ogni sentenza di assoluzione. L'altro giorno, per esempio, il tribunale di Modena ha assolto «per non aver commesso il fatto» o perché «il fatto non sussiste» cinque tecnici comunali accusati di vari abusi edilizi nell'area di Ponte Alto, acquistata a suo tempo dai Ds per le feste dell'Unità. Una complicata storia di varianti al piano regolatore che aveva dato vita a denunce e polemiche, e che i giudici di primo grado hanno chiuso senza condanne. Alla soddisfazione dei vertici locali dei Ds («l'assoluzione dimostra che non ci sono stati abusi edilizi») si è subito associata con entusiasmo l'azzurra Isabella Bertolini, che è pure una delle numerose responsabili giustizia di Forza Italia, già pasionaria della legge Cirami: «Come temevamo – ha commentato commossa per la gioia – questa è una sentenza politica, già scritta, che nulla toglie all'opinione che i modenesi si sono fatti di questa inquietante vicenda che si è svolta tutta nei palazzi del potere, potere da sempre concentrato nelle mani della sinistra. La realtà dei fatti non cambia neppure davanti a una sentenza vergognosa che non fa onore alla magistratura. Gli unici fatti oggettivi sono gli abusi edilizi. I Ds hanno poco da festeggiare: a Modena ha vinto l'arroganza del potere, una pagina nera della storia della città». È la nuova frontiera del garantismo all'italiana: uno può anche essere assolto dai giudici, ma se la signora Bertolini non è d'accordo, è peggio che se fosse stato condannato. Perché l'accertamento dei fatti non spetta ai tribunali, ma a lei, a questa sorta di cassazione in gonnella. Da notare, nelle motivazioni della sua personale sentenza, l'accenno all'«arroganza del potere», residuato bellico del «sinistrese» anni Settanta. Manca solo un appello ad «abbattere la giustizia borghese». Ma non disperiamo: pare che verrà lanciato nella prossima risoluzione strategica, da depositarsi possibilmente all'alba, in una cabina telefonica.

Sempre all'insegna del garantismo, procedono a spron battuto i lavori della commissione Telekom Serbia, quella che avviò gli interrogatori di Paoletti e Marini sulla base di una lettera e una telefonata anonime (i forcaioli delle procure, invece, gli anonimi li cestinano); quella del commissario Carlo Taormina, che pretendeva l'arresto su due piedi di Prodi, Fassino e Dini perché Marini era la scienza infusa. L'altro giorno gli spiriti-guida dei Trentatré Trantini, da Antonio Volpe (nome in codice «Fox») in giù, sono stati qualificati dal capo del Sismi, generale Niccolò Pollari, come «una ciurma di depistatori, notoriamente inaffidabili». L'avvocato col pizzetto ha subito capito tutto: «È sempre più chiaro che la commissione non ha dato spazio agli inquinatori». Nemmeno l'on. Alfredo Vito, il tangentista-detective sorpreso un mese fa a scambiarsi dossier con Fox, è riuscito a trattenere la soddisfazione: «È emersa la mia totale correttezza». Più o meno come quando restituì ai giudici di Napoli 5 miliardi di refurtiva, sull'unghia. Siamo in buone mani.

Siccome la storia si ripete in farsa, c'è pure la commissione Mitrokhin, che tiene molto impegnato il senatore Paolo Guzzanti a caccia di spie sovietiche nell'Italia del 2003. Un membro dei più svegli, l'avvocato Fragalà, annunciava l'altro giorno al «Giornale» nuovi clamorosi sviluppi dell'inchiesta parallela della procura di Roma: «Hanno iscritto tre morti (fra gli indagati, si presume, *n.d.r.*) per poter indagare sulle eventuali reti messe in piedi da queste persone. Ci sono elementi che fanno pensare al coinvolgimento di queste reti in atti terroristici in Italia, compreso il sequestro Moro. È per questo che si indaga sui morti: per capire se quel che hanno fatto è ancora vivo». Sarà un problema interrogare i neoindagati, salvo ripristinare il tavolino a tre gambe pur così utile durante il sequestro Moro. Ma un fatto finora è certo: l'eventuale processo avverrà in contumacia.

Sempre in nome del garantismo, il cosiddetto ministro Bossi e il presunto guardasigilli Castelli si oppongono fieramente al mandato di arresto europeo (che poi non è un mandato di arresto, ma solo una procedura semplificata per l'estradizione degli imputati da stato a stato). Bossi, per l'occasione, ha rispolverato il nobile concetto di Forcolandia, farfugliando di un complotto dei «giacobini e dei framassoni» (come Berlusconi e gli altri piduisti, per dire). L'ingegner ministro invece ha proferito una parola nuova: «Costituzione». Entrambi si son fatti l'idea che, con l'arresto europeo, un italiano qualsiasi possa di punto in bianco – Bossi dixit – «venire incriminato e arrestato da un giudice di qualunque altro paese», e «questo si chiama Terrore, deportazione, fine del Diritto». Non sanno, i De Rege padani, che per essere incriminati all'estero bisogna prima essere stati all'estero, e soprattutto aver commesso reati all'estero. Se uno resta in Italia, o viaggia evitando di delinquere, in Norvegia non lo arrestano. Non è difficile, ce la possono fare anche loro.

Da segnalare infine la svolta garantista di An in tema di immigrati. Questi potranno votare ed essere votati, ma – precisa Ignazio La Russa – solo a due condizioni: 1) «che paghino le tasse»; 2) «che non siano stati rinviati a giudizio per reati per i quali è obbligatorio o facoltativo l'arresto» (tipo la mafia o la corruzione in atti giudiziari). Che niente niente Fini voglia fottere Dell'Utri, Previti e Berlusconi? *(24/10/2003)*

Travolti da insolita passione

Blitz contro le nuove Brigate Rosse responsabili dei delitti D'Antona e Biagi, nel giorno dello sciopero generale di Cgil, Cisl e Uil contro la politica del governo.

È una notizia doppiamente buona, quella degli arresti dei presunti brigatisti. Anzitutto perché costoro non possono più nuocere. Eppoi perché è sbocciato l'amore a prima vista fra la Casa della Libertà Provvisoria e la magistratura. Finora certi salmi e certi inni erano riservati a Sante Licheri (*Forum*, Canale5) e Renato Squillante, gli unici giudici non «matti» e non «antropologicamente diversi dalla razza umana». Persino il cavalier Berlusconi, dopo aver ringraziato sé stesso, ha avuto parole di elogio per le procure anti-Br. E non soltanto per la provvidenziale coincidenza temporale fra la maxiretata e lo sciopero generale. Ma soprattutto perché i magistrati – assicura il premier – sono «assolutamente certi delle prove a carico di queste persone». Essendo in fase d'indagine, come Pecorella e Ghedini insegnano, quelle che lui chiama «prove» sono solo «indizi». E quelli che lui chiama «arresti» sono solo «fermi», emessi in fretta e furia dai pm senz'alcun vaglio del giudice (il gip), che deve ancora esaminare gli elementi d'accusa e convalidare o annullare i provvedimenti con ordinanze di custodia cautelare o di scarcerazione. Hanno dovuto anticipare – è stato spiegato – per prevenire una fuga di notizie che avrebbe vanificato l'operazione: cose che capitano, le fughe di notizie, anche se gli alfieri della «giustizia giusta» non mancano mai di denunciarle. Stavolta, per fortuna, non hanno denunciato. Senza quella fuga di notizie, gli arresti sarebbero arrivati oggi o domani: col timbro del gip, ma fuori tempo massimo rispetto allo sciopero.

Lo storico blitz segna una svolta anche nella valutazione delle «prove»: i presunti terroristi - spiega Berlusconi - sono finiti in galera in base alle «assolute e consistenti prove della loro partecipazione all'omicidio D'Antona». «Ma noi pensiamo di aver colpito anche i responsabili dell'omicidio Biagi», aggiunge *ad abundantiam* Pisanu, subito precisando che «siamo garantisti e parliamo al condizionale» perché «aspettiamo il giudizio definitivo della magistratura». E anche questa è una notizia: una rivoluzione copernicana per chi candida i Dell'Utri, i Bossi, gli Sgarbi, i Berruti, i Vito, i La Malfa e altre decine di condannati dalla cassazione. Ora all'improvviso si affidano ciecamente ai «giudizi della magistratura». Finché si occupa di terrorismo.

Ma ecco le «prove assolute e consistenti»: per un arrestato, un capello; per un secondo, un palmare; per tutti gli altri, i tabulati dei cellulari. Questo parla con quello a quell'ora in quel posto. Centinaia di processi di mafia si fondano, oltreché sulla parola dei famigerati pentiti, proprio sugli incroci delle telefonate ricavate dai tabulati. A Palermo, per esempio, ce n'è uno che si trascina dal 1997: non l'indagine preliminare di un pm, ma un dibattimento seguìto a un'inchiesta, a un'udienza preliminare, a un rinvio a giudizio e a sette anni di udienze davanti a tre giudici. L'imputato è il senatore Dell'Utri, difeso dal senatore Trantino. Da mesi fa di tutto - compresa una legge *ad hoc*, la legge Boato - per espellere dal processo i tabulati telefonici che dimostrano le sue conversazioni con noti mafiosi. Valgono o non valgono, allora, i tabulati? Solo per i processi di terrorismo e non per quelli di mafia? Mistero. Nella memorabile intervista allo «Spectator», Berlusconi ha detto: «Su Dell'Utri metto la mano sul fuoco: nessun rapporto con mafiosi. È nato a Palermo. E lì la magistratura comunista ha creato un reato che non è nel codice: il concorso esterno in associazione mafiosa. Cosa vuol dire: che se uno non fa parte della banda, ma in qualche modo parla, chiacchiera...? Io domando: se un cittadino del Nord va in Sicilia e parla con una persona che lo saluta, se questa persona è libera e non è nelle prigioni, questo cittadino è obbligato a sapere che questa persona è un mafioso? Se non lo sanno i giudici che non lo mettono in galera, come fanno a saperlo gli altri?... Oggi basta il fatto che lui mi abbia telefonato per essere incriminato. Il presidente della Regione Sicilia è accusato di questo reato perché un mafioso ha telefonato a un suo collaboratore... Ma è una follia» (Ansa, 11 settembre 2003).

C'è da augurarsi che nessun brigatista legga lo «Spectator». Altrimenti potrebbe difendersi così: «Ma se la Lioce era libera, come facevo a sapere che era una terrorista? Se non lo sapevano i giudici che non la mettevano in galera, come facevo a saperlo io? Non basta qualche telefonata per essere incriminati. È una follia. Questi giudici fascisti si inventano i reati». Nel caso, si spera che il giudice non lo prenda sul serio. Anche perché c'è ancora molto da lavorare. «Prendere i mandanti», raccomanda Cicchitto. E James Bondi, su quel fronte, ha le idee chiare: «Mi vergogno dell'"Unità". Un distillato di odio che può essere pericoloso. Quando dico che da loro mi aspetto di tutto, penso ai terroristi ancora attivi nel paese, che sparano ai Biagi e ai D'Antona» («Corriere della Sera», ieri). Ecco: quando si tratta di garantismo, Bondi non è secondino a nessuno. *(26/10/2003)*

Ora pro Bossi

Il tribunale dell'Aquila accoglie un ricorso dell'islamico Adel Smith e ordina di rimuovere il crocifisso dalle aule della scuola frequentata dai suoi figli.

Meno male che c'è la Lega Nord, con i suoi cattolicissimi statisti, a difendere la fede cristiana dai giudici maomettani e anche un po' beduini. La sentenza dell'Aquila, probabilmente sballata, verrà quasi sicuramente riformata in appello. Ma intanto è bello sapere che Bossi, Calderoli, Castelli e altri «defensores Fidei» vegliano giorno e notte sul crocifisso. «Una sentenza contro il popolo, la sentenza di un matto», denuncia il Senatùr, definendosi «un cattolico tradizionalista». «Mando gli ispettori per vedere se quel giudice merita una sanzione disciplinare», annuncia il cosiddetto ministro della Giustizia, che ormai è ontologicamente più incostituzionale di qualunque sentenza incostituzionale, visto che «la magistratura è indipendente da ogni altro potere» (art. 104 della costituzione) e nessun ministro potrà mai sindacare su nessuna sentenza. E poi, per non farci mancare proprio nulla, c'è anche l'anatema di Roberto Calderoli, per gli amici «Pòta», odontoiatra a Bergamo e vicepresidente del senato a Roma, che da due giorni s'è appuntato il crocifisso al bavero della giacca: «Come cattolico sento la sentenza come una bestemmia. Tra Maometto, guerre di religione, bin Laden e soci, io e la Lega staremo sempre dalla parte del Crocifisso, daremo battaglia su tutti i fronti».

Ora, salvo casi di omonimia, Roberto Calderoli dev'essere lo stesso che nel '97 propose lo «sciopero della messa» contro «i preti» e che ha sposato la sua signora, Sabina Negri, con rito celtico, fra un simbolo nibelungico e un'invocazione a Odino, officiato da un druido d'eccezione: il sciùr Marco Formentini travestito da Panoramix. Come racconta Gian Antonio Stella nel suo immortale «Tribù», lo sposino infilò alla Sabina il bracciale celtico («gli anelli sono troppo decadenti») e declamò: «Sabina, giuro davanti al fuoco che mi purifica: esso fonderà questo metallo come le nostre vite nuovamente generate». Poi levò il calice di sidro «che le mani delle nostre donne hanno spremuto dai frutti della terra genitrice». Ma, sia chiaro: nessuno gli tocchi il crocifisso.

Secondo Stella, che cita alcuni divertiti quanto anonimi testimoni, lo stesso rito barbaro unì in matrimonio Roberto Castelli con la seconda moglie Sara, sempre con druido e sidro di ordinanza. Roba da ispezione immediata. Ma, sia chiaro, nessuno gli tocchi il crocifisso.

«Gran bel matrimonio, mi sembra american-scozzese», commentò Bossi, un po' invidioso. Quando si era risposato lui, quei simpatici rituali non erano ancora tornati in auge: aveva dovuto accontentarsi del druido Formentini in borghese. E poi lui è un noto «cattolico tradizionalista», come dimostrano le sue numerose omelie in quel di Pontida e dintorni: «La Pivetti ci serviva per trattare col Vaticano: ora la rimando indietro al Vaticano morta, secca» (10 agosto 1996). «I preti pensino all'anima, lascino stare la politica. Il peggior governo laico è sempre meglio del miglior potere teocratico. Ringrazio Napoleone che ha portato la fine del potere politico della Chiesa; basta con chi vuole controllarci in camera da letto e nel cesso. La Chiesa pensi a imitare Gesù che diceva di andare per il mondo a piedi nudi, invece di stare nei palazzi a mangiare e bere e a fare magari qualcosa altro. Lo dico perché sono un uomo di profonda spiritualità» (4 settembre 1997). «Siamo i più puliti e soprattutto non facciamo accordi con i preti» (17 ottobre 1997). «Il Sud è quello che è grazie all'Atea Romana Chiesa, con i suoi vescovoni falsoni che girano con la croce d'oro nei paesi dove si muore di fame: il principale potere antagonista dei padani» (3 agosto 1997). «La Chiesa è l'altra bretella del regime del partito-stato, insieme ai sindacati. La Padania deve combattere contro il nazionalsindacalismo e il nazionalclericalismo. Sono lontani i tempi di Giovanni XXIII, il gran lombardo: ora (*sic!*) è arrivato il papa polacco, che ha portato la Chiesa a interessarsi molto di più del potere temporale invece che del potere spirituale. I vari casi Ior e Marcinkus sono lì a dimostrarlo» (9 agosto 1997). «È da un anno che il potere teocratico dei vescovoni, gli zuccotti rossi, ci martella sistematicamente: pensassero alle anime, piuttosto che agli affari o alla politica» (5 settembre 1997). «È ora di mandare la guardia di finanza da certi vescovoni per sapere dove vanno i soldi che hanno raccolto per i poveri. I veri razzisti sono i buonisti, associazioni caritatevoli, tipo Caritas. Agiscono per un solo scopo: riempirsi il portafogli. Come il caporalato delle parrocchie: miliardi di euro in nero gestendo badanti, cameriere eccetera. Sappiamo chi c'è dietro, quali associazioni hanno perso il Dio che sta nei cieli, sostituendolo col dio denaro» (9 settembre 2002). Così predicò padre Bossi da Gemonio. Ma guai a toccargli il crocifisso. O almeno la croce celtica.

(29/10/2003)

Proseguono inarrestabili i successi internazionali del premier che tutto il mondo ci invidia. L'ultima tappa, in Cina, è una pietra miliare: dopo aver sbandierato con lacrima retrattile il suo attaccamento morboso ai diritti umani, e dunque il suo sdegno per chi «fece affari con il criminale Milošević», il Cavaliere da esportazione ha sdoganato il regime di piazza Tienanmen, della pena di morte e della pulizia etnica in Tibet: perché quelli sono sì comunisti, ma buoni perché predisposti agli affari. Un po' come l'amico Putin, alfiere dei diritti umani in Cecenia, che ha pure il vantaggio della mafia russa e ha appena fatto arrestare il suo oppositore.

Anche in Cina il prestigio dell'Italia è ormai alle stelle, da quando s'è saputo che un certo Bossi, che pare sia addirittura ministro, ha proposto dazi doganali per proteggere dal libero mercato un territorio introvabile sulle carte geografiche, denominato «Padania»; e da quando un altro presunto ministro, tal Frattini, ha pensato bene di comprare un Rolex falso a Pechino, nell'ambito della comune lotta alla pirateria commerciale.

Lasciando la Cina diretto a San Siro, lo Statista di Milanello ha poi voluto dire la sua sulla situazione in Iraq: «Il paese comincia a funzionare, c'è un certo ottimismo» (29 ottobre); «In Iraq molte cose vanno bene. Con Bush abbiamo parlato di una situazione che migliora molto. Il paese sta andando verso la normalità» (1° novembre). Parole beneauguranti: il Cavaliere non aveva ancora finito di parlare e da Baghdad giungeva notizia della più terribile strage di soldati americani dall'inizio della guerra.

Appena atterrato in Italia, poi, subito un gravoso impegno istituzionale: Milan-Juve. Il premier ha voluto simpaticamente incontrare l'arbitro Racalbuto nel sottopassaggio che lo portava sul campo. La scena, ripresa in tv da Sky, ha destato un discreto sconcerto, non essendo proprio usuale che il presidente di una delle due squadre s'intrattenga col direttore di gara. Due le possibili spiegazioni: 1) Berlusconi s'è offerto di arbitrare lui la partita; 2) Berlusconi ha scambiato Racalbuto per

Renato Squillante. Al termine della partita, finita 1 a 1, un commento a caldo per le televisioni: «Si fosse vinto, sarebbi rimasto meglio».

Nelle stesse ore, a reti unificate, l'amico Mariano Apicella presentava il suo primo album scritto a quattro mani con il suo nuovo paroliere d'eccezione, Berlusconi, detto anche l'Usignolo di Arcore. Un evento che i telegiornali ritenevano ben più rilevante della scomparsa di un certo Alessandro Galante Garrone (mai visto al palafestival di Sanremo). Purtroppo la solita stampa internazionale ha finora trascurato il capolavoro, preferendo insistere sulle solite robette, tipo conflitto d'interessi e processi per corruzione. L'ultimo della serie è il «New Yorker», che ha dedicato al nostro premier una lunga inchiesta, riadattando un vecchio slogan pubblicitario dei rasoi Remington: «Berlusconi ama talmente l'Italia che l'ha comperata tutta». C'è anche un'intervista al protagonista, che rievoca da par suo la discesa in campo di dieci anni fa: «Per la politica ho lasciato tutto. Sono sceso in campo perché costretto dal popolo italiano. La gente veniva da me a migliaia, alle mie finestre, a casa mia. Ero l'unico italiano con una popolarità oltre il 90 per cento». Alla fine, dinanzi a un simile pellegrinaggio che premeva ai cancelli di Arcore, il recalcitrante Cavaliere dovette cedere.

Purtroppo, nessun altro all'infuori di lui ricorda quell'assedio popolare. Nemmeno i suoi più stretti collaboratori, che continuano a raccontare tutt'altra storia. Giuliano Ferrara: «Berlusconi è sceso in politica per impedire che gli portassero via la roba» (25 febbraio 1994). Fedele Confalonieri: «La verità è che, se Berlusconi non fosse entrato in politica, se non avesse fondato Forza Italia, noi oggi saremmo sotto un ponte o in galera con l'accusa di mafia. Col cavolo che portavamo a casa il proscioglimento nel lodo Mondadori» (intervista a «Repubblica», 25 maggio 2000). E perfino Marcello Dell'Utri: «Eravamo nel settembre 1993, Berlusconi mi convocò nella sua villa di Arcore e mi disse: "Marcello, dobbiamo fare un partito pronto a scendere in campo alle prossime elezioni...". Lui aveva provato in tutti i modi a convincere Segni e Martinazzoli per costruire la nuova casa dei moderati... "Vi metto a disposizione le mie televisioni", aveva detto. Tutto inutile, e allora decise che il partito dovevamo farlo noi. Poi c'era l'aggressione delle procure e la situazione della Fininvest con 5.000 miliardi di debiti. Franco Tatò, che all'epoca era l'amministratore delegato del gruppo, non vedeva vie d'uscita: "Cavaliere, dobbiamo portare i libri in tribunale"... I fatti poi, per fortuna, ci hanno dato ragione e oggi posso dire che senza la decisione di scendere in campo con un suo partito, Berlusconi non avrebbe salvato la pelle e sarebbe finito come Angelo Rizzoli che, con l'inchiesta della P2, andò in carcere e perse l'azienda» (intervista ad Antonio Galdo, *Saranno potenti?*, Sperling & Kupfer, 2003). Smemorati. *(4/11/2003)*

Il Casino delle Libertà

Il Cavaliere è impegnatissimo nella battaglia in difesa della magistratura russa, nominata perlopiù da Brežnev, Černenko e Andropov. Insomma un modello di indipendenza e di apoliticità. «In Russia non si può parlare di un uso politico della giustizia», assicura a proposito degli ultimi arresti eccellenti. La fonte è insospettabile: «Me l'ha detto Putin, che ha chiarissimo il concetto di divisione dei poteri». Infatti in Russia nessuno ha ancora pensato a una legge Ciramov per trasferire il processo Yukov da Mosca a Ulan Bator; e nemmeno a un lodo Makkanikov-Skifanov per sospendere i processi ai complici del premier; né tantomeno a una legge Tremontov per sbiancare i capitali riciclati dalla mafia russa.

Fresco di ripetizioni putiniane sulla civiltà liberale, il nostro premier ha aggiunto che «quasi il cento per cento dei cittadini russi approva l'operato dei magistrati nel caso Yokov»: pare che l'amico Vladimir non li abbia mai definiti «cancro da estirpare», «matti», «affetti da turbe psichiche» e «antropologicamente diversi dalla razza umana». Anche perché Putin, a differenza di Berlusconi, non è imputato di nulla. Ma il nostro premier, per accorciare le distanze e fare più amicizia, lo tratta come se lo fosse e si offre come suo avvocato in conferenza stampa (organizzata in quello che lui definisce, restando serio, «un fabbricato che risale all'epoca dell'imperatore Adriano»). «Scusa se intervengo come tuo avvocato difensore, rispondendo prima di te a questa domanda. La verità è che ci sono delle realtà che anche in Italia come all'estero vengono spesso distorte dalla stampa. E anche per quanto riguarda la Cecenia e la vicenda legata alla Yukos è la stessa cosa. Mi sono informato con fonti italiane che conoscono bene la realtà in Russia, e mi hanno assicurato che le questioni Cecenia e Yukos sono state distorte dai giornali. Per questa mia difesa, invierò a Putin una parcella di un euro». E Putin, entusiasta: «Sono pronto a pagare un euro. Finalmente la Russia ha un avvocato serio». Pare che il Cavaliere gli avesse offerto anche Pecorella, Ghedini, Schifani, Saponara, Previti e Taormina, ma il presidente russo ha comprensibilmente declinato. *(7/11/2003)*

Il Taormina di Putin

Lo Statista di Milanello comunica: «L'Italia in passato era conosciuta all'estero solo per la Piovra, ora lo è per la politica estera». Sante parole. Infatti, ai tempi della Piovra, con la mafia si combatteva, non si conviveva. E all'estero mostravano di apprezzare. Ora molto meno. È vero che oggi siamo molto conosciuti per la nostra politica estera, ma nel senso di Alberto Sordi, del «facciamoci sempre conoscere». Soprattutto dopo la prolusione sulla superiorità dell'Occidente sull'islam, la simpatica battuta del kapò e la lezione sui diritti umani modello Cina e Cecenia. Colpa dell'85 per cento della stampa mondiale che, essendo comunista, getta fango sull'anticomunista Berlusconi. Il quale, però, assicura che anche il comunista Putin è perseguitato dall'85 per cento della stampa, che dunque si presume anticomunista. A questo punto si pone un interrogativo inquietante: può esistere un 85 per cento di giornali comunisti e, contemporaneamente, un 85 per cento di giornali anticomunisti? Il totale farebbe 170 per cento e anche un creativo come Tremonti faticherebbe a trovare una spiegazione. Ma nulla è impossibile al nuovo avvocato del regime russo: è riuscito persino a impedire che Putin venisse interrogato da Paolo

Guzzanti in commissione Mitrokhin, sempre a caccia di spie del Kgb. Se finora, come ha scritto Curzio Maltese, Berlusconi era lo Schifani di Bush, ora è anche il Taormina di Putin.

Colpisce, nel nostro statista brianzolo, la scelta degli uomini. Col suo fiuto da rabdomante, riesce sempre a selezionare il meglio sul mercato. Nella sua personalissima isola dei famosi, le nomination sono sempre ad altissimo livello. Nel giornalismo fa fuori Montanelli, Biagi, Santoro e De Bortoli, ma in compenso lancia Sgarbi, pubblica Vespa, riesuma Jannuzzi, scopre talenti come Mimun, Socci, Belpietro, giù giù fino a Pionati. Nel mondo dell'economia prende sberle da Modigliani e Sylos Labini, ma si consola con Tremonti, Brunetta e Micciché. I suoi uomini attaccano Benigni, Fo e Ronconi, ma anche quel settore è già coperto da Martufello. Ce l'hanno pure con Bobbio, Galante Garrone, Eco, Tabucchi e Camilleri, ma d'altra parte hanno già Gervaso, Rosa Giannetta Alberoni e persino il di lei marito. Censurano il professor Alessandro Pizzorusso, che è solo accademico dei Lincei e non è neppure consulente di Previti, né può vantare le competenze costituzionali di un Bossi o di uno Speroni. Per l'Enea votano contro Rubbia (non ha il fisico): i loro scienziati di riferimento sono Lucio Stanca e l'ingegner Castelli. Si inimicano Muti e Abbado, ma hanno già Apicella e Tony Renis.

Anche in storia, i nostri eroi vanno fortissimo: ieri il «Giornale» annunciava in prima pagina che «dieci anni fa cadeva il Muro» e che «An celebrerà il decennale»: dopo 14 anni, fra l'altro. Le celebrazioni a Milano – annuncia il «Corriere» – sono affidate a noti sovietologi quali Daniela Santanché, Paolo Brosio, Elisabetta Gardini e Rosanna Lambertucci. Grazie a questo po' po' di intellighenzia, Milano è una sorta di seconda Atene, come dimostrano anche la scalata di Dell'Utri al teatro Lirico e la minacciata candidatura di Confalonieri a sindaco (è l'unico della ditta ancora senza cariche pubbliche). Lo scorso anno, essendo inquisito, Confalonieri fu insignito dal Comune dell'Ambrogino d'oro; scartata invece la candidatura di Borrelli, colpevolmente incensurato. Quest'anno ci si accapiglia sui morti: Bramieri contro Marinetti (il futurista), Miglio contro Falck. E il capogruppo di An Stefano Di Martino accusa gli anti-marinettiani di fare dell'«antifascismo strisciante» (testuale). In omaggio alla svolta di Fini, s'intende. Un Fiuggi Fiuggi generale. *(9/11/2003)*

Il processo del secolo

Fanno un film su Andreotti e i suoi processi. Regista Pasquale Squitieri. Produttore Vittorio Cecchi Gori, che fra una bancarotta e un arresto deve aver messo da parte qualche euro. Lo sceneggiatore, nonostante l'impegno profuso per la Causa, non sarà Bruno Vespa, ma Lino Jannuzzi, quello che dava del mafioso a Falcone da vivo ma lo apprezza tanto da morto. Ancora incerto l'attore protagonista (Squitieri vorrebbe Albertazzi, perché Andreotti è anche un bell'uomo). Per la colonna sonora non si esclude Tony Renis. Jannuzzi e Cecchi Gori ci stanno lavorando a palazzo Borghese, dove il produttore è rientrato dopo gli arresti domiciliari. Il titolo scelto è *Il processo del secolo*, anche perché i due di processi se ne intendono. Il fidanzato di Valeria Marini dice che Giulio l'ha conosciuto al senato: «è un superuomo». Squitieri assicura che «l'hanno preso e l'hanno portato davanti a un plotone di esecuzione» allestito da misteriosi «poteri internazionali». Jannuzzi propone di «fare un falò di tutti i pentiti»: bruciarli vivi, insomma. Riina e Provenzano ci provano da anni. Così i pentiti imparano a collaborare con lo stato, anziché convivere con la mafia.

Se dirà la verità – cosa di cui è lecito dubitare, vista la fama dello sceneggiatore-pataccaro – il film si candida naturalmente al Mystfest 2004, roba horror, da far impallidire Dario Argento e da sconsigliare a un pubblico impressionabile. Basti pensare alle facce di alcuni fra i migliori amici del protagonista: Salvo Lima, i cugini Salvo, i fratelli Caltagirone e i fratelli Vitalone, Vito Ciancimino, Vittorio Sbardella detto lo Squalo, Franco Evangelisti detto «a Fra' che te serve?», Giuseppe Ciarrapico detto Er Ciarra, Giorgio Moschetti detto Er Biondo, Nino Rovelli, Michele Sindona detto «il salvatore della lira», Licio Gelli e una lista di generali felloni fra cui Graziani, Miceli, Loprete, Giudice e chi più ne ha più ne metta. Già contattati

Carlo Rambaldi, il papà di ET, e lo staff di *Jurassic Park*. Anche la trama è «de paura». Il protagonista, uomo molto pio e religioso, allevato in Vaticano, viene coinvolto in tutti i più loschi scandali della storia d'Italia degli ultimi cinquant'anni (Giuffrè, banane, petroli 1 e 2, Giannettini, Fiumicino, Sifar, danni di guerra, Italcasse, Sir, Eni-Petromin, Sindona, Gladio), finisce 26 volte dinanzi all'inquirente che lo salva regolarmente dai processi e, intanto, diventa 33 volte ministro e 7 volte premier. Sfortunato nelle amicizie, è comunque più fortunato delle persone - santi o diavoli - che incrociano il suo cammino e che hanno tutte la strana tendenza a non morire di morte naturale: Pisciotta, dalla Chiesa, Mattarella, Pecorelli, Sindona, Calvi, Moro, Ambrosoli. Tutti ammazzati. Più fortunati Baffi e Sarcinelli, che furono soltanto arrestati.

Pentiti, nel film, non ne occorrono. Basterà citare quel che pensava di Andreotti l'avvocato Giorgio Ambrosoli, che lo lasciò scritto nei suoi diari: «Andreotti è il più intelligente della Dc, ma il più pericoloso», «Andreotti vuole chiudere la questione Sindona a ogni costo». Andreotti invece, nei suoi diari, di Ambrosoli non parla mai. Nemmeno il giorno dell'omicidio. Tra le carte sequestrate a Gelli nel 1981 a Castiglion Fibocchi, c'è un suo bigliettino di auguri al Venerabile, in cui si ricorda minacciosamente che l'uccellino posato sul ramo troppo gracile rischia di cadere e farsi male. Ma lui giura di aver visto Gelli una sola volta, di sfuggita.

Dotato di poteri paranormali, Andreotti riesce addirittura a smentire i diari di Carlo Alberto dalla Chiesa e dell'avvocato Rodolfo Guzzi. Quest'ultimo, che assiste Sindona, giura di aver parlato con lui tre volte per concordare il salvataggio del bancarottiere. Ma Giulio nega: «Non ero io, forse era Noschese, l'imitatore» (che purtroppo è appena morto suicida e non può smentire). Quanto a dalla Chiesa, appena parte per Palermo, scrive al premier Spadolini che reputa la corrente andreottiana in Sicilia «la famiglia politica più inquinata del luogo». Poi incontra Andreotti e annota sul suo diario: «Andreotti mi ha chiesto di andare e, naturalmente, date le sue presenze elettorali in Sicilia, si è manifestato per via indiretta interessato al problema; sono stato molto chiaro e gli ho dato però la certezza che non avrò riguardo per quella parte di elettorato a cui attingono i suoi grandi elettori... Sono convinto che la mancata conoscenza del fenomeno lo ha condotto e lo conduce a errori di valutazione... Il fatto di raccontarmi che intorno al fatto Sindona un certo Inzerillo, morto in America, è giunto in una bara e con un biglietto da 10 dollari in bocca, depone nel senso». Dalla Chiesa viene assassinato a Palermo il 3 settembre 1982. Il 12 novembre 1986 Andreotti viene interrogato come teste al maxiprocesso alla mafia proprio sui diari del generale. Andreotti li smentisce: dalla Chiesa, a suo dire, si era confuso. In pratica, mentiva al suo diario.

Anche Aldo Moro, nelle sue lettere dalla prigionia, mentiva di sicuro. Non poteva non mentire, almeno quando parlava di Andreotti. «È giusto – scriveva – che le masse, i partiti, gli organi dello stato stiano bene attenti... al personaggio che la legge ha voluto detentore di tutti i segreti dello stato, i più delicati... Questa persona detiene un potere enorme all'interno e all'estero di fronte al quale i dossier... al tempo di Tambroni francamente impallidirebbero... È l'austero regista di questa operazione di restaurazione della dignità e del potere costituzionale dello stato e di assoluta indifferenza per quei valori umanitari, i quali furono tutt'uno con i valori umani. Un regista freddo, impenetrabile, senza dubbi, senza palpiti, senza mai un momento di umana pietà. E questo è l'onorevole Andreotti, del quale gli altri sono tutti obbedienti esecutori di ordini... Livido, assente, chiuso nel suo cupo sogno di gloria... per fare il male come ha sempre fatto il male nella vita... per nostra disgrazia e per disgrazia del paese (che non tarderà ad accorgersene) a capo del Governo».

Ed ecco, invece, un testimonial attendibile, che su Andreotti dice la pura verità: «I pentiti hanno detto che Andreotti era mafioso, ma è falso. Hanno detto che l'ho incontrato e baciato, ma è un'altra bugia. Una personalità come lui non era così sprovveduta da incontrare un latitante. Da uomo di governo, i suoi spostamenti erano tutti controllati. Sono tutte storie, inventate dai pentiti, che più ne inventano più meriti acquistano. Sono gente manovrata e prezzolata secondo le circostanze e le convenienze, parlano per i benefici enormi che riescono a trarre. E i giudici fanno carriera servendosi di loro, con processi basati su teoremi non dimostrati» (è Totò Riina che parla, il 31 marzo 1994).

Anche Licio Gelli esprimeva concetti analoghi il 28 marzo 1993, all'indomani della richiesta di autorizzazione a procedere del pool di Palermo: «Mi sembra impossibile che Andreotti sia coinvolto nelle questioni di mafia. Ha centrato benissimo l'obiettivo: la fonte di quella fantastica accusa è Leoluca Orlando. I pentiti sono manovrati e, per sapere con quali obiettivi, bisognerebbe conoscere i piani oscuri che hanno determinato i gruppi oscuri che si sono messi in mente di destabilizzare l'Italia. Tra me e Andreotti c'è stata amicizia disinteressata, lo stimavo nel 1981 e lo stimo ancora oggi». È quel che dicono in tanti, oggi. Praticamente tutti. Parole sante. Bisogna proprio farci un film. *(12/11/2003)*

Mica so' Pasquale

Il direttore di Rai3 Paolo Ruffini (Margherita) tenta di cancellare, a poche ore dalla messa in onda della prima puntata, il programma satirico *Raiot* di Sabina Guzzanti.

No che non c'è il regime. Cacciano Montanelli dal «Giornale» che ha fondato, ma non c'è il regime. Cacciano dalle loro televisioni, cioè tutte, Biagi, Santoro e Luttazzi, ma non c'è il regime. Minacciano il direttore del «Corriere» Ferruccio De Bortoli finché non toglie il disturbo, ma non c'è il regime. Mettono alla porta della Rai Paolo Mieli prima ancora che ci entri, ma non c'è il regime. Censurano *Blob*, ma non c'è il regime. Dissanguano il Tg3, ma non c'è il regime. Bloccano il programma con Massimo Fini prim'ancora che vada in onda, ma non c'è il regime. Silenziano un telesondaggio di *Domenica in* sgradito al padrone, ma non c'è il regime. Tentano di bloccare uno spettacolo di Dario Fo e Franca Rame perché «la satira non deve occuparsi di politica», ma non c'è il regime. Affidano il festival di Sanremo a un amico di Joe Adonis, ma non c'è il regime. Piazzano alla direzione generale della Rai un famiglio di Berlusconi, ma non c'è il regime. Appaltano la cosiddetta informazione politica del cosiddetto servizio pubblico a due collaboratori della Fininvest, ma non c'è il regime. Infilano uomini Mediaset in ogni ufficio che conta alla Rai, ma non c'è il regime. Il cosiddetto servizio pubblico calpesta bellamente una decina di sentenze della magistratura che impongono di far lavorare, come da contratto, la squadra di *Sciuscià*, ma non c'è il regime. Ora tentano di cancellare, a poche ore dalla messa in onda, il nuovo programma di Sabina Guzzanti, salvo poi ingranare una precipitosa quanto ridicola retromarcia, ma non c'è il regime.

Vien da rimpiangere quei bei colpi di stato di una volta, alla sudamericana, con i carri armati per le strade e le marce militari alla televisione. Almeno quelli si facevano subito riconoscere per ciò che erano, non si travestivano da democratici, non si nascondevano dietro abiti civili e ossimori tipo Casa delle Libertà. Per dirla con Luttazzi, è un golpe al rallentatore. Dopo la censura «a campione», siamo ai rastrellamenti. Li vanno a prendere uno alla volta, casa per casa, fino a esaurimento. La lista degli «enucleandi» praticamente è completa. Fra poco la censura finirà per mancanza di persone da censurare. Il nuovo regime, più insidioso degli altri proprio perché non si fa notare, affina ogni giorno meccanismi sempre più sottili e truffaldini. Svuota il senso delle parole, ribalta la logica e la consecutio temporum, trasforma i lupi in agnelli e viceversa, si serve di finti oppositori per completare il lavoro sporco.

Ufficialmente, a sguinzagliare l'ispezione per scovare il cameraman che aveva osato riprendere la contestazione a Berlusconi nel tribunale di Milano era stata la «presidente di garanzia» Lucia Annunziata. Ufficialmente, ad annunciare la chiusura di *Raiot. Armi di distrazione di massa*, è stato Paolo Ruffini, il democraticissimo direttore di Rai3, che non trovava il programma «in linea con la rete» (come se la satira potesse o dovesse essere in linea con qualcosa o qualcuno): una satira troppo poco riformista, direbbe qualcuno. Così il Cavaliere e i suoi cari potranno gabellare il tutto come un altro «regolamento di conti interno alla sinistra» (espressione cara al nostro premier, che la usò a proposito del delitto D'Antona).

Quando Sabina, subodorando qualcosa, annunciava nei

suoi spot travestita da Berlusconi e da Annunziata che non era affatto certo che *Raiot* andasse in onda, la reazione generale era di fastidio: ecco il solito martirio preventivo. La stessa reazione dei «riformisti» di tutt'Italia quando Berlusconi emanò l'editto di Sofia su Biagi, Santoro e Luttazzi. «Un'assicurazione sulla vita per tutti e tre», scrisse l'acuto Francesco Merlo sul «Corriere». Poi però i tre sparirono dai teleschermi in straordinaria coincidenza con quel diktat. L'unico che s'è poi intravisto è stato Luttazzi, la scorsa settimana, ospite di Baudo. E lì il regime ha sperimentato una nuova, micidiale tecnica di manipolazione. Epurare l'oppositore, poi tendergli la mano, offrirgli un micro-spazio, lasciarlo parlare e sforbiciargli a sua insaputa le battute più pungenti, poi presentarlo al pubblico con l'aria compassionevole di chi dice: visto come si è ridotto?, non attacca più, non morde più, s'è arreso. Così qualche critico frettoloso abbocca all'amo e scrive che anche Luttazzi «tiene famiglia». L'indomani il comico prova a spiegare che la versione andata in onda è la metà di quella registrata, che lui non ha autorizzato i tagli su Berlusconi, su *Satyricon*, su Tremonti, sulla Chiesa. I pochi giornali che lo riprendono, lo confinano in due righe a pagina 98. Missione compiuta: milioni di persone penseranno che l'epurato è disposto a tutto pur di rientrare in Rai, anche a strisciare sulle ginocchia. A quel punto Ruffini si dice pronto a riaccoglierlo in Viale Mazzini: «Non lo conosco (*sic!*), ma se mi fa una proposta la valuteremo». Un po' come hanno valutato le proposte della Guzzanti, per dire (qualcuno ha tentato addirittura di utilizzare i poveri morti di Nassiriya, per prender tempo, per cercare una via d'uscita: strano che non ci abbiano pensato anche per Bonolis, per l'*Isola dei famosi*, per *Bulldozer* o per Panariello).

Ora, si capisce, avremo un paio di giorni di polemiche. Poi tornerà il silenzio, fino alla prossima censura, ammesso che ci sia ancora qualcosa o qualcuno da censurare. Chissà se stavolta le opposizioni coglieranno l'occasione per analizzare l'unica lista unitaria perfettamente riuscita: quella dei censurati. Finora si sono ispirati allo sketch di Totò, che prende legnate da uno sconosciuto che l'ha scambiato per un certo Pasquale, ma non si ribella mai perché – spiega – «voglio vedere quello lì dove vuole arrivare. E poi mica so' Pasquale, io». *(17/11/2003)*

Cabaret «Da Cesare»

Dopo il fugace innamoramento della Casa della Libertà Provvisoria per la cassazione, è bastato che questa respingesse l'istanza di rimessione del processo Sme perché la situazione tornasse rapidamente alla normalità. Ora la Suprema corte è di nuovo quel covo di toghe rosse, politicizzate e prevenute che emette «sentenze sbagliate», «fa finta di non vedere» e crea «situazioni allucinanti», come denuncia l'avv. prof. Sandro Sammarco, difensore di Previti. È accaduto, semplicemente, che dopo aver assolto Andreotti nel caso Pecorelli (applausi scroscianti) e dichiarato ammissibile l'istanza di Previti (standing ovations), la corte abbia bocciato quest'ultima nel merito perché non stava né in cielo né in terra. Il fatto che dei giudici non prendano ordini da un loro imputato ha gettato nella costernazione l'imputato e i suoi discepoli. Il tema del contendere è noto, soprattutto alla satira e al surrealismo: questi giureconsulti sostenevano che tenere segreto un fascicolo segreto – come fanno pervicacemente Colombo e Boccassini – è un grave abuso (per non commetterlo, i magistrati dovrebbero mostrare i fascicoli segreti al primo che passa). Ragion per cui hanno mobilitato prima gli ispettori ministeriali sul fronte disciplinare, poi un sedicente comitato nazionale per la giustizia sul versante penale. Tutto in famiglia, fra amici. Ma con esiti tragicomici. Gli ispettori son tornati da Castelli con le pive nel sacco: Colombo e Boccassini hanno spiegato loro che, essendo segreto, il fascicolo non lo può vedere nessuno. Un concetto talmente ostico che persino un tipo vispo come il ministro Castelli fatica a comprenderlo, tant'è che dopo cinque mesi sta ancora valutando se promuovere l'azione disciplinare contro i due pm che tengono segreto un fascicolo segreto. Gli avvocati di Previti comunque si sono portati avanti col lavoro (del ministro) e l'hanno già preannunciato al tribunale di Milano. Al ministro, ignaro di tutto, lo spiegheranno appena possibile.

Intanto sul fronte penale, dopo cinque mesi, la procura di Brescia ha dovuto concludere che tener segreto un fascicolo segreto non è reato: è la legge. Sarebbe reato divulgarlo, il segreto. Così, dopo aver indagato i due pm milanesi per abuso d'ufficio, i colleghi bresciani hanno chiesto l'archiviazione perché la denuncia era un collage di «affermazioni gravi e arbitrarie» nonché di «illazioni smentite dagli atti». In italiano: tutte balle. Comprese le accuse sulla presunta «manipolazione» della bobina del bar Mandara: per sette anni s'è potuto ripetere impunemente, a reti (ed edicole) unificate, che due poliziotti in combutta con il pool avevano operato un taglia e cuci della celebre chiacchierata fra i giudici Misiani e Squillante per «incastrare» il povero Berlusconi. Il quale, per quell'orrendo episodio, chiese l'arresto della Boccassini e dei suoi uomini nell'ultima dichiarazione spontanea al tribunale di Milano, il giorno prima di abolire il suo processo per legge. Ora Brescia scrive che «nessuna prova determinante per l'accertamento di quanto accaduto nel corso dell'operazione di intercettazione ambientale presso il bar Mandara di Roma è stata sottratta e occultata dai pm di Milano».

Nel frattempo però Previti e i suoi cari avevano usato l'indagine bresciana, azionata dall'amico comitato, per intimare ai due pm di astenersi dal processo Sme. E, al loro rifiuto, per chiedere alla cassazione di traslocare il processo a Brescia. La cassazione, due giorni fa, ha posto fine al vaudeville, stabilendo che non basta denunciare il proprio pm per far spostare il proprio processo. Altrimenti lo fanno tutti e non si processa più nessuno. È la terza volta in undici mesi che le granitiche prove esibite da Previti & C. sulla politicizzazione, la prevenzione, la persecuzione al tribunale di Milano vengono sommerse da una sonora risata dei supremi giudici del Palazzaccio. Ora però non si esclude un quarto ricorso: pare che i legali di Previti stiano valutando di appellarsi in cassazione contro la sentenza della cassazione. Il che, riconosciamolo, sarebbe un capolavoro: finora le sentenze della cassazione passavano per definitive, inappellabili. Ma nulla è impossibile a Previti. In Italia non c'è niente di più provvisorio del definitivo, e poi all'occorrenza si può sempre fare una legge per istituire un quarto grado di giudizio. Nell'ambito, si capisce, dello sforzo titanico dell'attuale maggioranza per sveltire i processi. E anche per offrire un po' di svago ai supremi giudici, che s'ammazzano di noia. A questo scopo, i legali previtiani avevano chiesto di acquisire le montagne di documenti raccolti dai pm bresciani. Purtroppo non sono stati esauditi. Perché, dopo mesi di trombe e grancasse sul «giallo» dei «verbali scomparsi», cioè fatti sparire dal pool, i pm di Brescia li hanno finalmente scovati: «venivano acquisiti da questa stessa procura dal sito Internet dell'on. Previti». Li aveva lui e non se n'era accorto (si fa per dire). Forse perché contenevano «elementi tutt'altro che utili alla difesa», anzi «dichiarazioni utili all'accusa». È accaduto questo: nonostante i tagli del ministero al bilancio della Giustizia, qualche magistrato riesce ancora a collegarsi a Internet. E uno, particolarmente giù di morale, ha cliccato sul sito di Previti per farsi quattro risate. Così, con sua grande sorpresa, ha rinvenuto quelle che Previti da anni, facendo perder tempo e denaro alla Giustizia, chiama le «carte scomparse». Un collaboratore zelante deve averle messe lì per sbaglio. Ma si sa com'è fatto Previti: uno che non s'accorge di un bonifico di 500 milioni targati Fininvest dal suo conto svizzero a quello del giudice Squillante, può benissimo non sapere cosa c'è sul suo sito. È un po' sbadato, tutto qui. *(19/11/2003)*

Cronaca di una censura Annunziata

Il Cda Rai, all'unanimità, delibera la sospensione (cioè la chiusura) di *Raiot*.

Chiedo scusa ai lettori se oggi mi occupo di una vicenda che un po' riguarda anche me. Ho dato una mano, con altri autori, a Sabina Guzzanti per i testi di due puntate di *Raiot*: quella sull'informazione andata avventurosamente in onda domenica scorsa e quella sulla giustizia che comprensibilmente non andrà più in onda domenica prossima. Come coautore del programma, non dico una parola sulla sua riuscita. Se sia bello o brutto, se faccia ridere o meno, l'ultimo a doverlo stabilire è chi vi ha collaborato. I critici che contano hanno già decretato che si è trattato di un «comizio», per giunta «brutto». Dev'essere per questo che 2 milioni di italiani sono rimasti incollati a Rai3 dopo mezzanotte, rinunciando ai bellissimi programmi degli altri canali: per masochismo.

La motivazione scelta dal Cda Rai per la serrata, con l'avallo della compagna Annunziata, è davvero strepitosa, a dimostrazione del fatto che i vertici di Viale Mazzini la satira ce l'hanno nel sangue. Dicono che la sospensione non è censura, ci mancherebbe: è una decisione obbligata, dopo le «polemiche, proteste e azioni legali suscitate dalla prima puntata». Le «azioni legali» sono la denuncia minacciata da Mediaset, che si sente diffamata dalle battute sulla legge Gasparri. Da mesi, appena uno critica la legge Gasparri, riceve una lettera risentita dell'ufficio stampa di Mediaset. Come se Mediaset fosse il ministero delle Poste e Telecomunicazioni. Qualcuno, evidentemente, ha problemi di identità. Tant'è che la Rai sospende un programma di satira perché Mediaset (cioè, teoricamente, la concorrenza) minaccia di denunciarla. Sarebbe come se Mediaset sospendesse *Striscia la notizia* ogni volta che la Rai la denuncia (ma a Mediaset sono persone serie e, invece di chiudere Ricci, lo sostengono e gli raddoppiano gli spazi). Sarebbe come se un giornale sospendesse un giornalista o un vignettista alla prima querela. C'è da sperare che la legge valga per tutti: se, per far chiudere un programma che non ci piace, basta denunciarlo, diamoci da fare.

Ma la crisi di identità dei vertici Rai è tale che, non trovando altre nequizie da addebitare al sottoscritto, la direzione generale ha fatto sapere che «Travaglio non può collaborare con *Raiot* perché è in causa con la Rai». Il che è semplicemente falso: io non sono in causa con la Rai, visto che la Rai non mi ha mai denunciato né io ho mai denunciato la Rai. Sono stato denunciato da Berlusconi, che – sempre in teoria – non è la Rai, anche se i dirigenti Rai hanno una certa tendenza a immedesimarsi in lui. Ho inviato una smentita all'Ansa e subito dopo la Rai ha replicato ufficiosamente che, in effetti, non mi ha denunciato. Ma «si riserva» di farlo in un prossimo futuro. Dopo la censura preventiva, siamo alla denuncia virtuale postdatata.

Naturalmente, rassicura la compagna Lucia, «la collaborazione con il gruppo di Sabina viene mantenuta nella sua integrità. Sta alla Guzzanti e ai suoi collaboratori proseguire serenamente con professionalità nella realizzazione del programma». Ecco, continuino pure a lavorare «serenamente» al programma: solo, tengano presente che non andrà in onda. O magari ci andrà fra qualche mese, quando il Cda avrà valutato se fa ridere o no, se è bello o no, se dà fastidio a Mediaset o no (così poi qualcuno potrà scrivere che il comizio non solo è brutto, ma è anche un po' datato). E soprattutto quando i consiglieri d'amministrazione avranno capito tutte le battute. Già, perché il consigliere Rumi lamenta proprio questo: «Io personalmente non ho capito la battuta sul crocifisso». Un problema serio, che però potrebbe essere risolto incaricando qualcuno di spiegargliela. Invece no: in attesa che la capisca, si è preferito sospendere il programma.

(20/11/2003)

Schizzi di saliva

Nel suo ultimo libro, Bruno Vespa pubblica gli «schemi» che Berlusconi avrebbe vergato di suo pugno per dettare il gioco al Milan e al suo allenatore Ancelotti nella finale della Champions League vinta contro la Juventus. Ma viene subito smentito da Ancelotti.

Ieri, sopra una gigantesca pubblicità del film di Pinocchio, il «Corriere della Sera» sbugiardava l'ultima bufala di Bruno Vespa a proposito degli «schemi» del Milan che Berlusconi dice di aver suggerito all'allenatore Ancelotti per spezzare le reni alla Juve nell'ultima finale di Champions League (finita peraltro 0-0 e vinta solo ai rigori); e che invece Ancelotti rivendica orgogliosamente come suoi. La stessa notizia pubblicavano tutti i principali quotidiani, a cominciare dalla «Gazzetta dello Sport» (prima pagina). Ora, nei panni del Cavaliere, cominceremmo a preoccuparci. Perché se il Dio Pallone si volta dall'altra parte, per chi passa dalla «discesa in campo» a «Forza Italia», dal «modello Milan» alla «squadra» degli «azzurri», senza dimenticare il calcetto di Previti alla Canottieri Lazio e le partite di Dell'Utri con Mangano alla Bacigalupo di Palermo, sono dolori. Si può anche tappare la bocca a Sabina Guzzanti e a chiunque osi spiegare il conflitto d'interessi con parole comprensibili anche ai sordomuti e ai «terzisti» (molto più sordi e più muti dei sordomuti). Ma quando si tratta di pallone, la gente afferra al volo, senza tante spiegazioni. Infatti bisogna sintonizzarsi sul *Processo di Biscardi* per sentire qualcuno denunciare la curiosa coincidenza che vuole un ex presidente del Milan (Carraro) presidente della Federcalcio e il vicepresidente del Milan (Galliani) presidente della Lega Calcio. E bisogna leggere la sezione sportiva del «Corriere» (pagina 45) per trovare scritto, dal bravissimo Alberto Costa, che «Vespa è specializzato in sviolinate ai potenti» (nelle prime pagine, il «Corriere» è specializzato in sviolinate a Vespa).

L'ultima dell'insetto di *Porta a Porta* è questa: il suo libro appena pubblicato da Mondadori reca in appendice uno scoop davvero succulento: gli «schizzi» degli schemi di gioco del Milan per la finalissima di Champions League, che Vespa giura esser stati scritti a quattro mani da Ancelotti e dal «primo tifoso», come Berlusconi viene mussolinianamente ribattezzato nell'ambiente dei lustrascarpe. Fra l'allenatore e il Primo Tifoso, Vespa si pone come una sorta di massaggiatore da bordocampo, con la valigetta del pronto soccorso, sempre scattante per ogni evenienza. Il giorno della finalissima, raggiunse l'Old Trafford sull'aereo personale del Primo Tifoso, la qual cosa gli provocò orgasmi multipli e viene orgogliosamente rievocata nel libro. In tale emozionante compagnia, il mezzobusto-massaggiatore ebbe l'onore di potersi accosciare sullo «sterminato prato inglese» durante l'ultimo allenamento e, di lì, armato di binocolo, vedere Berlusconi mentre, «confessava Ancelotti, insieme tracciavano gli schemi di gioco». Dei quali poi il Primo Tifoso gli fece gentile omaggio per l'appendice del libro, confidandogli un'ultima leccornia: «Con Carlo abbiamo anche concordato i cambi da effettuare». Purtroppo – come ha detto Ancelotti in un soprassalto di dignità – la notizia è falsa: «Veramente quegli schemi non sono di

Berlusconi. Sono miei. Li ho disegnati io e quella è la mia calligrafia. Glieli ho dati perché volevo renderlo partecipe del mio lavoro». Ci teneva tanto, il pover'uomo. Il quale però – all'insaputa dell'ingenuo Carletto – corse a rivenderli come propri a Vespa (l'unico che crede ancora alle sue bugie). Ancelotti poteva chiedere notizie a uno sfortunato predecessore, Alberto Zaccheroni: anche lui, nel 1989, dovette smentire pubblicamente il Primo Tifoso che tentava di far credere di aver inventato la mossa vincente per lo scudetto al Milan (Boban trequartista), mentre in realtà si era battuto allo spasimo per schierarlo come esterno sinistro. Poi, naturalmente, fu licenziato dopo un lungo mobbing sulle sue presunte ascendenze «comuniste».

Se, con simili precedenti, un uomo mite come Ancelotti si ribella, è un buon segno («Terribile – scrive la Bibbia – è la collera del mansueto»). Forse, il principio della rivolta. Anche perché c'è un altro illustre precedente: quello del grande Dino Zoff, che sbatté addirittura la porta della Nazionale dopo i volgari insulti che gli aveva rivolto il Primo Tifoso ai mondiali di Francia, straparlando di marcature su Zidane e altre corbellerie. Un gesto di dignità. Una schiena dritta nel paese dei nati curvi. Ora il loro capostipite, Bruno Vespa, apre la valigetta del pronto soccorso per medicare il Primo Tifoso contuso e polemizzare con Ancelotti. Dice che la sua smentita «non ha alcun senso» perché lui non ha mai scritto che la calligrafia fosse del Cavaliere. E insiste nel raccontare che «la tattica della partita era in parte frutto della lunga "confessione" fra i due, alla quale ho assistito da lontano», mentre Ancelotti smentisce anche questo: tant'è che spiega di aver regalato gli schemi al Primo Tifoso con gesto compassionevole, per «renderlo partecipe», come si fa con i vecchietti petulanti che berciano dalle tribune credendosi l'allenatore. Vespa chiude con leccatina di ordinanza: «È noto che Berlusconi sia il più competente tra i presidenti delle società di calcio». A questo punto, parlare di schizzi sembra riduttivo. Questo è il Niagara. *(21/11/2003)*

Lodo Hammurabi

Dopo le dichiarazioni spontanee di Previti e le sue infinite manovre dilatorie, si attende la sentenza del tribunale di Milano nel processo Sme-Ariosto.

Esaurite tutte le armi di distruzione di massa, ma soprattutto di cassa, contro il tribunale di Milano, oggi è il giorno della sentenza Sme. O almeno dovrebbe, perché ancora non tutto è perduto per Cesare Previti e i suoi discepoli. Le citazioni dal codice di Hammurabi e dal Vangelo secondo Cesare che impreziosivano il suo straziante monologo di ieri e alcuni fatti della cronaca più recente lasciano ben sperare in qualche ulteriore via di scampo che allontani l'amaro calice e scongiuri l'estremo sacrificio.

1) Sulla scia dei voti beneauguranti di Carlo Taormina («Odio il giudice Carfì, vorrei vederlo morto») e di Berlusconi («Questi giudici sono un cancro da estirpare»), si potrebbero organizzare tornei di rosario, veglie di preghiera e macumbe assortite per propiziare quantomeno un coccolone ai tre giudici riuniti in camera di consiglio.

2) In alternativa, si potrebbe segnalare la presenza, nel tribunale di Milano, di soggetti sospetti molto somiglianti a bin Laden e a Saddam Hussein, nonché quella di un sidecar modello Mullah Omar parcheggiato nelle vicinanze, così da ottenere dall'amico George W. un pronto bombardamento del Palazzo di Giustizia.

3) Prendere spunto da un fatto recentemente accaduto a Trapani, dove l'ingegner Giovan Battista Grilli, mentre i poliziotti arrivavano ad arrestarlo per un appalto truccato, ne ha appallottolato le prove documentali e ha cominciato a masticarle e a deglutirle. Essendo le prove del processo Sme piuttosto voluminose (circa 100 mila fogli), il compito di Previti & C. parrebbe più arduo, ma è pur vero che i loro denti (tutti canini), le loro ganasce, i loro succhi gastrici e i loro stomaci garantiscono capacità digestive fuori dal comune. Ce la possono fare.

4) Trarre ispirazione da una notizia dal Giappone pubblicata dal «Corriere»: «Lite coi vicini o feste sgradite? A Tokyo c'è chi lo fa per te. Li chiamano "benriya", costano 40 euro all'ora e sono pronti a tutto. Una donna ha fatto scalare una monta-

gna in nome del marito defunto». Si potrebbe trovare qualcuno disposto, per un prezzo modico, ad accollarsi la responsabilità del famoso bonifico del 6 marzo 1991: per esempio un hacker che vada a testimoniare di aver disposto lui, da casa sua, il versamento di 434.404 dollari dal conto Ferrido (Fininvest) al conto Mercier (Previti) al conto Rowena (Squillante) in mezz'ora. Un'operazione che da otto anni i protagonisti non riescono decentemente a spiegare. Quella dell'hacker risulterebbe sicuramente più credibile delle versioni fornite finora: tipo quella dell'errore della banca. Purtroppo, pare che i «benriya» siano disposti a tutto, «salvo che ad azioni illegali». Ma questo in Giappone. L'Italia è un'altra cosa, come dimostra il caso di quel «benriya» brianzolo che tentò di accollarsi i reati contestati al più celebre fratello, senza però riuscire a convincere i giudici, che infatti lo assolsero: un certo Paolo B.

5) Fare tesoro di un'altra notizia uscita sul «Corriere», stavolta dalla Germania: «Avete l'amante e siete in cerca di coperture? Cercate di evitare i creditori o gli scocciatori? Preparate una sorpresa e volete sviare i sospetti? Dieci agenzie "Alibi Service" provvedono a tutto». Pagando il giusto, Previti potrebbe ingaggiarne una per scovare un alibi un po' più convincente del celebre «sono un evasore fiscale, non un corruttore» che ricorda il caso di quel rapinatore che disse al giudice: «Vostro onore, quel giorno a quell'ora non potevo certo rapinare quella banca: stavo scippando una vecchietta». Gli Alibi Service aiutano anche chi «fa un lavoro inconfessabile e non vuol farlo sapere alla famiglia». Se uno, per dire, lavora per Berlusconi ed è pure deputato, può tranquillamente far credere di gestire una casa di appuntamenti, perché a casa stiano tranquilli.

6) Un recente convegno a Torino ha analizzato i casi di delitti commessi nel sonno: un tizio, per esempio, sognava un'invasione di topi e per scacciarli spezzò un braccio alla moglie. Previti potrebbe sostenere che i bonifici estero su estero ai giudici li fece dormendo, in preda a un incubo terribile: sognava di essere un volontario della Caritas dedito alla beneficenza, in Svizzera.

7) Non volendo o potendo sventare la sentenza, si potrebbe almeno evitare che si venga a sapere. Il rischio è che il Tg1 de-

cida di dedicarle più spazio di quanto ne abbia dedicato alla tripla censura europea dell'altroieri a Berlusconi, cioè un nanosecondo. La soluzione è applicare anche ai telegiornali il lodo Annunziata-Ruffini, già sperimentato con successo con Sabina Guzzanti: sospendere i tg a tempo indeterminato, in attesa che le videocassette vengano visionate dalla commissione di vigilanza, o da Mediaset, o direttamente dallo stesso Previti e dai suoi coimputati. Poi, eventualmente, mandarli in onda. Ma non subito, non lo stesso giorno. Con comodo, senza fretta, fra uno speciale su Serena Grandi e l'altro, se avanza tempo.

(22/11/2003)

Omicidi e fetecchie sovrappeso

Il regime che controlla l'informazione può censurare un programma di satira e impedire che si parli di censura. Infatti la stampa (quasi tutta) e le tv (tutte) al seguito parlano di «sospensione», «congelamento», «slittamento» e via edulcorando.

Il regime che controlla l'informazione produce fenomeni da baraccone come Giuliano Ferrara, che dopo aver paragonato Galante Garrone a Renato Curcio, incitato il suo pubblico (fortunatamente esiguo) a lapidare con uova marce Roberto Benigni, definito l'«Unità» «giornale omicida», ora fa il falso magro e monta su la terza guerra mondiale perché Sabina Guzzanti gli ha detto che è una fetecchia sovrappeso. Uno che dirige un giornale da 10 mila copie, che quando diresse «Panorama» lo trascinò ai minimi storici, che imperversa ogni giorno in prima serata sfiorando a stento il 2 per cento di share, meno di un Socci qualunque, e che poi discetta sul gradimento dei programmi altrui.

Il regime che controlla l'informazione può far credere ai tanti gonzi che non vedono il regime, ma anche a persone colte e intelligenti come Paolo Mieli, che Sabina Guzzanti è antisemita e ha detto che esiste una «razza ebraica», mentre la sua frase era del tutto opposta («Nel sondaggio Ue si è detto che a minacciare la pace è Israele: non la razza ebraica, dunque non c'è antisemitismo». Specularmente, se uno critica un qualunque governo africano, aggiungendo: «Ho criticato quel governo, non ho detto che i negri puzzano, perché se l'avessi detto sarei un razzista», nessun africano dotato di un minimo di cervello si offenderebbe o lo accuserebbe di razzismo). Il tutto, in un paese governato da un tizio che un giorno se ne uscì con il concetto distensivo della «superiorità della civiltà occidentale su quella islamica, rimasta ferma al 1400». E nessuno gli chiese di registrare i suoi discorsi per farli vedere a uno psichiatra.

Il regime che controlla l'informazione può raccontare impunemente che *Raiot* è stato chiuso contro la volontà di Berlusconi, anche perché – Ferrara dixit – «la satira politica in Italia l'ha inventata lui sulle reti Fininvest». Dimenticando Tognazzi e Vianello, Dario Fo e Franca Rame, Grillo e Benigni, tanti altri satiri delle migliori stagioni della Rai, prima che arrivassero i mazzieri craxiani e berlusconiani. E alludendo evidentemente al Bagaglino, visto che la satira di *Striscia la notizia* fa spesso cronaca e smaschera scandali molto seri, come quello dei maghi truffaldi e della Missione arcobaleno («non fanno ridere» neanche quelli, ma nessuno s'è mai sognato di dire che «allora non è satira»).

Il regime che controlla l'informazione può spacciare scuse puerili come quella dell'obbligo di sospendere un programma per «motivi legali» per le denunce ricevute o minacciate. Ma Bruno Vespa è stato appena denunciato, insieme a Giuliano Fecchia, per la puntata in cui permise di accusare il quotidiano di «omicidio», eppure – giustamente – nessuno s'è sognato di sospendere *Porta a Porta* o di farne registrare cinque puntate da sottoporre alla censura preventiva. *Porta a Porta* non fu sospeso – giustamente – quando consentì a Craxi di parlare di un fantomatico «bottino di Di Pietro» e Di Pietro, ovviamente, sporse denuncia, non conoscendo altri bottini che quello di Bettino. *Porta a Porta* non fu sospeso – giustamente – quando ospitò gli assassini di Marta Russo, pagandoli anche profumatamente ed esponendosi alla denuncia dei poveri familiari della ragazza assassinata. *Porta a Porta* non fu sospeso quando invitò Adel Smith, noto bestemmiatore del crocifisso, sebbene molte organizzazioni cattoliche si siano sentite offese dai suoi deliri. *Porta a Porta* non fu sospeso quando invitò a presentare il suo libro di memorie dal carcere non Antonio Gramsci o Silvio Pellico, ma Wanna Marchi col mago Do Nascimento in diretta telefonica, ovviamente «in esclusiva», nel bel mezzo dei processi per truffa. E nessuno si sogna di cancellare uno Sgarbi dai teleschermi, sebbene ogni sua parola produca immediatamente una decina di denunce per diffamazione.

Il regime che controlla l'informazione può diffondere l'impressione che sia normale che la televisione di stato ospiti a ogni ora del giorno e della notte, gratis o a pagamento, frotte di inquisiti, condannati, pregiudicati, ladri, corrotti, corruttori, canàri e tagliagole, mentre tiene ai margini professionisti come Biagi, Santoro, Luttazzi, Massimo Fini e tanti altri, che usano la parola e la penna, non il piede di porco, la roncola o la lupara.

Il regime che controlla l'informazione può accettare e dichiarare valide sentenze o parti di sentenze (quelle di assoluzione) e respingerne e invalidarne altre (quelle di condanna), così da far apparire assolti i condannati e condannati gli assolti.

Il regime che controlla l'informazione non rispetta le regole esistenti (e nemmeno le sentenze: tipo quella del tribunale di Roma che da un anno impone alla Rai di far lavorare la squadra di *Sciuscià* come da contratto), ma ne inventa di nuove, prêt à porter, per mettere il bavaglio alle voci fuori dal coro rimaste.

Il regime che controlla l'informazione costringerà prima o poi qualcuno a smetterla di rispettare le regole. Qualcuno che, una volta tanto, non conosca il presidente del consiglio.

(26/11/2003)

Abusi a norma di legge

Farà piacere ai cittadini onesti apprendere che il governo, nell'ambito della sua draconiana crociata contro l'illegalità dilagante, ha «istituito l'alto commissario per la prevenzione e il contrasto della corruzione e delle altre forme di illecito all'interno della pubblica amministrazione, alla diretta dipendenza del presidente del consiglio dei ministri». Già è singolare il fatto che Silvio Berlusconi, all'indomani di due sentenze che condannano il suo braccio destro Cesare Previti per aver corrotto con soldi delle sue aziende (del presidente del consiglio) un paio di giudici romani, presieda l'alto commissariato anticorruzione. Ma è ancor più singolare il budget che la legge assegna al fondamentale organismo repressivo: 500 mila euro. Un miliardo di vecchie lire. Quanto basta, forse, per stipendiare un paio di segretarie e affittare un ufficio per ospitarle. Corrotti e corruttori, insomma, hanno di che tremare.

Farà piacere ai cittadini onesti apprendere da alcuni quotidiani che il Quirinale avrebbe sondato insigni giuristi per valutare le eventuali dimissioni del senatore a vita Emilio Colombo, che ha appena ammesso di fare uso di cocaina, sia pure «a scopo terapeutico» (testuale). A nessuno era venuto in mente di dare un'occhiata intorno a Colombo, per valutare le condotte di altri senatori a vita. A nessuno era venuto in mente un analogo sondaggio dopo che Andreotti fu condannato in appello per omicidio (condanna poi annullata in cassazione), o dopo che la corte d'appello di Palermo ha stabilito che fino al 1980 Andreotti era membro onorario dell'«associazione per delinquere denominata Cosa Nostra». Un altro senatore a vita, Francesco Cossiga, ha scritto una lettera a «Repubblica» per fare lo spiritoso sulle dichiarazioni di Ilda Boccassini all'indomani della seconda condanna di Previti, Pacifico e Squillante nel processo Sme-Ariosto. Non tutti sanno che Squillante fu per anni il consigliere giuridico del Quirinale quando l'inquilino era Cossiga. Nessuno ha chiesto a Cossiga per quali alti meriti scientifici avesse prescelto per quell'altissimo e delicatissimo incarico, fra centinaia di insigni giuristi, proprio Squillante; se per caso, visto quel che è emerso in seguito a carico del popolare «Renà» («stabilmente retribuito» dal gruppo Fininvest, frequentatore di Confalonieri e Previti e così via), non abbia avuto modo di riconsiderare quella scelta; e, in caso contrario, in base a quali canoni Cossiga sia solito selezionare i suoi collaboratori. Così, tanto per sapere.

Farà piacere ai cittadini onesti apprendere altresì che il sindaco di Messina, Giuseppe Buzzanca di An, è decaduto dall'incarico in virtù della legge sui pubblici amministratori perché è stato condannato per peculato: andò in luna di miele con la sua sposina a bordo dell'auto blu. Ergo, non può più fare il sindaco, avendo sottratto alla collettività qualche litro di benzina e, soprattutto, il costo dell'usura degli pneumatici della vettura. Previti, invece, essendo stato condannato soltanto per aver corrotto due giudici incassando una trentina di miliardi in nero, esentasse, in Svizzera, rimane saldamente in parlamento, mentre il suo presunto mandante - sfuggito al processo grazie a una legge ad hoc - rimane saldamente a Palazzo Chigi. Il sindaco di Messina ha, semplicemente, sbagliato reato: anziché limitarsi minimalisticamente a un misero peculatino, doveva comprarsi almeno un giudice e fregare qualche miliardo al fisco. Un posto di deputato, a lui e ai suoi avvocati, non glielo levava nessuno.

Farà piacere ai cittadini onesti apprendere da «Repubblica» che il presidente del consiglio e dell'Unione europea, nonché leader maximo dell'Alto commissariato anticorruzione, essendo a corto di ville, si appresterebbe ad acquistare per 14 milioni di euro quella di Franco Zeffirelli a Positano, costruita in gran parte abusivamente su terreni demaniali. A parte il curioso fenomeno di un bene demaniale in vendita da privato a privato (una nuova forma di cartolarizzazione?), è rassicurante la dichiarazione del regista: «Qualunque abuso sia stato commesso, è sempre stato contenuto nelle regole, nelle norme». Ecco: un abuso a norma di legge. Più che una confessione, questa è una categoria dello spirito. Il nuovo motto nazionale.

(29/11/2003)

Silenzio, parla Feltri

«Per 14 anni, diconsi quattordici anni, la Fininvest ha scippato vari privilegi, complici i partiti: la Dc, il Pri, il Psdi, il Pli e il Pci con la loro stolida inerzia; e il Psi con il suo attivismo furfantesco, cui si deve tra l'altro la perla denominata "decreto Berlusconi", cioè la scappatoia che consente all'intestatario di fare provvisoriamente i propri comodi in attesa che possa farseli definitivamente. Decreto elaborato in fretta e furia nel 1984 a opera di Craxi in persona, decreto in sospetta posizione di fuorigioco costituzionale, decreto che perfino in una repubblica delle banane avrebbe suscitato scandalo e sarebbe stato cancellato dalla magistratura, in un soprassalto di dignità, e che invece in Italia è ancora spudoratamente in vigore senza che i suoi genitori siano morti suicidi per la vergogna».

Chi pensasse che abbiamo deciso di riciclare il monologo di *Raiot* si tranquillizzi. Questa non è Sabina Guzzanti. È Littorio Feltri, quando faceva ancora il giornalista e dirigeva «L'Europeo». Per quanto strano possa sembrare a chi le legge oggi, quelle parole sono tratte da un suo editoriale dell'11 agosto 1990, all'indomani dell'approvazione della legge Mammì, da lui giustamente giudicata roba da «repubblica delle banane» e anche peggio. Ora che passa la legge Gasparri, una Mammì al cubo che consente a Berlusconi di fare definitivamente i propri comodi in sospetta posizione di fuorigioco costituzionale, è una vera fortuna che Feltri abbia cambiato idea, senza per questo morire suicida per la vergogna. Altrimenti una citazione per danni per 20 miliardi da Mediaset a cura dello studio Previti non gliela leverebbe nessuno.

Lo stesso giorno del mica tanto lontano 1990, il Feltri prima della cura aggiungeva una condivisibile analisi del monopolio berlusconiano sulla televisione commerciale e di come era stato accumulato: «Il dottor Silvio di Milano2, l'amico antennuto del Garofano, pretende tre emittenti, pubblicità pressoché illimitata, la Mondadori, un quotidiano e alcuni periodici. Poca roba. Perché non dargli anche un paio di stazioni radiofoniche, il bollettino dei naviganti e la "Gazzetta ufficiale", così almeno le leggi se le fa sul bancone della tipografia?» («L'Europeo», 11 agosto 1990). Credeva di fare lo spiritoso, con quel «pretende la Mondadori» e «la "Gazzetta ufficiale"», invece era semplicemente profetico: con una sentenza del giudice Vittorio Metta, grande amico di Previti, nel 1991 Berlusconi incamerò la Mondadori. E con la «discesa in campo» del 1994 (replay nel 2001) si aggiudicò anche la «Gazzetta ufficiale», facendosi varie leggi sul bancone della tipografia per scampare ai processi che dovevano far luce sulle origini delle sue fortune.

Ma cediamo ancora la parola al Feltri modello base: «Gli uomini, come sosteneva Flaiano, sono sempre pronti ad andare in soccorso del vincitore, il cui carro non stupisce pertanto che anche stavolta sia sovraffollato di plaudenti e turibolanti. C'est la vie. Silvio, da artista della seduzione qual è, è riuscito col suo sorriso brianzol-milanista, con l'elicottero, le pacche sulle spalle, i biglietti per la tribuna di San Siro, le rose e le orchidee d'argento a trasformare agguerriti sindacalisti e professori di morale applicata alla libertà di stampa in supertifosi della Fininvest, che non è una semplice società finanziaria, ma un club di ultras. Al quale hanno aderito, giulivi, maschi e femmine, dirigenti e direttori, praticanti e cuochi, uscieri e segretarie» («L'Europeo», 2 febbraio 1990).

Nella fretta, alla lista dei giulivi voltagabbana plaudenti e turibolanti balzati sul carro del vincitore, fra maschi e femmine, dirigenti e direttori, praticanti e cuochi, uscieri e segretarie, Feltri dimenticò di aggiungere un nome. Il nome di un noto giornalista che fino al 1993 sparava su Berlusconi, poi nel gennaio 1994, appena l'amico antennuto del Garofano cacciò Indro Montanelli dal «Giornale», si affrettò a prenderne il posto. E cominciò a scrivere il contrario di quel che aveva scritto fino al giorno prima. Senza peraltro chiedere scusa per essersi sbagliato fino a quel giorno. Si chiamava, e pare si chiami ancora, Vittorio Feltri. È lo stesso che, sempre sull'«Europeo», scriveva: «La prevalenza del cretino è un dato di fatto. C'è da ridere. Ma è un riso amaro: ci rattrista constatare che il ruolo dei burattini tocchi principalmente ai giornalisti della corte, che citano la libertà di stampa ogni due minuti e non esercitano nemmeno quella di difendere la loro dignità» (14 luglio 1990). Parole sante. E lievemente autobiografiche, anche.

(3/12/2003)

Mentre il parlamento approva la legge Gasparri, il presidente di Mediaset Fedele Confalonieri fa recapitare a Sabina Guzzanti e a Marco Travaglio un atto di citazione per 20 milioni di euro di danni in seguito alla prima e unica puntata di *Raiot*. L'atto è firmato dallo studio Previti.

Mentre il governo degli amici di Previti dà dei delinquenti ai tramvieri milanesi che guadagnano 650 euro al mese e non si accontentano del lauto aumento di 12, il presidente di Mediaset Fedele Confalonieri, fra un brindisi e un carnevale di Rio per l'approvazione della legge Gasparriset, dà della «criminale» a Sabina Guzzanti perché ha osato insinuare che la legge Gasparri favorisca Mediaset. Si tratta dello stesso Confalonieri che è appena scampato in cassazione a un processo per 1550 miliardi di falsi in bilancio, grazie a una legge del suo capo e coimputato che ha praticamente abolito il reato di falso in bilancio. Ora qualche criminale potrebbe sospettare che anche quella legge sia stata fatta apposta per salvare dai processi Confalonieri e Berlusconi, ma, se si azzarda a dirlo, il dottor Confalonieri è pronto a scatenargli contro un'altra volta lo studio Previti, per un'altra causa civile da 40 miliardi. Perché – come ha proclamato lui stesso l'altroieri a Montecarlo, con encomiabile fiducia nella magistratura – «chi dice che noi nasciamo da protezioni politiche o da connivenze mafiose, va in tribunale». Chi invece accumula 1550 miliardi di fondi neri all'estero su 64 società off-shore, no. L'importante è scegliersi bene i reati.

L'atto di citazione recapitato da Mediaset a Sabina Guzzanti e a uno dei suoi collaboratori è firmato, con un tocco di eleganza davvero delizioso, dallo studio Previti, che chiede al tribunale di Roma di infliggere ai due criminali «una condanna esemplare». Il tribunale di Roma è lo stesso che il titolare dello studio, secondo il tribunale di Milano, ha corrotto in almeno due occasioni (casi Imi-Sir e Mondadori). Ma nelle cause civili non si può invocare il «legittimo sospetto» appositamente reintrodotto per quelle penali dal governo Mediaset. Non si esclude una riforma in tal senso, sempreché non si riescano a reinserire in organico i giudici Squillante e Metta, che ai bei tempi davano un certo affidamento.

Il prezioso documento previtiano contiene indicazioni utili per chi volesse azzardarsi ancora a fare satira. Lo studio Previti, dall'alto della cultura classica del suo titolare, definisce la satira un'«arma incruenta» che «assolve la funzione di moderare i potenti, di smitizzare e umanizzare i personaggi famosi... favorendo la diffusione di un clima di tolleranza che attenuerebbe le tensioni sociali». Un succedaneo della camomilla e del bromuro. Un po' meno del Bagaglino, che a lorsignori già appare come uno spettacolo eversivo. Anche perché – argomentano – «la satira non può, per sua natura, perseguire il fine di contribuire alla formazione della pubblica opinione». Ecco: Aristofane, Plauto, Molière, Shakespeare e altri criminali da palcoscenico, colpevolmente ignari della nuova scuola drammaturgica del Circolo Canottieri Lazio, non avevano capito nulla: la gente non deve pensare, altrimenti magari s'incazza. Ringrazino la prescrizione, che li ha salvati da una denuncia di Previti e da una condanna esemplare.

«La Guzzanti – si legge ancora nell'atto previtesco – afferma che la politica del governo italiano sia asservita agli interessi della società Mediaset, che fa pressione per evitare che dal gennaio 2004 Retequattro vada in onda... solo in modalità satellitare». Ora, nessuno è così ingenuo da pensare che Mediaset «prema» sul suo padrone-premier: non ne ha bisogno. Ma scrivere che «far passare nel pubblico il messaggio che Mediaset abbia evitato una sentenza della corte costituzionale (su Retequattro *n.d.r.*)... costituisce un attacco denigratorio di inaudita violenza» è forse un tantino eccessivo. L'altroieri, mentre la Casa della Libertà Provvisoria votava come un sol uomo la legge Gasparriset, Confalonieri annunciava ai suoi discepoli riuniti a Montecarlo: «Abbiamo salvato un'altra volta Retequattro!». Ora si denuncerà da solo, si chiederà 40 miliardi per l'autoattacco denigratorio di inaudita violenza. Dopodiché, magari, troverà il tempo di spiegare come mai, se questa legge va bene a tutti, esulta solo Mediaset.

Ma ecco la parte più avvincente della denuncia: «La Guzzanti, con le sue false dichiarazioni, instilla nel pubblico la convinzione che Mediaset sia sorta e abbia proliferato grazie ad "agganci politici" che l'avrebbero ingiustamente e illegittimamente favorita a discapito di tutti gli altri concorrenti (che non vengono indicati, anche perché bisognerebbe prima trovarli, *n.d.r.*)». Ecco: la criminale ha financo insinuato, anzi instillato, che Berlusconi conoscesse Craxi e addirittura che abbia qualcosa a che fare con Mediaset. Si tratta, «ictu oculi», di «accuse gravissime e intollerabili che coinvolgono in modo ingiustificato anche le istituzioni del paese» e che hanno colto il pubblico di *Raiot* talmente di sorpresa da provocare l'indomani un immediato, drammatico crollo del titolo Mediaset in borsa. Danno quantificabile in «280 milioni di euro» in pochi secondi. Ed è ovvio che sia così, quando «si presenta l'azienda Mediaset come collegata – per il mantenimento dei propri interessi e della sua forza economica – al potere, in grado di farsi redigere norme di legge a sé favorevoli, in spregio alla concorrenza e dei diritti degli altri soggetti». Così facendo, si offende «la sfera morale di Mediaset». D'altra parte, chi potrebbe mai ipotizzare che un'azienda come Fininvest-Mediaset abbia goduto e goda di «agganci politici» e sia «collegata al potere»? Questo si potrebbe dire nel caso in cui un ex presidente del consiglio, nel 1984-'85, avesse varato due decreti legge per riaccendere le televisioni di un amico bloccate dai pretori perché trasmettevano illegalmente su scala nazionale, nel 1990 avesse imposto una legge che fotografava il monopolio incostituzionale dell'amico, e tra il 1990 e il '91 avesse incassato 21 miliardi dallo stesso amico, estero su estero. Ma lo possono credere soltanto un pugno di attori e giornalisti criminali. I quali meritano, dunque, una «condanna esemplare» a sborsare almeno 20 milioni di euro. Possibilmente su un conto estero, in banconote di piccolo taglio. *(4/12/2003)*

Immunodeficienza acquisita

Battaglia legale dinanzi alla consulta in vista della sentenza sulla costituzionalità del lodo Maccanico-Schifani sull'impunità per le cinque più alte cariche dello stato.

Pare che l'On. Avv. Prof. Pres. Ind. Gaetano Pecorella, due giorni fa, davanti alla corte costituzionale, abbia sostenuto che il lodo Maccanico-Schifani va bene così, anche perché «un sistema del genere esiste in tutta Europa». Noi ci auguriamo che tutti i giornali abbiano capito male, perché se l'On. Avv. Prof. Pres. Ind. avesse detto proprio così, dovremmo trarne una conclusione molto spiacevole: che l'On. Avv. Prof. Pres. Ind. è un bugiardo matricolato. In nessun paese d'Europa, e nemmeno del mondo occidentale, è vietato processare le cinque più alte cariche dello stato finché restano incollate alla loro poltrona o a quella del vicino. In Italia, grazie al lodo Maccanico-Schifani, sì. E lo scudo spaziale che fodera le cinque alte cariche (ma soprattutto una, la più bassa) comprende addirittura fatti commessi prima e fuori dell'attività istituzionale, bloccando processi iniziati prima che l'alta (si fa per dire) carica fosse eletta. Se l'On. Avv. Prof. Pres. Ind. volesse farsi un giro per il mondo, scoprirebbe un sacco di cose interessanti.

In Francia l'unico non processabile finché resta in carica è il capo dello stato, presidente della repubblica (come del resto è sempre stato anche in Italia). Il primo ministro invece è un cittadino come gli altri, indagabile e perfino arrestabile senza limitazioni. Infatti, come gli altri ministri, non può essere un parlamentare. Dunque non ha neppure quella blanda protezione (per i soli reati di opinione) rimasta ai deputati dopo l'abrogazione, nel 1995, dell'autorizzazione a procedere per le indagini.

La Spagna, secondo alcuni buontemponi tipo Ferrara, sarebbe il modello del lodo. Purtroppo, gli spagnoli non sanno nulla di questo fantomatico «modello spagnolo», molto popolare in Italia dalle parti di Arcore. A Madrid, infatti, l'unico non processabile è il re. Il capo del governo e i suoi ministri sono responsabili penalmente, per gli atti commessi sia come ministri sia come cittadini: l'unico accorgimento è che i loro processi vengono esaminati non dai tribunali ordinari, ma dalla corte suprema. Senz'alcuna autorizzazione a procedere da parte del parlamento (salvo per i crimini contro la sicurezza dello stato e l'alto tradimento). Quanto ai parlamentari, possono essere liberamente indagati, anche se il giudice deve chiedere l'autorizzazione al parlamento per rinviarli a giudizio: cosa che avviene sempre. In 25 anni, le Cortes hanno negato l'autorizzazione in un solo caso: quello di un ex magistrato che, nel diffondere la foto di un ricercato, l'aveva confuso col fratello.

In Portogallo i membri del governo e i parlamentari sono perseguibili penalmente e possono essere arrestati in flagrante, o per delitti puniti con più di 3 anni.

In Gran Bretagna premier, ministri e parlamentari sono trattati come comuni cittadini, nelle cause civili come in quelle penali. Persiste una forma blanda di protezione per i delitti legati alle funzioni, che però verrà presto abolita da una riforma avviata nel giugno scorso. L'unico cittadino più uguale degli altri è Sua Maestà la Regina, che non è mai processabile.

In Germania non è previsto alcuno scudo particolare per il premier e i suoi ministri. È prevista l'autorizzazione a procedere per indagare o arrestare un deputato, ma nella prassi il parlamento concede preventivamente tutte le autorizzazioni, al momento di inaugurare i suoi lavori. Il 5 giugno s'è suicidato un deputato liberale indagato di frode fiscale, mentre la polizia gli perquisiva la casa e poco prima del probabile arresto.

In Belgio premier, ministri e parlamentari possono essere liberamente indagati e processati. L'autorizzazione a procedere per le indagini sui parlamentari è stata cancellata nel 1997. Rimane solo per l'arresto.

Lo stesso vale per l'Olanda, dove parlamentari e ministri (e premier) sono trattati come i cittadini comuni. Ministri e premier non possono essere parlamentari e sono punibili anche per delitti di opinione.

In Svezia il premier, i ministri e i parlamentari sono cittadini come gli altri e possono essere persino arrestati per i delitti puniti con una pena massima superiore ai 2 anni.

Negli Usa non c'è alcuna immunità, né per i parlamentari, né per il presidente. L'uomo più potente del pianeta può essere processato, per delitti commessi sia prima, sia durante il suo mandato. Per ulteriori informazioni, rivolgersi a Bill Clinton.

A questo punto, una domanda sorge spontanea: ma che posti frequenta l'On. Avv. Prof. Pres. Ind. Gaetano Pecorella?

(11/12/2003)

Presentando il suo ultimo libro, fatto scrivere materialmente da Bruno Vespa e pubblicato casualmente dalla sua casa editrice, il premier-editore Silvio Berlusconi ha minacciato pesantemente l'Italia, annunciando la sua ricandidatura alle elezioni del 2006. Poi ha minacciato gli alleati: «Si vuol far passare per censura il rifiuto di certe esplosioni di odio e di vilipendio alle istituzioni, che non devono essere consentite in una democrazia», ha detto. E tutti ingenuamente hanno pensato a *Raiot*. Ma il Cavaliere ce l'aveva con il ministro Bossi («Io con il tricolore mi pulisco il culo») e con l'on. avv. prof. Taormina («Io il giudice Carfì lo odio, lo voglio vedere morto»). Infine ha voluto fare omaggio ai presenti delle sue ultime riflessioni in tema di libertà di stampa, stimolate dagli intensi colloqui con Putin, con il premier turco, con Previti e altri maestri del pensiero liberale: «Se in Italia c'è un regime, una autentica mediocrazia, i dittatori siete voi, cari direttori...». Poi, in lieve contraddizione con sé stesso: «I giornali han fatto il loro tempo, ora c'è Internet. Le vostre battaglie sembrano quelle dei costruttori di carrozze che volevano impedire la diffusione delle automobili. Il futuro è il digitale, i giornali sono destinati a un'élite, in Italia se ne leggono 4 milioni e 800 mila copie, al netto di quelli sportivi. Il 70 per cento degli articoli che scrivete li leggete solo voi e il vostro direttore». Anche perché – ha aggiunto il premier-massmediologo – «nessuna azienda pubblicizza prodotti di bellezza e pannolini sui giornali: si sa che nessuna massaia legge i giornali». Pare che i direttori-dittatori Paolo Gambescia del «Messaggero» e Marcello Sorgi della «Stampa», presenti in sala nel ruolo di terzo e quarto a briscola, non abbiano battuto ciglio né proferito verbo, dimostrando così la geometrica potenza della loro dittatura mediocratica. Credevano di essere a *Porta a Porta*.

Intendiamoci: l'allergia berlusconiana alla carta stampata non è una novità. I giornali di tutto il mondo, controllati per l'85 (ma potrebbe essere anche il 95) per cento dai comunisti, lo fraintendono, lo travisano. Qualcuno addirittura pretende di porgli delle domande e di appartenere ad altri editori. E poi, con tutti gli sforzi fatti per analfabetizzare il paese, per espellere dal video le notizie e per epurare i giornalisti e i comici che le danno, ritrovarsele l'indomani su qualche giornale è decisamente seccante: le «massaie» che conosce lui e gli analfabeti sono al riparo, ma gli altri? Eppure anche un bambino un po' tardo, l'altro giorno, avrebbe domandato al Cavaliere se ritenga obsoleti anche i suoi tre giornali, intestati per comodità alla sua signora («Il Foglio»), ai figli («Panorama») e all'apposito fratello («il Giornale»), oppure soltanto quelli degli altri. E, ancora, che senso abbia parlare di mediocrazia, se è vero che i giornali non li legge nessuno. Ma si è preferito evitare: un'intervista con domande pareva eccessiva. Sono allo studio, invece, interviste con pannolino e con crema antirughe, per recuperare le massaie.

L'indomani, sui giornali della ditta, nemmeno un vagito da Belpietro, Ferrara e Rossella, felicissimi di passare per obsoleti. Potevano consentire con il loro editore, potevano dissentire, potevano nascondere la notizia: hanno optato, nella migliore tradizione, per la terza via. D'altra parte c'è chi sostiene che il Cavaliere si sia fatto l'idea che i giornali non li legga nessuno scorrendo le reali tirature del «Foglio». L'unico che ha tentato di violentare la sua natura e porre una domanda è stato Vespa. Per un nanosecondo (senz'offesa per nessuno), l'insetto è parso voler rammentare al Cavaliere il leggendario contratto contro gl'italiani firmato l'8 maggio 2001 negli studi di *Porta a Porta*, Berlusconi curvo sulla scrivania in ciliegio e lui curvo su Berlusconi. La clausola finale diceva così: «Nel caso in cui al termine dei 5 anni di governo almeno 4 di questi 5 traguardi non fossero stati raggiunti, Berlusconi s'impegna formalmente a non ripresentare la propria candidatura alle successive elezioni politiche». E i cinque obiettivi erano questi: 1) «Abbattimento della pressione fiscale». 2) «Piano per la difesa dei cittadini e la prevenzione dei crimini». 3) «Innalzamento delle pensioni minime ad almeno un milione di lire al mese». 4) «Dimezzamento del tasso di disoccupazione». 5) «Apertura dei cantieri per almeno il 40 per cento degli investimenti previsti dal Piano decennale per le grandi opere». Ne avesse centrato uno. E tutto fa pensare – come ha dimostrato Claudio Rinaldi su «Repubblica» – che le cinque promesse resteranno nel libro dei sogni anche nel prossimo biennio. Dunque, sic rebus stantibus, Berlusconi dovrebbe avviarsi inesorabilmente a vita privata. Sempreché qualche giornalista dalla schiena dritta osi ricordarglielo, possibilmente nella stessa sede in cui il cosiddetto contratto era stato firmato. Cioè in televisione. Dev'essere per questo che da quelle parti spopolano i giornalisti curvi, possibilmente dalla nascita. Per evitare brutti incontri.

(12/12/2003)

Dal kapò al kappaò

Catturato in Iraq Saddam Hussein. Intanto il semestre italiano di presidenza europea si chiude con lo smacco della mancata firma della costituzione per le resistenze di Spagna e Polonia.

Siamo reduci da due grandi giornate, due giornate storiche. Prima il trionfo europeo, che – come ha sostenuto l'autorevole Silvio Berlusconi – ha definitivamente consacrato Silvio Berlusconi come statista di fama mondiale. Poi la cattura di Saddam Hussein, che però con un balzo felino ha fatto in tempo a liberarsi delle armi di distruzione di massa che portava nel taschino, gettandole nel water un istante prima che arrivassero gli americani. E ora il processo. Per Saddam Hussein, s'intende. Il rais si sarebbe appellato al lodo Maccanico-Schifani e avrebbe chiesto di essere difeso dall'avvocato Pecorella, ma gli hanno risposto che, non essendo più presidente, non rientra fra le cinque alte cariche dello stato improcessabili. Non gli resta che chiedere di essere giudicato negli Stati Uniti, dove da trent'anni vige una legge sui pentiti particolarmente favorevole a chi collabora con la giustizia: chi parla ottiene l'immunità e l'azione penale, laggiù facoltativa, non si esercita neppure. C'è però il rischio che Saddam abbia conservato le fatture e le bolle di consegna delle armi di distruzione di massa americane, tedesche, francesi e italiane con cui poté felicemente sterminare migliaia di curdi quando era ancora buono. Insomma, che il processo a Saddam diventi un maxiprocesso agli ex amici di Saddam. E lui fuori.

Il secondo evento storico s'è celebrato sabato a Bruxelles,

con il fallimento della costituzione europea, subito salutato dal padre dell'europeismo moderno, Umberto Bossi, come «la sconfitta dei giacobini e l'altolà al ritorno dello stalinismo». Nell'ultimo incontro con il suo consigliere diplomatico Bruno Vespa, il premier aveva annunciato: «Ho in tasca una formula in cui credo, che dà a Spagna e Polonia il riconoscimento di un grande paese: la tirerò fuori all'ultimo minuto». L'ha poi tirata fuori all'ultimo momento, ma non ha funzionato. Forse era la barzelletta sul polacco e lo spagnolo con un solo paracadute sull'aereo che precipita. O forse erano gli schemi del Milan, sottratti ad Ancelotti e passati sottobanco a Vespa con firma falsa. Comunque sia, Spagna e Polonia non hanno capito. «Il semestre italiano è stato un trionfo», ha detto gongolante Berlusconi destreggiandosi abilmente fra le rovine e le macerie dell'Europa. Entusiasmo comprensibile, il suo, visto il poco tempo impiegato a portare a termine l'operazione: se per sfasciare l'Italia non gli sono bastati due anni, per distruggere l'Europa è stato sufficiente un semestre, o poco meno. Dal leggendario discorso del 2 luglio contro il tedesco Schulz, che passerà alla storia insieme a quello delle lambrette di De Gasperi e della carezza ai bambini di papa Giovanni, al tracollo della Cig il 13 dicembre sono trascorsi cinque mesi e 11 giorni, ferie incluse. Dal kapò al kappaò.

Sarebbe ingeneroso, comunque, addossare la débâcle al cabarettista di Arcore. Significherebbe attribuirgli un qualsivoglia peso nella diplomazia internazionale, dove invece non conta un bel nulla. Talmente nulla da non poter determinare né successi né sconfitte. Nulla. Ma ora, almeno, è finalmente chiaro a che cosa servisse questo fantasmagorico semestre italiano con cui la propaganda di regime ci ha rintronati per mesi, gabellandolo per un'occasione unica e irripetibile, una botta di fortuna toccata proprio all'Italia grazie al prestigio internazionale riconquistato dallo Statista di Milanello, un treno che passa una volta e mai più, una sorta di Congresso di Vienna del terzo millennio. Un evento talmente decisivo da giustificare una legge incostituzionale come il lodo Maccanico-Schifani che abroga i processi a carico del presidente del consiglio e di altre quattro «alte cariche» (le quali, peraltro, non hanno alcun processo da abrogare). Erano tutte balle. Il semestre italiano è stato un intermezzo comico fra la presidenza greca e quella islandese, una sorta di coffee break con avanspettacolo per far svagare un po' le annoiate diplomazie continentali, fra corna, pacche sulle spalle, barzellette, battutine, furbate, smargiassate, trombonate, finte alleanze con tutti e con i nemici di tutti, siparietti macabri come quello che ha fatto sparire i 200 mila ceceni (su un milione) sterminati dall'amico Putin.

E ora? Il Cavaliere, a metà legislatura, ha già esaurito la sua missione, rispettando punto per punto il contratto firmato con sé stesso nel 1994 e rinnovato nel 2001: non è finito in galera, ha abolito i suoi processi (corte costituzionale permettendo), ha salvato le sue tv e magari ne comprerà qualcun'altra (Ciampi permettendo), ha oscurato le notizie e chi le dava, le domande e chi le faceva. Poi, già che c'era, s'è portato avanti bananizzando l'Italia e l'Europa. Infine ha minacciato la nazione intera dando per certa la sua ricandidatura nel 2006. Ma mancano ancora due anni e mezzo. Che farà di qui ad allora? Chiedergli di governare sembra troppo: non è portato. Bisogna trovargli qualcos'altro da fare. Giudici della consulta, mettetevi una mano sulla coscienza, restituitelo al mestiere più consono: quello di imputato. *(16/12/2003)*

Gasparri, non pervenuto

Il presidente Ciampi respinge al mittente la legge Gasparri sulle televisioni perché incostituzionale.

Si mettono bene le cose per il presidente del consiglio. Dopo il trionfo europeo di sabato e il tripudio milanista di domenica, sono arrivati il processo del lunedì alla Gasparri e quello del martedì a Igor Marini, incriminato per le sue calunnie a Prodi, Fassino, Dini & C. a proposito della tangente-bufala di Telekom Serbia, senza dimenticare la fine miseranda dell'ispezione ministeriale contro Colombo e Boccassini per il processo Sme-Ariosto, sbertucciata prima dal Csm e ora dalla cassazione. Il re Mida a mezzo servizio, che portava fortuna a sé stesso e sfiga a tutti gli altri, è passato dalla parte di tutti gli altri.

«Ho parlato col Quirinale: nessun problema per la Gasparri», aveva garantito il premier Silvio Berlusconi. «Da Ciampi non ci saranno obiezioni sulla costituzionalità della legge», aveva assicurato il cosiddetto ministro Gasparri. A Berlusconi il capo dello stato aveva deciso di rispondere: «Mai parlato con lui della Gasparri». Ma di replicare al cosiddetto ministro non era parso il caso: Gasparri non pervenuto. Ora resta da capire con chi avessero parlato i due buontemponi. Forse con un imitatore. O forse con l'amico Putin. O magari con un altro vecchio comunista, Giuliano Ferrara, il quale dall'alto della sua intelligenza aveva lanciato un avvertimento al capo dello stato: veda di firmare senza tanti distinguo, se non vuole innescare una «crisi istituzionale» con il governo Mediaset e fare la fine di Scalfaro, manganellato un giorno sì e l'altro pure dai telekiller della ditta. Un avvertimento che, se non l'avesse lanciato lui, il Platinette Barbuto avrebbe definito «da capomandamento mafioso» (così Ferrara dipinse Francesco Saverio Borrelli, il 4 ottobre 1994) o magari «linguisticamente omicida» (così Ferrara a proposito dell'«Unità»). Noi, che non siamo garantisti, ci limitiamo a trovarlo un tantino intimidatorio.

Ciampi se n'è infischiato. E ha scritto nel suo messaggio quello che tutte le persone sensate in Italia e in Europa, di destra, di centro e di sinistra, scrivevano, dicevano e sapevano da mesi: il monopolio televisivo berlusconiano è illegale, abusivo, illiberale. Per averlo ripetuto in tv, Sabina Guzzanti s'è vista chiudere il programma *Raiot* e chiedere 20 milioni di euro da Mediaset. Alla luce del messaggio presidenziale, val la pena di rileggere le contestazioni messe insieme dallo studio Previti. L'attrice avrebbe affermato che «il pluralismo dell'informazione sarebbe inesistente», per non parlare della «sconcertante dichiarazione secondo cui "spetta ai comici fare informazione"». Il che costituisce «una distorta visione della realtà, della storia politica italiana e delle fortune della società attrice». Cioè Mediaset. «Si fa passare nel pubblico il messaggio che Mediaset abbia, in qualche modo, evitato le disposizioni di una sentenza della corte costituzionale e che il suo canale Retequattro sia sorto in contrasto con le leggi vigenti e che versi in uno stato di illegalità, tollerata dalla classe politica». Mentre – aggiungono i costituzionalisti previtiani – «la corte non ha mai sancito l'illegalità o abusività del canale Retequattro». Purtroppo ora è anche Ciampi a ricordare che nel 2002 la consulta ha dichiarato incostituzionale la legge Maccanico che concedeva a Retequattro (o a un'altra rete Mediaset a scelta) la proroga fino al 31 dicembre 2003 per la spedizione su satellite. Ed è lo stesso governo Mediaset a confermarlo, con l'imminente decreto Berlusconi per salvare Retequattro: se Retequattro non fosse «abusiva» dal 1° gennaio 2004, che bisogno ci sarebbe di ún decreto entro il 31 dicembre 2003? Altra colpa imperdonabile di *Raiot*: aver insinuato che «Mediaset sia l'unica azienda a ricevere benefici» dalla Gasparri. Ma se sono così tante le aziende che ne beneficiano, perché solo Mediaset piange per il rigetto ciampiano? Dove sono le altre vedove inconsolabili di Gasparri? Che aspettano a uscire allo scoperto in difesa del cosiddetto ministro?

Gli uffici comico-legali di Mediaset aggiungono poi che è un sanguinoso, inaccettabile insulto «presentarla come collegata al potere per il mantenimento dei propri interessi e della sua forza imprenditoriale e in grado di farsi redigere norme di legge a sé favorevoli». O addirittura attribuirle «agganci politici»: da quelle parti, com'è noto, non hanno mai conosciuto politici, men che meno presidenti del consiglio denominati Craxi o Berlusconi.

A questo punto, ci permettiamo di avanzare una modesta proposta, a scelta fra queste quattro. 1) Si riapre *Raiot* e Mediaset paga 20 milioni di euro a Sabina Guzzanti. 2) Sabina Guzzanti diventa ministro delle Telecomunicazioni, avendo sul pluralismo idee più vicine a quelle di Ciampi di un Gasparri qualunque. 3) Mediaset chiede 20 milioni di danni anche a Ciampi e il governo gli impone di registrare i prossimi messaggi alle camere, per farli preventivamente visionare da Cattaneo, Alberini e Veneziani. 4) Dopo *Raiot*, si chiude pure il Quirinale. *(17/12/2003)*

Casa (delle Libertà) e bottega

Polemiche sulla decisione del Tg1 di cedere il suo spazio delle 13.30 per fare posto alla conferenza stampa-fiume del premier Berlusconi.

Buona l'idea di sostituire il Tg1 con i monologhi del presidente del consiglio: sabato, quando è accaduto, lo snotiziario di Clemente Mimun pareva persino più equilibrato.

Ottima l'idea del premier di abolire la par condicio: fallita l'ipotesi di una lista unica della Casa delle Libertà, si procede verso la lista unica di Forza Italia. Nel senso che gli elettori-telespettatori, nella campagna prossima ventura, avranno l'impressione che si presenti una sola lista: quella italoforzuta.

Eccellente l'idea del governo di scaricare sulla Banca d'Italia le colpe del crac Parmalat («omessa vigilanza»). È una vera vergogna che si sia continuato a prestare soldi a un'azienda con bilanci falsi e società occulte nei paradisi fiscali. «È il nostro scandalo Enron», ha tuonato Tremonti fremente di sdegno. Sante parole, se non fosse che negli Stati Uniti, dopo lo scandalo Enron, il presidente Bush (l'amico Bush) fece triplicare le pene per il falso in bilancio e i giudici americani poterono prelevare i responsabili dei trucchi contabili, ammanettarli in favore di telecamera e tradurli nel più vicino penitenziario, dove tuttoggi risiedono. In Italia invece, poco prima dello scandalo Parmalat (ma anche Cirio), si è pensato bene di depenalizzare di fatto il falso in bilancio. Col risultato di far annullare le poche sentenze di condanna emesse sinora dalla magistratura italiana (l'ultima, quella a carico di Cesare Romiti per i bilanci truccati della Fiat), di cancellare le inchieste in corso (per esempio, quella sugli aspetti contabili di Telekom Serbia) e di impedire l'apertura di nuovi procedimenti o di condannarli inesorabilmente alla prescrizione. Ora, gli autori di questo bel capolavoro che fa dell'Italia un paese off-shore nel cuore dell'Europa, in diretta concorrenza con Panama e le isole Cayman, cioè Berlusconi e i suoi cari, fingono di meravigliarsi se qualcuno, dalle parti di Cragnotti e del cavalier Tanzi, ne ha approfittato. Pensavano che il privilegio fosse riservato a loro, e d'altra parte quella legge l'avevano fatta per sé: altrimenti oggi sarebbero ancora imputati (il premier, Confalonieri e tutti gli altri) per 1500 miliardi di fondi neri accumulati dalla Fininvest, secondo l'accusa, su 64 società off-shore nei paradisi fiscali. Nonché per i fuoribusta dello scandalo Lentini. Nonché per i 21 miliardi donati a Bettino Craxi nel 1991, all'indomani della legge Mammì. Invece, grazie alla legge Berlusconi, i processi per falso in bilancio a carico di Berlusconi sono spariti nel nulla. Evaporati. Curiosamente, il ragionier Tremonti non li aveva notati. A proposito della Fininvest non aveva tuonato al «nostro scandalo Enron». Era distratto.

Strepitosa l'idea, poi, di un decreto Berlusconi per legalizzare le tv illegali di Berlusconi. Non è la prima volta e non sarà neppure l'ultima. Nel 1984-85 lo fece Craxi, con i due «decreti Berlusconi» per neutralizzare le ordinanze dei pretori. Ora lo fa Berlusconi medesimo, con il terzo «decreto Berlusconi» per preservare Retequattro da una mezza dozzina di sentenze della corte costituzionale. Solo che, ai tempi di Craxi, i decreti Berlusconi si chiamavano Berlusconi dal nome del destinatario. Stavolta il decreto Berlusconi si chiama Berlusconi sia dal nome del destinatario, sia dal nome dell'autore. È l'evoluzione della specie. Nella prima repubblica, oltretutto, certi servizietti costavano caro: bisognava poi sdebitarsi con Craxi, imbottendolo di miliardi. Ora il Cavaliere fa tutto da solo. Dal produttore al consumatore. Niente più tangenti a terzi: al massimo, fa un giroconto.

Con squisita sensibilità istituzionale, il premier fa sapere che, mentre si discuterà del decreto, lui uscirà dal consiglio dei ministri. Per non influenzare gli altri. Si preannuncia dunque, in sua assenza, un aspro e serrato dibattito dagli esiti incerti. Lui resterà fuori in trepidante attesa, passeggiando su e giù come un papà nel reparto ostetricia. Poi, se per caso i ministri dovessero partorire, troverà il modo di firmare, ma senza leggere il testo. Per non dare adito ai sospetti, non ha neppure voluto vedere la Gasparri, né il documento di Ciampi che la respingeva al mittente. Figurarsi se leggerà il decreto: come ha ricordato commosso Sandro Bondi, «lui di queste cose non si occupa: lascia che lo facciano i tecnici di Mediaset» (testuale). Resta da capire come farà l'erede di De Gasperi a firmare senza leggere. Tre, secondo voci di corridoio, le soluzioni possibili. 1) Lo Statista di Milanello attenderà il parto dietro l'uscio, finché un ministro estratto a sorte infilerà sotto la porta il decreto, ma non tutto: solo il lembo più basso, con i puntini riservati alla firma dell'autore-destinatario, da apporre senza vedere cosa c'è scritto. Sulla fiducia. 2) Il premier verrà bendato e firmerà alla cieca, guidato dalla mano esperta del suo tutor Bruno Vespa, incaricato di controllare il testo, onde evitare che un alleato infido sostituisca il decreto con una lettera di dimissioni. 3) Firmerà direttamente Vespa, nel corso della presentazione del suo libro al consiglio dei ministri. Dopo il contratto falso con firma vera, siglato a *Porta a Porta* sulla celebre scrivania di ciliegio, il decreto vero con firma falsa è un gioco da ragazzi. Sarebbe reato, ma alla peggio si depenalizza. *(23/12/2003)*

Aridatece Gava

Ricordare i primi due decreti Berlusconi firmati da Craxi per Berlusconi, nel giorno del terzo decreto Berlusconi firmato da Berlusconi per Berlusconi, non vuol dire che siamo tornati al 1984. È vero che, come diceva Marx, le tragedie tendono a ripetersi, ma sotto forma di farsa. Soprattutto in Italia. Ma tre fondamentali differenze separano l'Italia di oggi da quella di vent'anni fa. 1) Nel 1984 Gasparri non era ministro, ma un fascistello di periferia, con i gradi di vicesegretario del Fuan; il ministro era Antonio Gava, che al suo confronto svetta come uno statista einaudiano. 2) Nel 1984, non essendoci Gasparri, nessuno aveva ancora inventato barzellette tipo «digitale terrestre» (a proposito: se il digitale terrestre è cosa fatta dal 1° gennaio 2004, perché Retequattro non va sul digitale terrestre dal 1° gennaio 2004?). 3) Nel 1984 qualcuno, nella maggioranza, si vergognava e votava contro. Oggi non si vergogna e non dissente nessuno.

Nel pomeriggio del 16 ottobre 1984 i telespettatori del Piemonte, dell'Abruzzo e del Lazio non trovano più le tre reti Fininvest. Oscurate. Alle 20.20, su Canale5, Italia1 e Retequattro compare una scritta: «Per ordine del pretore è vietata la trasmissione in questa città dei programmi di... regolarmente in onda nel resto d'Italia». Che cosa è accaduto? Tre pretori – Giuseppe Casalbore di Torino, Eugenio Bettiol di Roma e Nicola Trifuoggi dell'Aquila – hanno decretato la disattivazione degli impianti che consentono alle tv regionali affiliate al circuito berlusconiano di trasmettere in «interconnessione» gli stessi programmi su tutto il territorio nazionale. L'«effetto diretta» è proibito dalla legge e da quattro sentenze della consulta. Ma – spiega Casalbore all'«Unità» – «nulla vieta a queste tv di mandare in onda programmi prodotti localmente, per esempio un bel dibattito sul pretore che fa i sequestri». Nessun oscuramento, dunque. Ma la Fininvest, per drammatizzare la situazione, decide di auto-oscurarsi, attribuendone la colpa ai giudici. E il 17 ottobre tutti i giornali parlano di «oscuramento» e «serrata dei pretori»: la versione berlusconiana, falsa e bugiarda, diventa verità di fede. Il popolo dei *Puffi*, di *Dallas* e di *Uccelli di rovo*, debitamente arruolato dalla propaganda Fininvest, si mobilita. Tempesta giornali, preture e Rai con telefonate di fuoco. Casalbore deve chiedere alla Sip di cambiare numero di telefono, visto che anche casa sua è bersagliata dalle proteste. Inondata di telefonate anche la vedova del giornalista sportivo Renato Casalbore (morto a Superga con il Grande Torino), che ha la colpa di chiamarsi come il giudice.

Quel che accade poi lo racconta Giuseppe Fiori nel *Venditore* (Garzanti, 1995). Berlusconi revoca l'auto-oscuramento a Roma per mandare in onda uno speciale del *Costanzo Show*: due ore di piagnisteo. Ecco l'irresistibile cronaca di Sergio Saviane: «Alle 10 della sera comincia la veglia al catafalco della defunta Retequattro, officiatore Costanzo, listato a lutto. È un Costanzo scolorito, smunto, gli occhi segnati dal dolore, la lacrima in agguato... Il momento è carico di attese e di dentiere. Si invoca una prece. Ci sono registi zoccoloni con lutto all'occhiello, attori e mezzibusti con la cravatta scura, pubblicitari moribondi... Piangono sconsolate le matrone in gramaglie rimaste vedove di Canale5, la Silvana Pampanini in dentiera da mezzasera, la suocera del pubblicitario in coma per la scomparsa di *Dallas*... Gava, ministro delle Telecomunicazioni e delle telepeculazioni napoletane, non contento di aspettare da otto anni questa benedetta legge, dice: "Bisogna ancora studiare il problema, cosa che mi accingo a fare immediatamente". E poi dicono che i nostri ministri sono dei coglioni. Ma se non fanno altro che accingersi».

Gli *Speciale blackout* si susseguono su tutte le reti Fininvest, che strillano all'oscuramento mentre sono regolarmente accese. Il «Corriere della Sera» (sì, avete letto bene: il «Corriere») affida al costituzionalista Vezio Crisafulli il compito di ricordare, in perfetta solitudine, che Berlusconi ha violato la legge e «i pretori hanno ragione». Il Cavaliere si precipita dal premier e amico Bettino Craxi, in partenza per una missione diplomatica a Londra. Chiede un decreto urgente, ma Antonio Gava (sì, avete capito bene: Gava) non ci sta: «Sarebbe un errore agire in termini di conflitto con l'autorità giudiziaria, che interpreta le norme esistenti». Craxi però non sente ragioni e da Londra convoca un consiglio dei ministri straordinario per il 20 ottobre, anticipando il rientro in patria. Decreto, dunque: cosa mai vista neppure per l'alluvione in Polesine né per i terremoti nel Belice, nel Friuli e in Irpinia. Provvedimento «eccezionale e temporaneo» - spiegano i socialisti - in attesa della legge sulle tv, data per imminente (la faranno nel 1990). Ma il 28 novembre la camera, grazie ai franchi tiratori Dc, boccia il decreto come incostituzionale: 256 voti contro 236. Il 6 dicembre Bettino ne imporrà un secondo, ponendo la fiducia e minacciando le elezioni anticipate. E Berlusconi la spunterà. Ma intanto, quando il 3 dicembre i tre pretori reiterano il sequestro degli impianti e Craxi li investe a male parole, Casalbore commenta: «Non ho mai visto che a una diffida fatta a un imputato rispondesse un comunicato durissimo della presidenza del consiglio». Non si usava, allora. *(24/12/2003)*

Brevi amori a Villa San Martino

Polemiche per un'estemporanea intervista di Renato Farina a Silvio Berlusconi, realizzata la notte di Natale per «Libero».

Li avevamo lasciati innamorati pazzi, come in un bozzetto di Peynet, fra i cactus e i menhir d'importazione a Villa La

Certosa. Li ritroviamo ancora soli, mano nella mano, a Villa San Martino ad Arcore, per una notte di Natale che più intima non si può. Due cuori, una villa. Il premier e la badante. È andata così. La sera del 24 dicembre, comprensibilmente abbandonato dalla moglie e dai figli, il Cavaliere elude il controllo dei consiglieri e degli infermieri e chiama Renato Farina, inviato di «Libero»: «Sono appena arrivato da Roma. Lei starà facendo il cenone in famiglia...». Farina, sventurato, risponde: ma no, si figuri, io non mangio mai, un attimo e sono da lei. Il clima purtroppo non è più quello di agosto, quando il premier ostentava ai giornalisti dello «Spectator» «i capezzoli in trasparenza, attraverso un pigiama bianco alla Marlon Brando» e l'«allegro sorrisetto da scoiattolino e il suo nasino disneyano...»; e mostrava a Farina - un po' geloso - «le gambe che sembrano la réclame del borotalco dei bambini». Ora, col freddo che fa, copre le sue splendide nudità e «si avvoltola freddoloso in un mantello nero orlato di rosso». È il leggendario mantello del Milan che - assicura l'inviato embedded - «ricorda qualcosa dell'infanzia, ecco chi mi ricorda: Zorro! E io mi sento tanto sergente García». Sfidando la legge sulla privacy e chiedendo scusa ai piccioncini, ci intrufoliamo un'altra volta nell'intimità del presepe di Arcore. La mangiatoia sempre in funzione, un nano al posto del bambinello, l'asino e il bue d'ordinanza, poi Renato Farina.

La Betlemme della Brianza. «È la notte di Natale... in questa Brianza dalle lievi colline. C'è proprio un cielo fiammeggiante di stelle come non capitava da un sacco di Natali, qui in Lombardia... Le grandi case di Arcore e Macherio, i paesi della Brianza milanese dove il premier ha lavoro e famiglia». Non una Brianza qualsiasi. Proprio la Brianza milanese, ecco.

Osama nell'alto dei cieli. «Ho annotato anzitutto le frasi del premier sul terrorismo incombente: "Che giornata terribile è stata questa. La questione vera non è stata il decreto sulle tv, che peraltro ha avuto l'immediato consenso del Quirinale. Ma la notizia precisa, verificata di un attentato su Roma nel giorno di Natale. Un aereo dirottato sul Vaticano. Un attacco dal cielo, chiaro? Ho passato la Vigilia a Roma per fronteggiare la situazione. E ora mi sento tranquillo. Passerà. Lo diceva Eduardo...

Se hanno organizzato questo, non ce la faranno"». Ecco: s'è piazzato sul tetto di Palazzo Chigi e, con le nude mani, ha deviato la traiettoria dell'aereo.

L'ultimo metrò. «"A novembre – rivela il Cavaliere – ero stato informato di un possibile attentato devastante che avrebbe colpito un certo giorno le metropolitane di Roma o Milano. C'era chi insisteva perché fossero chiuse le stazioni. Mi sono assunto la responsabilità di evitare certe misure"». Si è steso sui binari contemporaneamente a Roma e a Milano, e ha bloccato i due treni della morte.

Da Milano2 a Vaticano2. «Adesso che scrivo si può tirare il fiato: è andata. La paura resta, ma si attenua. San Pietro e il papa, certo. Ma anche le grandi case di Arcore e Macherio erano bersagli alternativi e plausibili. Che ci sia di mezzo Al Qaeda è ovvio». Osama è rimasto incerto fino all'ultimo se eliminare papa Wojtyla o il successore.

La fuga in Egitto. «Moglie e figli? All'estero, probabilmente». Avevano saputo che veniva Farina.

Truppe d'appalto. «Berlusconi mi ha confessato: "Quando penso ai diciannove caduti a Nassiriya, mi dico: se invece di essere io al governo ci fosse stato, che so, D'Alema, non li avrebbe mandati in Iraq e sarebbero vivi. Mi sento responsabile, ma lo rifarei"». Meno male che c'è lui.

Alta cultura. «Berlusconi non ha sollevato le cateratte della vanità. Niente, neanche un lamento, ed è una cosa da statista, persino da uomo coraggioso. Mi rendo conto che, se invece del Berlusca ci fosse uno di sinistra, bisognerebbe tirare fuori a questo punto una citazione di Shakespeare sulla maestà e la miseria del potere eccetera. Con Berlusconi l'operazione è per fortuna impossibile». Nessun pericolo che conosca Shakespeare.

L'albero a cui tendevi... «Mi porta a vedere nel cortiletto l'albero di Natale, "dono di Emilio Fede", rimpinzato da palle rosse enormi». Un albero in cambio di un decreto, se l'è cavata a buon prezzo.

Fede, speranza e carità. «Dice: "Tutti i doni arrivati qui li ho quasi tutti fatti distribuire alle suore che curano i poveri... Mi tengo solo quest'albero"». Le suore l'hanno rimandato indietro.

Governo Mediaset. «Qualsiasi ministro del mio governo potrebbe testimoniare che mai, mai in nessun caso, ho curato i miei interessi». Glieli curano direttamente loro.

L'altro statista. «Cossiga continua a rimproverarmi. E spinge: "Usa il potere!". Mi invita a spedire la guardia di finanza: 50 Fiamme gialle qui da Romiti, 50 Fiamme gialle là da Banca Intesa. Mai e poi mai, ho risposto». Se no gli tocca ricominciare a pagarle, le Fiamme gialle.

La Sacra Famiglia. «Della Chiesa gli piace l'idea di difendere la famiglia». Lui, per difenderla meglio, ne ha addirittura due.

Natale in casa Berlusca. «È tardi. La segretaria lo chiama, l'agenda preme anche la Vigilia. Forse c'è persino molta solitudine. "Natale lo faccio con mia mamma", dice avvolto nel mantello da Zorro sotto le stelle della Brianza». E via, a cercare la Madonna. Il tempo stringe: a mezzanotte in punto, come ogni anno, gli tocca nascere. *(28/12/2003)*

La meglio servitù

L'anno più lurido della nostra storia repubblicana va a morire e, per farcelo rimpiangere, le veline del regime berlusconiano si premurano di anticiparci qualcosa del prossimo. Sandro Bondi, tanto per dare l'idea, è indaffaratissimo. L'altro giorno, essendo chiuso il parlamento, ha respirato un po' d'aria di casa al carcere di Pisa. Poi, nei ritagli di tempo, ha scritto un lungo articolo per spiegare ai lettori del «Giornale» i perché della catastrofe Parmalat. Tenetevi forte. Il Pallore Gonfiato, citando il suo inconsapevole maestro Giuseppe Prezzolini, ha scoperto la «religione civile» della «questione morale». Ecco: il problema dell'Italia è la «diffusa fiducia nell'impunità». Gli «scioperi selvaggi nel trasporto pubblico», «il caso Telekom Serbia» e il «crac Parmalat» vengon tutti di lì: dalla «fiducia nell'impunità». «Ciò che sbalordisce – scrive James – nel caso Parmalat (come nel caso Cirio), è il cumulo di comportamenti eticamente irresponsabili e la loro diffusione a tutti i livelli». Ora «toccherà alla magistratura e al parlamento riconoscere le fattispecie penalmente rilevanti»: sotto coi giudici, dunque, comminando «sanzioni certe contro ogni arbitrio... anche quando (e a maggior ragione quando) i protagonisti dell'immoralità sono gli amici». Ma «sin da ora» si può dire – aggiunge James Bondi – che «emerge ancora una volta nella storia d'Italia il permanere di comportamenti amorali, l'abdicazione di qualunque etica. E l'etica degli affari non è meno cogente di altre».

Che pezzo d'uomo, questo Bondi. Peccato non ci sia più Prezzolini a vederlo: si commuoverebbe. Perché James è davvero un portento. Il suo ufficio è ad Arcore, quando s'affaccia alla finestra vede ogni giorno il parco calcato ai bei tempi da un boss mafioso che il suo principale aveva scambiato per uno stalliere. Lavora e stravede per un tizio pluri-imputato, miracolato da numerose prescrizioni, circondato da manager che entrano ed escono di galera, poi patteggiano o subiscono condanne pesanti; un tizio il cui fratello vanta un paio di condanne definitive per mazzette; il cui braccio destro è stato appena condannato a 16 anni per corruzione di giudici e ha confessato evasioni fiscali su decine di miliardi; il cui braccio sinistro, pregiudicato per false fatture e frode fiscale, è imputato di mafia; il cui socio sardo, amico pure del ministro dell'Interno, è imputato per l'omicidio Calvi. È il ventriloquo di una maggioranza (capitanata dal tizio) che ha calunniato per mesi i leader dell'opposizione per tangenti inesistenti, condonato le peggiori porcherie mai viste, depenalizzato di fatto il falso in bilancio e fabbricato una decina di leggi su misura per abolire i processi del premier e moltiplicare i suoi guadagni, più un decreto per sbianchettare tre sentenze della consulta. E dall'alto di queste profumatissime credenziali che ti fa, il Bondi? Dà ripetizioni di questione morale ed etica degli affari. I falsi in bilancio sono un peccato mortale, quando li fanno gli altri.

Sul caso Parmalat interviene, sempre sul «Giornale», Paolo Cirino Pomicino, che si avventura in un azzeccatissimo paragone con un altro scandalo di falsi in bilancio miliardari: quelli della Ferruzzi. Nella fretta, dimentica di ricordare che 5,5 di quei miliardi finirono nelle sue tasche, ragion per cui egli fu condannato per finanziamento illecito e patteggiò per corruzione. Dettagli.

La benedizione urbi et orbi al 2004 la impartisce, sempre sul «Giornale», don Gianni Budget Bozzo. Fra una spruzzata di acquasanta ai gagliardetti azzurri e l'altra, il cappellano del regime italoforzuto sostiene, restando serio, che Retequattro e la pubblicità di Rai3 sono le massime «garanzie del pluralismo» televisivo. E comunque il pluralismo non è poi una gran cosa: infatti i giornali, pubblicati da una pluralità di editori, sono «colonizzati da gruppi editoriali favorevoli alla sinistra» (tipo il gruppo «Repubblica» dove il prelato, quand'era di sinistra, scrisse per un decennio). L'Italia soffre di un preoccupante «monopolio della sinistra sulla stampa». Infatti la Fiat è di sinistra come la «Stampa», Romiti è di sinistra come il «Corriere», Caltagirone (suocero di Casini) è di sinistra come il «Messaggero», D'Amato e la Confindustria sono di sinistra come il «Sole-24 Ore», Riffeser è di sinistra come «Il Giorno», la «Nazione» e il «Carlino», Bonifaci è di sinistra come il «Tempo», Angelucci è di sinistra come «Libero» e il «Riformista», e Berlusconi sotto sotto è di sinistra come il «Giornale», «Il Foglio» e «Panorama». Dunque – delira padre Budget – «la pluralità degli imprenditori in campo televisivo non significa differenze di culture più di quello che ha significato nel campo della stampa». Meglio lasciare tutte le tv in mano a Berlusconi: se dovesse arrivare qualche concorrente, sarebbe la fine. E poi il pluralismo – turibola il reverendo – «è un'espressione coniata dai comunisti» e dalla corte costituzionale, che è «figlia del regimino precedente», cioè dell'Ulivo. Fortuna che c'è Gasparri. Oremus.

E, dopo i conforti religiosi, ecco la benedizione laica, a cura di Piero Ostellino, che sul «Corriere» ha finalmente individuato il vero cancro che affligge l'Italia: l'opposizione. «Ho chiesto a Babbo Natale un regalo per il 2004: un centrosinistra che la smetta di credere che basti dire il contrario di quello che fa il centrodestra per avere una politica». Ma certo, per avere una politica le opposizioni devono ripetere, testualmente, quello che dice il governo. È così in tutto il mondo, fuorché in Italia. Nel 2004, per esempio, l'opposizione dovrebbe magnificare l'ultimo grandioso risultato della titanica lotta al terrorismo ingaggiata dal governo: la bomba che scoppia in mano al presidente della commissione europea Romano Prodi perché nessuno ha pensato di fargli controllare la posta. Poi – suggerisce Ostellino – bisognerà riconoscere una buona volta che oggi «l'Italia è più dinamica, in politica estera, rispetto al passato». In effetti in passato eravamo rappresentati da gentaglia tipo De Gasperi, Sforza, Einaudi. Tipacci. E statici, per giunta. Ora che c'è il dinamico Berlusconi è tutta un'altra musica. La stampa estera parla continuamente di noi (che cosa scriva, il povero Ostellino lo ignora: non gli traducono niente, per il suo bene). E ne parlerà vieppiù dopo la scoperta che il premier italiano, la notte di Natale, non sapendo cosa fare, ha chiamato Renato Farina a casa sua e s'è inventato, lì su due piedi, un attentato al papa. A un De Gasperi o a un Einaudi, per dire, non sarebbe mai venuto in mente. Non erano dinamici. *(30/12/2003)*

Il Polito delle Libertà

Dilaga lo scandalo del megacrac Parmalat. Arrestato Calisto Tanzi insieme a vari manager del gruppo di Parma.

È cominciato bene, il 2004. Se il buon giorno si vede dal mattino, sarà ancora migliore del 2003. Nelle ultime notti del vecchio anno, chi non aveva di meglio da fare si sarà imbattuto nei notiziari-finestra gestiti su Italia1 da Paolo Liguori. Tutto accaldato nonostante il clima, il popolare Straccio si affannava a spiegare che «la procura di Milano, sempre inflessibile con Tangentopoli, sta trattando Tanzi con i guanti di velluto». E il perché – spiegava il mezzobusto redivivo – è ovvio: Tanzi è «di sinistra» (alle elezioni del 2001, per dire, regalò 400 milioni a Forza Italia e nemmeno una lira all'Ulivo, ma è di sinistra: parola di Liguori). Il pover'uomo non aveva finito di parlare, che le agenzie già annunciavano l'arresto di Tanzi e dell'intero vertice Parmalat, a Milano. Ritenta, Paolo, sarai più fortunato.

Il caso Parmalat preoccupa tutti, ma proprio tutti, persino Antonio Polito. Solo che il direttore del «Riformatorio» è stato l'unico a cogliere il vero problema del crac Tanzi: non il buchetto da 30 mila miliardi di lire che ha steso sul lastrico migliaia di risparmiatori, bensì il montare di «un nuovo giustizialismo anti-capitalistico». La gente non si fida più degli imprenditori e dei finanzieri all'italiana. Strano: nonostante gli strepitosi successi di Fiat, Montedison, Cirio, Banca di Roma e Parmalat, gli italiani diffidano. Nonostante gli sforzi del Polito delle Libertà, sono ancora poco riformisti. E ora ci si mettono pure i giudici: pretendono persino di arrestare chi viola la legge, rinfocolando nel paese un minaccioso sentimento di fiducia nella magistratura. Il rischio che la gente torni a fidarsi più delle guardie che dei ladri è concreto. Dopo gli sforzi compiuti in questi anni per sputtanare le guardie e riabilitare i ladri, sarebbe gravissimo. «Pericolo», lampeggia l'occhiello dell'allarmato editoriale arancione: «Non possiamo non annusare una certa aria che tira nel paese, sollecitata dalle telecamere che tornano nelle procure, dalle sfilate degli indagati a volto coperto, dei pm in giacche casual, degli ufficiali della finanza in sciarpa cachemire... Il giustizialismo è una risposta sbagliata, perché si nutre dell'illusione che solo la giustizia - per il tramite della magistratura - possa riparare i torti e ristabilire l'etica». Tutto sarebbe diverso se cameraman e giornalisti andassero a farsi un giro. Se i finanzieri prestassero la sciarpa cachemire ai pm e i pm le giacche casual ai finanzieri. Se le procure facessero di tutto per spogliarsi della competenza e lasciar fuggire i ladri all'estero (così i riformisti potrebbero chiamarli «esuli»). Ma così va il mondo, o almeno così va questo nostro disgraziato paese.

Accade financo - segnala Polito, per dare l'idea della gravità della situazione - che «migliaia di risparmiatori italiani mandino fax (un nuovo popolo dei fax?) alla procura di Milano per avere tutele che altri controllori dovrebbero assicurare. Questo clima può innestarsi su un antico e mai curato pregiudizio italico verso il capitalismo, e coinvolgere quindi in un giustizialismo non più anti-politico, ma anti-impresa, settori importanti della sinistra». Ecco: è davvero intollerabile che le vittime di un reato, rapinate di tutti i loro averi da un'associazione a delinquere di stampo capitalistico, nutrano pregiudizi anticapitalistici e tentino di recuperare qualche euro costituendosi parte civile. Anziché perder tempo a scrivere alle procure, mandino un bel fax al «Riformista», che sta già allestendo un bel pool di esperti del ramo. I più prestigiosi li ha intervistati lo stesso quotidiano nel primo numero del 2004. Tenetevi forte, perché stiamo parlando della crema. Il primo è Enzo Carra, condannato a 8 mesi definitivi per aver depistato con false testimonianze le indagini sulla maxitangente Enimont, oggi promosso deputato e dirigente della Margherita; il secondo è Bobo Craxi, figlio d'arte, che nel '93 soggiornava in una villa a Saint-Tropez pagata da Maurizio Raggio con le rimanenze della refurtiva di papà, visto che «a Milano il clima è pesante», e oggi è deputato del cosiddetto Nuovo Psi nell'ambito della Casa della Libertà Provvisoria. Dice Carra: «Starei attento a parlare di nuova Tangentopoli, se non altro per la fattispecie dei reati contestati: la frode è reato sicuramente più grave del finanziamento illecito». Il reato del vicino, si sa, è sempre più verde. Ma Carra dimentica che Tangentopoli era anche, anzi soprattutto, la città delle corruzioni e delle concussioni. E che comunque, per finanziare illegalmente un partito, bisogna creare fondi neri frodando il fisco e falsificare i bilanci per far uscire clandestinamente fiumi di denaro, in barba agli ignari azionisti. Proprio quello che, secondo l'accusa, avrebbe fatto Tanzi. Poi parla Craxi junior: «Dieci anni fa il potere economico contribuì in pieno alla deriva giustizialista. Si diceva che le tangenti frenavano lo sviluppo». Invece lo sviluppo della famiglia Craxi non ne fu affatto frenato, anzi. Quanto al grande capitale che «soffiava sul giustizialismo», va ricordato che nel 1992-93 la Fiat si vide arrestare una ventina di top manager, come pure i gruppi Ferruzzi, Montedison, Eni, Iri, Enel, Fininvest, Olivetti, Bonifaci, Caltagirone, Grassetto-Ligresti, Torno, Lodigiani, coop rosse eccetera. Un autocomplotto davvero geniale.

Per fortuna, dal sociologo Franco Ferrarotti arriva una nota di ottimismo: «A Parma oggi nessuno lancia monetine come contro Craxi. La gente ha capito che il moralismo porta al disastro». O forse, semplicemente, è rimasta senza monetine.

(6/01/2004)

Riformisti su Marte

Prime immagini da Marte grazie alle telecamere della sonda inviata sul Pianeta Rosso dalla Nasa.

Secondo indiscrezioni non confermate, pare che i marziani abbiano deciso di rispondere in tempo reale alla sonda inviata dalla Nasa su Marte, paracadutandone una sulla Terra. Per divertirsi di più, avrebbero scelto come approdo l'Italia. La sonda ha già trasmesso le prime informazioni ai suoi mandanti, confermando ciò che i marziani sospettavano da tempo: in Italia si registrano tracce di vita, fuorché nelle teste di un certo Gasparri, di un certo Bondi (Sandro) e di alcuni milioni di elettori. Dalle prime reazioni, pare che sul Pianeta Rosso si divertano un mondo.

Il presidente del senato, ragionier Marcello Pera, noto esperto di alta finanza, tuona contro lo scandalo Parmalat ma si felicita del fatto che sia stato smentito che «negli interrogatori si sia tornato a parlare di tangenti». Poi difende la riforma Berlusconi del falso in bilancio, ma chiede «nuove regole». Depenalizzato il falso in bilancio, ora si potrebbe renderlo obbligatorio.

Mentre la Casa delle Libertà chiede giustizia contro Calisto Tanzi «e i suoi alleati dell'Ulivo», mentre *Porta a Porta* iscrive Tanzi all'«album di famiglia dell'Ulivo» (dimenticando che alle ultime elezioni Tanzi regalò 400 milioni a Forza Italia e all'Ulivo niente), il cosiddetto ministro Pietro Lunardi ricorda con affetto che l'amico Tanzi era suo compagno di scuola: «Tutti lo conoscono per quello che ha fatto per la sua città, Parma. Quello che sta accadendo è inimmaginabile per una persona rigorosa e corretta come il Tanzi che ho frequentato. Nei giorni scorsi ho parlato con la famiglia, con la moglie e i figli. E anche in questo momento, pur comprendendo la rabbia dei risparmiatori truffati, gli rinnovo la mia solidarietà. Magari è preda di speculatori, gente senza scrupoli. Sono cose che possono capitare a chi ha molti affari in giro per il mondo» («la Repubblica», 3 gennaio 2004). Resta da capire che cosa studiassero, insieme, Lunardi e Tanzi. Lunardi è un esperto di tunnel e trafori. Tanzi è specializzato in un altro genere di buchi.

Il governo Berlusconi ha nominato il regista Giorgio Ferrara e la giornalista Pialuisa Bianco direttori rispettivamente degli istituti italiani di cultura a Parigi e a Bruxelles. Ferrara e la Bianco rischiavano di non farcela a causa di un grave handicap: il primo è il fratello di Giuliano Ferrara, direttore del «Foglio», di proprietà della famiglia Berlusconi; la seconda collabora al «Foglio» con una rubrica fissa. Ma alla fine i meriti hanno prevalso.

Il governo Berlusconi ha soppresso il commissariato straordinario per i beni confiscati alla mafia: verrà rimpiazzato dall'agenzia del demanio, diretta da Elisabetta Spitz. La signora ha rischiato di scontare l'handicap di essere la moglie di Marco Follini, segretario Udc. Ma alla fine i meriti hanno prevalso.

I vertici del consiglio nazionale forense e dell'unione camere penali diserteranno l'inaugurazione dell'anno giudiziario 2004, in quanto la ritengono «un rito datato, ingiusto e inquisitorio». Motivo: «a inaugurare l'anno giudiziario è il più alto esponente dell'accusa», cioè il procuratore generale. Ragion per cui, «l'inaugurazione dev'essere abolita o modificata radicalmente». Per assicurare una giusta parità fra le parti, si potrebbe far parlare – prima o dopo il pg – un rappresentante illustre della categoria degli imputati e promuoverlo sul campo imputato generale. Quest'anno, a Milano, la prolusione spetta di diritto a Calisto Tanzi. O magari a Silvio Berlusconi, che si porta su tutto.

Mentre i capi dei governi impegnati in missioni militari in Iraq, dalla Gran Bretagna all'Olanda, dagli Usa alla Polonia, rendevano visita alle truppe sul terreno di guerra, Berlusconi è rimasto in Italia, impegnatissimo a regalare ai sudditi l'ultimo cd di Mariano Apicella con cartoncino della presidenza del consiglio e a organizzare il Capodanno in Costa Smeralda con l'Apicella medesimo. Pronti gli elogi del «Riformista»: «la sua scelta di starsene a casa dovrebbe essere apprezzata per modestia e riservatezza». Su Marte, qualcuno potrebbe supporre che «il Riformista» sia un giornale della maggioranza. Errore. È l'organo dell'opposizione clandestina.

Non bastando Apicella, è stato intervistato anche il cuoco del Cavaliere, Michele Persichini: «Nel 2004 – ha confessato – sogno di preparare un pranzo per il papa». Escludendo che

Sua Santità trascorra le vacanze ad Arcore o a Villa La Certosa, in Vaticano si cerca di capire cos'abbia in testa Berlusconi.

Giuliano Ferrara non ha gradito la trionfale rielezione dell'«imputato Milošević, il macellaio del Balcani, in parlamento», e del suo degno compare Seselj. Strano. Proprio Ferrara ci aveva spiegato che quando un politico imputato viene eletto, significa che gli elettori l'hanno già assolto. E il verdetto del popolo cancella quello della magistratura. Si provveda dunque immantinente a scarcerare queste due ennesime vittime della malagiustizia politicizzata, a immunizzarle con un apposito lodo Platinette e a restituirle all'affetto dei loro cari.

(9/01/2004)

Riformisti su Marte/2

Proseguono le segnalazioni della sonda inviata dai marziani in Italia, prescelta dal Pianeta Rosso come il paese più marziano della Terra.

Grande scalpore hanno suscitato, su Marte, l'ordinanza del gip di Bologna sulla morte di Marco Biagi e alcuni particolari di contorno: che l'Italia sia davvero guidata da un governo che nel 2001, appena insediato, revocò la protezione a un personaggio a rischio come Biagi; che il ministro dell'Interno responsabile del taglio delle scorte, tale Scajola, faccia ancora parte del governo; che il ministro del Lavoro, tale Maroni, abbia giurato di aver avvertito Scajola delle minacce subite da Biagi; che Scajola l'abbia sempre negato; che nell'attuale governo, dunque, sieda almeno un bugiardo matricolato (o Maroni o Scajola); che nessuno si sia premurato di identificarlo e di allontanarlo; che Scajola, morto Biagi, abbia pensato bene di commemorarne la figura definendolo «rompicoglioni»; che il governo di Scajola abbia poi confiscato il nome del morto ammazzato per battezzare una legge sul mercato del lavoro («legge Biagi»), infestando le tv di spot per magnificarla. Ci si domanda – su Marte – quale sia in Italia la pena prevista per chi ha agevolato un delitto delle Br, a parte un ministero nel governo Berlusconi.

Lo Scajola di cui sopra, nel giorno in cui il giudice di Bologna stabiliva che la sua demenziale circolare aveva contribuito a mettere Biagi nel mirino dei brigatisti, non ha ritenuto di commentare la notizia. Era troppo impegnato a Genova a contestare la presenza di Prodi a una manifestazione dal titolo «Dialoghi sull'Europa». Già: che ci fa il presidente della commissione europea a un incontro sull'Europa? «Fa politica». Appena muove un passo, Prodi viene accusato di «fare politica» e invitato alle dimissioni. Apre un pacco bomba? Fa politica. Scrive un documento sull'Europa? Fa politica. Va in bicicletta? Fa politica. In effetti un politico che fa politica è un'anomalia. Fosse un affarista, un editore di tv e giornali, un venditore di pubblicità, un assicuratore, un banchiere, un presidente di calcio, un pluri-imputato, un amico di mafiosi, si potrebbe capire. Ma un politico no, non può fare politica. Prima si deve dimettere.

Grande interesse ha destato su Marte l'uso che si fa in Italia del termine «riformismo». Il «Corriere della Sera», per esempio, segnala il «ritorno dei riformisti» e una gran «voglia di riformismo» a Milano. Al punto che Forza Italia, per iniziativa di due noti riformisti come l'ex comunista Bondi e l'ex piduista Cicchitto, sta organizzando un grande convegno, invitando anche «personaggi di spicco di quel mondo riformista che a Milano si sta riorganizzando e che non si è messo sotto l'ala protettrice del centrodestra: per esempio Carlo Tognoli. Oppure Massimo Ferlini, che dai miglioristi del Pci è passato alla guida della Compagnia delle opere. E magari anche Ugo Intini». Tognoli è stato condannato a 3 anni e 3 mesi definitivi per ricettazione delle tangenti di Mario Chiesa e Matteo Carriera. Ferlini è uscito per prescrizione e poi per assoluzione dal processo sulle tangenti per il Piccolo Teatro. Intini era il ventriloquo di Craxi. Ci si domanda, su Marte, se per essere riformisti sia necessario aver frequentato Craxi e/o i tribunali, o se sia soltanto facoltativo.

A proposito. Sui muri di Milano (e non solo) campeggiano mega-manifesti con l'inquietante gigantografia di Gianni De Michelis affiancato dal garofano del cosiddetto «Nuovo partito socialista» (nuovo e De Michelis: un simpatico ossimoro). Avendo patteggiato 2 anni definitivi per corruzione e finanziamento illecito, anche De Michelis è iscritto di diritto nel club riformista. Colpisce lo slogan scelto dall'Illustre Forforato: «Non sono indispensabili le facce nuove. Sono indispensabili le idee chiare». Le condanne per tangenti non sono proprio indispensabili. Ma aiutano.

Grande scandalo, non su Marte, ma anche sul «Giornale» e su «Libero», per la scoperta del centralinista della Parmalat che risulta amministratore di una trentina di società di Tanzi in giro per il mondo. Il classico prestanome. «Il ragionier Ugolotti Angelo nascondeva una specie di doppia vita», racconta scandalizzato il «Giornale»: «Era la testa di legno perfetta, una garanzia... Una storia che, se fosse vera, taglierebbe in modo perfetto l'esponenzialità delinquenziale della banda della Grande Truffa». Usavano un prestanome. Che delinquenti. Che vergogna. Si dà il caso, però, che trent'anni fa un altro imprenditore italiano fosse solito intestare società a una ventina di teste di legno. C'era, oltre a mezzo parentado, il commendator Federico Pollack (nato a Kosatky, Cecoslovacchia) che, essendo del 1887, non era proprio lucidissimo. C'era Nicla Crocitto, casalinga, con alcune colleghe. C'era il ragioniere genovese Enrico Porrà, semiparalizzato in carrozzella per un ictus, l'uomo giusto per firmare i bilanci. E c'erano tre misteriosi siciliani: un ragioniere, un geometra disoccupato e un antennista imparentato con la famiglia Buscetta. «Esponenzialità delinquenziale» da «banda della Grande Truffa»? No, stavolta no: oggi quell'imprenditore è presidente del consiglio. Fa il prestanome di sé stesso a Palazzo Chigi. Chissà le risate, su Marte, quando lo sapranno. *(10/01/2004)*

Li ha rovinati la costituzione

Su Marte, grazie a una speciale sonda paracadutata sulla Terra, i marziani seguono con un misto di curiosità e costernazione il Circo Barnum che s'è scatenato da quando la corte costituzionale ha dichiarato incostituzionale il lodo Maccanico-Schifani. Particolarmente ostico da comprendere, sul Pianeta Rosso, un concetto illustrato a reti ed edicole unificate dai giureconsulti del Polo e di un pezzo d'opposizione: siccome una legge è incostituzionale, bisogna affrettarsi a inserirla nella costituzione. Si tratta di un allegro remake del 1998, quando la consulta dichiarò incostituzionale la riforma dell'articolo 513 del codice di procedura penale e subito Polo e Ulivo pensarono bene di trasformare quella legge incostituzionale in un nuovo articolo della costituzione, il 111, ribattezzandolo per giunta «giusto processo». Ora ci risiamo.

Molto gettonato, su Marte, il senatore Renato Schifani: lassù, l'eventuale autore di una legge bocciata perché incostituzionale si vergognerebbe come un ladro, andrebbe a nascondersi, camminerebbe con le orecchie e gli occhi bassi. Fronte del Riporto no: notevolmente agevolato dalla faccia, refrattaria a qualunque vergogna, saltella da una tv all'altra tutto giulivo, come se avesse vinto lui. Poi ci sono gli altri. Breve antologia.

Giuliano Ferrara. «Resta irrisolto il riequilibrio del rapporto fra politici e giudici dopo l'elezione di un signore che aveva dei processi». Uno ne fa di cotte e di crude come imprenditore. Lo scoprono e lo processano. Un attimo prima che arrivi la sentenza, si fa eleggere. Subito dopo, i suoi dipendenti cominciano a strillare che bisogna riequilibrare i rapporti fra giustizia e politica. E passano pure per «molto intelligenti».

Enrico Boselli (Sdi). «Resta aperto un problema che c'è: dare protezione alle alte cariche dello stato». Qui Boselli supera anche Craxi, che non aveva mai detto una sciocchezza simile. Dove mai, nel mondo, s'è posto questo problema se non nell'Italia di Berlusconi? Quando mai, in Italia, i presidenti della repubblica, di camera, senato e corte costituzionale sono stati aggrediti dalla magistratura? L'unica inchiesta su un capo dello stato, negli ultimi vent'anni, fu quella sui fondi neri del Sisde che lambì Scalfaro (poi totalmente prosciolto): e a cavalcarla furono gli stessi che oggi pontificano sulla «protezione delle alte cariche». Gli stessi (vedi Taormina) che tentarono di coinvolgere Ciampi nella Telekom Serbia. Forse per proteggerlo meglio.

Bruno Vespa. «La magistratura è immune e i parlamentari no. La vogliamo reintrodurre l'autorizzazione a procedere?». Ma la magistratura è tutt'altro che immune. Per informazioni, Vespa può rivolgersi ad alcuni colleghi e amici della sua signora, regolarmente arrestati e/o processati a Milano e a Perugia per corruzione giudiziaria: Squillante, Savia, Napolitano. Quelli, per intendersi, che il 21 gennaio 1996 prendevano il caffè al bar Tombini con la signora Vespa.

Domenico Nanìa (An). «Chirac in Francia è come Berlusconi in Italia». Chirac è presidente della repubblica e gode dell'insindacabilità funzionale come il suo omologo italiano. Che non è Berlusconi, ma Ciampi.

Paolo Gambescia («il Mattino»). «Io rinvierei il processo a Berlusconi a dopo le elezioni europee e amministrative. Per il bene di tutti... "L'immunità per i presidenti del consiglio c'è in tutta Europa». Per la verità, non esiste in nessun paese d'Europa, anzi dell'Occidente. Quanto al «bene di tutti», ogni scusa è buona: nel 2001 le elezioni politiche, nel 2003 il semestre europeo, ora le europee e le amministrative. Così Berlusconi guadagna altri 6 mesi di prescrizione. Per il bene di tutti.

Domenico Nanìa. «Oggi per i giudici c'è una giustizia domestica al Csm, che assolve nel 95 per cento dei casi. Per i politici no». Ma il Csm non giudica i reati dei giudici: solo le infrazioni disciplinari (e con una media di condanne ben superiore a quella inventata da Nanìa). Per i reati procede la giustizia ordinaria, che quando scopre un giudice che ruba, lo mette in galera e lo processa (vedi Squillante). Parlamentari arrestati, invece, non se ne ricordano a memoria d'uomo.

Roberto Calderoli (vicepresidente del senato, Lega Nord). «In democrazia è inaccettabile che una legge approvata da 354 deputati venga cancellata da un organismo di 15 membri politicizzati, in parte nominati da Scalfaro, che poi va ai raduni dei girotondi». Certo, è inaccettabile che la corte costituzionale, prevista dalla costituzione per valutare la costituzionalità delle leggi, dichiari incostituzionale una legge incostituzionale senza chiedere il permesso a Calderoli e altri studiosi della polenta taragna. Quanto ai membri «politicizzati», sono quelli nominati – come prevede la costituzione – dal parlamento. Anche con i voti della Lega. Il problema dunque per Calderoli non sono i «politicizzati». Ma i politicizzati degli altri. Due anni fa, Polo e Ulivo mandarono alla consulta l'avvocato Romano Vaccarella, il civilista di Previti e Berlusconi. Che sia l'unico non politicizzato?

Giuliano Ferrara. «La partecipazione di Scalfaro ai girotondi getta un'ombra politica sulla decisione della corte, dove siedono membri nominati da lui». Il ragionamento (si fa per dire) del Molto Intelligente, subito ripreso dall'acuto Calderoli, spazza via due millenni di logica aristotelica e spalanca orizzonti inesplorati ai superstiti della legge 180. Si potrebbe sostenere, per esempio, che le sentenze dell'ex presidente Antonio Baldassarre non valgono perché poi Baldassarre è stato nominato dai berluscones presidente della Rai. Idem per le sentenze di tutti i giudici nominati da Cossiga, che poi s'è rituffato nella politica attiva esternando a tutto spiano, fondando e sfondando partiti. In pratica, di tutte le sentenze della consulta, non ce n'è una valida.

Italo Bocchino (An). «Scalfaro fa politica da una sola parte, a sinistra, mentre Cossiga da tutt'e due le parti». Ecco trovato il rimedio: gli ex presidenti della repubblica devono fare politica da entrambe le parti, essere contemporaneamente di destra e di sinistra. Su Marte qualcuno potrebbe chiedere come si fa. Ma in Italia c'è chi ci riesce benissimo.

Paolo Franchi («Corriere della Sera»). Titolo: *Tutti sconfitti.* Svolgimento: «Si fosse seguita fin dall'inizio la via suggerita da Maccanico, ... avremmo un'onesta norma di garanzia per tenere fuori dalle aule di giustizia, fino al termine del loro mandato, le più alte cariche istituzionali... Invece il lodo Maccanico si è tramutato in un lodo Schifani dannato in partenza alla bocciatura». Intanto, non hanno perso tutti: hanno perso quelli che han fatto una legge incostituzionale e vinto quelli che vi si erano opposti: magistrati, giuristi, girotondini, gran parte dell'opposizione, Scalfaro e alcuni giornali (ma non il «Corriere»: quando il lodo passò, Franchi non scrisse che era «dannato in partenza alla bocciatura», anzi mostrò di apprezzare molto). Fra la proposta Maccanico e il testo Schifani, c'è una sola differenza: Maccanico lo voleva votato da tutti, il Polo se lo votò da solo. Ma è il principio-base che la corte ha respinto: quello che stabiliva che cinque cittadini non erano più uguali di fronte alla legge, in barba all'articolo 3 della costituzione. Bisogna farsene una ragione. A Berlusconi l'ha rovinato la costituzione. È lui che è incostituzionale. *(15/01/2004)*

Scene da un patrimonio

In simultanea con l'inaugurazione dell'anno giudiziario, va in scena il quarto pellegrinaggio annuale sulla tomba del compianto statista latitante Bettino Craxi. Il coro delle prefiche, quest'anno, è capitanato dal presidente del senato, ragionier Marcello Pera. Dieci anni fa Pera tuonava, dalle colonne della «Stampa», contro «il tumore del malaffare partitocratico ramificato ovunque» e scriveva a Bettino queste commosse parole: «Non è che è in atto un attacco alla democrazia» da parte dei giudici, è che «molti esponenti di partito, massimamente il suo e nel suo massimamente quelli della sua corte, sono inquisiti... Pensare che il fango nauseante che sommerge i partiti debba anche schizzare il governo significa pensare che il governo è "cosa nostra", dopo aver pensato e dimostrato in pratica che "cosa nostra" sono gli enti, le banche, gli appalti, le professioni... Questi partiti devono retrocedere e alzare le mani... subito... senza le furbizie che accompagnano i rantoli della loro agonia. Perché questo sì sarebbe un golpe contro la democrazia: cercare di resistere contro la volontà popolare» (1° febbraio 1993).

Ecco una bella frase lapidaria, tratta dalle massime del ragioner Pera, da scrivere sul libro dei visitatori di Hammamet: «Retrocedere e alzare le mani senza le furbizie che accompagnano i rantoli della loro agonia». Invece, nella sua missione aviotrasportata in Tunisia, il ragionier Pera ne ha scritta un'altra, dal suo ultimo repertorio: «A Bettino Craxi, per una memoria unita degli italiani». Già, ma una memoria di che cosa? Ci soccorre ancora il Pera d'epoca: «Chi, come Craxi, attacca i magistrati di Milano, mostra di non capire la sostanza grave, epocale del fenomeno della corruzione» (19 luglio 1992). O ancora: «Un'amnistia dei politici ai politici è impensabile non solo perché provoca indignazione e disgusto nella gente. È anche impraticabile. Perché il reato è flagrante e macroscopico, il processo è già cominciato e per buona parte dell'opinione pubblica già chiuso con una condanna... Come alla caduta di altri regimi, occorre una nuova resistenza, un nuovo riscatto e poi una vera, radicale, impietosa epurazione. Il male si taglia alla radice» (*ibidem*). È una vera fortuna per il ragionier Pera che il vecchio Bettino non possa più replicare. Altrimenti, nel vederlo in gramaglie ad Hammamet e nel sentirlo parlare di «valutazione serena dell'operato di Craxi» e di «pacificazione della memoria degli italiani» avrebbe trattenuto a stento le mani.

Il corteo funebre, popolato da De Michelis, Tognoli e perfino da alcuni incensurati, si è poi recato in visita guidata alla mostra *Tunisiaca*: xerigrafie, vasi e altre opere dello statista-artista, organizzata dalla Fondazione Craxi con l'incredibile patrocinio del senato e della Farnesina. Catalogo a cura dell'architetto Portoghesi e del critico Sgarbi, che di fronte a tanta arte non si è potuto trattenere: «Craxi è un artista concettuale minimalista. Concettuale come tutta l'arte di questo secolo, da Andy Warhol a Man Ray». Senza dimenticare Larini, Mach di Palmstein e Maurizio Raggio, più vicini alla scuola del fondinerismo off-shore e alla corrente del macchiaiolismo contabile. Pera, comunque, ha concluso la gita con una frase lapidaria: «Craxi è un patrimonio della repubblica italiana». Particolarmente azzeccata la scelta del termine «patrimonio», peraltro ancora disperso fra la Svizzera, il Lussemburgo, il Messico e Hong Kong. Infelice, invece, il verbo: Craxi non «era» un patrimonio, ma «aveva» un patrimonio, che fra l'altro sarebbe il caso di restituire.

(20/01/2004)

Cervelli su Marte

Prosegue senza sosta sul Pianeta Rosso il reality show non stop, 24 ore su 24, con le notizie e le immagini trasmesse dall'Italia dalla sonda «Silvius», inviata un mese fa dai marziani per farsi quattro risate.

Un titolo di giornale, anzi di «Giornale», aveva gettato nel panico i simpatici alieni. Questo: *Un piano per far cadere Berlusconi. A ordire la congiura, i poteri forti e la sinistra*. La prospettiva che lo spettacolo, appena cominciato, potesse prematuramente finire era in effetti allarmante. Ma poi qualcuno ha spiegato anche lassù che cos'è il «Giornale», e si sono tutti molto tranquillizzati. Il presunto complotto, per la cronaca, sarebbe frutto della diabolica astuzia dell'Ulivo, che nientemeno «punta a far cadere Berlusconi sulla devolution sfruttando i dissensi interni al Polo». E qui siamo veramente ai confini della realtà. La Cdl alla camera ha più di 100 voti di scarto sull'opposizione. Ma la legge sulla devolution è talmente ributtante che persino gente di bocca buona e di stomaco forte come quelli dell'Udc e di An potrebbe non digerirla. Un giornale normale titolerebbe che la maggioranza litiga, non riesce più a garantire il passaggio di una legge, è allo sfascio. Il «Giornale» no. Con grave sprezzo del ridicolo, parla di «congiura dei poteri forti e della sinistra». Perché naturalmente Berlusconi, pover'uomo, è un potere debole. Su Marte gli interpreti hanno avuto il loro daffare per tradurre in lingua marziana un simile concetto. Hanno dovuto mostrare una foto di Maurizio Belpietro, per farsi capire.

Molto seguìto, sul Pianeta Rosso, anche il dibattito sulle risse intorno alla lista unitaria del centrosinistra. I marziani hanno apprezzato il contributo alla distensione fornito dai «giovani dello Sdi» (espressione altisonante per indicare i figli di Intini e Boselli, salvo un paio di franchi tiratori), che in una «nota» hanno salutato affettuosamente il presidente emerito della repubblica Oscar Luigi Scalfaro: «Siamo pronti ad accollarci le spese per il soggiorno di Scalfaro in una casa di riposo, a condizione che porti con sé l'amico Occhetto... Il problema della politica italiana è che i vecchi tromboni non vanno mai in pensione. Infatti solo la senilità galoppante può giustificare le parole dell'ex presidente della repubblica, davanti a decine di girotondini entusiasti, in dispregio della maggioranza del popolo italiano, che ha liberamente espresso la sua fiducia nel governo di centrodestra al di là della manifesta inettitudine di quest'ultimo». Su Marte, in particolare, ci si interroga sul significato dell'espressione «al di là».

Accomiatandosi da Hammamet, dopo lunghe processioni, il presidente del senato ragionier Marcello Pera ha dichiarato:

«Sono venuto per rendere omaggio a Craxi in questo piacevole cimitero». Su Marte ci si interroga su come sia fatto un cimitero piacevole rispetto a quelli spiacevoli, sul sense of humour del ragionier Pera e soprattutto sul sense of humour degli italiani che se lo tengono come presidente del senato. Poi è stata diffusa una foto del ragionier Pera, e tutto è stato immediatamente più chiaro.

Il sindaco di Tolfa (ridente località dell'Alto Lazio) annuncia che, nella prossima primavera, verrà intitolata una strada a Bettino Craxi. Su Marte ci si interroga sul reale significato dell'espressione «via Craxi», con particolare riferimento alla parola «via».

Il quotidiano «il Riformista», dopo aver caldeggiato invano (almeno per ora) le autorevoli candidature di Mike Bongiorno e Luigi Preti per il posto di senatore a vita opportunamente liberato da Norberto Bobbio, lancia con il consueto vigore la candidatura di Marco Pannella «per sanare l'anomalia dei radicali esclusi dal parlamento». Fra i marziani ci si interroga sul significato dei termine «anomalia». Gli interpreti, all'impronta, l'hanno tradotto così: «Se ti candidi alle elezioni e gli elettori non ti votano, sei un trombato. Ma, se piaci al "Riformista", sei un'anomalia che va sanata».

Daniela Santanché, imprescindibile deputata di An (corrente Briatore), rilascia una sobria intervista a Giancarlo Perna sul «Giornale». Domanda: «Per aver accusato un pezzo di Ulivo in Telekom Serbia, Igor Marini è in carcere. Forse mente, ma è dimenticato da dieci mesi. Un caso da Amnesty International?». Risposta di madama: «E Stefania Ariosto invece dov'è? In giro a fare i girotondi. Sono sconcertata. Sarebbe bene che Amnesty intervenisse». Su Marte, si auspica l'invio di una squadra di osservatori nei cervelli di Perna e della Santanché.

A proposito. Guido Possa, già compagno di classe di Berlusconi e dunque viceministro dell'Istruzione, dichiara al «Corriere» che con l'ottima riforma Moratti «ci sarà più competizione e i cervelli non fuggiranno». Potrebbe persino tornare a casa il suo. *(21/01/2004)*

Il Rifatto di Dorian Gray

Da prima di Natale, Silvio Berlusconi non compare più in pubblico. Dopo giorni di voci e smentite, si scopre finalmente perché: s'è fatto un lifting e si è sottoposto a un trattamento rigenerante nello studio del professor Mangano.

Si fa presto a ironizzare sulle sofferenze di un pover'uomo costretto al lifting e alla latitanza da un'opposizione che si allea con tutti, dai magistrati ai sindacati, dalle rughe alla cellulite, dalla calvizie al nanismo, pur di fargli perdere la faccia. Si fa presto a trarre frettolose conseguenze dall'omonimia fra lo stalliere Mangano, che si prendeva cura del Cavaliere trent'anni fa, e il nutrizionista professor Mangano, che se ne prende cura oggi. In attesa che bisturi, mollette, stucchi, pongo, vernidas, tiranti, argani e carrucole facciano il loro corso, in attesa i rivedere il nostro amato ritratto di Dorian Gray debitamente restaurato, una riflessione s'impone. C'è chi, persa la faccia, se ne fa un'altra. E chi, per risparmiare, porta in giro sempre la stessa.

È il caso di Smemorando Adornato: uno che, invece di cambiare connotati, si limita a cambiare padrone. Il noto pensatore multiuso è artefice della *Carta dei valori* di Forza Italia che sarà consegnata ai fortunati partecipanti alla convention del decennale della discesa in campo, in programma domani a Roma alla presenza di Dorian Gray. Già il titolo – *Carta dei valori* – è tutto un programma: per combinazione, è lo stesso che Bruno Tassan Din, padre-padrone della Rizzoli piduista, coniò per il codice etico (si fa per dire) della casa editrice in mano a Gelli e Ortolani: codice presentato in pompa magna nel 1980 a Venezia, davanti a una vasta platea di dirigenti, manager e giornalisti. Il Cavaliere, che di quella pia confraternita faceva parte coi gradi di «apprendista muratore» e con la tessera 1816, non potrà che gradire la dotta citazione. Gli ricorderà gli anni verdi della giovinezza.

Ma non c'è solo il titolo. Scorrendo la *Carta* adornatiana, si apprende che Forza Italia si ispira a De Gasperi, Matteotti, Lao Tse, Tocqueville, don Sturzo, Amendola, Salvemini, Rosselli e Turati. Quanto a Rosselli e Turati, deve trattarsi di due refusi: i nomi giusti sono Carlo Rossella e, in omaggio a Mangano, Francis Turatello. Quanto agli altri spiriti-guida, sarebbe interessante conoscere il loro parere. Purtroppo non possono smentire. È comunque un esercizio appassionante immaginare De Gasperi che dà del «kapò nazista» a un deputato europeo e dei «turisti della democrazia» a tutti gli altri. Matteotti che, mentre i sicari del Duce lo massacrano, elogia Mussolini perché «non ha ammazzato nessuno». Amendola che, mentre gli squadristi lo bastonano e lo costringono all'esilio in Francia, si felicita col Duce perché manda i confinati «in vacanza nelle isole». Lao Tse che spiega la via al taoismo ispirandosi a Flavio Carboni, Dell'Utri, Previti, Squillante, Gelli e Craxi. Alexis de Tocqueville che firma la legge Gasparri senza leggerla, a occhi chiusi, per evitare il conflitto d'interessi. Don Sturzo che si iscrive alla loggia P2 e poi, profittando dell'esilio americano, apre 64 società off-shore. E Salvemini (quello che chiamava Giolitti «il ministro della malavita») che nomina Previti ministro e il suo avvocato presidente della commissione giustizia.

Peccato che questi incolpevoli padri di Forza Italia non possano più replicare. E non possano nemmeno conoscere Smemorando Adornato, che è sempre un bel conoscere. Si tratta, tanto per non dimenticare, dello stesso Adornato che negli anni Settanta era comunista, inneggiava al socialismo reale e giustificava financo la persecuzione dei dissidenti sovietici. Poi, per non farci mancare nulla, nel '93 fondò Alleanza democratica, detta anche Eleganza democratica per la sua spiccata vicinanza alle masse lavoratrici. Lanciò lo slogan «Ragiona Italia», contro la telecrazia berlusconiana. Nel '94, per completare l'opera, redarguì severamente Mario Segni («un guitto») e Giorgio La Malfa («una controfigura di Gei Ar»), rei di voler «consegnare l'Italia a Bossi e a Berlusconi con la loro neutralità fra destra e sinistra». Poi giurò solennemente: «Noi non faremo giri di valzer come loro... L'obiettivo principale è sconfiggere questa destra illiberale e illiberista che si profila. Ecco: ogni scelta va fatta cercando di non aiutare il gioco di Berlusconi» (5 febbraio 1994). Infine, per evitare i giri di valzer, ma soprattutto per non fare il gioco di Berlusconi illiberale e illiberista e non consegnargli l'Italia, entrò direttamente nel suo partito. Per dargli la mazzata finale. *(23/01/2004)*

Il Bisunto del Signore

Berlusconi ricompare ringiovanito dal lifting, alla vigilia della convention al Palaeur di Roma per solennizzare il decennale della sua «discesa in campo».

È risorto. Al trentatreesimo giorno, con un certo ritardo sulla tabella di marcia, ma è risorto. L'Unto del Signore è diventato Bisunto. Cade finalmente il velo dal Rifatto di Dorian Gray. Ma subito un interrogativo si impone: ne valeva la pena? Stiamo parlando di un pover'uomo che ha speso 500 miliardi in avvocati per farla franca e si ritrova di nuovo sotto processo per corruzione giudiziaria, proprio come quattro anni fa. Ora ha speso non si sa bene quanto per diventare più bello, e il risultato è sotto gli occhi di tutti: una palla da biliardo in doppiopetto, per giunta triste, molto triste. *Pezo el tacòn del buso.* Qualcuno insinua persino che il chirurgo plastico fosse un comunista, un girotondino o un malato di Parkinson. Per esempio le cuciture, forse eccessive, sembrano aver ridotto l'apertura della bocca, magari nella speranza di ridurre anche le corbellerie che di solito ne escono: lui, con quelle dette ieri, ha tenuto a rassicurare i suoi discepoli. Anche se il chirurgo ha ecceduto con la pinzatrice, ci vuol altro per fargli dire qualcosa di serio. Per il resto, il Premier Componibile maschera bene le cicatrici. Almeno per ora. Ma c'è un che di precario, nel nuovo Cavaliere. Il precedente dell'attrice Carmen Di Pietro, che si vide esplodere un seno al silicone durante un viaggio aereo, è inquietante. Non vorremmo che alla prima missione internazionale anche a Berlusconi partisse un occhio in volo, gli schizzasse via un orecchio, gli scivolasse giù il naso. Sarebbe seccante, anche per il prestigio conquistato dall'Italia nel semestre europeo. E poi ci vorrebbe un altro rattoppo, come se fosse facile trovare i pezzi di ricambio. In ogni caso, è bene pensarci per tempo: dopo la brillante uscita di ieri sull'euro, occorrerà presto una terza faccia: anche la seconda è quasi andata.

Ora incombe il nuovo Evento, per celebrare degnamente il X Anno dell'Era Berlusconiana. Pare che oggi, davanti all'arca dell'alleanza, il Cavalier Bisunto chiamerà i fedeli a declamare brani scelti dalla *Carta dei valori*, come si fa in chiesa con il

Credo e il Padre nostro. Solo che i testi, in questo caso, sono di Adornato. Il piccolo pensatore, con sforzi sovrumani, ha messo insieme un libretto azzurro di 41 pagine. Rischiando addirittura l'ernia al cervello per partorire concetti come: «continuità nella discontinuità», «partito di centro alleato con la destra e aperto alla sinistra riformista», «federalismo nazionale», «liberalismo sociale», «umanesimo cristiano e laico». Mancano soltanto la pioggia asciutta, il mare dolce e l'Adornato intelligente. Si segnalano, invece, il «pensiero positivo» (da un'idea di Jovanotti), la «civiltà dell'amore» (copyright di Cicciolina) e l'«ambientalismo blu» (frutto dei funghi allucinogeni). È la prima volta, comunque, che quando Adornato scrive qualcosa, qualcuno la legge, anche se per costrizione, ad alta voce, in coro, sotto gli occhi rifatti del Capo. Naturalmente – avverte James Bondi – «non si tratterà di una autocelebrazione, ma di un'occasione per riunire il popolo di Forza Italia che dovrà stringersi attorno a Berlusconi, fargli sentire tutto il calore, l'affetto e la riconoscenza che merita per ciò che ha fatto per la libertà e la democrazia. Berlusconi conferma il peso che le personalità hanno nel corso della storia. Se non avesse deciso di abbandonare gli agi della sua condizione di imprenditore per un impegno e una dedizione assoluta al bene dell'Italia, l'Italia avrebbe imboccato una strada senza libertà e di decadenza».

A proposito di agi, dedizione e bene dell'Italia, sarebbe il caso di far declamare ai discepoli e al devoto James anche un'altra citazione. Che non è di Adornato, ma di chi Forza Italia ha inventato nel 1993, Marcello Dell'Utri: «C'era l'aggressione delle procure e la situazione della Fininvest, con 5.000 miliardi di debiti. Franco Tatò, amministratore delegato del gruppo, non vedeva vie d'uscita: "Cavaliere, dobbiamo portare i libri in tribunale". I fatti poi, per fortuna, ci hanno dato ragione». C'era chi, travolto dai debiti e da Tangentopoli, falliva e andava in galera. Chi, terrorizzato da quella prospettiva, si sparava. E chi trovava una terza via più accettabile e meno traumatica: diventare presidente del consiglio. Partito di plastica, si diceva allora. Partito della plastica, si direbbe oggi. *(24/01/2004)*

I fedeli all'Infedele

Bisogna essere grati all'*Infedele* di Gad Lerner, l'unico programma giornalistico ancora potabile della Televisione Unica Italiana. Grati perché sabato sera, a poche ore dall'Ascensione all'Eur del Bisunto del Signore, ha messo in fila alcune facce da collezione: facce che spiegano meglio di qualsiasi ragionamento perché il regime berlusconiano avanza e funziona così bene. Sfidando la fascia protetta e le prevedibili proteste delle madri di famiglia e di chi a quell'ora stava cenando, Lerner ha osato mostrare la faccia di don Gianni Budget Bozzo, lievemente più inquietante del solito a causa degli occhi strabuzzati verso l'alto per un'estasi improvvisa. Poi c'era Renato Farina, ancora tutto bagnato dopo la Notte di Natale trascorsa nella villa di Arcore, che alitava sul collo dell'incolpevole Michele Serra. C'erano il professor Angelo Panebianco e la sua barba. E, da Roma, Pigi Cerchiobattista della «Stampa» seduto accanto a un esterrefatto Giovanni Sartori.

Lerner, per cominciare, rivela un particolare inedito: e cioè che già vent'anni fa, quando lo conobbe, padre Budget «sentiva le voci». Come Giovanna d'Arco, per dire. Poi, col tempo, passò a Giovanna d'Arcore, che gli parlò di Berlusconi. Fu nel '94: appreso da fonti soprannaturali che il Cavaliere lo mandava lo Spirito Santo in persona, ne divenne il cappellano, grazie anche all'esperienza fatta al seguito di Bettino Craxi, altro noto bisunto. Il reverendo Budget, per nulla imbarazzato da questa presentazione, conferma. E quando Gad gli fa notare che, insomma, Berlusconi è divorziato, massone, miliardario, non proprio un cristiano modello, risponde pronto: «Ma Dio si è sempre servito di peccatori: fece così già con Davide». Gli occhi fissi al cielo e un tantino iniettati di sangue, la linguetta retrattile tipo salamandra, il Giovanno d'Arcore scaglia anatemi contro i «comunisti» (soprattutto Fassino, «piccolo comunista») e i «cattocomunisti» della sinistra Dc che, a suo dire, avrebbero governato l'Italia per cinquant'anni, prima che il Bisunto venisse a liberarci.

A parte Serra e Sartori, attoniti e imbarazzati, gli altri ospiti interloquivano con l'invasato dandogli ora ragione e ora torto, come si fa con le persone normali. I più, anzi, gli davano ragione. Soprattutto il professor Panebianco e la sua barba: «Fino al 1992 in Italia regnava l'anticapitalismo, poi arrivò Berlusconi e per la prima volta riscattò il capitalismo». Fu allora che Agnelli, Pirelli, De Benedetti, Ligresti, Tanzi, Cragnotti e lo stesso Berlusconi, le barbe lunghe e i volti emaciati, poterono finalmente rientrare dall'esilio, dove li avevano cacciati per mezzo secolo i cattocomunisti, previo esproprio proletario. Qualcuno avrebbe potuto domandare a Panebianco, o alla sua barba, se Andreotti, che governava nel 1992, fosse un cattocomunista; e se per caso lo fossero i soci fondatori del Caf (Craxi, Andreotti, Forlani), che aveva regnato per dieci anni. Ma non è parso il caso. Molto gettonata la tesi – lanciata da don Budget e prontamente raccolta da Panebianco e dalla sua barba – di un Berlusconi «estraneo al vecchio establishment», che «rompe i vecchi schemi» e porta in politica una ventata di aria fresca. Una tesi curiosa, se si pensa che stiamo parlando di un tizio che stava nella loggia P2, era amico di Craxi, Andreotti e Forlani, frequentava mafiosi come Mangano e personcine ammodo come Flavio Carboni (ora imputato per l'omicidio Calvi). Curiosa come l'altra, gemella e complementare: la favola del «grande imprenditore» che si è «fatto da sé», «abilissimo» a «creare dal nulla» un colosso come la Fininvest. È stato lo stesso Dell'Utri, che ha buona memoria, a ricordare che nel 1993 la Fininvest era sull'orlo del fallimento, con qualcosa come 5 mila miliardi di debiti e le banche che chiedevano di rientrare. Ma l'Unto, anziché portare i libri in tribunale, portò la Fininvest a Palazzo Chigi. Ora, immaginiamo che Calisto Tanzi avesse fatto lo stesso tre anni fa: oggi la Parmalat sarebbe salva, lui sarebbe in parlamento e magari al governo, ed esperti del calibro del professor Panebianco e della sua barba elogerebbero il suo genio imprenditoriale.

Invano, nello studio dell'*Infedele*, Sartori tentava di riportare gli astanti sulla terraferma: «Qui non è questione di destra o sinistra, qui c'è un signore che fa le leggi per sé, che abusa del suo potere e calpesta gli altri poteri, è il padrone di tutte le tv private e controlla quelle pubbliche. Senza televisioni non avrebbe vinto». Ma subito Pigi Cerchiobattista lo redarguiva severo, e si meravigliava che Lerner non facesse altrettanto: «Eppure quando eravamo insieme alla "Stampa" anche tu dicevi che Berlusconi non vince grazie alle tv». Lerner confermava: «Non vince per le tv». Le tiene per puro masochismo, ben sapendo che lo danneggiano.

Infine Cerchiobattista tuonava contro chi semina «odio». Un ingenuo che avesse appena acceso la tv avrebbe potuto pensare che stesse parlando di Berlusconi, del suo odio inestinguibile per i magistrati («peggio del fascismo») e per i presunti comunisti («peggio di Goebbels»). O magari di Budget Bozzo, che continuava a scagliare anatemi, a estrarre e ritrarre la linguetta da salamandra, a invocare con gli occhi spiritati i fulmini divini sull'ignobile «lobby comunista degli Agnelli e dei De Benedetti» (il che, detto da un ex collaboratore di «Repubblica» e dell'«Espresso», era davvero divertente). Invece no: Pigi ce l'aveva con Serra e Sartori. Sono loro che «odiano» e questo non sta bene (anche se nessuno spiega mai dove sia prescritto l'obbligo di amare Berlusconi). Sono «ossessionati» da Berlusconi. Come pure Biagi, Santoro, Luttazzi, Sabina Guzzanti, che grazie a Berlusconi non possono più lavorare in tv, e inspiegabilmente pensano spesso a Berlusconi. A titolo di monito, nello studio dell'*Infedele* campeggiava una foto di Piero Gobetti: il giovanotto che negli anni Venti, anziché pensare alle ragazze, parlava e scriveva spesso di Mussolini. Un caso di odio, di ossessione ante litteram. Ne faceva una questione personale, Gobetti. Come se il povero Mussolini gli avesse fatto qualcosa. (26/01/2004)

Lo scalatore del vuoto

Dicesi «tuttologo» colui che parla di tutto. L'opposto, molto meno usato, è «nientologo»: colui che non parla di nulla. Ma ora nel giornalismo italiano s'avanza una terza via: l'«ignorologo», letteralmente colui che parla (e scrive) di cose che ignora. Il capostipite della nuova scuola è Piero Ostellino, che di tanto in tanto si avventura in acque extraterritoriali, misurandosi con incombenze e argomenti a lui estranei. La cosa gli accadde quando fu improvvidamente chiamato a dirigere il «Corriere della Sera», senza esservi portato. E si ripeté alcuni mesi fa, quando Ostellino raccontò che Montanelli l'aveva designato a suo erede universale, senza che nessuno degli amici di Montanelli se ne fosse mai accorto. Tentò anche di far credere che il suo «Corriere» rubava molte copie al «Giornale» montanelliano, ma fu subito smentito, dati di vendita alla mano. Ora questo alpinista dell'ignoto, questo rocciatore del sottovuotospinto s'è messo in testa di intendersi di giustizia. Purtroppo, gli mancano le basi, nonostante la spiccata predilezione per noti frequentatori di tribunali come Craxi e Berlusconi. Venerdì ha regalato ai lettori del «Corriere» un imperdibile commento sulla «riforma» Castelli dell'ordinamento giudiziario e sullo sciopero minacciato dall'Anm. Dalla sapida prosa, emerge chiaramente che il Nostro non ha letto una sola riga del provvedimento e c'è persino chi sospetta che non sappia cosa sia l'Anm. Ma proprio qui sta la prodigiosa abilità di Ostellino, che tanto aveva impressionato (almeno a suo dire) Montanelli: nello scrivere centinaia di righe senza sapere di che sta parlando.

A riga 2 l'acuto Ostellino cita le cosiddette «toghe rosse» dando per scontato che esistano. Ma dimentica di precisare chi sarebbero, possibilmente con nomi, cognomi e qualche straccio di prova sul loro essere «rosse». Poi, sempre a proposito della controriforma Castelli e delle proteste dei giudici, blatera della «inefficienza dell'apparato della giustizia» e dei «cittadini sempre più scontenti del cattivo funzionamento della giustizia». Se sapesse in che cosa consiste la controriforma, saprebbe anche che con l'efficienza e l'inefficienza le nuove norme non hanno nulla a che fare. Anzi, costringendo ogni magistrato a sostenere sei concorsi al posto di uno, riusciranno a far perdere altro tempo prezioso. Per il resto, nemmeno un codicillo del pacchetto Castelli sveltirà di un nanosecondo i tempi dei processi, visto che si occupa di tutt'altro: gerarchizzazione delle procure, controllo politico sulla magistratura, separazione spinta delle funzioni (anticamera di quella delle carriere), divieto per i magistrati di manifestare il loro pensiero di giuristi in pubblici convegni e interviste, proibizione di interpretare le leggi come non piace ai politici, e via incostituzionalizzando. Ma tutto questo Ostellino non lo sa. Infatti, orgogliosamente, non lo scrive. Lui preferisce meravigliarsi perché la magistratura protesta e «pretende di essere un "potere" che gode di una sua indipendenza e autonomia fra i poteri dello stato di costituzionalismo liberale». Un fatto, a suo dire, «anomalo, per non dire pericoloso».

Già. Il presidente del consiglio dice che i giudici sono «criminali», «come la banda della Uno Bianca», «un cancro da estirpare», «matti e antropologicamente diversi dal resto della razza umana», «peggio della dittatura fascista» e tenta di metterli sotto il suo controllo. Poi, se i giudici – costituzione alla mano – rispondono che non si può, salta su Ostellino a strillare all'«anomalia» e al «pericolo». Casomai potesse servirgli, ciò che lui descrive come una bizzarra «pretesa» dei giudici è scritto in un agile volumetto comprensibile da tutti: la costituzione della repubblica italiana, agli articoli 103: «I giudici sono soggetti soltanto alla legge», e soprattutto 104: «La magistratura costituisce un ordine autonomo e indipendente da ogni altro potere». Dove quell'«altro» indica chiaramente che la magistratura è un potere, come aveva già stabilito Montesquieu senza dire niente a Ostellino. Il pericolo e l'anomalia provengono da chi sta scassinando (per giunta con legge ordinaria) questi principi costituzionali, non da chi li difende.

Ostellino parla sprezzante di «lobby dei giudici», li paragona ai «ferrotranvieri», svilisce la loro protesta a «rivendicazione». Ma – per quanto strano possa sembrargli – in questa battaglia non è in gioco la grana, il salario, il trattamento pensionistico, il ritmo di lavoro o i supposti privilegi dei magistrati. Se passerà la controriforma, i giudici continueranno a lavorare, a guadagnare, a vivere nello stesso modo. Non così i cittadini, che avranno una giustizia più forte coi deboli e più debole coi forti. Ma per chi è sempre stato e sempre sarà dalla parte dei forti, questo non è un pericolo. È una speranza.

(27/01/2004)

Memory Day

Sul forum online del «Riformista» compare la seguente lettera di un certo Santi Logoteta: «Dopo sei mesi di lettura del "Riformista", la cosa strana è che da forcaiolo interventista mi sento riformista. Ma di riformista c'è solo questo giornale (di cui condivido il 90 per cento delle posizioni). Non c'è un partito, non c'è un movimento, ma tante tante persone dall'ingegno multiforme, tante quante sono le anime del riformismo. Non si può essere riformisti e stare con i comunisti, non si può essere riformisti guardando al passato, non si può assistere a questa cecità individuale, non si può avere un timore reverenziale verso l'ideologia. Voterò Berlusconi. Considero lui molto più riformista di Prodi, vecchio conservatore Dc che rappresenta quel che di più marcio c'era nella Prima repubblica. E io amo la Prima repubblica, veramente». Il Polito delle Libertà ha conquistato alla causa il suo primo lettore (su due). Sono soddisfazioni. *(28/01/2004)*

Scene da un manicomio

Qualcuno teme che il governo voglia riaprire i manicomi. Ma il timore è del tutto infondato. Nel senso che da due anni e mezzo l'Italia è un enorme manicomio organizzato. Resta soltanto da stabilire chi siano i matti e chi gli infermieri. Ricchi premi a chi indovina.

Sabato scorso, com'è noto, don Gianni Budget Bozzo ha rivelato che nel 1994 lo Spirito Santo in persona scese in campo tramite Silvio Berlusconi per salvare l'Italia dalla «lobby cattocomunista degli Agnelli e dei De Benedetti». Nel 1996 la Sacra Colomba si distrasse un attimo e vinse l'Ulivo. Rimediò poi nel 2001. La notizia ha innescato un ampio e articolato dibattito fra le varie autorità, civili e religiose. Ieri, in una nota, il segretario della conferenza episcopale italiana monsignor Giuseppe Betori ha tenuto a precisare, restando serio, che «lo Spirito Santo non c'entra con Forza Italia». Ora si attende un comunicato chiarificatore dello Spirito Santo.

Lo stesso Budget Bozzo, ad abundantiam, ha aggiunto: «In Craxi ho visto la croce del Signore». Nessuna smentita, questa volta, dal Vaticano. Sul Calvario, si sa, erano in tre. Il reverendo deve aver confuso Nostro Signore con uno dei due vicini di croce.

A furia di lasciar fare e dire, si può dire e fare di tutto. E cambia il significato delle parole. Oltre a «riformista», va molto anche «moderato». Dal centrosinistra si levano continuamente appelli al dialogo ai «moderati del Polo». Fra questi si segnala il professor ministro Rocco Buttiglione. L'altro giorno, mentre Berlusconi paragonava i giudici di Milano contemporaneamente a Stalin, a Goebbels e al fascismo, Buttiglione prendeva coraggiosamente le distanze: «È un paragone sbagliato, anche se è un fatto che i giudici di Milano abbiano ordito un golpe mediatico-giudiziario». Ecco: i moderati del Polo sono quelli che considerano golpisti i giudici. Poi ci sono gli estremisti.

Anche Giuliano Zincone, sul «Corriere della Sera», si candida per un posto fra i moderati: scrive che «si capiscono le allergie dei socialisti triciclisti nei confronti di Di Pietro, che contribuì a fucilare l'antico Psi». Dunque non fu un golpe: fu solo una fucilazione. Il pool come plotone d'esecuzione dell'«antico Psi». L'idea che il Psi sia morto perché i suoi ultimi leader rubavano a man bassa e gli elettori non li votavano più nemmeno lo sfiora. Con la stessa logica, fra qualche anno, Zincone scriverà che i giudici di Milano e di Parma, in combutta con qualche migliaio di risparmiatori, hanno fucilato la Parmalat. E che si capiscono le allergie di quel sant'uomo di Calisto Tanzi nei loro confronti. Basta soltanto aspettare.

Il consiglio comunale di Milano sta dibattendo animatamente sulla proposta di Forza Italia per una targa commemorativa in ricordo non di Pertini, non di Nenni, non di Lombardi, non di Turati, ma di Bettino Craxi. La lapide dovrebbe sorgere in piazza Duomo 19, storico ufficio del segretario socialista. Qui l'architetto Silvano Larini raccontò di aver consegnato negli anni Ottanta una decina di miliardi di tangenti a Craxi («anche sul letto della stanza di riposo») o alla fedele segretaria Enza («sul tavolo»). Contrarie all'inizio si sono dette An, la Lega e – con qualche distinguo – le opposizioni. Ma non si vede perché. Si tratta soltanto di trovare una frase che immortali adeguatamente, a imperitura memoria, quelle storiche missioni in piazza Duomo. Tipo: «Ufficio mazzette, ultimo piano a destra».

Titolo a tutta pagina del «Giornale» di ieri: *Saddam pagava i politici anche in Europa. Resa nota una lista di 270 nomi di personalità che beneficiavano di mazzette.* Nessun condizionale, nessun forse, nessun'attenuazione. Tutto sicuro al cento per cento. Oro colato. Ecco finalmente smascherati gli amici del tiranno di Baghdad, quelli che remavano contro la guerra preventiva e mettevano financo in dubbio le armi di distruzione di massa. Uno poi legge l'articolo per gustarsi la lista dei 270 nomi, ma non ne trova nemmeno uno. Almeno sul «Giornale». Sugli altri quotidiani, quelli normali, i nomi ci sono. E l'unico politico italiano citato fra i presunti percettori di barili di petrolio dal Rais non è, sventuratamente, un pacifista, un rifondarolo, un amico di Cofferati o del Correntone. È Roberto Formigoni, governatore polista della Lombardia (che ha subito smentito tutto). Qualcosa ci fa pensare che la sacrosanta campagna del «Giornale» contro i venduti a Saddam finirà qui.

Oreste Scalzone, noto latitante sfuggito alla giustizia italiana dopo una condanna per banda armata, discetta amabilmente con Paolo Mieli sul «Corriere della Sera» contro «la logica girotondista e l'emergenzialismo penale», in nome del suo proverbiale «libertarismo» e del suo squisito «garantismo». Mieli, dandogli ragione, redarguisce severamente chi finora «non ha preso in considerazione le sue riflessioni per il solo fatto, presumo, che lei fu condannato per collegamenti con la lotta armata». Resta valida la battuta di Montanelli: «Negri si nasce. Ma Scalzone si diventa». *(29/01/2004)*

Il Trisunto del Signore

Forse ispirato dal luogo particolarmente consono, la Sala delle Galere, il Cavalier Bisunto ha colto l'occasione di una serata di gala a Palazzo Chigi per abbandonarsi a un lungo outing sul lifting. È il suo modo di fare la verifica di governo, ripetutamente sollecitata dagli alleati: spara quattro tavanate, si fa i complimenti da solo, e la verifica è chiusa. Il lifting, invece, è ancora in corso. I restauri sono operazioni delicate, richiedono tempi lunghi e manca ancora il via libera della Soprintendenza ai Beni archeologici.

Prima di Natale, Berlusconi sembrava Mister Magoo: non riusciva più ad aprire gli occhi. I chirurghi glieli hanno riaperti giusto in tempo perché vedesse la sentenza della corte costituzionale che lo riconsegnava al tribunale di Milano e don Gianni Budget Bozzo che perdeva i pantaloni al suo cospetto, nella convention del decennale, davanti a diecimila persone. Ma i chirurghi blefaroplastici sono solo a metà dell'opera: «Non sono ancora a posto, come vedete. Ho fatto soltanto le palpebre sotto». Ora tocca a quelle sopra. Ci vorrà un altro mese di latitanza, almeno. Sarà il primo «impedimento istituzionale» accampato dai suoi avvocati non appena il tribunale riaprirà il processo Sme. Poi, per le udienze successive, si rifarà il naso, le orecchie, l'ombelico, e giù giù fino ai piedi e alle unghie incarnite. Già che c'è, potrebbe addirittura decidere di incorporare nei talloni i tacchi col rialzo interno. Intanto si spera che venga approvata la legge costituzionale sull'impunità, per inserire nella costituzione il lodo incostituzionale. Sennò finisce che gli tocca rifarsi per la terza volta e si trasforma in Sandra Milo.

Voce del verbo. «Io il lifting non lo volevo fare. Sono stato tirato dentro a farlo». Ecco: «tirato» è l'espressione giusta.

Colpa degli altri. «È stata Veronica a spingermi a fare il lifting». Molti credevano che l'uomo più potente d'Italia, il politico più ricco del mondo potesse fare più o meno quel che gli pare. Invece siamo di fronte a un ostaggio, a un prigioniero circondato da gente malvagia che gli impone qualunque sacrificio. Previti lo costringe a soffiare a un'orfana per 700 milioni una villa da parecchi miliardi. Dell'Utri lo costringe a prendersi come stalliere un mafioso. Anonime entità con forte accento siciliano gli impongono di incassare qualche centinaio di miliardi di provenienza ignota. Craxi lo costringe a prendersi tutte le televisioni e a subire due umilianti decreti per salvarle dai pretori. Roberto Gervaso lo costringe a iscriversi alla P2. Poi nel '93 ci si mette pure lo Spirito Santo, che d'intesa con padre Budget Bozzo lo costringe a bere l'amaro calice e a scendere in campo: e quelle dello Spirito Santo, come può testimoniare anche Maria di Nazareth, sono proposte che non si possono rifiutare. Più recentemente, i comunisti bulgari lo costringono a chiedere da Sofia la cacciata di Biagi, Santoro e Luttazzi. Ciampi, per dispetto, gli impone addirittura l'umiliazione del lodo Maccanico: lui è contrario, ma alla fine deve accettare l'impunità obtorto collo. Curiosamente, però, quando la consulta lo boccia, non si arrabbia Ciampi, si arrabbia lui. Ora qualcuno vorrebbe addirittura farlo presidente della repubblica o premier con poteri imperiali. Ma stavolta lui conta di resistere.

La baby-sitter. «Rispetto la scelta di mia moglie che vuole fare la madre dei miei figli». L'idea che i figli siano anche della moglie non lo sfiora neppure.

La gavetta. «Mia figlia Barbara si è innamorata dell'editoria. Spera di poter entrare in Mondadori dove ha fatto uno stage al marketing periodici, mi pare, cominciando dai livelli più bassi». Ora la ragazza è in trepida attesa. Spera in un contratto da co.co.co., ma la concorrenza alla Mondadori è spietata, e non si sa se la spunterà. Ne sa qualcosa anche il padre. Anche lui, nel 1989, sognava di entrare nella prestigiosa casa editrice. Ma fu escluso dagli stage. Così chiamò Previti, che gli presentò il giudice Metta, che gli consegnò tutta la Mondadori. Entrare, a quel punto, fu piuttosto facile.

Prêt à porter. «Alla mia età dai sarti non ci vado più. Sono i sarti che vengono da me». Gli fanno anche le leggi su misura.

(30/01/2004)

Cattivi bidelli

I nomi, i nomi, vogliamo i nomi, fuori i nomi. Tolleranza zero, nessuna pietà, andare fino in fondo. Ora i primi nomi dei presunti beneficiati da Tanzi & C. cominciano a uscire. E nessuno li vuole più. Prendete James Bondi. Un mese fa annunciava che Berlusconi, «imprenditore-modello dell'etica giansenista», voleva una giustizia esemplare e inflessibile sul crac Parmalat. Ora il «Corriere» informa che il premier teme «il rischio di una rilegittimazione delle toghe»: il fatto che la gente pensi che la magistratura non è un branco di malfattori lo mette di cattivo umore. E Bondi, discepolo devoto, arrota la boccuccia a cul di gallina e ingrana la retromarcia. «Speriamo – dice il Pallore Gonfiato – che la crisi della Parmalat non abbia l'effetto perverso di restituire a una parte della magistratura un ruolo che non le compete. Non posso che esprimere una preoccupazione: che questa crisi possa resuscitare un ruolo di primo piano e di supplenza della magistratura nei confronti del parlamento e dei partiti. Che la Parmalat venga usata per una specie di Mani Pulite alla rovescia. Sarebbe una iattura. Sia il centrodestra che il centrosinistra debbono fare in modo che la parte più politicizzata della magistratura non torni ad avere un ruolo debordante». Anche Giovanardi, l'intellettuale del gruppo, ammonisce le procure di Parma e Milano a «perseguire duramente i reati» e a «non fare supplenza alla politica».

Questa è proprio bella. C'è una bancarotta fraudolenta, c'è una mega-truffa a migliaia di cittadini, c'è una collezione di reati da far paura, chi li ha commessi viene indagato e, se il caso, arrestato. Come accade in tutti i paesi del mondo in casi del genere. Poi salta su il primo Bondi o il primo Giovanardi che passa e strillano alla «supplenza»: ma di chi ai danni di chi? Chi dovrebbe fare le indagini, gli interrogatori, le perquisizioni, gli arresti? Il parlamento? I partiti? Bondi? Giovanardi? E che dovrebbero fare i pm quando interrogano Tanzi e Tonna, per non fare supplenza alla politica: dare uno squillo a Bondi e a Giovanardi per sapere se possono fare una domanda? Fargli vistare i mandati di cattura? Interrogare la gente in parlamento?

Grande scalpore hanno destato su giornali e tg i primi nomi fatti da Tonna: «Favori a De Mita, Cossiga e Mannino». I tre politici avrebbero segnalato a Tanzi qualche azienda amica. Che scandalo, che notiziona. Mannino è lo stesso Calogero Mannino sotto processo a Palermo, non per aver segnalato un'azienda amica a Tanzi, ma per aver incontrato noti boss mafiosi dell'agrigentino in vari summit e matrimoni. In primo grado è stato assolto con il comma 2 dell'articolo 530, e con motivazioni che dichiarano straprovati quegli incontri. Ora è in corso l'appello. Eppure Mannino passa per un martire della malagiustizia e delle toghe rosse, sempre difeso fra le lacrime da Jannuzzi, Ferrara, Sgarbi, Belpietro. Che sarà mai, per un politico, incontrare qualche boss mafioso. Ma segnalare un imprenditore a un altro imprenditore questo no, è imperdonabile. Tolleranza zero.

Già che c'erano, James Bondi e l'altro dioscuro Fabrizio Cicchitto hanno pensato bene di tributare la giusta accoglienza al neopresidente della corte costituzionale Gustavo Zagrebelsky. Cicchitto, dall'alto della tessera P2 numero 2232 («sospesa per mancanza di foto»), dice che nominando Zagrebelsky «Scalfaro scrisse una delle pagine più nere delle istituzioni»: pare infatti che il putribondo figuro sia allievo di Leopoldo Elia e Norberto Bobbio. Due cattivi maestri. Avesse imparato il diritto costituzionale da Licio Gelli, si capirebbe. Ma da Elia e Bobbio è intollerabile. Bondi, dal canto suo, accusa Zagrebelsky di aver trasformato la corte in un organo «politicamente avverso al governo guidato da Berlusconi». Come del resto «la corte dei conti». Zagrebelsky era stato eletto da 30 secondi, e già era riuscito a trasformare la corte in un organo antigovernativo. Quale, peraltro, pare fosse anche prima, visto che aveva bocciato il lodo Maccanico «contro la volontà del parlamento». Resta da spiegare che ci stia a fare la consulta, se non per valutare la costituzionalità delle leggi votate dal parlamento. E soprattutto come mai, due giorni dopo quella sentenza, la stessa corte comunista e antigovernativa abbia dato ragione a Umberto Bossi e torto alla procura di Verona per la controversa perquisizione alla sede leghista di via Bellerio, risparmiandogli l'ormai sicura galera. Anche Bossi è entrato nel Comintern? O è amico di Scalfaro? Già, perché – come argomenta Bondi – «è nota la composizione della corte: c'è una prevalenza di giudici nominati da Scalfaro». Per la cronaca, la composizione è talmente nota che i giudici nominati da Scalfaro sono 4 su 11. Una bella «prevalenza». Chissà come fanno Zagrebelsky e gli altri tre facinorosi scalfariani a sopraffare regolarmente gli altri 7, quelli nominati dallo Spirito Santo. Pare che facciano così: alla vigilia di ogni sentenza, immobilizzano, imbavagliano e narcotizzano gli altri 7. Poi votano. *(31/01/2004)*

Preti à porter

Tempi duri per i cattolici in politica. È vero che in parlamento ci sono una mezza dozzina di partiti democristiani. Ma in compenso, da due mesi, non si hanno più notizie di Antonio Socci e del suo travolgente *Excalibur*, sospeso a metà novembre dopo la frizzante puntata con Giovanna Melandri sulla fecondazione assistita: quella in cui il semiconduttore, avendo sentito dire che un vero giornalista fa le domande, decise di farle tutte insieme in un colpo solo alla Melandri. Anzi, di farne una sola, sempre la stessa, ma ripetuta una novantina di volte in tre minuti netti («Perché? Perché? Perché?...» e così via). Quando si dice lo zelo del neofita. Ora il pover'uomo è disperso, desaparecido. Già al lavoro squadre di speleologi e mute di sanbernardo. L'altro giorno un lettore del «Foglio», vedovo di *Excalibur*, ha domandato a Ferrara se «forse i cattolici veri fanno paura a tutti i partiti». Uno normale avrebbe risposto che è Socci che fa paura, ma non a tutti i partiti, bensì a tutti i telespettatori, i quali appena lo vedono cambiano canale. Invece il Platinette Barbuto, che è molto intelligente, ha lanciato l'allarme: sì, è proprio un caso di persecuzione: «La Rai è un luogo di martirio per gli strani cristiani privi di certe virtù democristiane». Ora Socci deve trovarsi in qualche catacomba della Roma antica, forse in quelle di San Callisto. Asserragliato in attesa di rinforzi. Bisogna fare presto, prima che venga dato in pasto ai leoni del circo. Il fatto curioso è che l'odioso caso di persecuzione anticristiana avviene a Rai2, di cui è vicedirettore, con delega sull'informazione (si fa per dire), un certo Antonio Socci. Delle due l'una: o il vicedirettore e il martire sono due omonimi, o Socci si perseguita da solo.

Un altro martire prossimo venturo è don Gianni Budget Bozzo, convocato dall'arcivescovo di Genova, cardinal Tarcisio Bertone, dopo le sue ultime performance al Lifting Day di due sabati fa all'Eur, quando perse i pantaloni dinanzi all'altro Bisunto del Signore, quello senza tonaca, che fa il presidente del consiglio. Amorevolmente intervistato dal «Riformista» e dalle *Iene*, don Gianni ha rivelato che il Signore gli appare spesso, ma non in sogno, non mentre dorme: da sveglio (si fa sempre per dire). Ha aggiunto che fu Forlani, nel '91, a presentargli Berlusconi, che poi lo convocò nella cripta di Arcore «con lo stato maggiore Fininvest» in vista della discesa in campo. «Tenni anche corsi a Lugano per Publitalia», probabilmente nel caveau di una banca. In Berlusconi, oltre all'emissario dello Spirito Santo, egli vede l'«ingegno leonardesco». Nel martirio di Craxi intravede il replay di quello di Cristo sul Calvario. Ma si sente «in colpa con Bettino Craxi: l'ho chiamato e visto poco». Lo chiamò «due giorni prima che morisse», e non si sa se sia una combinazione o se porti un po' jella. Comunque si sente in colpa.

Giuliano Ferrara lo chiama affettuosamente «la pantegana craxiana», dimenticando che, se di pantegana si tratta, è una pantegana voltagabbana, visto che in una sola vita don Gianni è riuscito a essere dossettiano, siriano (nel senso del cardinal Siri), tambroniano, filosessantottino, filocomunista, collaboratore del «Manifesto», di «Repubblica» e poi del «Giornale», europarlamentare socialista e cappellano forzista. Tutte reincarnazioni piuttosto notorie, fra l'altro. I biografi, però, ne dimenticano una, che siamo in grado di rivelare. Il gioioso prete à porter che oggi definisce Mani Pulite «golpe giudiziario» e «colpo di stato scalfariano» era fra il 1992 e il '94 un fan sfegatato di Mani Pulite e di Antonio Di Pietro. Cogliamo, dai suoi scritti, fior da fiore. «Se Craxi fosse andato a Milano e avesse chiesto perdono, sarebbe stato fischiato ma anche assolto. Via del Corso adesso è il luogo del silenzio. La discussione va fatta fuori, per riprendere il rapporto con la gente. C'è un problema morale, prima che politico. Nel centenario del Psi, un atto collettivo di presenza per chiedere scusa per le tangenti incassate sarebbe stato un atto comprensibile, che la gente avrebbe capito. Gli atti di conversione e pentimento hanno un'efficacia immediata. Il politico deve imparare a dire "mi assumo le responsabilità, chiedo scusa". Persino il Pci, che era il partito-verità, ha dovuto dire "ho sbagliato"...» («La Stampa», 12 settembre 1992). «I parlamentari debbono accettare la mano aperta del pool. Nemmeno questo parlamento ha mostrato di avere l'autorità di regolare con legge i reati di concussione, di corruzione, di violazione del finanziamento pubblico... Borrelli, Di Pietro, gli altri giudici hanno inteso che solo loro potevano spegnere il mito del capro espiatorio e garantire la laicità della giustizia occidentale, che ha coscienza del proprio limite... Antonio Di Pietro ha impressionato per la sua dignità, il suo riserbo, la sua schietta popolanità. È una persona in cui gli italiani credono, ma in lui come pubblico ministero, come uomo del dovere quotidiano, di cui il paese vive. Per rimanere nello stile che egli ha proposto, il governo deve evitare la figura dell'eccesso e l'opposizione il sentimento della rivincita. Lo chiede il bene comune, in lingua cattolica, o l'etica pubblica, in linguaggio laico» («Panorama», 16 settembre 1994). «Di Pietro è un uomo dello stato» («L'Espresso», 7 aprile 1995). Nel 1994 era già stata aperta l'inchiesta sulle mazzette Fininvest alla guardia di finanza. E nel 1995 Di Pietro aveva già spedito il celebre invito a scomparire a Berlusconi. Eppure don Budget ancora spasimava per lui. Poi gli apparve un'altra volta lo Spirito Santo. E, senza bisogno di lifting, lo trasfigurò. *(3/02/2004)*

L'Unto di Cleopatra

Chi, guardando nervosamente l'orologio e il calendario, puntava sulle inesorabili leggi della natura per liberarsi del Cavalier Bisunto, rinfoderi pure le sue speranze. Il medico personale del premier, e dunque sindaco di Catania, professor Umberto Scapagnini comunica dalle colonne del «Corriere»: «Non si illudano. Ci seppellirà tutti. La sua vera età è di 55 anni. Berlusconi è tecnicamente quasi immortale». Tecnicamente. Il merito è di un elisir di lunga vita elaborato personalmente dal Cagliostro della Trinacria a base di «provitamine, antiossidanti, enzimi, immunostimolanti, amminoacidi, e soprattutto minerali, magnesio e selenio attivato. Gli stessi che assorbono i centenari sulla via della seta e nelle oasi tra il deserto del Taklamakhan e il Gobi. Poi un olio particolare e un certo yogurt». Quanto basta per garantire al Cavalier Bionico una «attività mentale, fisica e sessuale» fuori dal comune, proibitiva per uno di 67 anni, ma non per lui, che in realtà è «un cinquantenne». Grazie a questa ricetta, «rigorosamente scientifica», il Cavalier Gerovital è indietro sul calendario di una dozzina d'anni: nato nel 1936, è come se fosse del 1948. Un privilegio riservato a una ristretta cerchia di fortunati, che comprende, oltre a Michael Jackson, lo Scapagnini medesimo (che però è riuscito a scalarsi soltanto undici anni) e quell'altro concentrato di neuroni che è Mike Bongiorno («meno diciassette»).

La fondamentale intervista è pregna di altre succulente rivelazioni, fra cui l'origine del cancro che osò sfiorare il corpo mistico dell'Unto: «stress da arresto, turba giudiziaria», una patologia «normale per i malfattori, ma terribile per i "borghesi", colpevoli o innocenti che siano». Se un poveraccio, per dire, finisce in galera e si becca il cancro, gli sta bene. È «normale». Ma se ci finisce o teme di finirci un «borghese», è «terribile». L'ipotesi che un borghese sia anche un malfattore non sfiora neppure il sindaco-luminare. Acqua passata, comunque. Il cancro scomparve all'improvviso com'era venuto, senza neppure il bisogno di un bagnetto a Lourdes. Perché non siamo di fronte a un uomo normale, ma a un prodigio della natura «geneticamente eccezionale», dotato di «un cervello veramente straordinario», «un tipo previsivo, dall'intelligenza fuori dalla norma, che gli consente di prevedere come andranno le cose». Pare che riesca persino a prevedere quasi tutte le baggianate che sta per fare e dire, nonché le smentite che farà l'indomani. Si spiega così anche la discesa in campo nel '94: il tipo previsivo previde che sarebbe finito come e dove Calisto Tanzi, cioè in galera e in fallimento. E si buttò in politica. Non previde che sarebbe caduto dopo sette mesi e che avrebbero provveduto gli odiati comunisti a salvarlo dalla galera e dai debiti. Ma queste sono cose ai confini della realtà, che esulano dall'immaginazione di un cervello umano, per quanto eccezionale.

Un'altra rivelazione riguarda la sua «sbalorditiva capacità di dormire ovunque e in qualunque momento, in auto, in aereo». E persino, pare – grazie alle dimensioni piuttosto ridotte –, sui pomelli dei letti. Come Eta Beta, depositario di una dieta tonificante a base di naftalina.

Scapagnini è al seguito dal 1988, quando conobbe Dell'Utri («un uomo eccezionale, di straordinaria cultura») che gli presentò il Cavaliere. Sulle prime tentò di ungerlo con l'«olio di onfacio, con cui Cleopatra confezionava i prodotti di bellezza» (di qui l'espressione «unto del Signore», anzi della signora). Poi passò all'intruglio di cui sopra. Previo pellegrinaggio sulle orme di Marco Polo: «Partii con il professor Mordechai per una spedizione sul Mar Morto, alla ricerca dell'olio di onfacio: scoprimmo che era liquido, spremuto a freddo da olive immature». Scoperta scientifica sensazionale: l'olio si fa con le olive. Poi, sull'onda dell'entusiasmo, spedizione «sulla via della seta... da Samarcanda allo Xinjiang fino a Turfan, dove ci sono dieci centenari per villaggio, che mangiano prodotti di una terra ricca di magnesio e selenio. Prelevavo loro campioni di sangue per congelarlo e studiarlo. Purtroppo si sono passati la voce. Appena ci vedevano i vecchietti scappavano tutti». Lui arrivava e loro scappavano. L'avevano sgamato subito.

Al rientro, il druido etneo lavorò anche per il Milan di Sacchi e per la commissione ricerca del parlamento europeo con Edith Cresson: purtroppo la signora era poco «previsiva» e fu subito coinvolta in uno scandalo che la costrinse alle dimissioni. «Aveva nominato consulente il suo dentista: uno scandalo veniale». Un'inezia, al confronto di Berlusconi, che ha promosso sindaco di Catania il suo medico personale. Insieme con lui, alla mummificazione del premier lavora un altro luminare, l'italo-americano Victor Rizza. O meglio lavorava, perché è «scomparso in un incidente aereo da lui stesso previsto o presagito». Aveva previsto che salendo su quell'aereo sarebbe precipitato, e astutamente ci salì lo stesso. Un genio.

Ora le sconvolgenti rivelazioni del Cagliostro della Trinacria aprono inquietanti interrogativi sul Cavalier Mummia. Anzitutto come la prenderà Baget Bozzo, ancora fermo a strumenti previsivi obsoleti come lo Spirito Santo. E perché mai un bocciolo di rosa come il Cavalier Eta Beta necessiti di un mese di lifting, peraltro ancora in corso. Poi, con un certo sgomento, vien da chiedersi come sarebbe al netto del trattamento: se oggi, con quel po' po' di poteri paranormali, riesce a fare e a dire tante fesserie, di che sarebbe capace al naturale? In compenso questa retrodatazione del Cavalier Sindone, questa terapia tipo Carbonio-14, spiega perché sia così incapace di governare: il suo calendario genetico è semplicemente fermo a dodici anni fa, cioè al 1992. Tutti lo credono un politico, mentre non è ancora sceso in campo. Lo farà tra un paio d'anni. L'opposizione prenda buona nota: combattere con le armi della politica un sofficino farcito di provitamine, antiossidanti, enzimi, immunostimolanti, amminoacidi, magnesio e selenio attivato, non solo è sbagliato. È inutile. Basta fargli l'antidoping. *(4/02/2004)*

Scene da un manicomio/2

In attesa dell'abrogazione della legge Basaglia, il manicomio Italia fa passi da gigante. Grazie al governo Berlusconi e alle sue balsamiche riforme, per la prima volta a memoria d'uomo i docenti occupano un'università, rubando il lavoro agli studenti. Scioperano anche i magistrati, e il loro segretario nazionale Carlo Fucci è costretto a rimettere il mandato per aver ricordato le analogie fra la gerarchizzazione prevista dalla controriforma Castelli e la gerarchizzazione delle procure tentata (ma poi fallita) dal governo Mussolini nel 1923. Il presidente della camera Casini lo accusa di aver parlato di «deriva fascista». Il presidente del senato Pera – fra un pellegrinaggio ad Hammamet e l'altro – lo attacca per aver istigato alla «resistenza contro il governo fascista». Peccato che Fucci non abbia mai pronunciato nessuna delle due frasi. Dunque Casini e Pera hanno detto il falso: infatti non si dimettono. Si dimette Fucci, per aver detto una cosa vera.

Scioperano anche i medici. Il ministro della Sanità Sirchia – responsabile della politica sanitaria contro cui, in teoria, avviene lo sciopero – dice che hanno ragione, fanno bene. E lui non è che si dimette: resta al suo posto. L'unico pronto ad andarsene parrebbe Gasparri, noto ministro incostituzionale, ma incredibilmente nessuno ne approfitta. Non si dimette nemmeno Morticia Moratti, l'unico ministro della storia che sia riuscito a mandare in bestia contemporaneamente studenti, genitori, insegnanti, bidelli (e anche qualche analfabeta). Si è dimesso, in compenso, Massimo Moratti da presidente dell'Inter. Sono sempre i migliori i Moratti che se ne vanno.

Prosegue intanto l'irresistibile gag della verifica di governo, che – secondo i calcoli di «Repubblica» – si è aperta il lontano 27 maggio 2003, cioè 268 giorni fa. Il Cavaliere credeva di averla brillantemente risolta l'altro giorno, dicendo a Follini che gli ha «rotto il cazzo» (fonte bene informata: «Libero» di Vittorio Feltri) e che denuncerà urbi et orbi l'Udc come «partito di affaristi». Non essendo Follini soddisfatto, ieri il premier – particolarmente ispirato dalla vicinanza dell'amico colonnello Gheddafi – ha ricordato dalla Libia che Follini lo votano quattro gatti, dunque è già un miracolo se lo lasciano parlare. Sempre nell'ambito di questa soave corrispondenza di amorosi sensi (condita anche con un bel «mi sono rotto i coglioni»), la maggioranza ha deciso di dichiarare «libero esercizio delle funzioni parlamentari» una frase dell'ex sottosegretario leghista Stefano Stefani, che aveva elogiato come «pezzo di merda» un collega dissidente, cancellando il relativo processo per diffamazione. Si tratta della stessa maggioranza che annovera al suo interno: il ministro (leghista) Roberto Castelli, il quale ha querelato Franca Rame per averlo chiamato «pirla»; il senatore pregiudicato Marcello Dell'Utri, che ha denunciato Dario Fo per una battuta sul riciclaggio dei libri sporchi (gravemente lesiva – scrive – della sua «immagine di bibliofilo»); e il presidente del consiglio che, con il suo avvocato-deputato Gaetano Pecorella, si oppone fieramente all'archiviazione della denuncia contro il cittadino Piero Ricca, reo di averlo qualificato «buffone». «È pericoloso assolvere chi insultò il premier», argomenta Pecorella, «altrimenti chiunque potrebbe dare del buffone a chiunque». Giusto, buffone non sta bene: Ricca avrebbe dovuto dire: «Pezzo di merda, mi hai rotto il cazzo e anche i coglioni», e un posto di ministro non glielo levava nessuno.

Appassionante, poi, il dibattito sulla candidabilità o meno dei magistrati, anche se in pensione. La controriforma Castelli, vietando loro qualunque «attività politica», dai convegni giuridici agli articoli alle conferenze a tutto quanto c'è di pubblico (fatte salve le «attività sportive e ricreative»), mette la parola fine alla questione. «Nei paesi seri – osserva Davigo – i diritti politici li tolgono ai delinquenti, non ai magistrati». Nel manicomio Italia è esattamente il contrario. In un parlamento che ospita una trentina di pregiudicati e una settantina di imputati, non c'è posto per i giudici: potrebbero arrestarli.

In attesa del secondo atto del Lifting delle Libertà, una delle tante tv del premier liftato lancia un programma sulla chirurgia estetica con Irene Pivetti e Platinette. Ecco che cos'era la blefaroplastica di Berlusconi: il trailer della trasmissione.

Il suo medico personale nonché sindaco di Catania, Umberto Scapagnini, aveva rivelato al «Corriere» l'elisir di lunga vita che consente al premier di essere «tecnicamente quasi immortale». Ora, secondo Dagospia, il Cavalier Bisunto sarebbe furibondo con lui. Per il «quasi».

A Milano Forza Italia scalda i motori per le prossime elezioni comunali. In pole position, come sindaco, c'è il presidente di Mediaset Fedele Confalonieri. Nando dalla Chiesa ha subito lanciato la candidatura di Piersilvio per il ruolo di prefetto. Restano vacanti diverse caselle, che si libereranno in ossequio allo spoils system. Ma la famiglia è numerosa. Alla provincia potrebbe andare Paolo Berlusconi, o magari Natalia Estrada per mantenere il livello di Ombretta Colli. Come cardinale arcivescovo si fa il nome di Gianni Budget Bozzo, con Spirito Santo al seguito e una delle zie suore del premier in veste di perpetua. Come questore, ballottaggio fra Previti e Pacifico. Al teatro Manzoni c'è già la zia di Silvio, che arrotonda gli euro per difetto. Al Lirico c'è già Dell'Utri. Per la Scala si fa il nome di Tony Renis e Apicella. Peccato per Mangano, prematuramente scomparso tre anni fa: era l'ideale come procuratore della repubblica. *(11/02/2004)*

No Biscardi, no party

Sono giornate eroiche, queste, per il direttore del «Riformatorio» Antonio Polito, detto anche il Polito delle Libertà. Prima la festa in onore di Gianfranco Fini, eletto dal quotidiano di sinistra «politico dell'anno» per aver scoperto sul finire del 2003, con notevole prontezza di riflessi, che il fascismo non fu una bella cosa e le leggi razziali del 1938 furono decisamente poco carine. Poi il prestigioso invito al *Processo di Biscardi*, l'osteria più riformista del paese. Subito dopo, la scarcerazione del suo coeditore off-shore Pierluigi Crudele. Infine il Riformista Day, ribattezzato da Giuliano Ferrara - che è un po' la custodia di Polito - «il girotondo dei riformisti». Qualcuno aveva ipotizzato che si tenesse attorno a una cabina telefonica alle Virgin Islands, in omaggio alla ragione sociale. Invece s'è svolto a Roma. Mancava, per il girotondo, un ingrediente piuttosto importante: la gente. Ma si provvederà.

Per chi volesse farsi un'idea del Fini Day all'hotel Parco dei Principi, roba da far impallidire le feste di De Michelis, non ha che da sintonizzarsi su dagospia.com (reparto «Cafonal»). In posa, nell'ordine: Fini, Polito, Velardi («'sta serata m'è costata 'na sciocchezza: appena 20 mila euro») e, per la Rai di regime, Saccà (quello che ha cacciato Biagi e Santoro dalla Rai), Bruno Vespa, Mauro Mazza e la moglie di Fede; Gianfranco Vissani cuoco per tutti gli stomaci e le stagioni; Alda D'Eusanio; le poppe di Sarah Cosmi reduce dall'ultimo film riformista di Tinto Brass, *Fallo*; Maurizio Gasparri con un paio di sottosegretari, alcuni esponenti dell'opposizione che sa stare a tavola, più il senatore Franco Debenedetti; mezzo «Corriere» col contorno di una spruzzata di «Giornale»; il deputato pregiudicato Carra, gli industriali D'Amato e Gamberale, una delegazione della famiglia Geronzi in libera uscita, un generale dei carabinieri opportunamente fuori servizio, e i camerieri in livrea in rappresentanza delle classi subalterne. Particolarmente euforica la D'Eusanio, quella che mandava i baci all'ernia di Craxi sulla chat line Roma-Hammamet: «Finalmente la facciamo finita con i giacobinismi alla furiocolombo, finalmente ci si incontra liberamente, destra e sinistra, senza steccati». Il fior fiore del riformismo all'italiana. Un salutare anticipo di quel che ci aspetta quando cade Berlusconi: arrivano questi.

Al *Processo di Biscardi*, il Polito delle Libertà ha voluto fare conoscenza con il popolo. Sulle prime, mentre sulla sua testa volavano i «tepòssino», «mànname tu' sorella», «limortaccitùa», «'a porchettaro», «'a menagramo», pareva un po' a disagio stretto nella sua giacchetta di ordinanza in pura lana Virgin, con basette off-shore, baffetti Bialetti e profumo Eau de Crudel. Ma s'è subito ripreso, inaugurando un nuovo filone del riformismo trasversalbipartisan applicato al pallone: «Tifo Inter, ammiro la Juve, ma sono napoletano». Parte napoletano e parte nopeo, direbbe Totò.

Il giusto lancio per il Riformista Day, in programma per l'indomani. La catastrofe si è consumata presso la sala Umberto di via della Mercede (senza s). Mancava Sarah Cosmi, ma il resto del parterre era al completo. C'era anche Enrico Boselli dello Sdi, che ha voluto ricordare il pezzo più pregiato della storia del Partito socialista: Craxi. Mai che gli vengano in mente, per dire, Pertini, Nenni, Turati, Lombardi. Sempre solo Craxi. E, per la regole degli opposti, Di Pietro: «In una democrazia liberale i pubblici ministeri non dovrebbero scendere in politica appena lasciata la toga». Di Pietro, per la verità, entrò in politica due anni dopo aver lasciato la toga, mentre fu Tiziana Parenti a scendere in politica appena lasciata la toga (prima in Forza Italia, poi nello Sdi). Ma dire la verità sembrava eccessivo. Meglio domandare spiritosamente «che ci azzecca Di Pietro con i riformisti?». Giusto, lui non rubava: che ci azzecca? Nemmeno una parola, nella fretta, per Maurizio Raggio e la contessa Vacca Agusta.

Spenti i riflettori sull'oceanica adunata, si stila un primo bilancio delle vittime. Tanto sforzo non è stato vano. Dopo la lettera del primo lettore del «Riformatorio» che s'è convinto a votare Berlusconi, è comparso sul forum del quotidiano un «appello ai terzisti e riformisti veri» per invitarli a mollare definitivamente gli ormeggi in vista della «ricomposizione della diaspora socialista in una nuova lista fuori dai due schieramenti». L'idea si deve a Claudio Signorile, già caposcuola della sinistra ferroviaria, che lancia «un manifesto per un'assemblea a Roma il 21 febbraio» in vista di una «nuova formazione politica» che imbarchi «Nuovo Psi di De Michelis-Bobo Craxi e Socialismo e Libertà di Formica-Signorile». Polo e Ulivo – spiega Signorile – hanno seminato nel paese «profonda frustrazione, malcontento, delusione»: dunque urge «intercettare l'astensionismo». È ovvio che un elettore deluso, vedendo in lista bei nomi come Craxi, Signorile, Formica e De Michelis, ne sarà irresistibilmente attratto.

Ma il successo più strepitoso del Riformista Day è una lettera di Sandro Bondi. Il Pallore Gonfiato precisa che «quando adotto toni duri nei confronti dell'opposizione, mi rivolgo a certa sinistra, non certo alla pattuglia dell'opposizione democratica autorevolmente rappresentata dal «Riformista», purtroppo oggi minoritaria, di cui fa parte Caldarola». Quest' ultimo aveva addirittura minacciato di disertare il convegno di Forza Italia il 20 febbraio a Milano, con Intini, Finetti e altri «riformisti liberi e veri», casomai Bondi non avesse ritirato gli insulti ai Ds. Ma ora tutto è chiarito: James Bondi ce l'aveva con l'opposizione che si oppone, dunque non con Caldarola. Il convegno Forza Italia-riformisti è salvo. Resta da convincere Biscardi. *(12/02/2004)*

Nuovi mestieri: lo psicobugiardo

È stata finalmente individuata la causa dell'ondata di povertà che allarma gli italiani: un'occhiuta «offensiva mediatica» delle opposizioni e del quotidiano «la Repubblica» sta obnubilando le menti dei cittadini. Grazie al governo sono ricchi sfondati, ma si sono autoconvinti di non avere una lira. È la sindrome da «povertà percepita». La scoperta si deve al sempre molto intelligente Giuliano «Fetecchia» Ferrara. «L'offensiva mediatica sull'impoverimento degli italiani continua», denunciava ieri sul «Foglio», sgomento per la geometrica potenza di fuoco dell'opposizione che com'è noto controlla l'intero sistema televisivo nazionale con i suoi Del Noce, Mimun, Marano, Socci, Mazza, Vespa, Confalonieri, Piersilvio, Mentana, Fede, Costanzo, Giordano e ora anche Pigi Cerchiobattista. La loro campagna a reti unificate, fiancheggiata da organi pauperisti come il «Sole-24 Ore» e il «Corriere della Sera», è riuscita addirittura a convincere milioni di neomiliardari che la loro pensione minima non basta ad arrivare a fine mese, e a indurli a mettersi in fila alla mensa della Caritas. Analogo fenomeno s'è verificato fra i tramvieri milanesi: si sono addirittura messi in testa che un lauto stipendio di 650 euro mensili sia insufficiente per acquistare una villa in Costa Smeralda e incompatibile con la tessera a vita al Golf Club Tolcinasco. Si tratta naturalmente di un fenomeno più generale, ormai planetario: quello che «Il Foglio» chiama degli «psicopoveri», dei «consumatori scurdarielli» che per motivi puramente irrazionali hanno «la tendenza a stringere la cinghia e a comprare meno». Fanno così. Controllano il conto in banca: vuoto. Aprono il portafogli: vuoto. Rovistano nelle tasche della giacca e dei pantaloni: vuote. Spalancano il frigorifero: vuoto. A quel punto si fanno l'idea di non avere una lira. Dunque, non sapendo con che cosa pagare, smettono di comprare. Ma è un fatto psicologico, un'illusione ottica. Un po' come le gravidanze isteriche. Se acquistassero «Il Foglio», magari facendo un mutuo, scoprirebbero che navigano nell'oro. Purtroppo quell'oro non riescono a vederlo, a percepirlo. C'è ma non si vede.

Qualcuno però comincia a sospettare che lo psicopovero sia figlio di un'altra categoria molto più visibile: quella dello psicobugiardo. Uno che si convince di dire la verità e di essere molto intelligente, mentre è un ballista da competizione. Per esempio quel tizio che dirige il giornale della moglie del leader del Polo e ogni sera compare in tv a braccetto con la moglie del leader dell'Ulivo. Il suo nome è Giuliano Ferrara e l'altro giorno ha sfidato un lettore a dimostrare la sua incoerenza: «Caro fighetta, le pago 10 euro per ogni mia parola che lei sappia trovare in conflitto con quel che scrivo oggi. Al lavoro, ci dia dentro. Mica sono spiccioli».

Noi, essendo tendenzialmente psicopoveri e non disdegnando nemmeno gli spiccioli, raccogliamo volentieri la sfida dello psicobugiardo. Abbiamo trovato, per esempio, un articolo firmato Giuliano Ferrara, alto dirigente del Pci torinese, e pubblicato da «Repubblica» il 17 marzo 1979. Titolo: *Diritto di delazione*. Svolgimento: gli operai delle fabbriche, ma anche i semplici cittadini, hanno il «dovere di denuncia verso i reati più gravi di eversione». E, fin qui, tutto bene. Peccato che poco dopo il Ferrara aggiungesse: «Se un questionario, sia pure anonimo, contribuirà a farci riscoprire la realtà, ben venga». Il Platinette Rosso si riferiva a un questionario da lui stesso ideato affinché gli operai della Fiat potessero segnalare, anzi «snidare, smascherare e denunciare gli eversori» al Pci, che poi avrebbe girato il tutto alle note toghe rosse antiterrorismo Caselli, Laudi & C. Diceva proprio così, Ferrara: «gli eversori». Strano, per un garantista del suo calibro. Le denunce erano anonime e dunque uno poteva additare come eversore il vicino che gli stava sulle palle, senza alcun dovere di provare le sue accuse né di assumersene la responsabilità (come invece fanno i pentiti di mafia, contro i quali Ferrara spara da sempre a palle incatenate). E poi – come insegnerebbe oggi il Platinette Azzurro al Platinette Rosso –, prima di chiamare eversore qualcuno, bisogna processarlo e condannarlo in via definitiva. Perché in Italia vige la presunzione di innocenza. La qual cosa gli fecero notare già all'epoca i garantisti veri, come Giorgio Bocca. Quando poi la Fiat licenziò 61 operai in odor di terrorismo, Ferrara accusò Corso Marconi di «ambiguità» per non averli bollati esplicitamente come «terroristi». Poco importava, a questo campione del garantismo a scoppio ritardato, che non fossero stati mai processati né condannati per reati di terrorismo. Lui aveva deciso che erano terroristi e tanto bastava. Eppure, quando parla di sé (cioè sempre), il Platinette Barbuto si dipinge come un antemarcia del moderatismo: «Sono sempre stato costante sulla linea di condotta generale: quella di un moderato che ha sempre odiato le intolleranze e gli estremismi, anche da comunista. Moderato ero e moderato resto» (14 maggio 1994). Deve trattarsi dello stesso Ferrara fotografato in due occasioni – negli anni Sessanta e negli anni Ottanta – con un nodoso bastone in mano. Bastone moderato, s'intende.

Per oggi, con 10 euro per ogni incoerenza di Platinette, abbiamo già guadagnato troppo. A domani, Fetecchia.

(14/02/2004)

Un uomo tutto d'un prezzo

L'antefatto è noto: Giuliano Ferrara offre 10 euro per ogni sua parola di ieri che contrasti con quelle di oggi. Ieri l'abbiamo lasciato alle prese con un curioso arnese di lavoro, curioso almeno per chi si proclama «un moderato da sempre»: il bastone, impugnato dal Platinette Barbuto in due fotografie che lo ritraggono nelle sue precedenti reincarnazioni. Nella prima il già giunonico Giuliano, allora sessantottino, scorrazza giù da un terrapieno di Valle Giulia brandendo un discreto legno nella mano destra. La seconda risale al marzo 1977. Ferrara è a Torino, nella sua nuova veste di dirigente del Pci. Prende il porto d'armi, impara a sparare, gira con la pistola. Ma non disdegna armi più rudimentali. Il 2 marzo 1977 a Palazzo Nuovo, sede dell'università, gli studenti della Figc prendono botte da orbi da quelli dell'Autonomia operaia e di Lotta continua. L'indomani scatta la rappresaglia. Ferrara raduna il servizio d'ordine del partito e del sindacato, e raggiunge l'ingresso dell'edificio con l'auto carica di manici di piccone. Li passa ai compagni e parte all'assalto. Per qualche ora, sulla scalinata dell'università, le due sinistre se le suonano di santa ragione. Ossa sfasciate e teste fasciate, cariche della polizia, fumi di lacrimogeni. Un fotografo immortala le scene salienti dai tetti di una casa di fronte. L'indomani «Lotta continua» pubblica una foto che ritrae Ferrara, già in sovrappeso, mentre scarica molto moderatamente un fascio di manici di piccone bianchi. Seguono sapidi commenti sui «picchiatori di Kossiga e Pekkioli», «braccio armato del compromesso storico». Come immaginare, allora, che l'uomo del bastone diventerà uno dei migliori amici di Sofri, leader di Lc, facendolo scrivere sui suoi giornali e sponsorizzandolo per la grazia.

È lo stesso Ferrara che, sempre nell'ambito del suo proverbiale moderatismo, nel 1971 aveva chiesto la cacciata dal Pci di Luciana Castellina e di altri «eretici», e che qualche anno dopo teorizzava il picchettaggio duro ai cancelli della Fiat contro chi dissentiva dagli scioperi. «Per più di un decennio – scriveva su "Nuovasocietà", la rivista del Pci torinese amministrata da Primo Greganti – i pochi che resistevano ai picchetti, quando si scioperava in difesa della costituzione e della libertà, avevano di fronte la violenza del premio antisciopero, del bastone autoritario e della carota paternalista». Bella l'idea dello sciopero «in difesa della costituzione e della libertà»: è quel che fanno oggi i giudici. Ma Ferrara ultimo modello li attacca.

Poi c'è il Platinette con la kefiah, filopalestinese e anti-israeliano, che si lancia in un viaggio in Libano per abbracciare i valorosi compagni dell'Olp e nel 1982 lascia addirittura il Pci perché un assessore comunista non ha imposto a Luciano Berio di dedicare un concerto ai «martiri palestinesi» di Sabra e Chatila, vittime a suo dire dei «crimini d'Israele» (in realtà la strage fu opera dei falangisti cristiani). Oggi Platinette è più sharoniano di Sharon.

Uscito dal Pci dall'estrema sinistra, rientra in politica da destra, col garofano di Craxi all'occhiello. Nell'85 lavora a «Reporter» insieme agli ex di Lc che prima randellava allegramente. Poi, mentre s'appresta a passare a «Repubblica» su invito di Scalfari (sua futura bestia nera), diventa europarlamentare del Psi. Quando il Cavaliere vince le elezioni del '94, mette subito le mani avanti: «Io ministro di Berlusconi? Sciocchezze». È il 9 maggio. L'11 maggio diventa ministro di Berlusconi. Ma poi, per mesi, tempesta il premier perché risolva subitissimo il conflitto d'interessi. «O si fa il blind trust alla svelta, o di questo governo resteranno solo rovine fumanti» (26 luglio 1994). «Berlusconi non è Gengis Khan con diritto di vita e di morte sulle lande barbariche che ha conquistato: l'Italia è una grande repubblica democratica. Il conflitto d'interessi tra capo del governo e proprietario della Fininvest è una delle anomalie di questa maggioranza» (5 novembre 1994). «Ora sono necessarie scelte più radicali del blind trust» (12 maggio 1995). Tipo vendere tv e giornali. Poi va a dirigere due dei giornali da vendere: nel '96 «Il Foglio», nel '97 anche «Panorama». E coerentemente con le future battaglie contro il giornalismo investigativo e per il militarismo patriottardo, pubblica durissime inchieste per dimostrare che i soldati italiani in Somalia sono dei torturatori. Purtroppo il «supertestimone» delle presunte sevizie è una specie di Igor Marini ante litteram: tutte balle. Alla fine il Platinette Barbuto è costretto ad ammetterlo: «Abbiamo sbagliato. La fonte s'è rivelata inattendibile» (3 luglio 1997).

Poco prima, ha annunciato l'abbandono definitivo della politica («Farò soltanto il giornalista», 3 febbraio 1995) e ha invitato il Cavaliere a fare altrettanto («Berlusconi deve farsi da parte e mettere la Moratti alla guida del Polo», 29 aprile 1996). E nel

'97, quando Di Pietro si candida al Mugello, dichiara: «Io candidarmi nel Mugello contro Di Pietro? Non ci penso nemmeno». Poi si candida nel Mugello contro Di Pietro. Come sempre coerente. Tutto d'un prezzo. *(15/02/2004)*

Si prega di amare il regime

Si fa sempre più avvincente questo dibattito sull'«odio» in politica, inedita categoria introdotta da Pigi Cerchiobattista, James Bondi e don Budget Bozzo per troncare sul nascere qualunque critica intransigente al regime berlusconiano. Nemmeno Adolf Hitler, come fa notare Massimo Fini, aveva preteso l'amore dai suoi seguaci. E ciascuno, in un paese libero, dovrebbe poter amare e odiare chi gli pare. In Italia non più. C'è un perimetro, molto esiguo, di critica autorizzata, quella dell'opposizione «riformista» o, come si diceva una volta, dell'«opposizione di Sua Maestà». È lo stesso regime a tracciare quel recinto di filo spinato, a consentire a tizio e caio un piccolo spazio di critica. Che poi riguarda, di solito, il colore della cravatta del premier e poco altro. Il resto è bandito in quanto «odio».

L'altro giorno, con tutto quel che ha da fare, James Bondi ha dovuto intervenire sul caso della professoressa di un liceo scientifico di Pontedera, il «Marconi», che aveva assegnato ai suoi allievi un tema sull'essere e l'apparire nella politica italiana dopo il lifting del presidente del consiglio. La locale sezione di Forza Italia, credendo di far cosa gradita, è subito insorta contro questo ennesimo caso di bieco «odio antiberlusconiano». Poi però s'è scoperto che la prof era una simpatizzante forzista. Così è intervenuto il serenissimo Pallore Gonfiato: «Se non c'è malevolenza, si deve essere comprensivi, probabilmente c'è una ragione a fin di bene». Ecco: se uno è di Forza Italia agisce sempre a fin di bene. Per definizione, «a prescindere». In caso contrario, è un odiatore. Bondi, per esempio, è di Forza Italia. Dunque può permettersi, a *Ballarò*, di dare del «carnefice della Dc» ad Antonio Di Pietro, e di tuonare contemporaneamente contro coloro che – non meglio precisati – spargerebbero «odio» contro l'amato Unto e Bisunto del Signore. Tanto sa che l'indomani i commentatori «riformisti», ben recintati nel filo spinato, non scriveranno una parola sull'odio seminato da Bondi contro Di Pietro e la magistratura milanese, e nemmeno tenteranno di spiegargli che, ad abbattere i partiti corrotti, non furono i giudici che ne scoprirono le corruzioni, ma le corruzioni medesime e i loro responsabili, nonché i loro elettori che smisero di votare per quei partiti. Analogamente, per quanto strano possa sembrare a James Bondi, a distruggere la Parmalat non sono i pm milanesi e parmigiani che indagano sui reati di Calisto Tanzi, ma proprio i reati di Calisto Tanzi.

Un altro teorico dell'«odio» (ovviamente altrui) è quella personcina equilibrata che risponde al nome di don Gianni Budget Bozzo. «Voi siete il partito dell'odio, noi quello dell'amore», ha teorizzato di recente in uno dei suoi deliri ispirati - crede lui - dallo Spirito Santo. Deve trattarsi dello stesso reverendo che nel 2000, al solito lucidissimo, compose per una rivista di Comunione e liberazione una raffinata riedizione dell'inno nazionale. Iniziava col canonico *Fratelli d'Italia*, e proseguiva con versi amorosi del tipo: «Flores d'Arcais boia di stato. Uomo di morte questo Flores, ma chi giudica con la morte altrui inciampa nella propria». E ancora, nel solco del dolce stil novo: «In tre elezioni il popolo italiano ha salvato gli italiani, ha mandato gli intellettuali di centro, di destra e di sinistra a fare in culo (vi prego, sic, turpia turpis, ossia le carote ai porci) e ha votato il leader naturale della democrazia, Silvio Berlusconi». Cioè il capo del partito dell'amore, l'erede spirituale di Ilona Staller, l'uomo che due giorni fa è riuscito a dire, restando serio, che ora «la sinistra comincerà con Prodi una campagna elettorale basata sull'odio contro Silvio Berlusconi, odio che è l'unico collante per una sinistra divisa e priva di idee. E sul suo giornale di riferimento, l'"Unità", dirà che noi non abbiamo mantenuto i patti con l'elettorato».

Anche il presidente di Mediaset Fedele Confalonieri dà il suo personale contributo al partito dell'amore, vaticinando che quando la sinistra tornerà al governo farà contro Mediaset «una nuova piazzale Loreto». Un massacro simile a quello della passata legislatura, quando Mediaset poté cancellare i suoi debiti, quotarsi in borsa e vivere felice con le sue tre televisioni incostituzionali.

Ora, in un paese serio, chi concepisse simili deliri o componesse liriche alla don Budget sarebbe accompagnato da un'inconfondibile sirena di ambulanza, e soprattutto da un paio di infermieri. In Italia dà lezioni d'amore alla «sinistra dell'odio».

Il cosiddetto ministro della Giustizia Roberto Castelli, nel suo piccolo, si adegua. S'è specializzato nell'intercettare le e-mail private dei magistrati. Nella sua ultima comparsata a *Ballarò*, l'ingegner guardasigilli ne ha lette alcune, per la gioia del pubblico, avendo la delicatezza di non citarne gli autori, che però ben conosceva. I teorici dell'odio, naturalmente, tacciono. Ma qualcuno prima o poi dovrà spiegare se sia normale che il ministro di un paese democratico entri in possesso della corrispondenza elettronica privata di alcuni cittadini e ne faccia sfoggio in televisione, senza che nessuno trovi nulla da obiettare. Come ha fatto a procurarsi quelle e-mail? Quante ne ha raccolte, e soprattutto a quale titolo? Soltanto i magistrati possono godere di questo privilegio, oppure il governo sta spiando altre categorie di cittadini? Il garante della privacy non ha niente da dire? E tutto questo rientra nella politica dell'amore o in quella dell'odio? Ci facciano sapere. Magari via e-mail. L'indirizzo, tanto, lo conoscono.

(17/02/2004)

Silvio Baget-Bondi

Berlusconi dice che i politici di professione sono tutti ladri, vivono di «soldi rubati» e «non sanno che cos'è un'azienda». Poi si corregge, spiegando che parlava solo dei politici di sinistra.

Convinto che basti essere unto per essere lucido, Berlusconi è riuscito a superare persino sé stesso. Prima esortando i colleghi miliardari a evadere le tasse, poi dando dei ladri ai colleghi politici muniti di una casa o di una barca. Sui motivi che l'hanno spinto al nuovo delirio in terra di Grecia, si fronteggiano varie scuole di pensiero. 1) Il premier non si sente tanto bene, il che spiegherebbe la fretta con cui gli alleati tentano di abrogare la legge 180. 2) Il premier è nervoso a causa del catastrofico naufragio del suo lifting. 3) L'elisir della quasi-immortalità approntato dal dottor Scapagnini presenta inattesi e indesiderati effetti collaterali. 4) Il premier è disperato per gli ultimi sondaggi e tenta di recuperare con i voti degli evasori fiscali (almeno dei pochi che ancora non lo votano) e degli psicolabili. 5) Nei 33 giorni di latitanza, pietosamente giustificati con il lifting, il premier è stato in realtà sottoposto a un intervento chirurgico ben più impegnativo: un trapianto di cervello al posto del suo, ormai andato a male. Purtroppo gli unici donatori disponibili e compatibili erano James Bondi e Budget Bozzo, felici di devolvere all'Amato una porzione di materia cerebrale, peraltro inutilizzata. In questo caso l'«Anomalo Bicefalo» di Dario Fo si rivelerebbe non una farsa, ma pura cronaca. Un'istigazione al trapianto.

Impossibile al momento saperne di più, anche a causa di quello strano fenomeno che accompagna le esternazioni più demenziali del premier, praticamente tutte. In un paese normale, un presidente del consiglio in quelle condizioni verrebbe condotto da uno specialista per accertamenti e poi destinato a una casa di cura. In Italia gli infermieri hanno il compito di escogitare qualcosa che giustifichi l'ultima mattana del premier. Per trasformarla in un'idea geniale, un sintomo di vitalità, una riscossa contro l'establishment dei poteri forti, una rivincita contro i polverosi tabù del politically correct.

Lui dice che la corte costituzionale è comunista perché ha cassato una legge incostituzionale. Ed ecco Belpietro avviare sul «Giornale» un dotto dibattito, al quale partecipa persino Adornato, sul fatto che non è comunista solo la corte: ma direttamente la costituzione. Lui dice che evadere le tasse è «morale». Ed ecco Feltri pronto a titolare su «Libero»: *Berlusconi la dice tutta*. Intanto Ferrara, sempre molto intelligente, cita l'*Elogio della follia* di Erasmo e la fanciullesca naïveté del divino Mozart. E il viceinfermiere Guzzanti (Paolo) si profonde sul «Giornale» in un inno alla «forza del Leader», con ampie citazioni di John Belushi («quando il gioco si fa duro, i duri entrano in campo»), per magnificare l'«eroe borghese» (tipo Ambrosoli, per dire) che ha «mostrato il proprio tono muscolare» agli alleati e «mollato un cazzotto nel ventre molle del falso moralismo della sinistra statalista dichiarando senza ipocrisia che se a fare il duro è lo stato che vuota le tasche del cittadino con tasse, allora il cittadino ha diritto all'autodifesa evadendo le tasse». Insomma «è stata una giornata di provocazioni tonificanti».

In Europa, frattanto, visti gli strepitosi successi del semestre italiano, gli altri leader si riuniscono senza neppure avvertire il Nostro. Ma ecco gl'infermieri di corte pronti a dimostrare che Chirac, Blair, Schroeder & C. non capiscono niente di Europa. L'unico che ci capisce è lui, l'erede di De Gasperi, sia pure incompreso. Lui, per stemperare la tensione, racconta sapide barzellette sui kapò nazisti e la persecuzione degli ebrei. E subito gl'infermieri di corte si precipitano a sostenere che «Prodi è antisemita», e anche Sabina Guzzanti. Lui si candida alle europee pur essendo ineleggibile, mentre Prodi non si candida pur essendo eleggibile. Ed ecco gl'infermieri di corte pronti a spiegare che Berlusconi non deve dimettersi neanche se perde. In compenso deve dimettersi Prodi. «Per decenza».

Poi ci sono i «terzisti» e i «riformisti», costretti ogni giorno ad arrampicate sugli specchi e tripli tuffi carpiati per trovare nel dizionario qualche vocabolo che descriva quei deliri da camicia di forza senza chiamarli col loro nome. Il «Corriere» è il più professionale. Sull'inno all'evasione, ha titolato in prima pagina: *Voto e tasse: Berlusconi all'attacco* (era meglio aggiungere *del codice penale*, ma mancava lo spazio). All'interno, variazione sul tema: *Berlusconi si candida e punta sulle tasse* (era meglio scrivere che *punta sull'evasione*, ma mancava lo spazio).

Ora c'è la nuova, appassionante battaglia contro i «politici di professione» che «non hanno mai visto un'azienda vera», eppure «hanno la casa e la barca», sicuramente «comprate con soldi rubati». Figurarsi l'entusiasmo degli alleati di An e Udc, che fanno politica da quando avevano i calzoni corti, ma anche di tutti i forzisti che non provengono dalla Fininvest: il plotone di ex Dc, ex Psi, ex Pli, ex Pri, ex Psdi ed ex Pci (quando mai un James Bondi ha messo piede in un'azienda vera?)

candeggiati e riciclati da Forza Italia. Pare che ieri siano corsi a intestare ville e barche a qualche prestanome, per mettersi in regola col Capo. Ma è molto preoccupato anche il simbolo del partito-azienda: Marcello Dell'Utri. La ristrutturazione della sua villa a Sala Comacina fu pagata anche con 12 assegni (80 milioni di lire) provenienti dalle false fatture di Publitalia. Ragion per cui fu condannato a 2 anni definitivi per false fatture e frode fiscale. In pratica, si rifece la villa con soldi rubati a un'azienda di Berlusconi. Forse, l'altroieri, gli sono fischiate le orecchie. Forse il Cavaliere ce l'aveva con lui.

(20/02/2004)

L'autoritratto di Dorian Gray

C'è qualcosa di grandiosamente comico, nella coincidenza fra l'approvazione del decreto salva-Retequattro e l'attacco berlusconiano ai politici che si arricchiscono con la politica. Con una mano il premier arraffa 300 miliardi di pubblicità all'anno in un nanosecondo, con l'altra punta il dito contro chi ha racimolato qualche centinaio di milioni in dieci o vent'anni di carriera parlamentare. Stiamo parlando di un imputato di corruzione giudiziaria, falso in bilancio e frode fiscale. Di colui che ha traghettato in parlamento una settantina fra pregiudicati, condannati in via provvisoria, imputati, indagati, miracolati da prescrizioni e amnistie. Del proprietario di Mediaset, un'azienda che riesce a lucrare persino sugli spot elettorali dell'opposizione (i «comunisti», se vogliono combatterlo, devono prima pagarlo), oltreché sulle leggi ad personam e financo sulla loro bocciatura (vedi la vendita di azioni da parte di Confalonieri e altri due top manager alla vigilia del no di Ciampi alla Gasparri). Stiamo parlando del migliore amico di Craxi il quale, avendo fatto sempre solo politica, senza mai «mettere piede in un'azienda vera», era riuscito ad accumulare 50 miliardi in Svizzera, investendo in Cct, jet privati, amanti, appartamenti a New York, a Barcellona, a Milano e, con le rimanenze, una villa ad Hammamet. Stiamo parlando di un tizio che ha «acquistato» (si fa per dire) una villa con pinacoteca, terreni, scuderie, proprietà e ogni bendidio da un'orfana minorenne, pagandola quanto valeva uno solo dei quadri appesi alle pareti. E che poi, secondo il tribunale di Milano, ha sottratto a un concorrente non una casa, ma una casa editrice – la prima, la Mondadori – comprandosi un giudice tramite tre suoi avvocati.

Vengono in mente i profili psicologici dei serial killer a fine carriera, che cominciano a lasciar tracce sempre più evidenti di sé per farsi catturare dal detective. Ecco: il Cavalier Dorian Gray è all'ultimo ritratto: l'autoritratto. Si specchia negli altri, vedendo in loro quello che fa lui. Un caso di transfert. Quando accusa i «comunisti» di «ripetere cento volte una menzogna, come Goebbels, finché diventa verità», parla di sé. Quando denuncia i politici che fanno soldi con la politica, parla di sé. Forse, nel subconscio, ricorda tutti i quattrini accumulati con la politica ancor prima di entrarvi: si arricchiva con le leggi che gli faceva Craxi e anche con quelle che non gli faceva. Poi continuò da solo. Grazie agli sconti fiscali della Tremonti-1, nel 1996 Mediaset guadagnò 243 miliardi su uno stock di vecchi film spacciati per «nuovi investimenti», e riuscì a capitalizzare le casse vuote della società in tempo per la quotazione in borsa. Grazie al condono tombale dell'anno scorso, che aveva giurato di non utilizzare, risparmiò un altro bel gruzzolo. Grazie al decreto spalma-debiti, il suo Milan risparmierà una quarantina di milioni di euro all'anno. Senza contare l'accordo fra Mediolanum e le Poste italiane, che regalerà alla banca berlusconiana un bel po' di sportelli pubblici. Poi c'è il decreto salva-Fede, in attesa della Gasparri bis. Tutta roba che, a ogni stormir di fronda, fa schizzare alle stelle il titolo Mediaset per la gioia dei suoi azionisti. Soprattutto uno.

In un paese normale, un'opposizione che si rispetti gli risponderebbe così: «Non puoi dire che i politici rubano, perché il primo "ladro" sei tu». Invece porge l'altra guancia: "Non puoi dire che i politici rubano perché il primo politico sei tu". Facendo così quadrato attorno a un'oligarchia largamente impopolare. Alzando la palla al Cavaliere per la schiacciata vincente. E autorizzando pure l'impressione che lui «sappia qualcosa» che spaventa tutti, alleati e oppositori. Perché questa è la lettura più semplice dell'ultima sparata in terra di Grecia. Non una gaffe, ma un messaggio ricattatorio trasversale, una chiamata di correo generale, tipo quella di Craxi alla camera («Chi non ha rubato si alzi in piedi», e non si alzò nessuno).

L'altra lettura è quella di scuola Ferrara: «Berlusconi è diventato giustizialista». Magari. Vorremmo tanto crederci. Immaginiamo la scena. Il Cavaliere sta per confessare: gli scappa, non ne può più. Ancora qualche giorno e farà tutti i nomi, a cominciare dal suo. Per poi passare a parenti, amici e alleati. Non per nulla il Platinette Barbuto è così preoccupato. Non per nulla il primo ad arrabbiarsi è stato Follini. La prima gallina che canta, di solito, è quella che ha fatto l'uovo. Basta aspettare. Presto, dopo l'autoritratto, il Cavalier Dorian Gray procederà all'auto-retata. Convocherà un consiglio di famiglia e punterà il dito contro il fratello Paolo, condannato per aver derubato la regione Lombardia e costretto a restituire 170 miliardi sull'unghia per non finire dentro. Poi passerà a Dell'Utri, che rubava addirittura i fondi neri di Publitalia per ristrutturarsi la villa, oltre a non pagare le tasse. Poi si dedicherà a Previti, che sottraeva allo stato le imposte su «parcelle» in Svizzera da decine di miliardi, ostentando per giunta ville e yacht (il mitico *Barbarossa*) come un politico di professione qualunque. Poi massacrerà l'amico Squillante, per i suoi 9 miliardi in Svizzera e il suo velieri (il mitico *Rauma*), decisamente incompatibili con lo stipendio di magistrato. Poi riunirà la Casa delle Libertà al grido di «fuori i ladri», e la svuoterà in un batter d'occhio. Infine confesserà le sue colpe, restituirà il maltolto, si ammanetterà a un termosifone. E, per completare la ri-conversione al giustizialismo, richiamerà Antonio Di Pietro, come nel '94: «Carissimo, avrei pensato a lei come ministro dell'Interno». A quel punto Ferrara si toglierà la vita con un'overdose di supplì. *(21/02/2004)*

Porco è bello

Polemiche a non finire perché Violante ha accusato il governo per gli italiani uccisi nella strage di Nassiriya.

Secondo una famosa barzelletta, la differenza fra Dio e il papa è questa: Dio è in cielo, in terra e in ogni luogo, mentre il papa ci è già stato. Poi è arrivato Berlusconi, che non solo è onnipotente, onnisciente e onnipresente, ma anche onnidicente. Uno non può dire una cosa, senza che l'abbia già detta lui. Compreso il suo contrario. Vedi le ultime polemiche per la frase di Violante su Nassiriya, che ha suscitato sdegno e proteste persino dai «riformisti» dell'Ulivo. Nessuno ha ricordato che il primo a dare a Berlusconi la colpa dei morti italiani in Iraq è stato Berlusconi, in una memorabile intervista-confessione a «Libero»: «Quando penso ai 19 caduti di Nassiriya, mi dico: se invece di essere io al governo ci fosse stato, che so, D'Alema, non li avrebbe mandati in Iraq e sarebbero vivi. Mi sento responsabile. È stata una scelta grave» (27 dicembre 2003). Il fatto è che l'unico autorizzato a dire certe cose è lui. Lui, con quella bocca, può dire ciò che vuole. Gli altri no. Gli altri «odiano», «demonizzano», «fanno sciacallaggio».

Lui può dire che la crisi economica è colpa dell'euro e contemporaneamente che non è colpa dell'euro. Dire «basta ai politici ladri» e poi candidarne una sessantina perché, se stanno con lui, non sono più ladri. Dire che abbiamo perso gli europei di calcio perché Zoff non faceva catenaccio e non marcava a uomo Zidane, e poi che il Milan di Ancelotti deve giocare solo all'attacco, perché lui di calcio sì che se ne intende. L'abolizione della par condicio e le incursioni telefoniche alla *Domenica sportiva* e prossimamente al *Processo di Biscardi*, alla *Prova del cuoco*, a *Linea verde* e all'Angelus del papa (oltreché, si capisce, a *Bisturi*) faranno il resto. Lui ci spiegherà come si fa gol, si cucina, si zappa, si dice messa. Il Presidente Allenatore, Chef, Coldiretto, Pontefice e anche un po' Padreterno ha una parola per tutti, e per tutto. Non è mai fuori posto. Gli altri sempre: «fanno politica», devono dimettersi.

Talvolta, però, negli interstizi fra il delirio, la smentita per confermare e la conferma per smentire, accade l'imponderbile: qualcuno perde il senso dell'orientamento, ed equivoca. È successo l'altro giorno, dopo l'uscita sui politici ladri, scambiata dai medesimi come un definitivo sdoganamento all'insegna del celebre motto di Altan «Porco è bello». «Finalmente si ricorda di noi», avranno pensato i tanti fedelissimi condannati e inquisiti. «È il nostro momento». E, tutti orgogliosi, sono usciti dalle catacombe come i topi dietro il pifferaio di Hamelin. Ombretta Colli, inquisita per corruzione nella Milano Mare, ha subito nominato nel Cda della Milano Mare il pluri-indagato e condannato Bruno Binasco, braccio destro del pluri-imputato costruttore Marcellino Gavio, che nel '92-93 entrava e usciva di galera anche per le mazzette della Milano Mare. Il passaparola è giunto anche dalle parti di An, che aveva appena tappezzato Milano di appelli agli «appassionati alla politica», ma con l'avvertenza: «Astenersi affaristi». L'indomani i giudici hanno preso sul serio il manifesto e hanno arrestato il consigliere regionale di An Guido Bombarda. Intanto l'ex Pri Antonio Del Pennino, dall'alto della sua esperienza (mezza dozzina di processi, due patteggiamenti e qualche entratura nelle bische di Angelo Epaminonda col nome d'arte «Del Pennazzo»), lancia sul «Corriere» la sua personale riforma della giustizia: «Elezione diretta dei giudici». Così magari si candida e diventa giudice anche lui.

Sempre a Milano, capitale morale, è iniziato un carosello di convegni alla presenza dei più bei nomi di Tangentopoli: da Dell'Utri a Colucci, da Finetti a Zaffra, da Guarischi a De Michelis, da Pillitteri a Tognoli, ai quali partecipano ogni tanto anche alcuni incensurati, tipo Bondi, Adornato e Polito.

Poi c'è il caso umano di Carlo Giovanardi: vorrebbe tanto essere inquisito almeno una volta per gridare alla persecuzione, ma nessun giudice se l'è mai filato. Così è costretto a strillare contro le (presunte) persecuzioni altrui. Ma con una filosofia tutta sua. Porta a spasso un libretto pieno di inesattezze sui democristiani, a suo dire, perseguitati: cioè indagati e poi assolti. Ora, il noto giureconsulto ignora che è fisiologica un'assoluzione al termine di un'indagine (per informazioni rivolgersi a Di Pietro, indagato 64 volte a Brescia; a Borrelli, indagato 319 volte; a Davigo, Colombo, Boccassini e Greco, indagati una cinquantina di volte a Brescia e sempre prosciolti, pur non essendo democristiani). Ma la stranezza è un'altra: il vispo Giovanardi presenta il suo libro sugli assolti (veri o presunti) con noti pregiudicati come Dell'Utri, Forlani, Pomicino. Segno che gl'interessano soltanto le sentenze di assoluzione: quelle di condanna non valgono.

Alla fine, comunque, s'è scoperto che il premier era stato ancora una volta equivocato: «Parlavo - ha precisato - dei ladri di sinistra». Sarà un caso, ma Cirino Pomicino s'è subito buttato a sinistra. *(24/02/2004)*

Morto un Aigor se ne fa un altro

È un vero peccato che la controriforma dell'ordinamento giudiziario non sia ancora in vigore. Se il parlamento non avesse battuto la fiacca e l'avesse approvata in tempo utile, avrebbe risparmiato al Cavaliere la doppia catastrofe di due giorni fa, quando un pugno di magistrati ancora pericolosamente indipendenti dal potere politico hanno smontato le due patacche più pregiate del Premiato Bufalificio di Arcore. A Torino la superballa della Telekom Serbia con i superballisti Marini e Volpe, reclutati per trasformare Prodi, Fassino e Dini in tangentari. A Perugia il presunto complotto del bar Mandara, inventato da Berlusconi e Previti per accusare Ilda Boccassini, Gherardo Colombo e gl'investigatori dello Sco di aver truccato carte, fabbricato prove, manipolato bobine. L'on. avv. pres. prof. ind. Gaetano Pecorella, che ogni tanto confessa, aveva lanciato l'allarme fin dall'estate scorsa: «Il problema non è il rapporto fra i magistrati e questo o quel partito. È che ormai la magistratura si comporta come un potere a sé, che non risponde a niente e a nessuno». Praticamente rispetta la costituzione, articolo 104 («La magistratura è un ordine autonomo e indipendente da ogni altro potere»). Un cancro da estirpare subito, senza indugi. Non gli han dato retta, e questi sono i risultati.

I giudici di Torino, senza nemmeno consultare i Trentatré Trantini, si permettono di arrestare un galantuomo come Antonio Volpe, molto apprezzato dal commissario tangentaro Alfredo Vito. Il pm Silvia Della Monica, a Perugia, senza dire niente a Previti, si azzarda a chiedere di archiviare l'inchiesta sul bar Mandara, frustrando le aspettative del Cavaliere e dei suoi cari. Ora, certo, si provvederà al più presto alla controriforma, onde evitare che simili episodi si ripetano in futuro. Ma intanto la frittata è fatta. E bisognerà inventarsi qualche altro pataccaro prêt à porter, tipo Aigor e Volpe, per nascondere le mazzette ai giudici e fabbricare qualche altra calunnia contro Prodi e il pool di Milano. Il prossimo «supertestimone» potrebbe dire di aver visto Prodi rapinare una banca, Colombo borseggiare una vecchina, la Boccassini al volante di un tir carico di droga. I telegiornali di regime e *Porta a Porta* provvederanno a rilanciare per qualche mese le «rivelazioni» del «nuovo Pico della Mirandola». Nel frattempo si dovranno mettere i magistrati al guinzaglio del governo prima che qualcuno di loro, ovviamente «matto e psicolabile», smascheri anche queste bufale.

L'ha detto il sagace Carlo Giovanardi, che è un po' l'intellettuale del gruppo, a proposito di Antonio Fazio indagato a Trani per la Banca 121: «Dio ci scampi e liberi dalle iniziative delle procure di provincia: questo è il classico esempio, che si è ripetuto più volte negli ultimi dieci anni, di come una procura possa mettere in crisi istituzioni o colpire uomini come il governatore della Banca d'Italia». Strano: finora lorsignori se l'erano presa con le procure di capoluogo, tipo Milano, Palermo, Torino. Ora, all'improvviso, scoprono quelle di provincia. Che si permettono di iscrivere un potente sul registro degl'indagati senza chiedere prima a Giovanardi. Ci vuole un'altra riforma. Due le vie d'uscita possibili. Prevedere che, prima di indagare qualcuno da un certo censo in su, ogni pm di provincia si consulti col governo. Oppure trasformare in capoluogo ogni città munita di procura. Tipo Trani, per dire. Ci vuol poco a far contento Giovanardi.

Poi però bisognerà soddisfare anche Emanuele Macaluso, che l'altroieri scriveva affranto a Paolo Mieli per denunciare le «contumelie» proferite da un pm di Bari (capoluogo di regione), Leonardo Leone de Castris, contro il suo imputato Francesco Forleo, l'ex questore accusato di concorso nell'omicidio di un contrabbandiere abbattuto a fucilate da poliziotti in elicottero. Le «contumelie» del pm devono essere davvero impronunciabili, visto che Macaluso non le cita, limitandosi a stigmatizzare «il linguaggio sprezzante e ingiurioso che un magistrato non dovrebbe usare mai nei confronti di un cittadino». Ma provvede poi Mieli, con grave sprezzo del pericolo, a citarle nella sua vibrante risposta (un fatto «inquietante, concordo al cento per cento»). Eccole: «(Forleo) voleva un risultato a qualunque costo, anche mettendo in pericolo l'equipaggio»; e manifestava – ci scusino i lettori per la crudezza del linguaggio – «indifferenza per il valore della vita, sciatteria, approssimazione, ignoranza, cattiveria, inutile aggressività e gratuita ferocia». Parole inaudite, si capisce. «Contumelie inquietanti». Un pm che si rispetti, per chiedere al tribunale di condannare un questore a 14 anni per concorso in omicidio, dipingerebbe l'imputato come un galantuomo pio e scrupoloso, padre e marito esemplare, un pacioccone che non farebbe male a una mosca. Ragione di più per approvare al più presto la controriforma della giustizia. Quando finalmente i politici controlleranno la magistratura, potranno distribuire un prontuario degli aggettivi da usare e non usare nelle requisitorie, a cura di Mieli e Macaluso. Occorre affrettarsi. *(27/02/2004)*

Sanremo, concorso esterno/1

Inizia il Festival di Sanremo, presentato da Simona Ventura. La direzione artistica è affidata a Tony Renis, amico del premier nonché di vari boss della mafia italoamericana.

Siamo entrati in possesso del cartellone segreto del Festival di Sanremo diretto da Tony Renis e amici degli amici. Ecco i titoli delle canzoni in concorso (esterno).

Banana Republic (Casa – Delle – Libertà)
Minchia signor cantante (T. Renis – A. Capone)
La voce del padrino (T. Renis – J. Gambino – F. Tre Dita)
Isso, issa e o' malamente (U. Cattaneo – S. Ventura – T. Renis)
Tonna a casa (C. Tanzi – F. Tonna)

Ah Sudamerica (S. Berlusconi - C. Previti)
Nemmeno tu nell'universo (E. Fede - M. Gasparri)
Marini Marini Marini (V. Trantino - C. Taormina)
Il Gatto e la Volpe (I. Marini - A. Volpe)
La guerra di Piero (P. Fassino - G. Strada)
Mi vendo (E. Fede - E. Fede)
Io non mi sento italiano (U. Bossi - M. Borghezio)
Il corrotto (autori vari)
Il conformista (A. Polito - A. Polito)
Destra sinistra (A. Polito - A. Polito)
Una poltrona (L. Annunziata - P. di Garanzia)
Roma kapò (S. Berlusconi - M. Schulz)
Voglio vederti cantare (I. Boccassini - G. Colombo - S. Berlusconi)
Come porti i capelli bella bionda (V. Sgarbi - L.C. di Montezemolo)
Shampoo (G. De Michelis - G. De Michelis)
Il bandito e il campione (L. Moggi - A. Del Piero)
Je so' pazzo (G. Baget Bozzo - G. Baget Bozzo)
Signorinello pallido (S. Bondi - S. Bondi)
Polvere (E. Colombo - G.F. Micciché)
Ma cos'è questa crisi (G. Tremonti - A. Marzano)
Bocca di La Rosa (J. Woodkok - A. La Rosa)
Ma che gelida manetta (S. Cragnotti - F. Fucile)
Vedi Napoli e poi rubi (P. Cirino Pomicino - A. Vito)
Finché la barca va (M. D'Alema - C. Velardi)
Finché la banca va (A. Fazio - C. Geronzi)
La donna cannone (G. Ferrara - Platinette)
Non si può morire dentro (S. Riina - L. Bagarella)
La voce del padrone (C. Mimun - M. Mazza - E. Mentana - E. Fede)
Figli delle stalle (V. Mangano - M. Dell'Utri)
Vendo casa (C. Previti - A.M. Casati Stampa)
Per una lira (S. Berlusconi - C. Previti - A.M. Casati Stampa)
Video Ammar quant'è bbello (T. ben Ammar - S. Berlusconi - B. Craxi)
Besame mucho (S. Riina - G. Andreotti)
Ballata per quattro stagioni (P. Mieli - P.G. Battista)

Pecorella (G. Pecorella – G. Pecorella)
Piazza glande (V. Merola – V. Merola)
Bomba o non bomba (O. bin Laden – M. Omar)
In questo mondo di ladri (autori vari)
Se mi lasci non vale (C. Previti – S. Berlusconi)
Il carrozzone (R. Prodi – P. Fassino – F. Rutelli – E. Boselli)
Cercami (G. Pietrostefani – D. Zorzi)
E non ti vengo a cercare (G. Pisanu – G. Pietrostefani – D. Zorzi)
Alla fiera dell'Est (S. Berlusconi – V. Putin)
Il fango della gelosia (Telekom – Serbia)
Attenti al cupo (S. Bondi – S. Bondi)
Whisky facile (F. Cossiga – F. Forte)
La classe degli asini (L. Moratti – L. Moratti)
La ballata dell'amore perduto (V. Cecchi Gori – V. Marini)
Piazza Grande (G. Ferrara – G. Ferrara)
Il mento caldo dell'estate (M. Belpietro – M. Belpietro)
Il ballo del massone (L. Gelli – S. Berlusconi – G. Selva – F. Cicchitto – P. Fiori – F. Trecca – R. Gervaso – M. Costanzo)
Café de la paix (G. Pisciotta – M. Sindona – G. Andreotti)
Si può dire di più (Centro – Sinistra)
Come si cambia (G. La Malfa – M. Pera)
Qualcuno era comunista (S. Bondi – T. Maiolo – G. Ferrara – R. Foa – F. Adornato)
Santa Lucia (F. Cattaneo – L. Annunziata)
Bandiera bianca (S. Cofferati – S. Cofferati)
Sapore di sòle (V. Trantino – I. Marini)
La solitudine (A. Socci – Excalibur)
Uomini (M. Costanzo – M. De Filippi)
Scacchi e tarocchi (A. D'Eusanio – P. Bonolis)
La famiglia Brambilla (I. Pivetti – Platinette)
La società dei magnaccioni (Parmalat – Cirio)
In ginocchio da te (B. Vespa – A. Socci – S. Berlusconi)
Piange il telefono (M. Tronchetti Provera – Afef)
I treni a vapore (L. Necci – P.F. Pacini Battaglia)
Prendile così (L. Turco – A. Finocchiaro)
Duna rossa (C. Romiti – P. Cantarella)
Duci a San Siro (S. Berlusconi – A. Galliani)
Caravan petrol (G. Bush sr. – G.Bush jr. – T. Blair)

Il gigante e la bamboccia (G. Ferrara - B. Palombelli)
E la barca tornò sola (M. D'Alema - C. Velardi)
E la banca tornò sola (A. Fazio - C. Geronzi)
E la barba tornò sola (F. Adornato - R. Foa - P. Guzzanti)
(1-continua) *(2/03/2004)*

Sanremo, concorso esterno/2

Proseguiamo nella pubblicazione del cartellone segreto del Festival di Sanremo diretto da Tony Renis e amici degli amici. Ecco i titoli delle canzoni in concorso (esterno).

Aggiungi un posto a tavola (C. Mastella - P. Cirino Pomicino)
Le mille balle blu (M. Belpietro - P. Guzzanti - C. Rossella - E. Fede)
Vecchio crack (S. Cragnotti - C. Tanzi - P. Crudele)
Vecchio crax (G. Amato - U. Intini - O. Del Turco - E. Boselli)
Vado al Massimo (P. Fassino - L. Violante)
Il portiere di notte (Toldo - Marchegiani)
Solo una sana e consapevole libidine salva il giovane dallo stress e dall'Azione cattolica (A. Socci - R. Farina)
Insieme a te non ci sto più (G. Vattimo - N. Tranfaglia - A. Asor Rosa - P. Fassino)
Vengo anch'io, no tu no (E. Boselli - A. Di Pietro)
Laurea non c'è (U. Bossi - G.F. Micciché - F. Rutelli - G. Ferrara)
È arrivato l'ambasciatore (S. Romano - S. Romano)
Sì, viaggiare (O. bin Laden - M. Omar)
Sentimento nuevo (S. Bondi - F. Adornato - R. Foa)
Il nostro caro Angelo (A. Panebianco - S. Folli)
Il nostro caro angolo (S. Cofferati - S. Cofferati)
740 (G. Tremonti - G. Tremonti)
Con 24 mila baci (T. Cuffaro - T. Cuffaro)
Vola Colombo (E. Macaluso - A. Polito - C. Velardi)
Cogli la prima Pera (M. Pera - M. Pera)
Il Pilo della banda dell'ortica (G. Pilo - G. Pilo)
Senza una donna (M. Costanzo - M. De Filippi)

Lugano addio (R. Squillante – F. Squillante – M. Squillante)
Io per te Margherita (F. Rutelli – A. Parisi)
La canzone del sòla (I. Marini – V. Trantino)
Il testamento di Vito (A. Vito – E. Vito)
Nessuno lo può giudicare (A. Maccanico – R. Schifani)
La riporti un bacione a Palermo (R. Schifani – R. Schifani)
Storia di un impiegato (M. Gasparri – M. Gasparri)
Tre briganti tre somari (Casa – Delle – Libertà)
Questione di lifting (S. Berlusconi – U. Scapagnini)
Non è Francesco (B. Palombelli – G. Ferrara)
Bingo Bongo (U. Bossi – M. Borghezio)
Stronzo (autori vari)
C'è chi dice no (A. Di Pietro – A. Occhetto)
Barbera e champagne (A. Biondi – F. Forte)
Le allettanti promesse (S. Berlusconi – B. Vespa – Contratto)
Fatti portare dalla mamma a prendere il latte (C. Tanzi – F. Tonna)
Erba di casa mia (G.F. Micciché – G.F. Micciché)
Datemi un Martello (G.F. Micciché – G.F. Micciché)
Datemi un Martelli (B. Craxi – L. Gelli – L. Turco)
Polvere di stalle (V. Mangano – M. Dell'Utri)
Io che non vivo (S. Bondi – S. Bondi)
Il mio conto Libero (V. Feltri – R. Farina)
Mento nel mento (M. Belpietro – M. Belpietro)
I muscoli del capitano (R. Agricola – A. Del Piero – R. Guariniello)
Quello che le donne non dicono (V. Lario – M. Cacciari)
Buongiorno tristezza (S. Bondi – S. Bondi)
Fisiognomica (C. Previti – M. Dell'Utri)
Genova per noi (C. Scajola – Diaz – Bolzaneto)
Innocenti evasioni (B. Provenzano – M. Messina Denaro)
Compagno sì, compagno no, compagno un caz (P. Fassino – G. Angius – M. D'Alema)
Osama nell'alto dei cieli (G.W. Bush – O. bin Laden)
Bisogna saper perdere (M. Moratti – G. Facchetti)
Butta la chiave (S. Cragnotti – C. Tanzi)
Moby Dick (G. Ferrara – Platinette)
Nessuno nessuno (A. Socci – A. Socci)

Contessa (B. Craxi - M. Raggio)
Buonanotte Pomicino (C. Mastella - P. Cirino Pomicino)
Caffè nero bollente (G. Andreotti - M. Sindona - G. Pisciotta)
Volta la carta (E. Fede - F. Briatore)
L'era del cinghiale bianco (B. Craxi - S. Berlusconi)
Sarà la nostalgia (G. Pansa - G. Pansa)
Sei forte papà (R. Foa - V. Foa)
Il salame (R. Castelli - R. Castelli)
No tengo dinero (G. Tremonti - G. Tremonti)
Pensiero stipendio (C. Mimun - M. Mazza - E. Mentana)
Senza Fini (P. Rauti - A. Mussolini)
Signor censore (M. Veneziani - C.M. Petroni - F. Alberoni - G. Rumi)
Comunque balla (V. Feltri - M. Belpietro - E. Fede - C. Rossella)
Prendimi (O. bin Laden - M. Omar)
Tu vuo' fa' l'americano (A. Martino - C. Burt - A. Dall'Olio)
Una lacrima sul video (E. Biagi - M. Santoro - D. Luttazzi)
Perché? (A. Socci - G. Melandri)
Uomini sòla (V. Trantino - I. Marini - A. Volpe - G. Consolo)
La banda (C. Previti - R. Squillante - A. Pacifico - V. Metta)
Mio fratello è figlio unico (P. Berlusconi - S. Berlusconi)

Fuori concorso, si esibiranno i Neri per caso (G. Fini - M. Gasparri - I. La Russa), i Nomadi (F. Adornato - R. Foa - S. Bondi - G. Ferrara - G. La Malfa - G. Baget Bozzo - P. Cirino Pomicino) e The Boss (uno a scelta fra gli amici di Tony Renis).

(2-fine) (4/03/2004)

Oi dialogòi

Tra un lifting e l'altro, bisognerà rifare i connotati anche al dizionario della lingua italiana. Perché le parole che cambiano significato sono ormai legione. L'ultima è «dialogo». Dicono giornali e tg che «riparte il dialogo sulla giustizia». Ricapitolando. La Casa della Libertà Provvisoria ha pronta una controriforma dell'ordinamento giudiziario largamente incostituzionale. L'Anm proclama uno sciopero. Poi, per motivi ancora misteriosi, l'on. avv. prof. pres. ind. Gaetano Pecorella annuncia che hanno scherzato e ritira (almeno a parole) tutte le norme più incostituzionali e/o demenziali. L'Anm revoca lo sciopero. A quel punto tutti (dal presunto guardasigilli Castelli al vicepresidente del Csm Rognoni) si congratulano coi magistrati per l'inattesa «apertura al dialogo». Ma che dialogo? Se tu ammassi truppe per attaccarmi, io ammasso truppe per difendermi. Se tu ritiri le truppe, io non mi difendo più. Ma la ritirata è tua, non mia.

Poi c'è, per così dire, l'opposizione. Per esempio Rutelli. Anche lui ha del dialogo un concetto piuttosto innovativo. Il governo è spaccato sulla riforma delle pensioni? Arriva Rutelli e dice che la riforma delle pensioni non è poi così male e che si può dialogare. Così il governo rimargina la spaccatura. Il governo è in difficoltà con i magistrati, al punto che si appresta a ritirare la controriforma? Arriva Rutelli e dice che la controriforma non era niente male. Il governo esulta, «Il Foglio» saluta in Rutelli «il piccolo Kerry», i magistrati trasecolano. E Rutelli si felicita perché la Cdl, all'improvviso, è «pronta al dialogo». Uno copia il programma degli avversari, poi si stupisce perché quelli lo condividono. Perché non plagiare anche la devolution? Così magari ci scappa un dialogo pure con Bossi. Ma questa, una volta, si chiamava «resa senza condizioni». Ora, «dialogo».

Sostiene il giureconsulto margheritico che «non è pensabile che un palazzo di giustizia d'estate continui a rimaner chiuso per ferie due mesi». Parole sante. Peccato che non esistano palazzi di giustizia chiusi per due mesi o due giorni. Essi restano aperti, con i turni, anche durante il periodo feriale. È comprensibile che Rutelli, non frequentandoli, lo ignori. Ma potrebbe farselo spiegare da chi li conosce bene. Tipo il suo braccio destro Enzo Carra: lui i tribunali li ha sempre trovati aperti.

Poi Rutelli propone un bel «controllo sull'attività dei magistrati»: è quel che chiede sempre Berlusconi, incompreso. Infine afferma che bisogna «finalmente scendere dalle barricate», senza peraltro specificare quando mai ci fosse salito.

Dialoga oggi, dialoga domani, ed ecco dialogare perfino Tremonti. Vuole addirittura ripristinare il reato di falso in bilancio. Tanto ormai, grazie alla nuova legge, i processi a Berlusconi per falso in bilancio sono andati in prescrizione. A che serve tenerla? Meglio abrogarla, prima che ne approfitti qualcun altro. Altrimenti che legge ad personam sarebbe?

Poi bisognerà pensare all'altra, la Cirami, che ha consentito a Berlusconi, a Previti e a un bel numero di mafiosi e assassini di guadagnare tempo prezioso nei rispettivi processi. A che serve ormai conservarla? Ora che la invocano i no global di Genova, bisogna ritirarla in tutta fretta: mica l'avevano fatta per loro. Infatti il cosiddetto ministro Castelli dice che i no-global «sono o bugiardi o farabutti»: prima insinuano che fosse fatta apposta per Berlusconi, poi la invocano anche loro. Anche Ferrara scrive - restando serio - che questa è la prova che la Cirami non era per Berlusconi. Certo, come no. Uno si fa una legge a tempo di record, ne approfitta un minuto dopo, poi dice che non era per lui perché la usano anche altri. Fila, il ragionamento. E Ferrara, com'è noto, è molto intelligente. Poi ci sono i fessi.

Un contributo al nuovo concetto di dialogo viene dal professor Pietro Di Federico, membro laico del Csm in quota FI. I giudici - dichiara alla «Stampa» - «sono come i maiali: tra di loro si mordono ma, se ne tocchi uno, strillano tutti». Finora per Berlusconi i giudici erano soltanto matti, golpisti, eversori, comunisti, stalinisti, associati per delinquere, peggio del fascismo, come le Br e la banda della Uno bianca. Ora sono pure maiali. Sì, è proprio il momento di scendere dalle barricate. E dialogare. *(5/03/2004)*

Il latte alle ginocchia

Appena esplose lo scandalo Parmalat, dalla Casa delle Libertà si levò un sol grido: «Fuori i nomi!». Scese in campo, con un draconiano editoriale sul «Giornale», persino James Bondi. Il quale, dopo aver elogiato la «moralità» intrinseca di Berlusconi, «esempio luminoso di imprenditore cattolico con venature giansenistiche», chiese le dimissioni del governatore Fazio in nome della «religione civile della questione morale» e dell'«etica degli affari», contro «la diffusa fiducia dell'impunità» dilagante in Italia. Il Pallore Gonfiato invitava poi la magistratura a non guardare in faccia nessuno e a «comminare sanzioni certe» ai complici del cavalier Tanzi, «anche quando (anzi, a maggior ragione quando) i protagonisti dell'immoralità sono gli amici». Probabilmente, James pensava agli amici degli altri, cioè dell'Ulivo, ingenuamente individuato come il referente unico di Calisto Tanzi. Per questo, da destra era tutto un coro: «Fuori i nomi!». Ma si trattava di illusioni ottiche. È bastato che uscisse il primo nome, quello del ministro Gianni Alemanno di An: il nome sbagliato, accidenti. Da allora il coro cambiò musica: «Basta nomi». Purtroppo, però, i nomi cominciavano a uscire. Nomi bipartisan, trasversali, di tutti i colori. Politici di destra, di centro e di sinistra che Tanzi ha detto di aver pagato, nei verbali anticipati da «Repubblica» e pubblicati più dettagliatamente in questi giorni, a puntate, da «Libero». Com'era giusto e prevedibile, qualcuno ha smentito, qualcun altro ha ridimensionato, altri ancora hanno confermato. E la cosa è finita lì. Nessun dibattito politico, nessuna commissione parlamentare d'inchiesta (quelle si occupano di tangenti virtuali, tipo Telekom Serbia, e persino dei bilanci delle società di calcio, ma di mazzette vere non pare il caso).

Ieri, poi, «Libero» ha rivelato che Tanzi ha detto di aver pagato anche un non politico, un direttore di giornale un po' sui generis: Giuliano Ferrara. Il signor Parmalat sostiene di averlo foraggiato con una borsata di soldi, un miliardo circa, per ripianare un debito del «Foglio» con la solita Banca di Roma del solito Cesare Geronzi. Nella migliore tradizione del «prendi i soldi e scappa», il Platinette Barbuto avrebbe raccolto la borsa, avrebbe ringraziato il Cavaliere di Collecchio e si sarebbe dileguato. «Mai più sentito». Che Ferrara avesse un rapporto, diciamo, elastico con il denaro, lo sapevamo da quando confessò di aver preso soldi dalla Cia in cambio di qualche spiata su Craxi. Ma allora, almeno, con una mano incassava e con l'altra dava. Stavolta che cos'ha dato Ferrara in cambio? In attesa di sapere se tali condotte rientrino nel cattolicesimo giansenistico del profeta Bondi, è forse il caso di spigolare fra gli ultimi editoriali del «Foglio» sul caso Parmalat: tutti improntati a un sano e ammirevole garantismo. No ai «giudizi moralistici», ai «giochini linciatori», ai «veleni giustizialisti». Abbasso i «procuratori in crociata», gli «sputtanamenti su larga scala». E soprattutto basta con i «tintinnare di manette», con gli «interrogatori-tortura». Guai ad arrestare le persone per «stimolarle alla confessione e alla collaborazione». Anzi, Ferrara ricordava tutto premuroso agli arrestati di Parmalat che «non collaborare» significa né più né meno «esercitare un proprio diritto». Purtroppo, osservava amaro, «a sostenere le ragioni del diritto restano solo poche voci», fra cui la sua. E questa volta pareva persino sincero. Sembrava che, una volta tanto, il suo fervore umanitario, il suo anelito garantista, il suo empito solidale rispondessero a slanci disinteressati. Finalmente - avevamo pensato - Ferrara non fa il garantista per i suoi amici. E, in un certo senso, era vero: lo faceva per sé. *(6/03/2004)*

Senti chi parla

Mentre il tribunale di Milano depositava la sentenza che, per la seconda volta in meno di un anno, dimostrava le mazzette pagate ai giudici dalle sue aziende tramite l'apposito Previti, il presidente del consiglio dibatteva amabilmente con sé stesso su come riformare la giustizia. La scena, piuttosto surreale, si svolgeva negli ospitali studi di Radio anch'io, già celebri per altre dichiarazioni spontanee del Cavalier Bisunto. Prima di tutto, il solenne annuncio: «28,8 milioni di italiani pagano meno tasse». Dopo tanti incoraggiamenti all'evasione fiscale «moralmente lecita», finalmente si raccolgono i primi frutti. Quelli sono i suoi evasori, e lui li conosce a uno a uno, per nome e cognome. Ha voluto abbracciarli idealmente tutti, in vista delle prossime scadenze elettorali.

Poi lo Statista di Milanello ha lanciato l'ultima proposta sulla giustizia, subito accolta con entusiasmo da Forza Italia, dalla Margherita e dal procuratore di Palermo: se l'imputato viene assolto, il pm non può fare appello; se l'imputato viene condannato, l'imputato può fare appello. È la famosa «parità tra accusa e difesa» a lungo invocata dai garantisti all'italiana e consacrata dal nuovo articolo 111 della costituzione, detto anche «giusto processo». Ora finalmente è chiaro quale sia, per lorsignori, il processo giusto: quello che (li) assolve. Se (li) condanna, è ingiusto. Lo scopo del processo penale non è, come erroneamente si era ritenuto per alcuni millenni, accertare la verità e condannare i colpevoli di un reato. È farla franca. Se uno ci riesce subito, bene. In caso contrario, si prosegue ad libitum finché non arriva l'assoluzione o, in mancanza di meglio, la prescrizione. Il motto, nei tribunali, non sarà più: «La Legge è uguale per tutti», ma: «Ritenta, sarai più fortunato».

Interessante anche la replica delle cosiddette opposizioni all'ultimo delirio radiofonico: nessuno ha fatto notare che il padrone della Fininvest che corrompeva i giudici con danni «devastanti per la democrazia» dovrebbe tacere, sul tema giustizia, di qui all'eternità. E non solo lui: mai come in questi giorni si sono occupate di giustizia persone che farebbero meglio ad astenersene. Tanzi confessa di aver donato a Ferrara una borsa con 500 milioni o un miliardo, e Ferrara per tutta risposta chiede la scarcerazione di Tanzi. Una certa sinistra francese chiede la liberazione del pluriomicida Cesare Battisti perché processato con «leggi speciali» in quello «stato di polizia» che sarebbe l'Italia. Il governo italiano risponde sdegnato e chiede l'estradizione: purtroppo, a dire che l'Italia «sta allegramente avviandosi verso lo stato di polizia» è stato il presidente del consiglio in persona, due settimane fa, solo perché gli avevano perquisito la sede del Milan. Illustri commentatori italiani ricordano che Battisti ha una condanna definitiva per omicidio e che non basta saper scrivere bene per ottenere trattamenti privilegiati: purtroppo sono gli stessi che chiedono trattamenti privilegiati per un altro «intellettuale» condannato definitivamente per omicidio, anche con l'argomento che scrive molto bene: Adriano Sofri. Il cosiddetto ministro Castelli attacca i francesi e intima loro di collaborare con la giustizia italiana: purtroppo è lo stesso che da anni ostacola con le unghie e coi denti ogni strumento di cooperazione giudiziaria europea (la nota «Forcolandia») e non pare proprio attivissimo nel sollecitare l'estradizione di Delfo Zorzi, condannato (in primo grado) per la strage di piazza Fontana, imputato per piazza della Loggia e provvidenzialmente assistito dall'on. avv. pres. prof. ind. Gaetano Pecorella. A questo punto, profittando della confusione generale, Sofri chiede la scarcerazione di Priebke. Poi Tanzi chiederà la scarcerazione di Cagnotti. E viceversa. *(11/03/2004)*

M'illumino d'incenso

La foto dell'ultimo *Porta a Porta* pubblicata ieri dall'«Unità» in prima pagina rende bene l'idea delle funzioni svolte da Bruno Vespa. Il molesto insetto compare amorevolmente chino sull'Unto del Signore, nella tipica postura del barbiere intento a fare lo shampoo e la manicure al cliente più affezionato. Un piccolo anticipo di quello che sta apparecchiando la Premiata Barberia Raiset per la campagna elettorale. Sarà della partita anche Pigi Cerchiobattista con un nuovo quotidiano post-Tg1 (già zona Biagi), sfiziosamente intitolato *Batti e ribatti*. Vicecaposcuola del «terzismo», Battista s'è subito sistemato la coscienza invitando Biagi. Risposta dei vertici Raiset: una bestemmia seguita da turpiloquio. In tv si ospitano Scattone e Ferraro, Wanna Marchi col mago latitante Do Nascimento, l'ottimo Carretta, terroristi, canari, serial killer, ma Enzo Biagi e simili pericolosi incensurati proprio no. Ora Battista è in ambasce: maestro del colpo al cerchio e alla botte, è rimasto senza cerchio (o senza botte). Gli toccherà cambiare titolo in corsa. Non più *Batti e ribatti*. Ma, più semplicemente, *Batti*.

Incerto anche il destino di Antonio Socci, noto frequentatore di sé stesso. Dopo la quarantena seguita agli strepitosi insuccessi di *Excalibur 1*, il sagrestano di Arcore ci ha riprovato lunedì con *Excalibur 2*, dal titolo sbarazzino *Luned'Italia*. Roba forte. La sigla, copiata da *Raiot*, consiste nelle evoluzioni di una bella ragazza con spadone in mano, modello Uma Thurman. La stessa ragazza compare poi in studio al fianco di Socci, nel ruolo di valletta muta e decisamente annoiata. Tipo quella di Biscardi, che però ogni tanto parla per lanciare la pubblicità. Anche lo studio è congegnato come al *Processo de-di Biscardi*: un pollaio con una ventina di posti (quasi tutti riservati a forzisti e affini), dove tutti parlano su tutti di tutto (una trentina di argomenti scelti a casaccio) e nessuno capisce niente. Ospite fisso, come al *Processo*, Giampiero Mughini. Al posto di Maurizio Mosca, inspiegabilmente assente, un politico della sua statura: Renato Brunetta, col compito di impedire a Pezzotta di proferire verbo. Nel ruolo di Luciano Gaucci c'è Giuliano Ferrara, sempre molto intelligente. Momentaneamente sprovvisto di valigette con banconote, ha dato del «bollito» a Occhetto. Alla fine, risultato strepitoso: 4 per cento di share, la peggiore performance di Rai2 degli ultimi due anni. Sono soddisfazioni.

Socci, però, non demorde. Anzi si dice «abbastanza soddisfatto». Rivela che «non volevo andare in onda il lunedì». Insomma, l'hanno mandato allo sbaraglio (un caso di autoboicottaggio, visto che il ragazzo è pure vicedirettore di Rai2). E aveva contro – ricorda – una concorrenza feroce, «paurosa», sulle altre reti: l'ennesima replica di un film con Julia Roberts e della fiction su Giovanni Paolo II. Roba proibitiva, per uno che perde il confronto anche col monoscopio. Intervistato da «Repubblica», il pover'uomo definisce la sua tv «nuova, di qualità». Purtroppo, incompresa. «Il nuovo programma – si autoelogia – dà qualità e autorevolezza alla rete. La illumina». Ecco: non è lui che sbaglia, è il pubblico che non capisce. E non s'illumina. Ma è solo questione di «tempo», perché «posso ancora crescere». E soprattutto illuminare. «Santoro – spiega – ha avuto anni per creare un suo pubblico»: il fatto che Santoro con *Samarcanda* aumentasse gli ascolti di puntata in puntata, mentre lui non fa che precipitare, non gli dice nulla. Diamogli tempo: a lasciarlo fare, è capace di raggiungere il 2 per cento in prima serata, che è un po' come fare zero al Totocalcio. Ma forse *Luned'Italia* è un programma educativo, come quello annunciato l'altra sera dal Cavalier Bisunto e dalla Ministra Mummia per insegnare l'inglese ai ragazzi mentre mangiano. Avete un bambino un po' tonto? Mostrategli Socci: «Lo vedi quello lì? Pensa, è vicedirettore di una rete Rai, conduce un programma e scrive editoriali sui giornali del presidente del consiglio. Se ce l'ha fatta lui, c'è speranza anche per te». E subito il piccino si rincuora. Anzi, si illumina.

Ora l'imbarazzo in casa Raiset si taglia col coltello. Marano non dice nulla, Cattaneo aspetta che qualcuno gli dica cosa dire, la Annunziata dice qualcosa ma nessuno lo capisce. Scene che ricordano il film *I complessi*, in cui Alberto Sordi nei panni di Guglielmo Bertone supera tutte le prove per diventare lettore del telegiornale, e nessuno osa dirgli che, con quei denti da tricheco, non può andare in onda. Ecco: si cerca qualcuno che abbia il coraggio di comunicare a Socci che non è portato per la televisione. Magari potrebbe provare con la radio, dove almeno non lo vedono. O magari con niente, che sarebbe proprio il suo ramo. *(12/03/2004)*

L'interista milanista

In Spagna il centrodestra del premier uscente José Maria Aznar viene sconfitto a sorpresa dai socialisti di Zapatero, dopo che Aznar ha mentito sulla matrice islamica dell'attentato ai treni dei pendolari e lo ha affibbiato falsamente all'Eta.

Che in una democrazia i bugiardi possano perdere le elezioni, non è una novità. Ne sanno qualcosa gli americani, da Nixon a Gary Hurt. Ma è una novità sconvolgente per il Cavalier Bugiardoni, che di storia e di democrazia s'intende poco. Ora non vorremmo che cominciasse a preoccuparsi e a diventare nervoso, temendo ripercussioni ed effetti collaterali anche in Italia. Paventando, insomma, di finire come gli amici dell'amico Aznar. Ecco, si rassicuri. Noi non siamo più una democrazia e certe cose da noi non possono accadere. In Spagna, per dire, non c'è Bruno Vespa che fa scegliere agli ospiti gli intervistatori e anche le domande. Non ci sono nemmeno i Ferrara e le Palombelli, che fanno finta di discutere con un paio di parenti a sera. Insomma, c'è l'informazione. In Italia le bugie sono come i debiti e i reati: conta la quantità. Oltre una certa soglia, smettono di essere un handicap e diventano un vantaggio. L'importante è raccontarne tante, di bugie, in continuazione, senza fermarsi mai. E da questo punto di vista il Cavalier Bugiardoni è in una botte di ferro: anche nel caso puramente teorico che qualcuno volesse smentirlo, non reggerebbe il ritmo. Aznar, allievo un po' zuccone, aveva raccontato appena un paio di balle: lo hanno subito beccato. Ha fatto bene a ritirarsi: non era portato per la politica. L'amico Silvio, invece, ci sa fare. Nelle due ore scarse di dichiarazioni spontanee al tribunale di Milano, riuscì a piazzare 85 balle (una ogni minuto e 23 secondi), l'una diversa dall'altra, senza neppure prepararsi, riuscendo a rimanere serio sino alla fine. Un anno fa serviva una bufala urgente per Bush e Blair, altri pericolosi principianti, sulle armi di distruzione di massa di Saddam. Il Cavaliere provvide a stretto giro di posta regalando agli alleati una patacca di «Panorama»: quella sull'uranio comprato dall'Iraq in Niger. Faceva talmente ridere che perfino Carlo Rossella aveva esitato a pubblicarla. Ma in America e in Inghilterra fece la sua bella figura. E i bombardieri si alzarono in volo.

«Berlusconi mente anche quando respira», diceva Montanelli che lo conosceva bene: «È un bugiardo in buona fede, perché alla fine crede alla balle che racconta». Lui, per esempio, è convinto di essere milanista. In realtà – come ha scoperto l'altro giorno il «Tuttosport» – è sempre stato dell'Inter. Lo ha testimoniato Giovanni Picozzi, uno dei giocatori della squadra dell'Edilnord che il futuro Cavaliere allenava (o almeno dice di aver allenato) negli anni Settanta: «Hanno raccontato un sacco di balle su Berlusconi allenatore. Berlusconi non ha mai diretto nemmeno un allenamento. Ci si trovava la domenica a Brugherio e lui dava le maglie. Qualche giocatore arrivava dal Milan, ma anche dall'Inter, squadra per la quale il presidente allora faceva il tifo. Sì, davvero, era interista». Poi divenne «milanista da sempre» (forse con un breve intervallo di simpatia per il Palermo, in onore di Dell'Utri e Mangano) e fece sparire ogni traccia anche di questi inconfessabili trascorsi nerazzurri. Il piccolo scoop del «Tuttosport» è rimasto, ovviamente, clandestino. Eppure in Italia si può cambiare tutto – look, faccia, moglie, amante, religione, partito, sesso – ma non la squadra del cuore. Tant'è che da anni Sabrina Ferilli viene perseguitata dal sospetto di essere stata, un tempo, laziale. Come un Emilio Fede qualunque, passato dalla fede bianconera a quella rossonera del padrone. Del Cavalier Bugiardoni invece non si discute mai, nemmeno a proposito del tifo. Salvo che, si capisce, non lo decida lui.

L'informazione in Italia serve appunto a questo. Non, come

nelle democrazie vere, a smascherare le bugie del potere. Ma a mascherare le più indecenti e a rilanciare quelle più facili da spacciare sul mercato. Collaborano nell'impresa i cosiddetti intellettuali «terzisti» e «riformisti». In un altro paese sarebbero ridotti a scrivere sui muri, in Italia occupano le prime pagine. Ieri, per esempio, era il turno di Angelo Panebianco, che al solito si avventurava nel mondo per lui misterioso della giustizia con la consueta aria dell'intenditore. Questa volta, parlava di Tanzi e Cragnotti. Il celebre inesperto è preoccupato per un grave «vizio delle nostre istituzioni». Niente paura, non si riferisce alla loro predilezione al furto con scasso. Bensì all'«uso eccessivo della carcerazione preventiva». E non per tutti i reati: essa può essere lunga quanto si vuole per «mafiosi, terroristi, assassini, sequestratori e rapinatori incalliti». Ma per i colletti bianchi no. Nemmeno se i colletti bianchi riescono a rubare in una frazione di secondo mille volte più soldi di un rapinatore nell'intero arco della sua vita. Dice il noto inesperto che «una detenzione a casa per Tanzi avrebbe sortito gli stessi risultati» del carcere. Fantastico: uno che fino a tre mesi fa faceva martellare i computer dai suoi manager per cancellare le prove deve essere mandato a casa, a proseguire l'opera. Idem per Cragnotti, «detenuto ormai da più di trenta giorni», fatto «sconcertante» visto che «non era mai fuggito e non aveva più cariche nel gruppo». Il fatto che avesse tentato di ricomprarsi l'azienda fallita con i soldi rubati, al professor Panebianco non dice nulla. Anche perché Panebianco di questi casi non sa nulla. Dice che siamo un «paese illiberale», salvo poi offendersi quando i francesi, sul caso Battisti, dicono la stessa fesseria. Mette nel calderone il caso Tortora, il referendum sui giudici, Tangentopoli, i suicidi, per concludere che «nulla è cambiato». Naturalmente non è così. L'8 agosto '95 fu approvata una legge che rendeva molto più difficile la custodia cautelare, soprattutto per i colletti bianchi. Ma tutto questo Panebianco non lo sa. Per quelli come lui, bisognerà aggiornare le ultime parole di Cristo in croce: «Padre, perdona loro perché non sanno quello che scrivono». *(16/03/2004)*

Trippe d'assalto

Continua a mietere vittime la piaga delle truffe agli anziani. Dopo il triste caso del vecchietto raggirato e poi suicida per la vergogna, si segnala quello di una coppia di ottantenni torinesi buggerati due volte, nel 2000 e nel 2004, e – quel che è peggio – dallo stesso truffatore. Molti quotidiani, fra cui «il Giornale» di Berlusconi, hanno giustamente deprecato l'eccessiva mitezza delle pene previste per questo reato, sostanzialmente impunito. Sante parole. In Italia, per esempio, c'è un tizio che per ben due volte, nel 1994 e nel 2001, è riuscito a raggirare milioni di pensionati: si è introdotto in casa loro grazie alle tv, ha carpito la loro buona fede con promesse mirabolanti e, una volta ottenuto ciò che voleva, s'è adoperato per scippare le loro pensioni. L'Italia, a onor del vero, è il paese ideale per le truffe: qui non è necessario il genio criminale di uno Stavisky, bastano una Wanna Marchi, un nago Do Nascimento e una statuetta di sale per bidonare migliaia di persone. La Spagna appare più accorta. E l'incredulità con cui, da noi, è stata accolta la vittoria di Zapatero la dice lunga sull'abisso che ci divide anche dalla Spagna (qualche anno fa avremmo detto «perfino dalla Spagna»). Come siano andate le cose domenica scorsa è chiarissimo. Il governo uscente di Aznar manipola le notizie sugli attentati di Madrid, puntando il dito contro l'Eta. Invece si tratta di terrorismo islamico, che ha scelto proprio la Spagna in quanto è l'unico paese d'Europa che ha avuto l'idea geniale di spedire truppe in Iraq senz'aver partecipato alla guerra, a raccogliere i cocci lasciati dagli anglo-americani. L'unico, si capisce, insieme all'Italia. A quel punto non è che gli spagnoli diventano tutti comunisti o seguaci di bin Laden dalla sera alla mattina. Checché se ne dica in Italia – come ha spiegato Elisa Martin de Blas in una lettera a «Repubblica» – «non hanno vinto i terroristi, non ha vinto la paura: ha vinto invece la dignità di un paese che non vuol essere preso in giro. La necessità, più che mai, di avere governi responsabili e trasparenti». La destra spagnola ha preso la sconfitta sportivamente. Aznar e il suo delfino restano comunque dei democratici. E mai si sognerebbero di commentare la propria sconfitta come hanno commentato la loro i Gasparri, Selva, Ferrara & C.

Già, perché i più infuriati per le elezioni spagnole non sono i conservatori spagnoli. Sono i berlusconiani italiani. Che sproloquiano sulla «vittoria di bin Laden», sul «successo del terrore», fino al delirio di Gustavo Selva, presidente della commissione Esteri del senato, che dà il benvenuto al nuovo governo spagnolo: «Bin Laden segna un altro punto al suo attivo con la vittoria di Zapatero». Manca solo che chieda di bombardare Madrid. Berlusconi, anziché congratularsi col nuovo premier, preferisce chiamare Aznar. Pare che continuerà a organizzare i vertici con lui, come ai bei tempi, anche se quello ha perso e s'è pure ritirato dalla politica. Gli mancherà, comunque. A parte i servigi resi dall'amico Josemarìa per il processo su Telecinco, è proprio un fatto psicologico: fare i maggiordomi di Bush e Blair in due, è sopportabile. Farlo da soli diventa umiliante. Anche Pigi Cerchiobattista, nella prima puntata di *Batti e ribatti*, ha voluto intonare il ritornello della vittoria di Osama, sia pure con l'aria assente tipica dei terzisti: «Il terrore – ha detto – fa politica e sovverte i risultati elettorali. Così non era mai accaduto». In realtà il terrorismo ha sempre fatto politica. Ma di solito rafforzava i partiti di destra, fautori della «linea dura». In Spagna, a sovvertire i risultati elettorali, non è stato l'attentato: sono state le bugie sull'attentato. «Le elezioni – ha spiegato Antonio Vera, direttore dell'istituto di sondaggi Ipsoa, a "Repubblica" – non le han vinte i socialisti, le ha perse il governo. Aznar ha dato l'impressione di non informare adeguatamente sugli sviluppi delle indagini, di occultare qualcosa. È stato fondamentale il ruolo della stampa, che ha svelato i retroscena delle indagini». Se Aznar avesse detto subito la verità, non avrebbe perso 15 punti in due giorni. Ora, comprensibilmente, l'idea che i governi e i giornali non debbano mentire ha seminato il panico nelle redazioni del «Giornale» e del «Foglio» che, in quel caso, perderebbero la loro ragione sociale. I due house organ hanno schierato le truppe d'assalto. O meglio, nel caso di Ferrara, le trippe d'assalto. Il Platinette Barbuto, sempre molto intelligente, è terrorizzato dinanzi a un paese dove si perdono le elezioni per una sola bugia. E ha speso migliaia di righe per dimostrare che «Aznar non ha nascosto la pista islamica», «s'è comportato in modo eticamente impeccabile». Secondo l'etica arcoriana, s'intende. Purtroppo gli spagnoli non hanno capito. Pare che non leggano neppure «Il Foglio». *(17/03/2004)*

Il portatore nano

Inaugurando la prima pietra di un nuovo ospedale scampato alla cura Tremonti, il Cavalier Bugiardoni ha spiegato che il terrorismo si combatte con gli eserciti di occupazione: un po' come se l'Italia, ai tempi delle Br, si fosse fatta invadere e bombardare dagli americani o come se ora, per stanare Provenzano e Messina Denaro, facesse invadere e bombardare la Sicilia dagli inglesi e dai polacchi. Al termine della lucida lezione, anziché sottoporlo ad accertamenti, i sanitari lo hanno lasciato uscire. Ma lui ha promesso di tornare: «Fra tre anni, ancora da presidente del consiglio». Per inaugurare la seconda prima pietra. Con la cazzuola in mano, a ricordo dei suoi trascorsi di apprendista muratore nella P2, il Cavaliere ha dispensato agli altri pazienti varie perle di saggezza. «A Baghdad dobbiamo fare in fretta per dare un governo democratico all'Iraq». Chiunque rincorresse ancora vecchi concetti obsoleti come l'autodeterminazione dei popoli, si vergogni e arrossisca: il governo all'Iraq glielo dà lui, direttamente dalla Brianza. Con le bombe e alla svelta. Sarà un governo «democratico»: lo dice lui, il portatore nano di democrazia. Ora c'è da augurarsi che la nuova tendenza di esportare la democrazia si diffonda. Domani salterà su il premier della Nuova Zelanda e si metterà in testa di dare un governo democratico allo Zambia. Poi il premier dello Zambia si sveglierà un mattino e si sforzerà di dare un governo democratico alla Mongolia. Poi il premier della Mongolia farà di tutto per dare un governo democratico alla Malesia. E così via, finché qualcuno si deciderà a dare un governo democratico all'Italia. Intanto a Baghdad, quando gli iracheni potranno finalmente votare, avremo un bel governo fondamentalista islamico che finanzierà il terrorismo in tutto il mondo. Così l'esportazione della democrazia sarà finalmente compiuta.

Poi c'è il problema della strage di Madrid: seccante, soprattutto per l'amico Aznar. Dopo anni di ripetizioni, si era convinto a raccontare qualche balla anche lui. Ma non l'hanno capito. O forse l'hanno capito troppo bene. «Attacchi maramaldi», commenta amaro il Cavalier Bugiardoni. Ne ha parlato a lungo con i collaboratori che ogni tanto raduna in casa per vincere il complesso del nano: Budget Bozzo, Cicchitto e Bondi, tutta gente che fa sentire un gigante perfino lui. Budget Bozzo ha elaborato una nuova teoria: «Dopo l'11 marzo l'Italia potrebbe approfittare del cambiamento di rotta della Spagna perché è difficile che nell'immediato futuro Madrid conti come contava prima». Ecco, grazie alla strage si spera che la Spagna conti ancor meno dell'Italia di Berlusconi. Almeno per un po'. Bisogna approfittarne di corsa, stando attenti a non calpestare i cadaveri. Il vertice dei quattro nani, però, ha prodotto un'altra sensazionale scoperta sulla strage di Madrid: «Sono convinto – sostiene Berlusconi – che in qualche modo l'Eta abbia avuto una parte negli attentati dell'11 marzo. Ragioniamo: vi pare che un terrorista lasci lo zainetto con il telefonino?». Per lo 007 di Arcore e il suo speciale pool antiterrorismo, lasciare zainetti con telefonini è tipico dell'Eta: un islamico non lo farebbe mai. Infatti in Spagna sono anni che, appena vedono uno zainetto (meglio se accompagnato da un telefonino), tutti pensano subito ai baschi. Lo dice anche Bondi, che quand'era comunista fece un viaggio delle pentole in Spagna. Insomma, in caso di attentati in Italia, siamo in buone mani. D'altronde – come confidò a Renato Farina la notte di Natale – fu proprio Bugiardoni a sventare con le nude mani un attentato di bin Laden alla basilica di San Pietro e, contemporaneamente, alle metropolitane di Roma e Milano. Resta da capire come mai, dopo aver visto Al Qaeda dappertutto, soprattutto dove non c'era (vedi l'Iraq), lo Statista di Milanello si ostini a non vederla dove la vedono perfino i servizi segreti, la polizia e il governo uscente dell'amico Aznar.

Meglio parlar d'altro. Per esempio del Milan, che, siccome è tornato a vincere, è di nuovo il «Milan di Berlusconi». «Perde perché non me ne occupo più», ripeteva il Cavaliere fino all'anno scorso. Ora vince perché se ne occupa di nuovo. Anzi, da sempre (fin da quando era dell'Inter): «Sono diciotto anni che faccio la formazione, detto le regole e compro i giocatori, ma si parla sempre del Milan di Sacchi, di Zaccheroni, di Ancelotti. Mai del Milan di Berlusconi. Sembra che io non esista». Anche in tv – aggiunge – «c'è sempre Rutelli e io mai». Fortuna che è «abituato a portare la croce», come quel collega di duemila anni fa. E minaccia di portarla ancora a lungo: «Come sapete sono immortale». Quanto alle prossime elezioni «mi sono fatto spiegare da Putin come si prende il 71 per cento». Semplice, deve aver risposto Putin: si sterminano 200 mila ceceni su un milione, si gasano i terroristi e le loro vittime nei teatri, si fa arrestare l'aspirante leader dell'opposizione il giorno dopo che si è candidato e il gioco è fatto. Il 71 per cento, però, è poco. La prossima volta il Cavaliere potrà chiedere lumi a Gheddafi, a Fidel Castro o (se parla ancora) a Saddam: quelli arrivavano, quando andava male, al 99 per cento. Quando andava bene, al 101. *(18/03/2004)*

Il vitello grasso

Il governo blocca per l'ennesima volta la pratica per la grazia ad Adriano Sofri. E Giuliano Ferrara attacca Berlusconi, che si era detto favorevole.

Per la serie *Oggi le comiche*, Giuliano Ferrara ha scoperto che Berlusconi non è di parola. Che prontezza di riflessi, che perspicacia. Prima di lui se n'erano accorti, nell'ordine: i pensionati («Pensioni più dignitose»), i contribuenti («Meno tasse per tutti»), i disoccupati («Un milione di posti di lavoro, anzi due, mi voglio rovinare»), i sindacalisti Cisl e Uil («Patto per l'Italia»), la Confindustria («Riformeremo l'articolo 18»), i tifosi milanisti e laziali («Nesta non lo compriamo, costa troppo»), i boss mafiosi al 41-bis («Iddu pensa solo a Iddu»), il capo dello stato («Risolverò il conflitto d'interessi nei primi 100 giorni di governo»), Paolo Guzzanti («Ti faccio direttore del "Giornale"») e qualche altro milione di italiani presi variamente per i fondelli dal Cavalier Bugiardoni. Fino all'altroieri, a prenderlo sul serio, rimanevano soltanto Ferrara e Bruno Vespa, quello del contratto con l'inchiostro simpatico. Ora il Platinette Barbuto s'è sfilato. Rimane l'insetto di *Porta a Porta*.

Ferrara non l'ha presa bene: «Berlusconi si occupa solo del Milan e delle sue tv. Ha tradito vergognosamente la parola data». Che il Cavalier Balla mentisse a milioni di elettori lo lasciava del tutto indifferente. Ma che menta anche a lui, che della balla è il principe indiscusso, è intollerabile. In realtà, se di menzogna s'è trattato, lo era soltanto a metà. Tutto era nato da un articolo per la grazia a Sofri uscito sul «Foglio» a firma Berlusconi, ma scritto in realtà da Ferrara. Ora, che al Cavalier Frottola potesse importare qualcosa di Sofri, non ci avrebbe creduto nemmeno un bambino. Per Previti, ecco, se ne poteva parlare. Per Dell'Utri, pure. Al massimo per suo fratello Paolo, valà. Ma Sofri mica ha corrotto giudici per la ditta, né ha portato ad Arcore boss mafiosi travestiti da stallieri, né ha svaligiato le casse della regione Lombardia per la discarica di Cerro. Il Platinette Barbuto, come spesso fa, gli scrisse quell'articolo e lui, senza nemmeno leggerlo, lo firmò: un po' come con il decreto salva-Retequattro. Ecco perché fu una mezza bugia: Ferrara se l'è raccontata da solo e ci ha persino creduto. Poi, l'altro giorno, s'è svegliato. E non è stato un bel risveglio.

«Governo cialtrone», «prova miserabile», «vecchi missini riciclati», «capiciurma delle tifoserie varesotte della Lega», «garantisti solo in casa propria e a proprio vantaggio», «idiosincrasia per gli intellettuali», «burocrati e mozzorecchi forcaioli», «voto gaglioffo», «Casa delle Libertà e della Galera»: sono gli epiteti più gentili arabescati dallo stilnovista del «Foglio». Il quale ora fa il martire preventivo, preconizzando la sua «cacciata» prossima ventura, con la stessa preveggenza con cui aveva preannunciato il suo imminente omicidio per «mandato linguistico di Colombo e Tabucchi». Il centrosinistra già prepara i tappeti rossi e il vitello grasso per il nuovo figliol prodigo (dopo Cirino Pomicino, non si butta via niente). Ma è difficile che il Cavalier Panzana lo cacci per così poco: una criticuzza per una faccenda privata estranea alla ditta. Se proprio il Platinette Barbuto vuol farsi cacciare, conosce la strada. Da Montanelli a Biagi, da Santoro a Luttazzi, da Massimo Fini a Sabina

Guzzanti, da Paolo Rossi a Ferruccio De Bortoli, non ha che l'imbarazzo della scelta. Pubblichi una storia a puntate dei rapporti fra Berlusconi e la mafia. Una bella inchiesta sulla provenienza delle sue prime e seconde fortune. Una ricostruzione completa dei bonifici bancari dai conti esteri della Fininvest – via Previti e/o Pacifico e/o Acampora – a quelli di alcuni giudici romani. Un appello al Cavalier Frescaccia perché restituisca la Mondadori al legittimo proprietario, con tutto il maltolto. Un inserto speciale sui due decreti fabbricati da Craxi a gentile richiesta per salvare le trasmissioni illegali delle tre reti Fininvest minacciate dalla legge e dai pretori, per poi incassare qualche anno dopo 21 miliardi targati All Iberian estero su estero. E così via. Se ha bisogno di una mano, faccia un fischio. Poi vedrà che il Cavalier Bulgaria caccerà anche lui.

Invece prendersela col cosiddetto guardasigilli, il presunto Castelli, è un po' tardivo e un po' maramaldo. È come picchiare un bambino, sparare a un'ambulanza. Molto più proficuo pregare tutti i santi del cielo perché ci restituiscano al più presto Umberto Bossi, visto lo spazio spropositato che l'ingegner ministro s'è preso negli ultimi giorni per cause di forza maggiore. I giornali, ieri, riportavano sue dichiarazioni su tutto lo scibile umano: dalla devolution alla legge Boato, dalla riforma della giustizia agli attentati di Madrid. Essendo inesperto di tutto, Castelli può pontificare su tutto con eguale incompetenza. Pare abbia addirittura partecipato a una piazzata di giovani leghisti dinanzi a Montecitorio strillando «chi non salta italiano è». Storace gli ha subito dato del pagliaccio. In realtà, per dimostrare di non essere italiano, Castelli non ha bisogno di saltare: gli basta parlare. *(19/03/2004)*

Legge Gasparriset

La corsa sul carro del prossimo, presunto vincitore, si arricchisce di una new entry: dopo Ferrara e Cirino Pomicino, passa all'opposizione l'insospettato Fedele Confalonieri. Il presidente di Mediaset, dopo mesi trascorsi a raccontare frottole sulla legge Gasparriset, ha finalmente confessato: la seconda versione della legge sulle tv, riveduta e corrotta dopo il no di Ciampi, «regalerà al nostro gruppo un bacino potenziale di crescita da 2 miliardi». Che in lire sarebbero 4 mila miliardi. Si tratta dello stesso Confalonieri che, il 21 gennaio 2003, dichiarava preoccupato al «Messaggero» che la Gasparri penalizzava Mediaset e bisognava «riequilibrarla un po'». Il cosiddetto ministro Gasparri, al quale pareva di averla copiata bene, senza errori di grammatica né di ortografia, reagì piccato. Ma il 4 luglio Confalonieri insistette: «Il disegno di legge Gasparri non fa nessun regalo a Mediaset». E il 23 luglio rincarò la dose: «Il Ddl Gasparri non avvantaggia Mediaset. Non ci dà niente di più di quello che abbiamo, non ci dà nulla, non toglie niente a nessuno, anzi dà un po' a tutti». Anzi, spiegò il presidente di Mediaset il 2 settembre con una punta di polemica nei confronti del servizievole ministro, «Mediaset ha la minore possibilità di tutti di crescere con il sistema integrato delle comunicazioni introdotto dalla legge Gasparri. Con il nuovo Sic, Mediaset e Mondadori potranno crescere di 750 milioni di euro. Il gruppo Espresso invece di 4 miliardi di euro e il gruppo Rcs di 3 miliardi di euro». Ogni volta, in crisi d'identità, Gasparri correva a controllare di aver copiato giusto. E alla fine ebbe la sua bella gratificazione quando Mediaset cominciò a emettere comunicati pressoché quotidiani per difendere la Gasparri dalle critiche dei giornali e per sollecitarne una pronta approvazione, bruciando sul tempo l'ufficio stampa del ministero delle Comunicazioni. Una linea diretta, dal produttore al consumatore, che rassicurò il cosiddetto ministro sulla bontà del servizio reso. Tanti mesi trascorsi in quella scomoda posizione a novanta gradi, nonostante un fastidioso maldischiena, non erano passati invano. Poi, quando finalmente il cosiddetto ministro credeva di poter tornare in posizione eretta, arrivò il maledetto no di Ciampi, che lo costrinse a nuovi piegamenti (vietati fra l'altro come disumani dalla convenzione di Ginevra sul trattamento dei prigionieri). Cioè al decreto salva-Retequattro e alla Gasparri-bis.

L'altro giorno, quando finalmente è finita, Gasparri era al settimo cielo. Rialzandosi in piedi con l'ausilio di una gru, ha esultato tutto giulivo: «Abbiamo vinto il Gran Premio della camera». Se fa il bravo gli danno pure il Maggiordomo dell'Anno. Anche l'acuto Giovanardi, che è l'altro intellettuale del gruppo, si lasciava un po' andare: «Parte un ciclo nuovo nella politica italiana. Oggi splende il sole sulla Casa delle Libertà». E anche sui colli fatali di Arcore.

L'ultimo intervento alla camera prima della trionfale approvazione era quello di Angelo Sanza, il forzista che l'anno scorso la camera salvò dalla galera insieme al collega Longo (Ds), bloccando il mandato di cattura dei giudici di Potenza: «Non è vero che la legge Gasparri è per salvare Retequattro», ha detto Sanza restando serio. Poi, a gelare l'intera compagnia, ha parlato Confalonieri, rivelando l'ammontare del gentile omaggio legislativo: 2 mila miliardi di pubblicità (un anno fa, a proposito della Gasparri-1, parlava di non più di 750: ora, col restringimento del Sic per la Gasparri-2, si sono prodigiosamente triplicati), più ampie possibilità per nuovi shopping nel settore della tv, della stampa e, perché no, della radio.

Tutto è bene quel che finisce bene. Resta – denuncia severo il compagno Fidel – il conflitto d'interessi. Un tema, questo, ritenuto marginale e controproducente da Klaus Davi, l'uomo-wurstel che vanta più conflitti d'interessi di Berlusconi e che, essendo consulente dei Ds, sta insegnando al centrosinistra come perdere anche le prossime elezioni (sua l'idea di ingaggiare, come testimonial dell'Ulivo, Donatella Versace). Per Confalonieri, invece, è un tema fondamentale: «Il conflitto d'interessi c'è. E ha due sole soluzioni. O Berlusconi abbandona la politica o lascia Mediaset». La seconda ipotesi viene scartata a priori: di Mediaset Berlusconi è «l'essenza». Meglio la prima, anche perché – ricorda commosso il subcomandante Fidel – «quando c'era il centrosinistra avevamo meno problemi. Oggi invece si estremizza subito». Ma vedrà che prima o poi si torna ai bei tempi. Vedrà che un giorno o l'altro gli aboliranno quell'odiosa legge del 1957 che finora gli ha impedito di raggiungere in parlamento gli altri amici, rendendolo ineleggibile in quanto titolare formale delle concessioni televisive di Silvio. Se poi fa il bravo, magari gli allargano il Sic un altro po': e, oltre all'esclusiva sul nuovo libro del papa, la Mondadori vince pure la gara per pubblicare la «Gazzetta ufficiale», la costituzione e il codice penale. *(27/03/2004)*

La parola all'inesperto

Ci sono commentatori che affrontano con eguale competenza tutti gli argomenti, essendo incompetenti su tutti. Uno è Piero Ostellino, che tiene sul «Corriere» una rubrica giustamente intitolata *Il dubbio*: infatti c'è sempre il dubbio che Ostellino non sappia quel che dice. Ieri il nostro eroe si misurava sull'impervio terreno dei costi della politica e del caso Tanzi. Con una tesi decisamente originale: se molti politici intascano molte mazzette da molti imprenditori, non è colpa né degli uni né degli altri. È colpa della «cultura cattolica e comunista, sostanzialmente anti-liberale, che continua a pensare che gli interessi particolari... siano una cosa sporca, un oltraggio alla sacralità di quelli collettivi; che rifiuta l'idea stessa che i "costi della politica" qualcuno li debba pur pagare». A furia di demonizzare il denaro come sterco del demonio, i cattocomunisti hanno sempre impedito all'Italia di fare come i mitici «paesi anglosassoni». Là sì che sono liberali: là i «gruppi di pressione (le lobby)» possono finanziare la politica «alla luce del sole», a patto che il denaro sia «denunciato da questi nei loro bilanci e registrato da partiti e uomini politici che ne usufruiscono nei propri». In Italia invece – sostiene l'Ostellino –, dopo 50 anni di cattocomunismo, i poveri politici e imprenditori sono costretti a nascondersi, a strisciare contro i muri di notte, perché i finanziamenti alla politica sono «spesso occasione di scandalo»: «ciò che dovrebbe essere di dominio pubblico diventa "segreto istruttorio" nelle indagini della magistratura, per finire poi, complice qualcuno nelle stesse procure che indagano, sulle pagine di qualche giornale amico. E fare scandalo».

È impossibile, per motivi di spazio, smontare tutte le corbellerie contenute in queste poche righe. Per esempio, il segreto istruttorio non esiste più dal 1989, quando entrò in vigore il nuovo Codice di procedura. Ma veniamo al cattocomunismo nostrano e al sistema anglosassone. Ostellino ignora che nel 1974, sull'onda dello scandalo dei petroli (ministri e parlamentari pagati dall'Unione petrolifera in cambio di leggi fiscali di favore), il parlamento italiano varò la legge sul finanziamento dei partiti: che da un lato devolve loro quote di denaro pubblico, e dall'altro consente a tutti i gruppi imprenditoriali (ovviamente privati) di finanziare tutti i partiti e i politici che vogliono, purché ciascuno registri i finanziamenti nei propri bilanci. Il sistema che Ostellino attribuisce in esclusiva ai paesi anglosassoni vige anche in Italia dalla bellezza di 31 anni. Strano che un ex direttore del «Corriere» non l'abbia mai sentito dire, nemmeno di sfuggita. Casomai volesse informarsi, la legge è la numero 195/74, parzialmente riformata con la 659/81: entrambe sono disponibili nelle migliori gazzette ufficiali.

Se gli imprenditori e i politici italiani non dichiarano i contributi violando la legge, non è perché sono cattocomunisti. È perché sono dei corruttori e dei corrotti. Accade di rado che un imprenditore finanzi un politico o un partito per premiare il suo genio o il suo programma. Di solito lo fa perché ha ricevuto, o si aspetta di ricevere, favori indebiti. Ecco: quello che gli ostellini chiamano «fare pressione (to lobby)» e «costi della politica» si chiama in tutto il mondo corruzione, mazzette, tangenti, bustarelle, cioè reati in cambio di altri reati. E se magari gl'imputati vengono condannati «soltanto» per illecito finanziamento, è perché non s'è potuta accertare o dimostrare questa o quella contropartita. Se non fosse così, nessuno avrebbe motivo di nascondere i finanziamenti, visto che l'unica condizione imposta dalla legge per renderli leciti è proprio quella di dichiararli.

Ma per Ostellino la colpa è della cultura cattocomunista, che «ritiene immorale che, fra mondo della politica e mondo degli affari, ci sia un rapporto di scambio». Quella liberale, invece, si accontenta che questo scambio sia «regolato dalla legge, non consegnato al giudizio della magistratura», come invece avviene in Italia per le note «distorsioni dell'apparato giudiziario». Qui, davvero, una domanda s'impone: ma Ostellino ci è o ci fa?

Se lo «scambio» consiste nel sostenere un partito per i suoi programmi, nessun problema; ma se lo «scambio» consiste nel foraggiare chi ti fa una legge su misura o ti assegna un appalto destinato a un altro, si tratta di un reato e si chiama corruzione. Che, appunto, è «regolata dalla legge»: cioè dal codice penale. E la magistratura esiste apposta per intervenire quando una legge viene violata: se lo fa non è perché è «distorta», ma perché quello è il suo compito. Lo sanno anche i bambini un po' tonti. Ostellino pare di no. Per chiudere in bellezza, l'acuto commentatore rivela di essere stato «il primo a spiegare che cosa è il "caso Parmalat"». Giusta precisazione, visto che nessuno se n'era accorto: tutti pensavano che fosse stato Beppe Grillo. Avevano semplicemente sbagliato comico. *(28/03/2004)*

Telecarcere

Durante i festeggiamenti per il decennale di Forza Italia, opportunamente svoltisi in Sicilia – la terra delle origini, la patria dell'indimenticato Vittorio Mangano – che gli riserva sempre tante soddisfazioni, il cavalier Berlusconi ha voluto distillare per i suoi discepoli due nuove perle di saggezza. Primo: «Avanti con la separazione delle funzioni: anche gli avvocati dell'accusa dovranno andare col cappello in mano davanti ai giudici, come quelli della difesa». Magari seguendo l'esempio di Previti, che per precauzione nel cappello portava qualche centinaio di milioni. Secondo: «Nel '94 siamo scesi in campo per una riforma morale della politica». Il pregiudicato Marcello Dell'Utri, senatore ed europarlamentare, assentiva commosso, come pure – immaginiamo – il deputato regionale dell'Udc Vincenzo Lo Giudice detto «Mangialasagne», purtroppo tratto in arresto per mafia due giorni dopo. Ora tiene compagnia, in cella, al collega e compagno di partito Antonio Borzacchelli, pure lui in carcere per mafia, senza dimenticare l'ottimo governatore Totò Cuffaro, pure lui dell'Udc, pure lui indagato per mafia. L'ultimo, alla fine, spenga la luce.

Non si può dire che l'arresto di Mangialasagne abbia colto di sorpresa i siciliani, visto che il nostro amava accompagnare i suoi spot elettorali con la colonna sonora del *Padrino* e presentarsi spiritosamente con questa frase: «Piacere, don Vito Coleone». Ecco: uno che si permette questo genere di scherzi, in una terra dove la mafia ha assassinato migliaia di cittadini inermi e decine di servitori dello stato, dovrebbe vergognarsi, e il suo partito dovrebbe metterlo alla porta indipendentemente dalle inchieste e dalle sentenze penali, ben prima che arrivino i carabinieri. Invece pare che certe benemerenze, in certi partiti, facciano punteggio. Chissà se il leader dell'Udc Casini, che spesso parla di «questione morale», e i cosiddetti «moderati» Follini e Buttiglione hanno qualcosa da dire sui loro uomini in Sicilia. Non foss'altro che per precisare il loro concetto di «questione morale». Nell'attesa, chi considera l'Udc come il meglio della Casa delle Libertà avrà di che riflettere. Ma che deve fare un politico per diventare infrequentabile, per non esser più salutato e candidato? Si dirà: Cuffaro & C. non sono stati condannati. Vero, anche se un decimo di quel che han fatto basterebbe, in un paese civile, a metterli al bando della politica. Ma Dell'Utri e tanti altri sono stati pure condannati: cambia qualcosa? Che gusto c'è a essere assolti, quando le condanne non comportano nulla di negativo, anzi molto di positivo?

L'altra sera, a *Telecamere*, Anna La Garofana ha riunito suoi suoi sofà Giorgio La Malfa (condannato per la maxitangente Enimont), Gianni De Michelis (condannato per la medesima faccenda e per le corruzioni autostradali in Veneto), Clemente Mastella e Antonio Di Pietro. Due pregiudicati su quattro. Che cos'è: la nuova par condicio? Oppure un gentile omaggio della conduttrice alla categoria degli inquisiti, visto che la signora lo è nell'inchiesta di Potenza, dove la procura aveva pure chiesto il suo arresto per aver venduto i divani Rai ad alcuni imprenditori in cambio di catering gratuiti e altri regalucci? Nella Rai che epura pericolosi incensurati come Biagi, Santoro, Luttazzi, Sabina Guzzanti, Massimo Fini e altri, nella Rai che perseguita con procedimenti disciplinari dirigenti come Mazzetti e Salerno colpevoli di aver mandato in onda *Il fatto* e *Raiot*, una giornalista accusata di simili nefandezze continua ad andare in onda e addirittura a dirigere le tribune politiche.

E a nessuno viene in mente di disertare il suo salotto, o almeno di ribattezzarlo *Telecarcere*.

Bene, l'altra sera a *Telecarcere* si parlava fra l'altro dell'ultima new entry del centrosinistra: Paolo Cirino Pomicino, condannato per 5,5 miliardi targati Ferruzzi (finanziamento illecito) e per 600 milioni di fondi neri Eni (corruzione), recentemente trasmigrato dall'Udc all'Udeur. In studio l'unico a ribellarsi per questa ennesima vergogna è stato Di Pietro: «Spero – ha detto – di prendere tanti voti da poter imporre una regoletta semplice semplice: chi è stato condannato non può essere candidato». Apriti cielo. Anna La Rosa cadeva dal pero: «Ma perché, Pomicino è condannato?». E Di Pietro: «Sì, e non solo lui...». A questo punto, perfidamente, il regista indugiava sui volti sgomenti di La Malfa e De Michelis, mentre Mastella metteva subito le cose in chiaro: «Se Di Pietro insiste, qualunque alleanza sarà impossibile». E comunicava orgoglioso che spera di convincere Pomicino, un po' riottoso, a candidarsi alle europee: «È esuberante, vivace, intelligente, appassionato, pieno di slancio». Come privarsene? Fantastico: il condannato non è del tutto sicuro sull'opportunità di candidarsi, ma Mastella insiste. E, se qualche alleato obietta, lo si taglia fuori (non il condannato, e nemmeno chi lo candida; ma chi non lo vuole). Se Di Pietro vuol entrare, non ha che da trovarsi un bel pregiudicato da mettere in lista. Ce ne sono tanti disponibili, sul mercato. Altrimenti, fuori. Raus! È una questione di principio. *(31/03/2004)*

L'anomalo acefalo

Continua la strage di camorra a Napoli.

Manca un personaggio, nella tragedia di Forcella e nel dibattito che ne è seguito. Un personaggio ormai familiare a tutti gli italiani, dopo il bombardamento mediatico che ne ha accompagnato la creazione: il poliziotto/carabiniere/vigile di quartiere. Questa sorta di Goldrake della «tolleranza zero» berlusconiana era stato concepito l'8 maggio 2001 nel salotto di *Porta a Porta*, fra l'eccitazione del conduttore-notaio e gli orgasmi del Cavalier Ospite che firmava il Contratto con gli italiani promettendo, tra l'altro, di dimezzare i reati grazie a questo provvidenziale deus ex machina in ogni borgo e sobborgo delle nostre città. Addobbato come un albero di Natale, addestrato al passo del leopardo e del biscione, armato fino ai denti e munito persino di un palmare ultimo modello per collegarsi a Internet e spezzare le reni al crimine organizzato e non, questo Mazinga superaccessoriato fu presentato alla cittadinanza in una solenne conferenza stampa dal presidente del consiglio in persona. Il piè veloce di quartiere, molto simile al «Gorilla Kappadue al servizio del commenda contro i birbaccioni» del celebre film di Sordi, aveva qualche problema di movimento a causa del peso dell'equipaggiamento. Tant'è che il prototipo venne trasportato con appositi carrelli. Ma gli esperti assicuravano che col tempo sarebbe riuscito almeno a camminare. Poi però nessuno ebbe la fortuna di vederlo in azione. A Napoli – ci informa «Repubblica» – i quartieri di Scampia e Secondigliano sono sorvegliati all'ingresso e all'uscita da posti di blocco della camorra. Dunque è ragionevole pensare che i poliziotti di quartiere non siano mai riusciti a entrare. Casomai ci fossero riusciti, devono essere morti col tempo. O, se sono ancora vivi, saranno travestiti da camorristi per non essere riconosciuti.

Intanto arrivano le parole, come sempre rassicuranti, di quel genio delle investigazioni che risponde al nome di Roberto Castelli. Il cosiddetto ministro della Giustizia ha annunciato «misure immediate» e addirittura «un nuovo codice penale che presto eliminerà una serie di reati lievi e rafforzerà la certezza della pena». Per chiarezza: i reati lievi sono quelli commessi da Berlusconi, Previti, Dell'Utri e famiglie, quelli gravi tutti gli altri. «Nei prossimi giorni vedremo già i primi risultati», annuncia Castelli, anche perché «il governo non sta con le mani in mano». Ma «per ragioni di sicurezza non possiamo dire di più». Si sa soltanto che il presunto ministro ha bloccato il trasferimento del procuratore Cordova «per non lasciare acefala la procura di Napoli»: di acefali, in questa vicenda, ce ne sono già troppi. «Questi fenomeni criminali – spiega Castelli – vanno combattuti in primis sul piano culturale»: per questo se ne occupa lui, che è addirittura ingegnere. La sua linea è «mano dura e certezza della pena»: dev'essere per questo che la maggioranza sta per approvare la legge Cirielli, che regala agli incensurati le attenuanti generiche prevalenti su tutte le aggravanti per salvare Previti e Berlusconi (ma pure chiunque altro vorrà approfittarne). Ed è un vero peccato che non sia ancora passata la proposta della Lega per l'elezione diretta dei magistrati: altrimenti Forcella, oltre al Mazinga invisibile, avrebbe già il suo pm e il suo giudice di quartiere, eletti direttamente dalla camorra.

Poi ci sarebbe il mandato di cattura europeo, che l'Italia continua a non ratificare. Nei giorni scorsi s'è finalmente capito perché: bisogna tutelare la Formula Uno. L'ingegner ministro ha incontrato il presidente della Federazione internazionale automobilismo, Max Mosley, che gli ha espresso tutta la preoccupazione dei suoi affiliati per il rischio che, col mandato europeo, «i piloti vengano arrestati in caso di incidenti mortali sulle piste». Mosley, per precauzione, ha trasferito la sua residenza da Parigi a Montecarlo. Ma Castelli, noto giureconsulto della scuola di Lecco, l'ha rassicurato: «È giusto che nello sport non valgano le regole che valgono nella vita normale». E ha promesso un emendamento al mandato d'arresto per accontentarlo. Sembra una leggenda metropolitana messa in giro dai nemici della Lega per screditare l'ottimo ministro. Invece è tutto vero. Siamo in buone mani. *(2/04/2004)*

L'importanza di chiamarsi Marcello

Vien quasi da difenderlo, Nenè Lo Giudice detto Mangialasagne, arrestato in Sicilia per mafia. Stiamo parlando dell'imbarazzante deputato regionale dell'Udc, già assessore col centrosinistra e ultimamente col centrodestra, che aveva adottato per l'ultima campagna elettorale uno slogan piuttosto efficace: «Una proposta che non puoi rifiutare». Il che, associato alla colonna sonora del *Padrino* che impreziosiva i suoi spot e al nom de plume di «don Vito Corleone» che si era simpaticamente autoassegnato, rendeva il tutto piuttosto convincente.

Gli investigatori gli hanno trovato 500 milioni in contanti, frutto dell'ultima mazzetta, nascosti sotto un mattone come nel film *Totò, Peppino e la malafemmina*. Nelle intercettazioni l'hanno sentito inveire contro i poliziotti che gironzolavano nei suoi paraggi («Sbirri e figli di cani, li dovrebbero raccogliere pezzi a pezzi») e vantare affettuose amicizie con «i parrini» (i boss), ma «quelli giusti, i mafiosi con le palle», perché «io non faccio parte della chiesa ma conosco i parrini: li rispetto e mi hanno sempre rispettato».

Viene voglia di difenderlo, perché «Il Foglio» gli ha scaricato addosso parecchie colonne di piombo per ricordare che «non si contano più gli esponenti dell'Udc arrestati per mafia» e dunque si pone «una questione Udc»: «Casini, Follini e Buttiglione dovrebbero darsi una guardata in casa». Il Platinette Barbuto se n'è anche uscito con una battuta feroce, storpiando lo slogan elettorale dell'Udc: da «Io c'entro» a «Io d'entro». Secondo «Il Foglio» le inchieste sull'Udc sono serie e fondate perché a condurle sono due fuoriclasse come Piero Grasso e Giuseppe Pignatone, niente a che vedere col «vecchio pool dell'antimafia militante», quello di Caselli, che «criminalizzava la vita pubblica in Sicilia» con i «processi politici» agli Andreotti e i «processi surreali» a Dell'Utri, o con «l'inchiesta bufala contro il capo diessino Crisafulli» (sorpreso da una telecamera a baciare il boss di Enna, Bevilacqua). La differenza starebbe nel metodo investigativo («massima cautela») e nelle prove acquisite: non le accuse dei pentiti, ma «intercettazioni, pedinamenti, documenti bancari».

Che sciocchini, questi pm caselliani: non gli venne neppure in mente di intercettare e pedinare Andreotti e Dell'Utri. Chissà perché. Forse perché Andreotti e Dell'Utri sono parlamentari e la nostra costituzione stabilisce che i parlamentari non si possono pedinare né intercettare né arrestare (salvo chiedere preventivamente il permesso al parlamento, il che ovviamente vanifica l'effetto sorpresa), mentre i consiglieri regionali sì. Ma che sarà mai la costituzione per il Platinette Barbuto e i suoi giuristi della mutua? In ogni caso, anche il processo Dell'Utri è pieno di intercettazioni e pedinamenti. Le prime risalgono a quando Dell'Utri non era ancora un parlamentare (nel 1980 fu sorpreso a conversare amabilmente con l'amico boss e narcotrafficante Vittorio Mangano, già «stalliere» tuttofare nella villa di Arcore, che gli proponeva «il secondo affare per il suo cavallo»: come ricorderà Paolo Borsellino nell'ultima intervista, quando Mangano parlava di cavalli era solito riferirsi a partite di droga). I pedinamenti furono invece casuali, «indiretti»: gli uomini della Dia tenevano d'occhio Pino Chiofalo, un falso pentito che complottava contro quelli veri, e il giorno di San Silvestro del 1999 videro arrivare a casa sua, sul litorale di Rimini, l'onorevole Dell'Utri. Si guardò intorno, varcò il cancello con una valigia in mano e ne uscì senza. Interpellato su quella strana visita di Capodanno, si travestì da Babbo Natale fuori tempo massimo e disse di aver portato giocattoli in dono ai bambini dell'amico falso pentito. Senonché, nella villa, furono trovati un centinaio di milioni in contanti.

Resta da capire perché Mangialasagne, Cuffaro, Borzacchelli, Miceli costituiscano «un problema politico» per Casini, Follini e Buttiglione, mentre Dell'Utri per Berlusconi e Ferrara no. Forse perché Dell'Utri è amico di Berlusconi e Ferrara, mentre Mangialasagne & C. no? Eppure Mangialasagne & C. non sono stati nemmeno rinviati a giudizio, mentre Dell'Utri sì (lunedì, guardacaso, inizierà la requisitoria dei pm Gozzo e Ingroia). La stessa domanda andrebbe posta all'ottimo presidente dell'antimafia Mimmo Centaro, che dopo gli ultimi arresti nell'Udc siciliana ha dichiarato: «Io non frequento neanche chi ha ricevuto un avviso di garanzia per mafia». La notizia è succulenta, perché Centaro milita in Forza Italia, partito fondato da Silvio Berlusconi e da Marcello Dell'Utri, entrambi raggiunti da avvisi di garanzia per mafia (il primo archiviato, il secondo no). Se ne deduce che il presidente dell'antimafia non frequenta neppure i capi del suo partito. Che pezzo d'uomo. *(3/04/2004)*

Il dizionario dei contrari

Nel suo nuovo spettacolo teatrale *Reperto Raiot*, Sabina Guzzanti mette in scena un grande cimitero delle parole scomparse, devitalizzate, svuotate del loro significato. Un cimitero inevitabilmente incompleto, visto che ormai di parole ne scompare una al giorno. Tentiamo un aggiornamento.

– *Indipendente*. Un tempo significava non dipendente, cioè libero. Ora, tutto il contrario. Merito di Giordano Bruno Guerri, sedicente «anarchico» e «futurista», che per rilanciare il quotidiano «L'Indipendente» ha pensato bene di organizzare una cena di gala con il presidente e il vicepresidente del consiglio, scortati da uno squadrone di ministri, viceministri, portavoce, portaborse, sottopancia, mezzibusti, mezzeveline, tutti ovviamente anarchici della scuola carrarese e futuristi marinettiani. Più Vespa, Polito e Velardi, che ormai si portano su tutto. «L'Indipendente» fa capo a un editore che più indipendente non si può: l'on. Italo Bocchino di An, quello di Telekom Serbia, associato al forzista Gianni Pilo, il Pilo delle Libertà. Forse, magari, era meglio «Il Dipendente». Poi però uno pensa che il giornale di Feltri si chiama «Libero», e i conti tornano: in un altro paese si chiamerebbe «Occupato».

– *Crisi*. Un tempo, se uno era in crisi, non se la passava tanto bene. L'ultimo posto dove pensava di andare era una gioielleria: al massimo passava al monte di pietà, per impegnarsi qualcosa. L'altro giorno il presidente del consiglio è entrato in una gioielleria di Milano per acquistare l'orologio d'oro più costoso, roba da 8 mila euro: «È così – ha spiegato – che si batte la crisi». Ecco. Chi non arriva alla fine del mese ora sa che deve fare.

– *Ladrone*. Un tempo era un grosso ladro, tipo i quaranta di Alì Babà. Dirlo a qualcuno significava insultarlo. Demonizzarlo. Poi Berlusconi disse che tutti i politici sono dei ladroni, salvo – si capisce – lui e i suoi cari. E ladrone diventò improvvisamente un complimento. Berlusconi non demonizza mai, non odia mai. Lui è l'amore, la sinistra è l'odio. Se invece i leghisti dicono «Roma ladrona», cosa che fanno da vent'anni, allora non si può: ladrone, in bocca ai leghisti, torna a essere un insulto. E Publio Fiori, già membro della pia confraternita P2, li espelle in blocco dall'aula della camera. Mica si chiamano Berlusconi, loro.

– *Moralità*. L'ha invocata l'altro giorno il ministro Tremonti, per spiegare il suo no al decreto spalmadebiti o salvacalcio. «Non lo faremo: abbiamo un barlume di moralità», ha spiegato a *Ballarò* il ministro dell'Economia, senza peraltro spiegare se il premier che l'aveva inizialmente caldeggiato sia immorale. E soprattutto senza spiegare in base a quale concetto di moralità egli abbia potuto varare 12 condoni, lo scudo fiscale per il rimpatrio dei capitali sporchi, la depenalizzazione del falso in bilancio e altri capolavori di etica. Il dibattito è aperto.

– *Riformista*. Un tempo era chi voleva riformare qualcosa e magari spiegava che cosa, e come. Oggi, per essere riformisti, bisogna fondare un giornale che non legge nessuno, o visitare almeno una volta la tomba di Craxi (o di altri latitanti, a scelta) e rimpiangerne il grandioso disegno politico, possibilmente insultando i magistrati. Ultimo reperto: Enrico Boselli, appena riacclamato presidente dello Sdi nell'apposito congresso, tenuto in una cabina telefonica. Boselli ha detto: «Basta a chi amministra la giustizia e poi si toglie la toga per darsi alla politica». Qualcuno ha pensato a Di Pietro, ma è impossibile che si riferisse a lui: Di Pietro si tolse la toga nel '94 e si diede alla politica solo nel '96. Evidentemente Boselli ce l'aveva con Tiziana Parenti, che lasciò da un giorno all'altro il pool di Milano per darsi alla politica, prima con Forza Italia e poi con lo Sdi. Un'autocritica impietosa. Intervistato poi dai tg, il Boselli ha distillato la missione futura del suo imponente partito: «Intendiamo dare al riformismo ciò che oggi gli manca: una vocazione maggioritaria». Chissà quante ore di riflessione gli è costato un simile, folgorante concentrato di saggezza. Fino all'ultimo era incerto se dare al maggioritario una vocazione riformista o un riformismo vocazionale, o se dare alla vocazione un maggioritario riformista o un riformismo maggioritario, ma alla fine non ha avuto dubbi: darà al riformismo una vocazione maggioritaria. Roba forte. *(6/04/2004)*

Bocca a Bocca

Come il comico bollito che tenta di strappare una risata riesumando per l'ennesima volta la vecchia gag, il Cavalier Bitume si è riprodotto l'altra sera nel numero delle grandi opere, sperimentato tre anni fa con un certo successo in casa Vespa. Poi è corso a inaugurare per la quarta volta la prima pietra di un'opera avviata otto anni e tre governi fa. La scenografia di *Porta a Porta*, ribattezzato per le elezioni *Bocca a Bocca*, era più o meno la stessa: l'insetto ridotto ad asta del microfono, le poltrone bianche con le sagome di cartone di tre direttori di giornale (scelti accuratamente fra quelli che fanno scrivere Vespa), la lavagna, il pennarello, il plastico del ponte virtuale sullo Stretto con i mafiosi in scala addetti al movimento terra, infine il maggiordomo Gustavo che ormai si fatica a distinguere dal conduttore. Purtroppo lo sketch non ha funzionato. Secondo l'Auditel, gli amici teleutenti, colti da nausea da déja-vu, hanno rapidamente cambiato canale, dimezzando gli ascolti dell'altro celebre *Bocca a Bocca*: quello del Contratto con gli italiani. Tre milioni e mezzo l'altra volta, un milione e 700 mila l'altra sera. Resta da capire se il tracollo sia dovuto alla presenza di Berlusconi, o di Lunardi (ma in questo caso il termine «presenza» appare eccessivo), o di Vespa, o di tutti e tre. Ma i numeri parlano chiaro: di questo passo, Vespa rischia di insidiare il record di Socci, ritenuto finora imbattibile se non da Socci medesimo. E dire che il Cavalier Asfalto aveva rinfrescato il repertorio con un paio di trovate nuove, come il nuovo tracciato ferroviario fino a Kiev (il suo contributo alla Transiberiana) e la faccia dell'ingegner Lunardi, detto anche Nullardi. Il quale, poverino, non sarebbe neppure cattivo: gli manca solo la parola.

Quando le telecamere indugiavano sul suo volto, espressivo come un termosifone spento, si capiva perché Berlusconi abbia preso a scortare i suoi ministri in tv: non può mandarli in giro da soli, ci vuole una badante per scongiurare il pericolo che aprano bocca. Infatti Nullardi, come già la ministra-mummia Moratti, non ha fiatato. Ogni tanto, per giustificare la sua presenza, respirava. Anche per evitare che i nuovi ospiti che entravano in studio si accomodassero sulla sua poltrona, non vedendovi nessuno, cioè lui. La sua conclamata inesistenza traeva in inganno anche il premier, che ogni due minuti gli tastava il braccio per sincerarsi che fosse sempre lì, a dispetto della poltrona vuota, cioè occupata da lui.

È dunque vero che il Cavalier Badante è bollito? Se ora, per l'ennesima vergogna vespiana, protesta perfino Petruccioli, si direbbe di sì. E poi parlano chiaro i manifesti elettorali, in cui il Bisunto appare di profilo, non si sa se con la vecchia faccia o con la nuova, ma con l'orecchio sicuramente più piccolo e tondo del reale, e soprattutto con gli occhi bassi. L'ex Grande Comunicatore guarda a terra, lasciando nella gente la sgradevole impressione che non la voglia fissare negli occhi. Si vergogna? Sfugge? Sa di incontrare soltanto sguardi severi, dolenti, inferociti? Teme di incrociare quelli di chi è stato rapinato dai suoi disastri e poi trattato da psicopatico con la gag della «povertà percepita»? Oppure non vuole guardare avanti perché si imbatterebbe nelle cifre fasulle, per giunta in lire (mentire in lire viene meglio), che campeggiano sul lato destro dei manifesti? Ferratissimo sulle cifre false, l'altra sera il Cavalier Pennarello si è smarrito su quelle vere: il numero dei civili iracheni ammazzati dai nostri «liberatori» e le percentuali di sforamento del rapporto debito-Pil che la sagace politica del ragionier Tremonti ha finalmente prodotto. Trattasi – ha spiegato il Cavalier Patacca – di «propaganda anti-italiana», orchestrata da Romano Prodi e dagli altri lumaconi «a fini elettorali». Poco importa se analoghi richiami hanno raggiunto tempo fa Francia e Germania, e ora pure l'Olanda, dove non pare che Prodi sia candidato. Un eventuale giornalista in studio avrebbe potuto ricordarlo, ma in studio c'erano appunto l'insetto e le tre sagome di cartone, mentre il maggiordomo Gustavo non risulta (ancora) iscritto all'ordine dei giornalisti. Dunque un milione e 700 mila italiani sono andati a letto con la sensazione che Prodi, a Bruxelles, remi contro l'Italia. Anti-italiano come il pool di Milano, il giudice Garzón, il Deportivo La Coruña e i bambini di Nassiriya pagati da Gino Strada e Marco Rizzo per lanciarsi contro i proiettili dei nostri ragazzi e far credere agli italiani di essere in guerra. Ma questo il Cavalier Balla lo spiegherà meglio nel prossimo *Bocca a Bocca* dedicato alla politica estera. Il premier ha già anticipato a Vespa che non porterà nessuno. Cioè il ministro Frattini. *(10/04/2004)*

Chi non salta Osama è

Le vigilie dell'ultimo Ferragosto e dell'ultimo Natale le aveva trascorse in compagnia di Renato Farina. Dunque, per evitare che l'appiccicoso inviato di «Libero» si ripresentasse all'uscio anche a Pasqua, il Cavalier Bollito s'è recato a Nassiriya in visita ai nostri ragazzi. I quali, probabilmente, avrebbero preferito persino Farina. Ma la visita del premier non li ha colti di sorpresa: quando il Cavalier Bugiardoni giurò che mai e poi mai sarebbe andato a trovarli («Non sento alcun bisogno di andare a Nassiriya, sarebbe solo una operazione dimostrativa e retorica», 26 marzo 2004), era apparso chiaro a tutti che ci sarebbe andato. L'unico dubbio riguardava il repertorio che il Cavalier Suffragetto avrebbe sfoderato per alzare il morale della truppa. Il risultato, alla fine, non è stato dei migliori. Almeno per i militari. Dover ridere per sei ore consecutive per vecchie battute e barzellette stantie che fanno piangere, dover fingere di emozionarsi a ogni pacca del misirizzi tascabile travestito da Bush, dover posare per i fotografi con l'aria divertita mentre quello ti dice: «Tagliati quella barba che sembra un pennello», è decisamente più pesante che un mese di trincea. A un certo punto il Cavalier Macchietta, credendo di trovarsi al Club Mediterranée o nello spogliatoio di Milanello, s'è messo a ballonzolare al grido di: «Chi non salta interista è!»; un giochino particolarmente appropriato, in una regione dove i bambini saltano in aria per le mine e i religiosi per le bombe, probabilmente per dimostrare di non essere interisti.

Ora, finito l'avanspettacolo, il nostro contingente può tornare a concentrarsi sulla sua missione. O meglio potrebbe, se sapesse di che si tratta. Perché il Cavalier Lesso, fra una freddura e l'altra, s'è dimenticato di comunicare ai ragazzi che sono in guerra, casomai non se ne fossero accorti da soli l'altro giorno, quando hanno dovuto sparare sulla folla per ordine del comando inglese. Ecco: finché si scherza si scherza, la macchietta ha potuto fare i suoi numeri per la truppa, poi l'intermezzo comico è terminato e in Iraq si è tornati a fare sul serio. Cioè a sparare e a morire. E i nostri soldati sono stati riconsegnati ai loro padroni: i generali britannici.

Il Cavalier Barzelletta, dal canto suo, è rimpatriato per dedicarsi a missioni più consone, tipo quella di salvare il Milan dalla débâcle che i suoi geniali suggerimenti tattici stavano per provocare. Carletto Ancelotti, che manifesta con Berlusconi la stessa autonomia di Berlusconi con Bush, a furia di giocare con due punte e mezza è uscito dalla Champions League affrontando alla garibaldina il Deportivo La Coruña e rimediando quattro prevedibili pere. In campionato invece ha limitato i danni, grazie a un'inedita formazione a quattro punte e mezza: le due e mezza del Milan, più Galliani presidente della Lega Calcio, più l'apposito arbitro Paparesta che all'occorrenza allunga le partite da 90 a 98 minuti e inventa rigori inesistenti.

Se funzionasse così anche in Iraq, la partita sarebbe già vinta in partenza. Purtroppo, da quelle parti, i Galliani e i Paparesta scarseggiano. Bisogna fare i conti con la realtà. Cioè con la guerra, sebbene il cosiddetto ministro Frattini abbia severamente proibito di chiamarla col suo nome. Lui continua a parlare di «operazioni di polizia». E ora s'è messo in testa di convincere l'Iran «a riportare alla calma gli sciiti iracheni». Il pover'uomo crede davvero a quel che dice, e ogni tanto telefona a Teheran, chiedendo di Rafsanjani. Questi però, appena gli dicono che al telefono c'è Frattini, risponde: «Frattini chi?», pensa che abbia sbagliato numero e mette giù. Intanto la popolazione irachena, che doveva accogliere gli occidentali come liberatori stendendo al loro passaggio tappeti di fiori, li maledice incurante degli appelli di Giuliano Ferrara. Ogni giorno che passa si moltiplicano i terroristi, figure praticamente sconosciute a Baghdad prima che l'Alleanza vi esportasse la democrazia. Sciiti e sunniti, che si odiano dalla notte dei tempi, ora marciano a braccetto contro i «liberatori»: siamo riusciti a riappacificarli dopo secoli di guerre di religione, e la cosa non può che riempirci di orgoglio. Ora, se tutto fila liscio, riusciremo a farli alleare anche con i baathisti laici nostalgici di Saddam. Sono soddisfazioni.

Di questo passo, potrebbe persino materializzarsi in Iraq Osama bin Laden, che non vi aveva mai messo piede, portandosi dietro le famose armi di distruzione di massa sul sidecar del mullah Omar. Così, dopo un anno e mezzo di ostilità, la coalizione avrebbe finalmente uno straccio di alibi per giustificare la sua guerra preventiva. O, meglio, postdatata. Per stanare il leader di Al Qaeda, il Cavalier Rommel (anzi, Rimmel) ha già pronta una trappola infallibile. Visto che, nella lotta fra il Bene e il Male, cioè fra il Milan e l'Inter, Osama non può che essere nerazzurro, è sufficiente perlustrare in lungo e in largo l'Iraq gridando: «Chi non salta interista è!». L'unico che resta fermo è bin Laden. *(13/04/2005)*

Mortality Show

Il ministro degli Esteri Franco Frattini apprende negli studi di *Porta a Porta*, da Renato Farina e Bruno Vespa, la notizia dell'uccisione di Fabrizio Quattrocchi in Iraq. E, dopo rapido consulto, la conferma. Così i familiari la apprendono dalla televisione, prima che la Farnesina li abbia avvertiti.

Come ha scritto sul «Giornale» il semprelucido Paolo Guzzanti, l'Italia ha «un altro eroe calmo e solido» che «tiene la barra ferma con disarmante ragionevolezza», un «uomo dalla schiena dritta e dalla voce pacata» che «ci ricorda Theodor Roosevelt». Quest'uomo «è Franco Frattini, il nostro giovane ministro degli Esteri». Vedi, alle volte, la distrazione dei popoli. E l'ingratitudine, anche. Da chissà quanti anni abbiamo fra noi il nuovo Roosevelt, e non ce ne siamo mai accorti. Fortuna che Guzzanti ci ha avvertiti. Ora che lo sappiamo, sarebbe il caso di smetterla di linciarlo, addirittura di chiederne le dimissioni, solo perché l'altra sera è rimasto incollato alla poltrona di *Porta a Porta* come un Crepet qualsiasi, solo perché ha raccontato un sacco di balle, solo perché ha confermato la morte del povero Quattrocchi al gentile pubblico prima che ai parenti, ma dopo opportune e febbrili consultazioni con Renato Farina e Bruno Vespa. Anche il vecchio Roosevelt, avendo a disposizione un Vespa e un Farina, avrebbe fatto altrettanto. E poi non è che possiamo giocarci il nuovo Roosevelt per così poco, come vorrebbe una certa sinistra invidiosa. Di Roosevelt, quando va bene, ne nasce uno ogni cent'anni. Teniamocelo stretto.

Ora resta da avvertire l'interessato, ancora ignaro di tutto: non solo di essere il nuovo Roosevelt, ma persino di essere il ministro degli Esteri. Alla Farnesina hanno preferito non dirglielo, per evitargli inutili emozioni. Tanto, che lo sappia o no, fa lo stesso. Che parli o taccia, non fa differenza. Frattini è l'aria che cammina. È un tipo spensierato, nel senso che non ha pensieri. Si aggira per i corridoi del ministero con l'aria innocente e spaesata di Forrest Gump, chiedendo se qualcuno abbia bisogno di qualcosa. Ogni tanto qualche anima pia, per farlo sentire utile, lo manda a fare due fotocopie o a prendere le sigarette. L'altra sera, con la crisi degli ostaggi, c'era parecchio da fare e non sapevano dove metterlo: dopo averlo sballottato da una sedia all'altra, l'hanno parcheggiato in corridoio, poi l'hanno spostato in un sottoscala, infine l'hanno appoggiato in cima a uno schedario, per poi ritrovarlo casualmente nel ripostiglio. Alla fine, per motivi di spazio, l'hanno portato da Vespa, che ha sempre tanto posto libero. Tanto, si son detti, troppi danni non ne può fare. Non più di quelli che fa in ufficio, almeno. «Dottor Vespa, sia gentile: ce lo tenga qui per un paio d'ore. È un giovanotto gentile, non disturba, non sporca. Lei gli chieda qualunque cosa su qualunque argomento e poi lo lasci sfogare. Non ha nulla da dire, ma lo dice benissimo. Fa sempre così: prepara le risposte prima di conoscere le domande. Quando lei si stufa, ci faccia uno squillo e noi passiamo a ritirarlo». Il destino cinico e baro ha voluto che proprio quella sera accadesse la tragedia. Hanno provato a chiamarlo per raccomandargli il silenzio, ma il cellulare era staccato. Impossibile mandare in studio Berlusconi, il tutor dei ministri, a fargli da ventriloquo come già con la Ministra Mummia e con l'ingegner Nullardi. Ma il Cavalier Bollito era asserragliato nella base di Villa La Certosa, mimetizzato da cactus per disorientare il nemico. Introvabile anche il vicetutor Fini, spintosi impavido in avanscoperta sul Mar Rosso perché, ai Parioli, Al Jazeera si prende male. In studio Frattini, con l'aria del passante, ha cominciato col redarguire Lilli Gruber inviata a Bagdad: «Non si deve parlare di resistenza irachena». Come se un tizio seduto su una poltrona romana ne sapesse di più di una giornalista sul posto. Come se il compito di un ministro degli Esteri fosse quello di correggere il vocabolario degli inviati di guerra (pardon, di pace). In ogni caso, problema risolto: anziché ritirare le truppe, abbiamo ritirato le inviate.

Anche Vespa, pover'uomo, va capito. Da quando il suo tinello viene preso d'assalto dal Cavalier Lesso con ministri incorporati, gli ascolti non fanno che precipitare. Così ha deciso di cambiare format: dal talk show è passato al reality show, e ora al mortality show. La scaletta è la stessa del *Grande fratello*, ma più reality: uno show col morto. Quattro ostaggi nella casa (o tenda, o grotta, a scelta dei sequestratori). L'insetto in studio nei panni di Barbara d'Urso. Renato Farina nel ruolo del confessionale. Frattini nella parte del copridivano. Anche la formula delle nomination è rispettata al dettaglio: a ogni puntata viene eliminato un ospite, sotto gli occhi dei familiari, in studio o collegati da casa. La prima prova è andata alla grande: ascolti alle stelle. Ancora incerto il titolo del nuovo format: al vaglio *Il grande macello*, *Il grande avello*, *La morte in diretta*, *Telecamere mortuarie*, *Sottoterra*, *Mortsera*, *Trapassaparola*, *Estreme unzioni*, *Stranamorte*, *Cadaverissimo*, *Nonsolotomba*, *La prova del loculo*, *Cartoni inanimati*, *Sit-coma*, *Festivalbara*, *Il decesso del lunedì*. Ma alla fine, probabilmente, si andrà sul tradizionale: *Morta a Morta*. *(21/04/2004)*

Oltre il Frattini

L'unità di crisi del governo italiano, accampata negli studi di *Porta a Porta*, è in fibrillazione. Tre giorni fa Bruno Vespa, l'ultimo italiano a prendere sul serio le parole di Berlusconi, aveva creduto davvero che per la liberazione dei nostri ostaggi fosse «questione di ore». E aveva paracadutato in Iraq una troupe portaportese aviotrasportata per seguire passo passo l'evento in esclusiva mondiale, dopo l'apposito rimpatrio di Lilli Gruber e Giovanna Botteri, colpevoli di raccontare quel che succede nel nuovo paradiso della democrazia. Poi s'è scoperto che quella del premier era una delle sue barzellette più riuscite, così l'insetto necrofilo s'è dedicato a un'altra battaglia campale: il suo nuovo contratto biennale con la Rai, per la modica cifra di 5 miliardi meno 30 lire (e dàtegliele, quelle benedette 30 lire, taccagni che non siete altro: fate cifra tonda e non se ne parli più).

Non si hanno più notizie, invece, del cosiddetto ministro degli Esteri Franco Frattini, uomo – direbbe Fortebraccio – dalla fronte inutilmente spaziosa. È un piacere vederlo all'opera, soprattutto quando prende fiato e aggrotta le sopracciglia con l'aria solenne e impettita di Einstein che sta per annunciare la teoria della relatività, salvo poi uscirsene con banalità che farebbero arrossire un Alberoni. Ricorda vagamente il giardiniere Chance di *Oltre il giardino*. Non perché sia ignorante come il personaggio di Peter Sellers, tutt'altro. Ma perché, quando apre bocca, raramente ne esce qualcosa. E, quando ne esce, è qualcosa di inutile. Eppure tutti lo prendono terribilmente sul serio, domandandosi a quali inconfessabili segreti alluda.

L'altro giorno era negli Stati Uniti, dove ha incontrato vari esponenti dell'amministrazione Bush senza che questi se ne accorgessero. Poi ha reso ampie dichiarazioni, ovviamente spontanee, che non hanno lasciato tracce sulla stampa internazionale. Infine è rientrato a Roma nell'indifferenza generale, in tempo per subire un trattamento davvero umiliante: alla camera, tanto per dire come si è ridotto, è stato smentito financo dal collega Fernandel, al secolo Carlo Giovanardi. Questi ha informato il parlamento che la Farnesina sapeva dell'uccisione di Quattrocchi fin dalle 22.15 del 14 aprile, ma si dimenticò di avvertirlo, finché alle 00.35 un'anima pia, Renato Farina, ebbe pietà di lui e chiamò Vespa che lo informò. Fortuna che Frattini quella sera stava a *Porta a Porta*, altrimenti l'avrebbe saputo l'indomani dai giornali. Invece poté prepararsi in vista di una memorabile intervista alla «Stampa» (16 aprile 2004). Qui annunciò tutto orgoglioso che abbiamo «un canale aperto con la Siria, paese molto amico dell'Italia» e che «i miei legami con l'Iran sono noti» (il che non può non riempire di orgoglio ogni sincero democratico). Poi s'impegnò ad «ammorbidire» personalmente «la pressione americana sui civili iracheni», sempreché – s'intende – i tre ostaggi italiani venissero liberati. «Ci offriamo – scandì la Volpe della Farnesina in un italiano malcerto – di essere interpreti con gli americani della necessità di una maggiore disponibilità al dialogo, cercare di evitare morti civili iracheni... Nel momento in cui arrivasse un segnale sugli ostaggi, il nostro impegno è parlare seriamente con gli americani, a dire... che bisogna evitare ciò che non è una difesa dagli attacchi, a evitare le uccisioni di civili iracheni nel modo più assoluto». Traduzione: si sa come sono questi yankees, se ne vanno in giro a sparacchiare a donne e bambini, gli piace il tiro a segno sul primo che passa, ma adesso ci parlo io, sono Franco Frattini, mica l'ultimo pirla, e vedrete che la piantano. Chissà l'amico Bush come l'avrà presa (o meglio come l'avrebbe presa, se sapesse chi è Frattini). Il Ministro Giardiniere allude poi a «canali importanti in Siria», ma aggiunge un sibillino «non posso scendere in particolari», dando l'idea di chissà quali entrature, peraltro smentite dalla frase successiva: «Il messaggio che stiamo dando è: fateci capire». Ecco, questa s'è rivelata proprio un'impresa titanica. Siriani e iraniani ci provano a spiegare, ma lui niente, non capisce. Pare che parlino arabo. Alla Farnesina, ormai, lo prendono con filosofia. Ogni tanto si chiude in ufficio e raccomanda alle segretarie: «Sia chiaro, non ci sono per nessuno». E quelle, rassegnate: «Lo sappiamo, dottore, lo sappiamo».

(23/04/2004)

Modica quantità

Se la politica è la prosecuzione della neurodeliri con altri mezzi, ha ragione il cosiddetto ministro Castelli a chiedere il trattamento sanitario obbligatorio per chi si oppone all'emendamento leghista sulla tortura: quello che la proibisce solo se «ripetuta». Se singola, invece, non costituisce reato. L'importante è torturare un po' alla volta, senza esagerare. Il principio della «modica quantità», appena abolito da Fini per gli spinelli e trasferito da Berlusconi sul falso in bilancio, varrà d'ora in poi anche per le sevizie. Resta da capire se bisognerà dimostrare o meno l'«uso personale». Finora infatti, quando la Casa della Libertà Provvisoria proponeva una legge, era per risolvere un problema urgente del suo padrone o dei suoi complici. Rogatorie, Cirami, lodo, falso in bilancio, bancarotta, successioni, condoni, Gasparri, Cirielli, Pittelli, Anedda, patteggiamento allargato ecc. Fece eccezione la proposta Taormina-Buemi per depenalizzare il furto: si pensò che qualche ministro avesse in animo di svaligiare qualche appartamento, ma poi la trovata sfumò. Ora la curiosità aumenta: chi avranno deciso di torturare?

Anche la Rai, nei limiti delle sue possibilità, si adegua. L'altra sera, al posto di *Blu notte* sulla mafia, ha trasmesso il film *Impiccalo più in alto*, titolo profetico in vista del prossimo emendamento leghista alla legge sulla legittima difesa. Il programma di Lucarelli (una replica) parlava di Falcone e delle altre vittime della mafia, ma purtroppo è incappato in una circolare dell'ufficio legale Rai: non rispettava le «pari opportunità» prescritte per la campagna elettorale. Quel sant'uomo di Falcone, sull'autostrada di Capaci, faceva politica. E nello studio con Lucarelli mancava la versione della mafia. Nemmeno un boss a discutere con i parenti delle vittime, nemmeno una lacrima per i tanti caduti di Cosa Nostra nella lunga guerra civile contro lo stato. Si era pensato a riequilibrare il tutto con una puntata riparatrice che ospitasse Riina o Bagarella, ma non c'è stato verso: i due opinionisti sono ancora al 41-bis, vergognosamente in vigore nonostante gli impegni presi nel famoso «papello», detto anche «Contratto con i siciliani». Anche *Blob* andrà in onda imbavagliato fino alle elezioni: niente immagini di politici. C'era il rischio, per esempio, che trasmettesse quelle dell'ultima campagna di Russia del Cavaliere. Il quale – come ha riferito allibita tutta la stampa russa – ha tentato di molestare una giovane operaia nel nuovo stabilimento Merloni di Mosca, mettendo in imbarazzo persino Putin.

Sfuggito al controllo dell'amico Vladimir, che in questi casi gli fa da infermiere, l'incontenibile e incontinente premier si è fiondato su un gruppo di lavoratrici tentando di coinvolgere il presidente russo in un imbarazzante concorso di bellezza per eleggere e baciare la più avvenente. Putin, impassibile, non lo ha nemmeno degnato di risposta. Allora il Cavalier Arrapaho ha dovuto fare tutto da solo: «Da tempo – scrive il "Kommersant" di Mosca – il signor Berlusconi aveva individuato la sua vittima: una donna grande come la Sardegna. Le si è avvicinato e con tutto il corpo ha fatto il gesto tipico dei teppisti negli androni bui dei cortili, quando importunano una ragazza che rincasa». La giovane, schifata, si è ritratta, fuggendo dietro le colleghe. Ma il Cavalier Ganimede non si è dato per vinto: «Il signor Berlusconi, che in passato deve avere fatto esperienza di donne anche più rapide di questa, con due salti ha raggiunto la ragazza e ha iniziato spudoratamente a baciarla in faccia». La poveretta sulle prime ha opposto resistenza, poi si è rassegnata in silenzio alle molestie. Putin assisteva glaciale alla scena. «Allora il premier italiano ha scosso l'operaia ridendo, quasi volesse buttarla a terra». E Vladimir sempre lì, immobile. Secondo i giornali russi, nemmeno lui «sopporta più i continui scherzi e giochetti pesanti dell'amico Silvio». Figurarsi l'operaia. Ora il Cavalier Pappagallo rischia una denuncia per molestie sessuali. Pare che in Russia siano ancora vietate. Anche in modica quantità. Urge emendamento. *(24/04/2004)*

Il principe dei fori

Viva costernazione ha destato in Rai e Mediaset l'intervista di Donato Bilancia a Paolo Bonolis per *Domenica in*. Nel senso che gli esclusi stanno schiattando per l'invidia: avrebbero voluto averlo loro, un bel serial killer con 17 omicidi e 14 ergastoli all'attivo. Bruno Vespa, che tanto aveva fatto per la categoria ospitando Fernando Carretta e il duo Scattone & Ferraro, e tenterà di parare il colpo con il mostro di Marcinelle. Maurizio Costanzo, che finora poteva vantare a malapena la signora Annamaria Franzoni, soltanto imputata di omicidio, farà il possibile. L'importante è tener fuori dalla tv Biagi, Santoro, Luttazzi, Sabina Guzzanti, Massimo Fini, Paolo Rossi e altri pericolosi incensurati: non avendo mai ammazzato nessuno, non si comprende a quale titolo dovrebbero comparire sui teleschermi.

Il colpo del secolo potrebbe essere un'intervista esclusiva al vero assassino di Cogne, non appena l'on. avv. prof. Carlo

Taormina avrà la bontà di rivelarne il nome, che tiene gelosamente per sé da quasi due anni. Chi sperava che ieri cogliesse l'occasione dell'udienza preliminare di Aosta per assicurarlo finalmente alla giustizia, è rimasto deluso. Niente da fare. La proverbiale discrezione taorminiana è a prova di bomba. Passano gli anni, i figli nascono e crescono, le mamme imbiancano, e il «vero assassino» del piccolo Samuele continua a circolare indisturbato. La prima volta che Taormina annunciò di averlo incastrato era il 23 luglio 2002: «Siamo a un passo dalla conclusione». Qualcuno si domandò se si trattasse dello stesso Taormina che il 28 febbraio, un mese dopo il delitto, già chiedeva il commissariamento della procura di Aosta perché non si decideva ad arrestare l'unico sospettato (la madre di Samuele), e che poi, appena divenuto il difensore dell'unico sospettato (la madre di Samuele), invocava il commissariamento della procura di Aosta perché l'aveva nel frattempo arrestata. Fu allora che annunciò trionfante: «Ho un'idea sul vero killer, ci mancano solo le prove» (26 agosto). Per la «controinchiesta» nominò sei «consulenti internazionali», detti anche il «pool Taormina». Lui già il 10 febbraio 2003 era felice di comunicare che «sta per chiudersi il cerchio intorno all'assassino». «Stiamo ottenendo risultati straordinari», annunciò il globetrotter del foro romano, senza precisare quali (11 aprile 2003).

Il 18 «Il Giornale» gli rubò a viva forza una dichiarazione: «Non lo scriva, ma abbiamo ormai la prova certa, certissima che Annamaria non ha ucciso il figlio. Sappiamo chi è l'assassino». Il 24 si sbilanciò appena: «Abbiamo trovato l'arma del delitto: non è né un martello né una pentola». Poi dovette abbandonare il plurale maiestatico: gli altri avvocati del pool lo piantarono in asso l'uno dopo l'altro. Il 4 giugno anticipò «scoperte clamorose». Il 12 parlò di «conclusioni sconvolgenti, di assoluta scientificità» dei suoi 007. Nessuna pietà per quei dilettanti del ris di Parma: «indagini esilaranti, abbagli sconvolgenti», roba «da denuncia penale». Il 13 convocò una conferenza stampa, «non certo per esibizionismo», ma per annunciare: «Abbiamo scoperto l'impronta di un tacco sporco di sangue, scarpa da ginnastica o da riposo, piede destro». Anche l'arma prese una forma più definita: «Un oggetto circolare, cavo al centro: forse un moschettone da montagna», o forse un krafen allo zabajone. «Dell'assassino sappiamo tutto: nome, lavoro, abitudini, cosa mangia e cosa pensa. Sono 33 gli elementi che lo accusano. Abbiamo intuito persino il movente». Schivo più che mai, Taormina evitò di andare oltre, così il killer seguitò a circolare per Cogne. Poi l'avvocato, da quel noto garantista che è, puntò il dito sui vicini di casa: «La pista giusta è quella, entro pochi giorni avrò novità esplosive». Soprattutto sulla «possibile arma», astutamente nascosta dai vicini nel loro giardino. Ne torchiò a dovere alcuni, senza cavare un ragno dal buco, ma ovviamente annunciando «clamorosi sviluppi». Poi, saltellando da uno studio tv all'altro, invitò le tv a «spegnere i riflettori sulla vicenda».

Il colpo di genio fu quando l'ubiquo avvocato chiese ai giudici di disporre una «superperizia». È quella del criminologo tedesco Schmitter, che ora ha sentenziato: sul pigiama di Annamaria hanno ragione la procura e il ris e torto il pool Taormina. Un boomerang catastrofico. Ma SuperCarlo non si perde d'animo: «La perizia è favorevole a noi». Anche se dice il contrario? «Ci dev'essere un errore di traduzione». Ecco, non resta che denunciare l'interprete. O, in subordine, il dizionario. *(26/04/2004)*

Tortura percepita

Dopo averne dette di tutti i colori sugli ostaggi italiani in Iraq, Berlusconi chiede il silenzio stampa sugli ostaggi italiani in Iraq. Non è dato sapere se il silenzio stampa valga soltanto per gli altri, o anche per lui e per il suo nuovo ufficio stampa, il Sismi. Nel qual caso, ben venga. Forse il Cavaliere ha scoperto che nessuno può tappargli la bocca, tranne lui stesso. E ha deciso di autoimbavagliarsi. Magari per evitare che il presidente del consiglio, mentre tre cittadini italiani sono sequestrati perché accusati di collaborazionismo con gli occupanti anglo-americani, si spertichi in dichiarazioni d'amore per gli anglo-americani, inviti Bush un giorno sì e l'altro anche in Italia, si faccia riprendere abbracciato a Blair, si promuova «l'alleato più fedele degli Usa», annunci che le truppe italiane resteranno in Iraq di qui all'eternità ed escogiti altre simili, geniali trovate diplomatiche per convincere i sequestratori a liberare i prigionieri. L'altro giorno aveva detto: «È come se in Iraq ci fosse mio fratello», offendendo inutilmente i tre poveri prigionieri, paragonati a un pluripregiudicato, e gettando nel panico il povero Paolo. Il quale, già costretto a farsi processare e arrestare al posto di Silvio, ha temuto per un attimo di venire paracadutato su Nassiriya in rappresentanza della famiglia. Poi l'hanno rassicurato: il motto di Silvio è «armiamoci e partite». Scampato pericolo.

Negli Usa e in Inghilterra si discute molto sulla balla delle armi di distruzione di massa, sulle vittime civili e militari triplicate da quando la guerra è ufficialmente finita, sul riciclaggio dei generali di Saddam nella polizia dei liberatori (alcuni stavano nel celebre mazzo di carte dei super-ricercati: ma, appena li hanno trovati, li hanno subito rimessi in divisa) e sulle torture che la superiore civiltà occidentale ha esportato in Iraq, in aggiunta alla democrazia. La domanda è: perché abbiamo invaso l'Iraq? Domanda seccante, che si può porre soltanto in paesi privi di Bruno Vespa. Noi invece l'insetto ce l'abbiamo ogni sera, infatti da noi nessuno chiede ai rappresentanti del governo perché hanno mandato le truppe. L'unica domanda consentita a *Porta a Porta* è perché l'opposizione le vuole ritirare. E se qualcuno, come una coraggiosa giornalista di La7 (ovviamente straniera), ricorda che sparare ai civili sul ponte di Nassiriya non è proprio tipico delle missioni umanitarie, l'insetto la zittisce: «I nostri soldati hanno sparato sui civili? Ha detto questo? Ho capito bene?». Subito la parola passa a Schifani (con rispetto parlando), che non sa nemmeno il nome del negoziatore Onu Brahimi (lui lo chiama «Ibrahimi»). Però racconta, come se fosse di casa a Nassiriya, la favola degli italiani brava gente che distribuiscono biscotti e medicinali. La smentita arriva dal capo di stato maggiore dell'esercito italiano, generale Giulio Fraticelli, che il 30 aprile racconta al «Corriere»: «Parliamoci chiaro: un vero e proprio piano di aiuti umanitari in Iraq non c'è». «I militari italiani» – aggiunge il «Corriere» – «sono lì per proteggere l'afflusso di cibo, medicine e generi di conforto. Ma, in realtà, non c'è nulla da distribuire». Vietato, a *Porta a Porta*, anche parlare di «occupazione dell'Iraq», sebbene il 71 per cento degli iracheni e la maggioranza degli americani la pensino così. L'insetto non vuole. Diciamo che è «occupazione percepita», ma non reale. Un'illusione ottica, come l'inflazione e la nuova povertà nell'Italia di Berlusconi.

Intanto, su uno dei giornali della ditta, il direttore Carlo Rossella depone il pennarello con cui di solito disegna i capelli sulla pelata di Berlusconi, e intinge la penna nella saliva: «La sera di Pasqua, "Panorama" ha sentito il presidente del consiglio Silvio Berlusconi. Uno scambio di auguri, un rapido excursus sulla situazione in Iraq». Eccola, in sintesi, secondo Rossella: «L'Iraq attraversa un momento difficile» (ma è solo un momento, poi passa). «Alcuni facinorosi ne approfittano per eccitare l'estremismo» (ma sono soltanto alcuni, poca roba). «Ma il morale dei nostri è alto» (e il rancio è ottimo e abbondante per la truppa).

A proposito di torture: il 1° dicembre 2003 il «Corriere della Sera» informò che a Nassiriya, «cinque giorni dopo la strage, quattro persone "sospette" sono state fermate dai carabinieri. Tutti erano perfettamente addestrati a resistere agli interrogatori. Ma è stato soprattutto uno a colpire i militari per la sua determinazione. La procedura seguita dai carabinieri è quella imposta dagli Stati Uniti, che alla fine li hanno presi in consegna: i quattro sono rimasti chiusi in una cella al buio, inginocchiati, senza acqua né cibo, per quattro giorni. Una tecnica che mira a far crollare i prigionieri e spesso li porta a confessare. In questo caso non è successo. Usando qualcosa di simile all'autoipnosi, i quattro sospetti sono riusciti a restare in silenzio, sopportando le privazioni. Questo ha avvalorato l'ipotesi che possano essere terroristi, addestrati a non parlare in caso di arresto». L'ipotesi che i giovanotti iracheni non confessassero nemmeno sotto tortura per il semplice motivo che, non avendo fatto niente, non avevano nulla da confessare, fu scartata a priori. A cinque mesi di distanza, si attende ancora una smentita. O un commento. In America si sarebbe aperto un certo dibattito. Nell'Italia dell'insetto, silenzio di tomba. Dev'essere un caso di tortura percepita. *(4/05/2004)*

Lucia Annunziata, a un anno dalla nomina, si dimette polemicamente da «presidente di garanzia» della Rai e attacca ovviamente il direttore generale Flavio Cattaneo, rivelando che l'ha insultata e minacciata di prenderla a «calci in culo».

La guerra in Iraq sembra fatta apposta per descrivere la guerra alla Rai, e viceversa. Se nessuno aveva capito che cosa ci fosse entrata a fare Lucia Annunziata, tutti hanno capito perché ne è uscita. Flavio Cattaneo è sinceramente rammaricato: «Lucia poteva venire prima in consiglio». Così, per usare il suo dolce stilnovo, la prendeva «a calci nel culo». Non c'è stato il tempo. Come ha dichiarato Bruno Vespa al sottostante «Panorama»: «La Rai sta vivendo un momento magico». Soprattutto lui e la sua magra pensione biennale di 5 miliardi (meno 30 lire, per non esagerare). L'altro giorno, ospite di *Otto e mezzo* (detto anche *La bella e la bestia*), Vespa aveva lanciato una macumba alla Annunziata: «Chi mi attacca finisce male. Uno addirittura è morto». Poi però ha aggiunto: «Non ho mai fatto male a una mosca». Insetto non morde insetto.

Tutto ciò per meglio solennizzare il nuovo record del Cavaliere che batte nientemeno che Bettino Craxi. Come già con Gelli e con Mangano, l'allievo ha superato il maestro. Scudetti e longevità a parte, Berlusconi è riuscito a varare molte più leggi per Berlusconi di quanto ne avesse varate il pur volenteroso Bettino, con gran risparmio di tempo e anche di nomi. Ai tempi di Craxi i decreti Berlusconi prendevano nome dal beneficiario. Ora, sia dal beneficiario sia dall'autore. Fa eccezione la Gasparri: lì hanno usato un prestanome. Di solito il Cavaliere impiegava fratelli, cugini, zie suore, ragionieri, notai, disoccupati e vecchietti paralitici. Poi li ha finiti. Così ha scelto il ministro Marty Feldmann, noto per la sua sterminata cultura tecnologica e soprattutto per una conformazione dorsale particolarmente predisposta: diciamo a 90 gradi. Ora fa parte anche lui della grande famiglia, insieme a Silvio, Paolo, Marina, Dudi, Bondi e il resto della servitù. È più di un socio sostenitore. È quasi un parente acquisito, come Craxi, Mammì, Cirami, Maccanico, Schifani. Già avviate, all'anagrafe, le pratiche per cambiargli il nome: Gasparriset, o Gasparroni, o Berlusparri. Ecco: Maurizio Dudu Berlusparri potrebbe andare bene.

«Io servitore del premier?», si schermisce lui tutto paonazzo, «no. Semmai sono il braccio operativo del futuro». Dopo tante amarezze (i franchi tiratori, Ciampi, la costituzione), la sua legge è finalmente passata. «Una performance storica», si imbroda il prestanome. Berlusconi alla fine l'ha chiamato: «Una normale telefonata di congratulazione come tantissime altre». Quelle di Paolo, Marina, Dudi, Bondi e il resto della servitù. «Chi mi accusava di fare una legge su misura per garantire il duopolio, adesso dovrà ricredersi». Infatti la sua legge garantisce il monopolio. Lo ha confermato Emilio Fede, precettando l'intera redazione del Tg4 per i dovuti festeggiamenti: «Finora non avete sentito il dovere di esprimere, né privatamente né pubblicamente, un ringraziamento a chi con la legge Gasparri ha salvato il vostro posto di lavoro». È la riedizione del saluto al duce, dei comitati di accoglienza al gerarca con le giovani italiane che lanciano fiori e la figlia della lupa che legge la poesia.

Ora, grazie al braccio operativo del futuro, si marcia a passo spedito verso la Nuova Rai. E il buongiorno si vede dal mattino: la portaborse di Berlusconi va al marketing, l'ex agit prop di Forza Italia ai palinsesti e a Raidue l'ex presidente della provincia di Varese (Lega Nord, scuola Calderoli, dunque elementare). Per ora, nel toto-nomine, nessun serial killer, ma si provvederà. Commovente lo slancio di Cattaneo che aveva piazzato Marzullo vicedirettore di Rai1. Un'iniezione di fiducia alle giovani generazioni: se ce l'ha fatta Marzullo, c'è speranza per tutti. Poi però si è scoperto che Marzullo non è nemmeno amico di Previti e la nomina è saltata. Anche perché se ne sarebbe avuto a male Antonio Socci, riuscito a farsi rimuovere per scarso rendimento persino da questa Rai. Niente più vicedirezione. *Excalibur*, però, continua: resta da eguagliare lo share del monoscopio, e ci siamo quasi. Per un atterraggio più morbido, si è adottata la formula già in voga in Unione Sovietica, quando Malenkov, cacciato dalla segreteria del Pcus, andò a dirigere una centrale elettrica. Socci, nelle ore libere, verrà spedito alla Scuola di giornalismo di Perugia. Ma non come alunno. Come direttore generale. Sempre a titolo di incoraggiamento per gli studenti un po' ritardati. *(6/05/2004)*

La gomma del ponte

Quando, fra qualche anno, gli storici studieranno la nascita e la crescita del regime plutomediatico berlusconiano, il primo capitolo dovrà essere dedicato ai giornalisti.

Nel reparto «sugheri», primeggerà il sempreagalla Bruno Vespa (ma con il dovuto rispetto, visto che Bruno Vespa sarà a galla anche dopo la caduta del regime). L'altra sera l'insetto ha persino scoperto l'esistenza di Giovanni Sartori. Non, si capisce, per parlare contro il conflitto d'interessi e la legge Gasparri, ma contro il ritiro delle truppe italiane dall'Iraq. Della tortura esportata dagli americani insieme alla democrazia, invece, non c'è stato tempo di parlare. Salvo un fugace accenno di Ignazio La Rissa, tutto giulivo per la grande prova di democrazia offerta dagli americani. Che sì, magari ti torturano, ma poi lo fanno vedere in tv. Sono soddisfazioni. «Nelle dittature – diceva La Rissa – certe cose non si vengono a sapere, mentre in una democrazia l'esercito stesso le denuncia, poi si apre un'inchiesta e si rimuovono i generali». Un po' come in Italia per Ustica.

Nel reparto «tengo famiglia» si parlerà di Barbara Palombelli, la consorte del presunto leader dell'opposizione che ogni sera fa da spalla al manganellatore capo del regime. Ieri, nella sua rubrica su «Sette», la signora si domandava «una volta per tutte»: «Perché mai il ponte sullo Stretto dovrebbe essere di destra?». Più che di destra, c'è il sospetto che il ponte sia di mafia. *(7/05/2004)*

Loro c'entrano

Sette mesi fa, il 12 ottobre 2003, il presidente della camera Pierferdinando Casini lanciò un vibrante allarme sulla questione morale in politica. «Rispetto al riaffacciarsi di pericolosi episodi di malcostume e corruzione – disse – la politica non può abbassare la guardia o assuefarsi a metodi che nulla hanno a che fare con un corretto svolgimento della nostra vita democratica. Non possiamo minimizzare episodi che dimostrano come troppo spesso si interpreti la politica come una facile ricerca di denaro e potere. Proprio chi ha avvertito e denunciato le insidie di un giustizialismo inaccettabile ha il dovere morale di difendere la nobiltà della politica dai trasformismi e dai meccanismi corruttivi che la inquinano». L'indomani, ricordando De Gasperi, aggiunse: «Bisogna difendere la politica dall'affarismo. È un'insidia per tutti, destra e sinistra. Non bisogna abbassare la guardia. Bisogna difendere la politica dai rischi di infiltrazione di gente che con la politica non ha niente a che fare perché la tensione ideale e morale non sa dove sta di casa». Sante parole, applausi scroscianti.

Ora, c'è da sperare che Casini non sia stato informato sulle candidature del suo partito, l'Udc, per le elezioni europee, e che non trovi nemmeno il tempo di leggerle sui giornali. In caso contrario, non resterebbero che due alternative: o Casini s'è dimesso segretamente dall'Udc, o parla per dar aria alla bocca. Perché basta scorrere le liste Udc per trovarvi una discreta serie di inquisiti, imputati, arrestati, pregiudicati che non ricordano propriamente De Gasperi, e che somigliano parecchio a quella «gente che con la politica non ha niente a che fare perché la tensione ideale e morale non sa dove sta di casa» contro cui «non bisogna abbassare la guardia». Nel Nord-Ovest campeggia la preclara figura di Vito Bonsignore, ras delle autostrade ed ex deputato andreottiano, definitivamente condannato a Torino a 2 anni di reclusione per corruzione nello scandalo dell'ospedale di Asti («era solo tentata corruzione», si difende lui, chiedendo forse un'altra chance). Nel Sud è candidato il segretario di Buttiglione, quel Giampiero Catone arrestato nel 2001 per associazione a delinquere finalizzata alla truffa, al falso in bilancio e alla bancarotta fraudolenta pluriaggravata e rinviato a giudizio in dicembre a Chieti per la bancarotta di due delle sue 50 società italiane ed estere (50 anche i miliardi spariti secondo l'accusa) e una serie di reati fiscali. I giudici romani lo accusano, fra l'altro, di aver truffato il ministero dell'Industria ottenendo, con carte false, 12 miliardi di finanziamenti pubblici per impianti tessili inesistenti nell'Aquilano. Catone è pure direttore dell'organo dell'Udc, «La Discussione», e dirigente del dipartimento Politiche comunitarie, di cui è ministro Buttiglione. Che ora vorrebbe esportarlo in Europa, possibilmente col vicepresidente della Lega calcio Antonio Matarrese: la sua candidatura era in bilico, poi l'hanno inquisito insieme a Carraro per gli scandali del pallone, e i dubbi sono svaniti. Candidato pure lui nel Sud.

Nelle isole svetta un altro pluri-inquisito da esportazione: il governatore di Sicilia Totò Cuffaro. Nell'ultimo anno ha ricevuto tre avvisi di garanzia per reati che vanno dal concorso esterno in associazione mafiosa alla corruzione alla rivelazione di segreti d'ufficio. Se Forza Italia, all'ultimo momento, ha deciso di non candidare il pregiudicato e pluri-imputato Marcello Dell'Utri, piazzando al suo posto addirittura un incensurato, l'Udc non ha avuto esitazioni a mettere in lista Totò Vasa Vasa. Forse per non disorientare troppo gli elettori siciliani del Polo, abituati più alle foto segnaletiche che ai manifesti elettorali. Non candidati (per ora) gli altri leader dell'Udc siciliana, più per motivi contingenti che per altro: hanno le mani impegnate da un paio di manette. Parliamo dell'ex assessore comunale Domenico Miceli, arrestato e ora imputato per concorso esterno in associazione mafiosa; dei deputati regionali Antonio Borzacchelli e Vincenzo Lo Giudice detto Mangialasagne, arrestati per concorso esterno. Senza dimenticare i deputati nazionali Francesco Saverio Romano (indagato per mafia*) e Calogero Sodano (condannato per appalti truccati e imputato in vari processi ad Agrigento), oltre all'assessore regionale David Costa (appena indagato per mafia). Fino a ieri l'Udc poteva vantare un martire della malagiustizia e dei teoremi delle toghe rosse: l'ex ministro Dc Calogero Mannino, assolto nel 2002 dal tribunale per insufficienza di prove dopo una lunga detenzione. Ieri l'hanno condannato in appello a 5 anni e 4 mesi, sempre per mafia s'intende.

A questo punto, forse, Casini potrebbe porsi qualche interrogativo. E anche il fido Follini, che da un mese si affaccia serafico su tutti i muri d'Italia con quella faccia da zio di Harry

* La sua posizione verrà poi archiaviata.

Potter sotto la scritta «Io c'entro», circondato da bimbi che giocano ai giardinetti. Visto quel che c'è dietro, quei manifesti rischiano di somigliare a uno spot del Telefono azzurro: se vedi uno così, chiama il numero verde. Anche lo slogan «Io c'entro» forse va ripensato. Qualcuno, equivocando, potrebbe pensare a una confessione. *(12/05/2004)*

Par supplicio

In principio erano le armi di distruzione di massa. Per prevenire il terribile attacco di Saddam al resto del mondo, partì la guerra all'Iraq. Poi si scoprì che le armi non c'erano. Allora si disse che eravamo lì per liberare gli iracheni da Saddam e dai suoi aguzzini. Poi si scoprì che i suoi aguzzini, appena catturati, venivano travestiti da ufficiali del nuovo governo provvisorio e rimessi in pista. Allora si disse che bisognava restare perché gli iracheni lo volevano, infatti ci accoglievano come liberatori. Poi si scoprì che ci sparavano addosso. Allora si disse che eravamo lì per esportare la democrazia. Poi si scoprì che, già che c'eravamo, esportavamo anche la tortura, della quale peraltro l'Iraq era un discreto produttore. Allora si disse che c'è una bella differenza fra la tortura di Saddam e la nostra: lui i torturati mica li fotografava, noi sì. Clic. Volete mettere la differenza? Allora si disse che bisognava restare per garantire la pace in Iraq, contro la guerra che peraltro abbiamo scatenato noi. Poi si scoprì che la pace fa più morti della guerra. Allora si disse che bisognava restare per combattere il terrorismo. Poi si scoprì che il terrorismo, da quando lo combattiamo, aumenta. Allora si disse che bisognava restare perché altrimenti scoppia la guerra civile. Poi, consultando i libri di storia, si scoprì che il passato iracheno non conosce guerre civili, dunque l'evento paventato è tutto da dimostrare. Dopo la guerra preventiva per scongiurare un pericolo inesistente, ecco la guerra preventiva per scongiurarne uno eventuale. A questo punto Colin Powell ha ingranato la retromarcia: «Se gli iracheni non ci vogliono, ce ne andiamo». Quelli del nostro centrosinistra l'avevano detto appena il giorno prima: ancora poche ore, e si facevano scavalcare dal compagno Powell. Sono soddisfazioni.

Questa danza macabra di ordini e contrordini mette a dura prova i riflessi del cosiddetto governo italiano e degl'intellettuali al seguito. La loro missione è quella di trovare le parole per nascondere la verità e giustificare le direttive dell'amico Bush. Purtroppo sono giù di allenamento e spesso arrivano in ritardo. Giuliano Ferrara, sempre molto intelligente, pare un po' appesantito. L'altro giorno, in joint venture con Feltri, ha pensato bene di pubblicare la gigantografia dell'americano decapitato. Per dimostrare quanto sono terroristi i terroristi. Così imparano quelli che pubblicano le foto delle torture. Tiè. Par condicio. *À la guerre comme à la guerre* (pardòn, il ministro Frattini ci scusi: *À la paix comme à la paix*).

Tutte le persone sensate, come Sergio Romano che quando non parla di giustizia spesso ci azzecca, hanno fatto notare che quella grottesca par condicio non ha senso: «La contabilità dell'orrore e la contrapposizione delle immagini sono, soprattutto per l'Europa, un tragico sbaglio. Chi se ne serve per giustificare ciò che è accaduto a Baghdad perde contemporaneamente la guerra irachena e la propria credibilità politica». Lo capiscono, ed è tutto dire, persino Bush e Rumsfeld: dicono di vergognarsi e si scusano col mondo islamico. Ferrara, essendo molto intelligente, non ci è ancora arrivato. E si attarda nelle retrovie sproloquiando tutto trafelato di «episodi circoscritti» (almeno 25 morti per le sevizie), delle «misure correttive» da adottare (certi elettrodi non funzionavano), del «virus» che «ci indebolisce nella guerra»: non la tortura, beninteso, ma «la voracità morbosa di dire che la colpa è dell'Occidente, di pubblicare immagini delle torture degli occidentali». Cioè quel poco di spirito autocritico rimasto nelle opinioni pubbliche democratiche.

Il Platinette Barbuto è lo stesso che, appena in Italia finisce in galera per qualche giorno un ladrone di stato, con regolare processo, grida alla «tortura» e chiama Amnesty International. Poi c'è Piero Ostellino, che da anni accusa i magistrati di Mani Pulite di «giacobinismo» e «devastazioni della civiltà del diritto» (30 agosto 2003) solo perché mettevano in carcere qualche imputato eccellente per un paio di settimane (memorabile la sua recente lamentazione per Tanzi e le sue prigioni). Ma di fronte alle torture vere diventa una pasta d'uomo: niente più devastazioni della civiltà del diritto. Anzi, ieri, a proposito delle sevizie degli americani, intimava: «Non chiamiamole torture». Ecco: Bush, Rumsfeld, i deputati Usa che hanno appena visto l'ultima infornata di foto (vere) sugli orrori di Abu Ghraib e li chiamano torture non hanno capito niente. Quelle – Ostellino docet – non sono torture, ma effetti collaterali della «mancanza di professionalità, di addestramento, di controllo» della truppa. E poi, via, la «democrazia reale» è quella roba lì: «catturare i sospetti di terrorismo, farli parlare, accumulare la maggior quantità di informazioni»: «l'intelligence non è un balletto», si è sempre fatto così, avendo però cura di «non farsi fotografare se si maltrattano i sospetti di terrorismo». Alla fine Ostellino si felicita per «la buona educazione democratica» dimostrata nell'increscioso frangente dagli Usa. Una questione di galateo: ti è scappato un ruttino, chiedi scusa, e morta lì. Anzi, morti lì.

P.S. L'altra sera, intervistato in tv, Marco Follini ha dichiarato: «Con le torture noi non c'entriamo». Purtroppo, alle sue spalle, campeggiava un manifesto dell'Udc con scritta cubitale: «Io c'entro». Pover'uomo. *(18/05/2004)*

Il Cavalier Pirlo

Giornate di terrore fra i militari italiani a Nassiriya, assediati e attaccati dai ribelli iracheni. Intanto il premier Berlusconi festeggia lo scudetto del Milan.

Oggi il Cavalier Bisunto sarà negli Stati Uniti per ricevere, a Washington, il premio «International Man of Courage». In effetti ci vuole un bel coraggio per cazzeggiare con Pirlo alla festa del Milan mentre i «nostri ragazzi» assediati a Nassiriya si battono e muoiono armati da missione di pace perché chiamarla guerra non si può. Lui ha assicurato che «mi sono tenuto costantemente informato sulla situazione in Iraq» (pare che Ancelotti gli portasse, di tanto in tanto, i dispacci del Comando). Poi s'è detto «amareggiato per le polemiche seguite alla mia partecipazione alla festa rossonera», che ha liquidato come «pretesti elettorali». E ha ragione: sarebbe stato molto peggio se si fosse trovato a Palazzo Chigi, facendo i consueti disastri. Se la festa del Milan non ci fosse stata, si sarebbe dovuto inventarla: l'unico sistema per limitare i danni, ormai, è quella di trovare il modo di tener lontani i ministri e il loro capo dai rispettivi uffici. Berlusconi a Milanello. Frattini a *Porta a Porta* nel tradizionale ruolo di copridivano. Martino a fare il passo del leopardo nel salotto di casa, in uniforme da combattimento (vestaglia mimetica, pantofole, pancera Gibaud, retina in testa). La Moratti al Museo Egizio nel consueto sarcofago. E così via.

Ritirato il premio, il Cavalier Pirlo si trasferirà alla Casa Bianca per conferire con l'amico Bush. Lì gli verrà conferito un altro ambito riconoscimento, il premio «Monica Lewinsky 2004»: era dai tempi della stagista che nella sala ovale non si vedeva una persona meno verticale. Dalle indiscrezioni dei soliti bene informati, pare che il Cavalier Monica gliele canterà chiare a George. Intende strappargli una promessa di «svolta», per tornare in Italia da vincitore della guerra e affrontare a piè fermo, pancia in dentro e petto in fuori, le terribili opposizioni che lo aspettano al varco con la consueta mezza dozzina di mozioni (diranno tutte la stessa cosa, ma quella di Bertinotti sarà lunga tre righe, quella di Pecoraro e Diliberto quattro, quella del Triciclo cinque con una postilla di Boselli, che per arrivare a sei righe la scriverà in gotico).

Mastella, invece, è per rimanere in Iraq (non lui, si capisce: gli altri). E viene subito elogiato dal «Foglio»: secondo il sempre intelligente Giuliano Ferrara, il Rommel di Ceppaloni è «l'ultimo dei riformisti» che «non si fa travolgere dalla demagogia» e sventola solitario «la bandiera della ragionevolezza riformista». Anche il Platinette Barbuto meriterebbe un qualche premio, per la dedizione con cui continua a sacrificarsi per la causa di Bush, anche quando lo stesso Bush sembra abbandonarla. Lo ricordiamo tutto giulivo quando, poco più di un anno fa, entrò trionfalmente in Baghdad con a bordo l'intera Casa delle Libertà. Erano i tempi in cui «Il Foglio» pubblicava pallosissimi trattati dei neocons, il termine francese che indica i neocoglioni americani convinti della missione salvifica della democrazia americana da esportazione. Ora, negli Stati Uniti, i pochi neocons superstiti vengono visitati dagli studenti al museo delle cere. Ma il Platinette Barbuto non demorde. Suona la tromba per tener alto il morale della truppa. Ingrandisce teste di decapitati per dimostrare che i terroristi sono dei terroristi e che ci vuole il gioco maschio. Intima alle diplomazie occidentali che preparano il fuggi-fuggi di «imporre la sicurezza in Iraq». Avverte trafelato che «così rischiamo di perdere», che «abbiamo le mani legate», che bisogna riarmarsi e mandare «più uomini». E, nei ritagli di tempo, continua a dichiarare guerre a destra e a manca (l'altro giorno voleva invadere la Siria). Purtroppo i «riformisti» l'hanno lasciato solo. Antonio Polito, la spalla, è segnalato in fuga dai satelliti spia, che l'hanno individuato per via della basetta off-shore e del travestimento da Sherlock Holmes. Resta Mastella. Magari Pomicino, ecco.

Poi c'è il Cavalier Pirlo: festeggiato lo scudetto, dovrebbe avere qualche giorno libero per occuparsi della guerra. «Resteremo in Iraq – assicura – anche dopo il 30 giugno». Anche, eventualmente, senza gli americani, casomai se ne andassero e lo avvertissero. L'unico ritiro che conosce è quello precampionato.

(19/05/2004)

Estreme unzioni

Il coordinatore nazionale del «partito dell'amore contro la sinistra dell'odio», cioé di Forza Italia, Sandro Bondi insomma, ha appena dato dell'handicappato a Francesco Rutelli («uno da classe differenziale»). Poi è corso a benedire la nuova sede italoforzuta di Venezia, con l'ausilio dell'arciprete della basilica di San Marco, monsignor Giuseppe Camillotto. La pia cerimonia, in cui James Bondi fungeva da chierichetto con la pignatta dell'acquasanta e l'aspersorio, s'è conclusa con la benedizione del sacro evento e con il lancio della candidatura di Cesare Campa a sindaco di Venezia. Pare che il Pallore Gonfiato abbia insistito per impartirla lui, urbi et orbi, in tutte le lingue che conosce, cioè nessuna. Ma non c'è stato niente da fare: il monsignore ha spiegato al chierichetto che per certe mansioni bisogna prima prendere i voti, ma non nel senso che intende lui. La scena ha meravigliato persino il cronista del prudente «Gazzettino», che l'ha descritta parlando di «un officiante laico, Bondi, e un officiante religioso, Camillotto». Difficile, per non dire impossibile, distinguere l'uno dall'altro: con quel fare adorante e lievemente estatico da fratacchione del *Nome della rosa*, Bondi pareva molto più monsignore dell'arciprete. Figurarsi che accadrà domenica ad Assisi, dove padre James presenzierà al 750° anniversario della consacrazione della basilica di San Francesco. Abituato a conversare con gli uccelli e con i lupi, è possibile che il santo trovi due minuti anche per lui. Anche perché il Pallore Gonfiato non va mica in giro per sé: lui rappresenta il Bisunto del Signore, che è tanto occupato. E il Bisunto, come ha detto recentemente don Luigi Verzé, quello che aiutò il Cavaliere a spostare le rotte aeree da Segrate (dove doveva nascere Milano2) su un centro già abitato da altri, «è un dono di Dio epocale, non solo per il mio ospedale e per il Milan, ma anche per questo paese» (nel senso di Italia, non di Milano2). Don Verzé, che inaugurava un nuovo padiglione del San Raffaele alla presenza del dono di Dio, s'è poi rivolto direttamente a lui (al dono, non a Dio): «Grazie a te, caro Silvio, che porti la croce in questi tempi nel nostro caro paese» (inteso sempre come Italia, non come Milano2). Il dono ha annuito.

Chi non l'ha presa bene è don Gianni Budget Bozzo, il cappellano ufficiale, che s'é sentito scaricato sul più bello. Lui aveva definito il Bisunto «Uomo della Provvidenza» e paragonato l'amico a «Cristo sul Calvario» (scambiandolo, evidentemente, per uno dei due vicini). Poi, per il Lifting Day di fine gennaio all'Eur, gli aveva preparato un discorso memorabile, con la lista completa dei giudici maledetti da Dio fin dall'Antico Testamento (Borrelli, D'Ambrosio, Di Pietro, Davigo, Colombo, Boccassini). E alla fine era salito sul palco per ricevere il sacro abbraccio. Senonché, per l'emozione mistica, aveva perso per strada i pantaloni. Quella sera, prudenzialmente inquadrato dalla cintola in su, aveva spiegato all'*Infedele* come e qualmente nel 1993 aveva appreso dalla viva voce dello Spirito

Santo (al quale di tanto in tanto lui appare) che Berlusconi stava per scendere in campo. Anzi, per la precisione, che la Sacra Colomba stava scendendo in campo tramite Berlusconi. Quella sera rischiò pericolosamente il trattamento sanitario obbligatorio. Ma arrivò soltanto una smentita dal Vaticano, che escludeva recisamente qualsivoglia intervento dello Spirito Santo nelle campagne elettorali del 1994, del '96 e del 2001. Ora la stella di don Budget, ovviamente cometa, sembra declinare a vantaggio dei nuovi profeti, Bondi e Verzé, saltati su a rubargli il mestiere. Vendetta, tremenda vendetta. L'altro giorno il lucido reverendo, in un'infuocata intervista al «Corriere», ha scomunicato i divorziati: «Il divorzio ci indebolisce in modo drammatico nella resistenza alla minaccia islamica». Nemmeno Roberto Benigni («Berlusconi ha avuto molte mogli, di cui due sue») aveva osato tanto. Perché il micidiale anatema budgettiano colpisce dritto in fronte tutti i leader della Casa delle Libertà: Berlusconi, Bossi e Casini sono divorziati, Fini ha sposato una divorziata. Ecco: se vince la minaccia islamica, è grazie a loro. Altro che bin Laden, noto monogamo.

(21/05/2004)

Stelle e strip

I giornali di Berlusconi (quasi tutti i giornali) e le tv di Berlusconi (tutte le tv) erano molto soddisfatti dell'ultima tournée internazionale di Berlusconi e dell'ultimo discorso al parlamento di Berlusconi, trasmesso in diretta tv e riportato integralmente dagli house organ, come si conviene agli eventi epocali destinati ai libri di storia. *Il piano per l'Iraq in 6 mosse*, titolava entusiasta il «Giornale». *La vittoria di Berlusconi* faceva eco il sottostante «Libero». *Il Cav. monta a cavallo*, si eccitava mussolinianamente il «Foglio». Mancava solo un bel *Berlusconi ha sempre ragione*, ma ci si arriverà.

In effetti s'è trattato di un doppio figurone. Negli Stati Uniti il Cavalier Bisunto ha preso parte a una premiazione dove si pagava profumatamente (500 dollari) per ascoltare lui e l'amico George. I due più grandi bugiardi del mondo si esibivano per la prima volta insieme. Pienone assicurato. Era dalla morte di Bob Hope che non si rideva tanto. Fra una balla e l'altra, la macchietta di Arcore ha detto una sola cosa vera: «La nostra missione in Iraq è autorizzata dagli Stati Uniti». Ma era un lapsus, e s'è subito corretto: «Volevo dire dalle Nazioni Unite». Ecco, lui non riesce a cogliere questa gran differenza. Un po' come quando gli capitò di parlare del Consiglio di sicurezza e lo chiamò «Consiglio superiore», pensando ai magistrati e ai suoi processi. Poi ha ricordato il proditorio «attacco del comunismo alle due torri», lasciando basito l'uditorio, convinto che fosse stata Al Qaeda. Al momento del bis, con il pubblico ormai sdraiato a terra in preda alle convulsioni, il Bob Hope della Brianza ha fatto il numero della bandiera americana, già collaudato anni fa sulle navi da crociera: parlando delle «stars and stripes» (stelle e strisce) ha pronunciato «stars and strip» (stelle e spogliarello). Qualcuno, a quel punto, ha rischiato il soffocamento, ma alla fine tutti sono rincasati contenti per aver speso bene i loro 500 dollari. Molti gli hanno chiesto di tornare presto per una lunga tournée nei migliori teatri.

Poi il Bisunto s'è precipitato al parlamento italiano per la replica, anche quella molto applaudita. Alla camera il Cavalier Bob Hope non è riuscito a pronunciare una sola volta la parola «torture». Le ha chiamate, nell'ordine: «abusi», «umiliazioni», «errori», «fatti», «episodi», «andare oltre rispetto alle regole internazionali». È un po' come Fonzie, che non riusciva a pronunciare il verbo «ho sbagliato» e s'inceppava a «ho sb...». Poi però s'è lasciato sfuggire alcune importanti ammissioni, dicendo che quella in atto in Iraq è una «occupazione»: strano, fino all'altro giorno chi lo diceva era una velina di Saddam. «La strategia dei nemici della pace - ha aggiunto - è chiara: con le decapitazioni diffuse via Internet puntano a far crescere la paura e il disorientamento nella pubblica opinione». Un duro attacco a Mentana, Ferrara e Feltri che avevano sbattuto il decapitato in tv e in prima pagina, criticati dall'«Unità» proprio per aver fatto esattamente quello che i terroristi volevano.

Poi il commosso e commovente inno alle Nazioni Unite (che fino a un mese fa erano un covo di «tiranni e dittatori») e al «diritto di tutti in popoli a disporre di sé stessi, cioè all'autogoverno». Dev'essere per questo che gli iracheni sono governati da un americano di nome Bremer e quelli di Nassiriya da una signora milanese di nome Barbara Contini, mentre gli afghani subiscono un governo fantoccio che controlla a malapena Kabul e che, quanto a rappresentatività, fa rimpiangere i talebani. Ora però – assicura il premier – gli iracheni potranno «finalmente scegliere il proprio governo». Lui ne ha «discusso più volte con i paesi amici, anche islamici», e già sa che sarà «un governo credibile e autorevole». Anzi, ha lasciato capire di conoscere già i nomi del nuovo premier e dei suoi ministri. Un bel privilegio, visto che neppure gli americani ne sanno ancora nulla. L'ipotesi, a questo punto, è che – sempre nell'ambito dell'Onu e del diritto di autodeterminazione dei popoli – il Cavaliere abbia riunito ad Arcore il consiglio di guerra e la guardia repubblicana (Bondi, Cicchitto, Vito, Schifani, Previti e Dell'Utri) per mettere giù la lista del nuovo governo iracheno, «credibile e autorevole». Il nuovo premier dovrebbe essere un uomo super partes, un certo Mehmet Al Fidel Bin Confalonier, casomai non dovesse farcela come sindaco di Milano. *(22/05/2004)*

Pera cotta

Diceva Montanelli che «Berlusconi non delude mai: quando ti aspetti che dica una scempiaggine, la dice». E la fa. L'altro giorno si trattava di decidere chi mandare a Palermo, sull'autostrada di Capaci, a rappresentare il governo all'inaugurazione della stele per Giovanni Falcone, assassinato dalla mafia dodici anni fa. Pensa e ripensa, alla fine s'è deciso di mandare l'ingegner Lunardi, per gli amici Nullardi, un altro che non delude mai: la punta più avanzata dell'impegno antimafia del governo, quello che tre anni fa commemorò il nono anniversario delle stragi con la leggendaria frase: «Mafia e camorra ci sono sempre state, purtroppo, e quindi dovremo convivere con questa realtà» (22 agosto 2001). La cosa era talmente enorme che si fece sentire persino il presidente Ciampi. Allora Nullardi rettificò, a suo modo, dicendo che «la coscienza della convivenza con la mafia è la stessa che non ci deve far ridimensionare la triste convivenza con l'incidentalità e mortalità sulle strade» (24 agosto 2001). Geniale: paragonare le stragi di mafia a quelle del sabato sera. Chi meglio di lui per commemorare Falcone? L'uomo giusto al posto giusto. Come bin Laden che inaugura un nuovo grattacielo, Previti che inaugura un tribunale, la Moratti che inaugura una scuola.

A completare l'opera è sceso a Palermo Marcello Pera, che sembra incredibile ma è il presidente del senato, la seconda carica dello stato. Se Ciampi sta poco bene, il capo dello stato diventa Pera. Per dire quanto è preziosa la salute del presidente Ciampi.

Solo dodici anni fa l'ex filosocialista Pera era un fan sfegatato dei giudici e scioglieva inni e cantici alla magistratura. L'altro giorno, a Palermo, avrebbe potuto ripetere quel che scriveva sulla «Stampa» nel 1992-93: «Si è parlato tanto, e ancora si parlerà, di rapporto mafia/politica. Anche se sembra un paradosso, i successi che lo stato consegue sono una conferma di questo rapporto. Perché la politica è lo stato. Quando lo stato latita perché la politica si corrompe, la mafia lo occupa; quando lo stato riprende la sua autorevolezza, perché la politica ha un soprassalto di dignità o moto di resipiscenza, la mafia finisce in galera» (12 settembre 1992). All'epoca il ragionier Pera deplorava «la logica perversa» degli attacchi di Craxi ai giudici: «Craxi sbaglia. Allo stato degli atti ciò che i cittadini sgomenti vedono è solo una serie lunghissima di indagini, interrogazioni, avvisi di garanzia, incarcerazioni, confessioni, processi che riguardano casi specifici e persone specifiche... Il tumore del malaffare partitocratico era ramificato ovunque, ma non è che è in atto un attacco alla democrazia... Pensare che il fango nauseante che sommerge i partiti debba anche schizzare il governo, significa pensare che il governo è "cosa nostra", dopo aver pensato, e dimostrato in pratica, che "cosa nostra" sono gli enti, le banche, gli appalti, le professioni... Questi partiti devono retrocedere e alzare le mani... subito... senza le furbizie che accompagnano i rantoli della loro agonia. Perché questo sì sarebbe un golpe contro la democrazia: cercare di resistere contro la volontà popolare» (1° febbraio 1993). Per fortuna – scriveva il Pera prima della cura – «resta il baluardo della magistratura. Ma, come si vede proprio in questi giorni in cui l'on. Martinazzoli grida al complotto, i partiti che governano hanno tentato un decreto spugna, l'on. Craxi si è industriato a denigrare i giudici, mentre gli on. Bossi e Fini si accaldano a esaltarli strumentalmente, la partitocrazia, attraverso la legislazione, operando e omettendo, può agevolmente sbarazzarsi del terzo potere, o distruggerne il prestigio, il che è ancora peggio; con la conseguenza che si viene affermando una necessaria omertà fra compagni di gruppo politico, legati a un'indiscriminata solidarietà... Vedi Napoli e Milano, appunto, o Palermo o Roma. C'è da disperarsi? Sì, c'è da temere per la nostra democrazia» (9 aprile 1993). Pera, tutto eccitato, spronava i giudici a «fare fino in fondo, e senza riguardi per nessuno, il loro dovere» (5 marzo 1993). E accusava Bossi per i suoi attacchi ad alcuni magistrati: «I magistrati fanno il loro dovere, perché in questo paese molti magistrati sono già stati assassinati per aver fatto rispettare la legge» e un politico non deve mai «mettere in discussione i fondamenti stessi dello stato di diritto» (24 settembre 1993).

Ora invece, per celebrare degnamente Falcone e gli altri magistrati morti ammazzati, il ragioniere non ha trovato di meglio che insultare quelli rimasti in vita. Se qualcuno nutriva ancora qualche dubbio sulle ragioni dello sciopero delle toghe, Nullardi e Peracotta hanno provveduto a dissiparlo. Avvalorando ancora una volta la massima di ElleKappa: «In Italia i magistrati si dividono in due categorie: quelli buoni e quelli vivi». *(25/05/2004)*

Il suo nome è Nessuno

Essendo *Porta a Porta* chiuso per il weekend, il presunto ministro degli Esteri Franco Frattini è rimasto all'oscuro dell'assassinio del cuoco italiano Antonio Amato in Arabia Saudita. L'ultima volta, quando fu ucciso Fabrizio Quattrocchi, apprese la notizia nello studio di Vespa, ma solo dopo l'ultimo stacco pubblicitario; poi la comunicò in diretta ai familiari come alle nomination del *Grande fratello*, invitandoli a chiamare il numero verde della Farnesina per ulteriori informazioni. Stavolta invece l'intelligence personale del ministro, cioè l'insetto di *Porta a Porta*, era irrintracciabile e lui è rimasto a secco. Ha chiamato il numero verde e, visto che non rispondeva nessuno, ha ufficialmente rassicurato il paese: non c'è nessun italiano tra gli ostaggi uccisi. Per conoscere la verità bastava chiamare l'hotel di Al-Khobar, come ha fatto un giornalista di Sky-News, che l'altra sera ha raccontato: «Sabato, appena giunta notizia dell'assalto terroristico all'hotel, ho chiamato il centralino dell'albergo. Mi ha risposto un centralinista nemmeno troppo preoccupato, dicendomi che fra i possibili ostaggi nella torre poco distante c'erano anche degli italiani e facendomi il nome dello chef, Antonio Amato. Visto che la Farnesina continuava a smentire, ho richiamato quattro volte il centralinista, per sapere se l'avesse chiamato nel frattempo il nostro ministero o la nostra ambasciata. Mi ha risposto di non averli mai sentiti». Evidentemente chiamavano tutti il numero verde, ma trovavano occupato: era Frattini che parlava da solo.

Ora, secondo le opposizioni, non si scappa: «O Frattini è bugiardo, o è incapace». Ma c'è pure una terza ipotesi, la più attendibile: Frattini non sa di essere il ministro degli Esteri, o di essere Frattini. E, anche se lo sa, nessun altro se n'è accorto. È sempre fuori posto, soprattutto quando si trova nel suo ufficio alla Farnesina. Ma è anche fuori tempo: doveva nascere quarant'anni prima, per dar tempo a Fortebraccio di occuparsi di lui. Fortebraccio se la prendeva con la «fronte inutilmente spaziosa di Tanassi». Raccontava dall'auto blu da cui non scendeva nessuno ed era Nicolazzi. Avesse mai conosciuto Frattini, l'avesse mai visto scendere dall'auto blu, i Tanassi e i Nicolazzi gli sarebbero sembrati Cavour. Nei fumetti di Tintin, c'erano due poliziotti – i gemelli Dupont – che ignoravano di esserlo, e appena succedeva qualcosa urlavano: «Chiamate la polizia!». Poi, un istante dopo, si battevano la mano sulla fronte: «Ma siamo noi la polizia!». Anche Frattini, l'altro giorno, strillava: «Chiamate il ministro degli Esteri!». Nessuno ha ancora avuto il coraggio di comunicargli che è lui. Sono due anni e mezzo ormai, da quando – avendo fatto conoscenza dei colleghi – Renato Ruggiero lasciò il governo Berlusconi, che l'Italia è senza ministro degli Esteri. Prima il Cavaliere, ad interim: una catastrofe. Poi il ragionier Franco Frattozzi: cioè nessuno. Il quale, nel suo piccolo, si difende attaccando: «È facile lanciare accuse dai salotti radical-chic contro chi rischia ogni giorno la vita». Lui, a scanso di equivoci, rischia la vita nel salotto di Vespa. *(1/06/2004)*

Dear George, dear Monico

Ora che lo dice anche Bush, possono cominciare a dirlo – con la dovuta prudenza – anche le sue veline italiane. Quella in Iraq non è una guerra di liberazione e nemmeno una missione di pace: «È un'occupazione militare che nemmeno io vorrei subire». E stiamo parlando di un signore che tentò di soffocarsi con un salatino, che è solito scrutare l'orizzonte coi tappi sul binocolo, che cade spesso dalla bicicletta e non riesce nemmeno ad aprire un ombrello. Se uno così è giunto a simili conclusioni, potrebbero arrivarci con qualche sforzo persino Berlusconi, Frattini, Martino e Ferrara, gente capacissima di cadere da un salatino, di scrutare l'orizzonte coi tappi sull'ombrello, di tentare di aprire un binocolo e di soffocarsi con una bicicletta.

Soccorre, nel giorno della visita del presidente americano al suo monicolewinsky italiano, un'intervista di Francesco Cossiga a Pino Corrias che uscirà domani su «Vanity Fair». «Berlusconi – rivela l'ex presidente – venne da me a cena prima di partire per Washington (l'anno scorso, *n.d.r.*). A tavola estrasse un sondaggio: "Il 60 per cento degli italiani è contro l'intervento in Iraq. Non lo farò mai e poi mai, sono mica matto. Né fesso"...». Pochi giorni dopo le truppe italiane partivano per l'Iraq. Commenta Cossiga: «Non è né matto, né fesso. Dice bugie». Bugie subito amplificate e santificate dai giornalisti embedded al seguito. Ora che da ogni parte del mondo risuona la ritirata, sarebbe il caso di avvertirli. Onde evitare che rimangano in trincea con elmetto di gomma e fuciletto a tappo anche quando se ne saranno andati pure gli americani. Sarebbe spiacevole se il compagno Bush, nella prossima intervista, li dovesse redarguire per i loro eccessi guerrafondai e antiarabi, come di solito fanno i padroni con i servi sciocchi che non servono più.

L'altra sera Pigi Cerchiobattista, il tutore dell'ordine che viene dopo il tiggì, processava il mite Boselli per le terribili violenze che – assicura lui – sicuramente funesteranno la visita di Bush in Italia, inaugurando così un nuovo genere giornalistico: l'intervista preventiva. Boselli faceva notare che non è (ancora) accaduto nulla e comunque il suo partito non marcerà contro Bush. Ma Pigi lo inchiodava impietoso alle sue responsabilità: «Se ci fossero violenze, lei ne chiederebbe conto ai partiti che parteciperanno alla marcia anti-Bush?». Boselli osservava che un conto sono i partiti e un conto gli eventuali violenti. Ma Cerchiobattista incalzava ancora, con piglio militaresco: «Lei non risponde alla mia domanda, i violenti e le violenze sono un fatto incontestabile». E nelle stesse ore, drammaticamente, la cronaca si incaricava di dargli ragione: 25 ragazzi pacifisti, sicuramente addestrati da Al Qaeda, scavalcavano una transenna armati di bandiera tricolore, ma la polizia sventava la minaccia arrestandoli in blocco e sequestrando la telecamera a una giornalista di La7, nota seguace di bin Laden, che osava riprendere la scena per poi passarla sottobanco ad Al Jazeera. Linea dura anche contro alcune decine di baby-killer che tentavano di lanciare palloncini colorati con la scritta «Smile», col chiaro intento di abbattere i cacciabombardieri in sfilata per il 2 giugno. Le armi di distruzione di massa sono state immantinente sequestrate. Ma non bisogna abbassare la guardia.

Poi c'è Ferrara. Dopo aver sposato tutte le cause peggiori del XX secolo (stalinismo, craxismo e berlusconismo, non avendo fatto in tempo col fascismo, per banali motivi anagrafici), si era ultimamente convertito al neocoglionismo dei neocons, molto popolari sulle colonne del «Foglio», mentre in America non mettono più il naso fuori di casa. Ieri il Platinette Barbuto definiva sobriamente Bush junior «il presidente del D-Day», confondendolo forse con Roosevelt (George W., appena avrà un attimo di tempo, gli dirà di non esagerare). Poi s'è ricordato chi è il suo editore e ha invitato gli italiani ad amarlo: «L'odio cieco per Bush è la misura precisa, insieme con l'odio per Berlusconi, della formidabile deriva culturale e civile delle sinistre». Infine, sempre dalla sua redazione opportunamente allocata a Milano in largo Corsia dei Servi, dichiarava guerra a un nuovo paese: l'Iran, che secondo voci di corridoio avrebbe costruito l'atomica senza il permesso di Ferrara, anche se «manca la pistola fumante». Il pistola che fuma, invece, è sempre lì. *(4/06/2004)*

Ora d'aria

A Capannori in quel di Lucca il sindaco di centrodestra Michele Martinelli è agli arresti domiciliari dal 5 maggio per corruzione. Ma s'è ricandidato lo stesso. Solo che, non potendo uscire di casa, fa la campagna elettorale dal balcone. Manda in giro videocassette registrate e riceve a domicilio i suoi fan in processione. Nell'ora d'aria.

Intanto Elio Veltri e la lista Di Pietro-Occhetto hanno scoperto che alcuni candidati del centrosinistra alle comunali di Foggia hanno fedine penali lunghe così. Uno dello Sdi, R.L., ha condanne definitive per ricettazione, rapina continuata, resistenza a pubblico ufficiale (2 anni di manicomio giudiziario per vizio totale di mente), furto continuato, furto in concorso, evasione (non fiscale: è proprio fuggito di prigione), danneggiamento, armi, abuso edilizio, senza contare tre processi ancora pendenti. Un altro candidato dello Sdi, D.P., ha un processo per porto abusivo d'armi e due condanne definitive per furto, più una per oltraggio e resistenza a pubblico ufficiale. Uno della Margherita, C.L., vanta una condanna definitiva per lesioni personali colpose, tre per assegni a vuoto, una per spendita di monete falsificate, una per evasione fiscale, una per violazione del testo unico di pubblica sicurezza, e deve ancora affrontare due processi. Sempre a Foggia, il centrosinistra si è alleato col Nuovo Psi del segretario provinciale Roberto Paolucci, appena condannato dal tribunale a 5 anni per concussione: mazzette dalla Emit per il nastro trasportatore di Manfredonia.

Per lo stesso scandalo è stato condannato alla stessa pena in primo grado il presidente provinciale dello Sdi Domenico Romano. Anziché vergognarsi, alcuni di costoro annunciano querela contro Veltri. E il candidato sindaco della Margherita Orazio Ciliberti, «magistrato del Tar», per nulla imbarazzato da simili compagnie, accusa Veltri di «settarismo e falso moralismo». Annuncia che «i nove partiti della coalizione hanno candidato, nella quasi totalità dei casi, persone di eccezionale qualità morale e civile» (da notare quel «quasi»: ricorda quella madre la cui figlia era «leggermente incinta»). Quanto ai pregiudicati in lista, «la politica è luogo e strumento di recupero e riaggregazione dei cittadini» che «hanno avuto difficoltà di integrazione nel tessuto sociale». Geniale: le istituzioni come comunità di recupero per le devianze criminali. Un tempo i condannati, per riabilitarsi, intrecciavano cestini di vimini nell'ora d'aria. Oggi entrano in consiglio comunale. *(5/06/2004)*

Uso criminoso

Liberati in Iraq i bodyguard italiani Agliana, Stefio e Cupertino. Il premier Berlusconi, in viaggio verso gli Usa, ne approfitta per occupare le televisioni a tre giorni dalle elezioni europee.

L'uomo che ha cacciato dal video Biagi, Santoro e Luttazzi per aver fatto della tv «un uso criminoso in campagna elettorale» è lo stesso che l'altro giorno, contumace negli Stati Uniti, ha occupato in permanenza la tv nel terz'ultimo giorno di campagna elettorale: 26 minuti nelle edizioni straordinarie dei tiggì, 36 minuti in quelle ordinarie, 13 minuti a *Porta a Porta*, il 100 per cento degli spazi politici al Tg5 e a Studio Aperto (il Tg4 avrebbe voluto superare una volta tanto il 100 per cento, ma non è stato possibile). Secondo i calcoli di Sebastiano Messina, le sei televisioni italiane sono rimaste in ostaggio del presidente del consiglio per un'ora, 3 minuti e 2 secondi sulle otto ore dedicate alla liberazione dei prigionieri. Nelle altre sette il presidente del consiglio ha ceduto il passo ad altri carcerieri di stretta fiducia, i cosiddetti ministri Frattini, Martino e Gasparri, oltre al noto dissidente Giuliano Ferrara. Se, per aver dato criminosamente notizie vere in tv, Biagi, Santoro e Luttazzi hanno pagato con il confino, resta da stabilire quale sia la pena prevista per Vespa, Mimun, Mazza, Mentana, Fede e Giordano per aver consentito al padrone (Vespa direbbe «editore di riferimento») di imbottire di balle sesquipedali la testa di milioni di italiani senza una domanda, una contestazione, un dubbio: magari li fanno tutti cavalieri, o senatori a vita, o più probabilmente li promuovono maggiordomi a Villa La Certosa in sostituzione di Renato Farina.

Frattini ha superato sé stesso: è riuscito a parlare per 23 minuti senza dire assolutamente nulla, se non che gli ostaggi erano stati liberati, notizia peraltro vecchiotta. «Non posso rivelare i particolari dell'operazione», ha aggiunto con fare misterioso la Volpe della Farnesina: un modo come un altro per dire che non li conosceva. Poi ha voluto esagerare: «La liberazione è avvenuta a Sud di Baghdad o nella periferia». Intanto Berlusconi parlava di Ramadi, 110 chilometri a Nord-Est di Baghdad (sempreché non abbia ragione Emergency, che parla di Abu Ghraib, cioè Bagdad): persino lui era più informato del suo ministro, sebbene stesse in America, o forse proprio per questo. Ormai è chiaro che han fatto tutto gli americani, nonostante i patetici sforzi del ministro della Pantofola Antonio Martino per accreditare un «ruolo decisivo del Sismi». Che non ha fatto assolutamente nulla. Tutti concordi anche sulla «linea della fermezza», sul «non si tratta coi terroristi», mentre persino Barbara Contini ha parlato di un riscatto pagato e appare ormai chiaro che almeno uno dei carcerieri ha venduto gli altri e consegnato gli ostaggi in cambio dell'impunità e della fuga indisturbata. Su questo concordano tutti i giornali veri, mentre quello finto, il «Giornale», continua a titolare: *Ecco come gli 007 del Sismi hanno individuato la prigione*. Trattasi dello stesso «Giornale», molto attendibile, che un anno fa aveva più volte individuato le armi di distruzione di massa di Saddam, purtroppo all'insaputa degli anglo-americani che ancora le stanno cercando.

In Spagna, per una sola bugia sulla strage di Madrid, Aznar ha perso 15 punti percentuali in un giorno e dunque le elezioni. In Italia, per una ventina di frottole sulla liberazione degli ostaggi, Berlusconi ha guadagnato uno o due punti in mezza giornata. Perché in Spagna, se il premier racconta balle, la tv le smaschera. In Italia le maschera, anzi le rilancia e le santifica. Purtroppo, nell'ansia di strappare una comparsata in tv e un angolino sui giornali dell'indomani, i ministri non si sono coordinati a dovere. Mentre uno inventava una panzana, l'altro ne escogitava un'altra che smentiva la precedente. Il solito problema di collegialità. Pisanu, per esempio, ha affidato a «Repubblica» di mercoledì la sua ricostruzione dei fatti. E, senz'accorgersene, ha confessato. Testuale: «Stavano per ucciderli, non potevamo più aspettare... L'azione di forza era ormai l'unica via percorribile. Con il trascorrere dei giorni si era delineato con sempre maggiore chiarezza lo scenario peggiore: quello dell'uccisione dei nostri connazionali. Il blitz ha scongiurato l'11 giugno italiano: avrebbero potuto ammazzarli proprio alla vigilia del voto». Dunque hanno aspettato? E quanto? E perché? Che vuol dire «il trascorrere dei giorni»? Se non avessero temuto che uccidessero gli ostaggi, quanti altri giorni avrebbero atteso prima di intervenire? Magari fino a venerdì 11, vigilia delle elezioni? Per un mese s'è parlato di fantomatici «italiani» infiltrati in Iraq per fare un «uso politico ed elettorale» («criminoso», direbbe qualcuno) degli ostaggi. Ora, finalmente, si capisce chi erano. *(12/06/2004)*

Bye bye Bondi

Dura sconfitta per la Casa delle Libertà alle elezioni europee.

A un certo punto della notte, quando non c'era più niente da fare, quando nemmeno l'insetto di *Porta a Porta* riusciva più a mascherare la catastrofe azzurra con i suoi melliflui ronzii, James Bondi stava per scoppiare a piangere. Proteggeva col suo corpo il cadavere politico del Cavalier Bollito, come Achille con Patroclo, come uno scudo umano arrivato tardi. Prima ha provato a dire che i sondaggi comunisti della Nexus (l'istituto berlusconiano) non contano nulla. Poi azzardava: «Forza Italia resta il primo partito, il governo non perde grazie a Berlusconi. È un voto strettamente europeo, contro l'Europa, contro l'euro e dunque contro Prodi». Vaselino Pionati correva al salvamento: «Si può parlare di flessione, non di smottamento». Rincuorato, James Tremebondi si consolava con Chirac e Schroeder: «Sono loro gli sconfitti. E non hanno partecipato alla guerra, a differenza di Gran Bretagna e Italia» (una confessione in piena regola, visto che finora la versione ufficiale voleva Berlusconi contrario alla guerra, al prezzo di durissimi scontri con l'amico George Bush, e l'Italia impegnata in una fondamentale e popolarissima «missione umanitaria» e/o «di pace»). Maurizio Belpietro montava sul suo mento, frugava vorticosamente nel dizionario dei sinonimi e lanciava un salvagente: «Non è una sconfitta, è una correzione». Marcello Sorgi raccoglieva e, come sempre, l'azzeccava: «Mi sembra che Berlusconi non sia in discussione». Ignazio La Rissa non aveva dubbi: «Ora il centrosinistra ha un problema di leadership». Poi, a notte fonda, si materializzava l'altro dioscuro di James, il vicecoordinatore piduista Fabrizio Cicchitto, intervistato (si fa per dire) dall'apposita Susanna Petruni, inviata embedded nell'esercito italoforzuto, che lo incalzava con domande distaccate, gelide, in puro stile anglosassone, tipo questa: «Fabrizio, a te!». Fabrizio sfoderava un nuovo sinonimo: «C'è una limatura per Forza Italia». Ecco, «limatura» non era ancora venuto in mente a nessuno.

Il Pallore Sgonfiato, ormai, faceva apparire rubicondo persino Fassino. Tentava invano, con un estremo colpo di reni, di convincere Stefano Folli a rivoluzionare la prima pagina del «Corriere»: «Direttore, mi scusi, non so se posso permettermi, ma mi pare che il vostro titolo *Berlusconi arretra* non colga l'essenza del voto. Io direi piuttosto che perde Prodi e si rafforza il governo...». Folli, inflessibile, teneva duro. Tutto ormai era perduto. Allora Tremebondi esalava la fatidica frase: «Forza Italia ha una piccola flessione. Forza Italia, però, non Silvio Berlusconi. Io, come coordinatore, ne trarrò le conseguenze». Ecco: il san Sebastiano di via dell'Anima era pronto a immolarsi per il Capo, mentre il Capo – essendosi candidato in tutti i collegi pur essendo ineleggibile, avendo occupato militarmente tutte le televisioni per invitare gli elettori a non votare per i partiti piccoli e a dare il 51 per cento al suo e avendo ottenuto strepitosi successi per i partiti piccoli e il 21 per cento per il suo – non c'entra. Lui vince anche quando perde. E, quando perde, è Bondi che perde. Per questo, avuto sentore del disastro imminente, avevano mandato avanti James: la sua vera funzione in Forza Italia è la stessa che Paolo Berlusconi svolge nei processi a Silvio e Maurizio Gasparri nel governo di Silvio: quella di prestanome-parafulmine. La stessa che Suslov ricopriva nel Pcus di Stalin il quale, quand'era nervoso e doveva sfogarsi, lo chiamava in ufficio e lo prendeva a calci nel sedere. Quello di Tremebondi è talmente paffuto e vaporoso, un sederino d'oro da spot della Lines, che sopravviverà. Ma quel suo «ne trarrò le conseguenze» fa pensare al peggio. Fa pensare che ora se la prenderanno con lui: chiederanno la sua testa e, se non la otterranno, sarà solo per l'oggettiva difficoltà di trovarla.

Già si sente riparlare di Claudio Scajola, detto Sciaboletta, ma non sarebbe la stessa cosa. È vero che, come ministro dell'Interno, ci aveva regalato momenti indimenticabili, come le radiose giornate di Genova, della scuola Diaz e della caserma di Bolzaneto. O come la toccante commemorazione del professor Marco Biagi, definito «un avido rompicoglioni» a cadavere ancora caldo. Ma Bondi è Bondi, e questa rubrica gli è sinceramente, morbosamente affezionata come ogni azienda lo è al suo fornitore preferito. Bondi non si tocca. È vero, ha chiesto più volte la soppressione di *Bananas* per motivi di ordine pubblico e un giorno che era particolarmente in forma ha pure invocato l'arresto per il suo autore. Ma a noi James piace così e non ce ne priveremmo per nessuna ragione al mondo. Passerotto, non andare via. *(15/06/2004)*

Quote marron

Si era temuto, per un attimo, che la mancata ricandidatura del senatore Marcello Dell'Utri al parlamento europeo sottendesse un affievolimento del suo slancio europeista. Timore infondato. Una notizia anticipata dal «Corriere» dissipa ogni dubbio: questo degno erede della tradizione dei De Gasperi, degli Adenauer e degli Schumann ha capito che l'Europa ha ancora bisogno di lui e, uscito dalla porta, ha chiesto e ottenuto di rientrarvi dalla finestra. Grazie alla fattiva collaborazione del presidente del senato, ragionier Marcello Pera, Dell'Utri andrà a ingrossare le file della delegazione italiana all'assemblea parlamentare del Consiglio d'Europa e dell'Unione dell'Europa occidentale, insieme a Lino Jannuzzi, a Silvio Berlusconi e ad altri galantuomini, in sostituzione del dimissionario senatore avvocato Memmo Contestabile, quello che stava in Soccorso rosso per poi passare al Soccorso azzurro. Secondo il «Corriere» – ma si tratta ovviamente di infami insinuazioni del noto organo del Comintern – a Dell'Utri farebbe gola più che altro la speciale immunità prevista per i membri dell'illustre consesso, «uno scudo di fronte alla legge italiana e alle magistrature internazionali». Anche perché, fra gli europarlamentari uscenti, Dell'Utri aveva il record dell'assenteismo, occupato com'era e com'è nelle aule di tribunale di mezza Italia. Anzi di mezza Europa, essendo stato condannato definitivamente a 2 anni a Torino per false fatture e frode fiscale, condannato in primo grado a 2 anni per estorsione insieme al boss Vincenzo Virga, imputato a Palermo per concorso esterno in associazione mafiosa (i pm hanno appena chiesto che venga condannato a 11 anni di carcere e le parti civili a risarcire il comune e la provincia di Palermo per 10 miloni di euro) e per calunnia pluriaggravata ai danni di alcuni pentiti, ma anche a Madrid per le presunte frodi di Telecinco. Farà piacere agli altri membri del Consiglio d'Europa – che fra l'altro nomina i giudici europei – accogliere un simile campione della legalità al loro fianco e scoprire di costituire per lui una sorta di scudo spaziale contro le condanne.

Il forzista siciliano Carlo Vizzini, già segretario del Psdi miracolato dalla prescrizione per la maxitangente Enimont, ha spiegato tranquillamente che, «per la protezione di Dell'Utri, si è convenuto con Berlusconi di farlo andare al Consiglio d'Europa». Ha detto proprio così: «Per la protezione». Le istituzioni europee diventano una specie di scorta armata. Ma non *contro* i delinquenti. *Per* i delinquenti. Un tempo provvedeva alla bisogna Vittorio Mangano, purtroppo prematuramente scomparso. Ora, in mancanza di stallieri, provvede il Consiglio d'Europa. Sono soddisfazioni.

Mentre il ragionier Pera nominava il nostro uomo all'alto incarico, senza neanche vagliare possibili candidature alternative come Cragnotti o Tanzi, l'opposizione non c'era, o se c'era dormiva. «In aula - informa il "Corriere" - l'annuncio è stato accolto con scarsa attenzione. L'opposizione non ha fiatato». Che sarà mai, in fondo, un pregiudicato al Consiglio d'Europa, con tutti quelli che siedono alla camera, al senato e al parlamento europeo? Anche il crimine ha diritto, democraticamente, alla sua rappresentanza. Dopo le quote rosa, abbiamo le quote marron. Come ha scritto Michael Braun del «Tageszeitung» su «Internazionale», in Italia «gli scandali non sono fatti, ma opinioni». E così le sentenze, almeno quelle di condanna. Opinabili, elastiche, flessibili. «Una scena come quella accaduta al senato Usa, dove il ministro della Difesa viene messo in crisi dalle domande di un senatore del suo partito, sarebbe inimmaginabile a Montecitorio». Qui capita pure di rado che un ministro venga messo in crisi dalle domande di un membro dell'opposizione. «Per i politici italiani tutto ciò ha una conseguenza positiva: non dover mai trarre conseguenze. In altri paesi ogni tanto uno se ne deve andare perché ha rubato, corrotto, mentito o solo occultato la verità: basta la responsabilità politica per perdere l'onore e il posto. In Italia non basta neanche la responsabilità penale. Anche le sentenze dei tribunali passano per un'opinione». Naturalmente sbagliata. *(18/06/2004)*

La spada nella doccia

Questa è una di quelle notizie che non avremmo mai voluto dare, ma ce ne corre l'obbligo: non vedremo più Antonio Socci in tv. Assicuratosi che i parenti fossero stati avvertiti e che persino il ministro Frattini avesse subodorato qualcosa, «Il Foglio» ha dato il triste annunzio ieri mattina, per la penna commossa di Giuliano Ferrara: «Sembra dunque che Socci abbia deciso di accettare la direzione della scuola di giornalismo Rai di Perugia». Presto anche i futuri allievi si uniranno all'unanime cordoglio. La dipartita di questa «mente interessante» non è dovuta, come potrebbe pensare qualche frettoloso osservatore, agli indici d'ascolto ormai tendenti allo zero assoluto, né alla sua congenita incompatibilità con la televisione. «Cretinate», «superstizioni», «concetti buoni per i gonzi», ci illumina Ferrara. No, la dipartita – «una sconfitta culturale» – è dovuta a un'orrenda macchinazione contro «chi ama la libertà, l'innovazione e il pluralismo». Ed ecco i mandanti occulti dell'infame complotto, nell'ordine: 1) «la Rai che non l'ha mai amato»; 2) «la corporazione dei giornalisti e degli intellettuali» che non sopportano «la sua faccia bella e onesta», i suoi «occhi spiritati», ma soprattutto il suo «maglione comprato alla fiera di Lamporecchio» e i suoi bei «capelli ricci» (questione di shampoo, si suppone); 3) «la gerarchia» ecclesiastica che «non ama le sorprese»; 4) «qualche simpatico marpione di Comunione e liberazione», cioè la setta a cui il Socci è affiliato fin da piccolo e in cui devono annidarsi i franchi tiratori. Manca solo che gli remi contro qualche zia.

Il Platinette Barbuto, nella fretta, dimentica altri sicuri mandanti. Anzitutto 50 milioni di italiani (campione Auditel incluso) perfidamente coalizzati contro di lui, disposti addirittura a privarsi della goduria di *Excalibur* pur di guastargli l'audience. E poi Rai3, che in contemporanea col meraviglioso programma mandava in onda, con chiari intenti allusivi, *Chi l'ha visto?*. Mancherebbe il movente, ma Ferrara ha un'idea: Socci è uno «strano cristiano», il «portavoce efficace» dell'«esperienza di Cl nel contesto del pontificato di Giovanni Paolo II». Uno che parlava di religione, madonne e miracoli: troppo, per i complottardi demoplutogiudaicomassonici. Tesi originale, che però trascura un piccolo particolare: di cattolici e di laici che parlano di religione la Rai è piena. Biagi, Zavoli, Minoli, la Foschini e tanti altri hanno scritto pagine di ottima televisione pubblica su questi temi. E con ottimi ascolti. Non sarà perché sono capaci, e Socci no? Domani va in onda su Rai3 uno splendido film su don Primo Mazzolari: che aspettano i demoplutoeccetera a ucciderlo nella culla? Ma padre Platinette non ha dubbi e riesce persino a scrivere, restando serio: «Enzo Biagi non ha mai saputo fare la tv». Ma certo: se lo guardavano milioni di spettatori e aveva il 30 per cento di share contro il 3,4 di Socci, è perché non ci sapeva fare. Il pubblico è fatto così: si butta in massa sugli incapaci, trascurando quelli bravi, solo per fare dispetto a Socci e a Ferrara. Come si spiegherebbe, altrimenti, che «Il Foglio» venda 6-7 mila copie, che *Otto e mezzo* lo guardino pochi intimi (meno del 2 per cento di share), gli stessi che guardavano i trash talk di Ferrara su Rai e Mediaset? Certo, questi neofiti della libera concorrenza sono proprio dei bei tipi: la menano giorno e notte con il «mercato», poi appena il mercato boccia qualcuno del loro giro dicono che non vale, che c'è un complotto. Salvo, si capisce, riscoprire il mercato quando conviene a loro. Ferrara scrive che Pigi Battista ha «doppiato senza problemi» Enzo Biagi, il che dimostra che il suo *Batti e ribatti* era ben «più interessante» del *Fatto*. Cosa possibile, se non fosse che fra il Tg1 e *Il fatto* la Rai mandava in onda un quarto d'ora di sport e di spot, mentre fra il Tg1 e *Batti e ribatti* non c'è stacco.

Ogni volta che qualche giornalista si occupa di lui senza elogiarlo come il nuovo Dan Rather, Socci lo denuncia, in sede penale e civile. Nel momento della sua dipartita televisiva, ci sia consentita una precisazione: quando scriviamo che non è capace, non pensiamo che lo sia tout court. Solo per quanto riguarda il giornalismo. Magari con la pastorizia, l'agricoltura, l'allevamento dei polli o la conciatura del pellame se la caverebbe egregiamente. Ora che parte per Perugia (un «esilio in terra di ascesi», per dirla con Platinette), potrà finalmente scoprire la sua vera vocazione. Ma non si perda dietro ai cattivi maestri come san Francesco: quando lui parlava, agli uomini e alle bestie, quelli lo stavano a sentire.

(24/06/2004)

La nebbia agli irti Colli

La Casa delle Libertà sconfitta anche alle elezioni amministrative. A Milano Ombretta Colli deve cedere la provincia a Filippo Penati dei Ds.

Berlusconi, lui, ha già voltato pagina. Invece di consolare Ombretta, la «bela tusa che sa cantare bene» e ancor meglio sa perdere le elezioni, telefona a Fiorello e alla Venier, le giovani promesse delle sue televisioni: quelle della Rai. Della «Signora Provincia», come si era battezzata l'Ombretta in campagna elettorale, si sono invece perse le tracce. Le ultime risalgono al D-Day del 21 giugno, quando il Cavalier Bollito le diede il colpo di grazia con l'aiuto di Ignazio La Rissa nella memorabile convention a Sesto San Giovanni. 'Gnazio assicurò che «le forze della coalizione sono molto compatte. Il problema non è convincere a votare per la Colli, perché tutti sanno che a Milano la maggioranza è per lei e non per Penati». Poi parlò Silvio, le solite due ore e mezza, e quando vide arrivare la presidente-soubrette la invitò a «scendere le scale dell'auditorium come Wanda Osiris, a braccia alzate». La signora, impicciata dalla borsetta, dallo stucco e dai tiranti, fece quel che poté. Berlusconi la finì: «Certo che Wanda le scale le scendeva in ben altro modo. Ma avrai altri cinque anni per imparare». Da casa, con un corso per corrispondenza, a dispense.

Tutto era cominciato nel '99, quando la Wanda Osiris dei ricchi vinse le provinciali per abbandono degli avversari. «Ora – proclamò il Cavaliere – vedrete il nostro buongoverno, e anche la differenza fra noi e le giunte rosse. In Emilia e in Toscana si lavora solo con la tessera. Noi non abbiamo conti e cambiali da pagare». Infatti, per diventare assessori nella giunta Colli, non serviva la tessera di partito. Serviva quella di Mediaset. Per lo Sport, Turismo e Idroscalo la bela tusa si assicurò i servigi di un tecnico d'eccezione, una delle menti più brillanti di Milano: Cesare Cadeo, quello delle televendite, inizialmente candidato anche per la Cultura. Poco dopo le opposizioni scoprirono che la provincia aveva investito 250 milioni all'anno per affittare all'assessore cicisbeo un ufficio di rappresentanza adeguato al suo prestigio in via Santa Radegonda, dietro al Duomo. Wandissima s'era accontentata di 70 milioni per una Chrisler 300M nuova fiammante. Spiccioli insomma. Il tutto mentre la provincia si vedeva costretta a tagliare le spese per l'assistenza sociale. Poi Cadeo fu costretto a fingere le dimissioni, visto che la legge vieta a chi fa tv di fare anche politica, contemporaneamente. «Ricorrerò alla corte di giustizia dell'Aja contro questo sopruso», annunciò l'addetto ai materassi e alle pentole, «perché la legge viola i miei diritti fondamentali di uomo, di politico e di lavoratore». Invano all'Aja attesero il suo ricorso, nella speranza di farsi quattro risate. Cadeo restò al suo posto, a mezzo servizio. Ora sarà un bel problema trovare qualcuno che non lo faccia rimpiangere. Si potrebbe tentare con Mastrota o Predolin.

Intanto la bela tusa faceva assaggiare ai milanesi il «buongoverno» preannunciato dal Cavaliere. Sempre per scongiurare lottizzazioni partitiche, si autonominò presidente di un'autostrada, la Milano-Genova, suscitando le ire del sindaco Albertini che si rivolse alla procura per la manifesta incompatibilità. Fu poi Berlusconi a convincerla a dimettersi dall'autostrada, dietro la promessa di un posto da sottosegretario («Ho fatto il medico, mi piacerebbe la Sanità», confermò lei), naturalmente mai mantenuta. Un'altra volta - racconta «l'Espresso» - perse una causa civile da 15 milioni con Stefania Ariosto che aveva diffamato chiamandola «cortigiana»: il risarcimento lo fece pagare da un amico, Angelo Di Pasquale, poi nominato presidente del Parco Nord.

«Sarà una campagna elettorale molto elegante», preannunciò Wandissima nel 2002. La inaugurò lei stessa, attribuendo elegantemente il delitto Biagi ai girotondi e alla Cgil: «Chi ha creato il clima d'intolleranza e odio, si astenga dal piangere le conseguenze. Dai gioiosi girotondi, dalle allegre adunate sindacali e dalle festose aggressioni degli autonomi, fino alle più tragiche manifestazioni d'intolleranza e odio, il passo è stato breve» (20 marzo 2002). Sempre all'insegna dell'eleganza, condusse una campagna a base di comparsate ai Telegatti, feste del Milan e cene a pagamento in cui i partecipanti, per la modica cifra di 2.000-2.500 euro, potevano vedere dal vivo lei, Simona Tagli, Paolo Limiti, Natalia Estrada e Silvio Berlusconi, ed essere pure nominati su due piedi «Cavalieri azzurri» per il loro «importante contributo alle battaglie di libertà» (quella di Berlusconi, si capisce). La campagna del «Pci-Pds-Ds», come lei chiama il centrosinistra, le pareva invece «di una volgarità veramente esagerata» perché «i comunisti parlano sempre di poltrone, mentre qui non ci sono poltrone»: le ha occupate tutte lei. La Lega Nord, dopo aver sondato gli umori della base, tipo le telefonate a Radio Padania («Umbreta, va' a ciapà i ratt», «vai a fare la nonna», «ti sei rifatta le labbra»), se la diede a gambe. Ignazio La Rissa giurò: «Ombretta ha una popolarità vicina al 100 per cento. Vince al primo turno». Ma si capì che era fatta quando il Cavalier Bollito garantì: «Perdere la provincia? Non commento l'irreale. Ombretta ha fatto bene e farà ancora meglio nei prossimi cinque anni». Da casa sua. *(30/06/2004)*

Baghdad, Italia

Diffuse in tutto il mondo le immagini del primo interrogatorio all'ex dittatore iracheno Saddam Hussein.

Grande scalpore in tutto il mondo ha suscitato la scena di un autocrate processato per vari delitti davanti alla tv. L'uomo, sulla settantina, con l'aria un tantino bollita, si è difeso trascinando i suoi giudici sul banco degli imputati e sistemandosi su quello degli accusatori. Prima li ha tacciati di voler inscenare un «teatrino». Poi, puntando il dito, li ha delegittimati accusandoli di non essere imparziali, ma al servizio dei suoi avversari politici. Insomma di «fare un uso politico della giustizia» a scopo elettorale. Infine ha teorizzato la propria improcessabilità, invocando fantomatiche «prerogative» di immunità che gli spetterebbero in quanto «presidente del mio paese» in virtù dei voti ricevuti («sono stato eletto dal popolo»). Il presidente imputato ha poi rifiutato di entrare nel merito delle accuse, sostenendo di aver «compiuto soltanto il mio dovere» e «salvato il mio paese», mentre i fatti che gli vengono contestati «li ho appresi dalla televisione». Ogni sua azione – ha spiegato – «era per il bene comune». Poi ha chiamato in causa il suo avversario politico («il criminale è lui») che, processandolo, spera di «vincere le elezioni». Ha anche rivelato di essere l'Unto del Signore («io abito in tutte le case del mio paese») e di avere, sui suoi conti cifrati in Svizzera, i miliardi sufficienti per mantenere un ottimo collegio di avvocati. La prima udienza si è conclusa dopo mezz'ora, ma il presidente imputato, compatibilmente con i suoi impegni, ha promesso di ritornare in aula al più presto per altre dichiarazioni spontanee.

Il mondo intero ha reagito con costernazione alla scena: pare che mai, prima d'ora, un presidente imputato avesse scelto di difendersi *dal* processo anziché *nel* processo. In tutte le democrazie del pianeta ci si domanda chi mai abbia potuto ispirare questo strano modo di discolparsi. A qualcuno è parso di intravedere analogie con una piccola repubblica delle banane galleggiante nel Mediterraneo, ormai da anni isolata dal mondo libero. Ma nessuno è stato in grado di ricordarne il nome.

Intanto trapelano indiscrezioni sulle prossime mosse del presidente imputato. Pare che abbia già contattato alcuni principi del foro, tali Moktar al Pecorel e Ahmed bin Ghedin, che prima di assumere la sua difesa verranno eletti al parlamento e iscritti d'ufficio alla commissione Giustizia incaricata di cancellare i reati contestati al loro cliente. Un vecchio amico del presidente imputato, Jalal el Makanik, ora passato all'opposizione, si appresterebbe a proporre un «lodo» che prenderà il suo nome e garantirà al presidente imputato l'immunità da tutti i reati passati, presenti ed eventualmente futuri. Il senatore Melkior Alì Ciram, eletto dalle tribù del Sud, proporrà un disegno di legge per trasferire il processo da Baghdad a Nassiriya, la provincia che cade sotto la giurisdizione italiana e dunque prevede, caso unico al mondo, la prescrizione di tre mesi per il reato di strage, mentre la gasatura dei curdi è già stata depenalizzata, anzi resa obbligatoria. Un apposito sottosegretario, Tahar bin Taormin, chiederà l'arresto dei giudici che processano il presidente imputato. Un ingegnere esperto di rumori fra le dune, Younis Pirl Castel, noto per lo sguardo penetrante, per il dialetto sanscrito e per certi abiti verdi dalla foggia curiosa, approntera un maxiemendamento per sottoporre i giudici del presidente imputato al controllo del presidente imputato, così il processo viene meglio.

Un complice del presidente imputato, Tarok el Previt, planando su un tappeto volante a forma di bonifico off-shore, denuncerà i magistrati Gherard bin Colomb e Jild Bokas Sin perché le loro accuse si fonderebbero su una bobina registrata nel Bazar Mandar e poi manipolata da agenti della Cia e investirà del caso il tribunale di Falluja, unico competente in materia. Intanto il presidente imputato, in un discorso scritto dal gran visir Fetekk Platinett ibn Ferrar e trasmesso a reti unificate su Al Jazeera e Al Arabiya, chiederà di essere giudicato «soltanto dai miei pari» o, al massimo, da due giudici davvero super partes, Mohammed el Squillant e Viktor al Mett: essendo stipendiati direttamente da lui, lo stato ne trarrà un notevole risparmio. Poi il presidente imputato rilascerà un'intervista allo «Spectator» e alla «Voce di Rimini» per spiegare che, in fondo, Hitler era un brav'uomo e che bisogna essere pazzi per fare i giudici. Lui infatti, essendo sano di mente, fa il presidente imputato. *(5/07/2004)*

Tendenza Dudi

Indagati a Milano per ricettazione riciclaggio i due figli maggiori di Silvio Berlusconi, Marina e Piersilvio, nell'ambito dell'inchiesta sui diritti televisivi e cinematografici di Mediaset.

Chi sproloquiava sulla morte del capitalismo familiare e insinuava che Marina e Dudi detto Piersilvio non fossero all'altezza del papà, si vergogni e arrossisca. La notizia della loro iscrizione sul registro degl'indagati della procura di Milano per ricettazione e riciclaggio – filtrata non a caso da ambienti parlamentari e non giudiziari – fa di loro i degni eredi di Silvio Berlusconi e li proietta inevitabilmente nel firmamento della politica. La tradizione familiare è rispettata: dopo il padre Silvio, lo zio Paolo, il cugino Giancarlo Foscale, anche l'erede maschio ha la sua brava indagine penale. E ce l'ha pure l'erede donna, in controtendenza con il ramo femminile della famiglia, che quanto a reati si era rivelato piuttosto carente. Mentre gli avvocati e i cortigiani del premier hanno reagito con tuoni e saette, pare che gl'interessati abbiano accolto l'annuncio con malcelato sollievo e una punta di soddisfazione. Ora che sono suoi coindagati, Berlusconi non potrà più giurare la propria innocenza sulla loro testa. Dovrà ricorrere a quelle, ancora intonse, di mamma Rosa, di una zia suora o della cognata Natalia (Veronica, visto il caratterino, meglio lasciarla stare). Oppure difendersi in tribunale dicendo che, come dimostrano gli ultimi sviluppi, lui certi reati li ha proprio nel sangue. E, com'è noto, buon sangue non mente.

Un altro motivo di sollievo è la prova di maturità offerta dai due pargoli, che hanno di gran lunga superato il papà. Lui aveva cominciato, modestamente, da una misera falsa testimonianza sulla P2. I rampolli partono direttamente dal riciclaggio e dalla ricettazione. Immaginarsi l'orgoglio di un padre che presenta tutto fiero gli eredi in società: «Ecco, questa è Marina: ricettazione. E questo è Dudi: riciclaggio. Non so se mi spiego...». Sono soddisfazioni. Tanti anni di studi non sono stati vani. E a proposito di studi, va stigmatizzata l'infelice uscita dell'onorevole avvocato Ghedini, il quale ha sostenuto che le creature, «ai tempi dei fatti, avevano 20 e 22 anni e studiavano all'università». Qualcosa non torna. Marina è del '66 e Dudi del '69. Ora, visto che i fatti contestati arrivano al '96, Marina all'epoca aveva 30 anni e Dudi 27. Delle due l'una: o erano parecchio fuori corso, oppure l'università l'avevano terminata da un pezzo. Comunque la competenza del tribunale dei minori arriva solo fino ai 18 anni, anche se un'improvvida controriforma del ministro Castelli vorrebbe scendere a 16. E poi, di quali studi parla Ghedini? La prima figura maschile, oltre a quella paterna, nella quale s'imbatterono i ragazzi fu Vittorio Mangano, lo stalliere tuttofare che li accompagnava a scuola e li ammaestrava nel montare a cavallo. Sono esperienze che segnano una vita, anzi due. Meglio di un master a Harvard. Il resto lo fece il papà, notoriamente colto, spesso anche sul fatto. Allo spuntare del primo dentino, invece del solito soldino, il genitore regalava una società off-shore. Al battesimo, invece dell'abitino bianco e della Bibbia, un cappuccio della P2 e un'edizione originale del *Piano di rinascita democratica*. Alla prima comunione, invece dell'orologio svizzero, un conto in Svizzera. Alla cresima, invece del motorino, un bel bilancio falso. E per il fidanzamento, invece dell'anello, un posto d'onore nel registro degli indagati, con il resto della famiglia. Una sana educazione all'antica, corroborata da maestri e istitutori di prim'ordine, quali Gelli, Carboni, Previti, Dell'Utri, Craxi: giravano spesso per casa e qualche traccia, visti i risultati, devono averla lasciata.

Certo, manca ancora la corruzione dei giudici, peraltro molto più difficile di un tempo. Certo, a finire sul registro della procura sono capaci in molti: la vera prova del fuoco è strappare un processo e, impresa ancor più ardua, meritarsi una condanna o almeno una prescrizione. Ma i ragazzi sono giovani e hanno tutta la vita davanti per completare e superare l'opera paterna. Si faranno. Ci vorranno tanto impegno e tanta abnegazione. E bisognerà evitare di seguire le orme dello zio Paolo, che per anni ha tentato di farsi condannare al posto del fratello ed è stato quasi sempre assolto: i giudici lo arrestavano, lo guardavano in faccia, deducevano che non poteva aver fatto nulla, almeno consapevolmente, poi lo proscioglievano. Dovette patteggiare, il pover'uomo, per portare a casa un paio d'anni di galera. Ma le creature sono d'altra pasta. Se il buon giorno si vede dal mattino e vale il detto «talis pater talis filius», sono bene avviati. E poi l'iscrizione sul registro degli indagati è come il diamante della pubblicità: è per sempre.
(9/07/2004)

Siamo tutti americani

Accade, in Italia, che i due figli primogeniti del premier vengano indagati per ricettazione e riciclaggio. Subito, sul «Giornale» dello zio Paolo, interviene affranto Mario Cervi, aspirante nonno. Cervi teorizza che i figli non si indagano e basta. A prescindere. «Ci si rivolga al Cavaliere. Marina e Piersilvio, dirigenti di fresca data e di fresca età, non c'entrano, direbbe chiunque». È morta lì. Perché mai i figli di Tanzi e Cragnotti sì e quelli di Berlusconi no, Cervi non lo spiega. Ma deplora allarmato «il ritorno di una tecnica – quella dell'iscrizione nel registro degli indagati – che sotto le apparenze garantiste si è trasformata in una graticola processuale». Fino all'altroieri questi ripetenti del diritto contestavano l'avviso di garanzia. Ora addirittura l'iscrizione. Cioè: una procura riceve per rogatoria delle carte che citano, a proposito di operazioni sospette, i nomi di Piersilvio e Marina. La legge impone che vengano iscritti. I magistrati tacciono e non se ne sa niente per quattro mesi. Poi qualche politico spara la notizia. A quel punto salta su il primo Cervi a primavera per dire che non si può, non si deve, non si fa, e invita la procura ad abolire una pratica che ogni giorno migliaia di magistrati applicano in tutto il mondo per milioni di indagati. Il nonno Mario precisa, ovviamente, che il divieto non vale per tutti: infatti cita, oltre ai due marmocchi, Berlusconi e Andreotti, «tormentati per anni e per lustri». Non poteva scegliere esempi peggiori, visto che per entrambi l'iscrizione si è rivelata più che fondata: i reati esistevano, tant'è che gli autori l'hanno fatta franca per prescrizione. Cervi parla di strane «coincidenze» con il momento politico: «Non siamo nati ieri e le urgenze sopravvenute di colpo in itinerari processuali di immane lunghezza e lentezza continuano a sembrarci singolari». Finge di non sapere che l'iscrizione è di quattro mesi fa e, se i pm avessero voluto farne un «uso politico», l'avrebbero svelata un mese fa, prima delle elezioni. Segue la solita lamentazione per la «Fininvest nel mirino da dieci anni»: come se le lungaggini fossero colpa dei magistrati cattivi, e non degli infiniti cavilli avvocateschi, dei continui ricorsi contro le rogatorie addirittura bloccate per mesi dal cosiddetto ministro Castelli, degli stop imposti prima dalla legge Cirami e poi dal lodo Maccanico.

Ma non è finita, perché è proprio sul traguardo che Cervi si supera: «La faccenda di cui si discute – l'acquisto di diritti cinematografici, pensate un po'! – non è di quelle che evocano il codice penale, semmai le contrattazioni aziendali». Per lui falso in bilancio, frode fiscale, ricettazione e riciclaggio non sono reati. Sono libera concorrenza. Peccato che non abbia aspettato un giorno, prima di scrivere. L'indomani, sul suo stesso «Giornale», avrebbe potuto leggere la seguente notizia: «In manette il grande capo della Enron, Kenneth Lay. Gliele hanno infilate ai polsi, come è di moda nella polizia americana. Massima pubblicità in tv. Ora rischia fino a 175 anni di carcere» per falso in bilancio, frode fiscale e altre cosucce che per Cervi attengono alla libera «contrattazione aziendale». La qual cosa – scrivono i giornali – ha seminato «imbarazzo alla Casa Bianca, per i presunti legami fra Bush e Lay». In Italia, nessun imbarazzo per i presunti legami fra Berlusconi e i suoi figli. Anche perché Berlusconi è indagato insieme a loro. In America, per questi reati, si finisce in galera. In Italia il minimo della pena è la presidenza Mediaset, o la presidenza Mondadori, o la vicepresidenza Fininvest o un ministero. Il massimo della pena, la presidenza del consiglio. *(12/07/2004)*

Benvenuti nel tritacarne

Durissimo scontro tra Follini e Berlusconi nella interminabile verifica estiva di governo.

E poi dicono che la verifica non serve. Serve, serve, come la serva di *Totò a colori*: «La serva serve, si lasci servire da me». Se non a rovesciare il peggior governo dell'Italia repubblicana, la verifica serve almeno a spazzare via l'ultimo velo del regime, quello che obnubila i «liberali» de noantri, convinti che il monopolio televisivo è un accidente passeggero, che con le tv non si vincono le elezioni, che la libertà d'informazione non è in pericolo, che nulla è cambiato in questi tre anni. Ancora una volta bisogna ringraziare il Re Sòla per la chiarezza. Sono dieci anni che si sforza di far capire chi è e perché fa politica (non finire in galera e non rinunciare al suo monopolio illegale), ma i liberali alle vongole e i riformisti alle cozze ancora non hanno capito: continuano a scambiarlo per un politico.

L'ultimo della serie è il compagno Follini, giunto alla verifica con la sua cartelletta piena di ottime intenzioni, per discutere di proporzionale, federalismo, pluralismo ed economia. Balle. Il Re Sòla ha altro per la testa, le solite cose: «Parliamo della par condicio. Se non abbiamo vinto le elezioni, caro Follini, è colpa tua che non l'hai voluta abolire». Follini, accarezzando la sua cartelletta, sgrana gli occhioni da spot della Lines: «Io trasecolo. Credevo che dovessimo parlare dei problemi della maggioranza e del governo». Re Sòla: «Non far finta di non capire, la par condicio è fondamentale. Capisco che tu non te ne renda conto visto che sei già molto presente sulle reti Rai e Mediaset». Follines: «Sulle reti Mediaset ho avuto 42 secondi in un mese». Re Sòla: «Non dire sciocchezze, la verità è che su Mediaset nessuno ti attacca mai». Follines: «Ci mancherebbe pure che mi attacchino». Re Sòla: «Se continui così, te ne accorgerai. Vedrai come ti tratteranno le mie tv». Follines: «Si prenda atto che sono stato minacciato». Poi la verifica prosegue, come direbbe Pionati, in un clima disteso e costruttivo. L'ultima volta era finita con Berlusconi che, in dolce stil novo, diceva a Follini: «Mi hai rotto il cazzo». Ora siamo alle minacce a video armato: o torna a marciare al passo dell'oca, o sparisce dalle tv e non esiste più. Stupore generale.

Ma qui l'unica cosa che stupisce è proprio lo stupore. Nel dicembre '94 fu la Lega Nord a mollare Berlusconi. Dall'oggi al domani Bossi si ritrovò addosso quelli che Montanelli chiamava «i manganelli catodici», a reti unificate. Rai e Fininvest, già allora in mano al Re Sòla, massacrarono il Senatùr con insulti, minacce e interviste da marciapiede, mentre Berlusconi sfornava un sondaggio taroccato al giorno: «La Lega naviga sotto il 5 per cento» (16 dicembre 1994); «La Lega è scesa sotto il 3 per cento» (30 dicembre 1994); «Quel traditore di Bossi resterà con pochi intimi» (4 gennaio 1995); «La Lega rischia di sparire» (1° febbraio 1995); «La Lega vale l'1,8 per cento» (2 febbraio 1995); «La Lega ha poco più dell'1 per cento, mi viene da ridere. Gli elettori leghisti non ne vogliono sapere di votare ancora Lega con Bossi leader» (15 febbraio 1995); «La Lega è sotto l'1 per cento» (26 marzo 1995). Bossi, sgomento da quella potenza di fuoco, arrivò a invocare «la chiusura delle reti Fininvest per ricostituzione del Partito fascista».

Ora tocca all'Udc e domani, chissà, ad An. O di nuovo alla Lega. Dipende da chi salta giù per primo. «Il fascismo – spiegava Montanelli – aveva i manganelli e l'olio di ricino, il regime mediatico ha le televisioni. Se le avesse avute Mussolini, sarebbe ancora qui». Naturalmente passò per un vecchio visionario inacidito. Ora Berlusconi – che Dio lo benedica – gli dà ragione. Dice di aver perso le europee e le provicinali per la par condicio, la «legge liberticida» che gli ha consentito di occupare *Porta a Porta*, *Tribuna politica* e tutti i tg nel giorno degli ostaggi e tutte le altre volte che gli garbava. Mentre i cortigiani s'affannano a ripetere che le tv non contano, che lui le tiene perché non sa dove metterle ma sono controproducenti e/o infestate di comunisti, il Re Sòla sa benissimo come stanno le cose: chi ha le tv vince, o perde molto meno di quel che perderebbe senza. Follini si mette di traverso? «Se ne accorgerà». E se si limiteranno a randellarlo o a cancellarlo dal video, potrà ancora dirsi fortunato. Perché c'è chi se l'è vista ben più brutta. Gianfranco Mascia, quando fondò il Bo-bi (Boicotta il Biscione), fu pestato a sangue da una squadraccia mai identificata. Stefania Ariosto, quando cominciò a parlare con la Boccassini, ricevette per Natale una testa di coniglio mozzata e galleggiante nel sangue. Chiara Beria di Argentine, quando pubblicò sull'«Espresso» le foto dell'Ariosto con Previti, Squillante e Berlusconi, si vide polverizzare la casa in Versilia con una carica d'esplosivo. L'ex deputato del Pri Vincenzo Garraffa, quando disse no alle pretese di Dell'Utri che voleva indietro metà di una sponsorizzazione, ovviamente in nero, ricevette la visita del boss Vincenzo Virga (l'ha stabilito il tribunale di Milano, condannando Virga e Dell'Utri a 2 anni ciascuno per tentata estorsione).

I più fortunati vengono soltanto linciati od oscurati dalle tv e dalla stampa della ditta, che in questi giorni s'è già portata avanti col lavoro. Vedi certi articoli anti-Udc del «Giornale» e la copertina di «Libero» contro Follini («Ponzio Pelato»). Poi magari trovano un Igor Marini anche per lui. Ma il compagno Marco non sarà il primo, né l'ultimo. Da dieci anni assaggiano i manganelli catodici i magistrati di Milano, di Palermo e tutti gli altri che hanno la sventura d'imbattersi in qualche uomo della ditta; e poi Montanelli, Scalfaro, Cofferati, i girotondi, l'«Unità» e il gruppo «Repubblica», Biagi, Santoro, Luttazzi, Sabina Guzzanti e tanti altri che disturbavano il manovratore. Con una differenza, rispetto a Follini: la Gasparri, loro, non l'hanno votata. *(13/07/2004)*

Sporchi negri

La corte costituzionale dichiara incostituzionali alcuni punti della legge Bossi-Fini sull'immigrazione extracomunitaria.

Come si permette la corte costituzionale di dichiarare incostituzionale una legge incostituzionale? L'interrogativo si pone ogni volta che la consulta fa il suo mestiere: salta subito su qualcuno a dire che bisogna riformare la consulta, o la costituzione. Perché è la costituzione che è incompatibile con le leggi incostituzionali, non le leggi incostituzionali con la costituzione. Gli ultimi sostenitori dell'apprezzabile tesi, molto in voga negli ospedali psichiatrici, sono i giureconsulti di scuola leghista. Ma non sono i primi. Nel 1998 la corte cassò la controriforma dell'articolo 513 del codice di procedura penale voluta da Ulivo e Polo per salvare alcune decine di tangentari da condanna sicura: subito destra e sinitra si stracciarono le vesti contro l'«invasione di campo ai danni del parlamento». Si rimediò inserendo la norma incostituzionale nella costituzione (articolo 111), chiamandola «giusto processo». Ora l'attuale governo, specializzato in leggi incostituzionali (Gasparri, lodo Maccanico, condoni, rogatorie, Eurojust, ordinamento giudiziario e così via), ne ha fatta un'altra delle sue. La Bossi-Fini prevedeva l'espulsione dei clandestini per ordine del prefetto, senza diritto di difesa; e l'arresto obbligatorio per chi non se ne andava, cioè per una contravvenzione da un anno di pena massima che non contempla la custodia cautelare, col risultato di costringere la polizia ad arrestare migliaia di persone che poi i giudici erano costretti a scarcerare subito dopo. La corte ha cancellato le due vergognose idiozie, e subito – a parte i giuristi padani – si sono levate le proteste dei garantisti a intermittenza. Dal ragionier Marcello Pera («Troppe garanzie, sicurezza a rischio») all'on. avv. pres. prof. ind. Gaetano Pecorella al molto intelligente Giuliano Ferrara.

«La consulta privilegia gli aspetti formali delle garanzie», dice il Platinette Barbuto, e propone «una modifica costituzionale che distingua i diritti di cittadinanza da quelli di chi è solo presente in Italia». Ecco: il diritto a difendersi davanti a un giudice terzo va riservato ai cittadini, non agli sporchi negri. Stiamo parlando degli stessi personaggi che da anni cavillano sui timbri delle rogatorie, sui numeri di pagina dei conti svizzeri, sulla distinzione fra fotocopie e originali, che inneggiano a Carnevale che annullava ergastoli di mafia per una notifica in ritardo, e che ancora non riconoscono sentenze definitive dopo migliaia di udienze e cinque o sei gradi di giudizio. «La forma – pontificano – è sostanza». Ma solo quando ci sono di mezzo i Previti, i Berlusconi, i Craxi. Se l'imputato è un immigrato, si fotta.

Il caso vuole che la sentenza della consulta coincida col decimo anniversario del decreto Biondi, degnamente celebrato dal «Giornale» con un commosso articolo dell'apposito Filippo Facci. Il 13 luglio 1994, per evitare l'arresto di Paolo Berlusconi accusato di mazzette alle Fiamme gialle, il governo amico, anzi fratello, s'inventa il decreto Biondi: vietata la custodia in carcere per tutti i reati di Tangentopoli (ma ovviamente non per i furti di polli). «Se davvero – scrive Facci – avessero cominciato ad arrestare chiunque avesse pagato una mazzetta ai finanzieri, tanto valeva recintare la penisola e farne una galera». Geniale: un reato, se lo commettono in tanti, è meno grave. Strano che lorsignori non ragionino così anche per chi spaccia hashish o immigra clandestinamente: se ci mettessimo ad arrestarli tutti, tanto vale recintare la penisola, ergo depenalizziamo o vietiamo l'arresto. Per i garantisti de noantri, corrompere un ufficiale di un corpo armato dello stato per non pagare le tasse è meno grave che vendere canne o gironzolare senza permesso.

Il Facci di bronzo prosegue poi con la solita scarica di frottole sullo «strapotere della magistratura» che avrebbe bloccato due leggi salvaladri: il decreto Conso e il decreto Biondi. Il decreto Conso – scrive – fu ritirato per le «tonanti dichiarazioni del pool». Falso: fu respinto in quanto incostituzionale dal presidente Scalfaro, mentre Borrelli si limitò a smentire che il governo Amato lo avesse concordato col pool. Quanto al decreto Biondi, Facci sostiene che «il 19 luglio Scalfaro comunicò che ne ignorava il contenuto e non l'avrebbe firmato». Falso: Scalfaro non comunicò un bel nulla, anche perché aveva firmato sei giorni prima. Fu il governo Berlusconi a bocciare il suo stesso decreto come incostituzionale su richiesta di Bossi e Fini, che avevano appena visto scarcerare De Lorenzo, Di Donato, la signora Poggiolini e altri 3 mila malfattori. E ancora: Di Pietro in tv non disse affatto «non posso lavorare se non posso sbattere in galera la gente». Disse che ripugnava alla sua coscienza e al principio di eguaglianza dover continuare a sbattere in galera i ladri di polli e non più i ladri di miliardi. Ora quel razzismo sociale torna paro paro nei commenti sulle perquisizioni a Mediaset. Scrive Mario Cervi sul «Giornale»: «Forse, nell'attività di Mediaset, potrebbero essere accertati peccati e peccatucci», ma indagare è «persecutorio e punitivo». Se invece si arresta e si espelle un clandestino senza processo, applausi a scena aperta. E se si assolve un carrozziere o un no global, allora è «lassismo» e «permissivismo». È la giustizia di lorsignori. Come diceva Trilussa: la serva è ladra, la padrona è cleptomane. *(17/07/2004)*

Il Festival dei due Bondi

Sandro Bondi non è più un portavoce, e nemmeno un coordinatore. È una rubrica fissa. Non c'è argomento dello scibile umano né avvenimento italiano o internazionale che non contempli una sua nota di commento, un suo comunicato di puntualizzazione, una sua lettera di precisazione. Incidente sull'autostrada del Sole: Bondi, dal canto suo, osserva. Ondata di freddo sulla penisola: Bondi, dal canto suo, sottolinea. Nebbia in Val Padana: Bondi, dal canto suo, ritiene. Morìa di balene in Patagonia: Bondi, dal canto suo, stigmatizza. È bello sapere che il Pallore Gonfiato veglia sulle sorti dell'umanità senza mai farci mancare una sua parola, talora inutile, talora sbagliata. L'altro giorno, per esempio, Ernesto Galli della Loggia ha constatato il decesso del grandioso progetto «liberale» di Forza Italia: c'è chi lo capisce oggi, e chi – come Montanelli – l'aveva capito sul finire del '93. Questione di riflessi. Bondi, comunque, è subito intervenuto con una lunga lettera al «Corriere» per puntualizzare alcuni decisivi concetti. Cogliamo fior da fiore. «In politica il vuoto non esiste»: un assunto sul quale si potrebbe anche convenire, se non esistesse Bondi a smentirlo. Forza Italia «si riconosce nella dimensione tipicamente liberale della meritocrazia»: resta da spiegare, allora, l'ascesa di Bondi a coordinatore nazionale. Nel '93 – ricorda Bondi – l'Italia usciva «dallo scontro fra democrazia e comunismo»: Bondi, per non sbagliare, stava col comunismo, anche se oggi assicura che «non si poteva non dirsi liberali». Strano: Bondi non stava con Zanone, ma era iscritto al Pds. E con quella tessera in tasca – raccontano gli ex amici – seguì nel '94 clandestinamente la campagna elettorale dell'amico scultore Pietro Cascella, firmatario nell'89 della mozione dei «veri comunisti» contro la svolta della Bolognina e dunque autore del mausoleo funerario di Berlusconi e candidato forzista a Pescara. Il contributo di James fu determinante: infatti Cascella fu trombato.

A quel punto il Pallore Gonfiato passa a Forza Italia per nobili motivi ideali: è disoccupato. Nel '95 lavora da par suo con Paolo Del Debbio, candidato presidente della regione Toscana. E anche lì si rivela decisivo: trombato pure Del Debbio. James finisce a Roma, in un bugigattolo di via dell'Umiltà (nomen omen), a ritagliare giornali, rispondere a lettere e scrivere discorsi. Il piccolo scrivano fiorentino pubblica anche un libro, ma la presentazione salta per mancanza di pubblico. Nel 2001 serve un nome per fare il secondo a briscola nel listino proporzionale di Lombardia. Bondi si offre volontario. La trombatura è scontata: invece viene eletto, per il gioco delle liste civetta. Berlusconi lo ammette nella sua segreteria personale e lo sistema nella villa di Arcore, in un ufficetto vista mausoleo, da dove alluviona i giornali con lettere incensanti l'Amato e firmate «Sandro Bondi-Arcore». Il resto lo fa lo scontro di potere fra il clan Dell'Utri e il clan Scajola per il vertice del partito azzurro. Fra i due litiganti, gode il servizievole James: il Cavaliere lo promuove nientemeno che coordinatore nazionale.

«Chi scorra – scrive ora Bondi al "Corriere" – le interviste di Silvio Berlusconi di quegli anni e dei successivi, gli interventi pubblici e i documenti sino a oggi, non potrebbe che riscontrare una perfetta continuità ideale, oltreché una verificabile coerenza negli atti di governo». Dal che si desume che: 1) Bondi, goloso com'è, sta curando l'opera omnia del Re Sòla, scorrendone le interviste, gli interventi e i documenti (soprattutto i bilanci, si presume) «di quegli anni e dei successivi»; 2) il fatto che, per diminuire le tasse, il governo le stia aumentando rientra nella «perfetta continuità ideale» e nella «verificabile coerenza negli atti di governo». Bondi, a nome del Re Sòla, rivendica «coerentemente la lezione di don Sturzo e di De Gasperi, di Luigi Einaudi e dei fratelli Rosselli» (quelli che

Berlusconi mandò in vacanza all'estero). Senza contare i fratelli La Bionda, le sorelle Bandiera e le gemelle Nete. Con una felice metafora ortopedica, James definisce Forza Italia «la gamba liberale dell'Italia». E invita il centrosinistra a ringraziare Berlusconi: «Senza Forza Italia e senza Berlusconi non ci sarebbero stati né Prodi né l'Ulivo». Chi pensava, ingenuamente, che Prodi arrivasse dall'Università di Bologna, dalla sinistra cattolica, dall'Iri è servito: Prodi è nato ad Arcore. È il fratello segreto del Re Sòla, il terzo. Senza Berlusconi, poi, «la sinistra starebbe ancora a baloccarsi con più o meno gioiose macchine da guerra»: avrebbe ancora Bondi, per dire.

Il Pallore Gonfiato va capito. Deve recuperare i tanti anni trascorsi nell'oscurità prima di vedere la Luce. Ha il complesso di Poulidor, il ciclista che arrivava sempre secondo. Dov'era James nel 1990, mentre il Cavaliere impalmava Veronica, officiante Paolo Pillitteri, testimoni di nozze Craxi e Confalonieri? Era a Fivizzano, in Lunigiana, a fare il sindaco comunista, accidenti. Ecco: se solo la Grazia l'avesse baciato prima, alla cerimonia nuziale avrebbe potuto partecipare anche lui: reggere il velo della sposa, portare il bouquet e gli anelli, fare il chierichetto, leggere la poesia, insomma rendersi utile. E oggi, dopo le interviste a Veronica, ai figli e alle figlie, al fratello e alla cognata, i rotocalchi potrebbero dedicare un riquadro anche a lui. Dopo Apicella e il cuoco Michele, si capisce.

Nella natìa Fivizzano sono in tanti a vergognarsi di lui. Ora un'associazione di giovani svegli, il gruppo «Eliogabalo» che ogni estate organizza la rassegna culturale *Comunicare fa male*, lancia l'idea di dedicargli un appuntamento fisso. Ma di alto livello, degno di lui. Sul modello di Spoleto. Il Festival dei Due Bondi. *(23/07/2004)*

Unione Dei Cadreghini

È finita com'era cominciata, e come doveva finire: con la comica finale. Il compagno Follini aveva minacciato di portare l'Udc fuori dal governo: è rimasto dentro. Aveva minacciato di lasciare la segreteria dell'Udc: è rimasto segretario. Aveva giurato che mai avrebbe ritirato gli emendamenti sulla devolution: ieri li ha «congelati», o meglio «trasferiti dall'ambito parlamentare al tavolo di mediazione». Che musica soave questo ritorno alle verifiche di maggioranza, alle pause di riflessione, ai rimpasti ministeriali, ai tavoli di mediazione, alle soluzioni-ponte e a tutto l'armamentario politichese che il decisionismo berlusconiano aveva giurato di spazzar via insieme al «teatrino della politica». E che cocente delusione per chi aveva scommesso sul pannolone Follines per una rapida sepoltura del fu governo Berlusconi. Il teatrino riapre i battenti, anzi non li ha mai chiusi. E, per la stagione estiva, propone un cartellone da far invidia a *Zelig*, con vecchi e nuovi talenti dell'avanspettacolo.

Per le tournée in Europa, saremo rappresentati dal professor Rocco Buttiglione, praticamente filosofo. Mario Monti era inadeguato: non faceva ridere. Rocco Tarocco, invece, è una garanzia. Anzitutto di coerenza. Nel '92, magnificando il pool Mani Pulite e maledicendo la Prima repubblica, si vantava di non aver mai avuto la tessera Dc. Poi divenne segretario del Ppi e annunciò l'intenzione di rifare la Dc tale e quale, a parte i voti, si capisce. Diede una mano a D'Alema e Bossi a rovesciare il primo governo Berlusconi: governo «golpista», argomentava all'epoca, perché controllava tutte le tv. Poi cominciarono a invitarlo in tv, e l'idea del golpe gli passò. Nel '95 si alleò con l'ex golpista, ma il Ppi lo mise in minoranza. Lui, democraticamente, espulse la maggioranza. Nel '98 uscì dal Polo ed entrò nel centrosinistra con Cossiga e Mastella, in appoggio al governo D'Alema. Ne uscì nel 2000, giusto in tempo per partecipare alle elezioni del 2001 dalla parte del vincitore. Oggi, dopo quattro-ribaltoni-quattro in dieci anni, dà lezioni di fedeltà a Follini. E diventa commissario europeo.

Pare che punti al dicastero del Mercato interno. Per uno che si tiene come capogabinetto (e direttore della «Discussione») un tizio, Giampiero Catone, arrestato per associazione a delinquere finalizzata alla truffa e alla bancarotta fraudolenta, il controllo del libero mercato è il posto ideale. Casomai gli arrestassero qualcuno per rapina in banca, passerebbe al Sistema bancario. In caso di abigeato, chiederebbe l'Agricoltura. Evidentemente all'oscuro dei suoi alti meriti scientifici, il Cavalier Bollito ha spiegato la sua nomina al cancelliere Schroeder con queste decisive parole: «Buttiglione conosce il tedesco». È come Totò con Peppino a Milano, alle prese col vigile di piazza Duomo: «È tedesco, ci parlo io, avevo un amico prigioniero in Germania». Anche in Europa hanno diritto a un po' di svago.

In Italia non ci possiamo lamentare. Se facciamo i bravi, adesso ci ridanno anche Forlani, candidato numero uno alla presidenza dell'Udc all'insegna del rinnovamento. Gli onorevoli Tambroni e Scovacricchi, pur contattati, pare abbiano declinato. Con Forlani presidente, l'Udc cambierà anche simbolo: allo studio dei grafici uno scudo crociato alla bava.

Ma il meglio deve ancora venire: a grande richiesta, si replica la gag di Lorenzago sul Cadore, dove i quattro migliori caratteristi della Compagnia delle Libertà si ritroveranno a fine agosto nella baita del capocomico Tremonti per un'altra scampagnata costituzionale. Calderoli, assicurano le veline di regime, «ci sta già lavorando». Nel senso che porta la grappa.

Essendo estate e scarseggiando le notizie, i giornali trovano spazio persino per Carlo Giovanardi, il ministro Fernandel. Essendo inesistente come i rapporti del governo col parlamento, l'hanno sistemato ai rapporti col parlamento. Ora le mappe delle correnti Udc lo collocano fra i «filogovernativi», insieme all'altro ministro, l'uscente Buttiglione, e agli aspiranti entranti: il ciociaro Mario Baccini, quello che gira per Roma a 40 gradi col vestito blu in attesa della chiamata, e il catanese Raffaele Lombardo, che ormai dorme su una panchina dell'aeroporto di Fontanarossa perché non si sa mai. Tutti mossi da nobili motivazioni ideali, soprattutto Giovanardi. Non che sia attaccato alla poltrona. Semplicemente, gli hanno spiegato che non gli ricapiterà mai più di fare il ministro: i miracoli arrivano una volta sola.

Ora però, con tutto quel che di male si può pensare dell'Unione Dei Cadreghini, non bisogna esagerare. Per questo va duramente stigmatizzata l'ignobile minaccia scagliata ieri contro l'Udc da Sandro Bondi su «Repubblica». Con l'unica attenuante di aver mangiato pesante (si spiega così il richiamo alla «serietà rugosa della vita e della politica»), il Pallore Gonfiato invita l'Udc a «fare un partito con FI e Udeur». Per il momento è un'idea sua, che prima richiede una «ridefinizione delle regole democratiche all'interno di Forza Italia». Bondi pensa addirittura a una «incompatibilità fra incarichi di governo e di partito»: in pratica, punta a far fuori Berlusconi, o da premier, o da presidente di Forza Italia. Ma non gliel'ha ancora detto («Intendo proporlo al presidente Berlusconi»). Strano modo di introdurre la democrazia in un partito autocratico, quello di chiedere il permesso al Capo. Ma il Fantozzi di Arcore prima o poi troverà il coraggio di avvertire il Megapresidente Galattico, genuflesso sul solito inginocchiatoio: «Scusi, presidente, se parlo in sua presenza, ma vorrei umilmente proporLe di rendere democratico il Suo partito, col Suo permesso s'intende...». Ecco, Follini sarà quel che sarà: ma un partito con Berlusconi e Bondi, oltreché con Mastella e Pomicino, forse non lo merita nemmeno lui. *(27/07/2004)*

L'Alberoni rapito

Ci perdonino i lettori, soprattutto le signore, se parliamo del professor Francesco Alberoni il quale, com'è noto, dopo i danni inferti alla sociologia, ne sta producendo di notevoli anche alla Rai. Ma questa è un'emergenza, e infatti è stata Amnesty International a segnalarci il suo ultimo articolo sul «Corriere della Sera» che, altrimenti, non avremmo mai letto, come fanno da anni i lettori del «Corriere» all'insaputa dei direttori. L'articolo, uscito lunedì come al solito in prima pagina, in fondo a sinistra, là dove Gaber collocava le toilette, s'intitola: *Il vero prepotente? Chi premia i più scadenti.* In realtà va letto in filigrana, trattandosi di un disperato messaggio in codice inviato dal professore, sequestrato da chissà quanti mesi da una banda di uomini senza scrupoli che lo tengono segregato in una stanzetta di un metro per uno (con l'unico sollievo della solitudine e dunque dell'assenza della moglie Rosa Giannetta). Il timore degli inquirenti è che i sequestratori abbiano letto almeno un suo libro, la qual cosa fa temere il peggio per la sorte dell'ostaggio. Ma i suoi ripetuti accenni a un paese dominato dalla «prepotenza», dalla «violenza arbitraria in contrasto con la legge e le norme della morale e del costume», dove «la gente si piega, si adegua impotente», «il potere non è in mano a chi incarna i valori, ma i disvalori» e dove «comandano la corruzione e l'immoralità», lasciano chiaramente intendere che si trova ancora in Italia. Sempre in linguaggio cifrato, con l'aria di parlar d'altro, il pover'uomo tenta addirittura di indicare il luogo preciso in cui si trova prigioniero. Sulle prime, leggendo la sua descrizione di un «despota che urla, minaccia, usa un linguaggio volgare e osceno», un linguaggio che «indica sempre brutalità e violenza, infatti è abituale nella malavita», gli esperti decrittatori avevano pensato che la prigione del popolo fosse situata a Palazzo Chigi, o a Villa San Martino, o a Palazzo Grazioli, o nel misterioso bunker di Villa La Certosa, o in altre sedi istituzionali. Soprattutto dopo la risposta del premier, in dolce stil novo, a una contestatrice («Lo sa, signora, che lei ha una bella faccia di merda?»). Ma poi, dopo i primi accertamenti, comprese le immersioni degli uomini-rana nelle sette piscine abusive per la talassoterapia a Villa La Certosa, si è capito che era un depistaggio, come il lago della Duchessa nel caso Moro.

Ora si dà maggiore peso ad altri messaggi criptati, che poi sono i più leggibili fra le righe: l'autore, con grafia malferma, scrive che «l'essenza della prepotenza è l'ostentazione della propria superiorità rispetto a tutte le regole sociali, morali, legali e al giudizio della comunità, in sostanza l'ostentazione del proprio arbitrio». Limpida allusione al diktat bulgaro del premier, che contro ogni regola, per puro arbitrio, ordinò alla Rai di licenziare tre professionisti a lui sgraditi. Che il covo si trovi a Sofia, magari allestito da qualche vecchio spione della pista bulgara? Il senatore Guzzanti ha subito attivato la commissione Mitrokhin, ma come di consueto non ne ha cavato un ragno dal buco. E poi s'era detto che la prigione è in Italia. Prosegue Alberoni, sempre più provato, ma non meno lucido: «Il prepotente agisce sempre in modo tale da dimostrare agli altri che può fare ciò che vuole. La sua dimostrazione di forza sarà tanto più efficace quanto più è in contrasto con i valori riconosciuti. Perciò non colpirà la persona meno meritevole, ma quella più meritevole e non sosterrà il migliore, ma colui che tutti ritengono scadente». Qui il pensiero corre al séguito del diktat bulgaro, quando tre fuoriclasse come Biagi, Santoro e Luttazzi furono rimpiazzati rispettivamente con Max & Tux, Antonio Socci e Federica Panicucci. Dunque il covo potrebbe trovarsi a Roma in viale Mazzini. Già, ma a quale piano? L'accenno al «politico di basso rango che raccomanda un incapace e, per imporlo, è disposto a infangare chi merita» faceva pensare alla redazione di *Excalibur*, ormai da tempo abbandonata dopo la fuga dell'incapace medesimo. Ma il blitz dei corpi speciali ha dato esito negativo: i locali sono ancora occupati dalla collezione di teschi di Pol Pot che Socci gettò in faccia a Fassino, in attesa che il titolare passi a ritirarla. Una lettura più attenta di un altro passaggio, quello in cui Alberoni descrive sotto metafora quel che accade ogni giorno al Tg1 («nelle scuole c'è il bullo, il prepotente, spesso stupido, che opprime i più piccoli o perseguita qualcuno per il puro gusto di spaventarlo, vederlo tremare, piangere e scappare»), ha dirottato i sospetti sugli uffici di Clemente J. Mimun e Daniela Tagliafico. Ma, anche lì, nulla. A quel punto le ricerche si sono arenate.

Eppure la chiave dell'enigma è in un altro brano, incredibilmente trascurato dagli inquirenti: quello in cui Alberoni scrive che il despota «non lo fa solo perché ne ricava dei voti o dei vantaggi. Lo fa per mostrare ai suoi pari e ai suoi potenziali clienti la sua forza, il potere di ottenere ciò che gli pare e piace», mentre i clienti «assistono all'ingiustizia impotenti». Chiaro che sta parlando di sé e della sua più recente carriera, correndo il rischio di farsi scoprire con una metafora facilmente leggibile da occhi profani. Alberoni sta descrivendo il Cda Rai e dunque il nascondiglio dove lo tengono segregato: l'ottavo piano di viale Mazzini.

Non c'è un attimo da perdere. La prosa malferma indica che l'uomo è allo stremo delle forze, anche in seguito alle atroci sevizie subìte, ivi compresa una forma di tortura ormai in disuso e severamente proibita dalla convenzione di Ginevra: la lettura ad alta voce di interi brani dei romanzi della moglie. Sotto quella costante minaccia, come si evince dallo straziante documento pubblicato dal «Corriere», il prigioniero ha preso a confessare tutti i soprusi commessi nel primo anno di Cda («ormai è stato codificato con il nome di mobbing»). Ha fatto il nome del mandante. E ora s'appresta a denunciare i complici, almeno quattro. Qualcuno lo liberi, prima che sia troppo tardi. *(29/07/2004)*

Sherlockogne

Allora ci siamo. È arrivato il gran giorno. Oggi, dopo due anni e mezzo di vane ricerche condotte da quei dilettanti dei magistrati di Aosta, dei carabinieri, degli esperti del ris, dei periti della procura e del tribunale, sapremo finalmente il nome del «vero assassino di Cogne», grazie alla squisita gentilezza dell'onorevole avvocato Carlo Taormina e del suo detective personale Giuseppe Gelsomino, che si divide fra l'agenzia «Shadow Investigazioni» e le filosofie orientali. Il duo, in arte Mino & Mina, destinato a soppiantare il ricordo di Starsky e Hutch, di Clouseau e Kato, ma soprattutto di Pippo e Topolino, ha indicato il 30 luglio come la data del grande annuncio. E, trattandosi notoriamente di uomini di parola, terranno fede alla promessa. È vero che l'attesa rivelazione slitta da oltre due anni, ma ciò è dovuto alle tecniche investigative d'avanguardia («con esperti internazionali») impiegate nella controindagine: un binocolo, un walkie-talkie, un cane da tartufo, una bacchetta da rabdomante, una palla di vetro e un tavolino a tre gambe. E poi i due segugi, animati da spirito garantista, hanno voluto raggiungere la certezza matematica di quanto andavano sospettando fin dal primo giorno.

Già il 23 luglio 2002, infatti, Taormina annunciava sardonico: «Siamo a un passo dalla conclusione». E il 26 agosto, trionfante: «Ho un'idea sul vero killer, ci mancano solo le prove». Indicò anche la «pista satanica», molto probabile sul Gran Paradiso. Poi alluse simpaticamente a un vicino di casa che negli ultimi tempi «è vistosamente dimagrito»: tipico sintomo da post-omicidio, prova classica di colpevolezza. La signora Lorenzi, per dire, era in perfetto peso forma, dunque innocente. Poi, in ottobre, Mino & Mina fecero interrogare un altro vicino: «È venuto il giorno del giudizio per il vero assassino». Naturalmente non accadde nulla. «Sta per chiudersi il cerchio intorno al killer», giurò l'onorevole avvocato il 10 febbraio 2003, mentre perlustrava per la quarantesima volta lo chalet al passo del leopardo. «Stiamo ottenendo risultati straordinari», comunicò con un fil di voce l'11 aprile mentre ciondolava dal tetto, appeso a una stalattite di ghiaccio. Il giorno 24, travestito da lichene, descrisse con la consueta precisione l'arma del delitto: «Non è né un martello né una pentola». Intanto il prode Gelsomino, camuffato da stambecco, saltellava su per i monti e tornava la sera stanco ma felice. «Scoperte clamorose, conclusioni sconvolgenti, di assoluta scientificità», anticipò Taormina, che aveva appena denunciato il ris, la procura, il tribunale e un gruppo di conifere comuniste che gli ostruivano la visuale.

Il 13 giugno, in una leggendaria conferenza stampa, i due audaci segugi comparvero per la prima volta in coppia per sciorinare gli esiti mirabolanti delle ricerche: «C'è l'impronta di un tacco sporco di sangue, scarpa da ginnastica o da riposo, piede destro. E l'arma del delitto è un oggetto circolare, cavo al centro: forse un moschettone da montagna». Il più era fatto: «Ora dell'assassino sappiamo tutto: nome, lavoro, abitudini, cosa mangia e cosa pensa. Sono 33 gli elementi che lo accusano. Abbiamo intuito persino il movente». Ma decisero di non informarne la magistratura, forse per discrezione, forse per fare una sorpresa, forse per lasciare il «vero killer» libero di divertirsi ancora un po' su altri bambini. «Parleremo presto», «ancora pochi giorni», «un mese al massimo», giuravano Mino & Mina a una sola voce (quella di Taormina). Intanto se n'è andato un altro anno. E la signora Lorenzi, così ben difesa, s'è presa 30 anni: il massimo della pena, con il rito abbreviato. A quel punto il sagace Taormina decideva di fare quel nome. Non subito, però. «Solo il 30 luglio: prima dobbiamo ultimare alcune indagini delicatissime».

Ora, proprio sul più bello, l'inossidabile coppia scoppia. Gelsomino, riuscito a liberarsi della benda che da due anni gli impediva l'uso della parola, tracima sulla stampa: «Il vero assassino è uno psicopatico di Cogne, l'abbiamo inchiodato con prove clamorose: foto, filmati, pedinamenti, testimonianze, sopralluoghi, analisi scientifiche, osservazioni psicologiche, frequentazioni, precedenti specifici, fatti terrificanti». Taormina lo fredda: «Ha diramato notizie erronee, deve farsi carico dello sbaglio». Un'ingiunzione di sfratto per l'ardimentoso detective, proprio sul filo di lana. Gelsomino implora pietà dalle colonne del «Corriere», recitando il mea culpa, proclamandosi nei secoli fedele al suo spirito-guida e ribaltando il celebre detto di Bondi: «Scusi, Taormina, se ho parlato in sua assenza». Pace armata. Ma cosa sia accaduto fra Mino & Mina non è dato sapere. Tre le ipotesi più accreditate. 1) Gelsomino ha scoperto che il vero colpevole è proprio la madre di Samuele, e non ha mai avuto il coraggio di dirlo a Taormina. 2) Mettendo insieme le tessere del mosaico, i due si sono accorti che il «vero assassino» di Taormina non coincide con il «vero assassino» di Gelsomino: ne hanno scoperti due, ad abundantiam, e non sanno quale scegliere. 3) Gelsomino sospetta di Taormina, e viceversa. *(30/07/2004)*

Da baita a baita

Dopo le dimissioni forzate di Giulio Tremonti da ministro dell'Economia, se ne va anche il ministro delle Riforme Umberto Bossi, convalescente da un ictus, che opta per il parlamento europeo. Al suo posto, il leghista Roberto Calderoli.

Ci sono immagini che parlano più di tanti editoriali. L'altro giorno, per esempio, i tg ritraevano la camminata trionfale del neoministro delle Riforme istituzionali, con rispetto parlando Roberto Calderoli, che incedeva a passo marziale verso Montecitorio scortato da due gorilla, casomai qualcuno lo riconoscesse. Il noto odontoiatra bergamasco, imprigionato in un abito blu evidentemente tagliato sulle misure di Maroni, sfoggiava tutto soddisfatto un paio di nuovissime scarpe ministeriali dal colore rossastro di cui il filmato, sprovvisto di audio, non consentiva di udire lo scricchiolio. Il Calderoli le buttava avanti con malcelata imperizia, cioè con la stessa disinvoltura di una gallina a cui abbiano calzato a viva forza un paio di pinne da sub. In quel momento, erano chiare e lampanti due cose. Primo: questo Calderoli, dopo le ore spese a travestirsi da ministro, non si schioderà dalla poltrona nemmeno a cannonate. Secondo: forse un ministro di tale levatura non l'avevamo avuto mai, nemmeno sotto Berlusconi. Poi però è comparso il ministro delle Infrastrutture Pietro Lunardi. Il quale svolge, nel governo, la stessa funzione che prima dell'avvento del Cavaliere svolgeva la Grecia in Europa: quella di garantire all'Italia il penultimo posto. Chi pensa che con Calderoli abbiamo toccato il fondo, dimentica Lunardi. Non avendo un euro da investire nel piano «Grandi Opere», il popolare Nullardi ha parecchio tempo libero, durante il quale gli capita persino di pensare. La prima volta era talmente sorpreso che volle subito ragguagliarne la collettività: «Con la mafia bisogna convivere». Il pensiero fu molto apprezzato in certi ambienti della Sicilia, e Nullardi fu subito invitato a commemorare il giudice Falcone il quale, non avendolo conosciuto, con la mafia non aveva mai pensato di convivere.

Ora Nullardi è stato designato dal governo per celebrare degnamente anche l'anniversario della strage di Bologna. Sul perché la scelta sia caduta proprio su di lui, si fronteggiano varie scuole di pensiero. 1) Per dispetto verso il neosindaco Cofferati, il governo ha deciso di non inviare nessuno, cioè Lunardi. 2) Gli altri ministri, il 2 agosto, sono tutti in ferie. 3) Dopo le ultime performance, i colleghi cercano di tenerlo sempre impegnato con qualcosa di nuovo, per evitare che gli ricapiti di pensare. 4) Non avendo nulla da fare alle Infrastrutture, Nullardi ha assunto l'interim delle Sciagure, vista l'evidente competenza specifica. 5) Il governo ha finalmente appurato la verità sulle stragi impunite. Bologna fu un tragico incidente ferroviario dovuto all'obsolescenza del materiale rotabile. Ustica un fatale incidente aereo dovuto al classico cedimento strutturale. Capaci uno spiacevole incidente stradale facilmente evitabile con la nuova patente a punti. Chi meglio del ministro dei Trasporti, dunque, per commemorare i caduti?

L'altroieri, dopo due anni di riflessioni e un paio di ricoveri per ernia al cervello, il Nicolazzi del terzo millennio ha partorito un altro pensiero: una tassa sulle strade statali. Nel governo, che sta già tassando tutto il resto allo scopo di ridurre le tasse, l'hanno presa male. Allora Nullardi ha fatto marcia indietro, ma all'italiana: dando la colpa a tutti i giornali e a tutte le tv, che si divertono a fraintenderlo. «Mistificazione», «montatura» ha tuonato in un'intervista a «Repubblica», peraltro largamente incomprensibile in quanto non sottotitolata per i non Lunardi. Espressioni quali «pedaggiare», «rete autostradale con caratteristiche molto vicine a quelle autostradali» e «tariffazione coerente» sono purtroppo intraducibili. Nei rari passaggi in italiano, Nullardi è riuscito a illustrare il suo vero progetto: «Esistono delle superstrade che possono essere trasformate in autostrade» e dunque «messe a pedaggio» perché «l'Anas ha bisogno di soldi». Geniale. Uno promette migliaia di chilometri di nuove autostrade, compreso un tratto della Transiberiana. Tutti gli dicono che non c'è una lira, ma lui fa spallucce. Poi naturalmente scopre che non c'è una lira. Allora che fa? Prende le strade fatte dagli altri, le chiama autostrade, ci aggiunge casello e casellante, e il gioco è fatto. Dalla finanza creativa all'ingegneristica creativa. Di questo passo prenderanno i viottoli, le mulattiere, i sentieri di montagna che portano alle malghe e ai rifugi, i tracciati per le transumanze del bestiame. Li chiameranno strade provinciali, statali, superstrade, tangenziali, complanari, circonvallazioni. Poi li doteranno di gabellieri appollaiati su un albero o su un costone roccioso. Et voilà: anche il piano delle Grandi Opere, orgoglio e lustro del Contratto con gli italiani, sarà cosa fatta. Peccato non averci pensato prima: un bel cartellone elettorale con la vacca biturbo e lo slogan «Più pedaggi per tutti» avrebbe fatto la sua figura, nella campagna del 2001. Ma all'epoca Lunardi era ancora in rodaggio.

Per fortuna, come annuncia lui stesso, del nuovo piano «si parlerà non prima di un paio d'anni». Cioè quando lui sarà già al Polo Nord a scavare trafori nel pack, a mettere pedaggi alle slitte e a scappare dagli esquimesi inferociti, nell'ambito del progetto «Grandi Igloo». *(1/08/2004)*

Bottino Craxi

Ferve il dibattito sul perché Bobo Craxi e altri socialisti stiano con Berlusconi. Una possibile risposta è nei verbali di Maurizio Raggio, l'ultimo prestanome di Bettino, che nel '95 raccontò al pool che fine fecero i 50 miliardi (di cui 21 targati Berlusconi) che Craxi gli aveva affidato: 15 se li mangiò lui con la contessa Agusta in due anni di latitanza in Messico; il resto rimase nella disponibilità di Bettino che, di tanto in tanto, gli commissionava dei bonifici. Per esempio quello del 23 maggio 1994 per «$ 40.000/s.Fr. 50.000 Bank of Kuwait Lnd», «utilizzato - scrivono i giudici del processo All Iberian - in pagamento del canone relativo a un'abitazione affittata dal figlio di Craxi in Costa Azzurra». A Saint-Tropez, per la precisione. Ancora un anno fa Bobo Craxi si recava a trovare Raggio a Villa Altachiara in Portofino: colloqui burrascosi, assicurano i testimoni. Anche Berlusconi, appena rientrato a Palazzo Chigi, nel 2001 sentì il bisogno di rendere omaggio a Raggio. Chissà di che parlano quei tre quando si vedono. Si dice che uno legga ad alta voce i sacri testi del socialismo e gli altri si raccolgano in meditazione. *(4/08/2004)*

Oui, je suis Robert Chateaux

Il cosiddetto ministro della Giustizia, ing. Roberto Castelli, ha voluto avventurarsi ieri in un'attività per lui insolita e decisamente temeraria: la scrittura. L'ha fatto su «Repubblica» e sul «Giornale», per polemizzare con il collega Pisanu, che s'era scusato col direttore di «Le Monde» Jean-Marie Colombani per una ruvida perquisizione subita dal figlio d'origine indiana del celebre giornalista, in vacanza a Venezia. Castelli ha ribattuto che, se qualcuno deve scusarsi, questo è Colombani, noto «razzista» che «odia» l'Italia.

Purtroppo quello fra Castelli e Pisanu e fra Castelli e Colombani resterà un dialogo fra sordi. Problemi linguistici: l'ingegner ministro, infatti, si esprime in un idioma sub-padano incomprensibile e intraducibile, una via di mezzo fra il celtico antico e l'analfabetico moderno. A prova d'interprete. Tant'è che, in calce, aggiunge una precisazione: «L'autore è ministro della Giustizia». Altrimenti uno non ci crede.

«Non mi sarei aspettato - scrive - che un ministro della repubblica italiana raccogliesse questa provocazione da un privato cittadino», che per giunta è pure un «maître à penser della gauche». Pisanu prenda esempio da Bossi che, l'ultima volta che incappò in un intellettuale, gli rispose con un articolato ragionamento: «Gianfranco Miglio è una scoreggia nello spazio».

Profittando della distrazione generale, il presunto guardasigilli sfida le leggi della natura e tenta «di articolare il perché» del suo sdegno. E il suo articolare è tutto un programma. Mentre la guardia di finanza annuncia un'inchiesta interna «per capire quel che è veramente successo» a Colombani jr., l'ingegner ministro ha già chiuso il caso, a spanne: «È da presumere... quasi certamente... per quanto ne so...» i finanzieri eseguivano «precise istruzioni, dato il momento critico per il terrorismo e il traffico di droga». Dev'essere per questo che il pusher personale del viceministro Micciché entrava e usciva indisturbato dal ministero dell'Economia: non era di colore, dunque nessuno lo controllava. Precise istruzioni.

A quel punto, destreggiandosi a fatica fra la grammatica e la sintassi, gettando le virgole qua e là, a manciate, dove capita, il sedicente guardasigilli ricorda che «Le Monde» ha difeso il terrorista Cesare Battisti contro l'estradizione. Cosa c'entri quel che scrive «Le Monde» su Battisti con le perquisizioni abusive al figlio del suo direttore, non è dato sapere. Anche perché, a parità di condizioni, non vorremmo essere nei panni dei congiunti di Ferrara o di Belpietro alle prese con la polizia francese, visto quel che scrivono «Il Foglio» e «il Giornale» del governo Chirac. Ma la logica, come l'italiano, è materia proibitiva per l'ingegner ministro. Che si lancia in un'appassionata difesa della magistratura italiana, vergognosamente accusata da «Le Monde» «di stravolgere i fondamenti del diritto». Parole dello stesso Castelli che, il 4 dicembre 2001 in senato, sparò: «I magistrati vogliono ribaltare per via giudiziaria il verdetto politico e intendono fare lotta politica utilizzando impropriamente le azioni giudiziarie e godendo dell'immunità costituzionale che altera la parità dei poteri... Il tribunale di Milano (lo stesso che giudicò Battisti e ora giudica Berlusconi, *n.d.r.*) ha disatteso sentenze della corte costituzionale e leggi dello stato». Parola dello stesso Castelli che non mosse un sopracciglio mentre il suo premier definiva i magistrati italiani «golpisti», «comunisti», «peggio del fascismo», «come la banda della Uno Bianca», «terroristi», «criminali», «matti», «antropologicamente diversi dal resto della razza umana». Fortuna che, a difenderli, provvide «Le Monde».

A questo punto, sprezzante del pericolo, l'ingegner ministro coglie «l'occasione per articolare un ragionamento più vasto». E due. I medici glielo dicono sempre: «Dia retta, ingegnere: non articoli ragionamenti, potrebbe farle male». Ma lui niente: rischiando ogni volta la meningite, continua pervicacemente ad articolare. Quel che ne esce è un'interminabile filippica contro la «cultura di sinistra» che collega direttamente Colombani a Pol Pot e «Le Monde» ai gulag sovietici. Uno chiede conto di vergognose perquisizioni ai danni di un francese di colore, e il ministro della Virgola risponde che «il materialismo storico ha prodotto solo gulag, fame e miseria». Molto pertinente.

Il finale è da affissione. Prima Robert Chateaux difende l'Italia dai «razzisti» come «monsieur Colombani» che «ci odiano e ci ritengono dei minus habens». Parola di uno che l'Italia la vuole sfasciare e, nell'attesa, fa a pezzi la lingua italiana; saltella in piazza del Parlamento con i suoi fan al grido: «Chi non salta italiano è»; milita nel partito del segretario Bossi, noto per aver definito i belgi «specialisti in pedofilia», e dell'ex sottosegretario Stefani, costretto a dimettersi per aver definito i tedeschi «ubriaconi famosi per le gare di rutti». Poi l'ingegner ministro se la prende con «la cultura dominante in Europa, antisemita, anticristiana, massonica». Strano: pare la stessa cultura dominante nel governo Berlusconi, presieduto da un noto massone (tessera P2 n. 1816), sostenuto da ex fascisti che spesso si dilettano in battute antisemite e solidarizzano con Priebke, e composto da un ministro talmente cristiano da essersi sposato con rito celtico davanti a un druido. Un certo ingegner Castelli. Infine, l'accorato appello agli «intellettuali di destra»: «Battete un colpo, non lasciate la Fallaci a combattere da sola». Ecco, andate a trovarla ogni tanto. E, se vi perquisisce, assecondatela: motivi di sicurezza nazionale.

(6/08/2004)

Un giorno che, tanto per cambiare, erano finiti in carcere una manciata di imprenditori per malversazioni varie, Fortebraccio scrisse sull'«Unità»: «Come nei conventi trappisti il saluto dei frati è "fratello, ricordati che devi morire", così nei corridoi della Confindustria il saluto degl'imprenditori italiani è "compare, ricordati che devi andare in galera"». Non sappiamo se il saluto di Fortebraccio sia ancora in voga. Sappiamo però che gl'imprenditori italiani continuano allegramente ad andare in galera. L'altro giorno, oltre al presidente dell'Ancona, sono finiti dentro alcuni dirigenti di Enipower, sulle orme dei loro colleghi di Enelpower. Si parla di mega-tangenti pagate da tredici grandi imprese private, alcune già coinvolte in Tangentopoli. L'enormità delle cifre e la scientificità del «sistema» – emerso non da teoremi o da pentiti, ma da documenti bancari – hanno portato il gip Guido Salvini a scrivere che si rischia di «far impallidire» lo scandalo scoperchiato da Mani Pulite. E da alcune intercettazioni emerge che le mazzette servivano per finanziare le ultime elezioni europee. Ce n'è abbastanza per preoccupare la classe politica e imprenditoriale, almeno quella sana. O, meglio, ce ne sarebbe abbastanza. Perché gli ennesimi focolai d'infezione in società a capitale pubblico come Eni ed Enel non sembrano preoccupare nessuno. Ben altro allarma il governo, almeno a giudicare dalle dichiarazioni del suo rappresentante più insigne: l'infaticabile on. Carlo Giovanardi, addirittura ministro dei Rapporti col parlamento, quello che per inflessione dialettale e lineamenti equini ricorda don Camillo, o meglio lo ricorderebbe se non fosse per un particolare: don Camillo era furbo.

Il ministro Fernandel non tuona contro la corruzione che ritorna, anzi non se n'è mai andata. Tuona contro il «protagonismo delle procure». O così almeno dicono le agenzie. I bene informati assicurano invece che Giovanardi è in vacanza (le ultime notizie lo danno in pellegrinaggio in Terra Santa) e non ha tuonato un bel nulla: ha semplicemente lasciato inserita la segreteria telefonica, che da tempo porta impresso lo stesso messaggio preregistrato: «Basta con il protagonismo delle procure». Da anni chiunque chiami casa Giovanardi per le più disparate impellenze si sente immancabilmente rispondere dall'inconfondibile vocione al culatello e gnocco fritto: «Il ministro è momentaneamente assente. Lasciate un messaggio dopo il bip. E, sia chiaro, basta con il protagonismo delle procure». Vedi mai che arrestino qualche eccellente e i giornali, non trovando nessun altro, chiamino lui per una dichiarazione.

Il solo quotidiano che, per ovvi motivi, riesce a raggiungere il noto intellettuale reggiano anche al Polo Nord è il «Giornale» del padrone. Infatti ieri, oltre al rituale «basta con il protagonismo delle procure», riportava altre frasi originali dello spensierato ministro: «Quando ho letto le dichiarazioni del pm, sono rimasto allibito. Mi preoccupano i magistrati che non perseguono i reati, ma sollevano polveroni su nuove Tangentopoli. Mi sembra uno straripamento indotto da sete di protagonismo. Se hanno elementi, lo dicano. Non si può ricominciare con questa campagna mediatica: rieccoci alle pagine più nere della nostra storia». A parte il fatto che i pm Greco e Fusco non hanno rilasciato alcuna dichiarazione, e che l'accenno alla nuova Tangentopoli è tratto dall'ordinanza del gip Salvini, dal Giovanardi-pensiero si deduce che: 1) le pagine più nere della nostra storia sono le dichiarazioni dei magistrati sulla corruzione, non la corruzione medesima; 2) per evitare straripamenti, protagonismi e polveroni, e soprattutto per non far allibire il ministro Giovanardi, i magistrati devono astenersi dall'indagare sulla corruzione, dall'avviare rogatorie, dall'interrogare indagati; se s'imbattono in prove documentali, devono cestinarle subito; e se viene qualcuno a confessare, devono subito allontanarlo in malomodo, prima che cominci a parlare.

Resta da capire il senso di quell'invito ai magistrati a fare i nomi dei politici coinvolti («se hanno elementi, lo dicano»). A che pro? Che farà l'onorevole Giovanardi se e quando gli daranno i nomi dei politici? Li inviterà alle dimissioni? Improbabile: il suo partito si svuoterebbe come l'Olimpico alla fine del derby, vista la collezione di inquisiti e condannati messa insieme dall'Udc, che sta per innalzare alla presidenza il noto pregiudicato Arnaldo Forlani. Li terrà lontani da cariche pubbliche? Difficile: il suo governo ha nominato presidente dell'Enel un tizio, Paolo Scaroni, che ha patteggiato 1 anno e 4 mesi per corruzione negli appalti dell'Enel (infatti, se l'Eni ha potuto licenziare un manager arrestato e reo confesso, l'Enel non potrebbe mai farlo, salvo cacciare prima il suo presidente). Li redarguirà personalmente? Impossibile, altrimenti l'avrebbe fatto anche con i politici che Tanzi disse di aver finanziato, compresi Casini e Buttiglione; invece tacque. Che farà allora Fernandel? Anzitutto tuonerà contro «il protagonismo della procura» che ha fatto i nomi dei politici coinvolti. Poi li candiderà nell'Udc, casomai non ne facessero ancora parte. Perché «Io c'entro» non è soltanto uno slogan elettorale. È un programma di vita. *(10/08/2004)*

Affettuose amicizie

Polemiche per la decisione del «Corriere» di pubblicare il carteggio amoroso fra lo scrittore Italo Calvino e la sua amante, l'attrice Elsa de' Giorgi. Alle proteste della vedova Calvino e alle critiche di intellettuali come Alberto Asor Rosa ed Eugenio Scalfari, rispondono in malomodo sul «Corriere» Angelo Panebianco ed Ernesto Galli della Loggia.

Un elettrizzante brivido di erotismo attraversa questo noioso agosto, orfano in un colpo solo della canottiera di Bossi, del delitto dell'estate e della Baita delle Libertà. Stiamo parlando del carteggio amoroso fra Ernesto Galli della Loggia e Angelo Panebianco. Il Gianni e il Pinotto del Mulino, i Vianella dell'anticomunismo fuori tempo massimo, i Jalisse del liberalismo all'italiana non si erano mai segnalati per particolare allegrezza: al loro confronto, anzi, il cardinal Ruini pare Jennifer Lopez. Ma stavolta, con un outing clamoroso quanto spiritoso, i due hanno reso pubblico sulla prima pagina del «Corriere» un tenero sentimento di cui, nei circoli culturali che contano, si vociferava da tempo. L'affettuosa amicizia, come la chiamerà «Eva 3000» in un servizio fotografico esclusivo, è stata ufficializzata – quando si dice la combinazione – in occasione della pubblicazione, sempre sul «Corriere», di un altro carteggio amoroso: quello fra Italo Calvino e l'attrice Elsa de' Giorgi, con grave disappunto della signora Chichita Calvino e di chi, come Alberto Asor Rosa, sa ancora distinguere fra letteratura e gossip.

Ma ecco scendere in campo, contro la vedova e contro Asor Rosa, l'impavido Ernesto Galli nonché Della Loggia: se i due hanno protestato - scrive - è perché sono di sinistra e «da decenni la sinistra italiana esercita il potere culturale in regime di monopolio». Scalfari gli risponde per le rime. A quel punto, prima che Della Loggia abbia il tempo di afferrare la penna, interviene il piè veloce Panebianco, che difende l'amato Ernesto e spezza le reni al nemico del loro amore: l'«egemonia culturale della sinistra costruita dal Pci», «uno dei capolavori di Togliatti».

La tesi, per quanto singolare, non è proprio originale. Sono decenni che a destra si piange sull'«egemonia culturale» della sinistra. Infatti, com'è noto, la Rai, prima azienda culturale del paese, è sempre stata in mano alla sinistra: i Bernabei, i De Feo, i Cresci, i Pasquarelli erano tutti criptocomunisti. Per non parlare di quel Berlusconi che nei primi anni Ottanta inventò la tv commerciale: un terzinternazionalista. Idem per i maggiori editori di libri, dai Mondadori ai Rusconi ai Rizzoli: tutti rossi (compreso Angelo Rizzoli, quello della P2). I giornali, poi, sono da sempre in mano agli Agnelli, agli stessi Rizzoli, ai Monti, ai Caltagirone, ai Romiti e ad altri noti bolscevichi. E poi i baroni universitari, i ministri dell'Istruzione, i ras delle accademie: tutti compagni. Almeno fino al 1993. Poi, dopo cinquant'anni di comunismo, arrivò la Liberazione, nella persona di Silvio Berlusconi. I Panebianco e i Galli della Loggia poterono finalmente uscire dalle catacombe e pubblicare qualche riga.

Questa caricatura della storia d'Italia, tanto cara a certi «storici» di cui sfuggono le opere, si commenta da sé. Altra cosa sarebbe dire che molti bravi scrittori furono e sono di sinistra: alcuni per convinzione, altri per conformismo, altri perché l'intellettuale tende a essere «contro» il potere costituito. Non è colpa della sinistra se la Dc e i suoi alleati, anziché occuparsi di cultura («culturame», diceva Scelba), occupavano banche e partecipazioni statali; anziché allevare intellettuali, allattavano tangentisti e faccendieri. Il che non impedì a grandi talenti di esprimersi e affermarsi anche da posizioni conservatrici: Longanesi, Buzzati, Berto, Piovene, Montanelli, Sartori, Spadolini, De Felice, Romeo, Del Noce (padre), per fare solo qualche nome. Nel 1974 Montanelli fondò, contro quel conformismo, il «Giornale». Purtroppo Galli della Loggia non poté aggregarvisi per esercitare il suo anticomunismo contro l'egemonia culturale della sinistra. Per il semplice motivo che, all'epoca, era comunista. E pubblicava per Einaudi, simbolo dell'orrenda egemonia culturale della sinistra, scrivendo concetti memorabili come questo: «La tradizione bolscevico-leniniana (pur con tutti gli stravolgimenti compiuti da Stalin) era stata una palestra tale di abnegazione ferrea e di devoluzione quasi di sé, di duttilità e di fantasia organizzative, di disciplina, di consuetudine con le masse popolari, di spregiudicato realismo nella valutazione delle forze, da non avere confronti nell'età contemporanea. D'altra parte, pure in quegli anni tanto foschi, il movimento comunista aveva mantenuto una estrema ampiezza di orizzonti e di prospettive, e gli esponenti comunisti vi avevano aggiunto una loro personale ricchezza di esperienze di vita: il commercio con le lingue, i popoli e le città d'Europa, la clandestinità, la familiarità con l'uso delle armi e la direzione di gruppi armati, la conoscenza di grandi personalità, la quotidiana confidenza con un ambiente aspro e talvolta spietato...» («Ideologie, classi e costume», in Aa.Vv., *L'Italia contemporanea 1945-1975*, Einaudi, 1976).

Oggi molta acqua è passata sotto i ponti e sotto le logge, per non dire sotto i galli. Forse l'Angelo e l'Ernesto non se ne sono accorti (infatti non han detto una parola sull'epurazione di Biagi, Santoro e tutti gli altri), ma da tre anni governa, anzi comanda il centrodestra, che ha proceduto al più selvaggio spoils sistem della storia d'Italia (altro che egemonia), dando il lustro che meritano ai suoi intellettuali di punta oscurati per mezzo secolo dalla sinistra cattiva. La crème è andata alla Rai: Baldassarre, Alberoni, Albertoni, Petroni, Del Noce (figlio), Marano, Socci, Vespa e Veneziani (rimpiazzato, quando è al bagno, da Buttafuoco). Il resto dove c'era posto: Buzzanca e Gervaso al Premio Almirante; Rosa Giannetta Alberoni al Piccolo Teatro (dove ha cercato invano di censurare Fo); Pialuisa

Bianco e il fratello di Giuliano Ferrara agli istituti di cultura a Bruxelles e Parigi; Pingitore e Lionello al Bagaglino. Sarà pure colpa di Togliatti, ma se questa è la cultura di destra, l'egemonia della sinistra durerà in eterno. Anche perché, a combatterla, sono le sue ragioni viventi: Italo Panebianco ed Elsa Galli della Loggia.

Nei prossimi giorni, sul «Corriere», uscirà il loro carteggio erotico di cui anticipiamo alcuni incipit. «Mio amato, mentre qui piove a dirotto penso a te e all'egemonia culturale della sinistra...». «Cucciolotto mio, mentre mi faccio la barba non posso non pensare a te e a chi creò l'egemonia della sinistra...». «Mio piccolo pelouche, mentre indosso la pancera Gibaud la mia mente corre al nostro amore contrastato dal perfido Togliatti...». Gli edicolanti prenotino le transenne per tempo.

(12/08/2004)

I pifferi di montagna

Questo articolo è dedicato ai pochi curiosi dotati di buona memoria che si domandano che ne è stato delle denunce di Cesare Previti, di Silvio Berlusconi e dei loro cari contro la procura di Milano che indaga su di loro per corruzione giudiziaria. Chi, in questi anni, ha seguito le cronache dei giornali, dei tg e dei talk show sull'argomento ricorderà le tesi esposte dai due imputati e dal loro stuolo di avvocati e/o cortigiani. 1) I processi «toghe sporche» si fondano su una falsa testimonianza prezzolata (Stefania Ariosto), su una bobina manipolata da due agenti dello Sco d'intesa con i pm Colombo e Boccassini (il colloquio Misiani-Squillante al bar Mandara), su una serie di verbali occultati (gli interrogatori di alcuni giudici romani, uno dei quali tirava in ballo Romano Prodi). 2) La competenza a giudicare è comunque di Perugia, non di Milano. 3) Per tenersi una competenza inesistente, Milano ha commesso un'infinità di abusi e altri reati – compreso l'occultamento di prove favorevoli agli imputati nel fascicolo segreto 9520/95 – che vanno sanzionati dai giudici di Brescia. 4) I magistrati di Milano sono tutti prevenuti per motivi politici; quelli di Brescia e di Perugia invece sono il nonplusultra dell'imparzialità, tant'è che gl'imputati sarebbero ben felici di farsi giudicare in quelle sedi, con l'assoluta certezza della propria assoluzione e della condanna dei magistrati di Milano.

Per ottenere ragione, Berlusconi, Previti e i loro cari hanno seminato denunce, esposti, ricorsi, opposizioni, istanze un po' dappertutto. Ecco il risultato finale. Nel gennaio 2003 la cassazione a sezioni unite stabilisce che nessun sospetto di parzialità grava sui giudici di Milano, i quali «non illegittimamente» si sono ritenuti competenti a giudicare quei fatti. Nel maggio 2004 il gup di Perugia decreta che gli agenti dello Sco e i pm Boccassini e Colombo non hanno manipolato la bobina del bar Mandara, dalla quale anzi si evince che Squillante parlò dei suoi miliardi in Svizzera (poi ritrovati grazie alle rogatorie), di Berlusconi, della Boccassini e della Ariosto prima che fosse resa pubblica l'inchiesta. La scorsa settimana il gup di Brescia, dopo 13 mesi di «indagini complete e approfondite», archivia la denuncia di un sedicente «comitato per la giustizia», molto vicino a Previti, contro Boccassini e Colombo accusati di falso e abuso per aver opposto il segreto sul fascicolo segreto 9520/95. E ordina alla procura di procedere per calunnia contro i denuncianti. Il gup spiega che le accuse ai due pm erano «totalmente infondate», «inverosimili», «arbitrarie», «manifestamente stravaganti», senza «riscontri con la realtà dei fatti». In particolare, quelli contro la Ariosto sono «arditi teoremi» (proprio così: t-e-o-r-e-m-i) fondati su una «lettura arbitraria e parziale degli atti», «mere supposizioni senza un principio di prova». Quanto al fascicolo 9520, Boccassini e Colombo hanno «legittimamente opposto il segreto istruttorio» sia a Previti & Berlusconi, sia agli ispettori «inviati dal ministro Castelli su sollecito dell'on. Previti». Che in quel dossier si nascondano prove favorevoli agl'imputati «è pura illazione, insussistente anche in termini di mero fumus». Nessuna sparizione di atti, né su Prodi né su altri: lo «scarno verbale» di un giudice romano, che secondo gl'imputati sarebbe sparito per la prava volontà del pool, «non è stato occultato», ma «trasmesso proprio dai pm milanesi a Perugia», dove «è stato escluso qualsiasi reato». In definitiva i giudici di cassazione, di

Brescia e di Perugia hanno definitivamente sentenziato che otto anni di accuse e campagne berlusconiane contro i pm di Milano erano fondate su un cumulo di menzogne. Calunnie. Balle sesquipedali.

Ora, immaginiamo per un attimo che al posto di Previti e Berlusconi ci fosse il pool e al posto del pool ci fossero Previti e Berlusconi. L'Italia sarebbe messa a ferro e a fuoco da alte e medie cariche dello stato, politici «garantisti» di destra e sinistra, editorialisti «liberali», mezzibusti da combattimento, giuristi di chiara fama e fame, tutti stretti intorno agli imputati riabilitati, tutti uniti in un sol grido di battaglia: «Basta con gli errori giudiziari, i teoremi giustizialisti, le toghe giacobine». Seguirebbe la solita litania: chi restituisce a quella brava gente l'onore infangato da otto anni di false accuse? Chi paga? Berlusconi apparirebbe in tv, crocefisso a un cactus di Villa La Certosa e affiancato sul Calvario da Bondi e Cicchitto, per un messaggio a reti unificate. Il parlamento verrebbe convocato in seduta straordinaria agostana per onorare le vittime della malagiustizia, da Moroni a Cagliari a Gardini, senza dimenticare l'Esule di Hammamet. *Porta a Porta*, *Excalibur*, *Telecamere* e *Parlamento in* riaprirebbero d'urgenza i battenti per una serie di speciali dai titoli cubitali «Assolti!», «Giustizia è fatta!», «C'è un giudice a Berlino!», «In galera i calunniatori!».

Per fortuna, invece, nulla di tutto ciò. Le vittime del mega-errore giudiziario sono Ilda Boccassini e Gherardo Colombo, come già Di Pietro (indagato 64 volte a Brescia e sempre assolto), Borrelli (319 volte iscritto sul registro degli indagati di Brescia e sempre prosciolto), Davigo (36 iscrizioni, 36 archiviazioni), D'Ambrosio e il resto del pool. Dunque silenzio assoluto, rotto soltanto dalla vibrata protesta del difensore previtiano, avvocato Alessandro Sammarco: «Il gup di Brescia nega il principio di legalità» e quello di Perugia «fuoriesce dai limiti della giurisdizione». Come se fossero di Milano, per dire. Un complotto planetario. Ora al presidente del consiglio e ai suoi cari non resta che una strada: imbracciare il mitra e salire in montagna. Quando poi vengono giù, ci facciano un fischio. *(17/08/2004)*

Silvio Berlusconi riceve Tony e Cherie Blair nella sua villa in Sardegna con il capo coperto da una curiosa bandana. Intanto il contingente italiano a Nassiriya subisce un altro grave attentato.

Non che l'idea di accogliere il premier britannico Tony Blair travestito da bagnino di Gabicce Mare, completo bianco e bandana d'ordinanza, fosse poi tanto male, tutt'altro. Il fatto è che ieri, credendo di far cosa gradita, i tg hanno associato le immagini del Cavalier Bandana al compunto comunicato di Palazzo Chigi sul vile attentato contro i carabinieri a Nassiriya, in cui si assicurava che il presidente del consiglio segue minuto per minuto la crisi irachena senza mai distogliere la mente dal dramma dei nostri ragazzi al fronte, riunito in permanenza con Apicella e il cuoco Michele, insomma con il consiglio di guerra. Ecco, quelle immagini ridanciane associate a quelle parole dolenti stridevano un po', almeno quanto quelle di Bobo Vieri che ricorda ai giornalisti «io sono più uomo di tutti voi» mentre le telecamere indugiano sulle braghette corte e sul cerchietto per i capelli. Cose che càpitano.

A parte questo incidente di percorso, il nuovo look dello Statista di Porto Rotondo ha un profondo significato sociologico. Risponde finalmente all'interrogativo che da tempo arrovella gli studiosi: qual è il blocco sociale di riferimento della destra italiana? Il Cavalier Bandana ammicca all'italiano da Billionaire, all'aspirante inquilino del *Grande fratello*, al prototipo umano immortalato da quell'attore milanese reso celebre da film tipo *Sapore di sale*, con Jerry Calà e Umberto Smaila: il «bauscia» spelacchiato di una certa età che si vergogna della sua anagrafe, si tinge i capelli, se li fa crescere sulla nuca, si abbronza sul balcone di casa con la carta stagnola, poi parte per le ferie agghindato in camicia hawaijana per «cuccare» coi figli e attardarsi in discoteca raccontando barzellette sconce ad alta voce e inghiottendo un whisky dietro l'altro, nella vana speranza che una squinzia in astinenza si accorga di lui.

Se non fosse così, per spiegare le motivazioni che hanno portato un presidente del consiglio di 68 anni, nonno di tre nipotini, nel pieno della tragedia irachena, a calarsi una bandana sul capo, non resterebbero che le seguenti alternative. 1) Berlusconi è a corto di tappi di sughero bruciati per mascherare l'ingiusta calvizie che lo perseguita da anni. 2) Carlo Rossella, disegnatore ufficiale di capelli finti, è in ferie e non ha lasciato recapiti. 3) Presentarsi col tradizionale cappuccio nero della P2 pareva brutto. 4) Dopo il lifting, il Bisunto del Signore sta tentando un disperato trapianto di capelli, ma il concime non è bello a vedersi. 5) Sotto le apparenze di una banale bandana si nasconde un poderoso casco antiproiettile, ultimo ritrovato dei servizi di sicurezza contro le minacce di bin Laden. 6) Il nostro è evaso dalla clinica che l'ha in cura per le sue ultime bizzarrie e ha fatto appena in tempo a coprire la fasciatura sul capo, dimenticando nella fretta di smettere il pigiama bianco. 7) Il premier ha tenuto a rivendicare ancora una volta, con una maggiore sobrietà anche esteriore, l'eredità di De Gasperi, Einaudi e don Sturzo. 8) Nella guerra intestina fra gli adepti di Bondi e i discepoli di Scajola, Berlusconi ha indicato una terza via per il rilancio di Forza Italia: quella del Billionaire, che fa presagire, per il ruolo di nuovo coordinatore, un testa a testa (si fa per dire) fra Costantino e Briatore. 9) L'ometto di stato ha voluto dimostrare all'Onu che l'Italia merita un posto al sole nel Consiglio di sicurezza. 10) L'anziano gagà ha semplicemente voluto rassicurare gli italiani che sono sempre in buone mani.

Ora la bandana delle libertà, come già l'orologio sul polsino dell'Avvocato, è destinata a fare immediatamente tendenza. Pare che il devoto James Bondi ne abbia subito ordinato uno stock di ogni foggia e colore, per tutti i gusti e le stagioni. Galli della Loggia e Panebianco stanno preparando in tutta fretta un saggio per il Mulino sul ruolo della bandana come emancipatrice e liberatrice degli italiani dalla plumbea egemonia culturale della sinistra, che per cinquant'anni ha imposto l'onta della pelata a cielo aperto (titolo: *Corvo rosso non avrai il mio scalpo*).

Intanto il nuovo Magister Elegantiarum, congedato Tony lo Scroccone in viaggio-premio, ha convocato a Villa La Certosa un vertice internazionale di sarti e cappellai per preparare i copricapi da sfoggiare nei prossimi summit dei Grandi del Mondo: un berretto a sonagli, uno zuccotto di Lucio Dalla, una bombetta alla Stanlio e Ollio, un cappellino con veletta già in dotazione alla Regina Madre, un fez da gran mogol delle giovani marmotte, un pelouche con la coda alla David Crockett, una cuffia da notte all'uncinetto preparata da Bondi con le sue mani, una tiara pontificia, un cappello di Napoleone. Si avvicina precipitosamente la profezia di Massimo D'Alema: «Un giorno o l'altro lo vedremo con lo scolapasta in testa». Ci siamo quasi. *(18/08/2004)*

La Casta di Lorsignori

Francesco Rutelli annuncia che, quando tornerà al governo, il centrosinistra dovrà guardarsi dall'abrogare tutte le «leggi vergogna» del governo Berlusconi.

Forse la polemica nell'Ulivo su che fare delle riforme berlusconiane dopo Berlusconi non è stata inutile. Forse aprirà gli occhi a chi, per anni, non ha voluto vedere. Forse, ora, si capirà che quanti nel centrosinistra vogliono tenere le leggi vergogna, per «provarle» e magari «migliorarle», non stanno commettendo uno sbaglio, una svista, uno scivolone. Bisogna farsene una ragione. Essendo persone maggiorenni e vaccinate che han fatto le scuole alte della politica, vanno prese sul serio e trattate per quel che sono: il prodotto dell'eterna oligarchia politica italiana. Una casta irredimibile, che non «sbaglia»: è proprio fatta così, la pensa così, si comporta così. In perfetta coerenza e buonafede, dal suo punto di vista.

La Casta è incolore, nel senso che incorpora tutti i colori. Trasversale a destra e sinistra, si divide per convenzione tra una destra e una sinistra, ma nei momenti di difficoltà diventa un monolite. Il che accade non appena una forza «esterna» – magistratura, informazione, sindacato, società civile – la minaccia. Se una di queste forze pretende di svolgere le sue funzioni di controllo e s'avvicina al fortino, la Casta smette di litigare e ritrova una granitica compattezza contro l'invasore, alzando ponti levatoi e rovesciando olio bollente. Figlia di culture autoritarie (fascismo, comunismo, Controriforma, familismo amorale, aziendalismo anarcoide), la Casta è impermeabile alla cultura liberale. Non tollera contropoteri indipendenti e le rare volte che deve subirli, come nel biennio 1992-93 con Mani Pulite, fa fronte comune con governissimi e bicamerali per ridurli quanto prima all'impotenza.

La Casta si considera un corpo scelto (da sé medesimo) di intoccabili: i «professionisti della politica», gli esclusivisti del ramo. Per loro gli elettori hanno il privilegio di votarli, poi devono ritirarsi e lasciar fare ai grandi.

Il passatempo prediletto dalla Casta è una sorta di Risiko dove tutto è trattabile: ogni principio, valore, passione e regola diventa la pedina di un gioco per pochi eletti al di sopra di ogni legge e al di fuori di ogni controllo. Ciò che si fa per la Casta (tipo «rubare per il partito») non è reato, anche se la legge – approvata dalla Casta stessa – dice il contrario. Purtroppo i padri costituenti erano fissati con l'uguaglianza di tutti i cittadini di fronte alla legge, ma da undici anni la Casta si arrabatta intorno al codice penale e alla costituzione per rendere i suoi adepti più uguali degli altri. Le controriforme giudiziarie della scorsa legislatura – custodia cautelare, abuso d'ufficio, articolo 513, «giusto processo», pentiti... – passarono con maggioranze trasversali e bulgare (il 97-98 per cento del parlamento). Insigni esponenti della sinistra e della destra volevano pure depenalizzare il falso in bilancio e gli altri reati finanziari: non ne ebbero il tempo. Provvide poi il Cavaliere, con l'urgenza dettata dai suoi processi. Ecco: quando Berlusconi esagerò, con leggi su misura per salvarsi dai processi, la Casta non infierì («Se condannato, non deve dimettersi»), ma si disunì: per colpa di uno solo, l'ira popolare si scaricava su tutti. Ciò non impedì a insigni esponenti dell'opposizione di inventare addirittura un lodo salvapremier, così da spegnere sul nascere le istanze di giustizia e di uguaglianza che salivano dalla «piazza», un altro spauracchio che la Casta vede con sacro terrore. Analoghi trasversalismi si registrarono su immunità parlamentare, stato sociale, flessibilità, pensioni, scuola, università, premierato forte, ordinamento giudiziario (dalla bozza Boato in bicamerale alla bozza Castelli: perfetta continuità).

Allergica al controllo di legalità di una magistratura indipendente (altra fregatura costituzionale), la Casta lo è altrettanto alla libera informazione. Per nulla scandalizzata dal fatto che, in Italia, le tv non controllino la politica ma ne siano controllate, essa ha sempre praticato la lottizzazione selvaggia della Rai, sotto ogni maggioranza, avendo cura di mettere a tacere le minoranze di turno con qualche comodo strapuntino. Stavolta l'ingordigia del Cavaliere ha riservato all'opposizione sgabelli troppo bassi e troppo scomodi, ed è allora che si sono levate le proteste più accese. Ma dinanzi alla epurazione bulgara di Biagi, Santoro, Luttazzi e gli altri, la reazione fu molto flebile rispetto alla gravità del fatto. E non per una svista, ma perché, per la Casta, la libertà d'informazione si misura dal numero di poltrone riservate ai suoi adepti nei salotti degli adorati Vespa e Costanzo, non dal numero di notizie vere e di giornalisti liberi. Alle leggi antitrust e sul conflitto d'interessi, pericolosamente liberali, la Casta preferisce mercanteggiare posti per i propri uomini (magari travestiti da «presidenti di garanzia»). Essa, infatti, teme tutto ciò che non controlla.

Naturalmente la Casta non coincide con il parlamento. Molti politici vi sono estranei. Li si riconosce da alcuni segni distintivi: passano giorno e notte in parlamento, parlano di regime, fanno ostruzionismo, manifestano con la società civile, ma in compenso contano poco, non ricoprono cariche, vengono massacrati a reti unificate con l'accusa di leso «riformismo» (nell'accezione tutta particolare che il termine ha assunto in Italia). Poi, di solito, vengono candidati nei collegi disperati.

Come già nel 1992-93, la Casta è tornata a vedersela brutta nel 2002-2003 con l'affacciarsi sulla scena pubblica dei girotondi e dei movimenti, che contestavano tanto la destra quanto la sinistra in difesa della costituzione, della giustizia e dell'informazione. Tre bandiere che, per la Casta, sono come l'aglio per i vampiri. Infatti la Casta tutta ne rimase sgomenta. Però fu costretta non dico a cambiare (essa non cambia mai); ma almeno a mostrarsi diversa. Cioè nettamente divisa fra maggioranza e opposizione. Talvolta, pungolata da milioni di persone, l'opposizione fece persino qualche giorno di ostruzionismo parlamentare. Poi però, appena si riebbe, ricominciò a fare fronte comune, destra e sinistra insieme per combattere i nuovi assedianti pericolosamente riuniti in piazza, e quel che è peggio autoconvocati. Così, a poco a poco, i movimenti si spensero e la Casta tornò quella di sempre. Il dialogo sulle riforme. Le intese sul premierato. Le aperture sulla giustizia, anzi contro i giudici. Il silenzio sulla mafia. E ora l'ultimo Risiko degli oligarchi: certe riforme le teniamo, possono tornare utili, perché gettar via il lavoro sporco degli altri?

Non sono errori, questi. È la Casta che fa il gioco di sempre. L'unica svolta non può che venire da fuori. Da quei movimenti che oggi dovrebbero pretendere dal centrosinistra la lista completa delle leggi da abrogare e di quelle da approvare, e che invece dormono ormai da un anno, da quando la Casta ha fagocitato e annesso alcuni dei loro uomini-simbolo. Chi pensa che i movimenti abbiano esaurito la loro missione, non conosce la Casta. *(27/08/2004)*

So e Non So

Dopo un'estate di polemiche sulla custodia cautelare, in seguito al suicidio del sindaco di Roccaraso detenuto a Sulmona per presunte tangenti, si «pente» la prima brigatista delle nuove Br, Cinzia Banelli.

Fino a una settimana fa la custodia cautelare era una vergogna da abrogare, una barbarie da cancellare, una gogna medievale, una tortura usata dai magistrati aguzzini per estorcere confessioni agli arrestati col «tintinnio delle manette». Tuoni e fulmini da politici di destra e sinistra, toccanti testimonianze delle vittime di «manette facili», disegni di legge abrogativi già bell'e pronti. Poi è arrivata la notizia che la brigatista rossa Cinzia Banelli, la «compagna So», ha iniziato a collaborare con la giustizia, cioè si è «pentita» dopo nove mesi di custodia cautelare nel supercarcere di Sollicciano (dov'è rinchiusa dal 24 ottobre scorso, quand'era già incinta, e dove in marzo ha partorito un bambino che ora vive in galera con lei). C'era da attendersi una nuova vibrante levata di scudi contro le conseguenze aberranti della carcerazione preventiva e contro i giudici che ne abusano: prima sbattono in galera una donna prima del processo, dunque presunta innocente, per giunta incinta; poi gettano la chiave per indurla a confessare e magari, Dio non voglia, a fare i nomi dei complici sotto l'implicita minaccia di non uscire più, condannando il figlioletto a una grama infanzia in galera. Un trattamento contrario a tutte le convenzioni internazionali, una palese violazione del sacro principio dell'habeas corpus (anche perché qui di «corpus» ce n'è due), un tipico caso di tortura da denunciare ad Amnesty International, in attesa di riformare la custodia cautelare e l'ordinamento giudiziario. Solo una netta separazione delle carriere potrà impedire ai gip di appiattirsi sulle richieste dei pm, fotocopiandole negli ordini di arresto come in quello a carico della santa donna (non a caso incarcerata a una settimana dal giorno dei morti e a due mesi dal Santo Natale). E poi i verbali subito pubblicati da un quotidiano. E poi i magistrati romani che annunciano trionfanti: «Tutto l'impianto accusatorio della procura è stato confermato dall'imputata», a riprova del fatto che i pentiti tendono a compiacere le tesi dell'accusa. Dicono quello che i pm vogliono sentirsi dire. «Pentiti d'allevamento», direbbero Berlusconi, Jannuzzi, Dell'Utri.

E non basta: non contenti della confessione, i magistrati esortano i complici a pentirsi prima che li incastri la compagna So e «in tempo per l'udienza preliminare di settembre». Capito? Vogliono imbastire l'ennesimo processo sulla parola dei pentiti, notoriamente inclini a mentire per scaricare le proprie colpe su poveri innocenti e assecondare le aspettative dei pm in cambio di libertà, denaro e sconti di pena. Un gioco perverso che viola gli elementari diritti di difesa, calpesta il sacro principio del «giusto processo», incoraggia la delazione. Roba da Inquisizione, da Lubijanka. Tutta manna per i «garantisti» nostrani, un bocconcino prelibato da non lasciarsi sfuggire per confermare la bontà di tante prediche e smentire l'accusa di scaldarsi solo per gl'imputati eccellenti. Invece, sorpresa delle sorprese, nessuno ha fiatato. E i pochi che hanno parlato l'han fatto per plaudire entusiasti al pentimento della Banelli e ai magistrati che gliel'hanno strappato, ma anche per auspicarne altri a stretto giro di posta. «Sapevamo che la Banelli era orientata a pentirsi», esulta giulivo il ministro Pisanu dal Meeting di Rimini. Ma non spiega come faceva a saperlo in anticipo. Apparizione dell'arcangelo Gabriele?

Fuga di notizie, tipica di «certe procure»? Asse privilegiato fra governo e magistrati («toghe azzurre»)? Mistero. Pisanu, oltretutto, è noto per le intemerate ai giudici cattivi di Milano e Palermo che estorcono delazioni ai mafiosi e ai tangentisti pentiti. Ora che c'è di mezzo una presunta terrorista (presunta perché non è mai stata condannata, dunque guai a demonizzarla prima della sentenza di cassazione, cioè prima di 10-15 anni), si felicita e si complimenta. Incensa i magistrati: «non hanno coartato la volontà della Banelli». E incita la ragazza ad altre delazioni: «Mi auguro che ci faccia capire fin dove è arrivata l'area di complicità delle Br». Vuole altri nomi, il forcaiolo giacobino giustizialista.

Più che le parole, però, stupiscono i silenzi. Tace il Platinette Barbuto, che un'istanza di scarcerazione a mezzo stampa non l'ha mai negata a nessuno. Tace l'on. Buemi dello Sdi, che l'altro giorno voleva scarcerare i detenuti in attesa di giudizio (dunque anche la Banelli) per sistemarli in luoghi più ameni e meditava pure di introdurre la liberazione su cauzione (così, pagando, la Banelli sarebbe già fuori). Tacciono i Pera e i Taormina, i Pecorella e i Ghedini. E il ministro Giovanardi, dov'è il ministro Giovanardi? Come può sfuggire a un onnisciente del suo calibro un caso così ghiotto di abuso della custodia cautelare con fuga di notizie incorporata, l'ideale per le nuove dispense delle sue *Storie di ordinaria ingiustizia*, quella specie di Cepu portatile del diritto (e soprattutto del rovescio) che egli va pubblicando e ripubblicando da una quindicina d'anni? E i panebianchi, i gallidellaloggia, gli ostellini, che dicono, che dicono? Manco una riga.

Orbi di cotanta cultura giuridica, attendevamo almeno una parolina di conforto dall'avvocatessa Grazia Volo, zarina degli irriducibili e nemica giurata del pentitismo: solo tre mesi fa, dopo la condanna in appello del suo assistito Calogero Mannino, bollava con parole di fuoco quei vermi dei pentiti di mafia e quei lestofanti dei giudici palermitani che li ascoltano. Contro la pentita di terrorismo, invece, non ha detto una parola. Anzi, ha fatto di più: ha assunto le sue difese. Lei, che in un'intervista s'era vantata di provare la massima goduria nel far assolvere i colpevoli, è una donna tutta d'un pezzo.

Saprà difendere la compagna So con la stessa tenacia con cui, fino all'altroieri, difendeva gli onorevoli Non So.

(30/08/2004)

Lavori in corso

Molta curiosità intorno al trapianto di capelli di Berlusconi e ad altre sue imprese durante le vacanze in Costa Smeralda.

Alla ripresa della farsa politica, un paio di domande s'impongono sul presidente del consiglio. La prima riguarda il suo perdurante e insolito silenzio. Perché tace? Perché non invita, come l'anno scorso, a Villa La Certosa i suoi giornalisti preferiti, Renato Farina di «Libero» e Nicholas Farrell della prestigiosa «Voce di Rimini», per un paio di interviste come si deve? Così, tanto per tenere alto il morale della truppa. La seconda riguarda i lavori in corso sulla persona del premier. Un cantiere perennemente aperto che lascia i discepoli col fiato sospeso. In principio fu il lifting, che lo tenne impegnato per 33 giorni fra stucchi, tiranti, pialle e decoratori. A giudicare dal risultato finale, non fu una grande idea: un malaugurato cedimento strutturale vanificò l'opera dei restauratori, di talché il Cavaliere assunse le sembianze di un Mister Magoo dimenticato nel microonde, con nasone modello aspirapolvere e, sotto gli occhi, due borse Samsonite. Fu allora che scaricò tutto sull'incolpevole Veronica («il lifting me l'ha imposto lei») e ne fu subito smentito («macché, è stata un'idea di Silvio»). Poi spiegò che l'intervento era rimasto a metà, e ne annunciò un altro per eliminare le bisacce oculari. Non se n'è più saputo niente, anche perché nel frattempo, guardandosi meglio allo specchio, scoprì un particolare che tutti gli altri avevano notato da una trentina d'anni: la calvizie. Così, al primo giorno di vacanza, si precipitò a Modena da uno specialista in tricologia che provvide a impiantargli qualche migliaio di bulbi. James Bondi e Renato Schifani, appena lo seppero, si precipitarono a offrirsi come donatori, ma non avendo nulla da donare furono messi alla porta. Gli esiti del Trapianto delle Libertà si conosceranno – assicurano gli esperti – solo a Natale. Nel frattempo, per mascherare la piantagione, il premier ricorse alla celebre bandana, una sorta di serra cervicale, esponendosi a frizzi e lazzi su scala mondiale. Compresa la vile catena di sms che attribuisce la benda ai postumi di una circoncisione.

Che il premier, ansioso per l'esito dell'innesto, già naufragato rovinosamente sulle cervici di Vespa, Baudo e Boldi, fosse un po' nervoso l'ha intuito la signora di Rimini che gli ha detto «vai a casa» e s'è sentita rispondere «faccia da stronza». La qual cosa ha fatto sospettare un trapianto di lingua, donatore Sgarbi.

A questo punto, riguardandosi allo specchio, Berlusconi scopre di essere piuttosto anziano: 68 anni, 5 figli, 3 nipotini (sebbene il professor Umberto Scapagnini, suo medico personale e dunque sindaco di Catania, abbia rivelato che «grazie al mio elisir, Silvio ha otto anni di meno»). Così decide di scendere in campo, stavolta di calcetto, per dar prova di agilità agli occhi dei coniugi Blair. Ma, al primo scatto, il menisco presidenziale saluta il titolare. Immediata visita alla Asl di Porto Cervo, con pagamento di ticket e corsia preferenziale per scansare la fila. Seguirà nuovo intervento chirurgico, anche perché sarebbe brutto se a Natale il premier dovesse presentarsi con la nuova chioma fluente e il ciuffo alla Little Tony, ma in carrozzella.

Ricapitolando: faccia, capelli e menisco nuovi. Ma l'appetito vien mangiando. Sul penultimo numero di «Oggi» – oltre a una simulazione grafica su come sarà la capa del Capo fra un mese, e poi fra due mesi e così via, in un crescendo rossiniano di muschi e licheni – si legge che «il chirurgo estetico brasiliano Edgar Brito ha aperto un nuovo filone di interventi sui cani», tant'è che alle fiere canine «i giudici escludono gli esemplari sospettati di doping chirurgico». Grazie ai progressi della scienza si potrà ovviare all'eventuale rigetto del trapianto, moquettando il cuoio capelluto berlusconiano con peli della cagnetta di Bush.

Ma l'opera sarebbe ancora incompleta. Resterebbe il dramma della statura: quando il Cavaliere, che si comporta come Michael Jackson e si crede Richard Gere, s'accorgerà di somigliare a Danny De Vito, convocherà un consulto di specialisti per sanare il dislivello. Il recente trapianto di caviglia spalanca frontiere inesplorate anche per l'allungamento dei corti (e, viceversa, per l'accorciamento dei lunghi). Perché escludere un trapianto di tibia, perone e femore? Si potrebbe chiedere a Frattini, a Buttiglione o al ragionier Pera, la cui statura fisica è inversamente proporzionale a quella politica: basterà ricordare loro dove sarebbero senza Berlusconi, per convincerli a donare le gambe (e dunque le braccia) al benefattore.

Un pezzo di qua, uno di là, l'operazione Frankenstein senior sarebbe così compiuta. Non un centimetro quadrato del Cavaliere originale sopravviverebbe, imponendo il sospirato rimpasto e la nascita di un nuovo governo, il Berlusconi 2, se non addirittura le elezioni anticipate. Resterebbe soltanto un dettaglio da sistemare: l'orecchio sinistro, quello appuntito alla *Star Trek*, che impedisce al Cavaliere di sedere sulla poltrona di *Porta a Porta* alla destra del teleschermo. Lì Bondi potrebbe finalmente rendersi utile, con i suoi padiglioni rosei e paffuti. Anche perché, diversamente dalla lingua, sono come nuovi. Mai usati. *(3/09/2004)*

Marcia trionfale

Ogni tanto qualcuno s'inventa la fine della guerra in Iraq. La prima volta che la fecero finire, senza peraltro avvertire i combattenti, fu il giorno dell'epica caduta di Saddam Hussein, dopo una passeggiata di alcuni minuti delle truppe alleate per Bagdad. La seconda fu dopo l'eroica cattura di Saddam, tirato fuori da un tombino. La terza fu il 1° luglio scorso, quando in omaggio all'autodeterminazione dei popoli gli americani decisero che l'Iraq non poteva più essere guidato da un governatore americano, ma da una spia degli americani. Era la tanto agognata «svolta» che, in quattro e quattr'otto, avrebbe spalancato un avvenire di pace e prosperità a quel martoriato paese. Con effetti balsamici «per la stabilità di tutto il Medio Oriente», come scrisse il sempre più intelligente Giuliano Ferrara. A nulla valsero gli allarmi di noti comunisti quali Kissinger e Luttwak, e nemmeno le parole dello stesso George W.

Bush, che al confronto dei nostri strateghi pare Von Clausewitz («La guerra non è finita, ci vorranno anni»).

Nel Risiko dell'Italietta berlusconiana la partita era chiusa. Come un suo insigne predecessore aveva fatto con la Francia, il soldatino di Milanello aveva pensato bene di mandare in Iraq qualche migliaio di uomini per sedersi al tavolo della pace (e soprattutto della ricostruzione) dalla parte dei vincitori. E lo fece in tutta fretta, perché la sua mitica «intelligence» pronosticava il blitzkrieg: una formalità, roba di pochi giorni. S'è poi scoperto da chi è composta, l'intelligence: Bondi, Cicchitto, Calderoli, Bossi, La Russa. Uomini di alti studi strategici. Rileggere oggi le loro acute analisi aiuta a capire perché bisogna «dialogare» con il governo ed essere ottimisti: siamo in buone mani. Umberto Bossi aveva le idee chiare fin dalla vigilia dell'attacco all'Iraq: «La guerra? Boh... il tempo di fumare un toscano ed è finita» (19 marzo 2003). Gli altri invece attesero l'8 aprile, giorno della caduta di Saddam. Berlusconi, lungimirante, oracolò: «A volte, per arrivare all'ordine, c'è bisogno del disordine. Ma ora contiamo in una conclusione rapida della guerra». E due giorni dopo fu felice di annunciare, in anteprima mondiale, che era proprio finita: «Mi rallegro che la guerra è finita e che sia stata rapida e che abbiamo (*sic!*) prodotto meno vittime di quanto si poteva temere... Quegli uomini della sinistra i quali speravano che le forze alleate sarebbero rimaste impantanate come in Vietnam non han capito lo spirito con cui Usa e Gran Bretagna hanno affrontato questo conflitto... La posizione filo-americana assunta dal governo italiano è stata vincente» (10 aprile 2003). Il ministro odontoiatra Roberto Calderoli, laureato in strategia per corrispondenza, sentenziò: «L'esultanza della popolazione irachena di fronte alle truppe alleate dimostra come l'operazione angloamericana sia vista come liberazione e non come occupazione e conferma la correttezza del governo italiano: Francia e Germania hanno le pive nel sacco, l'Italia si propone come punto di riferimento di un'Europa e di un Occidente che devono, una volta per tutte, gettarsi il socialismo alle spalle».

Nando Adornato, nel suo piccolo, invitò i pacifisti alla ritirata per mancanza di ragione sociale: «Sabato è in programma la manifestazione per la pace in Iraq, ma sabato presumibilmente la guerra sarà sempre più in dirittura d'arrivo... Visto che le ragioni della pace ormai si stanno affermando e quindi non vedo più bisogno di fare una grande manifestazione per evitare una guerra che purtroppo già c'è stata, ma che per fortuna sta finendo bene, si può sfruttare il momento sfilando davanti all'ambasciata di Cuba». Ecco, occuparsi di Castro, molto attuale. Essendo un giorno di festa, fecero parlare persino Isabella Bertolini, sottovicecoordinatrice forzista. Molto sobria: «La giornata odierna rappresenta una totale sconfessione della posizione ambigua e ipocrita assunta dall'Ulivo, che ha inseguito nelle piazze la parte più oltranzista, antidemocratica e antioccidentale delle sinistre e dell'estrema destra. Le scene di giubilo della popolazione irachena liberata hanno annichilito le sinistre italiane già pronte e armate per la manifestazione di sabato, sfatando tutte le loro previsioni disfattiste in una guerra lunga e sanguinosa, soprattutto per le truppe alleate. Dobbiamo ringraziare il governo Berlusconi se, avendo tenuto una posizione coerente e leale a fianco dell'alleanza occidentale, potremo girare a testa alta e distinguerci per la nostra affidabilità dinanzi alla comunità internazionale. Non oso pensare a quale meschina figura saremmo andati incontro se al governo ci fossero stati coloro che oggi tentano di prodursi nel salto della quaglia, cercando di salire, sgomitando, sul carro dei vincitori». Fabrizio Cicchitto si levò il cappuccio e sparò: «Ancora una volta la sinistra italiana non ha capito nulla. Blair è stato molto più lungimirante dei comunisti e dei post-comunisti». James Bondi, a ruota, fu più misurato del solito: «Ora la sinistra deve fare un profondo esame autocritico, pena la sua sparizione». E Gianfranco Rotondi, Udc corrente Buttiglione, tacitiano: «Berlusconi, senza entrare in guerra, l'ha vinta». E Ignazio La Russa, marziale: «Chi auspicava che la guerra fosse lunga per dar corso al proprio livore anti-Usa e utilizzare il conflitto a fini di politica interna, è servito». Tiè. Ora qualche guastafeste potrebbe domandare perché, se la guerra è finita l'8 aprile 2003, nel settembre 2004 in Iraq si continua a morire ammazzati. Pignolerie. *(9/09/2004)*

Il posto giusto

L'altra sera, al festival della Rete Lilliput di Fidenza, Carlo Freccero faceva notare qualcosa che nessuno ha notato. E che è notevole proprio perché nessuno l'ha notato. Due sabati fa, all'indomani della strage di centinaia di bambini rapiti dai guerriglieri ceceni in Ossezia, l'erede della famiglia Agnelli John Elkann celebrava le sue sontuose nozze con Lavinia Borromeo davanti a 700 vip invitati nell'Isola Madre sul Lago Maggiore. Forse – osservava Freccero – se fosse stato vivo l'Avvocato, molto sensibile al ruolo «pubblico» della casa regnante e dunque all'immagine di quella che considerava un'icona della classe dirigente italiana, avrebbe fatto rinviare le nozze, o almeno i festeggiamenti. Ma, fin qui, si tratta pur sempre di faccende private di una famiglia che è stata importante e che lo sarà sempre meno. Il fatto è – notava ancora Freccero – che in serata, quando i contorni della mattanza in Ossezia erano ormai chiari da 24 ore in tutta la loro tragicità, ai festeggiamenti si è unito il presidente del consiglio Silvio Berlusconi. Il quale, secondo il «Corriere della Sera», al suo arrivo se n'è uscito con questo detto memorabile: «È un evento di pace di cui abbiamo tutti bisogno». Forse persino lui, o il suo subconscio, avvertiva qualche stonatura in quella cerimonia sfarzosa in un momento come quello, e soprattutto nella sua ridanciana presenza. Ma ha subito allontanato quei fastidiosi pensieri con quella frase insensata. Poi, come riferiva ancora il «Corriere», s'è tuffato nelle danze dandosi da fare, con la consueta generosità, per «tenere viva la serata cantando e duettando con i Paraguayos, un gruppo latinoamericano». Due giorni dopo, con due righe di rettifica, il portavoce Paolo Bonaiuti ha precisato che «Berlusconi non ha cantato», forse per prevenire le eventuali critiche di qualche commentatore. Che naturalmente non sono arrivate. Poi il sito Dagospia, sempre bene informato, ha neutralizzato la smentita aggiungendo nuovi particolari sulla performance del Cavaliere, che chiedeva il bis ai Paraguayos (la versione agnelliana di Apicella), duettava con altri karaokisti, faceva il simpatico, raccontava barzellette, rideva a crepapelle: «Un fuoco di fila di risate e battute». Allegria. Intanto i terroristi ceceni e i macellai dell'amico Putin facevano il loro lavoro nella scuola di Beslan.

Certo, contestare proprio a Berlusconi di trovarsi sempre nel posto sbagliato nel momento sbagliato, è un argomento deboluccio: da dieci anni questo signore, ineleggibile in base a una legge del 1957 e imputato di gravissimi reati, anziché a Palazzo Chigi o in parlamento dovrebbe alloggiare da qualche altra parte. È sempre fuori posto. Quando si celebrarono i funerali di Gianni Agnelli, si presentò al Duomo di Torino - tra i fischi - a bordo di una fiammante Mercedes, in segno di omaggio al presidente della Fiat. Quando esplose lo scandalo Parmalat, sparì per 33 giorni per farsi un lifting. La sera che 20 militari italiani furono feriti a Nassiriya, era impegnato nei festeggiamenti per lo scudetto del Milan (ma, tra i bagordi, assicurò di essere «in costante contatto con Palazzo Chigi»). Quando rapirono e poi assassinarono Enzo Baldoni, se ne stava tranquillo in Sardegna, fra i cactus e i menhir di Villa La Certosa, a rimirare le sue piscine abusive, il suo anfiteatro posticcio e il suo fresco trapianto di capelli sotto la bandana d'ordinanza: rientrò a Roma soltanto dopo l'omicidio, senz'aver fatto nulla, ma proprio nulla per tentare di scongiurarlo. Nemmeno quella volta gli venne in mente di essere nel posto sbagliato. Non gli viene mai in mente. E nessuno del suo entourage ha mai il coraggio di dirglielo, ammesso e non concesso che a un James Bondi o a un Mariano Apicella - i consiglieri più ascoltati - possa venire in mente.

Ecco: che non ci pensi lui o uno dei berluscloni, è normale. Ma è perlomeno curioso che nessuno, ma proprio nessuno, su nessun giornale, abbia trovato inopportuna la condotta di un premier che, mentre si consuma un'immane tragedia come quella dell'Ossezia, si sbudella dalle risate a un festino privato. La conclusione di Freccero è che ormai il regime mediatico ci ha rimbambiti tutti quanti: «Fra Costantino, la star di Maria De Filippi, e il premier non c'è più differenza, non c'è più nulla da fare, siamo fottuti». Sarebbe il caso quantomeno di parlarne. Il rischio, altrimenti, è che passi l'idea che si può fare e dire tutto, e che concetti un tempo importanti come l'opportunità, lo stile, il decoro, la sobrietà, la serietà, la dignità, la decenza vengano aboliti. Che dire, altrimenti, a Cherie Blair che decide di anticipare il grande party per i suoi cinquant'anni proprio nel giorno dell'11 settembre, mentre gli amici americani piangono i tremila morti delle Twin Towers? E che dire al nostro cosiddetto erede al trono (fortunatamente virtuale) Emanuele Filiberto, che organizza un grande ricevimento a Venezia proprio l'8 settembre, sessantunesimo anniversario dell'armistizio e della fuga ignominiosa dei bisnonni a Brindisi, e lo rivendica pure dicendo al «Gazzettino» di voler «festeggiare l'anniversario della pace di Cassibile voluta dal mio bisnonno»? Mentre la Spagna trova il coraggio di alzare il tombino sulla fogna del franchismo, per farci finalmente i conti da uomini adulti, la televisione ha ridotto l'Italia – come aveva previsto Montanelli – a una «telenovela di borgatari», a un enorme reality, a un gigantesco Billionaire dove tutto si può dire e fare, e niente si può più obiettare e contestare. Solo osservare, con Freccero, che siamo fottuti. *(15/09/2004)*

Pel di carota

Dalle strette maglie della ritrovata unità nazionale e del segreto di stato che copre ormai tutto, dai mandanti delle stragi agli abusi di Villa La Certosa al trapianto di capelli del premier, filtra un'indiscrezione davvero decisiva: il nome del donatore di bulbi piliferi, rimasto finora nell'ombra, che ha consentito al Cranio delle Libertà di tornare a sperare. Si tratterebbe della signora Maria Antonietta Berlusconi, sorella di Silvio: sparse le trecce morbide sull'affannoso petto, si sarebbe immolata nell'estremo sacrificio pur di mettere finalmente pace tra il fratello e lo specchio. Cosa non si fa per la famiglia. La notizia è trapelata (è il caso di dirlo) da Ferrara, dove ha sede la clinica tricologica che ha portato a termine il decisivo intervento. L'eroico gesto della donna ha concluso una gara di solidarietà che pare abbia coinvolto anche James Bondi, Renato Schifani, Gianni Pilo (nomen omen), Jas Gawronsky, Roberto Gervaso e altre teste lucide del Polo, purtroppo respinte per mancanza di materia prima. Chi ha potuto rimirare la capa del Capo negli ultimi giorni – assicurava l'altro giorno il «Corriere» – ha notato che «a Berlusconi sono rispuntati i capelli». Ma, se davvero non fossero suoi ma della sorella, si affaccerebbero due inquietanti incognite: il pericolo del rigetto, sempre in agguato; e l'eventualità che la nuova chioma del Cavaliere venga su non più nera, ma di un civettuolo rosso fulvo, com'è appunto la capigliatura della sorella. Un Silvio Pel di carota costituirebbe una bella novità, nel panorama stagnante della politica italiana.

Quel che è certo, fin da ora, è che per lo Statista di Milanello la famiglia è tutto. Vengono in mente le battutacce di Benigni («Berlusconi ha avuto diverse mogli, di cui due sue»). Ma soprattutto i quadretti idilliaci del fotoromanzo elettorale *Una storia italiana*: la seconda moglie Veronica (con la prima, Carla, «l'amore si trasforma in sincera amicizia»), i cinque «cuccioli», i fiorellini amorevolmente coltivati, gli amici del cuore Confalonieri («impossibile separarci») e Dell'Utri («sa a memoria la *Divina Commedia*») e mamma Rosa sulla tolda della *Nave azzurra* («la nave della libertà»). Ma anche qualche spiacevole dimenticanza: non una parola per Previti o per Mangano, non una foto dei fratelli Paolo e Maria Antonietta che tanto avrebbero fatto per Silvio. In fondo è una fortuna avere una famiglia numerosa. Serve qualche testa per giurarci sopra la propria innocenza? Ecco i figli. Serve una testa per estrarne qualche bulbo? Ecco la sorella, una sorta di prestanome pilifera. Serve una testa di legno per girarle «il Giornale» o mandarla in galera per la mazzette alla finanza? Ecco il fratello (ovviamente innocente). Servono teste velate da vantare in Vaticano? Ecco le sei zie suore. Servono teste di turco a cui intestare società nei momenti difficili? Ecco un paio di cugini e cugine. Serve una testa di ponte in Svizzera per gli affari più «riservati»? Ecco un altro cugino, Giancarlo Foscale, cacciato l'anno scorso dalla Confederazione con chiusura dei suoi conti in banca perché «ospite indesiderato». Ed ecco la di lui moglie Candia Camaggi, regista della finanza estera Fininvest ma cittadina svizzera e quindi «impossibilitata» a comparire in tribunale, nonostante i continui solleciti. Quante esistenze grame, quante vite infelici per farne felice una. Prendete Paolo il Breve, che Montanelli –

avendolo avuto come finto editore – chiamava «Berluschino»: lui stesso ha raccontato la frustrazione di entrare ogni mattina in ufficio e sentirsi domandare dall'usciere: «Dottor Paolo, come sta la mamma di suo fratello?». *(18/09/2004)*

C'è supposta per te

L'attrice Elisabetta Gardini, candidata a diventare portavoce di Forza Italia, incappa in un infortunio e la sua nomina viene sospesa.

Niente male l'idea di dare una portavoce a Forza Italia, per quanto non nuovissima. Ottima pure la scelta di Elisabetta Gardini: al confronto delle consuete facce patibolari che circolano da quelle parti, era un bel progresso. Un conto è affidare le solite balle spaziali a un Bondi, a uno Schifani, a un Vito, a un Cicchitto, che non riuscirebbero a render credibile neppure il Vangelo; un altro è indorare la pillola con i lineamenti di una graziosa ancorché tetra signora. Il problema è che la signora in questione ha cominciato a portare la voce prim'ancora di esser nominata. E, soprattutto, prim'ancora che qualcuno le affidasse qualche voce da portare. Così, in mancanza di meglio, ha portato la sua, che poi è la voce dell'innocenza, la stessa del bambino che urla solitario: «Il re è nudo!». Così, prima che la Gardini riaprisse bocca, l'hanno subito congelata.

È accaduto questo: chiacchierando con il sottosegretario Aldo Brancher in un ristorante a due passi da Montecitorio, Morticia Gardini ha anticipato le linee guida di quello che credeva il suo nuovo incarico. Senz'accorgersi che a poca distanza il nemico (qualche giornalista dalle orecchie aguzze) ascoltava. Cogliamo fior da fiore: «Qui portavano la voce dei dirigenti, io porterò la voce popolare, parleremo al cuore della gente, ci faremo capire». E giù botte al partito di cui doveva portare la voce: «Mi sono presentata alle europee in Veneto, ma il partito non mi ha aiutata... Ho dovuto rinunciare a un assessorato per far posto a un disoccupato raccomandato da Carollo (coordinatore forzista del Veneto, *n.d.r.*)... In Forza Italia ci sono troppi giovani che non fanno nulla dal mattino alla sera... L'anima socialista ha troppo peso e potere». Idea geniale, quella di attaccare i socialisti in un partito fondato e guidato da un signore che pagava estero su estero Craxi il quale gli faceva da testimone di nozze e altri servizietti. Poi la comica finale. «Pensate – ha rivelato la portavoce in pectore – che la sorella di Tremonti mi ha raccontato che il fratello si è comprato una macchinetta metti-supposte. Certo, dico io, con una sorella così c'è da stare attenti, visto che racconta tutto in giro».

In Forza Italia si son detti che bisogna stare attenti anche a una portavoce così. Infatti la sua nomina è stata immediatamente congelata. Non tanto per Tremonti, che ormai è un lontano ricordo. Ma perché in quel partito, per paradossale che possa sembrare, il portavoce ideale è quello che tace. Se si mette a spifferare tutto quel che si dice nelle segrete stanze, viene giù tutto. Immaginiamo una riunione riservata sulla giustizia: alla fine la Gardini esce e racconta ai giornalisti quel che si è detto. Che, a lume di naso, è molto peggio di quel che Berlusconi e i suoi giannizzeri dicono in pubblico, cioè che i giudici sono matti, antropologicamente diversi dalla razza umana, terroristi, golpisti, associati per delinquere, comunisti, peggio dei fascisti, come la banda della Uno Bianca, gentaglia da arrestare. Poi c'è la riunione sulla lotta alla mafia: esce Lunardi e dice che «con la mafia bisogna convivere». Il che significa che, in camera caritatis, s'è detto di peggio (anche se è difficile immaginare cosa). Segue il vertice antiterrorismo: esce Scajola e osserva che Marco Biagi era un «rompicoglioni». Chissà che aveva detto fra le quattro mura.

Missione ardua, quella del portavoce forzista: al limite della temerarietà. Quando lo era Antonio Tajani, si fece beccare linguainbocca con Buttiglione da *Striscia la notizia* in un leggendario fuorionda. Poi arrivò Ferrara: dopo le sue prime esternazioni, il Cavaliere osservò: «Più che di un portavoce, avrei bisogno di un portasilenzi». Allora toccò a Jas Gawronsky, che non portò granché bene: mentre s'insediava, partiva il primo invito a comparire per Berlusconi. Infine, dopo anni di vacatio, fu la volta di James Bondi, che si fece subito valere offendendo i martiri di Marzabotto. Lo promossero coordinatore nazionale su due piedi, per meriti acquisiti sul campo. Ivi compresi i 4 milioni di voti persi dal partito in ventiquattr'ore. Ora il Pallore Gonfiato ha scoperto in tarda età l'universo femminile, e in un colpo solo ha candidato la Fallaci al senato a vita (e perché non al Nobel per la pace?) e la Gardini a portavoce forzista: «Per parlare – ha spiegato – di più e meglio al paese, per parlare di politica in un modo nuovo, con concretezza e realismo. Perché le donne sono capaci di comunicare con più sentimento le cose concrete», e poi Elisabetta «ha un background solido, molto superiore a gente come Lilli Gruber». Ecco: Morticia l'ha preso subito in parola. Con quale realistica concretezza e con quanto sentimento ha comunicato la storia della macchina sparasupposte del povero Tremonti! Bisognava sentirli, lei e il suo solido background, descrivere quel prodigio della tecnologia medica destinato a rivoluzionare la vita dell'umanità. Ora tutti gl'italiani si domandano come sia fatto e come funzioni l'avveniristico aggeggio: un cannoncino? una balestra? una fionda? un arco con faretra? un minibombardiere intelligente? Sia come sia, Tremonti l'ha sperimentato per tre anni su milioni di lavoratori e pensionati, e nessuno se n'è accorto. Dunque, funziona. *(21/09/2004)*

Separati alla nascita

Oggi il premier italiano Silvio Berlusconi riceve a Palazzo Chigi il premier thailandese Thaksin Shinawatra. Breve profilo dell'ospite. È un miliardario che si è fatto da sé. Grazie alle sue fortune, problematicamente accumulate, ha fondato un nuovo movimento politico, riuscendo a vincere le elezioni e a conquistare la guida del governo. Ha anche comprato Itv, un'emittente televisiva che – come ha scritto l'«Economist» – «tende a fornire un'immagine assai favorevole del suo proprietario». Come capo del governo, controlla il network di stato, di proprietà dell'esercito. Da tempo sta tentando di acquistare almeno il 30 per cento del Liverpool Football Club, a spese dello stato. Ha seri guai con la giustizia, che lo accusa di corruzione. Il 26 dicembre 2000 la commissione nazionale anticorruzione lo giudica colpevole di aver occultato proprietà per decine di milioni di dollari. Alcune, compresi un campo da golf e le azioni della sua società di elettronica, erano intestate a vari prestanome, scelti fra i suoi autisti e camerieri. Thaksin reagisce alle accuse insultando la commissione e rifiutando inizialmente di presentarsi per essere interrogato. Poi ci va e sostiene di non aver dichiarato quelle società e quelle azioni per «una svista», mentre le intestazioni fittizie furono un'idea della moglie, che si dimenticò di avvertirlo. Se la corte costituzionale (come ha sempre fatto per otto analoghi casi di corruzione) confermerà il verdetto, il condannato verrà escluso per cinque anni dall'attività politica. Lui però fonda un partito tutto suo, Thai Rak Thai, si candida lo stesso alle elezioni politiche del 2001 e viene trionfalmente eletto capo del governo. Subito dopo il voto, la corte costituzionale annulla a sorpresa la condanna, con otto voti contro sette, senza motivazioni. Non contento, Thaksin dice di trovare «strano» che un premier votato da 11 milioni di persone debba inchinarsi alle decisioni di organismi come la commissione e la corte, composti da giudici «nominati e non eletti» dal popolo. Poi promette che cambierà le leggi «sbagliate» che consentono tutto ciò.

Secondo la Reuters, «da quando Thaksin è al potere, i giornalisti scomodi hanno perso il lavoro. L'associazione dei giornalisti thailandesi cita più di venti casi negli ultimi tre anni di cronisti licenziati o trasferiti per lasciare tranquillo il governo». Supinya Klangnarong, attivista del movimento per la riforma dei media, accusa il premier di favorire l'azienda mediatica della sua famiglia, sostiene che giornalisti ed editori lavorano «in un clima di terrore» che scoraggia le critiche al governo e al partito di maggioranza. Il governo la denuncia per diffamazione e la fa arrestare insieme ai responsabili del «Thai Post», che ha pubblicato le sue dichiarazioni. Gli imputati, recentemente scarcerati su cauzione, rischiano due anni di prigione oltre a un risarcimento danni di 400 baht (la moneta locale), quanti ne ha chiesti il premier in una separata causa civile. Il caso ha suscitato le proteste di Amnesty International, di Human Rights Watch, dell'Asian Human Rights Commission e della Southeast Asia Press Alliance. Ma Thaksin – scrive il «Bangkok Post» – «come al solito ha raccomandato ai thailandesi di ignorare gli organismi internazionali». La commissione di Bangkok per i diritti umani denuncia una montante «cultura autoritaria favorita dal premier, che si serve del suo potere per reprimere i media che lo criticano, influenzando negativamente i loro introiti pubblicitari o incaricando imprenditori amici di acquistarli e normalizzarli».

Secondo Benedetto Fadda di Equilibri.net, Thaksin Shinawatra cambia continuamente idea su tutto, seminando sconcerto e incertezza nel paese e facendo «vacillare il vasto consenso che lo circonda da quattro anni. Le elezioni politiche si svolgeranno in gennaio, ma il Partito democratico, il maggiore dell'opposizione, sembra incapace di fornire una valida alternativa. L'accusa di utilizzare la sua carica per favorire gli interessi economici, agli occhi dell'opinione pubblica, ha scarso rilievo. Ma un ampio dibattito hanno destato la privatizzazione di una tv di stato, Channel Five (Canale5), di proprietà dell'esercito, e il controllo autoritario da parte del governo sul sistema mediatico, in palese contrasto con la costituzione. Ad alcune emittenti è stato impedito di trasmettere via satellite, mentre qualsiasi altra tv straniera lo può fare», e mentre le tv del premier e dei suoi amici fanno quel che vogliono. «Il network di stato è presieduto da Gen Chaisit Shinawatra, comandante dell'esercito e cugino del premier», che ha rimosso i due precedenti amministratori perché avevano denunciato «manovre poco trasparenti» di alcuni ufficiali e altri soci nell'acquisto di dividendi della compagnia. Nel giugno scorso una società del cugino di Thaksin, Sonpob Shinawatra, vince la concessione per fornire i programmi all'altro canale di stato, Channel 11. Thaksin dichiara di non aver mai saputo dell'esistenza di quel cugino. «Certamente – conclude Equilibri.net – la Thailandia non possiede ancora i requisiti per essere considerata una vera democrazia e il ruolo populista e autoritario di Shinawatra lo conferma».

Ora, in vista delle elezioni – informa il «Bangkok Post» – «il premier ha scelto un popolarissimo e bell'attore, Charkrit Yamnarm, per impersonare la sua parte in una serie televisiva sulla sua vita, che andrà in onda in campagna elettorale su Channel 7 (anch'esso controllato dall'esercito, *n.d.r.*): è la versione televisiva di *Occhi alle stelle, piedi per terra*, la compiacente biografia di Thaksin pubblicata prima della vittoria del 2001». «Lo so - ha commentato il premier - mi criticheranno anche per questo, ma ormai ci sono abituato». Il vertice Berlusconi-Shinawatra si annuncia dunque avvincente e commovente. Una riedizione speciale di *Carràmba che sorpresa*. Due gemelli separati alla nascita che si incontrano per la prima volta. *(22/09/2004)*

Tolleranza zero, per gli altri

Nell'ambito della guerra al terrorismo, che non ammette mollezze da donnicciole, va segnalato il giusto allarme degli amministratori della Lega Nord per quelle tre o quattro donne islamiche che in Italia vanno a spasso con il burqa. Mettendo seriamente a repentaglio la sicurezza nazionale. Si sa come sono fatti questi terroristi islamici: per non dare nell'occhio, ogni mattina calzano il burqa, passeggiano per le nostre città e, così mimetizzati sotto la loro tunica, possono armeggiare indisturbati con i loro micidiali ordigni. Dunque, per favore, basta con il burqa. Multare chi lo indossa, come han fatto i vigili urbani di Drezzo, nel Comasco, su preciso ordine del sindaco padano, sembrava poco. Ragion per cui l'illuminato prosindaco di Treviso, Giancarlo con rispetto parlando Gentilini, ha ordinato una misura più appropriata: l'arresto immediato delle reprobe, o dei reprobi, perché - ha osservato - «sotto quel velo non si sa chi ci sia, se un uomo o una donna». Ma anche, per ipotesi, un gatto, un rinoceronte, un carrarmato, un cacciabombardiere. Non si sa mai. Spiega anche il Prosindaco Prosecco, in un nobile empito di femminismo, che il burqa «rappresenta un atto di sottomissione della femmina al maschio». Dunque, in nome delle pari opportunità, la femmina sia arrestata e «condotta immediatamente in questura». Il cosiddetto ministro Giovanardi, in parlamento, s'è affrettato a prendere le difese del sindaco di Drezzo, ma la Lega Nord s'è detta insoddisfatta per tanta manica larga. E ha chiesto, per bocca del senatore Cesarino Monti, una nuova legge che stabilisca l'arresto in flagranza e la reclusione da 6 mesi a 2 anni per le portatrici sane dell'immondo indumento. In un paese dove circolano indisturbati, anche e soprattutto in parlamento e al governo, decine di pregiudicati per le ruberie di Tangentopoli, è proprio quel che ci vuole. Resta da capire se analoghe sanzioni vadano estese, per analogia, a chi indossa il cappuccio nero della loggia P2, ma i giuristi del centrodestra tenderebbero a escluderlo.

(26/09/2004)

Iraq, la piaga dei semafori

L'altro giorno il nostro premier, fierezza e orgoglio dell'Italia nel mondo, ha intrattenuto la sottosegretaria alla Giustizia Iole Santelli e due sue amiche davanti a un gelato in un bar di Roma sulla situazione in Iraq, poche ore dopo la liberazione prezzolata delle due Simona. Testuali parole: «Dall'Iraq non ci ritiriamo. I nostri soldati sono lì per dare quel minimo di ordine pubblico senza il quale non si può andare a elezioni regolari. Qualcuno da noi parla di un ovattato clima antiamericano, ma io non ci credo. Le elezioni regolari saranno la conseguenza di uno stato ben funzionante. Ormai in Iraq c'è una vita regolare, ci sono le scuole eccetera. Poi, certo, ci sono le cose che non funzionano: per esempio, i semafori a Baghdad non funzionano. Ogni tanto scende uno dalla macchina e si mette a dirigere il traffico». Parole testuali, lo ripetiamo, del presidente del consiglio italiano nel pieno esercizio delle sue facoltà mentali, che sono quelle che sono. Parole che, per quanti sforzi di immaginazione si facciano, possono trovare due sole spiegazioni: o il Cavaliere non sta per niente bene e andrebbe visitato da uno bravo, oppure a stilargli i rapporti di intelligence sulla situazione in Iraq sono Massimo Boldi e Christian De Sica dal set del loro prossimo film *Natale sull'Eufrate*.

Il caso ha voluto che, poco dopo le sue lucide esternazioni portafortuna, proprio a Baghdad morissero ammazzate 42 persone, fra cui 34 bambini, e ne restassero ferite altre 200, in tre attentati a distanza ravvicinata. Naturalmente la Volpe di

Arcore attribuirà il tutto all'annoso problema che da un anno e mezzo affligge Bagdad: i semafori guasti. Da tempo gli alleati andavano domandandosi in che cosa avessero sbagliato. Ora lo sanno: si sono scordati i semafori. Non immaginavano che, come nella Palermo di *Johnny Stecchino*, anche nella Baghdad liberata il problema più grave è il traffico. Un paio di vigili urbani avrebbero scongiurato la strage di ieri e le altre. Che sono poi banali incidenti d'auto. A pensarci prima, si poteva paracadutare per qualche giorno sul posto il ministro Lunardi, che in questi casi conosce il da farsi: fari accesi anche di giorno, trafori e autostrade a sedici corsie, patente a punti e non se ne parla più.

Il fatto che il triplice attentato avesse di mira una colonna di soldati Usa è pura casualità. Non c'entra nulla quell'«ovattato clima antiamericano» di cui vociferano i soliti disfattisti in Italia, ma al quale lo Stratega di Milanello «non crede». Ha detto proprio così: ovattato. E, si sa, in certe dosi l'ovatta può fare molto male. Sempre ieri, nel tran tran della «vita regolare» dell'Iraq «ben funzionante» (semafori a parte), sono stati pure sequestrati altri dieci ostaggi, fra cui due donne. Buon segno: oltre alle «scuole eccetera», s'è rimessa in moto l'economia, al traino dell'industria più fiorente del luogo: quella dei sequestri di persona. Anche in questo cruciale settore merceologico, l'Italia ha dato il suo decisivo contributo. Da quando s'è sparsa la voce che gli italiani pagano regolarmente i riscatti (2 miliardi a botta, pare), il reddito pro capite della provincia di Baghdad è subito balzato alle stelle e si sono spalancate prospettive floridissime per sequestratori e aspiranti tali. È la famosa lotta al terrorismo all'italiana, che consiste in due mosse infallibili: pagare il pizzo ai terroristi e tenere un contingente militare barricato da mesi in una caserma di Nassiriya senza farlo mai uscire (appena uno mette il naso fuori, glielo mozzano: il che farebbe pensare a un ovattato clima anti-italiano, ma il premier, beninteso, non ci crede).

«La nostra è un'operazione brillantissima», s'è autocongratulato il Rommel della Brianza leccando il gelato dei suoi 68 anni. Poi ha aggiunto che la nomina di Barroso in Europa, ovviamente merito suo, è stata un'«opera d'arte». Quanto al seggio italiano nel Consiglio di sicurezza dell'Onu, che tutti danno per perso, non è un problema: «Ho ricevuto garanzie». Sempre da Boldi e De Sica. *(2/10/2004)*

Democrazia proprietaria

Mai come in questi anni la cronaca giudiziaria ha dato un contributo decisivo alla satira. L'altroieri l'onorevole avvocato presidente della commissione Giustizia professor Gaetano Pecorella si è costituito parte civile per conto di 200 risparmiatori truffati dalla Banda Parmalat. Vedendolo seduto dalla parte delle vittime, alcuni giornalisti gli hanno domandato ingenuamente se per caso non avesse sbagliato posto. Ma lui ha risposto pronto: «Nella mia carriera ho difeso ogni genere di assistiti». Aveva cominciato con la difesa proletaria, assistendo alcune vittime della strage di piazza Fontana. Poi aveva traslocato dalla parte della difesa proprietaria, dal piduista Bruno Tassan Din al piduista Silvio Berlusconi, ed era tornato sul luogo di piazza Fontana, ma stavolta per difendere l'imputato, Delfo Zorzi. Cose che capitano. Non era ancora accaduto, invece, che un avvocato che tanto si è speso in parlamento per depenalizzare di fatto il falso in bilancio si spendesse poi in tribunale per far condannare gli autori del più colossale falso in bilancio della storia mondiale. Un po' come se Erode si fosse costituito parte civile nel processo per la strage degli innocenti.

L'ha fatto notare il professor Marco De Luca, legale del commissario Parmalat Enrico Bondi. Ai giornalisti che chiedevano un commento sulla prossima riforma governativa del diritto fallimentare, che salverà le banche accusate di bancarotta preferenziale, De Luca ha risposto: «Non l'ho ancora studiata a fondo. A ogni modo, mi basta e avanza quello che hanno già fatto prima. È inaccettabile che si ergano a paladini dei risparmiatori perfino gli autori di una legge che ha degradato gran parte dei falsi in bilancio e il falso nei prospetti informativi a semplici contravvenzioni». E qui Pecorella, che di Bondi ne frequenta un altro, quello sbagliato, ha dato il meglio di sé: «I fatti del caso Parmalat sono accaduti in precedenza, quando non governava la Casa delle Libertà, ma l'Ulivo. E non era ancora entrata in vigore la legge sul falso in bilancio. Le sanzioni severe non hanno funzionato da deterrente». Così, con tre frasi, ha smantellato tre millenni di logica aristotelica.

1) È falso che i fatti del crac Parmalat siano finiti nel maggio 2001, quando Berlusconi vinse le elezioni: sono proseguiti allegramente fino al dicembre 2003, quando il Cavaliere e i suoi cari governavano da due anni e mezzo e avevano già perpetrato la legge-boiata sul falso in bilancio.

2) È vero che i delitti di Tanzi & C. erano cominciati prima, ma i processi si fanno con la legge in vigore oggi: dunque con la legge-boiata, non con quell'altra.

3) Se nemmeno le sanzioni di prima erano bastate a scoraggiare fatti come quelli della Parmalat, si sarebbe dovuto inasprirle, non alleggerirle vieppiù.

4) Anche gli scandali Enron e Worldcom erano cominciati quando governava Clinton. Eppure George W. Bush, che non è proprio un'aquila, s'è guardato bene dal presentarsi al congresso per annunciare: «Visto che quei falsi in bilancio sono iniziati con Clinton, ho deciso di depenalizzare il falso in bilancio». Ha fatto l'esatto opposto: ha portato le pene a 25 anni di galera.

5) Da che mondo è mondo, appena esplode un'emergenza criminale, subito si corre ai ripari aggravando le pene. Emergenza stupri? Pene più severe per la violenza sessuale. Emergenza immigrazione? Pene più severe per i clandestini. Emergenza incendi? Pene più severe per i piromani. Emergenza incidenti d'auto? Pene più severe per chi supera i limiti di velocità. Emergenza droga? Pene più severe per chi traffica e spaccia (e prossimamente anche per chi consuma). E così via, persino con i masterizzatori di cd, categoria criminale pericolosa quant'altre mai. Poi esplode l'emergenza corruzione, e anziché contro i corrotti e i corruttori, si fanno leggi contro i magistrati che li hanno scoperti. Poi divampa l'emergenza falso in bilancio, e si depenalizza di fatto gran parte di quel reato. Con la scusa che tanto, anche quando era punito, veniva commesso lo stesso. Splendido modo di ragionare. Bisogna svilupparlo. Oggi, sebbene la legge punisca il furto, la rapina, le percosse, lo

stupro, l'omicidio, la strage, c'è chi continua a rubare, rapinare, stuprare, uccidere, sterminare. Perché l'On. Avv. Pres. Prof. non depenalizza anche questi reati? Poi, si capisce, se arriva nel suo studio una vittima derubata, rapinata, bastonata, stuprata o sparacchiata, lui si costituisce parte civile. E, se il giudice non condanna il colpevole perché il reato non c'è più, lui protesta contro la malagiustizia delle toghe rosse. *(9/10/2004)*

Siamo filosofi o ragionieri?

Fino a non molto tempo fa quella del filosofo era una figura centrale, quasi sacrale, nella vita pubblica. Una voce da ascoltare in silenzio perché aveva qualcosa di illuminante, di profondo, di spiazzante da dire. Il suo pensiero alto aiutava gli uomini a guardare oltre il *particulare* della quotidianità. Le sue opere erano un nutrimento per lo spirito e per la coscienza degli uomini. Poi arrivò il ragionier Marcello Pera da Lucca, praticamente filosofo, e il concetto di filosofia rapidamente cambiò. Divenne qualcosa di meno della chiacchiera da bar, della conversazione da biliardo, del dibattito da treno intercity. Perché il ragionier Pera, praticamente filosofo, cominciò a partorire pensierini che una persona normale si vergognerebbe a ripetere. Un po' come Oriana Fallaci, che si vanta giustamente di dire «ciò che la gente non ha il coraggio di dire»: infatti ci vuole un bel coraggio a dire quel che dicono le Fallaci e i Pera, i *nouveaux philosophes* del neoilluminismo da blackout. Un giorno sì e l'altro pure il ragionier Pera, che è anche inopinatamente presidente del senato, invoca uno «scontro di civiltà» fra occidentali buoni e islamici cattivi, dimenticando che i buoni, soltanto nell'ultimo secolo, sono riusciti a partorire Hitler, Mussolini, Francisco Franco, Pinochet, i generali argentini e paraguayani, i colonnelli greci, due guerre mondiali, Hiroshima e altre delizie da civiltà superiore.

Un altro nouveau philosophe, molto apprezzato nel cenacolo del *Costanzo Show*, è il professor Stefano Zecchi. Il quale regala perle di saggezza antica sul «Giornale» di famiglia del premier. Ieri s'è avventurato, dall'alto della sua cattedra, in un raffinato parallelo fra Jessica e Sabrina, le due ragazze di Dronero rimaste uccise nel terribile attentato del Sinai, e le due Simona. Solo una mente eccelsa poteva arrivare a tanto: infatti la sua ci è arrivata. Per giorni e giorni l'Aristotele del Parioli dev'essersi interrogato su come superare le vette toccate da Feltri, Belpietro, Selva, Maiolo nel linciaggio delle due volontarie di «Un Ponte per». Poi è saltato in aria l'Hilton di Taba: la sua grande occasione. Zecchi ha preso carta e penna e, di getto, ha vergato un editoriale per il «Giornale» dal titolo: *Le due anti-Simone*, usando i cadaveri ancora caldi delle due giovani di Dronero per scaraventarli addosso a Simona Pari e a Simona Torretta: «Da un lato la storia delle sue Simone politicamente impegnate, nobilitate dalla loro attività umanitaria, dall'altro le due giovani della provincia di Cuneo. Anonime, con un lavoro qualunque. Una parrucchiera, una commessa in un grande magazzino... Due ragazze esaltate come eroine moderne, e due sconosciute che hanno avuto la sfortuna di essersi trovate a trascorrere le proprie ferie nel luogo sbagliato nel momento sbagliato».

Conclusione: «Jessica e Sabrina hanno qualcosa in più delle due Simone: il senso autentico della vita, una vita umile che non pretende di dimostrare nulla, che è felice di essere anonima e qualunque, che non ha l'ambizione di portare soccorso a qualcuno ma soltanto il desiderio, vissuto come un dovere, di aiutare la propria famiglia e di ripagare con la serietà del lavoro i propri genitori». Niente di autentico, di serio, di doveroso Zecchi vede nell'impegno delle due Simona, queste fanatiche da copertina «al centro dell'attenzione dei giornali e delle tv»: «avrebbero potuto più modestamente mettersi al servizio di chi in Italia ha altrettanto bisogno», invece – senza nemmeno chiedere il permesso a Zecchi – hanno preferito mettersi in mostra in Iraq «con una buona dose di protagonismo». Si son fatte addirittura rapire, le megere, pur di strappare qualche titolo in prima pagina. Poi, non contente, sono uscite vive dal sequestro. E – come scrive Paolo Guzzanti sullo stesso «Giornale» – si sono esibite «in tutti i circhi mediatici come scimmiette ammaestrate», senza ringraziare «chi ha impedito di farle scannare (falso: hanno ringraziato, *n.d.r.*)» ed «esibendo alle feste e ai talk show (ma quali?, *n.d.r.*) le loro tuniche di schiave liberate e invaghite dei loro schiavisti».

Se qualcuno cercava ancora prove del regime che ammorba l'Italia, è servito. Due volontarie che dedicano la vita agli altri e decidono di vivere a Baghdad ben prima dell'attacco Usa, quando si moriva di embargo e nessuno parlava dell'Iraq, vengono massacrate a reti unificate e a edicole quasi unificate per aver risposto, dopo il sequestro, alle domande sulla guerra come avrebbero risposto prima. Purtroppo hanno dato la risposta che, per il regime, è quella sbagliata. Perché il regime ammette una sola risposta: quella del regime. Il regime combatte il terrorismo pagando il pizzo ai terroristi. Paga i riscatti e pretende, così, di aver comprato con i suoi miliardi non solo la vita, ma anche il cervello degli ostaggi. Come si permettono dunque le due Simona di ragionare ancora con il loro?

Per sostenere queste sconcezze, il regime si serve di un pool di presunti pensatori che le ripetono ossessivamente, con il sottopancia in sovrimpressione che li chiama «filosofi». Così chi, per motivi anagrafici e televisivi, non ha mai conosciuto i veri filosofi, si fa l'idea che la filosofia siano Pera e Zecchi. Sulle antologie scolastiche, i loro nomi ancora non compaiono. Ma la Moratti provvederà. *(11/10/2004)*

Rocco e i suoi sfracelli

Il parlamento europeo boccia Rocco Buttiglione come commissario alla Libertà e alla Giustizia, dopo una lunga audizione costellata di gaffe sui gay, sul conflitto d'interesse e sulle leggi-vergogna del governo Berlusconi.

L'avevano mandato in Europa come il pezzo più pregiato, o fra i più pregiati, del governo Berlusconi. E in effetti, visti gli altri, lo era. Figurarsi come l'Europarlamento avrebbe accolto un Gasparri, un Nullardi o un Calderoli: dopo qualche ora di sano divertimento, qualcuno avrebbe chiesto un ministro vero. Ma bisogna farsene una ragione: oltre la cinta daziaria dello stato semilibero di Berlusconia, anche il meglio o il meno peggio di questa sottospecie di governo suscita nel migliore dei casi risate a crepapelle, e nel peggiore voti contrari e mozioni di condanna. Nei paesi normali - tutti, all'infuori dell'Italia - i tipi come i nostri ministri li adibiscono agli usi più svariati, eccezion fatta per le cariche governative. Parlare di «complotto anti-italiano» dell'Europa significa autorizzare gli europei a pensare che gl'italiani siano tutti come Buttiglione (e Pandolfi, e Monti, e la Bonino, e Prodi che sono: extracomunitari?). Parlare di «complotto anti-cattolico» significa sostenere che Prodi, commissario europeo per cinque anni, è un musulmano o un avventista del settimo giorno. Più semplicemente bisognerebbe parlare di un sano sentimento antibuttiglioniano, che ha pervaso l'Europarlamento non appena Buttiglione ha iniziato a farsi conoscere. Senza contare un altro piccolo problema, segnalato da Marco Pannella sulla scorta di articoli dell'«Unità» e dell'«Espresso»: è proprio il caso di piazzare alla Giustizia un tizio che si porta appresso come capogabinetto il professor Giampiero Catone, arrestato per associazione a delinquere, truffa aggravata, falso, falso in bilancio, bancarotta fraudolenta, e già rinviato a giudizio per quest'ultimo reato?

Napoletano, 48 anni, Giampiero Catone risiede in Abruzzo, ma - informa il suo sobrio curriculum - «lavora a Roma». Vive in una villa con piscina sull'Appia Antica, la stessa occupata da Claudio Martelli negli anni d'oro, con tanto di scorta armata per presunte minacce ricevute, senza separarsi mai dalla sua Smith & Wesson 38 special. E alterna - è sempre lui che parla - «la passione per il giornalismo e la professione di dottore commercialista, revisore dei conti e Professore titolare della cattedra di Economia dell'ambiente all'Università S. Pio V». Il che, «insieme alle attività istituzionali, lo rende un profondo conoscitore delle principali realtà e delle problematiche di fondo del Mezzogiorno. Presiede la Struttura di missione, che ha coordinato l'azione di governo nel semestre di presidenza italiana nell'Ue». Capo della segreteria del ministro Buttiglione, è pure «presidente della commissione progetto Pon-Atas per il corretto utilizzo dei fondi strutturali alle regioni, nonché membro del comitato nazionale per la biosicurezza e le biotecnologie, consigliere esecutivo dell'ente nazionale di unificazione» e, dulcis in fundo, «direttore de "La Discussione", organo ufficiale dell'Udc».

Mancano, nel nutrito curriculum, un paio di particolari. Nel 2001 Catone si candida alle politiche nel Ccd, ma il 9 maggio, a quattro giorni dal voto, finisce in carcere col fratello (già arrestato in passato) e una dozzina di amici per associazione per delinquere, truffa e tutto il resto. L'inchiesta della procura di Roma riguarda due bancarotte fraudolente da 25 miliardi l'una; e 12 miliardi di finanziamenti a fondo perduto del ministero dell'Industria ottenuti - secondo l'accusa - con carte e perizie false, che consentivano alle società catoniane d'incassare più volte lo stesso contributo per un «polo tessile aquilano» mai esistito.

Ce n'è abbastanza perché il neoministro Buttiglione promuova Catone suo capogabinetto alle Politiche comunitarie e perché il governo Berlusconi, nel 2002, vari un decreto a firma Gianni Letta per istituire una «struttura di missione» tutta per lui, con l'incarico di studiare il contenzioso tra governo italiano e Ue.

Il 13 dicembre 2003 il tribunale di Chieti rinvia a giudizio Catone per un'altra bancarotta fraudolenta: il crac dell'Abatec, una fabbrica di pannolini, fra strani aumenti di capitale senza soldi e fatture sospette. Di lui cominciano a interessarsi pure i giudici di Montecarlo, dopo l'arresto a Monaco del fiscalista Francesco Iagher, che aveva creato per lui 40 società off shore: il primo ad alludere alla cosa nel dicembre 2001, quando nessuno sapeva nulla, era stato l'onnisciente Francesco Cossiga, parlando dell'«esimio capo della segreteria, uomo di mille iniziative finito in galera, col quale Buttiglione passeggia, a fini esclusivamente culturali ed estetici, nelle strade di Montecarlo». Più brutalmente il giudice monegasco Hullin lo ritrae come «tristemente noto alla polizia italiana come truffatore».

Schivo e riservato com'è, Catone tace nel suo curriculum anche un'altra carica: quella di direttore del «Quotidiano Sociale», fondato da Paola Severini, ex moglie di Antonio Guidi, e realizzato con un gruppo di giovani disabili. Catone, garantito da Buttiglione («Giampiero è un buon cattolico»), promette al giornale contributi pubblici, ma a patto che la fondatrice si accontenti della direzione editoriale. Lei abbocca, ma viene presto cacciata anche da quell'incarico, e addirittura dalla sede del suo quotidiano. A quel punto la Severini denuncia Catone, accusandolo di non aver assunto i disabili, di aver riempito il giornale di amici suoi incassando ugualmente i contributi pubblici. Con varie interrogazioni, Ds e Margherita chiedono lumi al governo: nessuna risposta.

Il 13 giugno 2004 But & Cat si candidano alle europee nel Sud. Trombati tutti e due, anche se Catone raccoglie 2868 voti più del capolista Buttiglione (quinto dei non eletti). Ma a Bruxelles ci vanno lo stesso. Rocco nei panni del commissario, Catone del capogabinetto. Alla Giustizia, of course.

(13/10/2004)

Silvio B., fu Maciste

Dobbiamo essere davvero grati all'autorevole settimanale «Chi» per aver colmato una lacuna aperta da anni, pubblicando le fotografie di Silvio Berlusconi (casualmente editore della medesima rivista) da bambino e da giovane, vestito e ignudo, a piedi e in motoscafo, con la pipa e senza. Con particolare riferimento allo sviluppo prodigioso della sua muscolatura, prodigioso almeno quanto il successivo decadimento. Ecco infatti i bicipiti, i pettorali e i femorali del Sirenetto di Arcore svettare sulla copertina di «Chi» e dunque sulla prima pagina del «Giornale» di Belpietro, che è un po' la succursale quotidiana del prestigioso rotocalco, e che casualmente appartiene anch'esso all'illustre fotografato. Il lettore distratto che avesse pensato a Johnny Weissmuller, non ha che da voltare pagina: scoprirà che quel Tarzan senza Cita altri non è se non il nostro presidente del consiglio in tutto il suo splendore e vigore. Il giornalista incaricato di descrivere cotanta meraviglia agli ignari lettori, Cristiano Gatti, sottolinea giustamente «l'innegabile autoironia» del «politico più famoso d'Italia» che «non si sottrae al gioco dell'Indiscreto e dell'Esclusivo, lasciando che il settimanale squarci un altro velo sul suo passato». È facile immaginare la fatica con cui Silvana Giacobini, direttrice di «Chi», ha strappato quelle foto allo schivo proprietario dopo mesi di inutili insistenze. Ed è comprensibile che, di fronte a un simile concentrato di muscoli adamitici, il Gatti sia letteralmente conquistato. Qualche scampolo della sua prosa tumida: «Chi è? Marlon Brando. No, quello aveva il fisico, ma non spalle così larghe». Ecco: Berlusconi ha (o almeno aveva) le spalle più larghe di Marlon. Spalle «da pallanuotista», almeno come quelle di «Eraldo Pizzo, il Caimano di Recco». Insomma, annota tutto bagnato il Gatti, «proprio un bel figliolo». Il Caimano di Milanello gli piace in tutte le pose e a tutte le età. Anche appena nato: «Un gran bel pacioccone, disteso nel suo candido nudismo», un bebè che «sembra già avvertire l'umanità con un messaggio chiaro e preciso: mi consenta, il tempo di crescere e poi ne riparliamo». Roba da telefono arcobaleno.

Poi il piccolo Ercole cresce (non di molto, in verità), mette su i capelli (ne aveva anche lui, e molti, e folti) «con la sua bella riga come si usava una volta». Ed «eccolo serio e pensoso, con un irresistibile sguardo sui fatturati di domani»: il primo falso in bilancio non si scorda mai. Ma ciò che conquista il giornalista, al punto da fargli smarrire per un attimo la sintassi, è l'innata semplicità del padrone: «Niente a che vedere con gli Agnelli... Silvio, il piccolo e il giovane Silvio, è innegabilmente più (*sic!*) uno di noi... pienamente coerente con la nostra storia più recente, fatta di pupi nudi e pacioccioni stesi sull'asciugamano... di adolescenti goliardi e caciaroni che posano da mister muscolo in spiaggia». In fondo, il Maciste della Brianza è già il «Berlusconi che riesce comunque a strappare un sorriso a tutti gli italiani, anche a quelli dell'altra sponda».

Resta da chiarire un particolare: come si conciliano le foto del fustacchione di "Chi" con quelle dell'ometto di Palazzo Chigi che pare aver perduto non solo i capelli (succede), ma anche i muscoli e soprattutto qualche decimetro di statura? Bastano le cattive frequentazioni e le cattive azioni per trasformare Tarzan in Mister Magoo? Basta circondarsi di adoni come Bondi, Cicchitto, Schifani, Ferrara e Adornato per diventare come loro? Le alternative non sono molte: o un pietoso fotomontaggio, o un commovente ritocco al computer, o un massiccio uso giovanile di eritropoietina e nandrolone (ma il Berlusca, prima interista e poi milanista, non è mai stato juventino), o l'esistenza di un sosia, o meglio ancora di un terzo fratello davvero bello, alto, prestante e muscoloso, come Silvio vorrebbe essere e non è mai stato. Il che spiegherebbe perché lo tiene nascosto. E perché, dopo aver rotto tutti gli specchi di Villa San Martino e Villa La Certosa, ha chiamato la Giacobini e le ha passato l'album. Gatti scrive che l'ha fatto per «squarciare un altro velo sul suo passato». Ma certo, come no. Ora, assodato come ha fatto i muscoli, resta da capire come ha fatto i soldi. Ma c'è tempo. Prossimamente, in esclusiva su «Chi» e sul «Giornale», Vittorio Mangano a torso nudo e Licio Gelli in tanga. *(21/10/2004)*

La parola all'esperto

Va affermandosi in Italia un nuovo mestiere di sicuro avvenire: il commentatore di sentenze mai lette. È un po' come il recensore di film mai visti, che pretende di spiegare a chi li ha visti di che cosa parlano e come gli sono sembrati. Naturalmente, non avendoli visti, non ha la più pallida idea di che si tratti e dunque procede a tentoni, tira a indovinare, si barcamena come lo scolaro interrogato che non ha studiato. Ma mentre il recensore e lo scolaro rimediano figure barbine e voti bassissimi, il commentatore di sentenze mai lette ha l'applauso assicurato. Perché nel regime italiota si ritrova in assoluta maggioranza, circondato da persone che le sentenze non le hanno mai lette ma, come lui, le commentano copiosamente. A trovarsi a disagio, nel regime italiota, è chi – esemplare rarissimo, pressoché estinto – le sentenze le conosce. Dunque non ha diritto di parola. E, se per caso dice qualcosa, viene immediatamente zittito, sputacchiato, svergognato, minacciato, proposto per punizioni esemplari.

L'ultimo caso del genere s'è verificato a proposito della sentenza della cassazione su Andreotti, gabellata a reti unificate per un'assoluzione liberatoria, una beatificazione plenaria. Gian Carlo Caselli, uno dei tre o quattro in Italia che la conoscono (o meglio, conoscono la sentenza d'appello che la cassazione ha confermato), ha tentato timidamente in un articolo sulla «Stampa» di ricordare di che si sta parlando: «La cassazione – ha scritto –, ribadendo l'assoluzione per i fatti successivi, ha confermato che fino alla primavera del 1980 l'imputato ha commesso il reato di associazione con i mafiosi dell'epoca, capeggiati da Stefano Bontate, autori di gravissimi delitti». Apriti cielo. Nessuno ha potuto smentire, sentenza alla mano, quel che ha scritto Caselli, anche perché la sentenza non l'ha letta nessuno. Ma nel regime italiota non ci si perde d'animo per così poco. Così, a camere unificate, i politici di destra e di sinistra (con la lodevole eccezione dei Ds e Di Pietro) hanno zittito Caselli all'insegna del «come si permette?». È come se le tv dicessero che il film *Troy* parla dell'attacco a Pearl Harbour e il regista provasse a obiettare che, in realtà, si parla della guerra di Troia, ma venisse zittito come un impiccione importuno.

«Quello di Caselli – dice al «Giornale» Paolo Cento dei Verdi – è un intervento inopportuno perché il processo si è concluso con un'assoluzione e bisogna rispettare la sentenza». Non gli viene neppure in mente che, per rispettarla, bisognerebbe almeno darle un'occhiata. Così magari si scoprirebbe che l'assoluzione (per insufficienza di prove) riguarda il periodo 1980-1993, mentre fino alla primavera del 1980 il reato è stato commesso e accertato, ma l'imputato s'è salvato per prescrizione. Poi c'è l'onorevole Enrico Buemi dello Sdi, quello che l'anno scorso propose in tandem con Carlo Taormina di depenalizzare il furto. Stavolta pontifica su Andreotti e sostiene che «Caselli si arrampica sugli specchi per difendere quello che ha fatto» e che «tutto il processo Andreotti nasce da una pericolosissima confusione tra le responsabilità politiche e quelle penali che attivano processi mostruosi come quello che lo ha riguardato». Ma qui di pericolosissimo e mostruoso c'è solo l'ignoranza (dal verbo ignorare) di Buemi sul processo Andreotti. Se la corte d'appello di Palermo ha accertato che il sette volte presidente del consiglio incontrò due volte il boss dei boss Stefano Bontate, prima e dopo il delitto Mattarella, e intrattenne «amichevoli relazioni» con i vertici di Cosa Nostra, «chiedendo favori» e fornendo «suggerimenti», di quali «responsabilità politiche» va cianciando questo Buemi? Le «amichevoli relazioni», i suggerimenti e gli scambi di favori con la mafia sono responsabilità penali, configurano un reato ben preciso che si chiamava associazione mafiosa (prima del 1982, quando fu introdotto quel delitto specifico, si chiama associazione per delinquere).

Anche Giuseppe Fanfani della Margherita ha censurato Caselli, dicendo che «le sentenze non si commentano mai»: ora, a parte il fatto che i politici non fanno altro che commentare sentenze, Caselli non ha affatto commentato quelle d'appello e di cassazione. Ha semplicemente informato i lettori della «Stampa» del contenuto di quelle sentenze, perché ciascuno possa farsene un'idea. E magari criticare aspramente i giudici, ma sapendo almeno che cosa hanno scritto. Formidabile il commento di Ottaviano Del Turco, già presidente dell'Antimafia, che qualche sillaba della sentenza avrebbe dovuto pur leggerla: «Non capisco perché una parte della sinistra italiana continui a sottoscrivere una visione della storia d'Italia come se fosse stata governata per cinquant'anni da mafiosi e piduisti». Dunque non solo la mafia non ha mai avuto rapporti con la politica, ma nemmeno la P2. Gelli non è mai esistito, Berlusconi non è mai stato iscritto alla P2 insieme a generali, ministri, sottosegretari, giornalisti: lo dice l'ex presidente dell'Antimafia, allegria.

Se il centrosinistra ha reagito così, figurarsi il centrodestra. Il prof. pres. on. avv. Pecorella sostiene che «prescrizione non significa che il reato è stato commesso, ma che non c'era l'evidenza che fosse stato commesso». Se avesse letto almeno il dispositivo (12 righe) della sentenza d'appello confermata in cassazione, avrebbe trovato proprio ciò che lui nega: e cioè che il reato di associazione per delinquere è stato «commesso», è «concretamente ravvisabile», è provato, ma «estinto per prescrizione». Poi c'è il leggendario Giovanardi, quello che fa addirittura il ministro e che riesce a scrivere libri (anzi uno solo, sempre lo stesso) sulle sentenze, senza conoscerle. «Caselli – dice il Giovanardi – persevera nel gettare fango su Andreotti, confermando che per alcuni pm malati di ideologia il loro imputato sia comunque colpevole anche se assolto in tre gradi di giudizio». Il concetto di prescrizione non riesce proprio a entrargli in testa: è più grande di lui. *(25/10/2004)*

Rocco B., praticamente filosofo

Da anni Rocco Buttiglione era fonte inesauribile di ispirazione per i comici italiani. «Ora – dice Luttazzi – voi lo vedete così, ma dovevate vederlo prima che andasse a Lourdes». E Benigni: «Buttiglione lo preferivo quando si vestiva da donna e leggeva il telegiornale». Sabina Guzzanti lo porta in giro per l'Italia con l'irresistibile imitazione di colui che vuole «rifare la Democrazia cristiana, ma con costumi sessuali molto più rigidi» e che sputacchia quando parla perché si ostina a tenere una gigantesca caramella in bocca. Paolo Hendel sostiene da anni che Buttiglione è la prova vivente della fuga dei cervelli: «Il suo è espatriato da tempo, mentre lui è rimasto in Italia». Evidentemente il cervello non era volato a Bruxelles, visto quel che è accaduto negli ultimi giorni. Così anche gli europarlamentari, non paghi del semestre berlusconiano fra corna e kapò, hanno avuto i loro giorni di svago. Al parlamento europeo, in tanti anni, non si era mai riso tanto. A riprova del fatto che l'Italia, nonostante i detrattori, ha un ruolo ben consolidato nella Nuova Europa: quello di giullare.

E dire che Buttiglione passava per uno dei pezzi più pregiati del governo Berlusconi: addirittura laureato, praticamente filosofo. Ma è bastato guardarlo in faccia e soprattutto sentirlo parlare perché i deputati dei paesi normali si domandassero come possa uno così fare il ministro in Italia e come abbia fatto la culla dell'arte e della cultura europee a scendere così in basso. È quel che accade regolarmente al nostro regimetto e ai suoi ometti di stato ogni qual volta mettono il naso fuori dalla cinta daziaria: suscitano un misto di sdegno e ironia. Cose che capitano nei paesi che non hanno la fortuna di ricevere *Porta a Porta*, di vedere il Tg1 e di leggere «Il Foglio». È bastato che Buttiglione pronunciasse un paio di frasi (una sui gay, l'altra sulle ragazze madri) e facesse conoscere il suo più stretto collaboratore, il pluri-inquisito Giampiero Catone, per scatenare la più grave crisi della storia fra parlamento e commissione europea.

Anche perché il Nostro s'era messo in testa di fare il commissario alla Libertà e alla Giustizia: doppio ossimoro, visto il personaggio. Per strappare le ambite deleghe, passando inosservato, poteva fingersi afono e non dire una parola. Invece, quando i parlamentari lo interrogarono, lo sventurato rispose. E venne fuori al naturale. Il portoghese Barroso tentò di salvarlo affiancandogli un «comitato» di quattro badanti per tenerlo d'occhio. Ma lui insolentì pure il comitato, convinto da qualche burlone di essere vittima di un complotto dell'Europa anti-italiana. Ora lo sposteranno di banco. Essendo la commissione alla Caccia e pesca già assegnata, si parla della prestigiosa delega all'Apicoltura. Sempreché non si metta a sindacare sui costumi sessuali delle api regine, a indagare sulle coppie di fatto negli alveari e a confessare i fuchi gay.

(29/10/2004)

Rocco Pera Horror Show

Si attende ad horas la nomina del nuovo commissario italiano in Europa, dopo la trionfale performance di Rocco Buttiglione, molto apprezzata dall'intera stampa internazionale e immortalata l'altro giorno dal quotidiano danese «Information» sotto il titolo *Rocco Horror Picture Show*. L'uomo giusto al posto giusto pare essere Franco Frattini, il presunto ministro degli Esteri che, rispetto al Kant di Gallipoli, presenta numerosi punti di vantaggio. Anzitutto non è mai stato avvertito di essere il ministro degli Esteri, dunque la rinuncia alla poltrona della Farnesina, ovviamente vacante, non dovrebbe costargli granché. Sussiste persino il dubbio che egli sappia di essere Frattini, il che rende tutto più facile. Per lui, trovarsi a Roma o a Bruxelles, a Strasburgo o a Kuala Lumpur, alla Farnesina o a *Porta a Porta* non fa questa gran differenza. È come le piante grasse: non disturba, non sporca, fa la sua figura e dove lo mettono sta. Diversamente da Buttiglione, vittima com'è noto di un odioso complotto anti-cattolico, Frattini non corre neppure il rischio di essere perseguitato per le sue idee: infatti non ne ha mai avute di idee. L'esame davanti al parlamento europeo dovrebbe filare liscio come l'olio: non c'è pericolo che dica nulla di scabroso, anzi non c'è pericolo che dica nulla. Non dice mai nulla, nemmeno quando parla.

Ma, per un caso che si chiude, un altro se ne apre. Protagonista un altro cosiddetto filosofo: il ragionier Marcello Pera che, diversamente da Frattini, purtroppo parla e dice. Negli anni Settanta Cesare Musatti, polemizzando con lui, lo immortalò con queste poche parole: «Ora capisco che cosa s'intende per "ragionamenti a pera"». L'altro giorno Pera ne ha fatto uno niente male in un'intervista a «Repubblica», spiegando il rimpatrio (con foglio di via) di Buttiglione da Bruxelles con un'oscura congiura anti-italiana e anti-cattolica in atto in tutta Europa. E inaugurando così una nuova scuola filosofica: dopo il pensiero debole, il pensiero intermittente. Già sono note le piroette dell'Hegel di Lucca a proposito di Mani Pulite: prima chiamava Di Pietro «angelo del bene», ora piange a spese nostre sulla tomba di Craxi. Adesso però si supera, con una conversione a U da agnostico doc a clericale integralista, folgorato sulla via di Ferrara (inteso come Platinette). Seguiamolo attentamente, ché ne vale la pena.

Intervistato dal «Messaggero» il 2 novembre 2001, Pera si associava ai critici stranieri di Prodi presidente della commissione Ue: «In Europa non c'è una campagna contro l'Italia. Non vedo un isolamento dell'Italia in Europa». Ora invece, su «Repubblica», denuncia «una forte componente antiitaliana in Europa, che ha come obiettivo il governo Berlusconi». Ecco: se criticano Prodi va tutto bene, se criticano Berlusconi è un complotto anti-italiano.

Ma è solo l'inizio. Poi il ragionier Pera si avventura nel territorio impervio della religione. «In Europa - dice oggi - il pregiudizio anti-cristiano c'è, e purtroppo è molto radicato» e «ha giocato nella vicenda che riguarda Buttiglione... Noi liberali non dobbiamo più limitarci a dire, con Croce, "non possiamo non dirci cristiani". Ma adesso "dobbiamo dirci cristiani". E tutti gli europei dovrebbero dirlo». Non solo, ma «l'Europa, non riconoscendo nella sua costituzione questa comune radice cristiana, ha perso una straordinaria occasione di definire sé stessa e di darsi un'anima». Ha ragione il papa, bisognava inserire le radici cristiane nella costituzione europea. E

Pera, il roccioso e tetragono ragionier Pera, l'aveva sempre detto. Purtroppo da anni è insidiato da un sosia, per giunta omonimo, anche lui ragioniere, anche lui praticamente filosofo, anche lui lucchese, anche lui presidente del senato, che si diverte a dire il contrario per metterlo in cattiva luce. Quel Marcello Pera-2, in un'intervista all'«Espresso» (5 dicembre 2002), pronunciò testuali parole: «Non ho mai cominciato a essere religioso. Nonostante i rosari, sono sempre stato un non credente... Non dobbiamo infilare Dio nella costituzione europea o inseguire su tutto le posizioni della Chiesa. Da quando non c'è più la Democrazia cristiana, che era un grande partito laico, vedo troppi politici che cercano in tutti i modi di lusingare un eventuale elettorato cattolico».

Ecco: quel Pera là si divertiva a dirsi agnostico, a battersi contro l'inserimento delle radici cristiane nella costituzione Ue, addirittura a mettere in dubbio l'esistenza dei cattolici (l'«eventuale elettorato cattolico»). Ma ora questo Pera qua gli dà ciò che si merita: insegue tutte le posizioni della Chiesa. «La scristianizzazione dell'Europa che da sempre angoscia anche il papa – pontifica su «Repubblica» – annacqua e svalorizza la nostra identità». E senza radici cristiane – turibola – quello firmato a Roma «al massimo è un trattato, ma non una costituzione vera e propria». Nasce così, tra il lusco e il brusco, una nuova corrente religiosa: la teologia miscredente. *(2/11/2004)*

Quante volte, figliolo?

In questo scorcio di fine impero, in questi giorni da Romolo Augustolo (che, sia detto per il Cavaliere, non è uno dei sette nani e nemmeno il fratello di Romolo e Remolo), c'è di bella una cosa: i gerarchetti del regimetto al tramonto denotano una spiccata tendenza a confessare. Saltati gli argini, le dighe, le prostate e i freni inibitori, vengono fuori al naturale. Come mamma li ha fatti.

Confessa l'Avv. On. Prof. Pres. Ind. Gaetano Pecorella che le leggi sul falso in bilancio e sull'impunità erano fatte per il premier suo cliente.

Confessa Giuliano Ferarra di aver sempre saputo che Andreotti era mafioso, almeno fino al 1980 come hanno scritto i giudici, ma l'unico autorizzato a dirlo è lui: i giudici non possono.

Confessa Gianfranco Fini che le promesse elettorali erano fregnacce e bisogna andare in tv a farne altre, nella speranza che gli elettori ci caschino per i prossimi due anni.

Confessa Barbara Palombelli che le piace tanto la Fallaci. «Penso proprio – scrive nella preziosa rubrica su "Magazine" – che il seggio di senatore a vita spettasse alla grandissima Oriana Fallaci». Perché «Oriana non si discute». Magari esagera un pochino quando vorrebbe sterminare i musulmani (pardon, terroristi), ma il «suo furore è benvenuto nella noia del tuttouguale che sta uccidendo i media. Milioni di lettori la pensano come me. Peccato». Purtroppo Ciampi non le ha dato ascolto e ha nominato quel pericoloso poeta di Mario Luzi. Sarà per la prossima volta, quando daranno il laticlavio anche a Borghezio e Gentilini.

Confessa persino il Cavalier Bugiardoni. Ricevendo Prodi a Palazzo Chigi, gli annuncia: «Ti sto tenendo in caldo la poltrona». Poi Fini alza un sopracciglio, e lui scopre che «quelli sono rimasti fascisti». Infine, dopo anni passati a tuonare contro i «ribaltoni» altrui, ne prepara uno fatto in casa, corteggiando i deputati di Mastella, eletti col centrosinistra. Lui può.

Confessa Renato Brunetta, l'economista tascabile che un tempo era consigliere economico di Gianni De Michelis (con i risultati che tutti rammentano) e ora lo è di Berlusconi (con i risultati che tutti vedono). Intervistato dal «Corriere», dice testuali parole sui conti pubblici: «L'errore di Tremonti non è stato nascondere la verità, lo avrei fatto anch'io; è stato quello di non controllare la spesa corrente». L'ha detto come se parlasse del colore della cravatta o dell'abbinamento calzini-pochette. Invece parlava delle balle che il governo ha raccontato per tre anni agli italiani sullo stato comatoso dell'economia. Balle che, beninteso, avrebbe raccontato anche lui. Ma lui avrebbe dato un'occhiatina alla spesa corrente, mentre Tremonti, sbadato com'è, se n'è scordato.

Confessa il presidente del tribunale di Bergamo Luigi Bitto, ospite fisso della posta del «Foglio»: «Aderisco con entusiasmo alla proposta di organizzare i foglianti in qualcosa che vada oltre la lettura quotidiana del "Foglio". Se s'arriverà a costituire l'arcipelago, sarei onorato di farne parte». In pratica l'alto magistrato si propone per il nuovo movimento berlusconiano che il Platinette Barbuto dice di voler fondare. Una toga azzurra e politicizzata, verrebbe da dire usando le categorie care a Ferrara. Una toga da espellere dalla magistratura, secondo l'imminente riforma dell'ordinamento giudiziario, che proibisce come grave illecito disciplinare la partecipazione a iniziative e movimenti politici. Ma niente paura: il divieto vale solo per i magistrati sgraditi al regime. Per quelli di governo, no.

Confessa, infine, Fabrizio Del Noce, il direttore di Rai1 scelto per la sua nota indipendenza dalla politica (era deputato di Forza Italia). Difendendo impavido la censura panariella contro Paolo Hendel, che minacciava battute su Bondi, Buttiglione, Vespa e Braccobaldo Bau, spiega serafico: «Rai1 ha una linea editoriale che prevede il divieto di satira politica contro chiunque. Non è censura, è una garanzia per tutti, destra e sinistra. In tre anni Rai1 non ha mai parlato male di nessuno». Ciò che nelle democrazie è la norma – l'informazione e la satira che scoprono gli altarini del potere –, nella Rai di regime è peccato mortale, anzi reato. Si poteva far di peggio? Difficile, ma non impossibile. Ci ha provato il presidente della cosiddetta Vigilanza, Claudio Petruccioli: «Per valutare il caso Hendel – ha detto – bisogna conoscere i testi dello sketch che il comico avrebbe potuto proporre». Ecco: se i testi, una volta letti, non dovessero piacergli, la censura sarebbe sacrosanta. Decide lui.

Fino a qualche mese fa, per mascherare le loro censure, i nostri gerarchetti dicevano di amare la satira, ma spiegavano che «quella dei Luttazzi, delle Guzzanti, dei Paolo Rossi non è satira, ma informazione, invettiva, insulto, comizio». Poi confermarono di amare la satira, ma «con il contraddittorio e la par condicio». Ora gettano la maschera: «Rai1 – ripetiamo per i duri d'orecchio – ha una linea editoriale che prevede il divieto di satira politica». Persino la Spagna di Francisco Franco e la Serbia di Milošević tolleravano la satira politica.

Nell'Italia di Berlusconi è vietata dalla «linea editoriale». Ma, beninteso, non c'è un regime. Almeno finché il Cavaliere non s'affaccerà al balcone di Palazzo Grazioli per l'ultima confessione: «Italiani, il mio è un regime. Embè?». *(3/11/2004)*

Chi vuol esser magistrato

Una volta approvati dal parlamento gli esami psicoattitudinali per i futuri magistrati, notoriamente matti prim'ancora di cominciare, si passerà immantinente a formare la commissione esaminatrice. Dalle prime indiscrezioni che filtrano da via Arenula, siamo in grado di rivelare i nomi degli esaminatori e le tracce dei test a cui verranno sottoposte le aspiranti toghe.

Gli esaminatori saranno, ovviamente, giuristi di chiara fama e specchiata moralità. Oltre ai membri di diritto – l'ingegner Roberto Castelli, in qualità di presunto ministro della Giustizia, e il commendator venerabile Licio Gelli, in qualità di inventore dei test psicoattitudinali per i magistrati (vedi *Piano di rinascita democratica*, 1976) – la commissione schiererà l'on. avv. Cesare Previti per il settore tributario; l'on. cond. Marcello Dell'Utri (pure lui laureato in legge), per il ramo criminalità organizzata & stallieri; l'on. avv. Carlo Taormina per il reparto infanticidi; il pres. gov. imp. Totò Cuffaro, in omaggio alla devolution. Ciascun membro potrà nominare consulenti tecnici esperti nelle varie materie: già si fanno i nomi dell'investigatore Gelsomino, reduce dai fasti di Cogne; di Renato Squillante, reduce da un tour europeo fra la Svizzera e il Liechtenstein; e di Igor Marini, reduce dal carcere di Torino.

I test saranno improntati allo schema dei più moderni telequiz di Amadeus e Gerry Scotti e simpaticamente intitolati *Chi vuol esser magistrato*. Ecco, di seguito, le domande approntate dalla commissione per il primo concorso. Il candidato dovrà dimostrare il suo equilibrio mentale scegliendo la risposta esatta fra tre proposte.

1. *Il ministro Castelli, a proposito della riforma dell'ordinamento giudiziario, ha parlato di «blindatura». Si riferiva:*

a) al caveau della banca svizzera che conserva i fondi neri della Fininvest.

b) All'immodificabilità della sua riforma in parlamento.

c) Ai politici che, con l'ordinamento attuale, verrebbero blindati in luoghi sicuri, mentre con quello nuovo diventeranno almeno ministri.

2. *Che cosa deve fare un giudice quando si ritrova per le mani un'indagine su un soggetto difeso dall'avvocato Taormina?*

a) Autodenunciarsi per bruciare sul tempo l'avvocato Taormina.

b) Affidare le indagini, le perizie, la requisitoria, le sentenze di primo, secondo e terzo grado all'avvocato Taormina.

c) Condannare subito il vicino di casa per guadagnare tempo.

3. *Il gip barese De Benedictis è finito nell'occhio del ciclone per aver definito «mercenari» i mercenari italiani in Iraq. Che cosa avrebbe dovuto fare, invece, per ottenere un encomio solenne?*

a) Far sparire il fascicolo d'indagine mangiandoselo fino all'ultima pagina.

b) Chiamare «mercenarie» le due Simona e «missionari» i mercenari.

c) Darsi malato.

4. *Nel caso in cui, per la nomina del prossimo procuratore nazionale antimafia, concorressero Corrado Carnevale e Gian Carlo Caselli, chi dei due sarebbe secondo voi il più meritevole?*

a) Carnevale perché la mafia la conosce meglio.

b) Caselli perché, come dice giustamente Riina, è comunista.

c) Nessuno dei due perché sono entrambi magistrati.

5. *Che fare quando l'imputato è anche presidente del consiglio?*

a) Dichiararlo subito immune, cogliendo in contropiede il parlamento.

b) Chiedere prima a Giuliano Ferrara.

c) Suicidarsi, lasciando un biglietto con scritto che è colpa dei giudici.

6. *Che fare quando l'imputato è un ricco imprenditore o un professionista facoltoso coinvolto in storie di tangenti, mafia, bancarotta, frode fiscale o falso in bilancio?*

a) Assolverlo senza nemmeno guardare le carte.

b) Condannarlo per fargli guadagnare punti preziosi ai fini della sua prossima carriera politica.

c) Promuoverlo direttamente ministro o sottosegretario o presidente del consiglio, per non fargli perder tempo.

7. *Com'è finito il processo Andreotti a Palermo?*

a) Prescrizione del reato «commesso» fino al 1980, assoluzione per insufficienza di prove dopo il 1980.

b) Assoluzione plenaria urbi et orbi (soprattutto orbi) con annessa beatificazione in vita.

c) Come nella risposta a), ma è meglio rispondere con la b).

8. *La mafia esiste?*

a) No, come pensa Dell'Utri.

b) Non so, come dice Dell'Utri.

c) Sì, come dimostra Dell'Utri. *(6/11/2004)*

Giulianone alle crociate

George W. Bush rivince le elezioni presidenziali americane contro il pallido John Kerry.

È un vero peccato che, come dice Luttwak, negli Stati Uniti non si badi alla politica italiana («ininfluente, inesistente») e dunque non si leggano i giornali italiani né si faccia caso alle televisioni italiane: con tutte le paure che attanagliano il popolo americano, sarebbe un'occasione per qualche ora di sano svago. Nel nostro mondo a parte, per esempio, c'è un presidente del consiglio convinto che Bush abbia vinto le elezioni perché ha copiato da lui riducendo le tasse: neppure gli viene in mente che Bush le tasse le ha tagliate davvero, mentre lui le ha ridotte solo nei cartelloni pubblicitari e a *Porta a Porta*. Ci sono pure eminenti leader dell'opposizione convinti che le elezioni le abbia perse Michael Moore e, per estensione, i girotondi. Poi c'è Giuliano Ferrara, che è un mondo a parte nel mondo a parte: lui è convinto di aver vinto le elezioni americane in Italia.

Chi volesse meglio comprendere le evoluzioni e le reincarnazioni di questo bizzarro personaggio non ha che da leggere *L'arcitaliano* (Kaos), biografia non autorizzata e molto informata scritta da Pino Nicotri su questo eterno raccomandato, sempre dalla parte del più forte e del più prepotente, dalla Russia di Stalin alle ginocchia di Togliatti, dagli stivali di Craxi alle buste della Cia, dai tacchi di Berlusconi alla valigetta di Calisto Tanzi. Mancava un solo côté alla sua peripatetica esistenza: quello clericale. Lacuna prontamente colmata nell'ultimo mese, con la recente folgorazione dovuta a un evento soprannaturale davvero irresistibile: gli è apparso Rocco Buttiglione di bianco vestito e gli ha affidato una missione di alta spiritualità: diffondere il Verbo di Bush in tutt'Italia, isole comprese, da Arcore a Gallipoli. Il Platinette Barbuto s'è subito convertito, pescando alla rinfusa nel concilio di Trento, nel Sillabo, nell'opera omnia di Torquemada, di Oriana Fallaci e soprattutto di Brancaleone alle crociate. E trasformando il «Foglio» nella bibbia-bignami di una nuova religione: l'ateo-clericalismo. Una strana setta popolata di miscredenti dichiarati (ci sono anche Pera, Galli della Loggia, Ostellino, Panebianco, Rossella e Adornato) che curiosamente si battono per le «radici cristiane dell'Europa», dopo aver passato anni a combattere il comunismo appena morto. Ieri anticomunisti senza comunismo, oggi religiosi senza Dio.

A bordo di Ferrara, è già partita la prima crociata del terzo millennio: contro quel «manipolo di girotondini» che «tiene in ostaggio il parlamento europeo» (i celebri «culattoni» di cui parla un altro prestigioso socio onorario del club, il ministro Tremaglia). Insomma contro il complotto demoplutomassonico che avrebbe le sue punte di lancia in Michael Moore, Pedro Almodóvar e addirittura Franco Frattini. Secondo Ferrara, infatti, il nuovo commissario europeo, colpevole soltanto di aver sostituito l'amato Rocco, «si è formato in ambienti massonici». Dunque, al rogo (anche Berlusconi era iscritto a una loggia massonica, tale P2, ma siccome paga bene lo si lascia in pace).

Per spiegare la differenza fra De Gasperi e Andreotti, Montanelli diceva: «Vanno entrambi in chiesa. Ma il primo parla con Dio, il secondo col prete». Ecco, Ferrara non parla né con Dio né col prete: parla con Buttiglione. Che poi è l'unico che gli risponde. Strana *liaison*, la loro. Nel '95, quando il fratacchione di Gallipoli approdò al Polo, il Platinette Barbuto lo fulminò: «L'onorevole Buttiglione ci ha portato il voto suo e quelli dei suoi parenti stretti». Ora che i voti di Buttiglione si sono ulteriormente ridotti dopo il figurone europeo, Ferrara l'ha eletto a sacerdote del bushismo all'italiana. Trascurando una lievissima differenza. Bush ha dalla sua qualche decina di milioni di voti, di cui 4 solo dalla setta degli evangelici, lobby potentissime, i petrolieri al completo, la famiglia saudita, le multinazionali delle armi, miliardi a palate. Ferrara ha 8 mila lettori scarsi, che corrispondono più o meno agli elettori di Buttiglione; più gli «ascoltatori di Radio Maria che – informa "Libero" – vedono Ferrara come l'unico possibile Bush italiano»; più i due o tre lettori di una rivista clandestina diretta da tal Luigi Amicone, il ciellino di belle speranze (peraltro irrealizzate) che sabato ha «moderato» la prima uscita della strana coppia in un teatro di Milano, aperta con un inno religioso e chiusa con un'invocazione dell'incolpevole Spirito Santo.

Ora questi tre noti frequentatori di sé stessi si son messi in testa di fondare un nuovo movimento politico, spiritosamente battezzato «La società dei liberi». Che, per una sigla inventata da un signore che prendeva soldi fuoribusta dalla Cia e poi dal cavalier Tanzi, non è niente male. Ma le rimanenze dei fondi neri ormai scarseggiano. Così l'altro giorno, seminascosto fra le lettere del «Foglio», è comparso il conto corrente per le eventuali offerte: «Presso Banca di Roma – Agenzia 5 di Milano. Il numero è c/c 65522039. Abi 3002». Causale del versamento: «La società dei liberi». Banconote di piccolo taglio, possibilmente non segnate. Astenersi demoplutomassonculattoni. *(9/11/2004)*

Tutto fumo, niente arresto

Ora finalmente è chiaro chi minaccia l'on. avv. prof. Carlo Taormina al punto da costringerlo a vivere sotto scorta: è Carlo Taormina. Tutti i suoi processi, anche se difende un automobilista accusato di aver ammaccato un parafango altrui, si trasformano in maxiprocessi che partoriscono altri maxiprocessi, a catena, in una selva di denunce, controdenunce, autodenunce, esposti, controesposti, autoesposti, perizie, controperizie, autoperizie che tengono impegnate per lustri decine di procure e dozzine di tribunali, coinvolgendo vicini, zie, nipoti, cugini, investigatori e investigati, periti, consulenti, magistrati, avvocati, imputati, vittime, difensori, accusatori, uscieri, cancellieri, segretarie, autorità civili, militari e religiose. L'unico uscito sinora indenne da questa giungla di guai era lui, Taormina. Riusciva (o aspirava) a svolgere contemporaneamente le parti di difensore, pm, testimone, perito, parte civile, giudice di primo, secondo e terzo grado. Ma gli mancava quella di imputato. Ora, dopo l'avviso di garanzia della procura di Torino per le false impronte di Cogne, anche questa piccola lacuna è colmata. L'on. avv. prof. è indagato nel caso di Cogne per calunnia e frode processuale insieme ai suoi numerosi consulenti: tutti sospettati di aver taroccato le prove al fine di incolpare dell'omicidio di Samuele il solito vicino di casa, ovviamente innocente.

Non sappiamo se augurarci che la gravissima accusa si riveli fondata o infondata. Perché, se fosse fondata, dimostrerebbe plasticamente dove portano dieci anni di difesa alla Berlusconi. Non *nel* processo, ma *dal* processo. Non sulle carte, ma sui complotti. Non per discolpare l'imputato, ma per incolpare i giudici. Dove porta la cultura esasperata delle «indagini difensive», che affida agli avvocati lo stesso potere investigativo dei magistrati. Dove porta il garantismo all'italiana, disposto a calunniare innocenti pur di salvare i colpevoli. Dove porta la privatizzazione della giustizia, che consente a chi se lo può permettere (o pensa di poterselo permettere) di fabbricarsi in casa il pm, il tribunale, le leggi penali e procedurali e ora – se l'accusa fosse fondata – persino le prove, nell'ambito di quel bricolage giudiziario ampiamente collaudato nei processi al premier e ai suoi cari, a mezzadria fra aule di giustizia e aule parlamentari.

L'altra sera Taormina ha voluto festeggiare l'avviso di garanzia negli ospitali studi di *Porta a Porta*, scortato da due osservatori super partes: i coniugi Lorenzi, i quali – dall'alto della condanna in primo grado a 30 anni appena rimediata dalla signora – hanno potuto illustrare ai telespettatori la loro spassionata opinione sulla procura e sul gup di Aosta, nonché sulla procura di Torino (la stessa che, fino all'altro giorno, veniva invocata come la sede più serena e capace per trovare il «vero colpevole») e più in generale sull'intera magistratura italiana. Vespa, accudito dalle tradizionali badanti Crepet, Palombelli e Bruno, affiancate dalla new entry Belpietro, officiava il sessantaseiesimo rito cognense con la consueta maestria: «Non è nostra abitudine – spiegava – invitare persone indagate, ma in questo caso...». In effetti, a parte Scattone e Ferraro, gli amanti di Montecastrilli, Andreotti, Berlusconi, Previti, Mannino, Contrada, l'imam di Carmagnola, Wanna Marchi con figlia al seguito e mago Do Nascimento latitante al telefono, e qualche canaro sciolto, non s'erano mai visti indagati a *Porta a Porta*.

Mancava all'appello l'ultima spalla del Taormina, il detective Giuseppe Gelsomino della Shadow Detective, anche lui indagato: era impegnato in contemporanea in un'intervista alle *Iene*, in cui si autoproclamava «uno dei migliori investigatori d'Europa», vantava di aver «risolto il giallo di Cogne in quattro giorni», chiedeva perciò «una medaglia» (come Berlusconi per il caso Sme) e sfoderava un alibi di ferro: «Se avessi messo io quelle impronte sulla scena del delitto, avrei messo quelle giuste». Anche Taormina, intervistato da Sabelli Fioretti per «Sette», aveva detto qualcosa di simile, rimproverando il pm Nordio per non aver incastrato D'Alema e Occhetto sulle tangenti rosse. Obiezione di Sabelli: «Non c'erano prove». E Taormina: «Se capitava a me, stia tranquillo che...». Sabelli: «Quelle prove venivano fuori?». Taormina: «A costo di fabbricarle». Ecco: a Cogne pare le abbiano fabbricate, solo che hanno sbagliato i tempi: le avrebbero messe lì dopo che il pavimento era già cosparso di luminol. Errori d'inesperienza. Mancanza di allenamento. Andrà meglio la prossima volta.

In attesa di nuovi sviluppi, si può tracciare un bilancio provvisorio dei danni, dal giorno in cui Taormina assunse le redini della difesa. Appena arrivato, riuscì subito a convincere il tribunale di Torino a revocare la scarcerazione della sua cliente. Poi denunciò nell'ordine: i pm aostani, i loro periti, i carabinieri del ris, il gip, il gup, alcuni avvocati che avevano abbandonato di corsa la difesa, e persino Vespa che l'aveva trattato male. All'udienza preliminare ottenne il rinvio a giudizio della sua assistita per la quale, al processo, strappò il massimo della pena: 30 anni col rito abbreviato. A quel punto, ecco il geniale cambio di scena da Aosta a Torino, con pellegrinaggio davanti a Gian Carlo Caselli per denunciare il vicino di casa (il «vero assassino»). Risultato: immediata incriminazione della signora e del marito (ancora intonso da accuse), nonché di tutti i consulenti della difesa e infine dello stesso Taormina. Un trionfo.

In attesa che l'on. avv. prof. denunci tutti alla procura di Milano chiedendo alla Boccassini di assumere la direzione delle indagini, si profila un colpo di scena davvero clamoroso. Per difendersi dall'accusa di calunnia, Taormina ha detto a *Porta a Porta*: «Che c'entro io con la denuncia contro il vicino di casa? L'ha fatta la mia cliente, mica io». Si attende ad horas un esposto dell'avvocato contro la sua assistita. Dopodiché, non potendo più denunciare sé stesso (l'ha già fatto), all'On. Avv. Prof. non resterà che l'estremo gesto: arrestarsi da solo.

(10/11/2004)

Barba e capelli

Cambio di direzione al Tg5: Enrico Mentana sostituito dal direttore di «Panorama», il super-berlusconiano Carlo Rossella.

Guarda un po', alle volte, i casi della vita. Giovedì scorso l'Italia unanime si stava congratulando con Canale5, «vero servizio pubblico», per la fiction su Paolo Borsellino. E subito Canale5 licenziò Mentana per sostituirlo con Rossella, il visagista-tricologo del padrone. Così l'Italia unanime si precipitò a solidarizzare con il subcomandante Enrico e a piangere sulla tomba del suo Tg5 «libero e indipendente». E subito, a turbare le esequie, giunse da Padova la notizia del terribile agguato a due giovani coniugi, incatenati, aggrediti a colpi di martello e lasciati in fin di vita nella loro villa, forse a scopo di rapina. Così la mente correva alle leggendarie edizioni del Tg5 della campagna elettorale 2001, che rappresentavano l'Italia in preda a orde barbariche di clandestini e rapinatori, grazie al lassismo dei governi dell'Ulivo. In stereofonia con quella sacra rappresentazione, Silvio Berlusconi, padrone del Tg5, infestava l'Italia di manifesti con scritto «Città più sicure» promettendo di dimezzare i reati e di azzerare gli sbarchi di immigrati. Non appena il Cavalier Padrone ebbe vinto le elezioni, sbarchi e rapine sparirono (o quasi) dal Tg5. Ma non dall'Italia, dove anzi crebbero e si moltiplicarono. Ragion per cui, ieri, i telespettatori orfani del Tg5 «libero e indipendente» devono essersi domandati, increduli, a proposito della feroce rapina di Padova: vuoi vedere che, niente niente, l'Ulivo è tornato al governo e non ci han detto nulla?

Col tempo, quando il regime sarà caduto e tornerà un minimo di informazione, qualcuno potrebbe addirittura porsi un'altra domanda: ma come mai, nell'ottima fiction su Borsellino, non si faceva alcun cenno all'intervista-testamento rilasciata dal giudice il 21 maggio 1992, due giorni prima che ammazzassero Falcone e 59 giorni prima che ammazzassero lui? Si tratta della celebre intervista trasmessa nottetempo da Rainews24 e ripresa poi da quei criminosi di Luttazzi e Santoro. Sarebbe stato un ottimo finale mostrare Borsellino mentre annuncia a due giornalisti francesi che la sua procura sta indagando sui rapporti fra Vittorio Mangano, Berlusconi e Dell'Utri; e ricorda che Mangano non era uno stalliere, ma un «uomo d'onore di Cosa Nostra, terminale del traffico di droga a Milano, testa di ponte dell'organizzazione mafiosa nel Nord Italia». Ma Canale5 ha preferito sorvolare: pareva brutto parlare di corda in casa dell'impiccato.

Che, a undici anni dalla discesa in campo del Cavaliere, Mentana e chi per lui comincino a domandarsi se non esista un possibile conflitto d'interessi fra il padrone del Tg5 e il padrone del regime, è incoraggiante. C'è chi, come Montanelli, l'aveva già capito undici anni fa, ma non tutti hanno i riflessi così pronti. Mentana, quando Indro fu cacciato dal «Giornale» che aveva fondato, dichiarò impavido: «Sto cominciando a sentirmi a disagio» (8 gennaio 1994). Ma fu un attimo, poi gli passò. Due mesi dopo il pool di Milano chiese al gip l'arresto di Dell'Utri: lui sparò la notizia (una richiesta di arresto non ancora valutata dal gip!) al Tg5, così il polverone salvò dalle manette l'amico del padrone. Dell'Utri ringraziò: «Devo ancora ringraziare il Tg5 se non sono andato in carcere». Da buon craxiano, Mentana partecipò attivamente all'attacco contro la magistratura. Nel '95 serviva una faccia presentabile per depistare le indagini su All Iberian, la società off-shore usata da Berlusconi per imbottire Craxi di miliardi. Il 24 novembre l'apposito Mentana intervistò a Parigi il socio arabo del Cavaliere, Tarak Ben Ammar, il quale giurò al Tg5 che non c'era nulla di illecito in quei passaggi di danaro: l'amico Silvio gli aveva pagato 15 miliardi per certi diritti televisivi e, per uno spiacevole disguido, i quattrini erano finiti su un conto di Craxi anziché sul suo. La balla era talmente grossa che, convocato dal tribunale per ripeterla sotto giuramento, il buon Tarak preferì non farsi vedere.

Nel 2001, debilitato dalle accuse di Montanelli («questa è la destra del manganello, alla Rai faranno piazza pulita, era Mussolini che non sopportava la satira»), il Cavaliere si rifà il trucco elogiando la satira «buona» di Sabina Guzzanti contro quella «cattiva» di Luttazzi. Mentana, prontamente, spara la notizia al Tg5 e chiede un'intervista a Sabina. Lei accetta, ma a un patto: rompere il giocattolo berlusconiano esprimendo massima solidarietà a Luttazzi. Mentana promette non una, ma tre volte, che non toglierà nulla. Poi taglia tutte le frasi di solidarietà a Luttazzi. Il gioco (del Cavalier Padrone) è fatto: Sabina buona contro Luttazzi cattivo. Gioco tanto più riuscito in quanto – Berlusconi dixit – «il Tg5 è di sinistra». Mentana completa l'opera facendo campagna elettorale per l'astensione: tipico atteggiamento da comunista.

Gli ingenui, per troppo affetto, pensavano che facesse così perché eseguiva degli ordini. Ora invece apprendiamo dalla sua viva voce che, «in tredici anni, Berlusconi non mi ha mai chiesto nulla». Dunque lo faceva gratis, spontaneamente. Ci sono persone che obbediscono agli ordini prim'ancora di riceverli. Ma ora non va più bene nemmeno lui: seguitava a mandare in onda la pelata berlusconiana senza ritoccarla nemmeno un po'. Non aveva capito che, in un regime che si rispetti, certe cose non si fanno. Il coiffeur Rossella, invece, l'ha capito da un pezzo. Un padrone – diceva il maggiordomo Jeeves nei romanzi di Wodehouse – lo si giudica dai servitori che si sceglie. E viceversa. *(16/11/2004)*

Odino Knaus

In questo revival bottegaio dei «valori» e della religione senza Dio, guai a bestemmiare, fumare, farsi una canna, fornicare, desiderare, masterizzare, viaggiare senza cinture o correre troppo in auto, convivere senza matrimonio, praticare l'omosessualità, non santificare le feste. Restano bassine le quotazioni di due soli comandamenti: non dire falsa testimonianza e non rubare. Salvo che, si capisce, a rubare siano i disobbedienti con gli espropri nei supermarket. Nel qual caso, se uno porta via qualche libro e due cavolfiori senza pagarli, come ricorda il ministro Pisanu, c'è «l'arresto in flagranza: tolleranza zero contro l'illegalità». Se invece, per dire, uno ruba miliardi allo stato pagando o intascando tangenti, è un martire e diventa deputato o amministratore dell'Enel; se latita all'estero, è un esule e merita una targa d'oro. Se uno deruba lo stato evadendo le tasse, c'è il condono fiscale. E se uno ruba un'opera d'arte in un museo o in una necropoli, ecco pronto un altro condono, sponsorizzato da Forza Italia per iniziativa dell'onorevole Gabriella Carlucci. L'apposito emendamento al Codice dei Beni culturali stabilisce che il ladro di beni archeologici «ne acquisisce la proprietà mediante il pagamento del 5 per cento del valore», purché presenti una dichiarazione «attestante il possesso o la detenzione in buona fede». Vista la predisposizione di questa maggioranza a ritagliare leggi su misura per qualcuno particolarmente bisognoso, si accettano scommesse su quale esponente della Cdl abbia in casa una mummia egizia o una tomba etrusca sottratte, ovviamente in «buona fede», ai patri musei.

Ma l'autorevole Carlucci dissipa subito i sospetti: «Ho presentato l'emendamento – spiega – perché così sarà definitivamente debellato il fenomeno dello scavo abusivo». Lo scopo è lo stesso dichiarato per tutti gli altri condoni (abusi edilizi, evasione fiscale, evasione del canone Rai, lavoro nero, fondi neri all'estero, falsi in bilancio e così via): «far emergere il sommerso». Un simpatico sistema di ricettazione di stato, che potrebbe innescare un circolo virtuoso in tutti i campi della libera impresa criminale. Avete rapinato una banca e tenete la refurtiva in un sacco sotto il materasso col terrore di essere scoperti? Niente paura: restituite il 5 per cento del bottino e ne acquisirete la proprietà. Così il sommerso emerge e si debella l'annosa piaga delle rapine. Avete trucidato un paio di persone che vi infastidivano e nascosto i cadaveri in cantina? Pagate una multa ai familiari, chiedete scusa e tutto si chiuderà lì. Così emergono anche le salme sommerse e si debella il triste fenomeno degli omicidi. Ora Casarini & C. chiederanno di far emergere i loro libri e cavolfiori sommersi. In fondo, è semplice e divertente. Si prende un delitto, lo si legalizza in cambio di una modica multa, e il delitto sparisce. Geniale. Strano che nessuno ci avesse pensato prima.

Appare perfettamente coerente, in questo clima, l'appello del ministro Pisanu a «una rivolta morale» per debellare tutte le illegalità che affliggono il paese. Appello raccolto immantinente da Marcello Dell'Utri, che ha fondato un'apposita casa editrice (Biblioteca di via Senato, BvS) per diffondere «le radici cristiane dell'Europa» (domenica parteciperà al raduno dell'editoria antiquaria insieme al compagno Diliberto). Radici piuttosto ramificate, se si pensa che il neoeditore è reduce da un arresto, da una condanna definitiva per frode fiscale e false fatture, da una condanna in primo grado per tentata estorsione, ed è tuttoggi imputato per mafia, calunnia e falso in bilancio. In compenso, è un devoto dell'Opus Dei. Un cattolico modello, perseguitato anche lui per la sua fede.

Fra i nuovi comandamenti rientra anche il divieto di frequentare arabi e/o musulmani, con la speciale esenzione per chi è socio del principe saudita Al Waleed e del suo emissario Tarak Ben Ammar. Per esempio il presidente del consiglio. Il quale peraltro ha rapporti problematici con l'ottavo comandamento («non dire falsa testimonianza»): nel 1989 disse falsa testimonianza al tribunale di Verona sulla sua iscrizione alla P2 e la corte d'appello di Venezia lo riconobbe colpevole, ma lo salvò l'amnistia; il che lo incoraggiò a continuare a mentire a tutto spiano, da mane a sera, in Italia e all'estero. Ma il settimo e l'ottavo comandamento sono ormai fuori corso, come la lira. Si attende il condono.

Severamente vietato, invece, convivere senza essere sposati in chiesa, come ha ricordato l'arcivescovo di Bologna («le coppie di fatto sono una metastasi»). Immediata ed entusiastica l'adesione della Caserma delle Libertà. Ma solo dopo aver ottenuto le dovute esenzioni: per il presidente del consiglio, divorziato e per giunta massone deviato; per il presidente della camera, divorziato; per il leader della Lega Nord, divorziato; per il vicepremier e prossimo ministro degli Esteri, che ha sposato una divorziata; per il ministro della Giustizia (divorziato) e per quello delle Riforme istituzionali, entrambi sposati in Padania col rito celtico, con tanto di druido, calice di sidro e invocazioni al dio Odino (che i due, peraltro, credono essere l'inventore del metodo contraccettivo naturale: il celebre Odino Knaus).

(18/11/2004)

Natale in casa Cappiello

La Margherita, in vista delle feste natalizie, ha voluto farsi un regalo: l'ingaggio di Tiziana Parenti detta Titti, Giuseppe La Ganga detto Giusy, Enrico Manca, Agata Alma Cappiello e prossimamente, se tutto va bene, Salvo Aldò. Brevi cenni biografici delle new entry.

Giusy La Ganga, già responsabile Enti locali del Psi, ha patteggiato 1 anno e 11 mesi di reclusione per corruzione e finanziamento illecito al tribunale di Torino, dopo aver risarcito mezzo miliardo di lire. Si è appurato che non si era personalmente arricchito: rubava per il partito.

Tiziana Parenti, magistrato, già vicina alla sinistra extraparlamentare, nel 1993 entrò nel pool Mani Pulite dove si occupò delle tangenti rosse senza cavare un ragno dal buco, poi diede la colpa ai colleghi e subito dopo si fece eleggere in Forza Italia, pur denunciandone le possibili «infiltrazioni mafiose». Divenne presidente dell'Antimafia, dove si distinse per aver definito «nazista» la sentenza di condanna di Bruno Contrada in primo grado, e per aver accusato falsamente Ilda Boccassini di aver pagato un pentito per coinvolgerla in storie di droga. Ultimamente, dopo molto girovagare, era segnalata dalle parti dello Sdi.

Agata Alma Cappiello, pasionaria craxiana, quando Bettino finì indagato lanciò l'«etica della legalità» nel Psi e si fece ricevere da Borrelli; scomunicò il segretario Del Turco che si era buttato a sinistra («svende sottocosto il partito a un polo massimalista che nulla ha a che fare con le nostre tradizioni democratiche»), poi organizzò vari pellegrinaggi ad Hammamet nella villa dell'Esule; chiese a Boselli di scambiare l'appoggio al governo D'Alema con una commissione d'inchiesta sul dossier Mitrokhin e con un salvacondotto per il rientro di Craxi a piede libero; nel 2000 partecipò ad Aulla («Comune dedipietrizzato») all'inaugurazione del monumento a Craxi e alle altre «vittime di Mani Pulite» con Pomicino, Pillitteri, Martelli, De Michelis e altri pregiudicati.

Enrico Manca è stato deputato socialista dal 1972 al '94, ministro del Commercio estero nel 1980-81, presidente della Rai dal 1986 al '92 quando Viale Mazzini smise di fare concorrenza alla Fininvest e inaugurò la pax televisiva. Nel frattempo, come lui stesso ha raccontato il 28 maggio 2001 al processo Sme, Manca teneva un tesoretto su un conto cifrato in Svizzera (quando la legge vietava l'esportazione di capitali), intestato al suo amico Cesare Previti, che poi gli portava i contanti in Italia. A lui la parola: «Nel 1977-78 ho chiesto un'assistenza particolare a Previti: mia madre, timorosa della situazione economica, inflazione e così via, desiderò trasferire in Svizzera dei soldi. Io chiesi assistenza a Previti, lui mi disse che lo avrebbe potuto fare. Consegnai questi soldi: circa 400 milioni... Si occupò lui di trasferirli e della gestione di questo conto in Svizzera... Io ogni tanto chiedevo a Previti di trasferirmi alcuni soldi in Italia, cosa che lui faceva... Queste somme, almeno per cinque volte, per cinque bonifici, sono passate tramite il conto dell'avvocato Pacifico... L'ultimo bonifico è del 1993 e sono 70 milioni: in parte sono andati per un allargamento della casa di Capalbio, in parte a coprire delle spese perché avevo intanto fondato una rivista, "Pol-Is Politica e Istituzioni", che aveva bisogno di sostegno». Ora la Pol-Is, fondata da Manca e Salvatore Cardinale (ex Forza Italia, ex Udeur), è entrata nella Margherita.

Domanda Ilda Boccassini a Manca: «Lei ha detto che vi erano delle rimesse che tornavano in Italia: arrivava quindi contante?». Manca: «Sì. Mi veniva consegnato da Previti. Personalmente nel suo studio». Da dove arrivano i quattrini che Manca trasferisce illegalmente, via Previti, all'estero? Dai risparmi della madre, dice lui, e dai proventi della vendita di una casa a Roma. Dunque il presidente della Rai affidava il suo tesoro all'avvocato della Fininvest, proprio mentre la Rai siglava la pax televisiva con la Fininvest. Ma il sodalizio andava ben al di là dei rapporti finanziari. Boccassini: «Lei frequentava anche casa Previti?». Manca: «Sì, certo... Io ho frequentato sia via Cicerone che piazza Farnese... Ero responsabile per la politica economica del Psi e Previti era vicepresidente della Alenia Spazio. Siccome lui aveva questa casa grande, gli dissi se si potevano là organizzare dei cocktail – tra l'altro per soli uomini – per impostare delle relazioni... In generale erano imprenditori pubblici o privati... Poi c'erano alcuni miei amici... alcuni parlamentari come Andò, La Ganga, De Michelis... Poi invece ci sono state... cene o pranzi a casa Previti con... o persone di famiglia o con Confalonieri, lo stesso Berlusconi un paio di volte o di più». Boccassini: «Renato Squillante lo conosceva?». Manca: «Squillante lo conosco, ha frequentato gli ambienti socialisti».

Enrico Manca risultava anche negli elenchi della loggia P2 sequestrati nel 1981 a Licio Gelli, con tessera numero 2148. Lui ha sempre negato di farne parte e intentato causa a chi scriveva il contrario. Ne vinse una contro Ernesto Galli della Loggia, nel 1985, davanti al tribunale di Roma. Il suo avvocato era Previti, il testimone-chiave Maurizio Costanzo (tessera P2 n.1819), il giudice Filippo Verde. Ora Previti e Verde sono coimputati nel processo d'appello Sme-Ariosto. In primo grado Verde è stato assolto. Previti è stato condannato a 5 anni. Manca è entrato nella Margherita. Per la cronaca, l'associazione Pol-Is di cui fa parte il quartetto si propone «il rinnovamento della politica e della democrazia». *(20/11/2004)*

Programmi di evasione

Mentre il ministro odontoiatra Calderoli lancia la taglia e l'ingegner ministro Castelli ripristina il taglione, lo Statista di Milanello si occupa di tagli: falsi per le tasse e veri per i servizi. Tutto ciò naturalmente gli è possibile grazie al suo monopolio sudamericano sulle tv. Se ci fosse un minimo d'informazione, qualcuno tirerebbe fuori il leggendario Contratto con gli italiani siglato sulla scrivania di ciliegio chez Vespa l'8 maggio 2001, e gli rinfrescherebbe la memoria. Invece l'insetto di *Porta a Porta* ha prudenzialmente ritirato lo scrittoio in magazzino e ci intrattiene su argomenti di grande attualità come i risorti dal coma, i matrimoni felici, il pigiama della signora Franzoni e le avventure di Wanna Marchi e famiglia, sempre in ossequio al principio che, nel suo salotto, non s'invitano indagati.

Nel Contratto si promettevano due aliquote (33 per cento per i miliardari e 23 per cento per tutti gli altri), mentre la storica, epocale riforma fiscale appena annunciata ne prevede quattro. Si promettevano tagli alle tasse per 40 miliardi di euro, mentre siamo a 6,5. Si prometteva di dimezzare la disoccupazione, che allora era al 9,6 per cento, e oggi è all'8, ma peggiorerà grazie al taglio di 75 mila dipendenti del pubblico impiego. Per fingere di rispettare una promessa, se ne tradisce un'altra. Il Contratto, poi, prometteva «città più sicure» col dimezzamento dei reati, grazie all'apposito poliziotto di quartiere: a Napoli la camorra non ha mai riso tanto. Prometteva pure aumenti per tutte le pensioni minime, invece sono arrivate mancette per pochi intimi. Prometteva anche grandi opere a strafottere, mentre non c'è una lira e ne sono state finanziate meno di un decimo (leggere, per credere, il nuovo libro di Ivan Cicconi, *Le grandi opere del Cavaliere*, Koinè). Prometteva, infine, che se uno dei cinque obiettivi fosse stato mancato, il Cavaliere si sarebbe ritirato dalla politica. Infatti, avendone mancati cinque su cinque, ha deciso di restare.

Sarebbe ingeneroso, però, parlare di fallimento su tutta la linea. C'è almeno una categoria a cui le tasse sono state ridotte, anzi abolite: quella degli evasori. Un condono fiscale all'anno, un condono edilizio all'anno, la sanatoria per i capitali illegalmente accumulati ed esportati, i falsi in bilancio legalizzati. E poi, per evitare che gli evasori si sentano dei vermi, la benedizione urbi et orbi con beatificazione della frode fiscale durante l'ultima visita del premier alla guardia di finanza: «Evadere o eludere sopra il 33 per cento è etico». Una volta era la guardia di finanza a visitare Berlusconi, ora è Berlusconi che visita la guardia di finanza. Come passa, il tempo. Certo, l'evasione e il falso in bilancio rimangono facoltativi, ma presto si provvederà a renderli obbligatori. Onde evitare che qualcuno faccia il furbo pagando le tasse al solo scopo di screditare chi evade.

Resta da convincere l'amico Bush, che da quest'orecchio ancora non ci sente. Lui, dopo aver alzato a 25 anni di galera la pena massima per il falso in bilancio, ha dichiarato guerra all'evasione fiscale. Al punto da mettere una taglia su chi non paga le tasse e da affidarne la scoperta e la repressione, col recupero del maltolto, ad agenzie di «sceriffi privati». I quali – racconta il «Corriere» – busseranno alla porta dei furbi e, con argomenti piuttosto persuasivi, faranno sputare loro il dovuto. In quel mondo a parte che è l'Italia, invece, il governo combatte gli onesti. Li rapina. Li convince che sono fessi. Li istiga a delinquere. Da noi l'evasione fiscale è sui 150 miliardi di euro annui: se tutti pagassero le tasse, la riduzione fiscale sarebbe 23 volte più alta di questa miseria di 6,5 miliardi di euro. Ma se, puta caso, un Calderoli o un Castelli proponessero in consiglio dei ministri una taglia sugli evasori, sarebbe come parlare di corda in casa dell'impiccato. Il premier e i suoi cari, infatti, hanno il record dei processi per frode fiscale.

L'altro giorno «Milano Finanza» pubblicava un'indiscrezione su uno degli ultimi summit di governo dedicati alle tasse: «Momento di grande imbarazzo al vertice di Palazzo Chigi. Berlusconi stava spiegando a tutti che una riduzione fiscale per i contribuenti più ricchi è indispensabile, mentre Fini e gli altri osservavano che in qualche misura la riduzione delle aliquote più basse produce effetti pure su chi ha redditi molto alti. "Che c'entrano i tagli alle aliquote basse?", ha replicato il premier, "qui stiamo parlando dei redditi alti, che versano il 45 per cento di quanto guadagnano allo stato". Nell'imbarazzo generale, Siniscalco ha dovuto riassumere al premier il meccanismo progressivo della tassazione, spiegando che gli scaglioni hanno effetto anche sui redditi maggiori: "Se uno guadagna 100 mila euro, sui primi 7.500 non paga niente, poi fino a 15 mila paga il 23 per cento, da 15 a 29 mila il 29 per cento, da 29 a 32.600 il 31 per cento, da 32.600 a 70 mila il 39 per cento. E solo qui, sui restanti 30 mila, scatta l'aliquota massima del 45 per cento". Berlusconi, a questo punto, avrebbe detto: "Capisco. È che il 740 me l'hanno sempre fatto i commercialisti (fra i quali un certo Tremonti, *n.d.r.*)"...». Ecco: come si pagano le tasse lui non lo sa. Lui sa come non si pagano. *(28/11/2004)*

Camera di consiglio e consiglio della camera

Ieri pomeriggio, di seguito a un dispaccio intitolato *Casini inaugurerà il Motorshow 2004*, l'agenzia Ansa comunicava quanto segue: «Roma, 1° dicembre. Il presidente della camera, Pierferdinando Casini, ha telefonato oggi al senatore Marcello Dell'Utri a cui ha espresso i sensi più profondi di stima e amicizia. Lo ha reso noto un comunicato di Montecitorio». E un lettore ingenuo si domandava: perché mai la terza carica dello stato ha sentito il bisogno impellente di telefonare all'onorevole Marcello Dell'Utri per esprimergli, di cuore, i sensi più profondi di stima e di amicizia, e soprattutto di render nota la conversazione con un apposito comunicato su carta intestata della presidenza della camera dei deputati? Un lettore meno ingenuo collegava la notizia con un'altra, trasmessa dall'Ansa due giorni prima: «Palermo, 29 novembre. Processo Dell'Utri. I giudici in camera di consiglio». Ecco: per la prima volta, che si ricordi, nella storia repubblicana il presidente della camera è intervenuto a piedi giunti in una camera di consiglio per dare ai giudici il consiglio della camera. Un consiglio da amici:

mentre stanno decidendo se assolvere o condannare un parlamentare della repubblica per concorso esterno in associazione mafiosa, tengano presente che l'imputato è legato da rapporti di profonda stima e amicizia con il presidente della camera nonché, com'è noto, con il presidente del consiglio e con quello del senato. Così, tanto perché possano giudicarlo più serenamente, sine metu ac spe (senza timori né speranze), secondo il loro «libero convincimento», come prevede la legge. Se dovessero condannarlo, darebbero un dolore non soltanto all'onorevole imputato e ai suoi cari, ma anche alla seconda, terza e quarta carica dello stato. Si regolino di conseguenza.

Mettiamoci ora, per un attimo, nei panni di quei tre giudici che hanno avuto in sorte il processo al padre fondatore di Publitalia e di Forza Italia. E proviamo a immaginare che cosa inevitabilmente passa per le loro menti. Ufficialmente, con la toga indosso, rappresentano lo stato. Come pure i pubblici ministeri che hanno chiesto di condannare Dell'Utri a 11 anni. E come anche i giudici di primo grado, di appello e di cassazione che qualche anno fa, a Torino, condannarono definitivamente Dell'Utri per frode fiscale e false fatture a 2 anni di reclusione. Ma ora lo stato, per bocca della sua terza carica istituzionale, si schiera dalla parte dell'imputato-pregiudicato, che è pure un senatore di quello stesso stato. Quanti stati ci sono, in Italia? E il popolo italiano, in nome del quale presto il tribunale sentenzierà, è lo stesso che il presidente della camera e il senatore Dell'Utri rappresentano in parlamento? Non è, allora, questo processo un esercizio di cannibalismo?

Il processo a Dell'Utri è l'ultimo di una stagione ormai tramontata in cui a Palermo si osavano processare per mafia tutti gli imputati raggiunti da prove, indipendentemente dal loro reddito, dalla loro carica, dal loro potere. Il più noto fu Andreotti, ma ci fu (c'è ancora, nel secondo processo d'appello, dopo l'annullamento della sua assoluzione da parte della cassazione) anche Bruno Contrada, numero tre del Sisde. Bene, quando la V sezione del tribunale condannò Contrada in primo grado, l'allora presidente della commissione parlamentare Antimafia Tiziana Parenti (allora forzista, ora traslocata nella Margherita) parlò di «sentenza nazista». Quando la stessa V sezione del tribunale, guidata dallo stesso presidente Francesco Ingargiola, assolse Andreotti, anziché passare per nazista fu unanimemente elogiato dalla classe politica per la sua serenità, il suo garantismo, la sua terzietà e via salmodiando. La lezione che lorsignori volevano impartire era semplicissima: che deve fare un giudice che ha la sfortuna di imbattersi in un imputato eccellente per essere elogiato in parlamento, sui giornali e in tv a reti unificate? Assolvere. Ma almeno, all'epoca, quelle infami interferenze politico-mediatiche per condizionare i giudici arrivavano dopo le sentenze, non prima.

Ora il presidente della camera fa di più, e di peggio: interferisce apertamente prima della sentenza, addirittura nel pieno di una camera di consiglio. Cioè in una fase talmente delicata che i giudici, per legge, sono obbligati a trascorrerla rinchiusi in un'aula bunker, senza tornare a casa neppure per dormire, onde evitare che qualcuno li avvicini o li faccia avvicinare per promettere loro qualche vantaggio o minacciarli di qualche rappresaglia nel caso in cui decidano in questa o quella direzione. Dobbiamo sperare che la camera di consiglio di Palermo sia talmente impermeabile da impedire ai tre giudici di conoscere quello che il presidente della camera si attende da loro. Ma non ne siamo così sicuri. D'altra parte, come si deve regolare un giudice per meritarsi un encomio solenne lo sapevano già prima. Lunedì Dell'Utri, nelle sue ultime dichiarazioni spontanee, aveva offerto al tribunale – nel suo linguaggio leggiadramente allusivo – un saggio di quello che si aspetta. Parlava della sua esperienza di allenatore della squadra di calcio palermitana della Bacigalupo, dove aveva conosciuto il celebre "stalliere" mafioso Vittorio Mangano, ma anche un giovane calciatore, Piero Grasso, poi divenuto procuratore capo: «Grasso – ha ricordato – usciva dal campo sempre pulito. Anche quando c'era fango. Non si schizzava mai».

Ecco: se vogliono uscire puliti anche i giudici del tribunale, senza uno schizzo di fango, non hanno che da assolverlo. Si guadagneranno l'eterna gratitudine dell'onorevole imputato, un encomio solenne del presidente del consiglio, e magari ci scapperà pure una telefonata del presidente della camera che esprimerà pure a loro i sensi della sua profonda amicizia e stima. Giudice avvisato, mezzo salvato. *(2/12/2004)*

La Cozza ha sempre ragione

Giuliano Ferrara comunica che si è «stufato di stare sempre dalla parte della ragione» e di avere «sempre ragione», come la Buonanima. Tant'è che, «quasi quasi», gli viene voglia di «passare dalla parte del torto». Quasi quasi. In effetti, in una biografia come la sua, si stenta a trovare un solo istante in cui il Platinette Barbuto abbia avuto torto. Uno che è stato allevato nella Russia stalinista (ma almeno quella volta non era colpa sua) ed è cresciuto a pane e Togliatti, per poi passare a Craxi, alla Cia, a Berlusconi e recentemente pure a Buttiglione, è evidente che è baciato dal carma dell'infallibilità. Come avrà fatto Ferrara a non perdersi nemmeno una delle benedizioni che la Provvidenza ha voluto riservare all'Italia nella seconda metà del Novecento? Questo la gente si domanda. Certo, l'uomo è molto intelligente (per definizione, a prescindere, anche se l'ultima cosa intelligente che ha detto fu «mamma», pronunciata all'età di due anni). La sua è l'intelligenza tipica delle cozze, che riescono ad assorbire tutto il peggio che c'è in giro senza farsi contaminare da nulla di buono e di pulito.

La Grande Cozza è pure dotata di un fiuto da rabdomante, che gli fa annusare non tanto dove sta la ragione, ma dove vanno il potere e il denaro. Lui li anticipa sempre: prima arriva Ferrara, poi nel giro di quarantott'ore arrivano loro. Peccato che l'anagrafe gli abbia impedito di vivere sotto il fascismo. Sarebbe stato un bel fascistone. Poi, si capisce, avrebbe smesso. Ma non il 25 luglio 1943, dopo la notte del Gran Consiglio: il giorno 24, nel tardo pomeriggio.

Nel '68, all'università, comandavano i sessantottini, e lui lo era (una celebre foto lo ritrae a Valle Giulia mentre galoppa giù dal terrapieno con un bastone in mano). Nella Torino di fine anni Settanta comandavano i comunisti, e lui lo era (una celebre foto lo ritrae davanti all'università mentre scarica manici di piccone dalla sua Renault 5). Nell'Italia degli anni Ottanta comandavano i craxiani e lui lo era (alla Rai e poi alla Fininvest scoprì una nuova forma di manganello, il tubo catodico, che picchia pure meglio). Ecco: la sua intelligenza consiste nel tenere sempre il bastone dalla parte del manico. Chi le dà ha sempre ragione, chi le prende ha sempre torto. Lui, di solito, le dà.

Nel 1992, quando quelli che hanno sempre torto si illusero di liberarsi dei ladri, lui che ha sempre ragione si schierò con i ladri ed ebbe ancora una volta ragione: infatti i ladri guadagnavano molto più dei giudici. Dunque, a naso, avrebbero vinto loro. E così fu. Fra i giudici, gliene piaceva uno solo: l'amico Renato Squillante. Poi si è capito perché: guadagnava molto più dei ladri. Infatti, quando finì in carcere, Ferrara lo definì «un uomo probo», mentre Di Pietro era per lui una «scespiriana baldracca». Anche nelle compagnie la Grande Cozza si è sempre distinta. Qualche esempio. Lo spione della Cia che lo attendeva con la busta dei dollari dietro al Pincio per ascoltare le sue bufale top secret. Il futuro pregiudicato Claudio Martelli nel giornale «Reporter». Bettino Craxi che lo fece entrare in Rai e poi al parlamento europeo (30 milioni al mese senza metterci quasi mai piede). Jannuzzi e Squillante per farsi un'idea sulla giustizia. E poi Berlusconi. Che prima lo scambiò per un ministro, piazzandolo ai Rapporti col parlamento (mai così tesi nella storia repubblicana). Poi lo scambiò per un direttore, affidandogli addirittura un giornale, il «Foglio», miracolo editoriale da 7-8 mila copie quando è festa. Perché il Platinette Barbuto ha sempre ragione, ma nessuno – a parte Mieli, Battista, Ostellino, Panebianco, Galli della Loggia e lo stesso Ferrara – se n'è mai accorto. I lettori, bastardamente, si ostinano a comprare i giornali normali. Non ne vogliono sapere di pagare un euro per un quotidiano di quattro pagine al posto di uno di cinquanta o cento. Idem i telespettatori: lui fa un programma tutti i giorni in prima serata e loro, i felloni, non lo guardano. Lo fanno apposta. Non hanno capito che, se la Grande Cozza fa il 2 per cento di share (-10 per cento rispetto all'anno scorso), un po' meno di Socci, mentre Biagi faceva il 28 e Santoro il 18, è perché «ha sempre ragione».

Chi si è bevuto le balle di Bush sulle armi di distruzione di massa di Saddam? Lui. Chi ha fondato la nuova setta degli ateo-clericali, senza credere in Dio ma credendo molto in Buttiglione? Lui. E chi, fra migliaia di giornalisti, Tanzi dice di aver pagato con mezzo miliardo di lire in una borsa di tela? Lui. E ancora una volta ha avuto ragione lui, visto che l'Ordine dei giornalisti sta per espellere Loredana Lecciso, non lui. Chi balla a *Domenica in* e sposa Al Bano va cacciato. Chi prende soldi a destra e a manca e sposa pure Anselma Dall'Olio ha sempre ragione.

Per ulteriori informazioni rivolgersi alla sede milanese del «Foglio», non a caso in largo Corsia dei Servi. Ognuno, prima o poi, trova la sua strada. *(3/12/2004)*

Silvien Jugend

Dal diario postumo, e ovviamente clandestino, di uno storico italiano dei primi anni Duemila.

... Anno XI E.B., addì 4 dicembre. Da tre anni e mezzo, ormai, il regime fa di tutto per convincere gli italiani e le opposizioni che in Italia c'è un regime. Ma non ci è mai riuscito. Così, negli ultimi tempi, il Ducetto ha dato un'accelerata. In pochi giorni ha riscritto la costituzione a proposito dei poteri del premier, cioè suoi, aumentandoli a dismisura; ha sostituito il direttore del Cinegiornale 5, peraltro di sua proprietà, con un giornalista celebre per avergli ritoccato la pelata sulla copertina del maggior settimanale, peraltro di sua proprietà; e, liquidata l'informazione, ha assoggettato al potere politico anche la magistratura con una riforma copiata dal piano paragolpista di una loggia deviata messa fuorilegge da un precedente governo, ai tempi della democrazia. Riforma che, secondo un'intercettazione telefonica, il sottosegretario alla Giustizia, Sua Eccellenza Giuseppe Valentino, aveva discusso a pranzo con un boss della 'ndrangheta. Se ne parlava (della riforma, non del sottosegretario) l'altra sera al Cinegiornale Vespa, condotto da un insetto devoto al Ducetto ma anche a un altro Duce. Il Vespa ospitava il ministro della Giustizia, Sua Eccellenza Roberto Castelli, che fra l'altro è il datore di lavoro di sua moglie, donna Augusta Iannini.

Ora restano, sulla strada della riforma, due ostacoli: il Quirinale e la corte costituzionale. Ma il primo ha ricevuto un'intimazione perentoria da Sua Eccellenza Castelli a fare come fa sempre lui: firmare alla svelta, senza leggere. Quanto alla consulta, verrà presto riformata con apposita modifica costituzionale che ne garantirà l'obbedienza cieca al regime. Il parlamento, invece, non dà più problemi da tempo: viene convocato e sconvocato a seconda delle esigenze penali del Ducetto e dei suoi gerarchetti. Sì, perché in questi giorni sono contemporaneamente sotto processo il Ducetto (corruzione di giudici), il suo braccio destro (Sua Eccellenza Previti, già condannato in primo grado a 16 anni di carcere per corruzione di giudici, e ora in appello) e il suo braccio sinistro (Sua Eccellenza Dell'Utri, concorso esterno in associazione mafiosa). Ma tutto finirà per il meglio. Per il suo processo, con una legge speciale il Ducetto ha ottenuto prima la sospensione di sei mesi, poi la sostituzione del collegio giudicante sgradito con uno presieduto da un giudice più gradito. Per il processo Dell'Utri, il presidente della camera, Sua Eccellenza Casini, ha fatto sapere ai giudici in camera di consiglio che l'imputato è amico suo e l'amicizia, specie in Sicilia, viene prima di tutto (un'apposita riforma lo promuoverà «presidente della camera di consiglio»). Per il processo Previti, verrà approvata entro fine anno una norma che gli regalerà la prescrizione del reato e, ad abundantiam, l'esenzione dal carcere per chi ha compiuto 70 anni. Sua Eccellenza Cesare li ha compiuti il 21 ottobre e non ha ancora ricevuto regali.

La televisione, interamente controllata dal Ducetto, non bada a questi dettagli: i cinegiornali si dividono fra il delitto di Cogne e la «storica, epocale, rivoluzionaria» riforma fiscale del Ducetto, che rapina i sudditi di 20 miliardi di euro per poter fingere di regalarne 6,5 sotto forma di sgravi fiscali. Ma il Ducetto promette che, se tutto andrà bene, ne regalerà prossimamente almeno altrettanti, sull'esempio del suo illustre aspirante predecessore Achille Lauro, che regalava agli elettori una scarpa destra prima del voto e una sinistra dopo. Sua Eccellenza Vespa ha subito organizzato un virile dibattito sul tema, utilizzando tabelle con dati fasulli, forniti dal consigliere tascabile del Ducetto, Sua Eccellenza Brunetta. Poi, smascherato in diretta, si è molto scusato.

Fino a qualche mese fa, alcuni alleati del Ducetto - le Loro Eccellenze Fini, Tremonti e Follini - gli opponevano, ogni tanto, qualche lieve resistenza. Lui li ha persuasi con argomenti piuttosto convincenti: per il primo, il ministero degli Esteri; per il secondo, il ruolo di delfino che già fu di Sua Eccellenza Galeazzo Ciano; per il terzo, la vicepresidenza del consiglio e la minaccia di scatenargli contro le tv. Hanno capito.

Grazie agli sforzi profusi, il Ducetto ha guadagnato in una settimana 6-8 punti nei sondaggi, che però lo danno ancora in difficoltà in vista delle prossime elezioni. Perciò il Ducetto ha già annunciato che modificherà la legge elettorale a suo uso e consumo e abbatterà la par condicio, ossia la legge varata ai tempi della democrazia per dare parità di accesso in tv a tutti i partiti prima delle elezioni. Sul fronte interno, ha dato disposizione ai gerarchetti di assoldare mille baldi giovani - le camicie azzurre della Silvien Jugend - da sguinzagliare in giro per l'Italia a raccogliere voti. Se ne occuperà Sua Eccellenza Dell'Utri, che pare intenda reclutarli soprattutto fra gli stallieri: categoria da sempre piuttosto persuasiva.

Nei teatri, frattanto, Daniele Luttazzi fa notare che queste cose, se accadessero tutte insieme in un giorno solo, costituirebbero tecnicamente un colpo di stato: diluite nel tempo, sono un «golpe al rallentatore». Ma si tratta di un comico. Alla gente seria e all'opposizione, la sola parola «regime» dà l'orticaria. *(6/12/2004)*

Qua la mano, mascalzone bavoso

Attacchi da destra e da sinistra contro Romano Prodi che ha definito «mercenari» gli attivisti che Berlusconi ha annunciato di voler assoldare per la campagna elettolare del 2006.

Bisogna ringraziare Romano Prodi per aver chiamato «mercenari» i mercenari di Berlusconi, detti anche «guardia azzurra», «camicie azzurre» o Silvien Jugend. È stato Berlusconi, non Prodi, ad annunciare che avrebbe reclutato mille giovani da sguinzagliare per l'Italia, pagandoli di tasca sua come un tempo faceva con Craxi e certi giudici. Dunque, tecnicamente, costoro si chiamano mercenari. Uno più spiritoso li avrebbe definiti camerieri, maggiordomi, colf, badanti, volontari a piè di lista. Ma anche mercenari rende l'idea. Peraltro quello stesso termine l'aveva abbondantemente usato Berlusconi per definire i suoi oppositori tutti, con una certa dose di ingratitudine visto quel che han fatto per lui. Il 19 gennaio 2000, a Studio Aperto, intervistato dal sottostante Paolo Liguori, dichiarò: «Al congresso Ds è caduta la maschera. Sono un esercito di mercenari, di opportunisti, pronti a combattere per la causa che di volta in volta gli conviene... Non importa sotto quale bandiera combattano... L'importante è fare l'unica cosa che sanno fare, il mestiere della politica, i profittatori della cosa pubblica». Seguirono un paio di reazioni risentite, e morta lì. Il 24 agosto 2000, parlando a Rimini dal palco del Meeting dell'Amicizia, si sintonizzò col titolo della manifestazione e sparò: «Quelli della sinistra sono mercenari, mercenari! Non gli importa per quale cosa, per quale ideale, per quale bandiera si battono: gli importa solo di fare la guerra al nemico che oggi individuano nel sottoscritto!». Un altro paio di repliche un po' stanche, e morta lì.

Eppure Berlusconi si riferiva ai militanti (volontari non pagati) di tutta l'opposizione, mentre Prodi parlava esplicitamente dei mille giovani che Berlusconi ha promesso di assoldare. Perché allora gl'insulti gratuiti di Berlusconi non sortirono reazioni apprezzabili, non innescarono dibattiti, non suscitarono richieste di scuse, mentre la banale constatazione di Prodi è da quattro giorni al centro del dibattito politico, su tutti i telegiornali e i giornali, con la partecipazione straordinaria di terzisti, «riformisti» e Pigi Cerchiobattisti? Perché Berlusconi può atteggiarsi, con vasta corte di corifei al seguito, a vittima della «demonizzazione», lui che da quando è sceso in campo non fa che insultare, calunniare, diffamare e minacciare – personalmente o tramite i suoi killer a mezzo stampa e tv – chiunque si metta di traverso sulla sua strada: politici d'opposizione («comunisti, stalinisti») e alleati dissenzienti (Bossi «giuda, traditore, personalità doppia e tripla, ladro e ricettatore di voti» nel '94, Fini «fascista» e Follini «professionista della vecchia politica» fino all'altroieri), eurodeputati (il tedesco Schulz paragonato a un «kapò nazista»), intellettuali e sindacalisti (Cofferati «mandante morale del delitto Biagi»), pm e giudici («toghe rosse», «eversori», «golpisti», «comunisti», «fascisti», «come la banda della Uno Bianca», «criminali», «matti», comprese la corte costituzionale e le sezioni unite della cassazione), giornalisti e attori (Biagi, Santoro e Luttazzi «criminosi»), capi dello stato (Scalfaro «golpista e ribaltonista») e semplici cittadini («faccia da stronza» alla signora di Rimini che lo invitava a tornare a casa)?

La risposta è semplice, perfino banale, almeno per chi ha occhi per vedere: il più indomito demonizzatore che esista al mondo può passare addirittura a vittima della demonizzazione perché possiede o controlla tutte le televisioni, grazie alle quali è in grado di imporre a tutti l'agenda politica che vuole lui. Costringe tutti a parlare di ciò che vuole lui, a preoccuparsi di ciò che vuole lui, a ignorare ciò che vuole lui. E visto che ha instaurato un regime mediatico ma non vuole che si dica, riesce pure a imporre che non se ne parli. Anzi, che lo si neghi.

Ieri, sul suo «Giornale», celebre per aver inventato una tangente inesistente di 5 miliardi su un conto austriaco inesistente intestato ad Antonio Di Pietro, per aver calunniato la Ariosto e la Boccassini con accuse false, per aver amplificato per mesi i deliri dei falsari Marini e Volpe su Telekom Serbia, è comparso un sereno editoriale di Paolo Guzzanti, noto per aver intervistato un altro peracottaro, tal Zagami, che diceva di aver assistito al trasporto di svariati miliardi in sacchi di juta destinati da Milošević ai leader dell'Ulivo. Stigmatizzando il malvezzo prodiano di chiamare mercenari i mercenari, il condirettore-senatore Guzzanti definisce Prodi, nell'ordine: «leader rottamato», «fior di mascalzone», «uomo dal passato cupo di ombre», «amico dei comunisti golpisti», «bavoso», «vergognoso», uno che «svendeva la Sme» e «ha fatto a pezzi il paese», «santa mortadella», «salame», come chi «in America Latina adorava il mitra», «disastro», «medium da retrobottega», capo di una «sinistra demenziale e violenta» fatta di «poveracci» e «squadristi da far valere alle manifestazioni», «canagliesco», «attrezzo per disperati», «figura indegna», uno che «è entrato in una cabina telefonica, s'è tolto il liso panciotto, si è spolverato la forfora, si è spogliato ed è rimasto nel costume con mantellina con la grande "M" di Mascalzone». Alla fine Guzzanti spiega che la sinistra è «odio e agguato». Mentre il Polo, com'è noto, è amore. E lui, modestamente, lo nacque. *(7/12/2004)*

Santa Klaus

Incerto se occuparsi dei processi Berlusconi e Dell'Utri, o se invece presentare il suo ultimo libro anche a *Porta a Porta* avendo esaurito gli altri programmi Rai, lunedì sera Bruno Vespa ha optato per un caso ben più serio che lacera la società contemporanea: le gemelle Lecciso. Erano con lui, in quell'ora grave, Barbara Palombelli e Paolo Crepet, che distillavano gli stessi alti concetti espressi di solito a proposito del pigiama della mamma di Cogne. Poi, al posto del criminologo Francesco Bruno, c'era Klaus Davi. Gli storici che studieranno l'Italia dell'inizio del terzo millennio si occuperanno, nel reparto peli superflui, di questo eroe dei nostri tempi che riciccia su tutti i canali, a tutte le ore, in tutti i programmi, a discutere di tutto senza dire nulla né aver nulla da dire.

Chi è Klaus Davi? Svizzero, 37 anni, è quel wurstel con i capelli unti, gli occhialini tondi, l'abitino di carta stagnola e la vocina bianca, che ride sempre senza spiegare né sapere perché. Si presenta come «massmediologo», ma nelle redazioni dei giornali è noto dai tempi in cui si aggirava come un postulante molesto tentando di piazzare sondaggini su argomenti improbabili e veniva gentilmente accompagnato all'uscita. Poi convinse incolpevoli vip e mezzivip, fra i quali la psicologa Vera Slepoj, ad affidarsi a lui per promuovere la loro «immagine» e cominciò a creare «eventi» intorno a loro, nella speranza di una citazione, o almeno una didascalia. A furia di insistere e di presenziare, entrò a far parte del paesaggio, anche se nessuno capiva bene chi fosse e cosa volesse. Un po' come gli imbucati ai pranzi di matrimonio, che i parenti della sposa credono amici dello sposo, e viceversa; intanto quelli mangiano a sbafo. Che cosa sia poi accaduto non si sa. Si sa soltanto che, a un certo punto, l'uomo-wurstel svoltò. Continuò a piazzare vip e mezzivip in tv e nei giornali e poi, già che c'era, piazzò anche sé stesso.

Da quando in tv non possono più metter piede Biagi, Santoro e gli altri criminosi, il Negronetto della massmediologia sbuca in ogni dove come «opinionista» dispensando il suo nulla a piene manine. Perché lui ha questo di buono: riesce a parlare di tutto con la stessa, enciclopedica incompetenza. Ospite fisso di *Quelli che il calcio* e del *Processo di Biscardi*, ma anche di Vespa e di Costanzo, ha addirittura un contratto col Tg3: ogni sera traduce due o tre titoli di giornale dal francese e dall'inglese, impresa così improba da non poter essere realizzata da nessun redattore, a ragione per cui si impone un appalto esterno al Davi medesimo. Il quale, la domenica, al Tg3 della notte, balbetta addirittura un «editoriale». Negli ultimi tempi s'è dato pure alla politica, curando l'immagine a esponenti del Polo e dell'Ulivo. Il che non gli impedisce di tenere rubriche di argomento televisivo sull'«Espresso» e su «Sorrisi e Canzoni», in triplo conflitto d'interessi. Per non farci mancare niente, ha persino scritto un libro, *Dì qualcosa di sinistra*. Il sottotitolo è tutto un programma: *Come vincere in politica senza parlar male del Cavaliere*. Per incredibile che possa sembrare, ha trovato persino nei Ds qualcuno che gli desse retta, a riprova del fatto che la «circonvenzione di capace» (definizione di Agnelli) non è riuscita soltanto ad Adornato con Romiti ai tempi di «Liberal». La cura Davi, catastrofica per il centrosinistra, si rivela però molto fruttuosa per Davi. Che infatti viene continuamente invitato nelle tv controllate o possedute da Berlusconi, intervistato e stipendiato dai giornali di Berlusconi, ingaggiato dalle giunte regionali targate Berlusconi (come Piemonte e Lazio). Segno evidente che Berlusconi lo teme come una spina nel fianco. Lui comunque lavora per destra e sinistra: mal che vada, vince sempre.

Il 12 novembre, intervistato dal «Giornale», Wurstel Man ammoniva la sinistra a guardarsi «dalla sindrome da Michael Moore», sosteneva che in Rai «sembra di essere all'era Santoro-Zaccaria», intimava alla Dandini di non invitare più Santoro e suggeriva all'Ulivo di elogiare la riforma fiscale di Berlusconi e di frequentare il salotto di Biscardi. Il 5 dicembre, sempre sul «Giornale», elogiava Retequattro («più brillante di Rai3») e bocciava Rai3 («una rete ghetto») e *Ballarò*, reo di aver invitato un «registucolo qualsiasi» come Ken Loach. Per fortuna alla rete-ghetto rimane un gigante come Davi, che tutto il mondo ci invidia.

«La mission della Klaus Davi & Co. – si legge nel suo sito – consiste nell'assistere il cliente in ogni passo del processo di decisione... A questi plus si aggiunge un nuovo approccio di comunicazione ambientalista... Inizialmente votata alla comunicazione pubblicitaria, al fashion e all'implementazione della brand awareness, si è oggi sviluppata e organizzata nelle divisioni Practice Corporate Communications (Posizionamento-riposizionamento strategico; relazioni con enti-istituzioni-altri stakeholder; reputation management; image building), Practice Mass Marketing & Fashion Communications (relazioni con trendsetter, iniziative di co-marketing)...». Ecco: mentre gli altri dormono, Davi approccia il plus, riposiziona la mission, monitora il fashion e implementa il brand awareness. Fra i beneficiari più prestigiosi delle sue «grandi strategie di comunicazione», oltre alla Rai e ai Ds, si segnalano i Giovani imprenditori, la Fiat auto, ma soprattutto i reggipetto Wonderbra e il Consorzio nazionale recupero e riciclo imballaggi cellulosici. Senza dimenticare il Consorzio prosciutto San Daniele che, per motivi autobiografici, è il suo preferito. *(8/12/2004)*

Meglio tardi che mai

Nel breve volgere di 24 ore, a Milano Berlusconi ottiene una sentenza di mezza prescrizione e mezza assoluzione nel processo Sme-Ariosto, e a Palermo Dell'Utri subisce una condanna a 9 anni per concorso esterno in associazione mafiosa.

«Meglio tardi che mai!», esulta Berlusconi. In effetti erano trent'anni che Dell'Utri aveva rapporti con la mafia: dal 1974, quando gli portò in casa il mafioso Vittorio Mangano spacciandolo per uno stalliere. «Trionfa la giustizia», tripudia Giuseppe

Gargani, mentre Fini gli fa eco: «Una sentenza che rende giustizia». In effetti i giudici di Palermo non hanno piegato la schiena sotto il bombardamento delle intimidazioni, non ultima la telefonata del presidente della camera Casini all'imputato Dell'Utri in piena camera di consiglio. «C'è un giudice a Berlino», gioisce Giuliano Ferrara, e in effetti alla fine tante vittime innocenti della mafia vedono punito un vecchio amico di Cosa Nostra. «È un momento di gioia», si commuove Calderoli, memore del voto con cui la Lega chiese nel '99 di autorizzare l'arresto di Dell'Utri (poi il Polo e mezzo Ulivo lo salvarono dalle manette). «È stata sconfitta la giustizia politicizzata», commenta Scajola, e in effetti i giudici di Palermo si sono dimostrati immuni da interferenze politiche: altrimenti avrebbero assolto Dell'Utri e magari gli avrebbero dato la medaglia. «Non ho mai dubitato», sentenzia La Russa, mentre Bondi flauta: «Si chiude definitivamente l'era dei teoremi senza fondamento e senza verità». Infatti Dell'Utri non veniva processato in base a teoremi, ma a fatti inoppugnabili. «È un bene per il paese che sia finita così», gongola Giuliano Amato, e così Anna Finocchiaro: «È una buona notizia». E Castagnetti: «Da cittadino italiano, sono lieto». E Mastella: «Le sentenze vanno sempre rispettate». E Boselli: «La sentenza parla da sé». In effetti la condanna di Dell'Utri a 9 anni parla da sé. «Sono contento per il risultato», sorride perfino Marcello Dell'Utri.

Ma a questo punto bisogna spiegare che i commenti fin qui riportati fra virgolette non si riferiscono alla sentenza del tribunale di Palermo su Dell'Utri. Ma a quella del giorno prima a Milano su Berlusconi (debitamente trasformata dalle tv e dalla stampa di regime in «assoluzione piena», mentre afferma la responsabilità di Berlusconi per la corruzione di un giudice: altrimenti, perché mai il Cavaliere ricorre in appello?). Due sentenze di primo grado in poche ore. Eppure le reazioni sono opposte. Una – mediaticamente modificata – piace un sacco, tant'è che diventa definitiva. Ferrara scarica sul «Foglio» la solita vagonata di balle: «La prescrizione dei termini vuol dire che la pubblica accusa non è riuscita a provare entro un tempo legalmente definito i reati addebitati all'imputato. È il fallimento del processo dal punto di vista di chi lo ha intentato, visto che la costituzione ne prescrive la ragionevole durata». Una solenne asineria, visto che la prescrizione è scattata solo grazie alle attenuanti generiche (per la sesta volta in dieci processi) che l'hanno fissata addirittura al 1998, quando il processo non era neppure iniziato. Processo poi durato 4 anni e 9 mesi solo per l'incredibile ostruzionismo dell'imputato, non certo per la lentezza della giustizia. Anche Bruno Vespa, sul «Gazzettino», festeggia l'uomo che gli pubblica i libri, glieli presenta e dà pure lavoro alla sua signora al ministero della Giustizia. Parla di «assoluzione con formula piena» (falso). Dice che «Prodi tentò di vendere la Sme a De Benedetti a prezzi scontati» (falso), e che Berlusconi lo impedì «senza nessun interesse personale» (falso: Craxi gli fece mezza dozzina di leggi su misura). Aggiunge Vespa che la vicenda «accende una luce inquietante sulla credibilità della Ariosto» (falso: la Ariosto accusava Previti, condannato a 16 anni, non Berlusconi); che la «prescrizione scagiona il Cavaliere dall'avere autorizzato il passaggio di mezzo miliardo a Squillante» (falso: quel passaggio è dimostrato); che «Berlusconi è stato assolto dall'accusa di tenere a libro paga i magistrati» (falso: Squillante era a libro paga). Ora – conclude l'insetto – «il caso è chiuso». Strano: mancano ancora l'appello e la cassazione. Infatti Cossiga – l'unico che insieme a Segni e a Di Pietro ha detto cose sagge – suggerisce a Berlusconi di rinunciare alla prescrizione in secondo grado. Ma Ghedini ha già anticipato che sconsiglierà al suo cliente di farlo: queste sono cose che possono permettersi gli innocenti. Anche per Carlo Taormina la sentenza è definitiva, tant'è che già chiede le dimissioni e l'arresto di Colombo e Boccassini per punire «chi ha sbagliato». Ora, però, per coerenza, Taormina dovrà chiedere le dimissioni e l'arresto di Berlusconi che aveva messo «due mani sul fuoco per Dell'Utri» e di Casini che gli aveva telefonato «i sensi della mia profonda amicizia e stima». Se la sentenza Sme è definitiva, lo è anche la sentenza Dell'Utri. Possono i migliori amici di un mafioso presiedere il governo e la camera dei deputati? Per non parlare di Pera, presidente del senato, che ha addirittura brindato con Berlusconi alla sentenza che gli dà del corruttore.

Ma la sentenza Dell'Utri non piace. Dunque è provvisoria. Anzi, non conta. Meglio salvarsi in corner con i soliti ritornelli: «È solo il primo grado», «Aspettiamo l'appello», «Andrà meglio la prossima volta», «Ritenta, sarai più fortunato». Così quella prodigiosa, incrollabile fiducia dei politici nella magistratura, spuntata all'improvviso l'altroieri a Milano, è svanita sedici ore dopo, dans l'espace d'un matin, a Palermo. Peccato. Per una sera avevano parlato tutti tanto bene. Ricordiamoli così. «Giustizia è fatta», «C'è un giudice a Berlino», «È un momento di gioia», «Buone notizie per il paese», «È la fine dei teoremi», «Meglio tardi che mai». Infatti, finalmente, i tribunali hanno stabilito che Berlusconi è un corruttore e Dell'Utri un mafioso. *(12/12/2004)*

No Mafia Day

Il più spiritoso è Dell'Utri: «La mia difesa ha funzionato». E meno male, visto che gli han dato 9 anni: che s'aspettava, l'ergastolo? Il più ridicolo è il sottosegretario Vietti (Udc): «Va ripristinata l'immunità parlamentare, prevista saggiamente dai padri costituenti». Ma i padri costituenti non avevano previsto nessuna immunità: l'autorizzazione a procedere consentiva al parlamento di bloccare eventuali indagini persecutorie di magistrati troppo collusi col governo contro i reati «politici» degli oppositori: reati di opinione, occupazioni delle terre, blocchi stradali e così via. Non certo per impedire ai giudici di giudicare politici di governo per reati comuni, tipo mafia o corruzione, commessi fra l'altro prima di darsi alla politica. L'autorizzazione a procedere, vigente dal 1946 al 1993, poteva essere negata solo in casi eccezionali: quelli, appunto, di un eventuale fumus persecutionis di tipo politico per reati politici. Poi il parlamento abusò di quella eccezione facendone una regola. Ma, anche se ne avesse abusato, non avrebbe potuto far nulla per bloccare il processo a Dell'Utri, visto che è iniziato nel '94, due anni prima che Dell'Utri si candidasse per la prima volta in parlamento.

Il Dattero d'Oro della comicità involontaria spetta di diritto al duo Stefano Folli-Piero Ostellino, autori degli editoriali del «Corriere della Sera» sulle sentenze di Milano e Palermo. Folli annuncia che «ora la stagione processuale è alla fine». Notiziona: non si fanno più processi. E questo vale solo per i politici, o anche per i (presunti) terroristi, i (presunti) mafiosi, i (presunti) rapinatori e così via? Chissà. Spiega Ostellino: «Poiché la certezza del giudizio è pur sempre una certezza relativa, l'ombra della prescrizione non autorizza la convocazione di processi di piazza che puntino alla delegittimazione politica dell'avversario». Giusto: poiché la certezza del giudizio è pur sempre una certezza relativa, smettiamo pure di fare processi nei tribunali. Lo dice anche Dell'Utri: «La giustizia non è di questo mondo». Facciamo un bel lodo san Pietro e rinviamo tutti gli imputati al giudizio universale. Così si risparmia.

Folli parla di «assoluzione ottenuta da Berlusconi (sia pure macchiata da una prescrizione)». Tra parentesi, così, fra le minuzie. Per fortuna ci sono i giornali stranieri, che le notizie sanno ancora riconoscerle. Badano al sodo: l'Italia è governata da un signore che, secondo una sentenza lodata da lui medesimo, ha pagato il giudice Squillante in Svizzera. D'altra parte, se uno viene processato per tre rapine e ritenuto colpevole, ma prescritto, solo per la prima, nessuno scriverà che non è un rapinatore. Tutti scriveranno che ha rapinato una banca e l'ha fatta franca. Basta una rapina per fare un rapinatore (e per augurarsi che, possibilmente, costui non diventi presidente del consiglio). Ma, se c'è di mezzo Berlusconi, il normale buonsenso non vale più. Su tre corruzioni, ne hanno accertata solo una. Dunque, come han detto i suoi, «cade l'ultimo ostacolo sulla strada per il Quirinale».

Folli si felicita con Berlusconi per aver «evitato di attaccare i giudici». Par di sognare: in quale paese il direttore del quotidiano più venduto farebbe i complimenti al premier perché non ha attaccato un altro potere dello stato? La cosa, oltretutto, non è vera: Berlusconi ha parlato di «uso politico della giustizia» e di pentiti manipolati «con scambi di celle», poi ha detto che i magistrati che han condannato Dell'Utri («uomo dalla cultura impareggiabile, esemplare per senso della religione e della famiglia») «stanno giocando col fuoco». Peggio di un attacco: una minaccia. Come quella del sottosegretario Alfredo Mantovano (An), che ha paragonato la sentenza di Palermo alle «rappresaglie dei nazisti in fuga dall'Italia». Ma di questo commento eversivo di un membro del governo, quelli che alzano il ditino appena Prodi chiama «mercenari» i mercenari non si sono curati.

Intanto, nel mondo libero, il neosegretario alla Sicurezza nazionale di Bush, Bernard Kerik, si dimette perché non pagava i contributi alla bambinaia clandestina. Oddìo: saranno in regola le bambinaie di Berlusconi e Dell'Utri? *(13/12/2004)*

Moralità? Piano con le parole

Mentre i soliti furbacchioni alla D'Alema dicono che «le sentenze non si commentano», Prodi parla di «moralità nella politica». E subito – informano i cinegiornali di regime – «è polemica dalla Casa delle Libertà». «Prodi dovrebbe vergognarsi a parlare di morale della politica», tuona James Bondi. In effetti, nella Casa di Berlusconi, di Previti e di Dell'Utri, «moralità» è una via di mezzo fra un insulto e una minaccia. Come parlare di corda in casa degli impiccati. Appena sentono «moralità», mettono mano alla fondina. Piano, dunque, con le parole: dire «moralità» non aiuta il dialogo. Abbassare i toni e moderare i termini, please.

Pazienza se Bush ha fatto della «moralità» il primo slogan della sua campagna elettorale vincente e ha appena accettato le dimissioni del consigliere per la sicurezza nazionale, colpevole di bambinaia irregolare. E pazienza se Zapatero (nome da usare con parsimonia: è un insulto anche Zapatero) sta mettendo a punto un «codice etico» per politici e pubblici funzionari che in Italia svuoterebbe il parlamento e i ministeri. Da noi bisogna stare attenti a come si parla. Salvo, si capisce, che si parli di immoralità. Nel qual caso, libertà assoluta. Il senatore di An Luigi Bobbio, magistrato («toga nera»?), e il responsabile Giustizia di Forza Italia Giuseppe Gargani vogliono abrogare il concorso esterno in associazione mafiosa, cioè il reato di Dell'Utri, disegnato a suo tempo da Giovanni Falcone. Il tutto, nell'ambito del «pacchetto Napoli». Chissà l'entusiasmo a Scampia, oltreché nei migliori penitenziari del paese.

Un magistrato purtroppo ancora in servizio, Carlo Nordio, commenta così la sentenza che ha riconosciuto Berlusconi responsabile, ma prescritto, della corruzione del giudice Squillante: «È sempre una bella notizia che il premier sia stato riconosciuto innocente, speriamo che inizi una nuova fase di rapporti meno conflittuale fra politica e giustizia». L'idea che, per rasserenare il clima fra politica e giustizia, i politici dovrebbero smetterla di delinquere, non lo sfiora neppure. Lui d'altronde lavora per il governo, va a cena con Previti e partecipa alle tournée di Dell'Utri sull'*Apologia di Socrate*. Dunque può parlare, anche commentare le sentenze altrui spacciando le prescrizioni per assoluzioni. Caselli invece, che ha chiesto di leggere la sentenza Andreotti (prescrizione dell'associazione per delinquere «commessa e concretamente ravvisabile fino alla primavera 1980»), viene deferito al Csm. E quando il pm Nico Gozzo, dopo la condanna di Dell'Utri, constata che «non è un bel giorno quando ci si sveglia e si scopre che nelle istituzioni c'è un condannato per mafia», viene prontamente zittito dall'apposito Cicchitto: «Indegna battuta, la prova che i pm fanno politica».

Ma ecco s'avanza, nell'esigua pattuglia dei giudici con diritto di parola, un SuperNordio. Si chiama Luigi Bitto, è presidente del tribunale di Bergamo e da anni alluviona il «Foglio» con letterine di esaltazione a Giuliano Ferrara e all'house organ dell'assalto ai magistrati perbene. L'altroieri s'è spostato sul «Giornale» per anticipare le motivazioni della sentenza Berlusconi. I giudici di Milano non le hanno ancora scritte. Ma Bitto, preveggente, le conosce già. «Secondo me il collegio era orientato verso l'assoluzione», oracola l'Otelma togato. E aggiunge la sua libera interpretazione della prescrizione: «Assolutamente non è sinonimo di colpevolezza. In linea di massima, congela il giudizio prima di affrontare nel merito la responsabilità». Strani tipi, questi giudici milanesi: assolvono Berlusconi da tre accuse del 1988, ma per la quarta (del 1991), pur avendo una voglia matta di assolvere, «accantonano la questione». Per «non stare ore e ore ad arrovellarsi». E per emettere «un verdetto bipartisan». Il fatto che Previti abbia pagato Squillante con 500 milioni partiti dai conti esteri di Berlusconi non turba più di tanto il dottor Bitto. Il quale, anzi, trova che i colleghi che condannarono Previti e

Squillante «hanno usato la mano pesante». In fondo era solo una corruzione di giudici. Fortuna che Bitto dice cose gradite al regime, altrimenti avrebbe già gli ispettori di Castelli in salotto e il Csm all'uscio.

Ben altri sono i delitti della magistratura. Per esempio - segnala pensoso Pigi Cerchiobattista sulla «Stampa» - il fatto che i magistrati di Magistratura democratica abbiano addirittura invitato al loro congresso Dario Fo e Paolo Hendel e, per giunta, «riso e applaudito» alle loro battute. Giudici che «fanno impressione», perché «cosa mai dovrebbero pensare i cittadini?». I giudici che aprono conti in Svizzera per incassare soldi da Berlusconi e Previti, invece, non fanno impressione. Fanno carriera. *(15/12/2004)*

Proni a tutto

Il presidente Ciampi rifiuta di firmare e respinge al mittente la riforma Castelli dell'ordinamento giudiziario, perché manifestamente incostituzionale in almeno quattro punti.

L'altra sera, raccogliendo l'invito di Ciampi a tenere la schiena dritta, Bruno Vespa, che fra l'altro è nato curvo, ha affrontato di petto il tema del giorno: la bocciatura della legge Castelli, firmata dal datore di lavoro di sua moglie. L'ha fatto alla sua maniera, con Massimo Boldi e Christian De Sica, in un memorabile puntatone di *Porta a Porta* dedicato al nuovo capolavoro del neorealismo, *Christmas in love*.

Il cosiddetto ministro Castelli, dal canto suo, è «soddisfatto». Solo lui poteva gioire per una tranvata come questa: una più, una meno. D'altronde va capito: ogni mattina si alza, scopre di essere ancora ministro della Giustizia e accende un cero a sant'Antonio, anzi a Odino. Ora il Quirinale gli comunica che la sua legge è quattro volte incostituzionale, ma lui dice che «temeva guai peggiori». Tipo che Ciampi gli mettesse le mani addosso. Invece s'è limitato a scrivere un messaggio, che lui naturalmente non ha capito, ma ora lo farà tradurre. Comunque se l'aspettava: l'aveva scritta incostituzionale apposta, la legge, sperando che passasse inosservata. Chi andava a immaginare che Ciampi la leggesse. È andata male un'altra volta, più o meno la ventesima, come per le altre leggi scritte coi piedi e altri organi diversi dalle mani: condoni, capitali sporchi, legge antirogatorie (massacrata dalla cassazione), lodo Maccanico-Schifani (fulminato dalla consulta), falso in bilancio e spalma-debiti del calcio (bocciato dalla commissione europea), Gasparri e legge su Eurojust (rispedite al mittente da Ciampi) e riforma dei tribunali minorili (incenerita dal parlamento).

Calderoli, con rispetto parlando, spiega che Ciampi è ostaggio della «pressione mediatica esercitata dalle categorie»: per lui i costituzionalisti e i giuristi sono come i ferrotramvieri. Berlusconi parla di «modifiche semplici» (solo quattro, non di più), poi insulta Ciampi: «Quando vai a toccare privilegi e sprechi hai contro tutti quelli che sono toccati nel proprio interesse», dal che si deduce che il capo dello stato protegge spreconi e privilegiati. Ma poi scarica l'ingegner ministro e i suoi, dandogli dei cerebrolesi («incapaci di scrivere una buona legge»). E dice che quella «non era la mia riforma» (e di chi era?), una cosetta «all'acqua di rose», mentre lui avrebbe «separato le carriere di giudici e pm». Così Ciampi avrebbe trovato anche il quinto profilo di incostituzionalità, visto che la costituzione prevede la carriera unica. Gargani, responsabile giustizia (si fa per dire) di Forza Italia, dice che bisognava pure infilarci l'immunità parlamentare. Così Ciampi avrebbe trovato anche il sesto profilo di incostituzionalità, visto che per costituzione tutti i cittadini sono uguali di fronte alla legge. Il fatto è che questi la costituzione non sanno nemmeno cosa sia: nonostante le ripetizioni e i corsi di recupero, non riescono a farsela entrare in testa. Lo confessa, con la consueta franchezza, lo stesso premier: «Il problema della giustizia continua a esistere». In effetti la giustizia continua a esistere, questo è il suo problema. Ma – assicura – «ora se ne prenderà carico il ministro competente». Dunque non Castelli. Un altro. *(18/12/2004)*

Io Vespa, tu Rai

L'altra sera, a *Elisir* con Michele Mirabella, si parlava della tiroide e delle sue disfunzioni. A un certo punto, sul divanetto riservato a medici, paramedici e casi patologici, si è materializzato un virus di quelli incurabili: Bruno Vespa. L'insetto di *Porta a Porta* era lì nell'ambito della sua infaticabile tournée attraverso i programmi Rai, Mediaset e La7 per presentare la sua ultima fatica letteraria, pubblicata dalla joint venture Eri (Rai) - Mondadori (Berlusconi): *Storia d'Italia da Mussolini a Berlusconi*. Da duce a duce. L'idea di esibire l'Erodoto dell'Aquila in una trasmissione di medicina, fra un'unghia incarnita e un'emorroide, è senz'altro avvincente. Ma non è poi così originale. Che si sappia (Claudio Sabelli Fioretti, sul suo blog, sta censendo le comparsate vespiane), in meno di un mese l'insetto è già riuscito ad autopromuoversi 21 volte in altrettanti programmi sulle sette reti nazionali. Nell'ordine: Rv7, *Otto e mezzo*, *Batti e ribatti*, *Mattino in famiglia*, *L'isola dei famosi*, Tg1, Tg2, Tg5, Studio Aperto, *Severgini alle 10* (su Sky), *Piazza grande*, *Domenica in*, *Telecamere*, *Italia sul Due*, *La vita in diretta* con Michele Cucuzza, *Italia che vai* (Vespa che trovi), Tg2 Dribbling e Tg3 Sport (in veste di «tifoso juventino»). E infine la strepitosa tripletta di domenica scorsa, quando in rapida successione Vespa ha ronzato a *Quelli che il calcio*, per poi planare su *Elisir* e infine posarsi nei pressi di Gigi Marzullo a *Sottovoce*. Prima domanda marzulliana: «Quanto di bambino c'è in Bruno Vespa?». Risposta: «Tre quarti. Sono molto bambino». Una scena da presepe, salvo per il bambinello un po' cresciuto e piuttosto facoltoso.

Poi naturalmente c'è la radio, dove il Tacito d'Abruzzo è svolazzato tra *Comunicattivo* e (due volte in due settimane) *28 minuti* di Barbara Palombelli, riconoscente per le continue ospitate a *Porta a Porta*, dove distilla il suo illuminato sapere sul pigiama della mamma di Cogne, sulle gemelle Lecciso e su altri argomenti di bruciante attualità. Ormai scontato, a questo punto, che il Tucidide aquilano infrangerà il record delle 25 marchette gratuite a reti unificate (per un totale di quasi tre ore), da lui stesso stabilito lo scorso anno. Quattro anni fa, quando la Rai «criminosa» dell'Ulivo astutamente moltiplicò *Porta a Porta* da una a quattro sere settimanali e Del Noce riuscì a promuovere un libro vespiano addirittura fra i pascoli di *Linea verde*, un esperto calcolò in circa un miliardo e 200 milioni di lire all'anno il valore degli spottoni gratuiti (cioè a spese degli abbonati) riservati all'insetto e alle sue pubblicazioni gentilmente edite dall'attuale premier. Oggi la cifra – aggiunta ai 5 miliardi meno 30 lire di stipendio previsti dal suo nuovo contratto biennale, sfuggito per pochi spiccioli al controllo del consiglio d'amministrazione Rai – va ritoccata verso l'alto. Anche perché la circumnavigazione insettivora degli studi Rai e Mediaset è destinata a proseguire durante le feste natalizie.

Restano ancora da coltivare i pascoli incontaminati di *Protestantesimo*, della Messa di Natale e del concerto di Capodanno, oltre alle previsioni del tempo e al segnale orario. L'attinenza del Sallustio portaportese con i vari programmi è del tutto secondaria, come del resto quella di *Porta a Porta* con l'attualità politica. Condannano Previti e lui si occupa del Viagra. Condannano Dell'Utri a Milano e lui parla di calcioscommesse. Condannano Mannino e lui dibatte su Cogne. Il centrosinistra vince 7 a 0 le suppletive e lui discetta dell'*Isola dei famosi*. L'Europa espelle Buttiglione col foglio di via e lui convoca Alba Parietti e alcuni malati in evidente stato comatoso per raccontare il loro improbabile risveglio dal coma. Ciampi boccia la controriforma giudiziaria di Castelli e lui invita le Lecciso. Condannano Dell'Utri a Palermo e prescrivono Berlusconi a Milano e lui ci illumina prima su Sanremo con Bonolis, poi sul film di Boldi e De Sica. Più che *Porta a Porta*, dovrebbe chiamarsi *Cavoli a merenda*.

Anche il nuovo libro dovrebbe intitolarsi così. Il sottotitolo infatti recita: *1943 l'arresto del Duce, 2005 la sfida di Prodi*. Come dire: *1815 il congresso di Vienna, 2004 il trapianto di Berlusconi*. Il capolavoro è molto piaciuto ad Alberoni («Un'opera che veramente mancava»), a Pigi Cerchiobattista («Un'essenzialità narrativa più marcata che nei precedenti libri») e al «Riformista» («Una monumentale storia d'Italia vista e raccontata molto da vicino e, va detto, molto molto bene»). Un po' meno agli storici veri, come Giovanni De Luna, che l'ha liquidato su «Tuttolibri» come una «accidentata ricostruzione». E ha segnalato alcuni formidabili svarioni, come una strepitosa confusione fra il 25 luglio e l'8 settembre 1943. O come le spudorate «testimonianze» di Giulio Andreotti, che accompagna il viaggio di Vespa nella storia come Virgilio con Dante. A un certo punto il senatore ricorda il presunto «affetto» che gli avrebbe mostrato Carlo Alberto dalla Chiesa. Peccato che il generale non possa smentire. Ma, prima di morire ammazzato a Palermo, ebbe il tempo di scrivere nei suoi diari che la corrente andreottiana era «la più inquinata della Sicilia». Se ne riparlerà nel prossimo *Porta a Porta*, con Crepet, Palombelli, Boldi, De Sica, le gemelle Lecciso e altri storici di vaglia. *(23/12/2004)*

Nessun'attenuante

A Roma, in piazza Navona, un giovane fotografo mantovano colpisce Silvio Berlusconi dietro l'orecchio lanciandogli un treppiede.

Anche questa rubrica si associa allo sdegno delle alte cariche dello stato, e anche di quelle medio-basse, per il vile attentato a Sua Eccellenza il Cavalier Silvio Berlusconi, tanto più proditorio in quanto l'ha colto mentre era impegnato nella battaglia della grana (la sua), fortunatamente vinta. Analoga riprovazione esprimiamo per le indegne catene di sms che attraversano i cellulari di tutt'Italia irridendo l'augusto ferito che lotta fra la vita e il lifting; o indicendo gare di solidarietà per procurare un nuovo cavalletto all'Enrico Toti mantovano; o addirittura raccogliendo fondi «per un povero treppiede aggredito da un lifting». Pseudoumorismo disfattista e antipatriottico che va stroncato sul nascere, proprio ora che dopo cinquant'anni il sole è tornato a splendere sui colli fatali di Roma. Bene fa Sua Eccellenza Roberto Calderoli, stretto nella virile camicia verde, a stigmatizzare come «vomitevole» la scarcerazione dell'attentatore, non a caso proveniente da Mantova, sede di un sedicente Controfestival della canzone organizzato un anno fa da tale dalla Chiesa Fernando e altri sovversivi in contrapposizione al Festival di Sanremo, gloria e orgoglio del belcanto nazionale. Qualcuno dirà: ma questo non è il governo che l'estate scorsa, per bocca di Sua Eccellenza Giovanardi, voleva abrogare la custodia cautelare perché «è barbaro arrestare uno prima del processo»? Certo: ma si parlava di un politico tangentaro, mica di un lanciatore di cavalletti. Altri obietteranno: mica si possono arrestare tutti gli aggressori, per un reato perseguibile soltanto a querela; infatti, per quel tipo di delitto, non si arresta mai nessuno. Se scattassero le manette a ogni rissa, zuffa, scazzottata, lite di condominio, altro che sovraffollamento delle carceri. La soluzione è chiara e impegnativa per tutti: se l'aggredito è un'Eccellenza, l'aggressore va in galera; se l'aggressore è un'Eccellenza, un parente o un amico di un'Eccellenza, l'aggredito si ritenga fortunato di essere vivo e a piede libero. Quando Sua Eccellenza Fabrizio Del Noce sfasciò un microfono sul naso dell'inviato di *Striscia la notizia* Valerio Staffelli, mandandolo al pronto soccorso, nessuno si sognò di arrestarlo: eppure c'era la prova televisiva. E alla vigilia di Natale, quando il cognato di Sua Eccellenza Salvatore Cuffaro, accompagnato da tre amici degli amici, si avventò contro il deputato regionale di Rifondazione Francesco Forgione che raccoglieva firme contro Sua Eccellenza Cuffaro, urlandogli: «Attento, sappiamo dove abiti», la questura ne coprì l'identità e lo rilasciò immantinente.

Il facinoroso mantovano, invece, merita i ferri e una pena esemplare, senz'attenuanti generiche: casomai dovesse invocarle in quanto incensurato, esse gli andranno negate, a costo di emendare la legge salva-Previti con un'esenzione speciale per i lanciatori di cavalletti a premier in carica. I fatti a suo carico sono inequivocabili. Informato dalla direzione strategica del partito dell'odio sulla statura non eccelsa del Ducetto, egli afferrava un cavalletto di un metro e colpiva la vittima in ciò che ha di più caro: la zona retroauricolare, punto di intersezione fra il lifting e il trapianto bulbare. Anni di restauri e grandi opere vanificati in pochi secondi. Chi ha visto Sua Eccellenza subito dopo parla di un occhio al posto di un orecchio, una basetta sul naso, una strana lanugine sul collo, in fronte due occhiaie e un boccolo color noisette, e varie narici sparse un po' ovunque sulle guance (ma una potrebbe essere l'ombelico). Tutto da rifare. Squadre di stuccatori, decoratori e imbianchini son tornate sul luogo del relitto, profittando degli ultimi giorni del condono edilizio, per riaprire il cantiere armati di bigodi, pialle, tiranti e cemento armato. Presente anche Sua Eccellenza Lunardi, per eventuali trafori.

Intanto andranno rafforzate le misure di sicurezza intorno al Ducetto: fino all'altro giorno pareva impossibile perforare lo scudo umano del suo «servizio segreto», sessanta armadi a quattro ante che lo foderano da ogni lato, pronti a gettarsi al salvamento, impacchettarlo e paracadutarlo nel tunnel-bunker di Villa La Certosa, appositamente coperto da segreto di stato. Per non parlare del sagace poliziotto di quartiere che sicuramente stazionava in piazza Navona travestito da putto della fontana. Ecco: a sgominarli è bastato un cavalletto. D'altronde non tutti gli attentati sono uguali. Sono a misura di statista. Per il Duce, Reagan e il papa, le pistolettate. Per Arafat, forse, il veleno. Per Yushenko, la diossina. Per Bush, un salatino. Per Berlusconi e il suo regime mediatico, il treppiedi di una telecamera. Ora la falla nel Security Sistem va rapidamente rammendata prima che il partito dell'odio torni in azione. Perché ci riproveranno, questo è sicuro. Con armi ancor più odiose e letali, vietate dalla Convenzione di Ginevra. Tenteranno di sfracellarlo giù da un marciapiede. Gli urleranno: «Arriva Ilda!» da dietro l'angolo. Gli spediranno lettere anonime con la notizia che Previti e Dell'Utri collaborano con la giustizia. E, se ancora non bastasse, lo finiranno con l'ultima prolusione di Adornato alla Fondazione Liberal, integrale e con testo italiano a fronte. *(3/01/2005)*

Su tre piedi

Ora che l'Illustre Ferito è fuori pericolo ed è tornato a far danni in ufficio, sarebbe interessante sapere dove si è procurato quel cerottone presidenziale a due piazze, modello matrimoniale, proporzionato più all'ego che alla statura, che gli parte dal collo e gli scavalca il cervelletto sfiorando la prateria di peli trapiantati, in favore di telecamera. Non certo al pronto soccorso. Forse nei magazzini di Cinecittà. Nemmeno i no-global pestati a sangue dalla polizia alle manifestazione di Napoli e di Genova erano riusciti a procurarsene di tanto capienti e vistosi. Ma, si sa, per il Ducetto tutto diventa grande, enorme, eccezionale, epocale. Dalle scarpe col rialzo alla miniriforma fiscale, dai cuscini allunga-premier alla microspia rinvenuta nel radiatore di Palazzo Grazioli: il leggendario cimicione mostrato alle telecamere nel '98, simile più a un frigobar che a un aggeggio da ascolto.

Ora, non vorremmo deludere Sua Eccellenza Roberto Calderoli e il Quadrumviro Ignazio La Russa, ma secondo i giuristi più accreditati non basterà il cerotto extralarge a far scattare, a carico dell'attentatore mantovano, il reato di lesioni gravi punibile da 3 a 7 anni, e dunque la galera. Salvo, si capisce, riformare all'uopo il codice penale. Quello vigente, scritto da quel pericoloso comunista del ministro mussoliniano Alfredo Rocco, parla chiaro: «La lesione personale è grave: 1) se dal fatto deriva una malattia che metta in pericolo la vita della persona offesa, ovvero una malattia o un'incapacità di attendere alle ordinarie occupazioni per un tempo superiore ai 40 giorni; 2) se il fatto produce l'indebolimento permanente di un senso o di un organo; 3) se la persona offesa è una donna incinta e dal fatto deriva l'acceleramento del parto». Ecco, a parte un lieve appesantimento, non pare che Berlusconi sia incinto. Dunque, niente lesioni gravi. Il bozzo da cavalletto, al massimo, costituisce una lesione lieve (sul tipo di quelle che ogni tanto si scambiano gli eletti dal popolo scazzottandosi in parlamento). Punibile con la reclusione da 3 mesi a 3 anni, pena aumentabile fino a un terzo (12 mesi) in caso di aggravante. Probabile quella di aver usato un'arma, anche se non è sicuro che il cavalletto lo sia. Molto più improbabile quella – ora contestata – relativa alla qualità di pubblico ufficiale della vittima: il facinoroso potrà agevolmente sostenere che non voleva colpire il premier o il deputato, ma l'avversario politico. Nel caso di lesioni semplici, il reato finirebbe davanti al giudice di pace e l'imputato se la caverebbe con una multa, o al massimo con la permanenza domiciliare il sabato e la domenica, o ancora con un lavoro socialmente utile; e potrebbe persino chiedere i danni per l'ingiusta detenzione, non essendo consentito l'arresto. Nel caso di lesioni aggravate, non c'è custodia cautelare in carcere e la pena prevista va fino a 4 anni (commutabili in pena pecuniaria). Con la legge attuale, il delitto si prescrive dopo 7 anni e mezzo: quanto basta per l'udienza preliminare e i tre gradi di giudizio, cioè per la sentenza definitiva. Ma, seguendo opportunamente il percorso Berlusconi-Previti, la prescrizione è assicurata. Brevi istruzioni per l'uso.

Primo: nominare difensore un avvocato parlamentare, impossibilitato a presenziare alle udienze per i suoi multiformi impegni alla camera o al senato, e far così slittare il processo sine die. Secondo: chiedere una perizia sullo stato di salute della vittima, dimostrando che è guarita ben prima dei 40 giorni previsti per le lesioni gravi. Terzo: sostenere che il tribunale di Roma è prevenuto, visto l'inaudito accanimento mostrato addirittura con l'arresto («manette facili»), e invocare la legge Cirami sul legittimo sospetto per ottenere dalla cassazione il trasferimento del processo a un'altra sede più serena e imparziale. Ovvio, è una stronzata, ma lo erano anche quelle sostenute da Berlusconi e Previti: intanto il processo si blocca per mesi, in attesa della suprema corte. Se questa rigetta il ricorso, se ne presentano altri tre o quattro, inventandosi altre stronzate e bloccando il dibattimento per un altro po'. Oggi come oggi, quei tempi morti non valgono ai fini della prescrizione. Ma sta per passare la legge salva-Previti, che farà galoppare la prescrizione anche nei tempi morti dei ricorsi in cassazione e alla corte di giustizia europea. Fra l'altro, l'avvocato difensore potrà accampare in tribunale nuovi legittimi impedimenti per andare a votare la salva-Previti, e guadagnerà altro tempo prezioso. Il gioco è far durare il processo almeno 4 anni e un giorno. Perché oggi la prescrizione scatta dopo 7 anni e mezzo, ma la salva-Previti fa lo sconto: la prescrizione si calcola, per gli incensurati, con la pena massima aumentata di un quarto. Nel nostro caso, 3 anni più 1: totale 4 anni. E il mantovano è incensuratissimo. Dunque, prescrizione. Dopo la quale l'aggressore continuerà a risultare incensuratissimo. Dunque potrà reiterare il reato quanto gli pare e invocare ogni volta le attenuanti generiche. Un incensurato seriale come Berlusconi, che – grazie alle generiche e alla prescrizione – l'ha fatta franca in sei processi. Tutto ciò, si capisce, presuppone che la vittima sporga querela contro il muratore. Ma non è detto: la vittima è un affiliato alla P2 con il grado di «apprendista muratore». Dopotutto, sono colleghi. E certe decisioni è meglio non prenderle su tre piedi. *(4/01/2005)*

Roberto e Roberto

Il poeta e senatore a vita Mario Luzi ironizza sull'attentato al premier. Dalla Cdl si chiede la sua cacciata dal senato. Morirà di lì a poche settimane.

Nell'ultimo film di Woody Allen, *Melinda e Melinda*, due scrittori provano a immaginare, uno in maniera tragica l'altro in maniera comica, il destino di Melinda, una ragazza in fuga dal proprio passato. È un peccato che Allen non conosca i cosiddetti ministri Castelli e Calderoli. Altrimenti ci farebbe un film ben più brillante, *Roberto e Roberto*, provando a immaginare il destino tragicomico di due padani di mezza età, un dentista e un ingegnere, sposati davanti al druido con rito celtico e scambiati non si sa bene come per due ministri, l'uno della Giustizia l'altro delle Riforme istituzionali. Due uomini comprensibilmente in fuga dal proprio passato. Ma anche dal futuro, quando l'equivoco svanirà, la pacchia finirà e dovranno tornare a lavorare.

Calderoli, che dopo le cinque del pomeriggio diventa il sosia di Gianduja, è l'intellettuale del gruppo. O almeno così gli ha detto Bossi. L'altro giorno, colpito dalla piaga dei cavalletti, s'è messo a interloquire da pari a pari con Mario Luzi, scambiandolo per Ezio Luzi, il radiocronista di *90° minuto*. E confessando: «Disconoscevo che il poeta Luzi esistesse al mondo». Poi la nota ufficiale: «Non mi stupiscono per nulla le parole di Luzi sull'aggressione al premier e il paragone con Mussolini. D'altra parte, rispetto ai senatori a vita, ci troviamo di fronte a un miglioramento, dalla cocaina agli storici. Quello che invece dovrebbe far riflettere e preoccupare è che tutti quelli che vengono nominati per "altissimi meriti in campo sociale, scientifico, artistico e letterario", immancabilmente vanno a sedersi ancorché nel gruppo misto ma sempre nei banchi del centrosinistra. Peccato che non esista la destituzione per i senatori a vita, se no l'avremmo già utilizzata». Ora, a parte il titanico scontro con l'«ancorché», quest'uomo in perenne lotta con la grammatica e la punteggiatura si meraviglia se un Bobbio o un Luzi non s'iscrivono al gruppo leghista: per il momento, deve accontentarsi dei Legnanesi.

Il Calderoli, poi, si crede Castelli e s'inerpica sulle vette impervie del diritto, proponendo «un'ispezione ministeriale» contro il gip che ha scarcerato l'uomo del cavalletto e «un organismo terzo per giudicare la magistratura». Nel paese di Sottosopra, tocca all'avvocato del premier, Niccolò Ghedini, spiegargli che il gip ha applicato la legge (concetto peraltro piuttosto ostico per il ministro odontoiatra). E tocca a Berlusconi far pace con l'aggressore: tanto, con il salva-Previti, l'avrebbe fatta franca anche lui. Meglio prevenire che prescrivere.

L'altro Roberto, nel senso di Castelli, sostiene che «Luzi non ha coscienza democratica»: lo manderanno a ripetizione da Borghezio e Gentilini. Essendo ingegnere, il Castelli dovrebbe avere qualche rapporto con la logica. O almeno averlo avuto quando faceva l'ingegnere. Ora, delle due l'una: o ha perso la logica entrando in politica, oppure non l'aveva neanche prima. Infatti con una mano proroga il superprocuratore Piero Luigi Vigna fino a 72 anni, e con l'altra prescrive nel nuovo ordinamento giudiziario che il procuratore antimafia garantisca quattro anni pieni fino ai 70, mentre la legge attuale consente ai magistrati di lavorare fino a 75. Urge un'ispezione ministeriale nella testa del ministro. Fra l'altro, non dovrebbe durare granché. *(5/01/2005)*

Taci, il nemico ti ascolta

La Casa delle Libertà chiede al Csm di punire severamente il segretario dell'Associazione nazionale magistrati Carlo Fucci che, la sera di Capodanno, ha inviato un sms con una barzelletta sul premier ad alcuni amici e colleghi, uno dei quali l'ha «denunciato» al deputato di An Sergio Cola.

Ogni giorno che Dio manda in terra, il Vicedio che ne fa le veci a Palazzo Chigi sguinzaglia una lepre. La lepre comincia a correre a reti ed edicole unificate, e tutti - servitù al seguito, presunti oppositori, commentatori un tanto al chilo - abbandonano quel che stavano facendo per lanciarsi all'inseguimento della lepre. Dichiarano, esternano, deplorano, stigmatizzano esclusivamente sul tema «lepre». È un riflesso cieco, automatico, che si protrae finché il Vicedio, per distrarre l'attenzione da un nuovo problema che lo infastidisce, libera un'altra lepre. L'altro giorno c'era il tirannicidio del cavalletto, poi il perdono al tirannicida pentito, ora il magistrato che scherza via sms sul cavalletto, domani chissà. Intanto il regime manomette la costituzione, occupa militarmente la Rai e le Authority, decreta che Caselli non deve fare il procuratore antimafia, appresta porcherie legislative per salvare Previti e Dell'Utri, ci sputtana in tutta Europa, tracolla contro la camorra, litiga sulla spartizione degli aiuti all'Asia, scaccia i giornalisti sgraditi dalle conferenze stampa, rissa sulla fecondazione appellandosi a quella consulta che l'altroieri era «comunista». Ma questi dettagli non rientrano nel menu alla lepre. Non se ne deve parlare.

La Casa Circondariale delle Libertà, dopo aver tentato di mandare all'ergastolo chi rifila un bernoccolo al premier, raccoglie la soffiata di una spia all'amatriciana e denuncia, per bocca di Sergio Cola (An), un sms del giudice Carlo Fucci. Cola invoca l'«inderogabile intervento del capo dello stato», ma anche del cosiddetto ministro Castelli, per un'«immediata indagine disciplinare» su questo «fatto di gravità inaudita». Ciampi è occupato a Napoli, dove ha appena definito la camorra «cancro da estirpare» (la stessa definizione che Berlusconi riserva alla magistratura). Ma Castelli, non avendo di meglio da fare, annuncia che «valuta iniziative». Intanto rende noto con un comunicato ufficiale che il capo dei suoi ispettori ha già sentito Fucci, il quale ha confessato l'orrendo delitto. Con tanti saluti al segreto istruttorio. Ormai la lepre è lanciata, tutti parlano del presunto delitto del magistrato e commentano se sia il caso di radiarlo subito o magari, se si pente, di perdonarlo. Nessuno si sofferma a riflettere se sia davvero delittuoso, o grave, o disdicevole che un magistrato, a Capodanno, racconti una barzelletta sul premier. Se si potesse riflettere, si dovrebbe concludere che ciascuno a casa sua fa ciò che vuole e non c'è nulla di male a scherzare su un politico. E che i paesi dove questo è vietato non si chiamano democrazie, ma regimi. Queste cose accadevano ai tempi dell'Ovra, quando cittadini insospettabili si appartavano dietro gli angoli bui con agenti dal bavero rialzato per denunciare il vicino di casa che vestiva in modo strano, vedeva gente strana, faceva discorsi strani. Ecco, l'altro giorno, ricevuto l'sms di Fucci, un magistrato ha avvertito il bisogno irrefrenabile di denunciare il collega all'on. Cola. Il concetto di privacy non ha neppure sfiorato né lo spione né il referente. E nemmeno l'articolo 616 del codice penale, che punisce fino a 3 anni di reclusione «chiunque prenda cognizione di una corrispondenza chiusa e a lui non diretta» e poi «la riveli». Perché l'unico possibile reato, in questa storia, è quello di chi ha fatto, ricevuto e divulgato la spiata. Non chi ha inviato l'sms. Non è nemmeno la prima volta che accade: un'altra campagna maccartista s'era scatenata un anno fa, quando un altro spione divulgò una mail del pm Armando Spataro che invitava i colleghi a scioperare. Giustamente, non si può conoscere il contenuto dei famosi sms fra Giorgio Gori e Simona Ventura. Ma quelli dei magistrati sì. Nel regime dell'impunità, i magistrati non hanno diritto a una vita privata. E, se provano ad averla, devono discolparsi di quanto dicono nei loro privatissimi sms, dinanzi a un regime che, nelle aule parlamentari e su carta intestata delle istituzioni repubblicane, dice ogni giorno cose che sarebbe vergognoso soltanto pensare: in Europa regnano «i culattoni» (ministro Tremaglia), il pm Papalia è un «nazista» (Lega Nord) e merita «un calcio in culo» (Borghezio), «la sentenza Dell'Utri ricorda le rappresaglie naziste» (sottosegretario Mantovano), i giudici sono «matti, mentalmente disturbati, antropologicamente diversi dalla razza umana», i giornalisti liberi sono «criminosi» e le opposizioni sono «l'Anticristo» (premier Berlusconi).

D'ora in poi, per i testi degli sms, il dottor Fucci si scelga autori migliori. Potrebbe rivolgersi a Renato Squillante, che al telefono combinava le missioni in Svizzera per sistemare le sue mazzette miliardarie e, la sera di Capodanno, telefonava a Silvio e Paolo Berlusconi, a Gianni Letta e a Cesare Previti. Nessuno lo propose per la radiazione: anzi, se non l'avessero arrestato, Forza Italia aveva pronto per lui un collegio sicuro al senato. Ma il migliore rimane Corrado Carnevale. Il 20 dicembre '93, un anno dopo le stragi, parlando con tale Nicola, chiamò Falcone e Borsellino «i dioscuri», con «un livello di professionalità prossimo allo zero». L'8 marzo '94, conversando con l'avvocato Aricò, sputò su «quel cretino di Falcone» e aggiunse: «Io certi morti non li rispetto». Per premio, il governo gli ha fatto una legge per reintegrarlo in magistratura. Averne, di giudici così. *(7/01/2005)*

Gigetto alla prima porcata

All'inaugurazione dell'anno giudiziario erano presenti ieri il presidente Ciampi, in rappresentanza degli italiani incensurati, e il premier Berlusconi, in rappresentanza degli imputati (infatti è entrato dall'ingresso dei fornitori). Doveva aver saputo, il Cavaliere, che si sarebbe parlato della piaga delle prescrizioni: cioè di lui. Infatti sorrideva tutto soddisfatto: quello che per il pg Francesco Favara è una catastrofe – «la prescrizione sempre più frequente che vanifica il processo penale» – per lui è manna dal cielo. Favara ha pure denunciato il malvezzo di fare «sconcertanti processi paralleli in tv»: infatti, in sala, c'era l'avvocato Taormina. C'era anche – presenza inspiegabile, visto che si parlava di giustizia – l'ingegner Roberto Castelli. È colui che – come da Contratto con gli italiani – avrebbe dovuto «ridurre sensibilmente il numero dei reati» e ridurre i tempi dei processi. Il pg della cassazione, dopo avergli demolito a una a una tutte le cosiddette «riforme», ha comunicato che i reati sono aumentati (+3,7 per cento) e i processi si sono allungati. Il Contratto era una truffa e infatti – assicura Favara – «le truffe sono raddoppiate». Ma l'ingegner ministro non deve aver capito, tant'è che all'uscita era tutto giulivo: «Per la prima volta la relazione del pg contiene più luci che ombre». Giubilo comprensibile. Castelli pensava che, dopo tre anni di cura Castelli, la giustizia fosse morta. Invece ha appreso dal pg che è solo «in stato comatoso». Un successone. Si capisce, a questo punto, perché mentre Favara parlava le telecamere di Rai1, collegata in diretta, indugiassero sulle volte affrescate della sala e il telecronista Francesco Giorgino si soffermasse estasiato su un mirabile dipinto raffigurante una civetta.

Ora le inaugurazioni del Danno Giudiziario proseguono nei vari tribunali. Castelli sarà a Palermo, dove riceverà un'accoglienza degna di lui. Negli altri tribunali sguinzaglierà i suoi emissari. A Milano non vuole andarci nessuno. Il sottosegretario Michele Vietti, memore delle contestazioni rimediate nella natia Torino, si arrampicherà fino a Trento. È considerato l'ala «ragionevole» di via Arenula. E in effetti, visti gli altri, sembra Cavour. Nel maggio scorso, a un convegno torinese sulla questione morale, accusò i magistrati: «Sulla riforma rifiutano il dialogo col governo, mi ricordano Bertoldo, che non trovava mai l'albero a cui farsi impiccare». Così fu chiaro a tutti lo scopo della controriforma: impiccare i giudici. Il pubblico esplose in un ironico applauso. Ma Vietti, non contento, si fece ancora del male: «Sono contrario a cambiare di nuovo il falso in bilancio: una nuova riforma farebbe sospettare che la precedente sia stata fatta per salvare dal processo qualche imputato in particolare». Il pubblico, chissà perché, pensò a un imputato in particolare e si fece altre grasse risate. Fu allora che Vietti, per un impegno urgente, lasciò la sala.

Ancora incerta la destinazione dell'altro sottosegretario alla Giustizia, l'avvocato brindisino Luigi Vitali (FI), detto familiarmente il Salvapreviti per essersi caricato sulle spalle la croce della legge omonima. Favara chiede di allungare i termini di prescrizione? Lui li accorcia, allungando vieppiù quelli dei processi. Ma Gigetto Salvapreviti ha pure una straordinaria qualità: spesso e volentieri, confessa. In due memorabili interviste a «Repubblica», ammise coraggiosamente di evadere le tasse («Guadagno 220 mila euro dichiarati». Nemmeno un po' di extra in nero? «Condonati»). Poi, sulla sua creatura, concesse: «Non nego che la legge in qualche modo possa servire a Previti». E non negò nemmeno che l'amico Cesare se ne fosse interessato: «Solo una volta Previti mi ha chiesto: "Hai messo mano a questa cosa?"». E lui mise mano. Anche Berlusconi lo chiamò: «Si è voluto informare sulla qualità di questa legge: "Molti giornali scrivono che è una porcheria" - mi ha detto -, tu che ne dici? Io gli ho risposto: "Guarda, presidente, è molto meno porca di quel che si dica"». Rassicurato da quel «molto meno porca», il premier lo incoraggiò: «Vai avanti». E lui andò: salva-Previti approvata, Vitali promosso sottosegretario proprio alla vigilia del suo 50° compleanno, mentre la stampa del paesello natìo (Francavilla Fontana) festeggiava «il primo francavillese della storia a entrare nel governo italiano». Berlusconi gliel'aveva promesso: «Se quella cosa andrà a buon fine...». E ci è andata. Spintaneamente: «Non posso escludere che l'amico Previti abbia sostenuto la mia legittima aspirazione. Diciamo che è molto molto probabile». Ma non solo per la salva-Previti: Gigetto ha ben altri meriti da vantare: «Ho lavorato al falso in bilancio, a tanti altri provvedimenti». Tutte porcherie, ma sempre meno porche di quelle che verranno. E poi le esternazioni, a getto continuo, ai ritmi di un James Bondi. Piccolo florilegio: «La Boccassini rappresenta solo una parte del processo Sme, e sicuramente non la migliore» (molto meglio gli imputati); «I magistrati si contrappongono al governo coalizzandosi con altre fasce sociali e magari con girotondini e no global»; «Se dovessero proclamare lo sciopero, sarebbe un atto proditorio a sangue freddo»; «Per fortuna la costituzionalità dell'ordinamento giudiziario non la decide il Csm né il centro-sinistra». Infatti, per fortuna, l'ha decisa Ciampi. Perché Gigetto ha anche questo di buono: si porta rogna da solo. *(12/01/2005)*

La prescrizione è uguale per tutti

Di certa gente non si riesce mai a pensare abbastanza male. È il caso, per esempio, del neosottosegretario alla Giustizia Luigi Vitali, Gigetto Salvapreviti per intenderci. Ieri il «Corriere» gli ha chiesto che ne pensasse dell'anatema del pg Francesco Favara contro la sua legge che dimezza la prescrizione per centinaia di reati e migliaia di imputati al solo nobile scopo di sistemare il processo all'amico Previti. Già il fatto che il procuratore generale della cassazione si sia dovuto occupare di questo principino del foro di Francavilla Fontana, balzato ai disonori delle cronache per una legge che lui stesso ha definito «una porcata meno porca di altre», ha provocato nel Nostro un brivido di emozione. Poi, riavutosi dalla botta, Gigetto ha esclamato: «Chiaramente questa è una visione autoritaria dello stato. Solo i regimi autoritari concedono allo stato la pretesa punitiva assoluta imprescrittibile. Invece dev'esserci un tempo ragionevole, certo, nel quale il cittadino deve essere processato. Noi abbiamo reso la prescrizione uguale per tutti». Ecco: un tempo era la legge a essere uguale per tutti. Ora è la prescrizione. Che diventa un diritto naturale, come l'acqua, l'aria, il pane, il lavoro. La prescrizione è democratica («uguale per tutti»), mentre la condanna è autoritaria. In quale sede del Cepu o della scuola Radioelettra il pover'uomo abbia studiato la storia e il diritto comparato, non è dato sapere. Ma, a suo modo, non ha tutti i torti. Perché la diversità dell'Italia dal resto del mondo libero è tale che i casi sono due: o l'Italia non è più una democrazia (del che esistono parecchi indizi), o non lo sono più tutte le altre. Gigetto, ovviamente, sceglie la seconda: sono autoritari tutti gli altri. Per esempio gli Usa dell'amico Bush e la Gran Bretagna dell'amico Blair, dove la prescrizione di fatto non scatta mai perché il 90 per cento dei processi si chiudono col patteggiamento o col rito abbreviato, non esiste appello nel merito se non in presenza di fatti nuovi, e chi presenta ricorsi infondati e pretestuosi per perdere tempo viene mazzuolato con multe talmente salate da fargli passare la voglia. Se Gigetto avesse davvero a cuore la durata dei processi, si batterebbe per ridurre i gradi di giudizio o per cancellare i cavilli da azzeccagarbugli: se invece accorcia la prescrizione, le aspettative di farla franca aumentano e così, di pari passo, i tempi dei processi. Si pensava che Gran Bretagna e Stati Uniti fossero le culle della democrazia e del «common law». Ma per Gigetto Cepu sono stati autoritari anch'essi: non garantiscono ai colpevoli il loro sacrosanto diritto alla prescrizione. Perché – lo ricordiamo – la prescrizione non riguarda gli innocenti (per quelli c'è l'assoluzione): riguarda i colpevoli. Tipo Andreotti e Berlusconi, per dire. Gente che sarebbe in galera in qualunque altra parte del mondo. Quello autoritario, s'intende. In Italia no: uno è senatore a vita, l'altro capo del governo. La forza della democrazia.

Nella nostra Italia finalmente democratica accade pure che gli stessi ispettori ministeriali chiedano alla procura generale di Napoli una relazione su Carlo Fucci, il segretario dell'Anm denunciato al governo da uno zelante collega per un altro grave illecito: aver girato agli amici, la sera di Capodanno, un sms di presa in giro al premier. Sentito informalmente dal capo dell'ispettorato, Fucci ha ammesso il fatto, spiegando che era uno scherzo. E ha fatto malissimo a rispondere: in una democrazia liberale, la vita privata è sacra e inviolabile. L'illecito è dei delatori che hanno rivelato l'sms, non di chi l'ha inviato. Ma il regime è giunto a tal punto da indurre un magistrato a giustificarsi per un atto pienamente lecito che non può e non dovrebbe esser sindacato da nessuno. L'unica risposta corretta, alle domande sull'sms, era questa: «Sono cazzi miei». Ma c'è tempo per rimediare. Massimo Fini ha suggerito a Fucci, casomai gl'ispettori tornassero a visitarlo a domicilio, di farsi trovare in mutande, circondato da tre bionde in perizoma, con uno spinello in bocca e un bicchiere di whisky in mano, davanti al televisore acceso su un film hard. Così magari capiscono l'antifona e si dedicano a qualcosa di più serio. Tipo farci sapere quanti colpevoli la faranno franca grazie al salva-Previti. *(14/01/2005)*

Il Giorno della memoria (corta)

Berlusconi partecipa, con gli altri capi di stato e di governo, alle celebrazioni per i 50 anni della liberazione degli ebrei superstiti nel lager di Auschwitz.

Negarlo sarebbe ingeneroso: è stata un'altra grande settimana per Silvio Berlusconi. Intanto – come dice Luttazzi – non l'hanno arrestato, il che già non è male. Poi la geniale lettera agli italiani perché si astengano dai medicinali, proprio nei giorni più gelidi dell'anno. Iniziativa molto gradita alle Poste italiane (che chiudono sportelli ovunque, ma ne aprono uno nuovo a Cologno Monzese per la corrispondenza Mediaset), ma un po' meno ai cittadini a letto con l'influenza per il freddo polare. E ancora: l'arrivo della busta paga del 28 gennaio, leggera come prima per i comuni mortali, ma molto più pesante per lui e i suoi cari; i 10 miliardi donati pubblicamente a don Gelmini e sottolineati dalla Venier a *Domenica in* dopo la cena a palazzo («Mi sono rotto le scatole – ha detto Lui ai suoi parlamentari, come riferisce «La Stampa» – di fare beneficenza in silenzio: quando venite a sapere che ci sono situazioni di indigenza, fate un appuntino all'on. Palmieri e io mando un vaglia. Ma pubblicamente, almeno finché dura la campagna elettorale»); il trionfo delle grandi opere tipo Salerno-Reggio Calabria («Sarà pronta nel 2006», aveva promesso); il suo addetto stampa Riccardo Berti che va a condurre *Batti e ribatti* nell'orario che fu di Enzo Biagi; e il segreto di stato sull'unica grande opera realizzata: la villa abusiva in Sardegna, inaccessibile anche al comitato parlamentare di controllo sui servizi segreti, ma non ad Apicella. Ma soprattutto il tanto atteso Nuovo miracolo italiano: non le lacrime della Madonna di Civitavecchia, che han gonfiato gli occhi di Antonio Socci, ma la prodigiosa ricrescita sul cranio presidenziale che sta commuovendo ministri italiani e capi di stato stranieri, giusto in tempo per le elezioni. Chi accusava il Cesare Ragazzi brianzolo di promettere e non mantenere deve ora ricredersi: l'incerta peluria dei mesi scorsi ha ormai ceduto il passo a una sempre più folta capigliatura, con un ciuffo incipiente che fa invidia a Little Tony e rischia ormai di occludergli la visuale.

«Alla mia età, mi piace ancora fare l'amore», ha confidato l'altro giorno al collega Vizzini. Col nuovo caschetto, acchiappa di più. Purtroppo il segreto di cotanta chioma rimane inaccessibile, come i lavori a Villa La Certosa. Un fertilizzante naturale? Un intervento soprannaturale? Un portentoso gel di don Gelmini? Mistero. Il capellone di Arcore ha potuto sfoggiare il tricologico evento nella gita ad Auschwitz, dove ha rischiato l'assideramento piuttosto che coprirsi con un cappello come gli altri colleghi statisti. Tutti dovevano vedere, e tutti hanno visto. L'entusiasmo per la prima uscita senza pelata l'ha portato a esagerare un po'. L'idea di denunciare i crimini del comunismo e i delitti di Pol Pot proprio nel lager di Auschwitz, proprio nel Giorno della memoria, mentre il resto del mondo sottolineava l'unicità della Shoà, poteva venire solo a lui. Anche perché a liberare i prigionieri di quel campo furono proprio i sovietici. Ma Silvio Bellicapelli è fatto così: il Giorno della memoria, a tutte le persone normali, rammenta i crimini del nazismo. A lui no: a lui ricorda il comunismo. La qual cosa ha fatto infuriare persino Pigi Cerchiobattista, il che era considerato - fino all'altroieri - impossibile in natura. Ma è solo l'inizio: il 25 aprile prossimo, sessantesimo anniversario della Liberazione, Silvio Peluria si scaglierà contro Fidel Castro. In seguito, visita ufficiale in Cile, Argentina, Brasile e Paraguay, per occuparsi delle vittime di Ciu En Lai. Infine, pellegrinaggio in Grecia e Spagna per stigmatizzare gli orrori di Ho Chi Min. L'unico luogo che, miracolosamente, gli cancella dalla mente il comunismo è la Russia: mai che denunci davanti all'amico Putin i delitti di Stalin, le stragi dell'Armata Rossa, le porcherie del Kgb, la miseria, il terrore e la morte seminati dal Pcus. Gli tornano tutti alla mente, di botto, non appena atterra in Italia e pensa a Prodi. Qualcuno, compresa l'«Unità», ha accusato ingiustamente il falso calvo di Milanello di aver dimenticato, nel Giorno della memoria, di citare il fascismo. Non è vero: da Auschwitz il premier zazzeruto aveva trovato il tempo di telefonare ad Alessandra Mussolini, per riaccoglierla a braccia aperte. È la prova che anche lui, a suo modo, ha pensato al fascismo. Non a quel rinnegato di Fini: alla nipote del Duce, che con ammirevole coerenza s'è alleata con Roberto Fiore (già Terza Posizione, riparato a Londra dal 1981), Adriano Tilgher (Fronte nazionale, camerata di Delle Chiaie) e Luca Romagnoli (erede del neonazista Rauti e grande fan del neonazista Le Pen). Compagnia poco gradita persino a Fini e a Storace, che parlano di «neofascismo». Ma a Little Silvio piace un sacco: ispirato dalla visita ad Auschwitz, ha capito di non poterne fare a meno. «È stata una visita agghiacciante», ha dichiarato al «Giornale» di famiglia, «ho girato per le camere a gas e per i forni. Una cosa è sentire l'inferno, un'altra vederlo e capirne i folli meccanismi. Otto minuti di gas per uccidere fra terribili sofferenze, altri dodici per far defluire il gas e poi dentro altri ebrei per tagliare i capelli e cavare i denti ai morti. Un uomo mi ha raccontato di essere stato obbligato a tagliare i capelli alla sorella. Dire che è stato toccante è dire poco». Infatti, appena uscito, Silvio Bellachioma s'è spostato il ciuffo dalla fronte e ha chiamato la Mussolini. Quel che conta, in fondo, è il pensiero. *(31/01/2005)*

Prendetelo, è incensurato!

Mentre gli esperti s'interrogano sulle elezioni in Iraq, finalmente avviato a diventare un regime fondamentalista islamico democraticamente eletto, Silvio Berlusconi illustra la sua autorevole interpretazione dell'evento: ha vinto Berlusconi. «È un successo che appartiene anche a noi», commenta con il giusto orgoglio. Dopo i tanti rovesci patiti nell'ingrata patria (amministrative, europee, suppletive), Forza Italia si prende una bella rivincita a Baghdad e dintorni. Ecco trovata la ricetta per assicurarsi la vittoria anche in Italia nel 2006: due anni di bombardamenti a tappeto e occupazione militare potrebbero aiutare. Sempreché, si capisce, l'amico Bush mantenga la promessa di esportare la democrazia ovunque manchi: senza sconti per l'Italia.

Così rassicurato, il Cavalier Bellachioma può dedicarsi alle faccende domestiche, più che mai avvincenti. Mentre gli Storace e gli Alemanno tuonano contro il cosiddetto ministro Castelli per la latitanza di Achille Lollo e degli altri artefici del rogo di Primavalle, il premier magnifica al Palazzo delle Stelline di Milano la vita e le opere di un altro latitante: Bettino Craxi, per gli amici «esule». Presenti e plaudenti gli alleati che si fanno chiamare Partito socialista (con formidabile lapsus freudiano, il Tg3 Lombardia ha lanciato il relativo servizio con queste testuali parole: «Oggi il presidente del consiglio Bettino Berlusconi...»). E allora non si capisce più nulla. Se Craxi è un esule, lo è anche Lollo. Se all'«esule» di Hammamet vengono intestate strade e piazze, dedicate targhe votive e monumenti commemorativi, riservati convegni beatificatori, perché non fare altrettanto per Lollo? A quando un seggio assicurato in parlamento per lui, o magari per qualche suo figliolo disoccupato?

Alle Stelline, però, c'era un intruso: il giovane Piero Ricca, che prendeva appunti sul convegno neocraxiano per riferirne su un sito on line. Alle 15, mentre fremeva l'attesa per l'imminente arrivo del Cavalier Bellicapelli, alcuni agenti di polizia in borghese hanno preso i documenti a Ricca, senza poi restituirglieli. Lui ha chiesto spiegazioni: «Sono un cittadino incensurato». Ma quelli l'hanno trascinato fuori, sospinto a forza su un'auto, condotto al commissariato di San Sepolcro e lì trattenuto per due ore e mezza. Alle 17.30 l'hanno liberato, non prima di averlo formalmente diffidato dal fare ritorno alle Stelline per i suoi «precedenti di ordine pubblico». Quali? La contestazione al premier in tribunale, al grido di «buffone». La stessa cosa gli era accaduta in giugno, mentre sostava nel seggio elettorale dove era atteso il Cavalier Capellone. Ogni volta che lo portano via, Ricca si meraviglia. Se il premier, al seggio, comizia contro i comunisti calpestando la legge, perché la polizia porta via lui, che è incensurato? E se il premier commemora un latitante alla presenza di noti condannati come De Michelis e Tognoli, perché la polizia trascina via lui, che è incensurato? Santa ingenuità: ma proprio perché è incensurato, e lo dice pure in giro. La prossima volta, quando gli chiedono i documenti, abbia l'accortezza di precisare, anche se non è vero: «Sono un pregiudicato». Vedrà che lo lasciano in pace. Magari lo fanno pure ministro. *(1/02/2005)*

Il suo nome è Nessuno

Ci stavamo appena riavendo dalle ultime imprese del ministro dei Cazzi Nostri, il dottor Girolamo Sirchia, quello che decide quanto dobbiamo bere, fumare, mangiare e si appresta a contingentare anche i nostri amplessi, a fissare per legge le nostre circonferenze e magari pure le date di nascita e di morte. Quand'ecco prendere il sopravvento il ministro dei Cazzi Suoi, l'ingegner Pietro Lunardi, quello che risolse brillantemente il suo «teorico conflitto d'interessi» girando la sua ditta di scavi & trafori, la Rocksoil, alla moglie e alla figliolanza. I due statisti sono l'uno l'opposto dell'altro. Il dottor Sirchia c'entra sempre con tutto, ficca il naso dappertutto, pretendeva persino di decidere se una povera madre in coma debba partorire o no. L'ingegner Nullardi non c'entra mai con nulla: qualunque cosa accada, è sempre colpa degli altri. Più che un ministro, un passante. Più che un passante, una talpa. Abituato com'è a scavare nel sottosuolo, si è perso qualche secolo di storia patria: ignora, per esempio, il concetto di responsabilità politica, che indusse fior di ministri della Prima repubblica a dimettersi: Bisaglia per una partecipazione azionaria nel ramo assicurazioni («conflitto d'interessi», si diceva allora); Lattanzio per la fuga di Kappler; Cossiga per il caso Moro; il sottosegretario Pisanu per il crac Ambrosiano. Eppure non era stato Lattanzio ad aprire le porte del Celio a Kappler. Non era stato Cossiga a rapire Moro. Non era stato Pisanu a svaligiare l'Ambrosiano. Ma se ne andarono lo stesso, perché quegli scandali erano accaduti sotto la loro responsabilità politica. Ora, spiegare il concetto a uno come Nullardi non è difficile: è inutile. Come insegnare l'italiano a Calderoli o il pluralismo a Gasparri.

Il fatto che, a parte Villa La Certosa, non si sia vista una sola grande opera fra quelle disegnate dal Cavalier Bellachioma sulla lavagna truccata di Vespa, non sfiora neppure l'ingegner Nullardi. Il fatto che lui stesso avesse promesso di rifare l'Italia da cima a fondo con lo spirito che animò «le piramidi, la Grande muraglia e i templi dei maya», e che oggi basti una nevicata per mettere in ginocchio il paese, proprio su quella Salerno-Reggio Calabria che lui stesso s'era impegnato a completare entro il 2006, non lo tange. Fino a pochi giorni fa poteva vantare almeno la legge sulla patente a punti: poi la consulta gli ha dichiarato incostituzionale pure quella. L'altro vanto del Nullardi era l'ultimo tratto della Messina-Palermo, inaugurato alla vigilia di Natale, dopo 36 anni, dal Cavalier Bellicapelli e da Totò Cuffaro: l'unica autostrada al mondo con un solo senso di marcia e senza caselli (di Caselli, da quelle parti, non ne vogliono più nemmeno in autostrada). Gianfranco Micciché ha subito tappezzato Palermo di manifesti autoincensatori: «Messina-Palermo, scommessa vinta!». Peccato che l'abbia finanziata l'Ulivo. E peccato che i taglianastri abbiano precorso un po' i tempi. L'altro giorno, appena un mese dopo la cerimonia, l'autostrada dei miracoli era già chiusa per lavori fra Santo Stefano di Camastra e Tusa. Così gli automobilisti son tornati a incolonnarsi per 25 km di statale. Il manto ghiacciato ha già provocato incidenti, con diversi morti.

Nullardi c'entra qualcosa? Domanda oziosa. Lui non c'entra mai. È talmente assente che, per darsi alla latitanza, non ha neppure bisogno di espatriare: latita benissimo in casa sua, o alla Rocksoil, o al ministero, che poi sono la stessa cosa. Ogni tanto chiama al telefono la segretaria: «Sono Lunardi». Quella picchia due o tre volte sul ricevitore, urlando: «Pronto! Chi parla?». Poi mette giù, borbottando sconsolata: «Non era nessuno». Cioè, appunto, Nullardi. Il suo ufficio non è mai così vuoto come quando c'è lui. Quando va al cinema, vedendo il suo posto libero la gente gli si siede sopra. Al consiglio dei ministri, quando prende la parola, i colleghi non sentendo nulla escono a prendere il caffè. L'altro giorno, in mezzo alla tormenta sulla Salerno-Reggio Calabria, lui c'era: per questo non l'ha visto nessuno. Sempre meglio di Sirchia che, fosse stato lì, avrebbe subito ispezionato i camionisti assiderati per controllare se fumavano, verificare la presenza dei cartelli di divieto, far rimuovere i calendari porno, investigare su eventuali grappini o ramazzotti nascosti nel cruscotto e misurare la circonferenza a tutti. *(2/02/2005)*

La legge è uguale per gli altri

Ultimissime dalla Casa Circondariale delle Libertà. Il ministro Nullardi accusa gli italiani rimasti intrappolati e assiderati sulla Salerno-Reggio Calabria di «non rispettare le regole». E lui di regole se ne intende. Fa parte di un governo presieduto da un tizio, il Cavalier Bellachioma, che ha violato mezzo codice penale e l'ha fatta franca in sei processi per prescrizione (dimezzata dalle attenuanti generiche), in uno per amnistia, in uno per condono, in uno per insufficienza di prove, in due per la depenalizzazione del falso in bilancio da lui stesso varata. Intanto il ministro dei Cazzi Nostri Girolamo Sirchia scrive agl'italiani in tandem col Cavalier Bellicapelli per invitarli a non consumare farmaci. Ma sventuratamente, mentre la lettera è in viaggio, si scopre che a Milano si indaga su alcuni assegni per un centinaio di milioni di lire versati a Sirchia in Svizzera dalla multinazionale farmaceutica americana Immucor, fra il 1998 e il 2000. È la stessa Immucor a confessarli, visto che negli Usa il falso in bilancio non è una virtù: è un reato grave, e chi non confessa rischia 25 anni di galera. In difesa di Sirchia è subito intervenuto il presidente della commissione Sanità, senatore Antonio Tomassini (FI): «Confermo la mia fiducia al ministro, che conosco come persona integra». È lo stesso Tomassini che, quand'era chirurgo a Busto Arsizio, fu condannato nel 2000 dalla cassazione a 3 anni definitivi per falso: una bambina sua paziente nacque cerebrolesa e lui, secondo i giudici, contraffece e soppresse il partogramma; Forza Italia lo nominò subito responsabile per la Sanità.

Intanto, sempre a proposito di regole, la procura di Livorno invia al tribunale dei ministri un fascicolo sul ministro dell'Inquinamento & Condoni Altero Matteoli, che avrebbe avvertito un prefetto di un'indagine sul suo conto. Per la stessa condotta è imputato il governatore di Sicilia Totò Cuffaro, che avvertiva delle indagini direttamente i boss mafiosi. Un altro ministero popolato di inflessibili custodi delle regole è quello delle Controriforme istituzionali: il ministro Bossi è stato condannato a 8 mesi definitivi per le mazzette Montedison; il viceministro Aldo Brancher è stato condannato in primo e secondo grado a 2 anni e 8 mesi per i finanziamenti illeciti al Psi di Craxi e tre mesi fa l'ha fatta franca in cassazione per prescrizione. Incensurati, alle Controriforme, non ne vogliono.

Molto indulgenti quando le regole devono rispettarle loro, lorsignori diventano inflessibili quando tocca agli altri. Soprattutto se extracomunitari. Se uno è un magrebino, dev'essere un terrorista per forza. Anche se viene assolto. È il caso del marocchino Mohammed Daki, assolto dal gup milanese Clementina Forleo dall'accusa di terrorismo, ma condannato a 1 anno e 10 mesi per ricettazione. La ricettazione è lo stesso reato per cui è stato condannato (definitivamente) a 3 anni e 3 mesi l'ex sindaco Psi di Milano Carlo Tognoli. Solo che il sicuro ricettatore Tognoli è stato appena promosso da Formigoni presidente della Fondazione Policlinico. Il presunto ricettatore Daki, invece, non essendo italiano e nemmeno «riformista», sta per essere espulso dall'Italia: l'altro giorno, scontata la pena (diversamente da Tognoli), è uscito dal carcere, o meglio ci ha provato, perché Pisanu l'ha subito fatto caricare su un cellulare e rinchiudere in una gabbia di via Corelli per essere ricacciato in Marocco, dove verrà torturato. Per fortuna, nonostante il governo, siamo ancora uno stato di diritto, e per espellere una persona occorre il nullaosta del giudice. Il quale, d'accordo con la procura, l'ha negato. Perché? Perché, pendente l'appello contro l'assoluzione di Daki, questi rimane imputato per terrorismo. E, finché è in corso il processo, deve restare in Italia. Non è una fissazione delle toghe rosse. Lo impone la legge Bossi-Fini: «Il nullaosta all'espulsione non può essere concesso se si procede per uno o più delitti, fra cui il terrorismo internazionale». Ma il governo di Bossi e Fini, anziché con sé stesso, se la prende con la magistratura. Questi sporcaccioni invocano il rispetto delle regole, ma poi non rispettano neanche quelle che scrivono loro. *(5/02/2005)*

Boccuccia di rosa

Il Cavalier Bellachioma è un uomo fortunato. Non solo perché porta sfiga agli altri e fortuna a sé e ai suoi cari. Non solo perché gli crescono i capelli a settant'anni, quando di solito, alle persone normali, cadono. Non solo per i fatturati delle sue aziende, le sole che vanno a gonfie vele mentre le altre falliscono in serie. Ma soprattutto perché gode di una franchigia assoluta per tutto ciò che dice. Se un altro politico, in qualsiasi angolo del mondo, pronunciasse una sola delle frasi che lui sforna a getto continuo, sarebbe da tempo su una panchina dei giardinetti pubblici. O in una clinica psichiatrica. Lo stesso Bush, l'amico George, s'è recentemente scusato con gli elettori perché «a volte uso espressioni non troppo felici». Lui non ci pensa neppure. Lui se ne vanta. Lui, con quella bocca, può dire ciò che vuole. Qualunque sua fesseria è accolta come un segno di simpatia e spontaneità, ed elogiata dalla corte al seguito come una benedetta rottura del politically correct. L'altro giorno, per esempio, molto commosso dopo la visita al lager di Auschwitz, Boccuccia di Rosa ha dichiarato: «Ci tornerò con più calma e ci porterò anche i miei figli. Ho già prenotato per l'estate». Ecco: in quell'«ho già prenotato» c'è tutto l'uomo, anzi l'ometto. Che avrà mai prenotato: una suite con vista forno? E dove crede di andare, al Club Mediterranèe? Manca solo che progetti una nuova città satellite, Auschwitz2, sulla scia di Milano2, Olbia2 e P2. D'altra parte, come ha rivelato il sondaggista Luigi Crespi a Claudio Sabelli Fioretti, la sua battuta preferita è questa: «Gianfranco Fini ha avuto un parente morto ad Auschwitz. Com'è morto? È caduto dalla torretta...». Peccato che questa battuta sia di Daniele Luttazzi. Ecco perché Berlusconi l'ha fatto licenziare dalla Rai: per fregargli le battute. Lui può continuare a dirle, anche in tv. Luttazzi no: è «criminoso».

Di ritorno dalla gita al lager, il Cavalier Peluria ha raccontato la toccante esperienza ai sudditi forzisti, riuniti nel Consiglio Nazionale del Bene, frettolosamente convocato per oscurare il Congresso del Male: «Sapete, sono stato nel campo di Maastricht...». Un collaboratore si è pietosamente avvicinato e gli ha sussurrato all'orecchio: «Auschwitz, Silvio: era Auschwitz...». Lui prontamente s'è corretto, un attimo prima di assicurare che l'Italia, grazie a Siniscalco, rispetta i parametri di Auschwitz. *(8/02/2005)*

Formigoil

Mentre la Casa Circondariale delle Libertà cerca i complici di Saddam in casa Prodi, nell'ufficio della giudice Forleo e fra i marocchini che vendono collanine, un'inchiesta di due noti giornali comunisti – «Financial Times» e «Sole-24 Ore» – rivela che il pio governatore della Lombardia Roberto Formigoni, tramite il suo pio segretario Marco Mazarino De Petris (anche lui devotissimo a Cl), è coinvolto in un traffico di 24 milioni di barili di petrolio con l'ex tiranno di Bagdad. La procura di Milano indaga - per ora su De Petris - per corruzione internazionale e appropriazione indebita. La cresta sulle forniture - secondo l'accusa - la facevano tutti: Saddam & C. per comprare le armi, ma anche i loro amichetti sparsi per il mondo. Se fosse tutto vero, avremmo il primo governatore che va a petrolio: Roberto Formigoil. Dopo le Sette Sorelle, l'ottava. Altro che «delfino del Cavaliere»: costui è una petroliera. Nome in codice: Comunione ed esportazione, o appropriazione, o estrazione.

Ora si attende con ansia una vibrante dichiarazione del Cavalier Bellachioma. L'ultima sul tema Iraq è quella sul congresso Ds: «Dov'era la sinistra italiana mentre noi portavamo la libertà in Iraq? Sempre dalla parte sbagliata. La nostra sinistra ha una speciale predilezione per i dittatori». Ora, visti gli ultimi sviluppi, delle due l'una: o Saddam non è più un dittatore, nel qual caso andrebbe scarcerato e risarcito per questi due anni di ingiusta detenzione patita a causa delle toghe rosse americane; oppure Formigoil è di sinistra, e allora bisogna assolutamente bombardare il Pirellone per esportarvi la democrazia. Formigoil definisce le accuse «una minestra riscaldata» (con un fastidioso retrogusto di greggio, però). E riesuma un'espressione desueta da decenni: «È un complotto della Cia». Forse perché la campagna contro Oil for Food è un chiodo fisso del «Foglio» di Giuliano Ferrara, che della Cia era informatore a libro paga. E Ferrara, si sa, è molto intelligente. Anzi, molto intelligence.

Colpisce il silenzio del cosiddetto ministro Castelli, che di solito una corbelleria non la nega mai a nessuno. Ancora l'altro giorno accusava la giudice Forleo di proteggere i kamikaze e prometteva un giro di vite, con nuove leggi per la tolleranza zero e la certezza delle pene, ma soprattutto per imporre ai giudici di «sentenziare secondo il comune sentire del popolo». Ora che la procura di Milano indaga sui possibili protettori e complici di Saddam, anziché ringraziare e invocare ergastoli esemplari, tace. Lui, d'altra parte, è un inflessibile a targhe alterne. Ieri, sul «Corriere», Gian Antonio Stella ha svelato la sua ultima impresa: una richiesta alla procura generale di Venezia perché «esprima parere positivo al trasferimento in Spagna di Carlo Cicuttini». Cicuttini è il terrorista nero condannato definitivamente all'ergastolo per la strage di Peteano (tre carabinieri assassinati con un'autobomba) e a 10 anni per l'assalto all'aeroporto di Ronchi, latitante per 26 anni grazie alla Spagna franchista, arrestato in Francia nel 1998 ed estradato in Italia dove sconta la pena. Che accadrebbe se tornasse, come chiede, in Spagna? Sarebbe subito libero, grazie all'amnistia franchista del 1977. Eppure il draconiano Castelli, che accusa ogni giorno la sinistra (non solo italiana: mondiale) di «difendere assassini e latitanti», chiede al pg di Venezia di accontentare il terrorista, che ha la fortuna di essere difeso dal deputato di An Enzo Fragalà. Ma le toghe rosse di Venezia e della cassazione rispondono picche: rispedirlo in Spagna - scrivono gli ermellini bolscevichi - «equivale alla concessione della grazia fuori dalla procedura prevista». Strano, visto che Castelli alla grazia per i delitti di sangue s'è sempre ferocemente opposto, al punto di scontrarsi con Ciampi sul caso Sofri perché «io sto con Abele e la sinistra con Caino».

Quando la gup Forleo assolse i tre marocchini dall'accusa di terrorismo perché non c'erano le prove, il vicepremier Fini espresse «sdegno e sconcerto». Il ministro Pisanu lanciò l'allarme per i «kamikaze in libertà». E Gianduja Calderoli comunicò: «Mi vien da vomitare». Si attendono a minuti lo sdegno e lo sconcerto di Fini, l'allarme di Pisanu e il vomito di Calderoli per il tentativo di Castelli di rimettere in libertà non un semplice indagato, ma un terrorista condannato definitivamente per strage. Dopodiché il cosiddetto guardasigilli ci illuminerà sul «comune sentire del popolo» in proposito. E magari, chissà, l'insetto di *Porta a Porta* allestirà uno speciale contro il lassismo del ministero diretto dalla moglie Augusta Iannini. Intanto nelle procure, grazie ai tagli ministeriali, scarseggia financo il carburante per le scorte e la polizia giudiziaria. Ma ora almeno quel problema è risolto: al pieno di benzina ci pensa Formigoil. *(11/02/2005)*

Giulietta Calderoli

La Lega Nord organizza a Verona una marcia capitanata dal ministro Calderoli contro i magistrati, accusati di proteggere i terroristi e i delinquenti. Nel mirino il procuratore capo Guido Papalia, al quale viene dedicata una simbolica bara.

Lo scontro di civiltà in corso in Italia fra il Bene e il Male, ovvero fra il partito dell'amore e quello dell'odio, si arricchisce di nuovi, preziosi contributi. Il cosiddetto ministro Gianduja Calderoli, agghindato in toga per il Carnevale, ha voluto festeggiare San Valentino a Verona, la città di Giulietta e Romeo. Lì, sentimentale com'è, ha guidato un corteo di camicie verdi al fianco di altri statisti del calibro di Borghezio, Bricolo, Gobbo, Speroni e Salvini. La processione verdastra malediceva gl'immigrati («merdacce levantine e mediterranee»), urlava «Papalia, il più terrone che ci sia» e «Papalia, va' in Turchia», brandiva «randelli depapalizzatori», scopriva una lapide in marmo («Qui giace Papalia») e scavava una fossa per il procuratore che ha appena fatto condannare per razzismo - come prescrive la legge - sei razzisti. Poi il presunto ministro delle Riforme istituzionali chiedeva di «far eleggere i procuratori dal popolo», cioè dai suoi squadristi. E proseguiva: «Quando litigate, date una coltellata: si rischia meno che a dire "scemo". Ora qualcuno dirà che ho incitato ad accoltellare gli zingari. Non l'ho mica detto! Magari l'ho pensato...». E ancora, sull'ipotesi di essere denunciato: «Io cresco di un metro a ogni condanna». Poi prendeva la parola Giampaolo Gobbo, sindaco di Treviso e neosottosegretario alle Riforme, per un sottile ragionamento dei suoi: «Papalia, la gente ne ha pieni i coglioni!». Chiudeva Borghezio, nel solito dolce stil novo: «Papalia, Forleo: scolpite i nomi di queste facce di merda!».

E questo è il Bene, il partito dell'amore. Infatti, sui giornali di ieri, nessun terzista, nessun «riformista», nessun «liberale» ha sentito il bisogno di intervenire. Si attendono con ansia i loro prossimi appelli ai magistrati, ai girotondi e all'«Unità» ad abbassare i toni, aprirsi al dialogo, non arroccarsi, non demonizzare, non dire sempre no, e soprattutto «non odiare».

Ma nel delirio della marcia su Verona, c'è almeno una frase da salvare. L'ha pronunciata il sottosegretario Gobbo: «Andate nei rioni di Napoli, guardate cosa fa il popolo quando arrestano un capobastone. E noi niente, noi polentoni, testoni, accettiamo tutto senza reagire. Usque tandem, Papalia?». A parte il sottile accenno al tandem, tipico delle domeniche a piedi, questa frase va girata ai semiologi per uno studio del linguaggio della nostra classe di governo. Fino a non molto tempo fa, a scolpire lapidi per i magistrati, a minacciarli con croci o proiettili in busta chiusa, erano i criminali, soprattutto mafiosi. Ora sono ministri e sottosegretari. A scendere in piazza contro le sentenze era la malavita più o meno organizzata, stretta intorno ai suoi boss per impedirne l'arresto. Ora è il governo. E visto che nessuno interviene a revocare la delega a questi squadristi da Carnevale, bisogna farsene una ragione. Se milioni di cittadini onesti manifestano in difesa della magistratura, il governo (e non solo) li accusa di aprire la strada al terrorismo e seminare odio. Se ministri e sottosegretari scendono in piazza contro le sentenze dei giudici, o se l'ex sottosegretario Taormina domanda «il giudice Carfì non è ancora morto? Lo odio», è la cosa più normale del mondo. Un tempo era Luciano Liggio, in una celebre intervista di Enzo Biagi, a definire «matti» i magistrati. Ora è il presidente del consiglio. Difficile capire chi plagia chi.

Il giovane Jucker, che a Milano ha assassinato la fidanzata e ottenuto in appello uno sconto di pena grazie al rito abbreviato, denuncia l'«accanimento giudiziario» ai suoi danni: sembra di sentir parlare il premier. Achille Lollo, interpellato dal «Corriere» sulla prescrizione della sua pena per il rogo di Primavalle, si stupisce dello stupore: «Con tutte le prescrizioni che ha avuto Berlusconi proprio della mia vi andate a interessare?». Perfino Cesare Battisti, il terrorista latitante (pardon, «esule») in Francia, si scaglia contro i «giudici comunisti»: lo fa la sua difesa nella memoria depositata al consiglio di stato per scampare all'estradizione. «L'estrema sinistra – si legge nel documento – denunciava all'epoca il tradimento del Partito comunista che considerava passato nel campo delle forze borghesi al potere. E s'è così tirata addosso un odio feroce da parte del Pci, che non le perdonava queste accuse», e dei «giudici comunisti». Ecco perché il governo Berlusconi si scalda tanto per far estradare Battisti: «Per ottenere benevolenza dai giudici rossi», dai «giudici comunisti» di Milano che stanno processando Battisti e ora processano lui. È incluso nella lista - si apprende dalla memoria - anche Corrado Carnevale, che nel 1991 confermò l'ergastolo a Battisti. «Rosso» anche lui. E, aggiungerebbe il Cavalier Bellachioma, «matto». Chissà che direbbe la buonanima di Liggio, se fosse ancora tra noi. *(15/02/2005)*

Sotto la chioma, mente

Ospite della *Conferenza stampa* di Anna La Rosa su Rai2, il premier Berlusconi accusa l'«Unità» di averlo definito «mascalzone bavoso» e spiega che per questo non accetterà confronti televisivi con Prodi e Fassino. Ma è stato male informato: l'articolo in questione, un *Bananas*, riportava quello e altri insulti rivolti da Paolo Guzzanti (Forza Italia) a Romano Prodi sul «Giornale» della famiglia Berlusconi. La falsa accusa non verrà mai rettificata.

Debilitato dai postumi della bronchite del Male, ma soprattutto messo alle corde dalle incalzanti domande di Anna La Garofana, l'altra sera il Cavalier Peluria è apparso in leggera difficoltà. Saranno state le vertigini provocate dal cuscino a sei piazze sistemato sulla poltrona per non dover segare le gambe alle telecamere, saranno state le stigmate aperte sulla sacra nuca dal vile cavalletto («ne porto ancora i segni»): fatto sta che il Foltocrinito non ha ancora ripreso conoscenza. Dimentica, rimuove, confonde. Denuncia la «canea di giornalisti plaudenti», mettendo in allarme La Garofana, che temeva ce l'avesse con lei (poi s'è chiarito che parlava del congresso Ds). E cita ancora una volta l'«Unità», sempre in cima ai suoi pensieri (e non solo ai suoi): «Mi hanno chiamato mostro bavoso, re dei bari, Perón di plastica». Eccoli, i danni irreversibili inferti dal maledetto cavalletto: il Foltocrinito confonde l'«Unità» con il suo «Giornale» e con la Lega Nord. È stato Paolo Guzzanti a scrivere «mascalzone bavoso». Ma non parlava di Berlusconi: parlava di Prodi. Che ora attende le sue scuse, prima di confrontarsi con lui in tv.

Quanto al «baro» e al «Perón», è tutta farina del sacco di Bossi: nel '94, prima che Bellachioma gli pagasse i debiti, il Senatùr lo chiamava «Perón della mutua» (23 dicembre 1994), «il baro» (5 aprile 1994), «piccolo tiranno dittatore» (20 dicembre 1994), «Berluskaiser» (6 aprile 1994), «Berluskàz» (1° settembre 1994), «qualcosa di nazistoide e di mafioso» (13 aprile 1995), «mafioso di Arcore» (8 febbraio 1995). Poi c'è l'opera omnia di Roberto Calderoli, in arte Gianduja. L'8 marzo '95 interroga il governo per sapere «se a Palermo si indaga su Dell'Utri per mafia», essendo «stonata e illogica la definizione di stalliere per Vittorio Mangano». Il 26 maggio '95 Dell'Utri è arrestato a Torino per false fatture: «Gli uomini più vicini a Berlusconi – esulta Calderoli – si sono posti fuori dalla politica, dalla morale e dalla legge. Si smentisce la presunta persecuzione contro Berlusconi. Mani Pulite non è finita, anzi per Berlusconi è appena iniziata». Inchiesta All Iberian, parla Calderoli. «È paradossale che Berlusconi fosse all'oscuro del versamento di ben 10 miliardi dalla sua azienda a Craxi. Quesito: Berlusconi è anche uno spergiuro?» (23 novembre 1995). Il Cavaliere si sottrae agli interrogatori. Calderoli strepita: «A Milano non c'è posto per chi ha come scopo la distruzione del pool Mani Pulite. Se Berlusconi pensa di essere milanese, ha un modo per dimostrarlo: vada dai giudici» (29 novembre 1995). Ma il nostro è anche laureato in medicina e odontoiatria: «A Berlusconi i principi della democrazia sono insopportabili, gli provocano uno shock allergico. Sarebbe auspicabile, e lo dico da medico quale sono, che il dottor Berlusconi si facesse visitare da un buon internista. Sono a sua disposizione per consigliargliene qualcuno, anche gratuitamente» (19 febbraio 1996). Berlusconi nel '96 si ricandida e Calderoli denuncia: «Inquietanti ombre si stagliano sulla politica italiana. C'è chi si candida alla guida del paese nonostante sia imputato di gravi reati. C'è chi ha fondato un partito giudicato appetibile e utile agli interessi dei vertici della mafia. Invece di rinviare i processi, bisognerebbe rinviare le elezioni per accertare, prima, se siamo di fronte a uno statista o a un tangentista» (20 febbraio 1996). «Berlusconi accusa Dini di avergli copiato il programma. Strano, mi risultava che fosse Berlusconi ad aver copiato il programma di Licio Gelli» (28 febbraio 1996). Berlusconi paragona il pool alla banda della Uno Bianca. Calderoli lo fulmina: «Un'infamia. Berlusconi sappia che "complici" di questo "corpo deviato" dello stato sono le centinaia di migliaia di milanesi che sostengono da anni i magistrati di Mani Pulite contro gli attacchi del regime di Roma, al quale Berlusconi era legato anche sentimentalmente, dato che Craxi era suo testimone di nozze» (14 marzo 1996). Poi, alla vigilia delle urne, Calderoli si appella agli elettori per una nuova resistenza: «Fini dice che Mussolini è stato il più grande statista del secolo. Berlusconi è l'unico presidente del consiglio rinviato a giudizio per corruzione. Gli elettori prima e il presidente della repubblica sanno cosa fare» (27 marzo 1996). Intanto i miliardi di Berlusconi a Craxi diventano 15: può mancare una dichiarazione di Calderoli? Certo che no: «Cos'ha dato Craxi a Berlusconi in cambio di 15 miliardi? Si sgretola la maschera televisiva di Berlusconi e appare l'inconfondibile ghigna dell'uomo di Hammamet» (31 marzo 1996). Bicamerale, secco no di Calderoli: «Forza Italia voleva barattare le riforme del paese con la fedina penale di Berlusconi» (3 giugno 1998). Prima pagina della «Padania»: *Berlusconi, rispondi: sei un mafioso?*. Forza Italia protesta. E Calderoli: «Reazioni un tantino scomposte e ingiustificate. È legittimo porsi certi interrogativi» (19 agosto 1998). «Potremmo tappezzare la Lombardia con la prima pagina della "Padania" che chiede se Berlusconi è un mafioso» (27 agosto 1998).

Ora, non vorremmo aggravare le già precarie condizioni del Cavalier Bellicapelli. Ma ci corre l'obbligo di informarlo che a questa rubrica collaborano, clandestinamente, l'onorevole Bossi e il ministro Calderoli. Noi ci limitiamo a depurare i loro testi dalle frasi da querela. E a tradurli in italiano.

(16/02/2005)

Todos zapateros

Pochi lo sanno, a causa del dominio comunista sull'informazione. Ma in Spagna è in corso un colpo di stato. Al posto del colonnello Tejero ora c'è il socialista Zapatero, ma il risultato è lo stesso. A rivelarlo, con un disperato grido di dolore sull'ormai clandestino «El Mundo», è il leader della nuova resistenza, un partigiano di origini italiane: Paolo Vasile, amministratore di Telecinco e plenipotenziario di Mediaset a Madrid. L'eroico resistente accusa il tiranno Zapatero di attentare alla giovane democrazia spagnola con la riforma delle tv, che minaccia di aprire il mercato delle frequenze a nuovi soggetti: due nel sistema analogico (quello «in chiaro»), molti di più sul satellite e sul digitale (dopo il 2010). Educato alla democrazia dai costituzionalisti della scuola di Arcore, succursale di Milano2, l'impavido Vasile trova intollerabile e antidemocratico che alcune imprese partecipino a una gara e si aggiudichino regolarmente frequenze e concessioni, facendo concorrenza alla sua tv che oggi - nel settore commerciale - scorrazza praticamente in regime di monopolio (l'altra emittente privata, Antenna3, fa capo a De Agostini, socio di Berlusconi nel «Giornale», e a Carlotto, ex dirigente Mediaset). Poi ci sono i due canali pubblici, Tv1 e Tv2. Ora arriveranno anche la Prisa di Jesus Polanco (già proprietario di «El Pais» e della radio Cadena Ser) e un altro gruppo ancora.

Provenendo dall'Italia, cioè da quel mondo a parte dove la concorrenza non s'è mai vista e dove si tende a confondere lo stato con Mediaset, che da vent'anni legifera al posto dello stato grazie a politici servi o corrotti, Vasile considera golpe tutto quanto non fa comodo a Telecinco. Purtroppo i suoi discorsi, che in Italia gli varrebbero il trofeo Luigi Berlusconi o il premio «Riformista dell'anno», in Spagna non attaccano. Parla bene lo spagnolo, ma nessuno lo capisce. La Spagna, per dire, considera l'antitrust un antidoto al trust: tant'è che nessun privato può controllare più del 51 per cento di una tv (prima il tetto era del 29 per cento). Infatti Berlusconi, credendo di essere in Italia, è accusato di aver controllato il 100 per cento di Telecinco tramite i soliti prestanomi. Per questo s'è guadagnato un processo anche in Spagna, ora sospeso in attesa che esca da Palazzo Chigi con le mani alzate.

Abituato alle usanze della casamadre, Vasile insinua persino che Zapatero per la riforma delle tv abbia preso tangenti dal gruppo Prisa. Forse confonde Zapatero con Craxi, che dopo i due decreti pro Berlusconi e la Mammì pro Berlusconi ricevette in Svizzera 21 miliardi da Berlusconi. Ecco: il fatto che in Spagna un socialista non prenda soldi da Berlusconi e addirittura non rubi, è motivo di comprensibile allarme per tutto il gruppo Mediaset. Se a ciò si aggiunge che il golpista Zapatero ha varato un codice etico per politici e pubblici funzionari (in Italia si svuoterebbe il parlamento) e ha persino osato mantenere le promesse fatte in campagna elettorale, il quadro del colpo di stato è completo. Tantopiù che Zapatero non s'è mai sognato di riabilitare i compagni che rubano, spazzati via dal giudice Garzón. In Spagna si può essere socialisti anche senza rubare o rimpiangere i ladri: diversamente dal Psi, il Psoe è sano e non bastano quattro Gonzales a distruggerlo.

La replica di Zapatero alle insolenze di Vasile aumenta vieppiù la nostra inestinguibile invidia per la Spagna: «L'opinione di questo cittadino italiano – ha detto – è molto rispettabile, ma dovrebbe moderare un poco i termini, soprattutto dopo quello che ho letto. La nostra riforma aumenta il pluralismo e dunque la libertà». L'ha chiamato proprio così: «cittadino italiano». Senz'ombra di sciovinismo, ma con grande dignità. Grazie a Berlusconi e a chi da 25 anni lo protegge, a destra e a sinistra, quando nel mondo si parla di televisioni l'aggettivo «italiano» diventa un insulto. Un sinonimo di «thailandese». Che poi proprio un italiano, un berlusconiano, un parente stretto delle leggi Gasparri 1 e 2 e del decreto salva-Retequattro gridi al golpe per la riforma delle tv in Spagna ha un che di irresistibilmente comico. Nei colpi di stato le tv finiscono in mano a chi comanda, come in Thailandia e in Italia. In Spagna è l'esatto contrario, tant'è che il governo non controlla più nemmeno la tv di stato: anziché privatizzarla o lottizzarla, come si fa da noi, Zapatero l'ha affidata a una docente universitaria, che per cominciare ha dichiarato guerra alla telespazzatura («telebasura»). Poi ha nominato un comitato di esperti super partes (fra cui un docente di etica) per riscrivere la legge e impedire che mai più la politica occupi «la tv pubblica, cioè di tutti». Se nel 1996-2001 l'Ulivo avesse fatto altrettanto, anziché lottizzare selvaggiamente, Berlusconi non si sarebbe trovato su un piatto d'argento la legge che gli consegnava la Rai, in aggiunta a Mediaset. E il colpo di stato sarebbe fallito. Invece è perfettamente riuscito. Perciò il Cavalier Bellachioma considera golpisti i governi che glielo impediscono: cioè tutti i governi democratici del mondo. Appena sente parlare di libero mercato, mette mano alla fondina. *(18/02/2005)*

Alle urne, alle urne

La legge sul risparmio non passa, le norme sulla competitività nemmeno, il mandato d'arresto europeo neppure, la riduzione delle tasse (quella vera) è un sogno, così come il dimezzamento della disoccupazione, il pullulare dei cantieri, il taglio drastico della criminalità, l'aumento delle pensioni minime a tutti gli aventi diritto e il resto del bengodi previsto dal mitico Contratto con gli italiani. Ora finalmente si capisce perché: il parlamento ha cose ben più urgenti da fare. Per esempio, la dura lotta contro i vincoli imposti dal noto bolscevico Napoleone Bonaparte nell'editto di Saint Cloud, nel lontano 1804, contro le sepolture a domicilio. La norma, tipica del dirigismo comunista e già stigmatizzata a dovere da Ugo Foscolo nei *Sepolcri*, è stata finalmente abrogata dalla camera con 281 voti su 292, una maggioranza così ampia che non si ricordava dall'ultimo aumento di stipendio dei parlamentari. Decisivo l'intervento dell'on. Donato Lamorte (An). Viene così soddisfatta un'esigenza - quella di seppellire il caro estinto nel giardino di casa o di sistemarne l'urna con le ceneri sul comodino da letto - particolarmente sentita dai cittadini. Soprattutto da uno, sempre il solito: il Cavalier Bellachioma. Chi mai poteva avere la pensata di costruirsi un mausoleo funerario nel parco della sua villa? Lui. Non contento dei privilegi di cui gode da vivo, vuole accaparrarsene qualcuno pure da morto. E, dopo tante leggi ad personam, s'è fatto una legge ad cadavere mandando in prescrizione Saint Cloud. Non che preveda di averne bisogno a breve, anzi: la rigogliosa ricrescita ricorda la peluria del bimbo paffuto della Sangemini e rappresenta un ritorno all'infanzia (ora si attendono con ansia il primo dentino da latte, il primo vagito con la parola «mamma», i primi gattonamenti a quattro gambe, la prima mazzetta alla maestra d'asilo e così via). Ma il Nostro, si sa, è un tipo previdente. Si porta avanti col lavoro.

Dall'altroieri il mausoleo di Arcore – unica grande opera che si ricordi sotto questo governo – diventa legale: potrà finalmente entrare in funzione, ospitando le prime salme berlusconiche disponibili, a oltre dieci anni dall'inaugurazione. Fu agli inizi degli anni Novanta, infatti, che il capolavoro fu ultimato, ancorché condannato all'inutilizzabilità dal sovietico editto. Il Cavaliere ne fu talmente orgoglioso da invitare appositamente a pranzo Indro Montanelli, ancora direttore del «Giornale», per mostrarglielo in anteprima. Non gli disse nulla, prima: fu una sorpresa. Dopo pranzo, bevuto il caffè, spalancò la porta-finestra della villa che dà sul parco, et voilà: coup de théâtre. Il vecchio Indro si ritrovò di fronte, sul prato all'inglese, quel falansterio in stile egizio grondante simboli massonici ed esoterici. E restò senza fiato. L'opera è del celebre scultore toscano Pietro Cascella, colui che poi presentò Sandro Bondi al Cavaliere, propiziandone la conversione al culto arcoriano (le sue responsabilità, dunque, vanno ben oltre il semplice mausoleo), con la collaborazione straordinaria della moglie, Cornelia von der Steinen. E, naturalmente, con i preziosi consigli del Presidente Architetto, che mette becco dappertutto. Quando si riebbe dalla visione, Montanelli domandò cosa diavolo fosse quel monumento, piuttosto insolito per le brume della Brianza (gli esperti parlano di uno stile «assiro-milanese», con evidenti influssi della scuola architettonica di Gardaland). Silvio spiegò che si trattava del suo mausoleo funerario e avviò la visita guidata, che poi divenne per Montanelli l'argomento di conversazione prediletto con gli amici.

Il corto e il lungo scesero lo scalone in granito, entrarono nel sancta sanctorum e Silvio squillò: «Ecco il mio sarcofago». Indro pensò a un qualcosa di ornamentale, al massimo a un pezzo da museo trafugato da qualche parte, viste le usanze della casa. «No – lo interruppe il cicerone – questo è il sarcofago in cui io sarò sepolto». Trovando l'idea davvero carina e ritenendo di aver già visto troppo, Montanelli fece per uscire. Ma Silvio lo fermò. «Dove vai? C'è ancora il bassorilievo!». Opera della Cornelia, su progetto di Berlusconi, esso contiene scolpiti gli oggetti che il Faraone di Arcore intende portare con sé nell'aldilà quando verrà la sua ora: un cesto di pane e uno di frutta (pranzo al sacco), un pacco postale sigillato con ceralacca dal contenuto misterioso, un mazzo di chiavi (casomai San Pietro ne fosse sprovvisto) e un telefono cellulare (per le chiamate urgenti). Pensando di aver visto proprio tutto, Montanelli si rivolse verso l'uscita, ma fu ancora una volta bloccato: «Indro, dove vai? C'è ancora il cerchio dell'amicizia». Fu così che Silvio lo introdusse nella seconda sala, tutta circondata di loculi a parete. I primi già preassegnati, con targhetta d'ottone e nome del destinatario: Confalonieri, Previti, Dell'Utri, Emilio Fede. Tutti gli altri ancora liberi. Silvio ne indicò uno: «Lì, Indro, se vorrai farmi questo grande onore, io avrei pensato a te...». La prospettiva di trascorrere l'eternità fra Previti e Fede, appena sotto Dell'Utri, agghiacciò il vecchio Indro. Che, fatti i debiti scongiuri, si divincolò con uno dei suoi lampi di genio: «Domine, non sum dignus». E scappò via. *(19/02/2005)*

Liberi di obbedire

È una vera fortuna, per il Cavalier Bellachioma, che da tre anni e mezzo la Rai, sull'esempio di Mediaset, abbia smesso di dare notizie. Altrimenti, per esempio, si saprebbe che la procura di Milano sta per chiedere il suo rinvio a giudizio per appropriazione indebita aggravata, falso in bilancio e frode fiscale per aver distratto 280 milioni di euro dalle casse Mediaset, ingannato gli azionisti e sottratto al fisco 124 miliardi di lire. Invece, sui principali tg, silenzio di tomba. Il tutto mentre contribuenti inferociti scrivono a Palazzo Chigi per comunicare i fantasmagorici risparmi ottenuti grazie al cosiddetto taglio delle tasse. Il signor Edgardo Piantieri di Teramo ha spedito al premier un assegno circolare di 1,42 euro, con questa letterina: «Egr. sig. pres. del consiglio, epocale. Veramente epocale la riduzione delle tasse. Sono un dipendente della provincia di Teramo: la busta paga di gennaio è stata "pesante", mi sono entusiasmato a tal punto che mi veniva da piangere per l'aumento pari a euro 1,42 (netto). Dopo essermi ripreso con un buon caffè (0,80), non sapendo come spendere o investire il resto (0,62), ho deciso di inviarLe tramite assegno circolare l'intero importo della mia riduzione delle tasse. Sono sicuro che Lei saprà come spenderli, per il bene del nostro grande paese. Grazie. P.S. Se poi trova il tempo per rinnovare il contratto dei pubblici dipendenti, La ringrazio». Ecco, se potessero ancora lavorare in Rai, Biagi, Santoro e Beha avrebbero invitato il signor Edgardo per raccontare i suoi formidabili risparmi. Ma ora siamo certi che Vespa, Masotti e Berti (il prozio di Vittorio Orefice) se lo strapperanno di mano per raffrontare il suo formidabile risparmio fiscale con quello del Cavalier Peluria: 760.154 euro annui, secondo i calcoli dell'«Espresso».

Se la Rai desse ancora le notizie, avrebbe mostrato la cerimonia di chiusura dell'ultimo tratto dell'autostrada Messina-Palermo, inaugurato in pompa magna (soprattutto pompa) alla vigilia di Natale alla presenza di Berlusconi, Cuffaro e alcuni incensurati. Motivo della chiusura: l'asfalto cede perché, spiegano i tecnici, «è stato messo su fondo bagnato, compromettendone la stabilità». L'hanno incollato con lo sputo, per fare in fretta: Silvio e Totò volevano inaugurare almeno qualche chilometro di grandi opere (avendone promessi migliaia) nei tempi previsti. Ma, se tutti i tg hanno mostrato l'inaugurazione, nessuno ha mostrato la chiusura. Fortuna che esistono anche i giornali, altrimenti gli automobilisti si metterebbero per la strada convinti che l'autostrada esista davvero. E la troverebbero chiusa. Forse Biagi, Santoro e Beha una notizia così l'avrebbero data, anche perché le grandi opere campeggiano al punto 5 del Contratto con gli italiani, da cui dipende la ricandidatura del Foltocrinito alle elezioni del 2006. Si attende con ansia uno speciale *Porta a Porta* sul tema, con o senza scrivania di ciliegio. Titolo: *Le grandi opere, da Palermo al passante di Mestre*. Passante, si fa per dire. Visti i risultati, meglio riconiugare il participio: «passato di Mestre».

Se la Rai desse ancora le notizie, approfondirebbe pure l'increscioso incidente accaduto a Camilla Parker Bowles, promessa sposa di Carlo d'Inghilterra, dichiarata «indesiderata» negli Usa dall'amministrazione Bush «perché divorziata». Che accadrà quando l'amico George scoprirà che è divorziato anche Bellachioma? Non vorremmo che dichiarasse indesiderato anche lui. Ne farebbe una malattia. Come minimo, gli si guasterebbe la permanente.

Ma ora, tenetevi forte: proprio nell'ultimo scorcio di legislatura, la libera informazione torna alla grande persino al Tg1 e al Tg2. È appena nata, infatti, l'associazione «Libera stampa», fondata dai vicemimun Alberto Maccari e Francesco Pionati, dal caporedattore politico del Tg1 Cesare Pucci, dai conduttori del Tg1 Attilio Romita e Susanna Petruni, nonché dai redattori politici Ida Peritore e Angelo Polimeno, e dall'inviato del Tg2 Emilio Albertario. La sigla dell'indomito pool, che ha sede nell'ufficio di Pionati, è tutta un programma: «Li.Sta». La cerimonia di battesimo s'è svolta in un noto ristorante romano, alla presenza del ministro Gasparri. In effetti i maligni assicurano che i Magnifici Otto sono tutti berlusconiani devoti. Romita e la Petruni hanno amorevolmente seguito Bellachioma per anni, prima della meritata promozione a conduttori. La Petruni, il 1° luglio 2003, pensò bene di non trasmettere l'imbarazzante sonoro del premier che dava del «kapò nazista» a Martin Schulz. E si guadagnò una citazione sul prestigioso «Financial Times» che, a proposito del filmato muto, commentò: «Neanche il telegiornale sovietico di Brežnev avrebbe saputo far meglio». Seguì, immediata, la promozione. Prima uscita pubblica di Li.Sta: un dibattito con Storace e Bertinotti, doviziosamente ripreso dal Tg1 delle 17, delle 20 e delle 24. Il servizio, commissionato da Pucci e lanciato in studio da Romita, era firmato da Polimeno. Tutto in famiglia. *(22/02/2005)*

La moquette della Provvidenza

Polemiche per un colloquio tra Chirac e Prodi che riferisce le dure critiche del presidente francese a Berlusconi. Intanto, dopo una lunga malattia, muore il fondatore di Cl don Luigi Giussani.

Sostiene il Cavalier Peluria che Prodi ha fatto male a divulgare il contenuto di una conversazione privata con Chirac, anche perché - assicura - Chirac non ha detto quelle cosacce sull'Italietta berlusconiana. Strano: se non le avesse dette, le avrebbe smentite, visto che è vivo e vegeto. Invece non l'ha fatto. Ha smentito, per lui, il Cavalier Bellachioma che, non contento di smentire continuamente quel che dice lui, s'è messo a smentire anche quel che dicono gli altri. In Italia e all'estero. Ieri, poi, ha rivelato il contenuto di una sua conversazione privata con don Luigi Giussani che - dice lui - «mi ripeteva sempre di considerarmi l'Uomo della Provvidenza per l'Italia». Ecco: avrebbe potuto rivelarlo l'altroieri, tre giorni fa, tre mesi fa, tre anni fa. Così don Giussani avrebbe potuto, eventualmente, smentirlo. O magari confermarlo. Invece l'ha rivelato proprio ieri mattina, appena appresa la notizia che don Giussani era spirato. Così non sapremo mai se quel bizzarro apprezzamento fosse farina del sacco del sacerdote, oppure frutto della fertile fantasia del Cavalier Foltocrinito (fertile, nel senso che con tutto il fertilizzante che deve aver usato per moquettarsi la capa santa, può inventarsi qualsiasi cosa). Conoscendolo, si sarebbe portati a optare per la seconda ipotesi. Con qualche spiegazione aggiuntiva. Probabilmente Berlusconi tende a identificarsi con Mussolini, il noto tour operator che, com'è noto, «mandava gli oppositori in vacanza nelle isole». Perché è di Mussolini che un alto prelato vaticano, nel 1929, disse che era «l'uomo che la Provvidenza ci ha fatto incontrare». Era il cardinale Pietro Gasparri, segretario di stato di Pio XI, all'indomani della firma dei Patti Lateranensi. Ecco: anche Maurizio Gasparri, non ancora cardinale, considera Berlusconi l'Uomo della Provvidenza (l'ha fatto persino ministro). Di qui l'increscioso equivoco.

Nessuno, naturalmente, nella Rai di regime, metterà in dubbio l'investitura divina di don Giussani all'ex Unto del Signore, ora autoproclamatosi Uomo della Provvidenza. D'altra parte, chi guarda soltanto la tv è ancora convinto che, come assicurò Berlusconi, Ciampi abbia imposto a un Berlusconi recalcitrante il lodo Schifani che garantiva l'impunità al premier; che, come giurò Berlusconi, Ciampi gli avesse promesso la sua firma sulla legge Gasparri modello base, poi inspiegabilmente respinta alle camere; e che, come rivelò Berlusconi, Bush gli avesse promesso di non attaccare l'Iraq.

Chi guarda soltanto la tv è persino convinto che Chirac sia un grande estimatore di Berlusconi. In realtà lo detesta e lo disprezza da vent'anni. Da quando, nel 1986, divenne capo del governo e si ritrovò fra i piedi questo «Cavalier Spaghetti» – così lo chiamavano i francesi – incistato nel sistema televisivo francese con la sua La Cinq, versione transalpina di Canale5. A Parigi il Cavalier Spaghetti era considerato un uomo di sinistra: infatti vi era sbarcato grazie a Craxi che, non contento di averlo regalato all'Italia, lo esportò anche in Francia grazie ai buoni uffici del suo amico Mitterrand. Silvio dovette superare parecchie resistenze: quelle del ministro della Cultura Jack Lang, che lo considerava «l'assassino del cinema italiano» e «un uomo senza scrupoli»; soprattutto quelle dell'ascoltatissimo consigliere per la comunicazione dell'Eliseo, Jacques Seguéla. Lang rimase sulle sue posizioni, in minoranza. Seguéla fu conquistato alla maniera tradizionale, come ha raccontato lui stesso in un videoreportage di Canal Plus: «Berlusconi invitò a cena me e mia moglie nel suo appartamento sull'Arc de Triomphe, cucinò degli ottimi spaghetti all'italiana e ci fece trovare, nascosti nel tovagliolo, due orologi d'oro massiccio. Li abbiamo poi regalati ai nostri domestici».

La Cinq parte il 15 febbraio '86, ma il 15 marzo il gollista Chirac subentra al governo al socialista Fabius, e la prima cosa che fa è di ostacolare il Cavalier Spaghetti, che nel frattempo ha pensato bene di allearsi con l'editore filonazista Robert Hersant. In una leggendaria conferenza stampa in campagna elettorale, il leader gollista pronuncia queste testuali parole (che deve aver ripetuto l'altro giorno davanti a Prodi): «Mentre per motivi tecnologici e occupazionali avremmo interesse a sviluppare la nostra industria dell'immagine, stiamo svendendo il mercato francese a questo merchant de soupe (venditore di minestre, bottegaio, *n.d.r.*) italiano. È scandaloso! E tutto perché qualcuno (i socialisti) ha paura di perdere le elezioni e vuole tenere le mani su una tv!». Invano Silvio Spaghetti tenterà di farsi ricevere da Chirac, magari per regalare un orologio d'oro pure a lui. Ma il nuovo premier lo terrà sempre fuori della porta. Così, dopo mesi di disastri, il venditore di minestre dovrà chiudere bottega e tornarsene in quel dorato mondo a parte che è l'Italia. L'unico paese dove lo scambiano persino per un imprenditore. *(23/02/2005)*

Undici anni e non sentirli

Dopo un duro e lungo braccio di ferro con i Ds e con una parte della proprietà, Furio Colombo è costretto a rassegnare le dimissioni da direttore dell'«Unità».

Era l'11 gennaio 1994, di primo pomeriggio. Indro Montanelli - appena epurato dalla direzione del suo «Giornale» perché ritenuto troppo libero dall'editore, anzi dal fratello dell'editore, cioè dal fresco fondatore di Forza Italia Silvio Berlusconi - entrò nello stanzone della redazione sportiva per salutare i suoi giornalisti. Dolcevita verde, giacca spigata, occhi gonfi di lacrime, un fil di voce appena. Parlò a braccio, ma pareva un libro stampato: «Sapete tutti perché sono qui, questa è l'ultima occasione che abbiamo di stare insieme in questo giornale. Non vorrei toccare note patetiche: i sentimenti sono come i capelvenere, se li porti in superficie appassiscono. Potete immaginare da voi quello che provo a lasciare il giornale che ho fondato vent'anni fa. Non è un addio molto piacevole, ma per molti mesi ho fatto il possibile per evitare questo showdown... Qualcuno mi ha rimproverato di essere stato troppo nella manica di un editore che a un certo momento ha cominciato a interferire nel "Giornale". Forse ho subìto qualcosa che non dovevo, forse dovevo fin dal principio essere più reciso nel respingere certe profferte; ma l'ho fatto per vedere di salvare questo giornale così com'è nato, com'è stato con me e come vi auguro continui a essere, ma come non sono sicuro che continuerà a essere. Credo che questo equivoco ora si sia dissipato... A coloro che mi hanno fatto delle proposte ho risposto che non mi considero un direttore in cerca di occupazione, ma un capofamiglia e quindi dovevo fare il possibile per trovare un tetto alla mia famiglia... Per il momento non ho nulla da offrirvi, perché ho dovuto abbreviare i tempi e non ho potuto preparare gli alloggiamenti per una ritirata. Spero di averli fra qualche tempo e di averli in modo tale che non ci sia mai più il pericolo di un padrone. È un po' tardi, ma alla fine mi sono convinto che di padroni non bisogna averne. Perché, anche quando cominciano bene, finiscono male... Questa esperienza io l'ho fatta, voi dovete ancora farla, ma vi auguro di non farla. Questa è la condizione che io ho posto alla costruzione di qualcosa di nuovo e di diverso... Ma dovete guardare con estremo realismo e freddezza a questa possibilità. La mia è un'avventura perché un giornale nuovo è sempre un'avventura. Per di più la si fa in nome di un uomo che ha 85 anni. E poi qui arriverà non dirò una pioggia di soldi, ma molto probabilmente molti benefici, appunto per impedire che ci sia un esodo... Voi considerate bene i vostri interessi. Per il momento vi invito a restare tutti al vostro posto, anche per tentare di garantire una certa continuità al giornale. Io spero che questo vi stia a cuore... Mi auguro che troviate quei benefici che vi sono stati garantiti nel caso in cui mi fossi allontanato dal "Giornale", voi lo sapete benissimo, ed è stato a questo ricatto che alla fine ho dovuto ribellarmi, anche per non fare il vostro danno. Vi auguro di essere felici col nuovo assetto e di non rimpiangermi troppo. Ma, se mi rimpiangerete, mi farete un grande piacere. Addio, quindi. Anzi, arrivederci».

Il vecchio Indro uscì dal salone curvo e commosso, tra due ali di redattori che applaudivano e, quasi tutti, piangevano. Tornò nel suo ufficio a completare l'editoriale d'addio ai lettori. Annunciava la nascita di un nuovo giornale, «La Voce». Parlava di una «situazione di incompatibilità fra me e l'editore. Di questo editore ne ho conosciuti due. Uno è stato l'amico che mi venne incontro nel momento in cui tutti mi voltavano le spalle. ... Eppoi ne ho conosciuto un altro: quello che, tramutatosi in capopartito, ha cercato di ridurre "il Giornale" a organo di questo partito, suggerendogli non soltanto le posizioni da prendere – e sulle quali non c'erano in fondo grandi divergenze – ma perfino il linguaggio da usare: e che, a lasciarlo fare, avrebbe finito per impormi anche la divisa del suo partito, il suo look. Tralascio le rappresaglie dei suoi Grisi televisivi contro la mia persona. Ma non posso sorvolare sull'ultima e più grave provocazione: la promessa alla redazione, alla mia redazione, di cospicui benefici se si fosse adeguata ai suoi gusti e desideri, cioè se si fosse ribellata a quelli miei. .. A questo punto non avevo più scelta. O rassegnarmi a diventare il megafono di Berlusconi, o andarmene. Me ne vado. Ma non senza avvertire i lettori che manterrò l'impegno preso con loro. Fra poche settimane essi riavranno il loro giornale, fatto dagli stessi uomini del "Giornale"..., ma una cosa in più di cui l'esperienza ha dimostrato l'assoluta necessità: un assetto azionario che mi garantisca l'incondizionata indipendenza...».

«La Voce» nacque il 22 marzo '94 e morì il 10 aprile '95. Fu chiusa con la forza, dopo mesi di boicottaggi politici, finanziari, editoriali e pubblicitari, di linciaggi televisivi e di necrologi preventivi. Non riceveva un filo di pubblicità, sebbene vendesse ancora 70 mila copie. O forse proprio per questo. «Troppo antiberlusconiana», dicevano gli esperti. Montanelli l'aveva previsto già il 26 luglio '94, commentando il diluvio di messaggi del «popolo dei fax» che «La Voce» aveva ricevuto e pubblicato contro il decreto Biondi: «Cari lettori, non si fermeranno... Cercheranno di imbavagliare chi, come noi, vi ha chiamati a raccolta e ha amplificato la vostra voce, ha dato vigore alla vostra protesta; cercheranno di farlo prendendoci per fame, togliendoci la pubblicità: e in quel momento, spente le televisioni e ammutoliti i giornali, il regime sarebbe inevitabile».

Non so perché ho raccontato questa storia. Ma è difficile non pensarci, in questi giorni. Grazie, Furio. Grazie, Antonio.

(24/02/2005. Articolo inedito)

Facci ridere

Canale5 affida le cronache del processo Dell'Utri a un nipote dell'avvocato di Dell'Utri. La Rai affida un programma politico quotidiano di prima serata all'addetto stampa del presidente del consiglio. La Rai affida le cronache del processo Previti a un amico di Previti. La Rai accusa per mesi a reti unificate (salvo il Tg3) Prodi, Fassino, Dini e altri leader dell'opposizione di essersi spartiti una maxitangente di 450 miliardi per la Telekom Serbia, prendendo per buone le fregnacce del «supertestimone» Igor Marini. La Rai oscura a reti unificate (salvo il Tg3) l'inchiesta sui 250 miliardi di lire di frodi fiscali di Berlusconi e famiglia. La Rai accusa falsamente a reti unificate (salvo il Tg3) la procura e il tribunale di Milano di aver «sbianchettato» documenti giudiziari per incastrare Previti e salvare i veri colpevoli del caso Imi-Sir. La Rai calpesta il contratto di Michele Santoro e mezza dozzina di sentenze di tribunale. E, al suo posto, manda in onda tale Masotti che usa insignificanti intercettazioni sui «disobbedienti» per accusare l'opposizione di collusioni col terrorismo.

Bene: qual è, a questo punto, l'informazione «criminale»? Quella dell'«Unità» e di Furio Colombo. Parola di Filippo Facci, già figlioccio del corrotto pluripregiudicato e latitante Bettino Craxi, poi passato in eredità alla corte del Cavaliere. L'altra sera, copiando malamente dal diktat bulgaro del suo ultimo padrone (si dice «criminoso», non «criminale»), l'autorevole Facci dava lezioni di giornalismo indipendente nel salotto di Otto (Giuliano Ferrara) e Mezzo (Ritanna Armeni). Lui che scrive sul «Giornale» che dà del «mascalzone bavoso» a Prodi. Erano con lui Antonio Polito, direttore del «Riformatorio», con baffetti Bialetti e basette riformiste, e alcuni giornalisti veri: Sansonetti, Leiss e Gravagnuolo. In un paese serio, a nessuno verrebbe in mente di chiedere pareri sulla libertà d'informazione a un ex ministro ed ex spia della Cia (Ferrara), all'ex portavoce di Bertinotti (Armeni) e a un ex collettore di dossier per conto di un pregiudicato (Facci). In nessun paese serio un giornale che vende 2 o 3 mila copie come il «Riformatorio» sarebbe ancora in edicola. E comunque il suo direttore eviterebbe di disquisire sulle vendite di un giornale concorrente che di copie ne vende trenta o venti volte tante: se le 2500 copie perse dall'«Unità» le avesse perse il «Riformatorio», sarebbe sotto zero. Invece, dall'alto delle sue percentuali da albumina, il Polito delle Libertà accusava Colombo di essere «estraneo alla storia della sinistra», «radical chic», «alto-borghese», troppo attento alla «questione morale» (parlando con pardòn) e «indifferente al sociale e al movimento operaio».

Anche Enrico Berlinguer doveva essere un radical chic altoborghese, visto che la «questione morale» la lanciò lui. Evidentemente schierarsi con la Cgil sull'articolo 18 e dedicare pagine e pagine alla crisi Fiat e alle acciaierie di Terni, come fa l'«Unità», è da radical chic. Fortuna che c'è il «Riformatorio», che l'articolo 18 lo vuole massacrare; ospita i contributi di De Michelis e Bobo Craxi, noti proletari delle ferriere; e organizza festini di nani e ballerine in onore di Gianfranco Fini (Riformista dell'anno 2003) e Bruno Vespa (Riformista dell'anno 2004): tutti idoli incontrastati delle catene di montaggio. «L'"Unità" - aggiunge Basetta - nasconde i fatti e censura la verità». Ecco finalmente smascherati i veri censori: Colombo e l'«Unità». Fortuna che c'è il «Riformatorio» a raccontare la verità: i pubblicitari se ne sono accorti da tempo, i lettori seguiranno. Ferrara è d'accordo: «I titoli di un giornale devono riflettere la realtà» e quelli dell'«Unità» non la riflettono. Parola di uno che per anni ha accusato Di Pietro di prendere tangenti da Pacini Battaglia e non era vero niente. Parola di uno che pubblica le balle sesquipedali di Jannuzzi e che, due mesi fa, dava del fallito a Caselli per via delle «assoluzioni» di Andreotti e Prinzivalli (Andreotti non è stato assolto, ma prescritto per il «reato commesso fino al 1980», e Prinzivalli non è mai stato indagato da Caselli).

La Armeni, da buona portavoce, non si capacita che un giornale non sia al servizio di un partito: «Trovo singolare - dice, sinceramente costernata - che l'"Unità" non abbia a che fare coi Ds. Ma non si può fare opposizione senza propaganda urlata?». Ma sì che si può: basta accucciarsi ogni sera sulle ginocchia di Ferrara e tenergli ferma la vittima di turno, mentre lui la mena. *(27/02/2005)*

Smemorando Adornato

È tornato dopo mesi di letargo, chiedendo scusa alle signore, Ferdinando Adornato. Ne dà il lieto annuncio «il Giornale» con una lunga intervista, dopo aver preavvertito la forza pubblica perché transennasse le edicole. Se ieri mattina, acquistando il giornale, avete notato assembramenti presso il vostro chiosco di fiducia, niente paura: s'era già sparsa la voce dell'intervista di Nando e della notiziona ivi contenuta: «La Fondazione Liberal compie dieci anni». Roba forte. Resta da spiegare che cosa sia la Fondazione Liberal a chi (tutti, salvo Adornato) non lo sa: la Fondazione Liberal è uno dei tanti pseudonimi di questo Zelig della politica, che prima si faceva chiamare soltanto Liberal e prim'ancora Alleanza democratica. Qualcuno gli aveva proposto un più sobrio «Nando», ma non c'è stato nulla da fare. Essendo la Fondazione e Adornato la stessa cosa, lui deve fare tutto da solo. Gli farebbe comodo, ogni tanto, avere qualcuno che gli fa le pulizie, va a prendere i sigari, dà una spuntatina alla barba. Invece niente, gli tocca farsi tutto da solo. Scrive, si legge, si recensisce, si cita, si elogia, si fa persino gli auguri di compleanno. Come Mister Bean che s'infila il cartoncino di happy birthday sotto la porta di casa e poi, quando entra, si commuove per il gentile pensiero.

L'intervista, curata impietosamente da Luca Telese, comincia con questa frase lapidaria: «Loro (quelli di sinistra, *n.d.r.*) sono ancora fermi e non ci hanno spiegato perché hanno scambiato il male del secolo con il bene assoluto». Resta da capire perché l'abbia scambiato lui, visto che finché è esistito il comunismo lui era comunista, dirigeva il giornale della Fgci e nel '79 scriveva: «Non possiamo catalogare lo stalinismo sotto il termine generico di "dispotismo"... Il successo di un'azione storica che, partendo dalle condizioni della Russia zarista ha portato l'Urss al livello di secondo paese industrializzato, non è sottovalutabile né interpretabile come "propaganda". La rivoluzione russa fu la prima nella storia del mondo a cercare di instaurare la giustizia sociale mediante controlli economici organizzati dall'azione politica... Sarebbe sciocco e improduttivo considerare l'azione di Lenin come frutto di una semplice ispirazione dittatoriale». E il dissenso oltre cortina? Affari loro: «Non si tratta di lavorare dall'esterno, dall'Occidente per creare un'opposizione verso i paesi dell'Est... Si tratta di problemi che vanno risolti all'interno di quei paesi» (intervista ad Agnes Heller, Ed. Riuniti). Oggi dice che «Fassino, D'Alema e Veltroni non han fatto un'autentica revisione delle loro posizioni». Strano: i tre nel '90 aderirono alla svolta Occhetto, mentre Nando Zelig stava con la mozione Bassolino-Asor Rosa e non ne voleva sapere di cambiar nome al Pci.

Eppure si fa i complimenti da solo: «Io ho capito tutto dieci anni fa». Non sappiamo quale calendario usi, ma dieci anni fa doveva essere il marzo '95. Bene, il 3 marzo '95 tale Adornato, deputato Ds, dichiarava al «Corriere della Sera»: «Bossi è un guitto». Oggi sta al governo col guitto e implora la sinistra di «superare la demonizzazione di Berlusconi». Lui potrebbe darle una mano. Perché 11 anni fa, almeno secondo il nostro calendario, il futuro inventore del terzismo tuonava: «Segni e La Malfa, con la loro neutralità fra destra e sinistra, consegnano l'Italia a Bossi e Berlusconi» (5 febbraio 1994); «Nessun partito della Provvidenza potrà fare miracoli. Nemmeno Gesù Cristo riuscirebbe a farli. E Berlusconi, più che Gesù Cristo, mi sembra Lazzaro: un miracolato del vecchio sistema dei partiti» (Ansa, 28 febbraio 1994). Poi Lazzaro vinse le elezioni e Nando giurò: «Ci siamo presentati nei progressisti e restiamo nei progressisti: abbiamo perso, quindi staremo all'opposizione» (19 aprile 1994). Opposizione dura perché «l'Italia, se ha perso un imprenditore per guadagnare un politico politicante, non ha fatto un buon affare» (8 giugno 1994).

Il Berlusca I durò poco e Nando s'imbarcò in «Liberal» con i soldi di Romiti, ovviamente buttati («circonvenzione di capace», la definì Gianni Agnelli). La rivista aveva più vicedirettori (nove) che lettori: la mamma del «Riformista», con rispetto parlando. Ma Nando sorvola e racconta quell'epico fiasco come un'epopea elettrizzante. «Fa in qualche modo impressione rileggere articoli del '96». Ecco, impressione è la parola giusta. Tutto cominciò «il giorno in cui Galli della Loggia mi disse: "Scusa, Nando, tu sei così lucido"...». Fu una folgorazione: «lucido» non gliel'aveva mai detto nessuno. Fu allora che Nando cominciò a farsi lo shampoo col Sidol, e nacque «Liberal». Poi passò dal lucido all'unto: «Berlusconi è una personalità decisiva nella storia d'Italia». Così, «da allora, non abbiamo cambiato le nostre idee, ma la nostra collocazione geopolitica sì». Parla al plurale, si crede un continente. Quando si sposta lui, cambia la geopolitica. I sismografi vanno in tilt, si sconvolgono le maree, si moltiplicano le ondate migratorie (in senso opposto al suo). Non a caso l'intervista s'intitola modestamente: *Abbiamo anticipato la svolta di Bush.* Ecco perché Bush sta cambiando idea. Deve aver saputo che l'altra era di Adornato. *(3/03/2005)*

Affitta un premier

Polemiche a non finire per il *Bananas Facci ridere* su Ritanna Armeni. La quale, insieme a Barbara Palombelli e a varie esponenti del centrosinistra, accusa Travaglio e l'«Unità» di «squadrismo» e «maschilismo». Intanto Forza Italia affila le armi in vista delle elezioni politiche.

Se, in futuro, vi capiterà di vedere il Cavalier Crescina seguito da un codazzo di discepoli, come Brian di Nazareth nel film dei Monthy Pyton, non impressionatevi. Non si tratta di una scorta rafforzata, né di uno stuolo di muratorini mantovani armati di cavalletto, e nemmeno di un plotone di sottufficiali della guardia di finanza e di agenti del fisco americano interessati all'inchiesta sui diritti Mediaset. Semplicemente, saranno i primi fortunati vincitori del nuovo concorso *Affitta un premier*, ideato da Paolo Romani. Una sorta di adozione a distanza, sul modello del vecchio *Adotta un nonno*. A tassametro. Il presidente del consiglio diventa un taxi di lusso, per restituire a Forza Italia – spiegano i promotori – «lo slancio delle origini» e «tornare allo spirito del '94 coinvolgendo la base». Come spiega Marcella Ciarnelli sull'«Unità», l'iniziativa consiste in questo: il partito azzurro, per gravare un po' meno sulle gracili spalle del padrone in vista delle spese della prossima campagna elettorale, mette all'asta il Cavalier Peluria: chiunque, pagando la modica cifra di 500 mila euro, potrà trascorrere qualche minuto in allegria al suo fianco. E, siccome le giornate (anche le sue) sono di sole 24 ore, bisognerà accontentarsi: ai più fortunati toccherà la partita del Milan, ai meno fortunati capiterà la passeggiata in piazza Montecitorio, i più sfigati dovranno accontentarsi di accompagnarlo in sala trucco per il restauro quotidiano che, com'è noto, richiede alcune ore di duro lavoro.

Ma sono allo studio numerose varianti al programma-base, per offrire alla clientela (pardon, agli Amici Azzurri) un catalogo di opzioni assolutamente personalizzato. Come nelle gite delle pentole. Con un sovrapprezzo contenuto, sarà possibile abbinare alla semplice convivenza col premier alcuni optional. Ecco il programma (in attesa di tariffario): visita guidata al mausoleo funerario di Arcore con ritorno (100 euro); visita guidata al mausoleo funerario di Arcore senza ritorno, loculo-suite con vista nebbia (1.000 euro); giro della morte nei fondi neri del gruppo Mediaset (2.000 euro, fuoribusta, banconote di piccolo taglio non segnate); trasvolata oceanica nelle Isola Cayman e Vergini, con caccia al tesoro di Marina e Piersilvio detto Dudi; master gratuito di falso in bilancio e frode fiscale a cura dei responsabili finanziari del gruppo; gita scolastica nei quartieri più tipici di Palermo e Corleone con Marcello Dell'Utri cicerone d'eccezione; lezioni di diritto e rovescio a cura di Cesare Previti e Renato Squillante; ripetizioni di censura scritta, orale e applicata, a cura del Cda Rai e Mediaset; itinerario turistico nei locali più caratteristici del tribunale di Milano al seguito degli avvocati Pecorella e Ghedini; tour nei giacimenti petroliferi del Pirellone, recentemente scoperti nel centro di Milano da Roberto Formigoil; prove tecniche di distruzione del teatro alla Scala, per dare una mano a Albertini, Confalonieri e Tronchetti Provera, che da soli forse non ce la fanno nei tempi previsti (il piccone lo portano loro).

Se poi qualcuno volesse uno sconto sui 500 mila euro, si accettano prestazioni d'opera, purché professionali. Il modello è quello dei ragionieri Fantozzi e Filini alla crociera del Megadirettore Galattico: viaggiano sulla sua barca gratis, ma come mozzi di bordo. Un affarone. Ecco, per dire: se fosse interessato alla cosa qualche tricologo serio, l'incontro per lui sarà gratuito: dovrà soltanto scoprire perché il primo trapianto del Cavalier Crescina sia finito così male, con quei tre peli attorcigliati sulla palla da biliardo in cerca di compagnia. Per i non tricologi, basterà essere disposti a seguire il premier passo passo, raccogliere gli eventuali capelli in caduta libera e riattaccarli prontamente sulla capa presidenziale.

Per gli altri, certo, il costo sarà proibitivo. E qualche demonizzatore, forzando i toni, potrebbe addirittura definire «mercenari» gli Amici Azzurri. Noi non ci spingeremo a tanto, anche perché di questi tempi bisogna moderare i toni. Diciamo che sono volontari a pagamento, uno dei nuovi mestieri, molto flessibili, ideati dal Cavalier Frangetta per ravvivare il depresso settore industriale. E poi, democraticamente, s'è pensato anche agli indigenti («perché – spiegano gli organizzatori – la Basilicata ha esigenze diverse dalla Lombardia»). Ce n'è per tutte le tasche. Chi, nonostante la busta paga pesante di gennaio, non potesse permettersi i 500 mila euro richiesti per avvicinare il Cavalier Bellachioma, potrà investire somme inferiori per assicurarsi un congruo periodo della giornata in compagnia di Sandro Bondi (10 euro, tutto compreso, anche le ginocchiere); Fabrizio Cicchitto (8 euro, tessera P2 inclusa); Claudio Scajola (5 euro, pernottamento alla caserma Diaz e ricovero gratuito al centro traumatologico); Renato Schifani (5 euro, ma a carico di Schifani); Paolo Guzzanti (3 euro più mance, servizio disponibile anche in versione citofono a gettone); Ferdinando Adornato (1,5 euro, ma con frequenza obbligatoria a un seminario della Fondazione Liberal). Per un viaggio a bordo di Giuliano Ferrara in prima serata, invece, i posti disponibili sono esauriti. Riprovare prossima stagione, astenersi maschilisti. *(4/03/2005)*

Castelli intervista Oriana

È proprio vero, come diceva Longanesi, che le onorificenze non basta rifiutarle: bisogna non meritarle. Prendiamo Oriana Fallaci: Littorio Feltri, su «Libero», la candida per il senato a vita e raccoglie firme per la nobile causa. Siamo già a quota 25 mila. «Le sue parole – spiega il direttore – interpretano una quota maggioritaria dell'anima del nostro paese. Che ci fa una persona della sua statura chiusa in casa a pensare in solitudine quello che noi non abbiamo il coraggio di immaginare?». Giusto: che ci fa? Mandiamola in senato, dove potrà incontrare, per dire, Renato Schifani, Roberto Calderoli e Memmo Contestabile. Tra i partecipanti alla festosa gara di solidarietà si segnalano quattro ministri: Altero Matteoli, Giuliano Urbani, lo stesso Calderoli e Roberto Castelli. E poi 13 sottosegretari e decine di politici di maggioranza e opposizione (da segnalare l'onorevole Oricchio dell'Udeur), nonché il fior fiore della società civile: Josè Altafini, Bud Spencer, Massimo Giletti, Barbara Palombelli, Carlo Rossella, Clemente J. Mimun, Gigi Marzullo, Paolo Bonolis, Antonella Clerici, Ambra Angiolini, Aldo Biscardi, Francesco Totti e Paolo Di Canio. La Palombelli la voleva in senato già un anno fa, al posto di quel pericoloso poeta di Mario Luzi. Totti è ancora commosso dall'elogio che la Fallaci fece del suo sputo agli europei (intitolato *Lo sdegno e il cazzotto*). Biscardi ambisce a una comparsata della scrittrice al *Processo di Biscardi*, per commentare il moviolone. Bonolis e la Clerici speravano in una sua capatina a Sanremo con Bud Spencer, per tener fermo Tyson. Marzullo, poi, è il suo spirito-guida: dal suo celebre interrogativo esistenziale «si faccia una domanda e si dia una risposta», la grande Oriana trasse ispirazione per la sua ultima opera: *Oriana Fallaci intervista sé stessa* (seguiranno *Oriana Fallaci sgrida Oriana Fallaci*, *Oriana Fallaci manda a quel paese Oriana Fallaci*, *Oriana Fallaci prende le distanze da Oriana Fallaci*, *Oriana Fallaci diffida Oriana Fallaci dall'usare il nome di Oriana Fallaci* e così via). Non si segnalano, finora, firme di uomini di Chiesa: un'assenza davvero irriguardosa verso una scrittrice che ha appena riscritto l'Apocalisse e s'appresta a dare una rinfrescata al resto della Bibbia: prossime uscite, *Dal Libro del profeta Oriana*, *Gli Atti dei Fallaci*, giù giù fino alle *Lettere di Oriana ai filippesi*, *ai corinzi*, *ai romani* e *ai padani*.

L'aspetto più affascinante della mobilitazione, infatti, è l'asse di ferro che lega ormai la signora e la Lega Nord. Si attende ancora, in merito, una parola autorevole di Umberto Bossi, per ora impegnato nel progetto di annessione dell'Italia alla Confederazione Elvetica. Non si esclude una campagna per promuovere la Fallaci senatore a vita, ma nel senato svizzero. Nel frattempo, partono in avanscoperta Calderoli e Castelli, i due Roberti accomunati dal fazzoletto verde e dalle nozze celtiche. Calderoli trova l'Oriana un po' troppo moderata per i suoi gusti, ma pare aver rotto gli indugi dopo aver intravisto la copertina di *Insciallah*, il libro notoriamente dedicato a uno scialle caratteristico dei celti di Bergamo Alta. Il guardasigilli, invece, ha approfondito gli studi sull'opera omnia della scrittrice fiorentina, distogliendo per un po' lo sguardo dai codici e pandette («Tiramolla» e «Soldino») che lo impegnano per gran parte della giornata. «Oriana Fallaci – ha dichiarato a "Libero" – è uno spirito indomito. Mi ricorda Giordano Bruno. E come il grande filosofo molti hanno tentato di bruciarla sul rogo. Per questo si merita di essere nominata senatore a vita». Tra i due, almeno a sentir lui, sarebbe nata un'affettuosa amicizia a distanza dovuta a un idem sentire tutto intellettuale: «Ci siamo parlati diverse volte al telefono – rivela Castelli – e abbiamo discusso di molte questioni, dalla politica interna a quella internazionale». Nel caso in cui l'ingegnere di Lecco non sbagliasse numero, c'è da augurarsi che abbia registrato le telefonate, per immortalare quegli alati conversari e poterli dare un giorno alle stampe: dopo *La rabbia e l'orgoglio*, complici i disturbi sulla linea Lecco-Manhattan, potrebbe scaturirne *La sabbia e il rosolio*, o *La rana e lo scoglio*, *La scabbia e lo scolo*. Anche perché non si può escludere nulla: né che la Fallaci, a furia di parlare con Castelli, l'abbia scambiato per un arabo, maturando così una sana diffidenza per quel popolo; né che, una volta scoperto che si tratta pur sempre di un italiano, possa un giorno ricredersi sulla superiorità della civiltà occidentale sull'islam. «Nelle nostre conversazioni – assicura l'ingegner ministro – è nata una stima che va anche al di là di quello che scrive. E proprio durante questi colloqui ho potuto constatare il suo enorme coraggio». In effetti ci vuole un enorme coraggio per parlare ore e ore al telefono con Castelli, di politica interna ma anche internazionale. Basterebbe questo per meritarsi il laticlavio. Ma c'è dell'altro: «La Fallaci può vantare un ottimo diritto a diventare senatrice anche perché i suoi libri hanno venduto milioni di copie». A questo punto, con garbo, qualcuno dovrebbe spiegare al ministro Castelli la differenza fra il senato a vita e il Premio Bancarella. *(9/03/2005)*

Applausi dell'opposizione ai discorsi di Gianni Letta, Gianfranco Fini e Silvio Berlusconi sulla morte di Nicola Calipari, l'agente del Sismi ucciso da soldati Usa a Baghdad mentre tentava di riportare a casa la giornalista del «manifesto» Giuliana Sgrena, liberata dopo settimane di prigionia.

Venerdì scorso Berlusconi era alle corde. Incastrato dall'inchiesta Mediaset, ai ferri corti col Quirinale, senza un euro per la competitività, aveva appena ripreso fiato e colore alla notizia della liberazione di Giuliana Sgrena. Ma quando ormai, nel brindisi a Palazzo Chigi, pregustava il colpo propagandistico preelettorale, riceveva da Baghdad la notizia della morte di Nicola Calipari. Non per mano dei terroristi. Per mano delle valorose truppe dell'amico George. Gli alleati avevano appena ucciso un alto funzionario dei servizi segreti italiani. «Gli Usa hanno fornito argomenti alla sinistra», imprecò a botta calda il premier, con la consueta sensibilità umana e il calice dello champagne ancora tra le dita. Rabbia comprensibile, visto che gli eventi lo costringevano ad abbandonare per una volta la posizione accucciata per alzarsi in piedi e convocare l'ambasciatore americano: e non per prendere ordini, ma per chiedere spiegazioni. Festa rovinata, dunque, dalla più grave crisi diplomatica del dopoguerra fra Roma e Washington. Peggio di Sigonella, visto che stavolta c'è in terra un morto italiano. Per di più - così almeno temeva il premier - era alle visite una sacrosanta campagna delle opposizioni per ribadire le ottime ragioni del no alla guerra: le armi di distruzione di massa non c'erano, i legami fra Saddam e bin Laden non esistevano, e ora, dopo due anni di bombardamenti con 100 mila morti solo fra gli iracheni, il paese è distrutto e in pieno caos, ben lontano dal quadretto di nazione «pacificata» e «democratica» che la propaganda sulle elezioni ci aveva dipinto. Gli americani non controllano nemmeno la strada dell'aeroporto della capitale, tant'è che sparano all'impazzata a ogni stormir di fronda, a qualunque cosa si muova. Comprese le auto accreditate dell'alleato numero uno (o sedicente tale), trattato come una pezza da piedi o perché non conta nulla, o perché foraggia il terrorismo che dice di combattere, pagando riscatti miliardari ai sequestratori contro il volere e forse all'insaputa degli americani, sempre più spazientiti per le furberie e i sotterfugi dei «soliti italiani». Risultato: una micidiale catastrofe comunicativa per il Grande Comunicatore.

Nel breve volgere di cinque giorni, la situazione s'è capovolta. Dal Cavaliere imprecante al Cavaliere trionfante. Maggioranza e opposizione unite nell'acclamare Gianni Letta, Gianfranco Fini e financo Silvio Berlusconi come tre statisti che – parola del Tg1 – «hanno messo d'accordo tutti». Com'è stato possibile? Semplice: la realtà virtuale, a reti unificate, ha sostituito quella reale. Fiumi di lacrime e retorica sull'eroe sacrificato e sull'eroina liberata, per nascondere meglio la marca dei proiettili «amici» che li hanno colpiti. Nemmeno una parola sui motivi della frettolosa fuga del convoglio italiano verso l'aeroporto dopo il tramonto, scavalcando l'ambasciata e il comando alleato, che in Iraq è più che alleato: è padrone. Nemmeno un sospiro sul riscatto che tutti sanno essere stato pagato. Come per Stefio, Cupertino e Agliana, come per le due Simona, come sempre. Fini, per non mentire troppo spudoratamente al parlamento, l'ha chiamato «soluzione politica, diplomatica e di intelligence» invocando un «doveroso riserbo» che oggi è tutt'altro che doveroso. Poi, a *Porta a Porta*, dove le bugie vanno via come il pane, ha corretto il tiro a uso interno e soprattutto internazionale, negando recisamente quel che tutti sanno e che Berlusconi ha indirettamente confermato alla camera, facendo sapere che in futuro il governo non garantisce più per nessun italiano in Iraq. Cioè, come dice Gustavo Selva (presidente commissione Esteri, An), «d'ora in poi nemmeno una lira ai rapitori». D'ora in poi. Gli americani non vogliono (il fatto che una legge italiana lo vieti, per costoro, è secondario).

Poi ci si mette l'opposizione, o buona parte di essa. Anziché ribadire a una sola voce le ragioni del no alla guerra e i torti di chi l'aveva voluta, anziché evidenziare il caos che regna in Iraq, vera e unica causa della morte di Calipari, a sinistra c'è chi insegue le improbabili dietrologie sull'agguato premeditato degli Usa per uccidere la «scomoda giornalista». Salvo poi non riuscire a spiegare perché, se la volevano uccidere, non l'hanno fatto. E regalare ai berluscones una comoda scappatoia per uscire dall'angolo, passare dalla difensiva all'offensiva contro «la solita sinistra antiamericana» e linciare vergognosamente Giuliana Sgrena. Disunita sulla lettura della tragedia, l'opposizione ritrova l'unità nell'applauso a Letta, Fini e Berlusconi in nome di un curioso concetto dell'«unità nazionale». Letta diventa uno statista solo perché ha tenuto una bella orazione funebre per Calipari: come se bastasse non mettersi le dita nel naso in chiesa e non accusare la Sgrena di essersi rapita da sola, insomma non essere Calderoli, per diventare automaticamente Cavour. Fini raccoglie unanimi consensi anche se in parlamento ha detto una cosa e a *Porta a Porta* un'altra. Berlusconi riscuote applausi a scena aperta, nonostante le palesi reticenze, solo perché - si dice - ha ringraziato le opposizioni: come se la sua fosse una generosa apertura al dialogo, e non il comprensibile sollievo per lo scampato pericolo. Temeva che i suoi avversari mettessero il dito nelle piaghe e nelle pieghe della versione italiana, che fa acqua almeno quanto quella americana, e pretendessero tutta la verità dal governo italiano ancor prima che da quello americano. Invece hanno rinunciato. E lui, lo sconfitto di sette giorni fa, ha trionfato. *(11/03/2005)*

Door to Door

Silvio Berlusconi, a *Porta a Porta*, annuncia il ritiro delle truppe italiane dall'Iraq entro settembre. Immediata la smentita di Bush e Blair, seguita dalla solita retromarcia del premier che accusa i giornali di averlo «frainteso».

Siamo venuti in possesso della lettera strettamente confidenziale che due giorni fa George W. Bush ha inviato a Silvio Berlusconi dopo l'incauto annuncio del ritiro delle truppe italiane dall'Iraq.

«Caro Silvio, o come diavolo ti chiami (ormai non siamo più sicuri di nulla), mi informano da Little Italy che ieri, in uno strano programma denominato *Door to Door* o qualcosa del genere in cui parlavi solo tu, ti sei permesso di annunciare il ritiro del contingente italiano da Nassiriya a partire da settembre. La cosa mi ha molto sorpreso, anche perché non ti ho mai ordinato nulla di simile. E non venirmi a dire che ti hanno frainteso. Con me non attacca. Oggi ho chiesto a un amico comico di passarmi il tuo "Giornale" (lui lo legge sempre, per ispirarsi). Titolo di prima pagina: *"A settembre comincia il ritiro dall'Iraq". Annuncio di Berlusconi: le prime truppe torneranno entro l'anno. La Casa Bianca ringrazia il governo*. E in un articolo si parla di "missione compiuta". Poche balle: tu quelle cose le hai dette. Ora, per essere chiari: noi non ci siamo mai sognati di ringraziarti per la «missione compiuta", visto che in Iraq non è compiuto un beneamato cazzo; dunque tu non ritiri una beneamata cippa, né a settembre né entro l'anno né mai, se prima non te lo dico io.

Ho provato a dirtelo telefonicamente, ma ti sei fatto negare e mi hai fatto rispondere da Previti: non ci riprovare mai più, anche perché a me Previti mi fa un baffo. La prossima volta gli sciolgo Rumsfeld contro e ci divertiamo. A questo punto, onde evitare altri incidenti nei tuoi prossimi cabaret in tv, è bene riepilogare le tue regole d'ingaggio, che a suo tempo accettasti con entusiasmo nel mio ranch in Texas, in cambio di un giubbotto da aviatore, di un berretto da baseball e di una stecca di chewing-gum.

1. Come alleato alla pari, sei pregato di parlare solo quando te lo dico io, e solo per dire quello che decido io. Attieniti scrupolosamente al copione che ti invia ogni giorno Condoleeza, senza allargarti né prendere iniziative. Se dovessero venirti delle idee, usale per i testi di Apicella: ai tuoi ci pensiamo noi.

2. Quando parli con me, la guerra la chiami guerra. Quella della missione di pace raccontala agli italiani, se ancora se la bevono.

3. Non dire che ormai l'Iraq è una democrazia perché ha votato il 58 per cento. Visto che da noi vota il 48 per cento, quelli penseranno di essere più democratici di noi e magari di poterci bombardare per esportarci la democrazia, ora che ne hanno da vendere.

4. L'unico ritiro di cui puoi occuparti senza il mio permesso è quello delle camicie in tintoria, oltre a quello del Milan.

5. La tua postura standard è quella genuflessa, o carponi, o a 90 gradi, o accucciata, o meglio ancora sdraiata a tappetino. Quella che in Italia assumono i tuoi deputati, senatori e direttori, tu l'assumi con noi. Casomai ti venisse voglia di alzarti in piedi per sgranchirti un po', chiedi prima il permesso.

6. Avvertenza. Il contratto che hai sottoscritto con me non è il Contratto con gli italiani. È una cosa seria. Io, se fai il furbo, ti rovino. Possibili penali in caso di inadempienza: raddoppio delle tariffe per i tuoi soggiorni nel mio ranch, con prestazioni d'opera obbligatorie (lavaggio piatti, pulizia scale, disinfezione bagni); niente doppio cuscino sulla poltrona delle conferenze stampa; sblocco delle rogatorie Mediaset che tengo ferme da mesi; indagine ad ampio raggio sulle tasse evase dal tuo gruppo nel mio paese. A tal proposito, ti rammento che per molto meno abbiamo messo in galera Al Capone e gettato la chiave. Ti avverto altresì che potrebbe tornarmi la memoria a proposito di alcune questioncine che non abbiamo mai approfondito: i riscatti miliardari che voi pagate ai terroristi iracheni per il rilascio dei vostri ostaggi, salvo poi chiedere "tutta la verità" a noi; la tua uscita di tre anni fa a Mosca, quando salutando Putin dicesti che Saddam non aveva armi di distruzione di massa, salvo poi precisare che ti avevano frainteso; il dossier-bidone sull'uranio nigeriano di Saddam, rifilatoci nel 2003 dal direttore di "Panorama" Rossella 'O Hara; i barili di petrolio che l'Onu dice essere passati per le mani del tuo amico Formigoil durante l'embargo; quel barile di Buttiglione che va a testimoniare al processo in difesa di Tarek Aziz.

Già che ci sono, mi tolgo alcuni sassolini che, per carità di patria, mi sono tenuto finora nelle scarpe. Non sopporto il tuo fard, il tuo inglese maccheronico e le tue pacche sulle spalle con quelle manine appiccicose. Il valore del dollaro e la quotazione sull'euro sono cazzi nostri, non ti permettere mai più di dare suggerimenti. L'anfiteatro di plastica e la collezione di cactus a Villa La Certosa, come il mausoleo di Arcore, sono delle boiate pazzesche. La tua riforma del falso in bilancio fa schifo. Il tuo doppiopetto sarebbe sembrato demodé al mio bisnonno. Le tue barzellette fanno pena: quando rido, fingo. Non apprezzo per nulla quei tuoi spettacolini con le corna senza scarpe, con i tacchi e il rialzo, per non parlare di quegli strani copricapi che nascondono invano la tua calvizie: prima la bandana e poi quella specie di toupé posticcio che mi pare di aver intravisto ultimamente. Mi vergogno di te e da mesi cerco di convincere i miei collaboratori e parenti, ma anche il mio cane, che quello che vedono in tv non sei tu, ma un sosia comunista. Non ci crede nessuno. Perciò, d'ora in poi, fingeremo di non conoscerci e ci daremo del lei. E se ti dico "you", non illuderti: non vuol dire tu.

Mai più tuo, George W.» *(19/03/2005)*

Falsi d'autore

Furibonde polemiche politiche per un'intervista dell'«Unità» a un anziano ebreo romano che ha attribuito a Francesco Storace, governatore del Lazio, un padre torturatore durante l'occupazione nazista. In realtà si trattava di un omonimo.

La decisione del ministro Maurizio Mediaset Gasparri di autosospendersi dall'ordine dei giornalisti in polemica con l'«Unità» ha gettato l'intera categoria nella costernazione. Anzitutto per la scoperta che, fino all'altroieri, ne faceva parte anche Gasparri. E poi per le irreparabili conseguenze che potrebbero derivare dall'eventuale revoca dell'autosospensione. Gasparri invoca, non si sa bene a quale titolo, il presidente della repubblica. Ma non si esclude una richiesta d'intervento delle forze armate e dell'esercito della salvezza. Perché, spiega l'acuto ministro, urgono «sanzioni» esemplari «contro questi bugiardi». Non avendo però precisato a quali bugiardi intendesse riferirsi, sta per abbattersi sulla nazione un'ondata di scuse senza precedenti, per tutte le bugie diramate negli ultimi dieci anni dagli amici e dagli alleati di Gasparri. Bugie che, di solito, non sono frutto di errori (come quello dell'«Unità», che infatti s'è subito scusata con Storace): sono bufale costruite appositamente a tavolino (infatti non sono mai seguite da smentite né da scuse).

Con Gasparri si scuserà lo stesso Gasparri, per aver chiesto (insieme a Fini, Lainati e Butti di An e al leghista Caparini) le dimissioni del direttore del Tg3 Antonio Di Bella, con la falsa accusa di aver «manipolato» l'intervista alla vedova del maresciallo Bruno sulle torture nel carcere di Nassiriya. E anche per aver detto che la legge Gasparri non favorisce Mediaset, mentre il presidente di Mediaset Confalonieri ha rivelato che la Gasparri farà guadagnare a Mediaset 1-2 miliardi di euro.

Si scuserà Roberto Castelli, che ha lanciato su Giuliana Sgrena la falsa accusa di aver «causato lutti che si potevano evitare».

Si scuserà James Bondi, che ha additato Prodi come mandante della bocciatura di Eurostat sul bilancio italiano, mentre il commissario Almunia ha detto che non è vero niente.

Si scuserà Berlusconi, che ha accusato in tv l'«Unità» di avergli dato del «mostro bavoso», mentre «mostro» gliel'aveva detto Bossi e «bavoso» è uno degli epiteti più gentili rovesciati su Prodi dal senatore forzista Guzzanti, sul «Giornale» di Berlusconi.

Si scuseranno Berlusconi e i suoi house organ per aver sostenuto per anni che la bobina del bar Mandara era stata manipolata da due agenti dello Sco in combutta con i pm Boccassini e Colombo, totalmente scagionati dai giudici di Perugia.

Si scuseranno Berlusconi e i suoi house organ per aver accusato senza prove Prodi e De Benedetti di «svendita della Sme» e di «tangenti» sulla medesima: tangenti mai esistite.

Si scuseranno Studio Aperto, Tg1 e «il Giornale» per aver raccontato, nel gennaio 2003, alla vigilia della cassazione sul «legittimo sospetto» al tribunale di Milano, che i giudici del processo Mondadori tenevano una foto di Previti nella loro bacheca sotto una frase di Platone contro i tiranni: tutte balle.

Si scuseranno gli house organ berlusconiani per aver scritto che Stefania Ariosto era un'agente dei servizi segreti deviati e una provocatrice prezzolata dalla guardia di finanza: tutte balle.

Si scuserà il senatore Contestabile per aver accusato Stefania Ariosto di essersi inventata la morte di tre figli, mentre purtroppo la signora ha perso tre bambini per una grave malattia.

Si scuserà Giuliano Ferrara (già noto per lo scoop-bufala del '97, quando su «Panorama» prese per buone le false accuse del parà Benedetto Bertini a proposito di torture perpetrate dai militari della Folgore in Somalia), per aver montato, fra il '96 e il '98, una campagna di menzogne su tangenti di Pacini Battaglia ad Antonio Di Pietro, da lui definito «scespiriana baldracca», «troia dagli occhi ferrigni», «megalomane golpista» che «fa vomitare».

Si scuserà Vittorio Feltri per i leggendari scoop sul «Giornale»: *Alluvione: colpa dei Verdi, P2, il golpe se l'è inventato la Anselmi, Berlusconi cede la Fininvest, Su Mani Pulite intervenga Amnesty International, La lebbra sbarca in Sicilia, 16 casi di lebbra a Messina, contagiati 4 italiani* (dopo l'unanime smentita, anziché scusarsi, Feltri rilanciò: *Niente allarme, ma servono controlli*), *Antonio Lubrano coinvolto in Affittopoli* (era Michele), *L'Arno è pronto ad allagare Firenze per la cattiva gestione del Pds* (firmato: Antonio Socci).

Si scuseranno gli house organ berlusconiani e i tg unificati per aver parlato per quattro mesi nel 2003 delle tangenti (nemmeno presunte) di Telekom Serbia a Prodi, Fassino, Dini, Rutelli, Veltroni e altri, dando credito al calunniatore Igor Marini.

Si scuserà «il Giornale» per l'intervista di Guzzanti a tale Zagami, noto peracottaro promosso a «supertestimone», il quale giurava di aver visto i miliardi di Milošević trasportati in sacchi di juta dalla Serbia all'Italia e destinati ai leader dell'Ulivo. E anche per l'articolo di Guzzanti che accusò Rainews24 di aver manipolato l'ultima intervista di Paolo Borsellino, pienamente autentica.

Si scuseranno «Panorama» e «il Giornale» per aver scritto che nel dicembre 2002 la Boccassini incontrò in un hotel di Zurigo i giudici Castresana, Del Ponte e Paciotti per preparare l'arresto di Berlusconi, mentre quel giorno la Boccassini era a Milano, Castresana a Madrid, la Paciotti a Bruxelles, la Del Ponte in Tanzania.

Si scuseranno gli house organ berlusconiani per aver scritto che l'Iraq era imbottito di armi di distruzione di massa («il Giornale» annunciò addirittura più volte di averle trovate), e non era vero niente.

Si scuseranno la Mondadori, «Panorama», «Il Foglio» e «il Giornale» per aver pubblicato libri e articoli di Lino Jannuzzi (diffamatore graziato da Ciampi), in cui si accusano Giancarlo Caselli e i suoi pm a Palermo di aver «suicidato» in combutta con Michele Santoro il maresciallo Antonino Lombardo per paura che riportasse in Italia il boss Badalamenti e che questo smentisse Buscetta. Santoro e i pm hanno vinto tutte le cause: tale era la paura per Badalamenti, che la procura lo interrogò dodici volte, e lui fece sempre scena muta.

Si scuserà Canale5 per aver consentito per anni a Vittorio Sgarbi di vomitare calunnie sui magistrati di Milano e Palermo, chiamandoli «assassini», «mafiosi», «manipolatori di pentiti», e addirittura di accusare Caselli di essere il mandante morale dell'omicidio di don Pino Puglisi in base a una lettera anonima.

Si scuseranno Gasparri, Calderoli, Cicchitto, Pisanu e Castelli, con house organ al seguito, per aver accusato la gip Clementina Forleo di «liberare i terroristi», mentre l'imputato in questione, Mohamed Daki, è stato assolto e dunque non è un terrorista.

Le vittime di queste superbufale, non avendo tv a disposizione per montare un caso alla Storace, attendono ancora le scuse dei bufalari. Ma ora, grazie a Gasparri, nulla resterà impunito. *(27/03/2005)*

Silvio Ridanciano

Da qualche mese circola nelle librerie la traduzione di una favola francese per bambini dagli 8 anni in su: *La barzelletta più divertente del mondo* di Arnaud Alméras (ed. Ape Junior). Il protagonista è un tizio che racconta barzellette irresistibili, al punto che chiunque le ascolti viene colto da una irrefrenabile epidemia di risate che li fa singhiozzare per settimane, impedendo loro di dormire e di mangiare. L'inquietante effetto collaterale allarma i paesi circostanti, soprattutto il reame del principe Piermaria, dove il barzellettiere s'è appena trasferito. I consiglieri del principe cercano in tutti i modi di proteggerlo dalla maledizione della barzelletta. Ma alla fine la sua curiosità prevale sul buonsenso e, dopo essersi sottoposto a un lungo e faticoso allenamento anti-risate con un'overdose di storielle divertenti e di estenuanti sedute di solletico in tutte le parti del corpo, Piermaria fa condurre a corte il barzellettiere per metterlo alla prova. Il finale, naturalmente, è a sorpresa. Ma è interessante sapere che, nella versione italiana, il protagonista si chiama Silvio Ridanciano. Se non fosse stata ideata in Francia, si potrebbe pensare a una diabolica trovata propagandistica del Cavalier Bellachioma per erudire, dopo gli adulti, anche i pupi e allevare una nuova covata di quadri azzurri. Tenendo presente quel che lui stesso ripete spesso ai suoi discepoli: «L'elettore è come uno scolaretto di 11 anni, nemmeno troppo sveglio».

In fondo l'Italia è un po' come il reame di Piermaria, immersa da 11 anni in una gigantesca barzelletta da cui non riesce a uscire. Un grande *Truman Show* denominato «Nuovo Miracolo Italiano» che però, diversamente dal regno della fiaba, ha tolto agli abitanti la capacità di ridere: infatti ogni barzelletta di Silvio Ridanciano viene presa terribilmente sul serio. L'epidemia all'incontrario ha effetti di lunghissima durata. Silvio Ridanciano mente su tutto e con tutto: con le parole, le opere (anche quelle grandi), gli spot, le leggi, i giornali e le tv, i ministri e i sottosegretari, le commissioni parlamentari, i giornalisti al seguito, i bilanci (pubblici e privati). Come dice Luttazzi, «mente persino con i capelli». E con il lifting. E con i tacchi (l'altro giorno si accreditava di una statura di «un metro e 71», quando il modello-base arriva a malapena al metro e 60). E con l'anfiteatro greco di plastica nella villa abusiva in Sardegna. E persino con l'erba: l'altro giorno, per la sua visita a Imperia – il reame di Sciaboletta Scajola –, i giardinieri si sono trasformati in imbianchini per verniciare di verde smeraldo tutte le aiuole del capoluogo ligure ancora rinsecchite dalle ultime gelate.

Solo quando scherza – come ha notato acutamente Alessandro Amadori – Silvio Ridanciano dice la verità. Eppure molti dei suoi oppositori, i più buoni del mondo, non l'hanno capito: continuano a prenderlo sul serio quando parla seriamente. È accaduto ancora l'altro giorno, quando Silvio Ridanciano ha annunciato il ritiro delle truppe da Nassiriya. «Finalmente è venuto sulle nostre posizioni», hanno detto tutti giulivi, pronti ad aprire l'ennesimo «dialogo». Naturalmente, trattandosi di un discorso serio, era l'ennesima barzelletta. Così quanti ci erano cascati sono rimasti senza parole, mentre lui - che ha sempre una parola falsa per tutto - li criminalizzava come travisatori dolosi del suo pensiero. Fra i travisatori più impenitenti, si segnalano gli addetti stampa di Palazzo Chigi: subito dopo l'ultima barzelletta del capo a *Porta a Porta*, il 16 marzo avevano vergato sul sito ufficiale della presidenza del consiglio il seguente comunicato: «"Già da settembre cominceremo una progressiva riduzione del numero dei nostri soldati in Iraq". Lo ha detto il presidente del consiglio, Silvio Berlusconi, nel corso della trasmissione televisiva *Porta a Porta*...». Sono lenti di riflessi anche loro: l'indomani, quando Bush e Blair - che lo conoscono meglio di tanti politici italiani - han fatto sapere che era una barzelletta, una mano pietosa ha corretto il comunicato come segue: «"Già da settembre potremmo cominciare una progressiva riduzione del numero dei nostri soldati in Iraq". Lo ha detto il presidente del consiglio, Silvio Berlusconi...». Poi, dal sito, è scomparsa anche la seconda versione. Sembra di stare in *1984* di George Orwell: «Chi è padrone del passato è padrone anche del futuro».

Silvio Ridanciano è un ometto fortunato: il monopolio della barzelletta gli consente di sostenere contemporaneamente tutto e l'opposto di tutto. Lui è al tempo stesso favorevole e contrario al ritiro delle truppe. È cattolico ma laico, liberale ma illiberale. È anticomunista ma amico di Putin, è antimafia ma amico di Mangano e Dell'Utri, è antiterrorismo ma paga i riscatti ai terroristi, è anti-Saddam ma amico di Formigoil. È il più strenuo demonizzatore di avversari che la storia ricordi, ma passa per demonizzato. Ora annuncia che non farà campagna elettorale per le regionali, ma subito dopo comunica che la farà. Il Reame di Piermaria ha ancora un anno per uscire dalla barzelletta e rompere l'incantesimo. Ma potrebbe anche non farcela. Nel qual caso, è pronto il Reame di Piersilvio. *(29/03/2005)*

Telecamera ardente

A poche ore dalla morte di papa Giovanni Paolo II, l'Italia va alle urne per le elezioni regionali. Durissima sconfitta della Casa delle Libertà, che perde 11 regioni su 13 al voto, vincendo soltanto in Lombardia e in Veneto.

Ma sì, è colpa del papa. A metà pomeriggio, dopo ore di latitanza, si fa vivo Fabrizio Cicchitto, il secondo piduista più importante di Forza Italia e spiega all'inclita e al colto perché il Polo ha perso: la morte di Giovanni Paolo II ha confuso la schiacciante maggioranza forzista che domina l'Italia. Anche Enrico La Loggia, che in tv prende sberle persino dall'amico Tabacci, concorda: «La morte del papa ha distratto i nostri elettori». Purtroppo però l'astensionismo è aumentato solo dell'1 per cento. In che senso dunque i polisti si sono distratti? Semplice. Sono andati alle urne ma, giunti in cabina, si sono confusi e hanno votato a sinistra. Il papa che – come Bruno Vespa e Paolo Guzzanti non hanno mai mancato di ricordarci in questi giorni – ha «sconfitto il comunismo» ha deciso di morire proprio alla vigilia del voto per dare una mano ai comunisti. Per favorire il Male contro il Bene.

James Bondi, il cardinale camerlengo di Arcore, rimane per ore e ore raccolto in preghiera al capezzale dell'Unto del Signore, nel tentativo di tramutare con la sola forza del pensiero le schede di sinistra in schede di destra. Ma alla fine il miracolo non funziona. Squadre di imbalsamatori tentano di conservare le spoglie politiche dell'Altissimo brianzolo, ma è tutto inutile: più gli crescono i capelli, più diminuiscono i voti.

Chi invece, per contratto, non può piangere l'ennesimo lutto lontano dalle telecamere è l'insetto di *Porta a Porta*, costretto ad allestire una nuova veglia funebre, questa volta per Forza Italia. Negli ultimi giorni non aveva lasciato nulla di intentato, ospitando sotto la telecamera ardente Giulio Andreotti, noto supporter di Storace, per parlare del papa. Meglio di lui aveva fatto solo il Tg5, che aveva in studio Jas Gawronsky in veste di «scrittore» papista, tacendo sul fatto che è pure eurodeputato di Forza Italia. Ma il caso era ormai disperato. Una prece.

A questo punto vien da sospettare che l'ultimo sondaggista

del Cavalier Crescina sia Wanna Marchi. Perché Lui era sicuro di vincere. «Fidatevi delle mie intuizioni, siamo 4 punti sopra l'opposizione» (27 ottobre 2004). «Siamo 5 punti avanti. Il sesto senso mi dice che riconquisteremo la maggioranza senza tanti problemi. Forza Italia ha uno zoccolo duro del 20 per cento che non ci abbandonerà mai, poi c'è un altro 10 per cento del nostro elettorato fluttuante, che stiamo già recuperando. Infine i sondaggi ci segnalano un ulteriore 10 per cento di incerti, i quali potrebbero essere attratti dal nostro messaggio» (23 dicembre 2004). «Dopo la riforma fiscale, Forza Italia è sopra il 23 per cento» (3 gennaio 2005). «Siamo 3 punti sopra la Gad» (26 gennaio 2005). «Avremo più voti nell'insieme di tutte le regioni. E le più importanti confermeranno il governo di centrodestra. Una regione in più sarà un risultato buono, due in più ottimo» (13 marzo 2005). «Ho sondaggi molto positivi» (26 marzo 2005). Aveva addirittura in tasca l'arma segreta: «Faremo una campagna spirituale, usando il *Libro nero del comunismo* nei comizi: è efficacissimo!» (26 gennaio 2005). Meglio riprovare con il *Codice Da Vinci*, anzi *Da Perdi*. Notevoli anche i titoli trionfalistici del «Giornale», ispirati ai comunicati di Alì il Comico, il ministro della propaganda di Saddam che annunciava successi sensazionali delle truppe irachene mentre i tank di Bush entravano in Baghdad: «Forza Italia guadagna il 3 per cento sulle europee. Listone in calo» (27 ottobre 2004). «Centrodestra in vantaggio sulla Gad: riconquistati parte degli astenuti alle europee» (11 novembre 2004). «Formigoni al 57 per cento, Storace e Biasotti al 50» (26 gennaio 2005). «Centrodestra in testa di 3 punti, 48,3 per cento contro 45,2 per cento: premiato il taglio delle tasse» (13 gennaio 2005). Ci credeva pure Paolo Bonaiuti: «Meno tasse e più coesione nella Cdl ci hanno messo le ali» (24 dicembre 2004).

E ora che si fa? Il governo è sull'orlo delle dimissioni. Nessuno lo difende più, nemmeno il suo capo. «In parlamento – osserva Berlusconi – c'è una maggioranza che è minoranza nel paese, le camere sono delegittimate. Il premier non può fare lo struzzo e nascondere la testa sotto la sabbia. Nuove elezioni sono l'unico modo per ristabilire il circuito virtuoso fra paese reale e paese legale. Quando un paese democratico sfiducia un governo, si vota!». «Inutile dissertare se siano politiche o regionali: gli elettori hanno detto dove sta la maggioranza del paese», sentenzia La Loggia. E Pisanu: «L'unica anomalia è questo governo». Gasparri: «Il governo esce nettamente minoritario, deve trarne le conseguenze. Ogni soluzione diversa dalle urne è un attentato alla democrazia». E Fini: «Molto meglio andare alle elezioni per eleggere un nuovo governo legittimato piuttosto che continuare con questo accanimento terapeutico. La legislatura è finita con le regionali. Questo governo minoritario nel paese è ormai un'offesa alla sovranità popolare, il premier è un abusivo a Palazzo Chigi». Casini tuona: «C'è un solo responso possibile: quello che deve emettere il popolo. Le regionali hanno cambiato l'equilibrio politico nazionale, l'unica soluzione sono le elezioni». «La gente ha scelto, non vuole più questo governo», sbraita Castelli. «Il governo ha sbagliato la schedina, ora si deve dimettere», intima Storace.

(Avvertenza: le ultime otto dichiarazioni riguardano il governo D'Alema dopo le regionali vinte dal Polo nel 1999).

(5/04/2005)

I ragazzi dello zoo di Angelino

Qualcuno, per favore, ha notizie di James Bondi? Sono due giorni che il cardinale camerlengo di Arcore non dà più notizie di sé, e cominciamo a essere seriamente preoccupati. Sino all'altroieri l'Ansa gli dedicava una media di 35-40 lanci al giorno: esternava su tutto, dal processo a Michael Jackson, vittima delle toghe rosse americane, alle corse dei canguri in Australia. Poi l'inquietante silenzio. L'altroieri, niente. Ieri, niente. Secondo voci incontrollate, sarebbe lui il cardinale in pectore che per ovvi motivi papa Wojtyla non osò ufficializzare: avrebbe già preso la strada di Roma, a piedi, per giungere in tempo per il conclave. Secondo altri si sarebbe dato alla macchia per espiare le sue colpe con terribili atti di mortificazione. In Veneto risulta eletto un nuovo, misterioso consigliere regionale forzista, tale Dario Bond (senza la «i»): potrebbe essere questa la nuova identità di James, ma si attende ancora l'esame del Dna. Quel che è certo è che gli ultimi avvistamenti risalgono a lunedì sera, quando i cani da valanga lo segnalavano nel parco di Arcore, la cazzuola in una mano e il bogliolo del cemento nell'altra, mentre si dirigeva mesto verso il mausoleo funerario per automurarsi vivo (si fa per dire) nel primo loculo disponibile. Poi – ed è l'ultima notizia che abbiamo di lui – il Cavalier Salma ha avuto pietà di lui, e con un filo di voce l'ha chiamato al suo capezzale per una maratona di rosari contro il Male che dilaga di regione in regione, risparmiando per ora soltanto il Lombardo-Veneto, oltre all'amata Sicilia, la terra benedetta dove tutto cominciò e dove gli amici restano amici.

Di qui la scelta di spedire a *Porta a Porta* il nuovo coordinatore siciliano, l'allampanato Angelino Alfano, 34 anni, ovviamente avvocato, appena subentrato a Gianfranco Miccichè. In una recente intervista al «Giornale», si era definito «innamorato unilateralmente di Berlusconi». Aveva dipinto Dell'Utri come «colto, sensibile, innocente». E s'era detto «ottimista per le regionali», perché «abbiamo un eccesso di classe dirigente, abbiamo la Nazionale». Risultato: 11 a 2.

L'irruzione di Angelino nel museo degli orrori di Forza Italia è un segno dei tempi, se si pensa che in pochi anni abbiamo visto avvicendarsi sul video Elio Vito, Renato Schifani, James Bondi, Elisabetta Gardini e infine l'astro nascente nei cieli di Palermo. L'evoluzione della specie. Alfano, fronte inutilmente spaziosa e giacca di velluto nero d'ordinanza, intonata col clima generale, non è proprio quel che si dice un allegrone: La Russa, al suo cospetto, pare Benigni. Prima di lui s'era intravista l'esangue Morticia Gardini in Nosferatu, che portava ancora i segni dell'abbondante prelievo ematico-elettorale. Ha fatto in tempo a esalare che «c'è ancora un testa a testa, Storace sta crescendo», poi è venuta meno: le telecamere, pietosamente, hanno ceduto il passo ai rianimatori con i sali e le bombole dell'ossigeno.

L'unica luce nell'obitorio vespiano promanava dal cravattino verde-evidenziatore di Antonio Polito, comodamente assiso nel divanetto riservato al centrodestra. L'insetto è rimasto a lungo incerto sulla collocazione da assegnare al direttore del «Riformatorio», che è contemporaneamente sia di destra sia di sinistra. Poi l'ha sentito parlare, e non ha avuto dubbi. L'omino Bialetti, che pare uscito da uno spot del Proraso, ha dispensato inutili consigli a entrambi gli schieramenti, con quella sua spensieratezza tipica del figaro napoletano che spruzza nuvole di dopobarba e domanda al cliente: «Dotto', vulisse 'na scurciatiella alla basetta?».

Nel divanetto di sinistra sedeva invece Francesco Pionati, quello dei pastoni e dei panini: visibilmente scioccato dal crollo del padrone, pare si prepari alla quinta reincarnazione, sulle orme dell'altro Francesco, Giorgino, che mesi fa a scanso d'equivoci s'è iscritto all'Usigrai. Ora si teme che lo stesso itinerario a ritroso stia percorrendo un altro desaparecido delle ultime ore, Nando Adornato: i sanbernardo l'avrebbero individuato nei pressi di Via Nazionale, avvolto in una copia invenduta di «Liberal» e rigorosamente in incognito, cioè sbarbato e silente. Ecco: lui è uno di quelli che ripassano.

Nel fuggi-fuggi generale, l'unico assente giustificato era Cesare Previti. Lunedì era nel suo habitat naturale, il tribunale di Milano, per esibire col giusto orgoglio il suo alibi di ferro contro l'accusa di corruzione: la frode fiscale su 40 miliardi di parcelle.

Il Cavalier Bellachioma l'ha presa bene. Dopo 48 ore trascorse a sbattere la testa neocapelluta contro il muro, ha assicurato a «Panorama» di essere «sereno» perché «era tutto prevedibile e previsto». Diavolo d'un uomo: è lui che ha voluto perdere.

I funerali del governo si svolgeranno in perfetta coerenza con questi quattro anni di leggi ad personam: in forma privata. È lo stesso Bellicapelli a confermarlo, lucido e sereno: «Se la sinistra vince le politiche, avremo un regime vendicativo e giustizialista, mascherato da legalità e ostile a tutto ciò che è privato». Magari. *(6/04/2005)*

Suicidio in diretta

A sorpresa, Berlusconi si presenta a *Ballarò* su Rai3 al posto del ministro La Loggia, e si confronta per due ore con D'Alema e Rutelli.

Berlusconi che parla con persone diverse da lui e da Bruno Vespa. E risponde persino a qualche domanda. In diretta.

Senza sfondo con cielo azzurro e nuvolette. E senza giornalisti impagliati davanti. Eventi che si verificano a ogni morte di papa, tant'è che molti, ignari, hanno pensato a un ritorno su Rai3 di Sabina Guzzanti. Meglio non farci l'abitudine, comunque, anche perché non è andata benissimo per il Cavalier Bellachioma. Sarà stata la mancanza di allenamento (l'ultima volta fu nel 1996). Sarà stata la fretta con cui si è autoinvitato, travestito da riserva del ministro La Loggia (onde evitare che ne dicesse qualcun'altra sul papa, provocando una crisi diplomatica con uno dei pochi stati che ancora ci parlano: il Vaticano). Sta di fatto che il *Ballarò* dell'altra sera è stato, per l'ospite inatteso, una catastrofe biblica. Un caso di autotortura, proibito dalla Convenzione di Ginevra. Invano, nelle pause pubblicitarie, i due secondi seduti a bordo ring, Paolo Bonaiuti e Angelino Alfano, tentavano di rianimarlo dandogli una mano di fondotinta (dopo ogni stacco, ricompariva più abbronzato di prima). Non che il semiconduttore Floris, impreparato anche lui, fosse meno piacione del solito. Non che D'Alema e soprattutto Rutelli infierissero più di tanto. Ma Lui ha fatto tutto da solo. Suicidio in diretta, come da maledizione di Montanelli: «Lasciatelo fare: è come il vaiolo, bisogna iniettarselo, per vaccinarsi».

Il repertorio era quello di sempre: si compiaceva molto di essere Berlusconi, raccontava fatti mai visti, snocciolava cifre e percentuali alla rinfusa, riduceva tasse, ritirava truppe, dichiarava guerre, firmava paci, prometteva eventi mirabolanti che poi smentiva a stretto giro, negava di aver mai detto a «Panorama» che una vittoria delle sinistre porterebbe l'Italia al regime del terrore e poi sosteneva di essere stato frainteso dalle sinistre che porteranno l'Italia al regime del terrore. Ma l'effetto, senza la spalla di Vespa, lontano dallo studio di Vespa, privo del pubblico finto di Vespa, era l'opposto di sempre. Cambiava il fondale: per la prima volta dopo dieci anni, Bellicapelli aveva di fronte persone normali che reagivano da persone normali. Quando ne sparava una, anziché annuire compunte come a *Porta a Porta*, si sbellicavano dalle risate. Quelle risate che l'avrebbero seppellito da dieci anni, se solo avesse incontrato davanti qualcuno normale che ride quando c'è da ridere e piange quando c'è da piangere. Ma, fino all'altroieri, non si poteva. Non era previsto. Lui diceva per la centesima volta che «la sinistra controlla università, tv, radio, banche, procure della repubblica, corte costituzionale e poteri forti» (stavolta, per cambiare un po', ha aggiunto «le scuole medie superiori» e, testuale, «i consigli di stato», che per lui sono parecchi). Solo che stavolta la gente rideva, ed è crollato tutto. Ma proprio tutto, anche il lifting. Per la fretta, non era passato al restauro e doveva essersi scordato a casa i tiranti. O forse, più semplicemente, non s'era portato appresso il cameraman di fiducia (quello di *Ballarò*, noto comunista, indugiava impietoso su bargigli e pappagorge pencolanti qua e là, per non parlare della raggera trapiantata e imbrillantinata). Insomma, lo spettacolo non era dei migliori. A un certo punto, sull'angolo sinistro della bocca, è comparsa pure una traccia di bavetta alla Forlani.

Ogni sforzo di innovare il copione è stato vano. Non funzionava niente. Il Cavalier Bollito tentava di promettere «la soppressione degli enti inutili» (il parlamento? il Quirinale? i tribunali? Non ha specificato). Niente. Provava ad annunciare che ora sistemerà i conti pubblici «con la digitalizzazione degli archivi, grazie al nostro geniale ministro Stanca che ci sta lavorando». Niente. Replicava la vecchia gag dell'imprenditore ghepensi-mi: «So bene cos'è una previsione di bilancio» (infatti lui li truccava, eppure aveva collezionato 6 mila miliardi di debiti). Ripeteva che lui non ha «mai insultato nessuno». Ancora niente (anche se né Floris né D'Alema né Rutelli ricordano uno solo dei suoi mille insulti). Allora passava alle minacce: «Ci sono molte cose che facciamo ogni giorno e di cui nessuno sa nulla». È stato l'unico momento in cui un brivido gelido ha percorso le schiene degli astanti. Poi si è subito rientrati nella commedia dell'arte, quando l'anziano caratterista ha informato il pubblico che «sulle reti che ancora (proprio così: ancora, *n.d.r.*) appartengono alla mia famiglia non s'è mai vista una trasmissione faziosa, di attacco agli avversari politici». E quando ha avuto un pensiero gentile per il duo Bondi & Cicchitto («Forza Italia in questi anni non è esistita»). E quando, con mossa geniale, ha rinfacciato a D'Alema «i vostri sindacati», regalando alla sinistra i pochi lavoratori che ancora votavano a destra. Alla fine, contagiato dall'ambiente e applaudito con una mano sola financo da Alfano e Bonaiuti, rideva lui stesso delle cose che diceva. La mascella volitiva si decomponeva in un ghignetto ammiccante che lo rendeva persino simpatico. Ancora un'oretta di trasmissione, e avrebbe confessato che è stato tutto uno scherzo, undici anni di divertimento puro a cacciar balle in un paese che adora abboccare, lui stesso non immaginava di durare tanto, ma ora è finita, a meno che non lo salvino un'altra volta i comunisti (in segno di pace, indossava la stessa cravatta di D'Alema).

Al suo fianco, spaurito e spettinato come Paperoga, sedeva Gianni Alemanno. Invocava uno jettatorio «conclave del centrodestra», dando per morto il capo. Ma parlava il meno possibile e, non inquadrato, biascicava sottovoce qualcosa di impercettibile: forse contava a uno a uno i voti che volavano via a ogni delirio del Cavalier Salma. Poi, zitto zitto, scivolava lentamente con tutta la poltrona verso l'uscita. Per non dare troppo nell'occhio e poter dire, un giorno, di non essere mai stato lì. *(7/04/2005)*

Il piacere è tutto suo

C'è una celebre vignetta di Altan sulle ingerenze vaticane nella politica italiana. Raffigura un prete che infila il classico ombrello nel posteriore di un cittadino italiano, e domanda educatamente: «Disturbo?». Il cittadino, altrettanto cortese, risponde: «Si figuri, lei sfonda una porta aperta». Ecco: l'altra sera il Cavalier Salma, autoinvitandosi a *Ballarò* travestito da riserva del ministro La Loggia, ha sfondato con un ombrellone da spiaggia la porta aperta della Rai, trattandola per quello che è: il cortile di casa sua. È curioso che la stampa «indipendente», estasiata per l'immane «coraggio» dimostrato dal premier nello sfidare i comunisti sulla rete comunista (curiosamente diretta da un democristiano) e addirittura nell'«ammettere la sconfitta» (bella forza: aveva appena perso qualche milione di voti), non l'abbia notato. Immaginarsi che sarebbe accaduto se l'avesse fatto Prodi, o un qualsiasi leader di un qualsiasi paese democratico. Bush che si presenta senza invito alla Cbs, o Blair alla Bbc, o Zapatero alla Tve, o Chirac a France2: verrebbero riaccompagnati gentilmente alla porta dal conduttore, che nelle democrazie vere è il vero padrone di casa, e presi in consegna da un paio di robusti infermieri per un lungo periodo di cure psichiatriche. Essendo l'Italia un gigantesco manicomio a cielo aperto, dove chi fa cose da pazzi è normale e viceversa, la cosa è passata inosservata. E lo stesso Giovanni Floris l'ha raccontata come una cosa di cui vantarsi.

Intendiamoci. Floris ha fatto benissimo ad accogliere il Cavalier Bollito anche se non l'aveva invitato (anzi, l'aveva invitato, ma non aveva ricevuto risposta alcuna): l'occasione era troppo ghiotta e il pubblico l'aspettava da nove anni. Ma resta il fatto che quanto è accaduto l'altra sera alla televisione pubblica (anzi, privata, del premier) avrebbe potuto succedere soltanto in Thailandia. Giunto al punto più basso della sua decennale carriera politica, questo ometto di stato ridotto a nano di gesso anche dal punto di vista elettorale ha potuto decidere come e quando apparire in tv, e con chi: non con il suo concorrente naturale Romano Prodi, ma altri due leader che peraltro nulla sapevano del suo arrivo finché non l'hanno visto spuntare a Saxa Rubra. Per quanto lesso e stralesso, il padrone continua a essere lui. Il gioco lo decide lui, le carte le dà lui, sceglie lui il tavolo, le regole e gli eventuali altri giocatori. Decide lui quando instaurare una parentesi di normalità nella scandalosa anomalia creata e incarnata da lui, e continuerà a decidere lui per tutto questo prossimo anno di campagna elettorale, magari liberandosi lui stesso delle pastoie (la par condicio) che ancora gli impediscono di apparire da solo, senza avversari, neppure a distanza.

Vespa aveva peccato di lesa maestà: la sera prima aveva dato la parola a Fini, permettendogli di criticare il padrone, senza avvertire il padrone. Così il padrone gli ha lanciato un avvertimento, alla maniera siciliana, che è sempre la più persuasiva. Andando da Floris e mettendo in crisi il peraltro usuratissimo modello *Porta a Porta*: il monologo. Così l'insetto, la prossima volta, impara. L'importante è che sia chiaro a tutti che lui avrà pure perso milioni di voti, ma il controllo della tv, unica sede riconosciuta per il dibattito politico a una sola voce (la sua), è in mano sua. Il padrone in tv resta lui, non i direttori di rete o i conduttori dei talk show, che stanno lì perché lui benevolmente lo consente tramite l'apposito Cda monocolore, e se lui non lo consentisse sarebbero già a casa, come Biagi, Santoro, Freccero, Beha e gli altri. In fondo, Biagi è stato cacciato perché non si faceva imporre né gli ospiti né le domande. E Santoro, alla vigilia delle elezioni del 2001, fu avvertito da Berlusconi tramite Saccà: se avesse accettato di invitare in studio i giornalisti che voleva Lui per intervistare Lui, avrebbe potuto quantomeno sperare di salvarsi dall'epurazione prossima ventura. Invece ribadì che gli ospiti e le domande li sceglieva in autonomia, e fece harahiri. Chi oggi va in onda in questa tv è perché ha accettato di non essere padrone in casa propria, sapendo che quella casa - che convenzionalmente chiamiamo «pubblica» - in realtà è privata. Del padrone unico.

Dunque sia chiaro che gli inviti li fa lui, gli intervistatori li sceglie lui e le domande le decide lui. E se - bontà sua - risponde a qualcuna (ma l'altra sera, checché se ne dica, le ha eluse quasi tutte) è perché gli gira così. Ma nessuno si illuda che lo rifarà, se non quando deciderà che gli converrà ripetere l'esperimento. «D'ora in poi andrò su tutti i media», ha promesso. Una minaccia più per gli alleati (ex?) che per gli avversari. Oltreché, si capisce, per i conduttori o semiconduttori televisivi. Se vogliono dare la parola a Fini e Follini, stiano accorti: lui, con la sola imposizione delle mani, può farli scomparire. E non dicano che non erano avvertiti. L'estate scorsa, dopo la cacciata di Tremonti, l'aveva detto chiaro, a Follini: «Le mie tv, finora, non ti hanno mai attaccato. Se continui così, vedrai come ti tratteranno». Follini capì l'antifona e, dopo qualche mese di quarantena, si fece annettere come vicepremier. Ora siamo alla resa dei conti. Un signore con sempre meno voti, ma seduto su un patrimonio di 40 mila miliardi di lire e sei televisioni, continuerà ad aprire e chiudere la porte come se fosse a casa sua. Lui sfonda una porta aperta, e non chiede neppure il permesso. *(8/04/2005)*

La sapete l'ultima? In politica «la tv non conta». Anzi, logora chi ce l'ha e favorisce chi non ce l'ha. L'hanno sostenuto ieri, restando seri, Pierluigi Battista e Francesco Merlo in stereofonia, prendendo le mosse dalla débâcle berlusconiana alle regionali. Si potrebbe obiettare che gli scienziati della comunicazione di tutto il mondo sono unanimi nell'affermare il contrario; che tutti i leader del mondo fanno a gara ad accaparrarsi i favori (la proprietà è consentita solo in Italia e in Thailandia) delle tv; che sul tema Bobbio, Sartori, Montanelli, Eco, Scalfari, Cordero e altri hanno scritto parole definitive. E chiuderla qui. Ma è il caso di riepilogare qualche fatto, per i cultori del genere.

Da undici anni la scena politica italiana è occupata da un signore che, senza le tv, non sarebbe mai entrato in politica. Non ci avrebbe mai provato e non ci sarebbe mai riuscito. Nessuno, nella storia, era mai riuscito a fondare un partito in pochi mesi e a guadagnare la maggioranza dei voti, per il semplice motivo che a nessuno era mai stato consentito di accaparrarsi tre tv su sei, e per giunta di candidarsi a Palazzo Chigi. La cosa fra l'altro era vietata da una legge del 1957: ineleggibilità di qualsiasi concessionario pubblico. Tanto per essere chiari: non staremmo a parlare da undici anni di Berlusconi se non avesse avuto le tv e, grazie a quelle, non avesse vinto le elezioni del '94.

Obietta Pigi Cerchiobattista: nel '92, nonostante il «controllo ferreo sulla tv pubblica, il Caf non riuscì ad arginare il rovinoso crollo». Dimentica che quel crollo fu causato proprio dalle tv che, libere dal controllo di una partitocrazia moribonda, poterono lanciarsi a capofitto su Mani Pulite raccontando in diretta gli scandalosi casi di corruzione che via via emergevano. Tutti – anche Vespa, Mentana, Fede, cioè Berlusconi con i suoi giornali e tv – dalla parte di Di Pietro. Non appena Berlusconi, giunto al potere sventolando la bandiera di Mani Pulite, chiuse il rubinetto delle informazioni e aprì quello delle bugie, il vento girò e i dipietristi divennero berlusconiani.

Ricorda Cerchiobattista che «nel '96 vinse Prodi e perse chi deteneva le leve della tv di stato». Ma ricorda male: nel '96 Prodi vinse perché Bossi, decisivo nel '94 pro Berlusconi, fu decisivo contro Berlusconi presentandosi da solo. Il Cavaliere comunque, anche senza Bossi, conquistò tanti seggi da consegnare Prodi nelle mani di Bertinotti, con una maggioranza risicatissima, che sarebbe stata certamente più larga se Berlusconi non avesse avuto le tv.

Rammenta ancora Cerchiobattista che nel 1996-2001 «l'Ulivo trionfante ulivizzò la Rai», eppure nel 2001 «Berlusconi trionfò». Ma rammenta malissimo. L'Ulivo non ulivizzò un bel niente: lottizzò la Rai, metà a sé e metà a Berlusconi (che ebbe in dote Rai1 con Agostino Saccà e il Tg2 con Clemente Mimun), moltiplicò Bruno Vespa da una a quattro sere settimanali e nel '96 cacciò Michele Santoro, che quando tornò nel '99 fu relegato prima una volta al mese su Rai1, poi una volta alla settimana sulla marginale Rai2. Nel 2001 dunque Berlusconi schierò tre reti Mediaset e una rete e mezza Rai, senza contare tutti i voltagabbana che, fiutando la sua vittoria, saltarono sul suo carro ben prima del voto. E fu ancora grazie alla tv che Berlusconi piazzò chez Vespa la mossa vincente del Contratto con gli italiani.

Ultima obiezione: ma nell'ultimo anno il Cavalier Bollito ha perso tutte le elezioni parziali. Vero. Ma non è stato per i danni devastanti inferti dal governo alla costituzione, alla giustizia, alla sanità, alla scuola, all'università, alla cultura, alla ricerca scientifica, all'ambiente, al senso morale degli italiani: di queste catastrofi la stragrande maggioranza, quel 65 per cento che per informarsi guarda solo la tv senza mai leggere un giornale né un libro, sa poco o nulla. È stato per la crisi economica che ha impedito al Caro Estinto di regalare soldi a destra e a manca. Cioè per il disastro che meno dipende dal suo governo, essendo anche frutto della congiuntura internazionale. L'unico disastro che, però, gli italiani toccano con mano, anche se la tv non ne parla quasi mai.

Nessuno ha mai sostenuto che la tv sposti decine di milioni di voti: il consenso a Berlusconi è (o era) reale. Ma minoritario. È divenuto maggioritario grazie al monopolio tv: secondo Renato Mannheimer, la tv influenza direttamente almeno 2,7 milioni di elettori: il 6 per cento, una quota enorme in un sistema maggioritario dove si vince o si perde per 1 o 2 punti. La domanda da porsi, dunque, non è perché Berlusconi perda anche con le tv. È di quanto perderebbe senza. O meglio: dove sarebbe, oggi, senza. Nel '94 sarebbe rimasto a casa. Nel '96, dopo la prima sconfitta, e nel 2003, dopo i primi disastri, i suoi alleati l'avrebbero scaricato o rimpiazzato con un leader vincente: non l'han fatto perché, senza i miliardi e le tv di Berlusconi, sarebbero usciti a pezzi. E l'attuale governo, il peggiore della storia repubblicana, non avrebbe stabilito il record di longevità: dopo i primi due anni di disastri, se le tv li avessero puntigliosamente raccontati, avrebbe dovuto fuggire all'estero in blocco, inseguito con scope e forconi dagli elettori inferociti.

Ma la prova migliore che le tv sono decisive sta proprio nel fatto che, dopo 11 anni, ci siano ancora dei buontemponi che negano l'evidenza. La tesi Merlo-Battista è la stessa di Berlusconi. Ma Berlusconi la sostiene a parole. Poi, nei fatti, la contraddice platealmente. Se la tv non conta, perché Biagi, Santoro, Beha, Fini, Luttazzi, Sabina Guzzanti, Paolo Rossi & C. non sono più in onda? S'è mai chiesto, Cerchiobattista, perché un anno fa l'hanno messo su Rai1 al posto di Biagi? Perché la tv non conta, of course. *(9/04/2005)*

Vieni avanti, creativo

Il papa è morto, Ranieri è morto e Bellachioma si sente poco bene. Così, mentre si lecca le ferite, anzi se le fa leccare dalle sue lingue aziendali, manda avanti Giulio Tremonti, detto The Genius. La sua media di presenze televisive insidia ormai il record di Bertinotti. Ma con una differenza. L'ansia da telecamera trascina Berty in un irrefrenabile trasporto amoroso verso qualsiasi tenutario di salotto tv, a cominciare da Vespa (infatti il leader rifondarolo già preannuncia un'aspra battaglia in difesa dell'insetto, nella remota eventualità che qualcuno gli voglia riservare la sorte di Biagi e Santoro). Il Genio, invece, più i conduttori lo invitano, più li prende a pesci in faccia. E quelli, anziché insegnargli l'educazione, sorridono compiaciuti. L'altra sera, tanto per cambiare, era a *Ballarò*. Le rare volte che Floris azzardava una domanda a qualcuno, il Genio arrotondava la boccuccia a cul di gallina stitica e gli intimava di «non fare comizi». Visto che si parlava di economia, oltre al solito parterre di politici, c'era sorprendentemente un economista, il professor Bruni della Bocconi. Tremonti, che è un commercialista, non gradiva. Anche perché l'economista aveva l'handicap di capire di economia e dunque spiegava che è pura follia tagliare ancora le tasse dopo la bocciatura europea. Il Genio lo zittiva con insolenza, gli intimava di non occuparsi di tasse «lei che è esperto di moneta», «queste sono sue opinioni personali» (e di chi, se no?) e addirittura «comizi politici di uno pagato dalla Rai». Un conduttore che si rispetti avrebbe preso per il bavero questo misirizzi inamidato, elencandogli i titoli scientifici dell'ospite e intimandogli di chiedere scusa, poi l'avrebbe scortato all'uscita con l'avvertenza di ripresentarsi soltanto accompagnato dai genitori. Invece Floris ha balbettato che lui non paga gli ospiti, e morta lì.

Proviamo per un attimo a immaginare che ne sarebbe del Genio se il suo spirito-guida non controllasse le tv. Entrerebbe negli studi Rai in punta di piedi, gli occhi bassi, le orecchie pure, il bavero rialzato e la barba posticcia, sperando di non essere riconosciuto. Si avvicinerebbe timidamente al conduttore per ringraziarlo del favore che gli fa e pregarlo di sorvolare su certe vicenduole della sua catastrofica carriera ministeriale. L'annuncio al Tg1 del «buco dell'Ulivo» da 40, o 30, o forse 65 mila miliardi di lire, ovviamente mai esistito (luglio 2001). La promessa di «un nuovo boom economico» (agosto 2001). I 12 condoni della finanziaria 2004, firmata da lui che sul «Manifesto» e sul «Corriere» definiva i condoni «roba da Sudamerica prima del colpo di stato». Poi la cacciata a pedate dal governo per decisione del vicepremier Fini, che lo accusò di aver presentato «carte truccate all'Ecofin» (luglio 2004), mentre lo scaricava persino il successore ed ex consigliere Mimmo Siniscalco, denunciando il buco (vero) di 30-40 miliardi di euro e dicendo «basta condoni e finanza creativa». Ora questo supercollezionista di fiaschi, da far impallidire le cantine sociali, saltella da una tv all'altra come se nulla fosse accaduto. E tenta persino di insegnare, con quella faccia da Tremonti, quella boccuccia a scomparsa, quella linguetta retrattile, l'economia agli economisti e il giornalismo ai giornalisti.

Pretendere che qualcuno in tv disturbi il vicepadrone del vapore, è francamente azzardato. Ma casomai esistesse un temerario che volesse porgli una domanda, ne suggeriamo tre facili facili.

1) Onorevole Boccuccia, perché, visto che lei è un genio e i conti vanno a gonfie vele, lei non è più ministro dell'Economia?

2) Egregio signor Genio, com'è poi andata a finire con Fini? Era lei che mentiva sui conti pubblici, o era Fini che mentiva su di lei? E siete comunque rimasti amici?

3) Ascolti questo illuminato parere: «Nel chiuso del nostro recinto fiscale ci stiamo assuefacendo a imposte straordinarie e condoni permanenti all'insegna dell'iniquità... Questo continuo distruttivo gaspillage fiscale, secondo alcuni inevitabile, non può continuare a lungo: perché è pericoloso, dato che entrate straordinarie e saltuarie non possono finanziare spese ordinarie e strutturate... Si deve tornare alla tranquillità delle trebbiature e delle vendemmie e per farlo c'è molto spazio. Non si tratta di esaurire la fertilità dei campi, dove si è già fin troppo trebbiato e vendemmiato, si tratta piuttosto di dissodare i campi estesissimi dove finora ancora niente è stato fatto: i campi dell'evasione fiscale, le aree incolte del privilegio... Contabilizzare da subito entrate sperate, forse poco probabili e certo non istantanee... a copertura di spese certe e attuali, non sarebbe solo fare un falso in bilancio, ma un attentato al principio fondamentale della nostra costituzione finanziaria. Inoltre, se c'è un modo per favorire l'evasione, è proprio l'improvvisazione. In realtà, in Italia c'è evasione fiscale strutturale perché non c'è amministrazione fiscale... Per la legge fiscale, la contabilità d'impresa fa stato a favore dell'imprenditore e – per vocazione suicida – contro il fisco. L'evasione può solo essere prevenuta attraverso un serio apparato deterrente di amministrazione fiscale basato su coefficienti e accertamenti ... Meno oppressione e più pressione fiscale». Vede, Genio: l'autore non è un comunista della Bocconi, né un tecnocrate di Forcolandia venduto ai

cinesi. Questo è lei, il 12 agosto 1992, sulla prima pagina del «Corriere». Si condivide ancora, oppure – come spesso capita al suo principale – si è frainteso? *(14/04/2005)*

Forza Bahamas

Dopo la disfatta elettorale, l'Udc impone a Berlusconi la crisi di governo.

In un film d'azione americano, *Swat*, si racconta la cattura di un pericoloso terrorista stramiliardario che, appena la squadra speciale della polizia gli mette le manette, comincia a offrire miliardi agli agenti se lo lasciano libero. Due si fanno convincere e gli organizzano la fuga. Ma alla fine viene preso. Ecco: vedere quel film (trasmesso l'altra sera da Sky) durante questa crisi di governo fa una strana impressione. Perché in fondo, mutatis trapiantis, la trama è la stessa. Un pericoloso stramiliardario disperato si presenta dai presunti alleati con in tasca 2,2 miliardi di euro in aggiunta a quelli che già possedeva prima, e ricorda elegantemente che «io ho un patrimonio di 20 miliardi». D'altra parte, ha sempre fatto così. Prima provava con le barzellette. Poi metteva lì un orologio d'oro, con stemma del Milan o senza. Poi evocava il suo ingente patrimonio personale ed eventualmente, a mali estremi, mostrava una foto di Previti o di Dell'Utri. A quel punto, se le mosse precedenti non funzionavano, minacciava l'interlocutore riottoso di fargli sparare o farlo sparire dalle sue televisioni. L'altro giorno, resosi conto che nemmeno lo spettro dei telekiller sortiva l'effetto sperato (anche perché, almeno in Rai, sono tutti in guardaroba a caccia di uniformi dell'Ulivo), ha minacciato di trasferirsi alle Bahamas e mandare una cartolina. Ma non c'è stato niente da fare. L'Udc, Unione dei Cadreghini, nella speranza di trovarne qualcuno in più dall'altra parte, l'ha lasciato solo con Calderoli. L'estremo sacrificio ha coinvolto, per obbedienza di partito, persino Carlo Giovanardi, il ministro Fernandel. Costui ha tentato una strenua, disperata difesa dell'uomo che quattro anni fa lo miracolò: «Vi imploro, fatelo almeno per Gianni Letta», ha esalato con un fil di voce genuflettendosi a terra, l'occhio languido rivolto per l'estremo saluto alla poltrona che s'allontanava per sempre. Poi ha ceduto di schianto. Ora è un uomo distrutto: sa bene che un ministero non gli capiterà mai più nella vita. E se qualcuno pensava di aver visto tutto quando uno così divenne ministro, ora la scena straziante di Giovanardi che rinuncia allo strapuntino è oltre i confini della realtà.

La risposta dello stramiliardario agli ex alleati in fuga è stata: «Vado avanti senza di voi». Stupore generale. Commentatori attoniti perché il premier non si dimette, non passa la mano a qualcun altro, non sceglie l'azzardo delle elezioni. Insomma, non mette la testa sul tagliere. Come se non lo conoscessero, come se non l'avessero visto all'opera in politica per undici anni. Come se non si sapesse perché era sceso in campo. E dire che lui non ha mai nascosto nulla a nessuno. Fin dall'inizio lo disse chiaro e tondo, ai suoi (ma anche a Biagi e a Montanelli): «Se non entro in politica, vado in galera e fallisco per debiti». La carriera politica è stata perfettamente coerente con quello che era l'unico, vero Contratto con gli italiani: non andare in galera e non fallire per debiti. Contratto perfettamente rispettato. Missione compiuta, almeno finora.

Ora è commovente la meraviglia dell'inconsolabile Panebianco perché Berlusconi non si dimette, e quella di Galli della Loggia perché Berlusconi in questi anni «non è riuscito a includere» nessuno dall'altro fronte: politici, intellettuali, imprenditori, «nemmeno un cuoco». Per non parlare di Ostellino, che cade dal solito pero e si duole perché Berlusconi «non è riuscito a essere la Thatcher» e non ha fatto «la rivoluzione liberale». Beata ingenuità: e perché mai uno che sta per finire in galera dovrebbe preoccuparsi di includere cuochi o pensare a Tocqueville e alla Thatcher? La Thatcher era figlia di un droghiere e non aveva processi. E pare che Tocqueville non corrompesse giudici e non avesse in casa stallieri mafiosi.

A tutti questi stupefatti osservatori sfuggono un paio di dettagli: appena il Cavalier Bellachioma dovesse lasciare Palazzo Chigi, è pronto per lui il processo in Spagna per Telecinco, congelato a suo tempo dal giudice Garzón, che però lo pensa sempre. Senza contare il processo a Milano per i diritti tv e quello a Previti che sta per finire in corte d'appello per le corruzioni dei giudici. E poi c'è Palermo, dove Dell'Utri è stato condannato a 9 anni in tribunale per mafia: come il salva-Previti, anche il salva-Dell'Utri pare tramontato per insufficienza di alleati, e c'è il rischio che pure a Marcello torni la memoria su alcune cosette che finora aveva taciuto per carità di patria. «Eh, Silvio lo sa che se parlo io...», diceva Dell'Utri nel '93 al consulente Ezio Cartotto, che l'ha raccontato ai giudici. Se parlasse lui: questo è il problema. L'altro giorno Maria Latella, sempre bene informata sugli affari di famiglia, scriveva sul «Corriere» che «Dell'Utri, forse scherzando forse no, avrebbe detto agli amici di esser pronto a trasferirsi all'estero, famiglia compresa». L'indomani, al culmine del vertice-rissa, Berlusconi ha sibilato agli alleati in fuga: «Vi scriverò qualche cartolina dalle Bahamas». Un uomo off-shore fino all'ultimo, anche nel passo d'addio. Qui giace Forza Italia, Hammamet 1994 - Bahamas 2005. *(17/04/2005)*

Il disappunto dell'Unto

Il cardinale Joseph Ratzinger eletto papa con il nome di Benedetto XVI.

Diciamo la verità: è stato quantomeno irriguardoso, da parte dei 115 cardinali, eleggere il nuovo papa senza neppure attendere la conclusione della crisi di governo. Già avevano scartato la pur autorevole candidatura dell'Unto del Signore, al secolo Silvio Berlusconi, il che non è bello (dal segreto della Cappella Sistina filtrano indiscrezioni secondo cui nemmeno un voto sarebbe confluito sul suo nome). Già avevano distolto per due settimane Bruno Vespa dal suo dovere istituzionale di servire fedelmente un solo padrone, Lui. Già avevano distratto le enormi folle di fedeli angustiati per le sorti del Berlusconi II. Ma la conclusione del conclave in largo anticipo sul vertice permanente della Casa delle Libertà configura una palese violazione del Concordato.

E dire che, nella sua lunga e pia esistenza, l'Unto non aveva lasciato nulla di intentato per accreditarsi al Sacro Soglio. Le sei o sette zie suore. La scelta di via dell'Anima per la residenza romana e di Villa San Martino per quella arcoriana. Il cardinale camerlengo James Bondi. La cappella privata di Arcore, dove - assicurava - «faccio la santa messa ogni domenica», per non parlare di tutte le cappelle collezionate in Italia e all'estero. Il dogma dell'infallibilità, proclamato anni fa dall'apposito cappellano don Gianni Budget Bozzo a beneficio dei discepoli più devoti: la santissima trinità Fede-Ferrara-Guzzanti (i quali ieri sera, sia detto per inciso, hanno accarezzato fino all'ultimo la speranza di veder affacciarsi dalla loggia centrale il Cavalier Bellachioma di bianco vestito). E poi il linguaggio, tutto ispirato alle sacre scritture (ovviamente false, almeno quanto quelle contabili). La discesa in campo: «Ho deciso di bere l'amaro calice per un Nuovo Miracolo Italiano» (6 febbraio 1994). La prima notte di governo: «Quando si assume un ruolo come questo, la vita cambia. I cattolici la chiamano la Grazia dello status. È una cosa che ti fa diventare una persona diversa senza che tu te ne accorga. Già stanotte ho dormito da persona diversa, anche se con lo stesso pigiama» (30 aprile 1994). La prima compravendita di democristiani del Ppi: «Sinite parvulos venire ad me» (17 maggio 1994). Le prime difficoltà con la stampa: «Anche se camminassi sulle acque, l'indomani i giornali titolerebbero che non so nuotare» (12 agosto 1994). La prima crisetta: «I nostri avversari non vinceranno, non praevalebunt» (31 luglio 1994). E le avvisaglie della crisi vera: «Porto la croce, ma non mi piace farlo» (10 settembre 1994). Il tradimento di Bossi: «Chi sta con noi e poi cambia idea e favorisce le opposizioni è un traditore, e quando parlerà in parlamento lo chiamerò Giuda» (23 novembre 1994). Le speranze di resurrezione: «Di notte leggo libri sul federalismo e penso anch'io di scriverne uno. Potrebbe intitolarsi *Il federalismo ed io* oppure *Il federalismo e Dio*, questo lo vedremo. Sperando che qualcuno Lassù ci dia una mano». La mancata resurrezione, causa distrazione di quelli Lassù: «L'altro giorno nella cappella di Arcore ho visto mia madre a colloquio diretto con il mio angelo custode, mio padre e le zie che sono dall'altra parte. Li rimprovera di non fare abbastanza per aiutarmi. Il mio angelo non lo immagino con i capelli biondi e gli occhi azzurri, ma con il volto di un amico, che ora è molto preoccupato per le mie sorti» (30 aprile 1995). In realtà l'angelo doveva essere più preoccupato per le sorti dell'Italia, infatti l'Unto perse le elezioni e nel '96 vinse il Male, cioè Romano Prodi. Recentemente l'Unto, tornato a regnare e divenuto Bisunto per via di un lifting e un trapianto con i capelli biondi dell'angelo, si era esibito al fianco di don Pierino Gelmini e aveva rivelato: «Non è lui a confessare me, ma io a confessare lui». Poi, nel decennale dell'amaro calice, aveva citato il cappellano Budget per definire i pm di Milano «maledetti dalla Bibbia» (in una traduzione tutta sua).

Non gli mancava nulla, nemmeno la loggia: invece di quella centrale di piazza San Pietro, lui preferiva la P2. E alla papalina color porpora prediligeva il cappuccio nero. Ma i sarti vaticani avrebbero potuto provvedere con poca spesa. Di miracoli, a parte quello italiano, ne aveva compiuti in gran quantità: giovani risvegliati dal coma al solo ascolto della sua voce; Belpietro trasformato, con la sola imposizione delle mani, in un direttore di giornale; Giovanardi, Gasparri, Calderoli, Castelli e Nullardi trasfigurati addirittura in ministri; una guerra tramutata in missione di pace. Altro che nozze di Cana, altro che l'acqua che diventa vino. Anche l'essere rimasto a piede libero per tutti questi anni aveva un che di soprannaturale. Per non parlare della ricrescita pilifera. E del prodigio giovanile rivelato dal «Giornale» di famiglia: «Quando il giovane Silvio salvò un uomo. Nel 1968, a Portofino, il dottor Berlusconi riportò a riva un pittore che s'era gettato dalla scogliera dopo l'addio della fidanzata...».

Tutto insomma era pronto per il ritorno a un papa italiano, anzi brianzolo, che avrebbe stabilito vari record da Guinness: il primo pontefice inquisito, prescritto, massone e divorziato della Cristianità. La benedizione urbi et orbi avrebbe coinvolto soprattutto gli orbi, cioè gli elettori che da 11 anni non vedono o fingono di non vedere. Nell'eventualità della fumata azzurra, era già pronto il nome. Non Pijo Tutto, come ironizzano i soliti sms comunisti. E nemmeno Benedetto XVI. Ma il diminutivo: Bettino I. *(20/04/2005)*

Alto prelato, pikkolo pelato

È commovente il provincialismo con cui mezzibusti e politici italiani hanno accolto l'elezione del nuovo papa. Chi, avendo stomaco forte, ha fatto zapping nei programmi Rai e Mediaset dedicati all'evento - praticamente tutti - ha potuto ascoltare i commenti a caldo di Bruno Vespa e di suor Paola (la tifosa della Lazio), del cardinale Ersilio Tonini e di Barbara Chiappini, di Francesco Giorgino e di Paolo Fox (quello che fa gli oroscopi), di Giovanni Floris e di Michele Cucuzza, di Antonio Socci in *trance* e di Giuliano Ferrara in *tranche* con Ritanna Armeni a bordo. Ora si attendono i pareri illuminati di Gigi Marzullo (responsabile per la cultura di Rai1), Mara Venier e Loredana Lecciso, Paolo Crepet e Barbara Palombelli, Rosa Giannetta Alberoni e, quando la notizia li avrà finalmente raggiunti, degli ospiti della *Fattoria*. Insomma, la solita compagnia di giro invitata indifferentemente a commentare i conclavi e i Festival di Sanremo, le elezioni politiche e le finali di Miss Italia, la guerra in Iraq e le nozze di Carlo e Camilla, i parametri di Maastricht e le ricette della Clerici. Il loro italiano, di solito, è molto più stentato di quello di papa Ratzinger, che parla come le Sturmtruppen ma non sbaglia un verbo. L'altra sera, quando Giorgino al Tg1 s'è avventurato nel plurale «rammarici», pare che il pontefice abbia chiesto ai suoi collaboratori: «Ma non zi tice rammariki?». Quel che non può, per sua fortuna, aver visto perché impegnato al balcone è il primo commento a caldo di Bruno Vespa: l'insetto dell'Opus Nei esultava per l'elezione come se fosse merito suo, con il decisivo argomento che «io Ratzinger l'ho intervistato». Per la verità l'hanno intervistato un po' tutti, ma a lui bastava vedere al Soglio uno dei suoi intervistati preferiti: se avessero eletto Wanna Marchi o l'avvocato Taormina, per lui era lo stesso.

Anche dai palazzi della politica, la solita fiera delle banalità: tutti commenti sull'asse destra-sinistra, conservatori-progressisti, quasi che il conclave fosse la buvette di Montecitorio. Leggendario il ministro Calderoli che, dall'alto dei suoi studi odontotecnici, sentenzia: «Viva Ratzinger. È l'unica cosa non di sinistra che circola oggi in Italia». Anche l'altro fratello De

Rege padano, l'ingegner ministro Castelli, è entusiasta: «Un grande papa contro il pensiero unico del relativismo etico». Castelli e Calderoli sono due ratzingeriani della prima ora: combattono il relativismo etico da quando si sposarono con rito celtico sull'altare di Odino, sorseggiando sidro davanti a un druido. Boselli, al solito, è «cauto», anche perché le recenti esternazioni del futuro papa sulle «sporcizie nella Chiesa» non lasciano ben sperare in un dialogo con i neocrax. Pecoraro Scanio teme che questo «oscurantista chiuda al dialogo con le altre religioni aperto da Giovanni Paolo II», come se Ratzinger non fosse il braccio destro di Wojtyla. Il rag. Pera ricorda che Ratzinger ha firmato un libro con lui, a riprova del fatto che i papi sono infallibili, ma i cardinali no. Berlusconi, infine, si prenota per un «rapporto privilegiato fra la Santa Sede e il governo italiano». La solita corbelleria sesquipedale. Il papa non è democristiano: è cattolico, cioè universale, e non ha rapporti privilegiati con alcun governo. Nemmeno Schroeder, che almeno è tedesco, s'è sognato di uscire con una vaccata simile. Onde evitare di infierire pubblicamente sul Cavalier Salma, pare che il nuovo papa abbia deciso di non rispondergli pubblicamente. L'avrebbe fatto in privato, con una telefonata piuttosto pepata.

– Presidente Berlusconi, qui il Vaticano. Le passo il santo padre.

– Impossibile, qui l'unico santo padre sono io. Chieda a Marina e a Piersilvio.

– Dev'esserci un'interferenza. Ripeto: le passo il Santo Padre.

– Guarda, Follini, se è uno dei tuoi soliti trucchi per fregarmi e mandare avanti Casini, non attacca.

– Zignor Perluskoni, zono Penetetto XVI.

– Non mi dica, il signor papa in persona! Caro collega, mi consenta, diamoci del tu. Vorrei subito sgombrare il campo dalle voci malevole messe in giro dal Kgb su una mia candidatura alternativa alla tua...

– Lasci pertere, Ruini all'inizio ci ha profato a fare il zuo nome, ma il fumo nero, anzikè tal kamino, ha kominciato a uscire talla zua pocca e talle zue orekkie, kosì ha tofuto rinunciare.

– Qual buon vento ti porta a telefonarmi? Anche tu preoccupato per la crisi del mio governo? Ti capisco, anzi, se mi consenti ti chiederei, a nome delle zie suore, di intercedere presso Follini...

– Gvardi, me ne freko tel koferno tetesco, si fikuri di qvello italiano. Mika mi kiamo Ruini o Zotàno: mi kiamo Ratzinger. Kapisce kvesta parola? R-a-t-z-i-n-g-e-r. Ze le telefono è proprio perké il rapporto prifileciato ti kui parla lei con noi non eziste.

– Ma insomma, cribbio, un po' di dialogo e di ecumenismo, in fondo sono l'Unto del Signore e il rappresentante in terra del Bene contro il Male! Non ti hanno avvertito? Non mi sarai mica diventato comunista solo perché ti han messo addosso quella toga, pardòn quella stola rossa?

– Lei non kapisce. Noi siamo kattolici, non temocristiani. Noi kustotiamo la Fete, foi Emilio Fete. Noi annunziamo la Ferità, voi rakkontate un zakko ti palle. Noi kompattiamo la gverra, foi la fate e poi la kiamate pace. Noi ziamo kvi ta tuemila anni, voi ta untici e zono cià troppi. Io zono un umile laforatore nella vigna ti Tio, lei un porioso miliartario travestito ta prezitente operaio. E mi tia tel lei. Io zono alto prelato, lei pikkolo pelato. *(21/04/2005)*

Le vespe cocchiere

Quelli che il papa è cosa loro. Quelli che «c'ero anch'io». Quelli che «io e Ratzinger siamo inseparabili». Uno sciame di mosche cocchiere volteggia nei cieli del giornalismo e della politica. Chi tira fuori un'intervista inedita già pubblicata, chi ricorda che modestamente lui l'aveva previsto, chi insegna al papa come si fa il papa, chi cerca affannosamente nel suo albero genealogico un prozio prete o una cugina suora. «Il Giornale» e «Il Foglio» sembrano gli inserti noiosi dell'«Osservatore romano»: solitamente intenti a beatificare Bellachioma con la sua corte di corrotti, corruttori e stallieri, scoprono improvvisamente i «valori» (bollati, s'intende) contro il «relativismo etico». Pare quasi che Ratzinger l'abbiano inventato loro, anche perché dimenticano accuratamente un piccolo particolare: mentre loro inneggiavano alla guerra in Iraq, papa Wojtyla scagliava l'anatema contro chi la faceva («Ne risponderete dinanzi a Dio!»). Anatema fondato sulla distinzione fra guerre giuste (difensive) e ingiuste (offensive) codificata proprio da Ratzinger. Il quale, infatti, ha scelto di richiamarsi a Benedetto XV, celebre per l'anatema contro «l'inutile strage» della prima guerra mondiale. Ma queste non son cose da impressionare un Belpietro o un Platinette: basta sorvolare e Ratzinger diventa il cappellano di Bush e di Bellachioma.

Intanto, a *Porta a Porta*, la Vespa cocchiera ancora in fase di levitazione pontifica come se avessero eletto un po' anche lui. L'altra sera, in piazza San Pietro, descriveva tutto eccitato una scena raccapricciante: «Migliaia di formiche felici si avvicinano e si abbracciano: hanno abbracciato anche il sottoscritto!». Un amplesso fra insetti contro natura.

Grazie al «Giornale», abbiamo anche il commento a caldo di una pensatrice fresca di conversione: la principessa Alessandra Borghese, «umile ammiratrice, e non da ora» del nuovo papa col quale cenò mesi fa in compagnia dell'amica del cuore Gloria von Thurn und Taxis, appena licenziata dalle acciaierie di Terni. Quella sera, con loro grande sorpresa, le due penitenti scoprirono che Ratzinger si nutre proprio come i comuni mortali. Utilizza la bocca. E non per sgranocchiare ossa di streghe medievali o candelabri lignei del Settecento, ma – absit iniuria verbis – banali «fette di pompelmo e petti di pollo».

Dalla Banca d'Italia fanno sapere che un altro uomo schivo, semplice e alla mano ha presenziato all'annuncio in piazza San Pietro «mescolato tra la folla»: il governatore Antonio Fazio, in vacanza per qualche minuto dalla devastazione del mercato bancario. Il richiamo ai «valori» ha rapito anche lui. Poi è rientrato nel caveau.

E come dimenticare Rocky Horror Buttiglione? Per incrementare la simpatia e la compassione dei fedeli per il nuovo papa, ha reso noto che lui gli sta dietro da 33 anni: «L'ho conosciuto nel 1972 quando fondò con Von Balthasar la rivista "Communio". Ratzinger era un professore e io un umile assistente, ma sono lieto di poter dire che c'ero». Ecco, Buttiglione c'era. Non è dato sapere se ci fosse anche il suo capogabinetto Giampiero Catone, poi balzato agli onori delle cronache per un arresto e due rinvii a giudizio per truffa e bancarotta fraudolenta. Ma è bello immaginare il Catone nel lontano '72 mentre si aggira circospetto nel guardaroba della facoltà di teologia di Tubinga, anche lui in cerca di valori.

Ora Rocco Horror pronostica che il nuovo papa si batterà contro «il suicidio dell'Europa» e il «relativismo», in nome della «pace» e dei «valori». Quanto al salvataggio dell'Europa, il più sembra fatto da quando è sfumata la candidatura di Buttiglione a commissario europeo, con il figurone rimediato a Bruxelles e il foglio di via: il che, per il futuro del Vecchio Continente, è un bel vantaggio. Quanto alla pace e ai valori, Rocco Horror è ministro uscente e aspirante rientrante in un governo che ha trascinato l'Italia in guerra («ne risponderete a Dio!») e che s'è battuto indefessamente in favore della corruzione. Quanto alla dittatura del relativismo, purtroppo ha contagiato anche lui: il suo pensiero sottovuotospinto varia a seconda del tempo, delle lune e delle maree. Dopo il pensiero debole e quello forte, abbiamo il pensiero marzolino. In dieci anni Rocco Horror è stato di centro, di sinistra, di destra, di nuovo di sinistra, attualmente di nuovo di destra, ma non si sa mai. Dieci giorni fa s'era dimesso da ministro. L'altroieri – mentre Follini c'entrava, anzi non c'entrava, anzi c'entrava appena appena – s'è dimesso dalle dimissioni e ha detto che lui c'entra di nuovo. Più che un ministro, un vuoto a prendere.

(22/04/2005)

Ruggito di Pecorella

Nasce il governo Berlusconi-bis: fuori Gasparri, Sirchia e Urbani, dentro Storace, La Malfa e di nuovo Tremonti.

Nel giorno del Lombroso-bis; nel giorno della dipartita di Gasparri che lascia Mediaset per tornare alla politica; nel giorno in cui Micciché mette a frutto il suo fiuto proverbiale per dedicarsi al Mezzogiorno che non tira più come una volta; nel giorno in cui Tremonti e mezzo va ad affiancare come vicepremier Fini che lo cacciò accusandolo di truccare i conti in Europa; nel giorno in cui un giovane virgulto della politica come Giorgio La Malfa agguanta il ministero al Cabaret Comunitario precedentemente occupato da Buttiglione, che va a portare un po' di buonumore alla Cultura; ecco, in questa giornata storica, addì 23 aprile 2005, si registra un feroce e impietoso attacco al ministro della Giustizia uscente e rientrante, ingegner Roberto Castelli. Lo segnaliamo a beneficio dello stesso Castelli, che probabilmente non l'ha capito. Anche perché a sganciargli sulla capa il terribile ordigno non è un intellettuale di sinistra, né una toga rossa, né un esponente di Forcolandia: è l'On. Prof. Avv. Pres. Ind. Gaetano Pecorella, legale del presidente del consiglio, dalle colonne del «Giornale» del presidente del consiglio. Il titolo *Giustizia, ora serve un mea culpa* farebbe pensare a una feroce autocritica dello scrivente, che non è un passante, ma il presidente della commissione Giustizia della camera. Invece no.

L'On. Prof. Avv. Pres. Ind., anziché battersi il petto, batte quello del presunto ministro, avendo peraltro cura di non nominarlo mai. Più che un mea culpa, un sua culpa. «Sul terreno della giustizia - denuncia - non ci sono state quelle riforme radicali che avrebbero dovuto esserci». In effetti qualcuno ha preferito le leggi anti-rogatorie e pro-falso in bilancio, il rientro dei capitali sporchi, la Cirami, il patteggiamento allargato a Previti, il lodo Maccanico-Schifani, la Anedda-Pittelli, l'ex Cirielli, la salva-La Certosa, la salva-mausoleo. Qualcuno chiamato Pecorella. Il quale ora, con una discreta faccia da Polo, chiede al governo di «recuperare la moralità della giustizia» e ispirare «le scelte legislative» a «un fondamento morale forte». Dev'essere per questo che La Malfa, condannato per la tangente Enimont, è stato premiato con un ministero. La giustizia - osserva Pecorella - «dev'essere pensata, organizzata e praticata nell'interesse della collettività, non nell'interesse di pochi». Ecco: guai a legiferare nell'interesse di pochi, tipo per esempio Berlusconi, come sinora aveva fatto Pecorella. «Così - aggiunge - potremo presentarci alla gente con la forza dell'onestà delle nostre scelte». Ecco: quando la gente vedrà le facce di Berlusconi, La Malfa, Dell'Utri e Micciché (con pusher ministeriale al seguito) non potrà non pensare all'onestà delle loro scelte. Ed è un vero peccato che alla Sanità sia andato un incensurato come Storace al posto dell'inquisito Sirchia. Per assicurare la necessaria continuità, si sarebbe potuto optare per Francesco De Lorenzo, condannato a 5 anni e 4 mesi per le mazzette farmaceutiche, al quale la cassazione ha appena restituito metà del tesoretto a suo tempo sequestratogli dai giudici cattivi: 3 miliardi e 994 milioni di lire, 285 sterline d'oro e alcune statuette del presepio napoletano. I sudati risparmi di una vita di stenti, che curiosamente Sua Malasanità teneva in Svizzera.

Ma il ruggito di Pecorella non si ferma qui: imputa all'Ingegner Ministro di aver messo «in crisi i rapporti con il resto del paese»: grazie a lui, «le università non collaborano con noi, gran parte della magistratura ci è nemica, non abbiamo con noi l'avvocatura» e anche i cancellieri e gli uscieri hanno la bava alla bocca. Un bilancio trionfale, che infatti è valso a Castelli la piena riconferma, per dargli modo – nell'ultimo anno di legislatura – di inimicarsi anche le segretarie e le donne delle pulizie. Squadra che vince non si cambia.

Solo nel finale l'On. Prof. Avv. Pres. Ind. si tradisce e si ricorda chi è: là dove denuncia «i soprusi di certi magistrati». L'ultimo deplorato da esponenti e house organ della maggioranza è quello di cui si sarebbe macchiata la gup Clementina Forleo assolvendo dal reato di terrorismo internazionale il marocchino Mohamed Daki. Anche le motivazioni della sentenza, depositate l'altroieri, hanno suscitato reazioni indignate, per la ribadita distinzione fra terrorismo e guerriglia. A tal proposito, soccorrono queste poche ma illuminanti parole: «Non siamo chiamati a esprimerci a favore o contro le lotte di liberazione nazionale, sulle quali ovviamente credo nessuno di noi possa avere delle riserve... Credo si debba distinguere fra attività e finalità di terrorismo e invece attività di liberazione e di lotta politica: la finalità di terrorismo colpisce anche gli innocenti e riguarda la sicurezza e l'incolumità delle persone. Di conseguenza ritengo che chiunque abbia sostenuto e sostenga la lotta nazionale non ricorra a metodi terroristici, ma invece alla lotta armata, che è del tutto diversa dalla finalità di terrorismo». Calderoli trattenga i conati di vomito, Castelli tenga a freno gli ispettori, Gasparri e Pisanu risparmino lo sdegno, Feltri e Belpietro rinfoderino la penna. Perché questo commosso elogio della lotta armata per la liberazione dei paesi occupati dallo straniero non è di Clementina Forleo. È di Gaetano Pecorella, che così parlò alla camera del 21 novembre 2001 a proposito della legge istitutiva del reato di terrorismo internazionale, salutato da scroscianti «applausi dei deputati di FI». Ora serve un mea culpa. Anzi, un sua culpa. *(24/04/2005)*

Papa a Papa

Venti giorni fa, durante la malattia di Giovanni Paolo II, un lettore di «Repubblica» scriveva angosciato a Corrado Augias: «Un mio nipotino, vedendolo ininterrottamente, credeva che il papa fosse Bruno Vespa. Come convincerlo che non è vero?». Non sappiamo se e come il piccino sia stato poi disintossicato dall'insano equivoco. Che peraltro non è l'unico: c'è persino chi scambia Vespa per un giornalista, anche se la curiosa credenza va scemando. Il bilancio del serial *Papa a Papa*, che ha infranto il record di puntate di *Cogne a Cogne*, è disastroso: ascolti da prefisso telefonico internazionale. Vespa soffre della medesima sindrome del suo penultimo spirito-guida, cioè del Cavalier Salma: l'overdose da video. Non c'è un solo istante delle ultime ore di papa Wojtyla e delle prime di papa Ratzinger su cui l'insetto molesto non si sia posato con la sua ronzante petulanza. Così la gente, che voleva sentir parlare il papa e non Vespa, ha reagito come davanti agli ultimi soliloqui di Bellachioma a *Porta a Porta*: cambiando canale. Ma se Bellachioma l'ha capito, e ha tentato di rianimarsi andando a cantare in un altro cortile (*Ballarò*), Vespa ha pensato di risolvere la crisi di vocazioni moltiplicando vieppiù le sue presenze in video a ogni ora del giorno e della notte. L'agonia e la morte di Wojtyla, i funerali e i primi miracoli, l'attesa del conclave, l'elezione di Ratzinger, le interviste a parenti, amici, cuochi, sarti, camerieri e Socci, la prima udienza, la prima messa, la prima passeggiata; il primo cappuccino, la prima birretta: lui c'era sempre. Ma non ha funzionato: l'ultimo *Papa a Papa* di giovedì ha fatto registrare il 12,45 per cento di share, superato persino dall'ottantesima replica di *Altrimenti ci arrabbiamo* con il duo Spencer & Hill su Retequattro (13,55 per cento) e tallonato financo da *Punto e a capo* con il duo Masotti & Palombelli (8,82). Pur di non vedere Vespa, si guarda di tutto. Il primato di Socci-*Excalibur* (3,2) vacilla. Secondo fonti vaticane, lo stesso Benedetto XVI, allarmato dal possibile contagio del bacio della morte, gradirebbe che ora l'insetto ronzasse e si posasse su qualcun altro.

L'altra sera, nell'ultimo *Papa a Papa*, c'era immancabilmente Giulio Andreotti, che i papi dell'ultimo secolo li ha conosciuti tutti, compreso - secondo alcuni pentiti - Michele Greco detto il papa. È curioso che un tizio giudicato dalla cassazione organico a Cosa Nostra fino al 1980 venga invitato a pontificare indisturbato di teologia e morale sul primo canale della tv di stato, mentre Enzo Biagi non può metterci piede in quanto «criminoso». Il perché l'ha spiegato l'aspirante guardia svizzera Renato Farina, vicedirettore di «Libero»: Andreotti è «meglio di Nostradamus» e del profeta Malachia, perché sapeva in anticipo «che chiunque fosse diventato papa all'inizio del terzo millennio si sarebbe chiamato Benedetto XVI». Come ha fatto a indovinare? Semplice: «Lui parla al telefono con lo Spirito Santo, ma il numero non lo dà a nessuno». Resta da spiegare come mai, in queste frequenti telefonate interurbane con la Sacra Colomba, il profeta Giulio non abbia mai appreso che non sta bene frequentare boss mafiosi; e perché la terza persona della Santissima Trinità non avesse preannunciato ad Andreotti anche l'assassinio di Piersanti Mattarella. Secondo la sentenza definitiva di Palermo, peraltro, gliel'aveva preannunciato Stefano Bontate, in un incontro a Catania. Ma il presunto statista dimenticò di avvertire Mattarella. Che infatti, ignaro di tutto, morì ammazzato il 6 gennaio 1980. Misteri dolorosi che Vespa, nella camera ardente non stop, ha preferito non rivangare.

Ora il quartetto azzurro che regge la Rai - i Quattro dell'Oca Giuliva - tenta di regalare a Vespa un contratto preventivo fino al 2010. Non perché si tema che l'Unione gli riservi la sorte già toccata a Biagi, Santoro e altri (l'insetto si porta su tutto). Ma perché qualcuno potrebbe giudicare eccessivo che un programma per pochi intimi vada in onda ogni sera che Dio manda in terra, e che il suo declinante conduttore, peraltro ufficialmente in pensione, percepisca 5 miliardi di lire a biennio. Casomai venisse confermato, dovrebbe essere Vespa a pagare la Rai, e non viceversa. Se ora vegeta intorno al 12 per cento, quanti aficionados gli resterebbero fra cinque anni, calcolando che una certa quota sarà nel frattempo passata a miglior vita? Quel 12 per cento, oltretutto, è un dato gonfiato: eventi come la morte di un papa si verificano a ogni morte di papa, e ora per l'insetto si tratta di rientrare nei ranghi della normalità, tornando a ospitare Bellachioma, Calderoli e, quando i sanbernardo l'avran trovato, Gasparri. Gente che fa scappare dal video pure i parenti stretti.

Ci vorrebbe un miracolo, e dei più difficili: la resurrezione di Vespa. L'insetto ci lavora da tempo. Il 18 marzo, in un memorabile reportage su «Panorama», rivelò tutti i particolari della sua lotta disperata contro l'estinzione: un pellegrinaggio nel celebre santuario di Santiago de Compostela, preceduto da «una colazione con Paulo Coelho, nella sua bella casa in un paesino della Francia meridionale a pochi chilometri da Lourdes». «A casa sua – rivela Vespa – si mangia magnificamente e si beve acqua della Fonte di Lourdes: sarà la suggestione, ma è la migliore che abbia bevuto». Finora però non ha funzionato. E si capisce perché. L'acqua di Lourdes non dovrebbero darla a Vespa, ma ai suoi telespettatori. Per aiutarli a digerire.

(25/04/2005)

La supposta balneare

Qualche tempo fa Francesco Verderami rivelò sul «Corriere» che Berlusconi stava studiando il linguaggio dei comici più popolari d'Italia, quelli che aveva fatto epurare dai suoi servi alla Rai, per carpirne i segreti e mutuarne il linguaggio. Ora, ultimata la full immersion e superato il corso a pieni voti, confida all'antiquario-confidente di via dei Coronari: «Sono sei mesi che cerco di andare al Bagaglino». Non, si capisce, come spettatore. Ma come cabarettista. Perché tutto, nella comica finale del regime, è irresistibilmente ridicolo. Anche le tragedie. Perfino i risultati dell'inchiesta della commissione mista Italia-Usa sulla morte di Nicola Calipari, se non facessero piangere, farebbero ridere. Gli americani, a dimostrazione del rapporto privilegiato instaurato da Bellachioma con l'amico George, si apprestano a incriminare Calipari e la Sgrena per essersi lanciati contro le raffiche dei marines e a chiedere un rimborso per i proiettili sprecati. Ma, da quando le cose si mettono male, la faccenda è uscita dall'agenda del premier, molto più interessato a un'altra commissione mista: quella fra i suoi legali italiani e l'avvocato americano Cherif Bassiouni, ingaggiato per proteggerlo da una nuova arma di distruzione di massa del terrorismo togato: le rogatorie Italia-Usa sulle frodi fiscali Mediaset. Non potendo ridurre le tasse a tutti, Bellicapelli le ha ridotte a sé stesso: secondo l'accusa, di 126 milioni di euro. Così, appena in tempo per il voto di fiducia, è di nuovo imputato.

Le notizie da ogni parte del mondo, intanto, confermano la bontà della nostra politica estera. Le torture del regime libico sugli immigrati espulsi dall'Italia e documentate da uno splendido reportage di Fabrizio Gatti sull'«Espresso» dimostrano quanto avesse visto lungo il nostro premier quando definì Gheddafi «leader di libertà». Il ritorno delle lapidazioni delle adultere in Afghanistan la dice lunga sui progressi della democrazia ivi esportata anche dal nostro valoroso governo. E l'ultimo discorso dell'amico Putin, che rimpiange l'Urss e giudica «un'enorme catastrofe» la sua caduta, rafforza il vincolo di amicizia e di consonanza con l'amico Silvio.

Poi, sempre nell'àmbito del Contratto con il Bagaglino, c'è il governo Lombroso-bis, che crea finalmente nuovi posti di lavoro: 25 ministri e 74 sottosegretari. La stampa internazionale mostra di apprezzare, a cominciare dal «Financial Times» che parla di «Farsa Italia». E chi ironizzava sul governo balneare è stato subito preso sul serio: la nuova spalla del capocomico, Giulio Tremonti e mezzo, ha proposto di vendere le spiagge, da un'idea di Mastrocinque-Castellano-Pipolo (*Tototruffa '62*, episodio della fontana di Trevi). Di questi tempi è meglio evitare le barzellette e i film di Totò: c'è sempre qualcuno che li scambia per suggerimenti. Ora la proposta Tremonti verrà formalizzata organicamente con i ritocchi del caso: affitto dei bagnini della Romagna alle turiste tedesche interessate, cartolarizzazione di Alpi e Appennini, privatizzazione di laghi e fiumi comprensivi di affluenti ed estuari, altopiani in franchising e isole all'asta, con l'eccezione della Sicilia, già affidata in usucapione a Cosa Nostra Spa. Secondo indiscrezioni, Tremonti e mezzo cederebbe a prezzi modici anche il brevetto della macchina metti-supposte, rivelata dalla sorella a Elisabetta Gardini. I risparmiatori italiani ne hanno già fatto lunga esperienza, nel ruolo di cavie, nei quattro anni di cura Tremonti.

Pur non raggiungendo le vette di un Bellachioma e di un Tremonti e mezzo, anche le comparse della compagnia fanno la loro figura. Il camerata Francesco Storace alla Sanità garantisce olio di ricino ticket-esente, in una nuova versione farmacologica in fase avanzata di sperimentazione: il Ricinoil. E, a proposito di purganti, si segnala il ritorno di Giorgio La Malfa, definito dalla «Stampa» «lo stimolo scomodo al governo». Poi c'è una new entry assoluta: il craxiano Stefano Caldoro, posteggiato all'Attuazione del programma al posto di Scajola, promosso alle Attività produttive. I due inizieranno a lavorare, si fa per dire, appena qualcuno spiegherà loro di quale programma e di quali attività produttive dovranno occuparsi. Per il momento, hanno molto tempo libero. Alle Attività produttive aspirava anche Gianfranco Micciché, ma si è preferito dirottarlo altrove, onde evitare che qualcuno pensasse male sulle attività produttive medesime. L'ex sottosegretario alla Giustizia Michele Vietti va ad assistere Mimmo Siniscalcolo all'Economia: avendo firmato la depenalizzazione del falso in bilancio, è parso la persona più adatta a occuparsi dei conti pubblici. Chi ipotizzava un ritorno al governo di Giuliano Ferrara è rimasto deluso: il Platinette Barbuto, vista la malaparata, ha preferito restare al «Soglio», la versione clericale dell'«Osservatore romano», che pubblica integralmente ogni sospiro di Ratzinger. Nei prossimi giorni ospiterà in esclusiva mondiale il discorsetto tenuto dal futuro cardinale al rinfresco della sua prima comunione e l'ultima lista della spesa affidata alla governante Ingrid prima dell'elezione. Dal Vaticano, per ora, nessuna reazione ufficiale. Ma pare che il Sant'Uffizio abbia molto apprezzato un titolo del «Soglio» di sabato, a tutta pagina 3, dedicato al ritorno dei valori contro la dittatura del relativismo: *S'io fossi figa non mi ti filerei*. Oremus. *(27/04/2005)*

La Cantatrice calva

Da quando, oltre all'imprenditore, al politico e al presidente del Milan, Silvio Berlusconi fa anche l'imputato, s'è diffusa nel costume giudiziario italiano una simpatica novità. Anziché rispondere alle accuse che di volta in volta gli piovono sul capo dicendo che non sono vere, Bellachioma e i suoi cari replicano che sono segrete («violazione del segreto istruttorio») e comunque non è il momento («giustizia a orologeria»). Mai, prima di lui, s'era sentito un tizio che – accusato di corrompere, frodare il fisco, truccare bilanci, dire falsa testimonianza, ospitare mafiosi – replicasse: «È un segreto» o «Accusatemi in un altro momento perché ora ho da fare». Di fronte a imputazioni così infamanti, uno normale risponderebbe offeso: «Non è vero, sono innocente». A lui non viene mai in mente. Anche perché generalmente le accuse sono vere, e lui lo sa. È vero che ha testimoniato il falso sulla P2, che le sue aziende han corrotto la guardia di finanza, che lui ha pagato in nero Craxi, che il suo avvocato faceva altrettanto con un paio di giudici, che i bilanci della ditta erano falsi, che c'erano i fondi neri esentasse su una miriade di società off-shore, che lui ha ospitato in casa sua per due anni un mafioso scambiandolo per uno stalliere. Ormai anche i suoi legali se ne son fatta una ragione, tant'è che l'altro giorno – commentando la richiesta di rinvio a giudizio per i diritti Mediaset – si sono concentrati sul merito delle accuse. Ma sono stati subito scavalcati dalla Cantatrice calva di Arcore, al secolo James Bondi. Il quale, in simultanea con Cicchitto (dicono una parola per ciascuno, come Qui, Quo e Qua), s'è molto lagnato con la procura di Milano per aver disturbato con la «giustizia a orologeria» il memorabile discorso alla camera del

Berlusconi 2-bis. Una lagna talmente grottesca che persino il «Corriere» di Mieli ha pubblicato un corsivo in prima pagina per ricordare che «le elezioni regionali si sono concluse e le politiche sono attese fra un anno». E per invitare Bondi a farci sapere quando eventualmente i giudici potrebbero occuparsi del suo spirito-guida senza dargli troppa noia, col suo permesso s'intende.

Apriti cielo. Ieri la Cantatrice James ha vomitato una replica da neurodeliri, che solo un falso mite come lui poteva vomitare. Il «Corriere» - a suo dire - «infrange le regole della corretta comunicazione», «è l'organo della procura», ha «un'idea meschina della politica», «usa metodi aberranti», persegue «interessi di bottega». Il Pallore Sgonfiato annuncia poi che «ci batteremo fino in fondo» contro il «Corriere» e gli altri giornali che «pubblicano in prima pagina e senza firma un commento a una legittima esternazione di un esponente politico». La qual cosa gli fa «gelare il sangue nelle vene». Il pover'uomo non sa che, da quando esistono, i giornali di tutto il mondo libero pubblicano commenti sulle esternazioni dei politici, e se sono anonimi è perché sono del direttore. Solo che in tutto il mondo libero, ai politici oggetto dei commenti non si gela il sangue nelle vene: anzi, trovano la cosa piuttosto normale.

Il lato più commovente dello strazio bondiano è che qualunque momento un pm scelga per notificare un atto a Bellicapelli, è in ogni caso sbagliato. Una scusa si trova sempre: nel '94 la conferenza di Napoli sulla criminalità; nel '95 le regionali e i referendum; nel '96 le politiche e la quotazione di Mediaset in borsa; nel '97-98 la Bicamerale, le amministrative, la crisi del governo Prodi; nel '99 le europee; nel 2000 le regionali, nel 2001 le politiche; nel 2002 la prima crisetta; nel 2003 il semestre europeo; nel 2004 le provinciali e la verifica lunga un anno; nel 2005 le regionali, la crisi, il governo-bis. Senza dimenticare i compleanni e gli onomastici, che cadono una volta all'anno. A fine settembre '99, al processo per la strage di via d'Amelio, i pm di Caltanissetta accennano a indagini sulla Fininvest. Berlusconi denuncia: «Han voluto rovinarmi il compleanno». Poi ci sono le festività religiose, che il noto massone divorziato rigorosamente osserva. Il 17 dicembre '97 il pool, scaduto il termine per indagare, chiede i rinvii a giudizio per le «toghe sporche». In politica non succede nulla. Ma il Cavalier Bertoldo trova il modo di piagnucolare: «Il pool mi ha rivolto un affettuoso pensiero natalizio». Ecco perché proprio in quella data: per rovinargli il Natale! Autunno '99: prima di chiudere l'inchiesta Mondadori, i pm convocano Berlusconi per interrogarlo. E, per scansare i soliti impedimenti parlamentari, fissano la data di domenica. Ma lui diserta sdegnato: «Io la domenica vado a messa». Poi naturalmente non si presenta neppure lunedì, martedì, mercoledì, giovedì, venerdì e sabato: «In quei giorni ho altro da fare». Tipo regalare orologi.

(29/04/2005)

Usa e getta

Chissà che avranno pensato i turisti stranieri l'altra notte a Roma, alla vista di un ometto semipelato, con una curiosa raggera di capelli della Barbie asfaltati di nero che, avvolto da una nuvola di gorilla armati fino ai denti e inseguito da una turba di pregiudicati, svolazzava tra Fortunato al Pantheon e la Casina Valadier piazzando vecchie barzellette che facevano ridere solo lui e i pregiudicati, la scorta no, e schitarrando *Malafemmena* per il compleanno di Vittorio Cecchi Gori (peraltro assente), l'unico italiano che riesce a mentire più di lui, persino sull'età, dichiarando 62 anni mentre pare ne abbia 66. Chissà che avranno pensato quei turisti, al passaggio dell'ometto nel traffico bloccato, quando han chiesto chi fosse e si son sentiti rispondere che era il presidente del consiglio italiano, reduce dal voto di fiducia in parlamento e impegnato nella più grave crisi diplomatica mai accaduta fra l'Italia e gli Stati Uniti, e che il codazzo era formato da due senatori: tale Dell'Utri, condannato per frode fiscale e false fatture nonché, in primo grado, per mafia ed estorsione, e un certo Jannuzzi, appena scampato all'arresto grazie alla grazia. Se poi quei turisti sono passati in edicola e si sono imbattuti nella prima pagina di un curioso quotidiano denominato «Padania», avranno sicuramente chiesto notizie del volto non proprio vispo ma sorridente che vi campeggiava in formato poster, seminascosto da un megafoulard verde. L'edicolante avrà spiegato loro che trattasi del dottor Roberto Calderoli, laureato in odontoiatria, da tempo prestato alla politica che purtroppo non l'ha ancora restituito: da 10 mesi costui tiene in ostaggio la costituzione repubblicana, essendo addirittura ministro delle Riforme istituzionali. La «Padania» gli ha dedicato la copertina perché il celebre pensatore bergamasco aveva da comunicare un concetto molto complesso e altamente innovativo, elaborato nel corso di ampie e articolate riflessioni durate anni, e così riassunto nel titolo: *Calderoli: «La Lega è la Lega»*. Subito dopo il parto di una siffatta teoria, destinata a rivoluzionare la scienza della politica, l'esausto ministro è stato ricoverato per una sospetta ernia al cervello. Intanto, nelle valli padane, non appena s'è diffusa la voce della sua ultima scoperta – testualmente, lo ripetiamo, *La Lega è la Lega* – l'autorevole quotidiano andava a ruba, costringendo gli edicolanti a chiedere la protezione della forza pubblica per i prevedibili assalti dei lettori nei giorni a venire, quando il ministro farà conoscere, a puntate, gli ulteriori sviluppi delle sue scoperte: *La camicia verde è la camicia verde, Il Po è il Po, Un premolare è un premolare, La polenta taragna è la polenta taragna.*

Volendo approfondire la conoscenza di questi giganti del pensiero, i nostri turisti, rientrati in albergo, avranno seguito i tg della notte, particolarmente interessanti per gli americani, visto che di loro parlava l'ometto al senato. Dopo aver minacciato di «concludere la mia avventura politica lasciando in eredità a questo paese un sistema bipolare fatto dalla casa dei moderati e dalla casa delle sinistre» (entrambe abusive), il Bellachioma si lanciava in un attacco agli Stati Uniti. Ma sì, proprio al governo di cui si proclamava devoto seguace fino al giorno prima. Questo, per i turisti americani, era davvero troppo, ragion per cui spegnevano e andavano a letto pensando di aver bevuto troppo. Invece, semplicemente, mancava alle loro nozioni di politica qualche passaggio sulla biografia di Bellicapelli. Che ha sempre fatto così. Lui le persone le usa, le paga anche bene (salvo quelle che lo servono gratis), poi le scarica, le accartoccia, le appallottola e le cestina. Per informazioni, chiedere a Sgarbi, Liguori, Maiolo, Parenti, Taradash, Elio Vito, Maurizio

Scelli, Rocco Salini, Maurizio Gasparri, Cesare Cadeo, Ombretta Colli, Marco Predolin, Giorgio Mastrota e agli altri membri onorari del club azzurro «Chi li ha visti?». Per non parlare di Craxi, prima profumatamente pagato e vergognosamente usato, poi impietosamente abbandonato in un villone del Nordafrica, infine riabilitato post mortem, quando non poteva più spedire fax. E per non parlare di tanti onesti mafiosi che s'aspettavano tanto, nel '94, come se qualcuno avesse loro promesso qualcosa, e oggi si aggirano nei cortili di un metro per uno dei penitenziari al 41-bis bofonchiando «Iddu pensa solo a Iddu». E per non parlare del mitico presidente della Confindustria Antonio D'Amato, da tempo disperso. Ora Bellachioma ci prova con l'amico George, che non gli ha ancora perdonato l'uscita «ritiro le truppe a settembre, anzi no». Nel disperato tentativo di rinfocolare sul caso Calipari il nazionalismo straccione modello Sigonella, l'amico Silvio liquida gli Usa come «un paese che ha problemi interni fra Dipartimento di stato e Pentagono» (lui che ha problemi interni con Follini e perfino con Veronica). Ma l'impressione è che Bush, non essendo italiano, non sia il tipo da farsi scaricare come un Predolin o un Gasparri qualunque. Infatti i suoi uomini han già messo in giro la voce che potrebbero pubblicare le telefonate intercettate fra Calipari e un misterioso interlocutore che, da Roma, aveva molta fretta di rimpatriare Giuliana Sgrena, onde poterla esibire come trofeo elettorale al Festival di Sanremo. Noi non conosciamo il nome di costui. Ma ha qualcosa di familiare. *(30/04/2005)*

Assalto alla dirigenza

Grandi manovre dei partiti per la nomina del nuovo Cda Rai, che secondo la legge Gasparri sarà formato da 9 consiglieri al posto di 5.

Per uno studio comparato delle lingue, segnaliamo lo strano caso dell'espressione Casa delle Libertà e del corrispettivo americano Freedom House. La versione italiana designa una coalizione politica che fa della censura e dell'epurazione la sua ragione sociale. La versione americana indica un'agenzia fondata da Eleanor Roosevelt e diretta ultimamente dall'ex capo della Cia James Wooley, due noti comunisti. Anch'essa ha a che fare con censure ed epurazioni, ma per smascherarle e denunciarle al mondo. Ecco: due organismi con lo stesso nome fanno l'opposto. Ci vorrebbe un bravo linguista, o un bravo psichiatra, per stabilire chi ha ragione e chi torto. Del resto gli americani la guerra la chiamano guerra, noi la chiamiamo pace. Gli americani i bancarottieri li mettono in galera e buttano la chiave, noi li graziamo e gli regaliamo la chiave della cassaforte. Gli americani Al Capone lo mandarono a Sing Sing, noi di solito lo mandiamo al governo.

L'altroieri, 3 maggio, era la giornata mondiale della libertà d'informazione. Ciascuno l'ha festeggiata a modo suo. Gli americani di Freedom House hanno reso nota la classifica dei paesi dove la stampa è più libera: l'Italia, già degradata a paese «semilibero», l'anno scorso era al 74° posto. Ma quest'anno s'è superata: è al 79°, dietro Namibia (66°), Benin (71°), Botswana (72°), Timor Est (73°), Capo Verde (76°) e Bulgaria (78°), tallonata a un'incollatura da una splendida Mongolia (80°). Il bolscevico rapporto insinua che il premier italiano influenzi direttamente sia le tre reti Mediaset sia i tre canali Rai, dove monopolizza il 42 per cento del tempo dedicato ai politici. Non che la Casa delle Libertà made in Usa ce l'abbia con la consorella degenere made in Italy perché è di destra. Ma perché ritiene che chiunque faccia politica non debba infilare nemmeno un dito nel sistema televisivo, che deve controllare la politica e dunque non può e non deve esserne influenzato.

In Italia le celebrazioni del 3 maggio si sono svolte molto diversamente, essendo affidate ai soliti salottini di regime. L'insetto di *Porta a Porta*, pur di non parlare del caso Calipari, cioè della più grave crisi diplomatica del dopoguerra fra Italia e Usa, s'è inventato prima un minestrone che metteva insieme Angelo Izzo, i pentiti e l'amnistia, col contorno di Palombelli, Rondolino e Castelli (il quale, vista la compagnia, sembrava persino intelligente), poi un polpettone su come si entra in coma e come, possibilmente, se ne esce. Intanto, a *Ballarò*, pigolava il consueto Tremonti e mezzo, che ormai non è più un ospite: è un arredo dello studio, pernotta a Saxa

Rubra, poco prima di andare in onda lo svegliano con un giro di chiave. Al suo fianco l'ottimo Totò Cuffaro dava lezioni di legalità a Gerardo D'Ambrosio: «Dopo il rinvio a giudizio (per favoreggiamento alla mafia, *n.d.r.*) - ha detto - non mi sono dimesso perché ho interrogato la mia coscienza». La quale, purtroppo, s'è avvalsa della facoltà di non rispondere.

Anche i politici italiani hanno voluto celebrare degnamente la giornata della libera informazione, secondo le loro usanze tribali: cioè con l'ennesimo assalto alla dirigenza Rai. Anche il centrosinistra, dopo aver giurato lotta dura senza paura alla Gasparri e l'astensione da ogni spartizione, sembra aver deciso che l'importante è partecipare. I giornali narrano di incontri frenetici, di vertici notturni, di «sherpa» che fanno la spola fra un palazzo, una terrazza e un gerontocomio per trovare una soluzione «bipartisan» e soprattutto uno strapuntino per giovani virgulti come Biagio Agnes e Sandro Curzi (tramontate invece le candidature di Ruggero Orlando e Nunzio Filogamo, penalizzati dalla mancanza di tessere).

Si parla anche di Saccà, neoconvertito alla sinistra dopo aver ben meritato cacciando Biagi e Santoro. L'unico nome che non si legge mai sui giornali è quello di un politico - ne basterebbe uno - che esca dalla sala d'aste e proponga il modello Zapatero: fuori tutti i politici dalla tv pubblica; e dentro quelli che devono farla. All'estero, è la norma. In Italia, è bestemmia.

Sull'ultimo «Espresso» Klaus Davi, il wurstel dal volto umano che cura l'immagine di Eva Herzigova e dei Ds, il garrulo cicisbeo di *Quelli che il calcio*, del *Processo di Biscardi* e del Tg3, scrive queste poche, decisive parole: «L'Unione preferisce il low profile. Una strategia ben interpretata da Fassino, ma sporcata dai "comici" di sinistra che tornano a far capolino in Rai, quasi fossero già al governo. Considerato che furono tra i protagonisti della Caporetto 2001, è il caso che Prodi s'interroghi se questo "movimentismo" mediatico faccia davvero il suo gioco». Quali comici siano tornati a far capolino in Rai (la Guzzanti? Luttazzi? Paolo Rossi? E quando? E dove?), «sporcando» nonsisaché, non è dato sapere. E nemmeno quali comici aspirerebbero ad andare «al governo». Ma ciò che colpisce è l'appello a Prodi perché provveda a epurare i comici che non fanno davvero il suo gioco. Non viene in mente, al cicisbeo, che i politici devono fare i politici, se ci riescono: i comici, i registi, i cantanti, gli attori, gli autori e i giornalisti, insomma quelli che fanno la tv, li giudica il pubblico. Naturalmente Prodi ha cose più importanti da fare che dar retta a un wurstel: ma è interessante sapere che qualcuno lo paga per dire cose che uno normale si vergognerebbe di pensare.

(5/05/2005)

Premio Bancarotta 2005

Nella commissione congiunta che doveva fare piena luce sulla morte di Nicola Calipari, Italia e Usa non trovano una versione comune e presentano due diverse relazioni, rinfacciandosi le colpe a vicenda. Ma Berlusconi minimizza e assicura che l'amico Bush gli ha rinnovato le condoglianze per l'agente ucciso in Iraq.

Quando il sisalvichipuò di questa fine-regime sarà completato, bisognerà farci un film. Tipo «Tutti a casa», ma molto più comico. Bellachioma che vende un po' di azioni Mediaset perché oggi la sua è l'unica azienda italiana che tira, domani non si sa. Dell'Utri che mette all'asta gli arredi di Giò Ponti e prepara le valigie per l'espatrio. Raffaele Fitto che, appena trombato in Puglia, tenta disperatamente di salvare l'auto blu con una leggina che estende l'ammiraglia agli ex governatori, come premio di consolazione, e magari ai loro figli maschi, secondo il principio dell'ereditarietà. Francesco Alberoni invece mette al sicuro la sua signora: secondo «la Repubblica», il direttore di Rai Fiction Agostino Saccà (quello che, per ordine del premier, ha cacciato Biagi e Santoro) ha offerto una consulenza a Rosa Giannetta Alberoni. La scrittrice nota ai meno insegna Sociologia generale allo Iulm (le lezioni, assicurano gli allievi, sono imperdibili) e rappresenta la provincia di Milano nel Cda del Piccolo Teatro, dove due anni fa tentò invano di far censurare l'*Anomalo bicefalo* di Dario Fo e Franca Rame con il decisivo argomento che «la satira non deve fare politica». Della sua competenza in materia di fiction non s'era mai sospettato. Eventualmente potrà proporre uno sceneggiato tratto da *Via col vento*, che è la sua opera prediletta: qualche anno fa, il settimanale «Cuore» dimostrò che il suo romanzo *L'orto del paradiso*, per una quarantina di pagine, era quasi identico a quello (di molti anni precedente) della Mitchell, fatta salva l'ambientazione (al posto di «Georgia» compariva una più prosaica «Lomellina»). Ora la Simone De Beauvoir di Trevico Irpino dovrebbe entrare in azione in Viale Mazzini non appena il marito Francesco cesserà dalla presidenza Rai. Esce lui ed entra lei. I sacri valori della famiglia.

Bellachioma, intanto, riceve l'ennesima telefonata di Bush che - dice lui - gli ha rinnovato le condoglianze per l'eroica morte di Nicola Calipari, «molto apprezzato anche in America», ma proprio da morire. È la terza volta in poco più di due mesi che l'amico George fa le condoglianze all'amico Silvio per lo stesso identico lutto (la prima, al telefono, fu il 7 marzo; la seconda, ai funerali del papa, il 7 aprile; la terza, di nuovo al telefono, il 4 maggio). Un fatto piuttosto insolito, per il quale gli osservatori più accreditati non trovano che quattro possibili spiegazioni.

1) Quello che telefona continuamente a Berlusconi non è Bush, ma un bravo imitatore in vena di scherzi di pessimo gusto.

2) Quello che telefona è effettivamente Bush, che ha ripreso a bere.

3) George sta prendendo per i fondelli l'amico Silvio.

4) George dice ogni volta cose diverse, ma Silvio non conosce l'inglese e non capisce. A questo proposito, circola nei palazzi romani un resoconto dettagliato dell'ultima chiamata sulla linea Washington-Arcore.

– Pronto, Silvio? Sono George.

– Carissimo, come stai?

– Incazzato nero. Com'è quella storia che il nostro checkpoint era illegale?

– Ti ringrazio per le condoglianze per Calipari, ma non dovevi: già me le avevi fatte due volte.

– Non hai capito: ho letto il vostro controrapporto sul caso Calipari. È una vergogna. Voi sudditi del mio impero non vi dovete permettere di sindacare su quello che facciamo in Iraq, visto che comandiamo noi e i check point li mettiamo dove ci pare. Non siamo mica lì in missione di pace, noi.

– Grazie, George, sono commosso: estenderò le tue condoglianze ai familiari del nostro eroe.

– Ma che cazzo hai capito? Passami l'interprete.

– Sì, tutto chiaro: sei rammaricato per quello che è accaduto al nostro eroe. Ma me l'avevi già detto.

– Scusa, ma ci sei o ci fai? In Iraq abbiamo perso migliaia di uomini, i nostri sono terrorizzati e sparano a ogni foglia che si muove, cosa vuoi che me ne freghi del vostro eroe?

– Ok, George, ok. Le telefonate intercontinentali costano, non è il caso che me lo ripeti ancora. Presenterò alla famiglia.

– Fuck off.

– Ben detto, George. Tu trovi sempre le parole giuste, in questi momenti drammatici. Mi commuovi.

– ... *(bip)*... *(6/05/2005)*

Soccorso rotto

Appena il Cavalier Bellachioma fa passare due o tre giorni senza far rimpiangere Al Capone, subito dalle parti dell'opposizione si dimentica chi è e cos'ha fatto in questi undici anni, e si diffonde una gran voglia di dialogare con lui. O, meglio ancora, di dargli una mano. Anche perché, da quelle parti, c'è un assembramento di consiglieri che non ne hanno mai azzeccata una e dunque insegnano agli altri come si vive e si vince.

1) Visto che Blair trascina il Labour al minimo storico e il suo stesso partito gli intima lo sfratto entro un anno, bisogna seguire il modello Blair.

2) Siccome l'Iraq è un cimitero quotidiano e gli anglo-americani studiano una «exit strategy», cioè come scappare al più presto, occorre evitare di chiedere il ritiro delle truppe italiane, e anzi elogiare l'idea geniale di esportare la democrazia con la forza, possibilmente consentendo a Calderoli e a Martino di scavalcare a sinistra l'opposizione.

3) Essendo Bellicapelli in crisi con gli Usa per il caso Calipari, è consigliabile sostenere Bellicapelli in nome dell'antia-

mericanismo, anche se le frottole della versione italiana superano di gran lunga quelle del rapporto americano.

4) Visto che i pugliesi hanno votato Nichi Vendola perché non ne potevano più dei vecchi ras all'ombra di Raffaele Fitto, è meglio evitare segnali di discontinuità nella nuova giunta del centrosinistra, scaricando i comunisti italiani e imbarcando alla Sanità un ex assessore socialista che, come primo atto, getta a mare il programma elettorale e promette ancora ticket e ancora tagli dei posti letto.

5) Visto che il governo si sputtana tentando di salvare i bancarottieri, è bene che anche la sinistra si schieri in difesa dei bancarottieri, per consentire alla Cdl di dire che «erano d'accordo anche esponenti della sinistra». Si segnala, a questo proposito, un fondamentale editoriale sul «Riformista» del vicedirettore Oscar Giannino, che invita a non retrocedere sul salva-Tanzi e a mantenere gli sconti di pena con prescrizione assicurata, in nome di una «visione d'impresa liberale e liberista» contro il «giustizialismo».

6) Visto che nella Banda Bellachioma si stanno scannando per il nuovo vertice Rai, è bene dar loro una mano offrendo disponibilità sulla conferma di Cattaneo o sul ritorno di Saccà, in cambio della presidenza (idea lanciata dal solito «Riformatorio») a Claudio Petruccioli, detto Cuor di Leone per la strenua difesa dei censurati Biagi, Santoro, Luttazzi, Guzzanti, Fini, Beha, Hendel & C. Magari (ma qui si oppone persino il «Riformatorio») con un accordo blindato che perpetui il duo per tre anni, cosicché i partiti tengano le grinfie sulla Rai vita natural durante. Ad abundantiam, visto che Berlusconi ha perso le regionali e fa quasi tenerezza, la linea è che «le tv non contano» (come deducono acutamente Pigi Cerchiobattista e Lucia Annunziata). Ergo non sarebbe male conservare la Gasparri e la Frattini sul conflitto d'interessi, per evitare «misure punitive». Fondamentale poi evitare parolacce come «antitrust» o «conflitto d'interessi», gravi sintomi di radicalismo e penuria di riformismo. Molto meglio concentrarsi sulla privatizzazione della Rai, così da mettere sul mercato altre tv e consentire al Cavaliere (o chi per lui) nuovi investimenti. Un noto sovversivo come l'avvocato Franzo Grande Stevens, l'altro

giorno, osservava ironico che il conflitto d'interessi si porrebbe se Berlusconi fosse il «mero fattorino» di Mediaset. Invece è solo «mero proprietario», che sarà mai.

In questa gran voglia di «dialogo», sembra sfuggire un dato: il dialogo funziona quando i dialoganti sono alla pari. Ma non pare questo il caso, visto che da una parte siede un signore che «Forbes» colloca al 25° posto nella classifica degli uomini più ricchi del mondo e al primo in quella degli uomini politici più ricchi del mondo. Un signore seduto su un patrimonio familiare di 9,6 miliardi di euro, che guardacaso s'è triplicato negli ultimi 11 anni, da quando bevve l'«amaro calice» e decise di «scendere in campo». In una splendida inchiesta di Ettore Livini, ieri «la Repubblica» illustrava le ragioni della prodigiosa espansione. Dal '94, i titoli delle sue tv hanno guadagnato il 187 per cento, mentre il settore televisivo di tutt'Europa perdeva in Borsa il 4 per cento. La quota Mediaset in tasca al premier è salita da 2 a 6 miliardi. La quota Mondadori è raddoppiata (il che non è male, visto che, secondo il tribunale di Milano, la casa editrice appartiene a un altro proprietario, a cui fu scippata comprando un giudice). E la quota Mediolanum è triplicata. Da tutto ciò deriva che il mero proprietario incassa uno «stipendio» dal suo gruppo di 5,2 milioni di euro mensili, niente male visto il periodo di ristrettezze. Merito delle grandi doti manageriali dei berluscones, si capisce. Ma anche un po' della legge Tremonti-1 (121 milioni di euro risparmiati in tasse), della Tremonti-bis (altri 150 milioni) e della Tremonti sulla tassazione delle plusvalenze (340 milioni di tasse non pagate sull'ultimo collocamento azionario). Per non parlare del condono fiscale (con un risparmio di 160 milioni), del decreto spalmadebiti del calcio (242 milioni di risparmio in dieci anni per il Milan), della salva-Retequattro (con i suoi 40 milioni di pubblicità all'anno) e della Gasparri-bis (1-2 miliardi di crescita potenziale per Mediaset). Qual è la prima cosa da fare per battere un uomo così? Dialogare, of course.

(10/05/2005)

Il Mitile Ignoto

Per la serie «cosa non si fa per nascondere l'ennesima débâcle elettorale di Bellachioma», abbiamo scelto per voi alcuni titoli dai giornali di ieri. «Libero», apertura di prima pagina: *Ecco il gatto del papa. Si chiama Chico, è un soriano di 6 anni, purtroppo castrato. Servizi a pag. 2-3.* «La Stampa», sezione cultura: *Buttiglione: «Il libro non è un cetriolo». Il ministro della Cultura star della Fiera del Libro.* «Il Giornale», apertura di prima: *Berlusconi mette pace tra Bush e Putin.* Segue agile editoriale di Paolo Guzzanti (680 righe), che le canta chiare a Roosevelt e Churchill per aver calato le brache con Stalin a Yalta. Era tempo che qualcuno lo facesse, anche perché ora «il presidente Berlusconi ha potuto svolgere il suo ruolo storico di padre nobile dell'avvicinamento di Putin all'Europa e di garante di fronte all'ansia americana». Ecco: ci sono almeno due persone al mondo che, quando il nuovo Churchill rivela di aver messo pace fra Bush e Putin («Su Yalta ci ho pensato io»), rimangono serie e gli credono: Belpietro e Guzzanti, oltre al Bellicapelli medesimo. Gli elettori un po' meno: grazie a lui anche la Costa Smeralda – dove il personale di Villa La Certosa ha la maggioranza assoluta dell'elettorato – s'è buttata a sinistra.

Riepiloghiamo, a beneficio di chi vede i cinegiornali di regime, quanto è accaduto l'altroieri a Mosca, prendendo a prestito la cronaca di Andrea Bonanni su «Repubblica»: «A Yalta, nel febbraio '45, tra Roosevelt e Stalin c'era Winston Churchill. A Mosca, nel maggio 2005, tra Bush e Putin c'era Berlusconi. Nessuno se n'è accorto, per la verità. Ma questo è comprensibile: le superpotenze hanno sempre dissimulato le loro armi segrete. Così Putin ha avuto colloqui bilaterali, pubblici e teletrasmessi, oltre che con Bush, anche con i leader che contano: Schroeder, Chirac, il cinese Hu Jintao, il giapponese Koizumi. Di Berlusconi non s'è vista neppure l'ombra se non quando, con un guizzo alla Alberto Sordi, ha approfittato di una distrazione del protocollo per correre a mettere un braccio sulle spalle della moglie del presidente russo. La signora Ludmilla si è garbatamente scostata». A questa scena, degna del *Conte Max* con lo strillone Sordi che abborda contesse travestito da nobile, ne è seguita un'altra in cui il nuovo Churchill svelava – fortunatamente a giornalisti soltanto italiani – particolari inediti del burrascoso vertice Bush-Putin, a cui ovviamente non aveva partecipato. Infatti i particolari risultavano inediti anche ai due protagonisti.

La mosca cocchiera brianzola, che per la prima volta sfoggiava in mondovisione i capelli della Barbie asfaltati color cozza, rivelava di aver «opportunamente preparato» il summit, che perciò «è stato perfetto». Prima ha spiegato all'amico Vladimir che l'attacco dell'amico George alla Russia su Yalta era stato «una cosa occasionale, una risposta alla domanda di un giornalista», ovviamente travisata dalla stampa mondiale, tutta in mano al Comintern. Poi ha spiegato all'amico George che l'amico Vladimir «non è comunista, è un vero democratico». Il che, detto di un ex capo del Kgb che fa sfilare nella piazza Rossa i veterani dell'Armata rossa con le bandiere rosse, la falcemartello rossa, i ritratti di Lenin e tutto il resto, poi decora il generale golpista Jaruzelski già repressore di Solidarność, poi riabilita Stalin e definisce «immane catastrofe» la caduta dell'Urss, non è niente male. Ma del comunismo, si sa, Bellachioma ha sempre avuto una concezione piuttosto elastica. Se, per dire, il comunista è anche corrotto, allora diventa buono, quasi liberaldemocratico. Il compagno Primo Greganti era in affari con Aldo Brancher della Fininvest. Figurarsi se non si può chiudere un occhio sui trascorsi dell'amico Vladimir, con tutti i business che si possono concludere nel gran bordellone della Russia. Purtroppo, una spiacevole coincidenza ha voluto che, mentre il nuovo Churchill decantava a George le virtù democratiche di Vladimir, 71 personalità internazionali, fra cui Vaclav Havel ed Elena Bonner vedova Sacharov, deplorassero in una lettera al «Financial Times» la fiera del tartufo moscovita: «È paradossale che uno dei regimi meno democratici e più repressivi d'Europa ospiti un'assemblea dei dirigenti dei Paesi democratici per celebrare la liberazione d'Europa. Che ciò accada proprio mentre l'impegno di Mosca per la democrazia e la giustizia è in serio declino, come dimostra la persecuzione dei cittadini che hanno cercato di liberalizzare il sistema politico ed economico, rende le celebrazioni una parodia».

Ma, sulla democraticità di Putin, Bellachioma non ha dubbi (in effetti, al suo confronto, Vladimir sembra Tocqueville). E, sulle ali dell'entusiasmo, riesce persino ad applaudire commosso, con la solita lacrima retrattile, la sfilata dei veterani dell'Armata Rossa e dei reduci nostalgici dell'impero sovietico sulla piazza Rossa, lasciandosene voluttuosamente baciare (per via della statura e della tenera peluria sul capino, l'han preso per un bebè). «Ho applaudito e baciato i veterani – ha spiegato, in marcia verso il Milite Ignoto – perché non sono comunisti: sono patrioti, è diverso». Sia chiaro: i comunisti sono Prodi e Fassino, che con le mani lorde di sangue si accingono a seminare in Italia «miseria, terrore e morte». Lo Statista di Milanello ha pure provato a spiegarlo a George e Vladimir nella nuova Yalta. Credeva di essere Churchill, invece era solo il sigaro. *(11/05/2005)*

aibreS mokeleT

I giudici di Torino archiviano l'inchiesta sull'affare Telekom Serbia stabilendo che non ci furono tangenti. L'unico politico che ha ricevuto denaro proveniente da quella operazione è, paradossalmente, un membro della commissione parlamentare d'inchiesta su Telekom Serbia, Italo Bocchino di An, uno dei più accaniti accusatori dei leader del centrosinistra.

«Igor Marini sembra Pico della Mirandola per la sua memoria prodigiosa», disse estasiato l'onorevole avvocato Vincenzo Trantino, presidente della commissione Telekom Serbia, il 19 giugno 2003, uscendo da uno dei tanti interrogatori-fiume con il «supertestimone». «Per ora», aggiunse entusiasta il 23 luglio, «siamo in grado di dire che Marini non è un collezionista di bufale come è stato presentato da alcuni». «Le dichiarazioni di Marini», spiegò ammirato il 7 agosto, «sono importanti per qualità e quantità, e per la sua memoria mostruosa». Poi si scoprì che l'ex facchino del mercato ortofrutticolo di Brescia aveva sì una memoria prodigiosa, ma nel senso che ricordava alla perfezione fatti mai avvenuti, tangenti mai versate, nomi di persone mai conosciute. Aveva imparato bene il copione, di cui peraltro si ignora l'autore. A quel punto, dinanzi a Marini arrestato per calunnia ai danni di Prodi, Fassino, Dini, Rutelli, Veltroni, Mastella, Bordon e qualche cardinale vaticano, le vittime della calunnia chiesero le scuse di chi aveva messo in piedi quella montatura. Ma il prode Trantino se ne guardò bene: «Le "scuse" sarebbero atto dovuto se mai la commissione come organo collegiale e il suo presidente si fossero mai permessi di essere fidefacenti di Marini. Ma noi non l'abbiamo mai avallato». L'avevano solo paragonato a Pico della Mirandola, che sarà mai. Avevano solo accusato a reti unificate, per quattro mesi, sulla base del nulla più assoluto, sette leader dell'opposizione di aver intascato mazzette mai esistite, che sarà mai.

Ora, come in tutti gli avanspettacoli che si rispettano, siamo alla comica finale. Un coup de théâtre degno della migliore commedia degli equivoci e degli inganni, secondo lo schema del mondo alla rovescia che ha sempre affascinato il teatro dell'assurdo. Non solo è accertato giudiziariamente che nessun leader del centrosinistra ha mai intascato una lira nell'affare Telekom. Ma si scopre persino che 2,4 miliardi provenienti dalla mediazione del conte Vitali, «facilitatore» dell'affare, finiti non si sa bene come alla società Finbroker, passarono al «Roma», il giornale dell'onorevole Italo Bocchino di An, membro della commissione Telekom Serbia medesima. Il Bocchino indagava sui soldi finiti a Prodi e non sapeva di averli presi, indirettamente, lui.

È, giornalisticamente parlando, l'uomo che morde il cane. È come se si scoprisse che le tangenti di Previti non finivano ai giudici Squillante e Metta, ma a Colombo e Boccassini. Che Riina non baciò Andreotti, ma Caselli. Che il vero capo di Gladio era il giudice Casson e il gran maestro della P2 era Tina Anselmi. Che la bomba a piazza Fontana l'aveva messa Gerardo D'Ambrosio. E che le tangenti di Larini, Berlusconi & C. non finivano a Craxi, ma a Di Pietro.

Intendiamoci: a carico di Bocchino non c'è nulla di penalmente rilevante. E forse nemmeno di eticamente sconveniente. L'onorevole dice che non sapeva che i soldi provenivano da

Telekom, e gli si può tranquillamente credere. Sapeva però che quei soldi venivano dalla Finbroker, una società di cui la sua commissione si era occupata perché qualcuno aveva suggerito al truffatore Antonio Volpe, altro peracottaro eletto a supertestimone e a consulente occulto del sodalizio, di occuparsene. Ma, nella sua squisita sensibilità istituzionale, il Bocchino non ritenne di avvertirne il presidente Trantino né gli altri commissari. Ce ne sarebbe a sufficienza perché un partito serio chiedesse spiegazioni al suo deputato. Invece nulla di tutto questo. Bocchino annuncia querela a «Repubblica», che ha rivelato una notizia vera, confermata dallo stesso Bocchino e contenuta nella richiesta di archiviazione della procura di Torino. E Trantino, che essendo presidente della commissione è sempre l'ultimo a sapere, farfuglia di una non meglio precisata «operazione di killeraggio» e denuncia ai presidenti delle camere non meglio precisate «condotte illegittime e forse illecite della procura di Torino». Procura che ha avuto il merito di sbugiardare il falso Conte Aigor mentre i Trentatré Trantini lo scambiavano per Pico della Mirandola.

Ignazio La Rissa addirittura si supera, deplorando che quella «notizia priva di rilievo penale» sia finita sul giornale, senza spiegare perché il suo partito contribuì a diramare a reti unificate la notizia delle tangenti a Prodi, Fassino & C.: che non solo erano prive di rilievo penale, erano proprio false. Mentre questa è vera. Ora la compagnia di giro della Telekom Serbia si accinge a votare la ricostituzione della commissione, per sparare un altro po' di sterco nel ventilatore della campagna elettorale prossima ventura. La sinistra si oppone fieramente. Noi ci permettiamo di dissociarci: dopo il Berlusconi-bis, vogliamo la Telekom-bis. Lorsignori sono talmente malaccorti che ci riserveranno altre avvincenti sorprese: dopo i soldi di Telekom a un giornale di An, si potrebbe scoprire qualsiasi cosa. Magari che Paolo Guzzanti è un agente del Kgb sotto copertura. O che l'avvocato Taormina e l'investigatore Gelsomino sono coinvolti nel delitto di Cogne. O che Dell'Utri combatteva la mafia e Previti pagava le tasse. Ma forse stiamo galoppando troppo con la fantasia. *(12/05/2005)*

M'è scappato un pro

Nel film *I tartassati*, Totò impersona un commerciante di abbigliamento che froda il fisco e Aldo Fabrizi un maresciallo della Tributaria venuto a controllare i libri contabili, ovviamente truccati. Totò le prova tutte per corrompere l'integerrimo sottoufficiale, ma invano. Poi gioca l'ultima carta: buttarla in politica. Prima però bisogna capire come la pensa Fabrizi: da una sua battuta («Eh, ai tempi della buonanima...»), parrebbe un nostalgico del Ventennio. Totò si butta a pesce, fingendosi anche lui orfano inconsolabile del Duce: «A chi lo dice, marescia'! Quando c'era Lui, i treni arrivavano in orario! Italianiiii! Eh eh». E accenna un motivetto sull'aria di *Giovinezza*. Ma è tutto un equivoco. Il maresciallo si dissocia offeso: «Ma cosa ha capito? Io parlavo dei tempi della buonanima di mio nonno. Guardi che io sono anti!». E Totò, con agile guizzo: «Ah, anch'io, sempre stato anti!». «Veramente lei mi sembrava pro». «Ma quando mai, mi sarà scappato un pro, ma sono anti!».

Ecco, in questo crepuscolo di regime, nei corridoi della Rai è tutto un «mi sarà scappato un pro, ma sono anti», anzi «sempre stato anti». Gente che rovista affannosamente nel guardaroba alla ricerca della vecchia camicia rossa e imbosca quella nera, ma con tanto così di naftalina per conservarla, ché non si sa mai. Gente che quattro anni fa esibiva la foto del nonno in marcia su Roma o nella X Mas, e ora scava disperatamente nell'albero genealogico a caccia di uno zio partigiano, possibilmente Brigate Garibaldi o Volante Rossa. Così Francesco Giorgino, questo brunovespa in erba, figlio di un notabile pugliese della Dc poi grande elettore forzista, scopre improvvisamente quanto sia immangiabile la minestra di Mimun, che lui peraltro sembrava delibare con gran voluttà da quattro anni ogni sera al Tg1. Ora scopriamo dalle efebiche labbra del neomartire che era tutta una finzione: in realtà il Vespino guidava la resistenza clandestina al regime di Clemente J., talmente clandestina che non se n'era accorto nessuno. Ma riguardando le sue immagini alla moviola, mentre lui leggeva quella sbobba immangiabile, a ben vedere la lanugine bionda che gli vela il mento nascondeva un'impercettibile rughetta di disgusto. Ora, dopo le regionali (ma è una pura coincidenza), è uscito allo scoperto, costi quel che costi. Gli sarà scappato qualche pro, ma lui era anti, da sempre.

Nulla di nuovo sotto il sole, per carità. La politica e la televisione (che poi è la prosecuzione della politica con altri mezzi) sono popolate di animali ipersensibili che, come i canarini svengono alle prime fughe di gas e certi insetti tremano alle prime avvisaglie dei terremoti, anticipano con largo margine i governi che verranno. Pomicino l'aveva capito un anno fa. Ora è arrivato Giorgino, peraltro in ottima compagnia. Petruccioli, dopo quattro anni di letargo, pronuncia persino la parola «Santoro». Pionati, non si sa se di sua iniziativa o d'intesa con Clemente J., ha addirittura dismesso il «panino» per tornare all'eterno, paraculesco «pastone». Saccà, che votava Forza Italia con tutta la famiglia, nonne e zie comprese, si ricicla a sinistra spendendo la sua vecchia militanza craxiana, l'eterna ascendenza velardiana (che si portano su tutto) e all'occorrenza la cittadinanza di Taurianova.

Per il resto, come ogni cinque anni, in Viale Mazzini impazza il celebre gioco di società: «Chi sarà il prossimo?». E gli scenari che si spalancano sono da urlo.

Gianfranco Fini, dopo la svolta referendaria, entrerà al congresso di An sostituendo il saluto romano con il gesto dei due pollici e indici a rombo, e declamando: «L'utero è mio e lo gestisco io».

Marcello Veneziani denuncerà la moglie neoseparata per avergli bruciato la biblioteca procurandogli ustioni di quarto grado alle braccia protese nel vano tentativo di salvare almeno gli atti rilegati della Terza Internazionale, l'*Enciclopedia del Calendario del Popolo*, l'opera omnia di Nicolae Ceausescu e il manuale sovietico *Come mangiare bambini senza che ti rimangano sullo stomaco* (edizione originale, caratteri cirillici e testo a fronte).

Massimo Magliaro, già portavoce di Giorgio Almirante e perciò direttore di Rai International, pubblicherà le memorie di un prozio titino che infoibava italiani a Basovizza, con allegata sentenza di condanna del tribunale militare di Gorizia.

Bruno Socillo, ex «Secolo d'Italia» e ora Gr Rai, consegnerà a Giampaolo Pansa, per il suo prossimo romanzo, il diario della zia Piera, la leggendaria fidanzata del truce Moranino, attivissima nel Triangolo Rosso fra il '44 e il '48 e celebre perché riusciva a sgranocchiare cadaveri di preti, di democristiani e di preti democristiani a colazione, pranzo e cena.

Francesco Pionati pubblicherà l'album fotografico degli anni verdi, anzi rossi, quando trascorreva le vacanze estive a friggere salamelle alla Festa dell'Unità di Nusco.

Giovanni Masotti rievocherà a *Punto e a capo* le simpatiche marce dell'infanzia per le vie di Praga, in divisa da giovane pioniere sulle spalle del compagno Sandro Curzi, con filmati inediti in super8. Non sembra, ma anche lui viene dalla resistenza. Gli sarà scappato qualche pro, ecco. Ma era anti.

(13/05/2005)

Poveretto, come s'offre

Più che una notizia, sembra una barzelletta: Vittorio Sgarbi entra nel centrosinistra - Repubblicani europei, per la precisione - per fare il sottosegretario nell'eventuale governo Prodi. L'ha annunciato lui stesso (Sgarbi, non Prodi) al «Corriere»: «Con Prodi ci siamo parlati, mi ha detto che è d'accordo». Sia chiaro che noi, all'ennesimo trasloco del pacato ed equilibrato critico d'arte, non crediamo. Ma qui non si può fare una battuta che subito qualcuno la prende per un suggerimento. E allora, nella malaugurata eventualità, ecco un breve promemoria. Vita e opere del Gondrand della politica italiana.

Agli albori della carriera, fine anni Ottanta, il giovane Vittorio Sgarbi da Rio Ferrarese flirta con il Pci di Pesaro. Poi s'intruppa come indipendente nelle liste del Psi per fare il sindaco a San Severino Marche. Alla fine riesce persino a guidare un monocolore Dc. Poi nel '90 entra in parlamento, nelle liste del Pli. Dura un paio d'anni, poi arriva Mani Pulite e crolla tutto. Con agile balzo, Vittorio Zelig tenta l'aggancio con Bossi, agevolato dal celebre «Forza Etna» urlato per invocare la distruzione degli antiestetici paesini alle pendici del vulcano.

Memorabile il suo colloquio col Senatùr, in un camerino della Fininvest: «Grandissimo Umberto, sei l'unico che porta avanti le idee liberali, che dice cose sensate». Ma Bossi non apprezza e si lascia sfuggire il Genio ferrarese. Che nel frattempo è sgattaiolato alla corte del Cavaliere, come misurato opinionista televisivo e candidato alla camera per Forza Italia. Bossi, da grandissimo liberale, diventa «scemo», «tordo tonto», «ladro» e «razzista». Dell'inossidabile coerenza sgarbiana fa le spese anche Berlusconi: appena eletto grazie a Forza Italia, Vittorio Gondrand lascia il partito e s'iscrive al gruppo misto. Ma continua a difendere i martiri della malagiustizia (Andreotti, Craxi, De Lorenzo, Berlusconi, Previti, Dell'Utri...) e a insultare i magistrati. Famoso un suo comizio a Palmi: «Ripetete con me: affanculo il procuratore Cordova!». Dal pulpito armato di *Sgarbi quotidiani*, vomita improperi contro il pool di Milano («Assassini!») e di Palermo. Per lui il «vero mafioso» è Giancarlo Caselli, «una vergogna della magistratura italiana, un colonnello greco, un fascista... I suoi atti giudiziari hanno portato alla morte» (8 dicembre 1994). Bastona chiunque si metta di traverso sulla strada del Cavaliere. Il presidente della repubblica Scalfaro è «una scoreggia fritta». Indro Montanelli «è un vigliacco, uno che ha tradito, fascista, razzista, antisemita. Sempre fascistissimo, nero come la pece! Un modesto giornalista, il più mediocre storico italiano. Adesso, fascista ancora, è guardato con tenerezza e ammirazione dalla sinistra che gli si è attaccata solo perché traditore... È il solito vecchio fascista che, nella sua turpe vecchiaia, sputa con impudicizia nel piatto in cui ha mangiato» (31 marzo e 29 luglio 1994).

Il 7 aprile '95, sempre a *Sgarbi quotidiani*, addita Caselli come il mandante morale dell'omicidio di don Pino Puglisi. La prova? Una lettera anonima che lui legge integralmente, senza neppure precisare che è anonima: anzi, dice con fare circospetto che non può rivelarne l'autore. Nel dicembre '95 fonda il Partito federalista con Gianfranco Miglio, poi non se ne sa più nulla. Nel febbraio '96 partorisce la Lista Pannella-Sgarbi, cui aderiscono subito statisti del calibro di Idriss e Don Backy, e annuncia il divorzio da Forza Italia. Poi divorzia da Pannella e rientra precipitosamente in Forza Italia per trovare un posto sicuro in lista e in parlamento. Lì rimane, fra alterne vicende, fino a due anni fa, quando compare a *Otto e mezzo* per annunciare che il ministro dei Beni culturali, l'odiato Giuliano Urbani, ha un'amante (della quale descrive minuziosamente le prestazioni). Lo cacciano da sottosegretario e l'impresa traslochi Sgarbi & C. riapre i battenti. Fonda con Giorgio La Malfa il Partito della bellezza, subito abortito per mancanza di belli. Allora abborda il bel Mastella, che ha appena imbarcato Pomicino, ma non se ne fa nulla. Ora, dice, «ho deciso di puntare sulla Sbarbati». Repubblicani europei (Fed). Avendo una condanna definitiva a 6 mesi e 10 giorni di reclusione per falso e truffa aggravata e continuata ai danni dello stato (in due anni di «lavoro» alla Sovrintendenza di Venezia si presentò in ufficio due giorni) e qualche centinaio di processi per i suoi insulti a destra e a sinistra, Sgarbi ha un problema piuttosto impellente: conservare l'immunità parlamentare. Il solito idealista. *(15/05/2005)*

Siniscalcoli

Ormai si dicono cose che, se non fossero tragiche, sarebbero comiche, ma con la levità e la spensieratezza di chi non c'entra, anzi passa di lì per caso. Mentre i dati Istat confermano ciò che si sospettava da tempo, cioè che l'Italia ha fatto il suo ingresso trionfale nella recessione, apprendiamo che: 1) il ministro dell'Economia Domenico Siniscalco, detto Siniscalcolo per la nota allergia al pallottoliere, ha comunicato ai colleghi di governo che i dati Istat «mi hanno colto di sorpresa»; 2) oggi il Siniscalcolo medesimo – annunciano trionfanti i cinegiornali di regime – «dirà la verità sui conti pubblici». In un paese non normale, ma perlomeno decente, a proposito del punto 1 qualcuno chiederebbe al ministro Siniscalcolo se per caso ci è o ci fa. E soprattutto se è stato avvertito di essere, da ormai dieci mesi, il ministro dell'Economia. E ancora se abbia saputo che l'Istat appartiene al governo, e che un ministro dell'Economia potrebbe eventualmente telefonare al centralino (06-46731) per farsi anticipare i dati, onde evitare di apprenderli dalle agenzie e preparare un commento meno ridicolo del: «Mi hanno colto di sorpresa». Sarebbe poi interessante sapere se al ministro capiti mai di leggere i giornali, dove i maggiori osservatori parlavano di recessione da mesi, mentre lui e i suoi colleghi diffondevano ottimismo e mentre il premier andava in parlamento ad accusare l'opposizione «pessimista e disfattista», l'Europa, la Cina, bin Laden e soprattutto la Pasqua, che da quando governa lui cade una volta all'anno, con evidente accanimento antiberlusconiano.

Quanto al punto 2, in un paese non normale, ma perlomeno decente, i notiziari non titolerebbero *Il governo domani dirà la verità*, ma *Il governo ha mentito fino a oggi*. Seguirebbe, automatica, la richiesta di dimissioni di questi bugiardi incapaci. E siccome quelle panzane sesquipedali sulle magnifiche sorti e progressive dell'economia italiana furono diramate a reti unificate dai cinegiornali e da *Porta a Porta*, senz'alcun contraddittorio e senz'alcun filtro di un giornalista indipendente che le accogliesse con le dovute risate, qualcuno chiederebbe conto ai direttori dei telegiornali e al compiacente insetto portaportese, pretendendo rettifiche e puntate riparatrici. Non è questo il nostro caso. Il notaio del Contratto con gli italiani si guarda bene dall'organizzare una puntata di *Porta a Porta* per raccontare che fine ha fatto quel ridicolo papello. E il direttore del Tg1 si guarda bene dall'invitare un esponente dell'opposizione per rammentare che il famoso «buco dell'Ulivo» favoleggiato nel 2001 da Tremonti e mezzo non esisteva, mentre oggi esiste il buco del Polo: il buco col nano intorno.

(17/05/2005)

La leggenda del nano suonatore

Un giovane pianista senza nome né memoria viene ritrovato su una spiaggia dell'Inghilterra. Non parla e non scrive: quando gli mettono davanti un foglio di carta e una penna, disegna un pianoforte e, quando gliene portano uno, inizia a suonarlo divinamente. Ma nessuno riesce a indentificarlo.

Per strano che possa sembrare, esiste in Italia almeno un socialista, anzi un craxiano, che non ha fatto carriera. È Umberto

Cicconi, già fotografo personale di Bettino Craxi. Ha scritto un libro di memorie, *Segreti e misfatti*, e rilasciato una bella intervista a Claudio Sabelli Fioretti sul «Magazine». Quand'era nella pochette di Bettino, Cicconi era da tutti omaggiato, cercato, invitato, complimentato, corteggiato e perfino toccato come un amuleto. Poi, dal 1993, tutti finsero di non conoscerlo. Ora, non avendo nulla da perdere né da guadagnare, racconta tutto di colui che qualche buontempone continua a scambiare per un antesignano del riformismo e della modernità: non solo il suo lato migliore, quello umano, ma anche il peggiore, fatto di tradimenti attivi e passivi, fondi neri, ricatti, depistaggi, scandali, pessime frequentazioni. Ma soprattutto racconta i craxiani prima e dopo la cura Mani Pulite. Dunque difficilmente Cicconi verrà invitato da Anna La Garofana, da Vespa, da Floris o dalle reti Mediaset a presentare il suo libro. Perché ne ha per tutti: per i craxiani rimasti a destra (tipo De Michelis e il cavalier Crescina), per quelli passati a sinistra (tipo Amato, o Del Turco che nel '93 gli disse: «Inutile restar fedeli a fantasmi del passato, devi dissociarti da Bettino pubblicamente»), e per quelli in transumanza (tipo Bobo Craxi, «che si faceva finanziare le campagne elettorali da Mario Chiesa»). La riprova del fatto che c'è qualcosa peggio di Craxi: i craxiani.

Nel 1980, al ritorno del Psi nel governo, un amico palazzinaro scrive a Craxi: «Caro Bettino, come ti ho accennato verbalmente, Radio Fante ha annunciato che dopo la visita a Torno, Guffanti e Cabassi, la polizia tributaria si interesserà a me... Ti ringrazio per quello che crederai sia giusto fare». L'impunito e impudente palazzinaro che si raccomanda al segretario di un partito di governo perché lo preservi da un'ispezione della finanza, avendo molto da nascondere e un concetto piuttosto singolare dello stato, delle leggi e delle istituzioni, si chiama Silvio Berlusconi e diventerà a sua volta presidente del consiglio.

Nel 1985 Craxi è da due anni capo del governo. Cicconi e Trussardi vorrebbero acquistare la Scalera Film. Ma Bettino, noto riformista modernizzatore, li stoppa: «Umberto, ma che ti sei messo in testa? Di fare cinema? Ricordati che in Italia per questo ci sono solo la Rai, Berlusconi e mia figlia». La tenera Stefania.

Anno 1994, a Palazzo Chigi arriva l'amico Silvio: «Quando diventò presidente del consiglio – racconta Cicconi – Berlusconi mi fece cacciare da Palazzo Chigi mentre stavo facendo un servizio per "Epoca". Forse perché ero il fotografo personale di Craxi: voleva evitare l'accostamento imbarazzante». Pochi giorni dopo, il Cavaliere offre il Viminale all'uomo più odiato da Craxi: Di Pietro. Bettino, ad Hammamet, «ricevette una telefonata, si imbufalì e cominciò a urlare: "Io Berlusconi lo distruggo! Non può fare ministro proprio Di Pietro! Se non c'ero io, chi si sarebbe preso la briga di salvarlo quando i pretori gli spensero le tv? Silvio è un megalomane e un bugiardo"».

Ultima scena, la più struggente. Due anni prima di morire, Craxi affida a Cicconi una missione top secret: una campagna per il suo rientro in Italia, a base di scritte sui muri di Milano: «Viva Craxi», «Bettino, torna». Cicconi, nottetempo, esegue con bomboletta spray.

Un giorno forse non troppo lontano, James Bondi verrà sorpreso ad aggirarsi armato di bomboletta per i vicoli del centro di Milano mentre scrive «Silvio, ritorna», «Viva Bellachioma». Intanto, su una spiaggia della Costa Smeralda, il mare restituirà una bottiglia con dentro un nano in doppiopetto, emaciato, infangato, testa da kiwi e barba lunga, che non ricorda più nulla, nemmeno il suo nome, ma biascica continuamente frasi sconnesse del tipo «il leader sono io» e «sta arrivando il boom». Gli metteranno davanti un foglio e lui disegnerà sei televisioni, otto ville, una coppola e uno stalliere, un cappuccio nero e una bandana, una barca, una banca, un biscione, un pallone, vari tribunali, Palazzo Chigi, 30 milioni di coglioni e infine una calcolatrice. Gliela porteranno, e lui comincerà a ticchettare sui tasti una musica celestiale. I giornali di tutto il mondo si riempiranno della triste storia, la gente si commuoverà per il nano smemorato che suona la calcolatrice come fosse un pianoforte. Ma nessuno lo riconoscerà. *(20/05/2005)*

In uno sferragliare di fleboclisi, girelli e dentiere, ecco s'avanza la nuova politica italiana verso la modernità e l'innovazione. In Francia il socialista Lionel Jospin perde le elezioni e scompare. In Gran Bretagna il conservatore Michael Howard perde le elezioni e si ritira. In Spagna José María Aznar, al 50° anno di età, va in pensione. In Italia si affaccia sulla scena un giovane virgulto di belle speranze, Ciriaco De Mita da Nusco, che è come la peperonata a cena: si ripropone. Zittisce l'on. Cinzia Dato, che ha il torto di essere giovane e pure donna, a proposito dei referendum: «Stai zitta, queste son cose serie». Come i 60 mila miliardi per non ricostruire l'Irpinia, per dire. Il politico in erba, così giovane e già così autorevole, è il vero regista della geniale svolta della Margherita, fatta propria da un cinquantenne che sembra suo nonno, infatti mangia pane e cicoria: tale Rutelli.

Intanto, in An, fanno le bizze due enfant terrible di nome Gustavo Selva e Publio Fiori, che erano già passatelli quando stavano nella Dc e nelle liste P2. L'associazione Giovani Editori, che promuove i giornali nelle scuole, invita a parlare di «etica nell'informazione» nella rassegna «Crescere tra le righe» un piccolo genio al Plasmon, Giulio Andreotti, che ha fatto in tempo a conoscere De Gasperi, Scelba, Tano Badalamenti e Stefano Bontate («Crescere tra le rughe», ha commentato Beppe Grillo). Verdi e Rifondazione, i più amati dai giovani no global, mandano in Rai per la sessantesima volta Sandro Curzi. E Silvio Berlusconi, in un empito di giovanilismo, vorrebbe sistemare alla presidenza Rai Antonio Maccanico detto Lodo, che era già in pensione ai tempi dei fratelli Lumière. Il candidato prediletto del Cavaliere è Petruccioli, molto più giovane, ma purtroppo in letargo da anni.

Intendiamoci. Bellachioma è l'unico ad aver capito che questa gerontocrazia di renitenti alla pensione, questa puzza di muffa e di stantio che emana dai palazzi della politica, ha stufato. E corre ai ripari. Non che si ritiri (non può). Ma fa finta di farlo, con le solite sceneggiate sullo sdoppiamento della leadership. Si trucca da giovane a colpi di lifting, trapianti, bandane, stucchi, tinture, tiranti, pozioni ed elisir made in Scapagnini. Cestina le cravatte Marinella per adottarne di più giovanili e civettuole. Molla il doppiopetto Chicago anni Trenta per il più snello monopetto. Annuncia una dieta per perdere 5 chili. Inventa i Giovani Azzurri, prima affidati al crocerossino Scelli, poi al più maturo Dell'Utri (che i libri li preferisce antichi, ma gli stallieri li sceglie giovani). E si circonda di ragazzine, possibilmente gnocche, nominandole coordinatrici qua e là. Betrice Lorenzin è la nuova capa di Forza Italia nel Lazio: un giorno presentò il povero Tajani come «il nostro bin Laden», quindi non dev'essere proprio una cima. Però è giovane e donna. Come la neocapa dei forzuti milanesi Mariastella Gelmini, dipinta dalle cronache – senza offesa – come «vicina a Sandro Bondi».

Invece la stella di James Bondi, che ha 45 anni ma ne dimostra 80 e non vuol saperne di tingersi, tirarsi e trapiantarsi, è in via di rapido offuscamento. Così, archiviata Morticia Gardini, che in qualità di portavoce pretendeva persino di parlare, Bellicapelli si guarda intorno in cerca di qualcosa di nuovo. In tv, via gli inguardabili Vito e Schifani e largo alla Prestigiacomo. Il resto lo fa il rotocalco di famiglia, «Chi»: con grave sprezzo del pericolo e all'insaputa del padrone, dedica una copertina alla Sacra Famiglia di Arcore, con Bellachioma tutto pittato tra le figlie di secondo letto Eleonora e Barbara travestite da Lady Diana. Tornando – si fa per dire – alla politica, il Cavalier Crescina ammicca a un possibile erede: «Se due mesi prima delle elezioni trovassimo uno migliore di me, un soggetto pulito, pensate lo sconcerto a sinistra». Intanto bisognerebbe conoscerlo, uno pulito. La frase, detta dall'amico di Mangano, Gelli, Carboni, Craxi e Squillante, è apparsa subito una boutade, oltreché un crollo di autostima. Ma se davvero lo trovasse, uno pulito, dovrebbe subito sporcarlo. Se no Previti e Dell'Utri si allarmano. *(21/05/2005)*

Sette anni e non sentirli

Gli avvocati Cesare Previti, Attilio Pacifico, Giovanni Acampora e i giudici Renato Squillante e Vittorio Metta condannati anche in appello per corruzione giudiziaria nel processo Imi-Sir. Assolti invece con formula dubitativa per la Mondadori.

Ogni volta che Previti viene condannato a pene inferiori all'ergastolo, si registrano intorno a lui scene di giubilo e gridolini di esultanza. Sulle cause dell'inspiegabile fenomeno si fronteggiano varie scuole di pensiero. Compresa quella che gli amici di Previti posseggano sul suo conto notizie molto riservate, e si sentano sollevati all'idea che sia stato condannato «soltanto» a 7 anni in appello per aver corrotto i giudici Squillante e Metta (Imi-Sir) e a 5 anni in primo grado per aver corrotto il giudice Squillante (Sme-Ariosto). Se a ciò si aggiunge che il processo Imi-Sir riguarda un risarcimento indebito di 1.000 miliardi che lo stato, nel '94, dovette versare tramite l'Imi alla Sir di Rovelli in virtù di sentenze comprate; che per comprare quelle sentenze Previti incassò una mazzetta che lui chiama «parcella» di 21 miliardi di lire (in aggiunta ai 33 per l'amico Pacifico e ai 13 per l'amico Acampora); che Previti, Pacifico e Acampora lavoravano tutti per la Fininvest di Berlusconi; che Previti siede in parlamento da 11 anni ed è stato addirittura ministro; ecco, se si aggiunge tutto questo, vien da domandarsi che cos'abbiano lorsignori da esultare.

Immaginiamo un processo per due rapine in banca. Gli imputati vengono condannati a 7 anni per la prima, mentre per la seconda vengono assolti in base all'articolo 530 comma 2 del Cpp, equivalente alla vecchia insufficienza di prove. Nessuno si sognerebbe di cantar vittoria né di dire che «l'ipotesi accusatoria è stata sconfessata e totalmente cancellata» (Sandro Sammarco, legale di Previti). Né tantomeno di candidare i neocondannati al parlamento. Anche perché non occorrono due rapine per fare un rapinatore. Ne basta una. Ora la corte d'appello di Milano ci dice che l'on. Previti è un corruttore di giudici per aver comprato la sentenza Imi-Sir, mentre il tribunale di Milano ci ha detto mesi fa che l'on. Previti è un corruttore di giudici per aver tenuto stabilmente a libro paga Squillante (500 milioni di lire bonificati in Svizzera nel '91 e provenienti dai fondi neri di Berlusconi, uscito sia dal caso Sme-Ariosto, sia dal caso Mondadori non perché fosse innocente, ma perché il reato accertato a suo carico s'è prescritto per le attenuanti generiche). Eppure si festeggia. Chissà che cosa temevano, i festaioli, per l'amico Previti, se 7 anni in appello più 5 anni in primo grado gli sembrano pochi. Temevano l'ergastolo? Sanno qualcosa che noi non sappiamo?

Le reazioni dei Cicchitto, Bondi e Bartolini – la Guardia Repubblicana di Arcore – hanno questo di bello: prendono per buona la sentenza nella parte Mondadori, mentre la parte Imi-Sir dicono che non conta perché verrà messa a posto dalla cassazione. Non fanno neppure il discorso del bicchiere mezzo pieno e mezzo vuoto: hanno un bicchiere pieno per i tre quarti, e lo vedono vuoto. Ma il caso più commuovente è quello di Maurizio Gasparri, il Marty Feldman di An, che da quando ha perso il ministero non sa più come rendersi utile alla ditta. E si arrangia come può, sostenendo che è stato assolto Berlusconi (peraltro non imputato): «Sentenza importante perché elimina la questione del lodo Mondadori e non è poco. Tutta la vicenda che aveva dei riflessi anche sul presidente Berlusconi è stata cancellata dicendo che non sussiste il fatto. Chi ha imbastito speculazioni su quella vicenda deve fare profonde riflessioni su una sentenza che sgombra il campo da tanti attacchi senza fondamento». Il noto giureconsulto ignora che la formula «il fatto non sussiste» è quella rituale prevista dal codice nel caso in cui le prove non siano sufficienti. Non vuol dire che non è successo nulla (come, per dire, nel caso Telekom Serbia). Di fatti, prove nel processo ce n'erano eccome: il giudice della Mondadori, Vittorio Metta, aveva un conto in Svizzera; nel 1991 depositò le motivazioni dell'annullamento del lodo in 24 ore (168 pagine dattiloscritte, roba che neanche Balzac); ha detto di conoscere Previti solo dal '94, mentre risultano telefonate fra i due già nel '92; subito dopo la sentenza ricevette 400 milioni in contanti poco dopo un analogo prelievo di Pacifico dai conti Fininvest; due mesi prima della sentenza, Metta ha emesso quella dell'Imi-Sir, che anche in appello è risultata comprata da Previti & C.; dopo la sentenza Mondadori, Metta lascia la toga per andare a lavorare con sua figlia nello studio Previti. Questi sono i fatti, anche se la corte non li ha ritenuti sufficienti per una condanna. In questa storia, l'unico che non sussiste è Gasparri.

(24/05/2005)

Ego me absolvo

«Libero», pagina 1: *Mondadori, il premier assolto definitivamente*. Pagina 5: *Ma il centrosinistra non si toglie la toga. Da Di Pietro a Travaglio, nessuno si scusa per le accuse al premier assolto*. «Il Giornale», pagina 3: *Si chiude un'epoca: Berlusconi è innocente*.

Piccolo particolare: Berlusconi non è stato assolto, per la semplice ragione che non era più imputato. Lo erano i suoi tre avvocati Previti, Pacifico e Acampora e il giudice Metta. Tutti assolti (insufficienza di prove) per Mondadori, tutti condannati per Imi-Sir. Il Cavaliere l'aveva fatta franca nel 2001, ma solo grazie alle attenuanti generiche che avevano fatto scattare la prescrizione. Verdetto della corte d'appello di Milano, la stessa che l'altroieri ha assolto Previti & C. Verdetto curiosamente dimenticato: forse perché non contempla mai il concetto di innocenza, anzi. Il 12 maggio 2001 la corte rinvia a giudizio Previti, Pacifico, Acampora e Metta, mentre ritiene prescritto il reato per Berlusconi, definendolo «privato corruttore» nel caso Mondadori. E gli regala le attenuanti perché: 1) «l'intensità del dolo è diminuita dalla preesistente e pericolosa corruttibilità dell'ambiente giudiziario competente»; 2) «l'imputato ha favorito la composizione degli interessi patrimoniali derivanti dal lodo all'origine della lite giudiziaria addivenendo a un accordo con la parte offesa», cioè con De Benedetti, restituendogli parte del maltolto («Espresso», «Repubblica» e i giornali Finegil); 3) «agì nell'ambito di un'attività economica e imprenditoriale di importanza nazionale, le cui zone d'ombra non possono condurre a una preconcetta valutazione ostativa alle attenuanti»; 4) «l'epoca del fatto impone di valutare le attuali condizioni di vita individuale e sociale il cui oggettivo rilievo (Berlusconi è appena tornato a

Palazzo Chigi, *n.d.r.*) giustifica di per sé» le attenuanti. Ergo «il reato è estinto per prescrizione», ma solo per lui.

Berlusconi ricorre in cassazione per ottenere l'assoluzione piena. Ma il 16 novembre 2001 la suprema corte risponde picche: «Il ricorso di Berlusconi va rigettato», perché «correttamente la corte d'appello... esprime il convincimento che gli elementi raccolti siano idonei a sostenere l'accusa in giudizio..., attraverso un apprezzamento complessivo del materiale indiziario che rendeva prospettabile, ad avviso della corte, il successo delle ragioni dell'accusa». Qual è il materiale indiziario ritenuto valido dalla corte, pur in «un percorso probatorio difficile»? «I passaggi di denaro tra i conti esteri riguardanti Berlusconi, Previti, Acampora e Pacifico, uno dei quali, quello relativo al conto estero di Acampora, di poco successivo alla sentenza di appello sul lodo Mondadori (scritta da Metta, *n.d.r.*); i rapporti personali, antecedenti o successivi rispetto ai fatti di causa, del giudice Metta con i presunti intermediari, e in particolare l'antico rapporto confidenziale tra Metta e Acampora, che sminuiva la valenza indiziaria di segno contrario rappresentata dal considerevole lasso di tempo intercorrente tra la sentenza incriminata e la somma utilizzata da Metta per il versamento della caparra per l'acquisto dell'appartamento in favore della figlia; il tutto valorizzato dal contesto ambientale di corruttibilità di uffici giudiziari romani». Tutte «valutazioni di merito» che la cassazione conferma: dunque la prescrizione per Berlusconi è definitiva e non può certo essere cancellata dall'assoluzione (provvisoria) di Previti, Pacifico, Acampora e Metta. Tutti peraltro condannati per la sentenza Imi-Sir, emessa dal giudice Metta il 26 novembre, due mesi prima della sentenza Mondadori (24 gennaio 1991).

«Il Giornale», pagina 1: *Crollano 10 anni di accuse a Berlusconi.* Pagina 3: *Decine di processi, centinaia di perquisizioni, un solo esito: non colpevole.* Non solo, per il «Giornale» la sentenza che non assolve Berlusconi per la Mondadori assolve Berlusconi per la Mondadori, ma lo assolve anche per gli altri processi in cui non è stato assolto. Purtroppo però il titolista del «Giornale» non s'è coordinato con lo schemino sottostante, che recita: «Guardia di finanza: prescrizione. All Iberian1: prescrizione.

All Iberian2: in corso. Medusa: assoluzione. Macherio: assoluzione (invece il reato è in parte amnistiato, *n.d.r.*). Mondadori: prescrizione. Sme-Ariosto: assoluzione e prescrizione. Lentini: prescrizione. Telecinco: sospeso. Fininvest: prescrizione. Mediaset: richiesta rinvio a giudizio». Strano: ma non l'avevano sempre assolto? *(25/05/2005)*

L'ultimo tragico Fantozzi

Il Milan, dopo aver perso il campionato con la Juventus, perde anche la Champions League ai rigori contro il Liverpool, facendosi rimontare tre gol di vantaggio.

Nel trentennale del primo film di Fantozzi, si aprono le selezioni per il prossimo interprete del prototipo di tutti gli sfigati, dopo l'abbandono annunciato tempo fa da Paolo Villaggio. Favorito d'obbligo il Cavalier Bellachioma, reduce dai trionfi turchi del Milan che gli han fatto crollare quel che restava del lifting. Era con lui, nel momento della prova, il geometra Adriano Galliani, che a differenza del capo non può neanche mettersi le mani nei capelli. Se il primo è il Fantozzi ideale, visti i successi elettorali, economici, sportivi, chirurgici e tricologici, il secondo si candida al ruolo del ragionier Filini, quello che organizza le gite aziendali con nuvoletta incorporata. Ieri ha detto che «metterei la firma su un'altra stagione così». I tifosi non vedono l'ora.

La seconda scelta spetta di diritto al ragionier Ugo Tremonti dell'Ufficio Sinistri, che nel 2001 prometteva «un boom economico da anni Sessanta» prima di metter mano al pallottoliere. Il suo Filini ideale è il ministro Siniscalcolo, quello che sbaglia le addizioni e le sottrazioni di qualche fantastiliardo e poi, quando l'Europa lo sgama, commenta i dati come se fosse un passante, invitando i cittadini a «fare qualcosa per il paese», come se non avesse già fatto abbastanza lui.

Terza scelta, l'avvocato Trantino e l'on. Bocchino, il Fantozzi e il Filini di An. Ci tenevano tanto al remake della comica della commissione Telekom Serbia per un'altra stagione, ma purtroppo è mancato il numero legale: erano scappati quasi tutti a vedere il Milan. Stessa sorte per il Fantozzi padano, ingegner Ugo Castelli: gli avevano promesso che stavolta gli votavano l'ordinamento giudiziario, ma era uno scherzo.

In nome della par condicio, s'avanza pure il Fantozzi di sinistra (si fa per dire), cioé Francesco Rutelli detto Er Cicoria, che ha avuto la splendida idea di dipingersi come un operaio delle ferriere o come un bracciante della Sila o come un giornaliero di Villa Literno, che mangia «pane e cicoria» per tirare alla fine del mese. «Con quella faccia», direbbe Totò. Poi, per la gioia degli elettori, Er Cicoria ha riaperto l'appassionante dibattito sul centro(-)sinistra con o senza trattino.

Restano da assegnare i due ruoli femminili: quelli della Pina e della signorina Silvani. La remissiva consorte del ragionier Ugo ha un sosia maschile: James Bondi, che alle riunioni, appena entra Bellachioma, si genuflette con salivazione azzerata e lingua felpata, sibilando: «Scusi, Dottore, se parlo in Sua presenza». Quella della signorina Silvani, nota per l'equilibrio psicofisico e la signorilità del linguaggio, è la parte perfetta per Oriana Fallaci, protagonista di un fantozziano rinvio a giudizio per le sue misurate analisi sul mondo islamico, in seguito a una denuncia di Adel Smith. I suoi fan hanno molto lacrimato per questa disavventura giudiziaria, soprattutto Littorio Feltri su «Libero» («Oriana, resisti») e Pigi Cerchiobattista sul «Corriere» («Brutta giornata per la libertà e il diritto»). Quest'ultimo rimprovera al gip che l'ha mandata a processo di «aver ignorato la richiesta di archiviazione formulata dai pm», cioè di non essersi appiattito sulla procura, cioè di aver fatto ciò che i cerchiobattisti han sempre rimproverato ai giudici di non fare. Ma chi di denuncia ferisce di denuncia perisce: l'aspetto fantozziano della vicenda è che nel 2002, mentre veniva denunciata da Smith, toma toma cacchia cacchia l'Oriana a sua volta denunciava il collega Massimo Fini. Reo non di averle scippato la borsetta, ma di averle dedicato un ritratto sul «Giorno» nel quale l'interessata non si riconosce. Lei, com'è noto, concepisce un solo tipo di ritratto: l'autoritratto. E un solo tipo d'intervista: l'autointervista. Ragion per cui ha trascinato Fini in tribunale, chiedendogli 1,5 milioni di euro. Ma nessun Feltri o Cerchiobattista se n'è mai indignato. E dire che Cerchiobattista ragiona bene: «Mai le idee, anche le più distanti, possono essere messe sotto processo. I princìpi valgono anche per chi la pensa diversamente». Ma non se si chiama Fini. Ne deriva un principio davvero originale: c'è una sola persona autorizzata a denunciare, a pensare diversamente e a scrivere della Fallaci: la Fallaci. *(27/05/2005)*

Vieni avanti, cretese

Duro scontro fra rutelliani e prodiani nella Margherita sulla lista unitaria alle elezioni del 2006.

La notizia della decrittazione del geroglifico della «Lineare A», la misteriosa scrittura geroglifica rinvenuta su una tavoletta a Creta fra le rovine del palazzo di Cnosso, spalanca radiose prospettive per la politica italiana. Se, come annuncia il «Corriere», il glottologo Mario Negri ha finalmente svelato la lingua segreta di re Minosse, ci sono buone speranze che venga presto svelato il linguaggio di un certo Francesco Rutelli, meglio conosciuto ai suoi tempi come Er Cicoria, di cui ci sono giunte tracce in caratteri cuneiformi rinvenute fra le rovine di un palazzo di piazza Santi Apostoli in Roma (la «Lineare R»). I bigliettini contengono anche alcuni simboli rituali: un ulivo rinsecchito, un pugnale, una mortadella e una bandana che ride. Più agevole è stato il compito dei glottologi con i linguaggi all'apparenza incomprensibili di altri protagonisti della politica italiana vissuti nel medesimo periodo storico. Alcuni esempi.

Frase di tale Cavalier Bellachioma, al secolo Silvio Berlusconi: «Non farò il padre nobile della Casa delle Libertà». Traduzione: al massimo farò il padre ignobile. Altra frase del Bellachioma: «Pensate allo sconcerto della sinistra se trovassimo, alla vigilia delle elezioni, un leader migliore di me, un soggetto pulito». Traduzione: per ora siamo una banda di zozzoni, ma vedi mai che incontriamo uno pulito; sarà difficile, ma non poniamo limiti alla Provvidenza. Ancora Bellachioma: «L'Italia sarà in testa fra i sostenitori della Turchia in Europa». Traduzione: questi turchi sono un po' troppo garantisti con i curdi e gli altri oppositori e decisamente troppo pluralisti nell'informazione, ma con un paio di stage a Bolzaneto e in Viale Mazzini li integriamo noi.

Frase di tal Carlo Ancelotti alla vigilia di una partita importante: «La formazione me l'ha dettata Berlusconi. Non temo di essere licenziato se perdo stasera, semplicemente perché stasera con il Liverpool non perderò». Traduzione: Liverpool-Milan 6-5.

Frase di un tal Libera e Bella, all'anagrafe Luca Cordero di Montezemolo: «Siamo in recessione a causa delle omissioni della politica. Bisogna abolire l'Irap, fare scelte impopolari e rifondare le relazioni industriali». Traduzione: rappresento un'associazione di imprese fallite o sull'orlo del fallimento, ma appena ne trovo una ancora in piedi ve la segnalo, voi intanto levateci le tasse e rifilatele ai lavoratori, che sono ricchi sfondati.

Frase di un certo Beppe Pisanu riferita da tale Castelli: «Quando si decidevano i sottosegretari, Andreotti mi riceveva nel suo bagno, mentre si radeva. E io, seduto sulla tazza del water, prendevo appunti». Traduzione: dalla tazza al Viminale, e poi dicono che è l'America il paese delle opportunità.

Frase di una certa Daniela Di Sotto, moglie di tal Gianfranco Fini: «Trovo un po' ridicoli gli uomini che dopo i 50 anni si fanno il lifting e si tingono i capelli». Traduzione: che Berlusconi abbia 49 anni? Ancora la Fini: «Quando conobbi Gianfranco era uno spilungone con due televisori al posto degli occhiali». Traduzione: poi s'è messo con un nano con sei televisioni al posto del governo.

Frase di tale Clown Davi, «curatore d'immagine» di varie attricette e dei Ds: «I politici dell'Unione la smettano di lamentarsi in tv che va tutto male». Traduzione: dite che va tutto bene, così Berlusconi rivince le elezioni e mi assume lui.

Frase di una certa Sandra Lonardo, moglie di tal Clemente Mastella, appena eletta presidente del consiglio regionale della Campania: «Al di là dei miei sentimenti, è una bella giornata per la credibilità delle istituzioni. Tutte le forze politiche han mostrato un senso di responsabilità che cercherò di ripagare lavorando col massimo impegno. Casomai mettendo a frutto i suggerimenti che ho sempre dato a mio marito». Traduzione: in quel periodo storico, dominato dalla dittatura del relativismo, i concetti di credibilità e di istituzioni erano piuttosto labili.

Frase di tale avvocato Gaetano Pecorella: «Il carcere è divenuto una possibilità concreta per Previti. Ora credo che tutti in parlamento vogliano trovare una soluzione». Frase di tale Roberto Castelli: «È legittimo sparare ai ladri per legittima difesa». Traduzione: ora bisogna convincere Previti che tra la prima e la seconda frase non c'è alcun rapporto di causa-effetto. *(28/05/2005)*

Mille di questi inchini

I lettori facilmente impressionabili si mettano comodi, perché la notizia è di quelle forti: *Porta a Porta* compie mille puntate. Qualcuno dirà: «Solo mille? Pensavo 50 mila». Le avrà, le 50 mila. Perché l'insetto, all'alba dei 61 anni, è come il peperone con la bagna caôda: torna sempre su. Anzi, per la verità, non va mai giù. Bastava guardarlo ieri sera, tutto contento di aver trovato un nuovo infanticidio con cui rimpiazzare la saga di Cogne. La sua collezione di nei sberluccicava come la luminaria di Santa Rosalia. Oggi, per il millesimo anniversario, serata antologica con le migliori gag: Bellachioma e il Contratto con gli italiani, D'Alema e il risotto, la telefonata del papa, Prodi in bici, Amato che gioca a tennis con Panatta. Per motivi di tempo, mancheranno altri capolavori della carriera vespiana. Come l'annuncio nel 1969 dalla questura di Milano: «Il colpevole di piazza Fontana è Pietro Valpreda!». O la mitica corrispondenza dalla stazione di Bologna dopo la strage del 1980, quando parlò per ore dell'esplosione delle cucine di un ristorante, e solo la sera ventilò, ma «con estrema cautela», l'ipotesi della bomba. O l'intervista sottobraccio a Forlani, l'«editore di riferimento» indagato, nel parco della di lui villa. Pezzi di grande televisione.

Poi ci sono i libri. L'Erodoto d'Abruzzo racconta da anni la storia d'Italia alla sua maniera: sempre dalla parte del più forte. Il fatto è che, col bipolarismo, il più forte varia di frequente. Ma lui, con agili balzi, riesce sempre a piazzarsi al posto giusto. L'ultima biografia non autorizzata (*Vespaio*, ed. Kaos) riporta alcuni scampoli della sua tumida prosa alle prese con Antonio Di Pietro nel 1992-93, quando pareva che vincessero i giudici. L'insetto, ovviamente, stava con loro. «Le inchieste Mani Pulite – scriveva in *Telecamera con vista* – documentano un sistema di corruzione e di arroganza superiore a ogni attesa. Sono state queste rivelazioni, quasi sempre confortate da prove indiscutibili, a dare al sistema la spallata finale». Poi, con lingua felpata, pittava Di Pietro: «Lo immagino al telefono, i denti bianchissimi e regolari sulla faccia scura. La faccia scura delle mie parti. Di Pietro molisano, io abruzzese... Lo guardo e, nonostante l'accento, mi richiama terre familiari, mi sento emozionato... Mangiare la pastasciutta con lui mi fa un certo effetto. Anche se Di Pietro usa il cucchiaio per arrotolare meglio, come faceva mio padre. Anche se si annoda il tovagliolo al collo perché deve continuare gli interrogatori dopo pranzo e non vuole farli con le macchie di sugo sulla camicia... Mi sento emozionato fin da quando formo la prima volta il suo numero di telefono... La voce di Di Pietro è diversa, non ancora indurita dalla stanchezza... Sono talmente confuso che riesco a perdermi ... Per dire in tv il mio "Viva Di Pietro" aspetto una settimana... Di Pietro è molto sereno. Finora non ha sbagliato un colpo. Il suo segreto è "colpire e affondare"...».

Il Robespierre del Gran Sasso è, all'epoca, un giustizialista sfegatato: «Dc, Psi, Psdi, Pli, Pri, Pci-Pds, seppure con gradi molto diversi di responsabilità, hanno avallato per lunghi anni il sistema delle tangenti come fonte regolare di finanziamento... Lo scandalo Tangentopoli è stato enorme e ha dato un colpo decisivo a un sistema barcollante. Ma non faremo molta strada se ciascuno di noi non penserà a quello che avrebbe potuto fare e non ha fatto». Due anni dopo, l'aria è già girata: vincono gli imputati. L'insetto si traveste prontamente da flebo e si prostra al capezzale di Francesco de Lorenzo che fa il moribondo per colpa dei giudici (il ministro della Malasanità guarirà presto: poco dopo verrà sorpreso a banchettare a quattro palmenti ai Due ladroni).

Ora l'insetto galleggiante sostiene sul «Corriere» di essere il più «imparziale» ed «equidistante» di tutti. È sincero. Purtroppo ignora il significato di imparziale ed equidistante. Si vanta di esser «amico» dei politici che intervista, «da Bossi a Bertinotti». Spiega che lui propone i giornalisti «e i politici, di destra come di sinistra, dicono sì e no. Nella stessa percentuale». Scelgono loro. Lui li sente colleghi: frequenta i loro stessi salotti, fa la loro stessa vita, li ama. Ciò che all'estero farebbe vergognare un giornalista vero, per lui è una medaglia. Ciò che farebbe licenziare un giornalista vero, per lui fa punteggio. La posizione fetale, per lui, è quella genuflessa. Se gli dicessero che ha la schiena dritta, lui darebbe querela: è nato curvo. *(31/05/2005)*

Vietato obbedire

Polemiche per un gestaccio (il dito medio alzato) esibito da Berlusconi durante un comizio a Bolzano.

Prima scena. Nell'Italia del proibizionismo antifumo – rivela Mario Calabresi su «Repubblica» – c'è un solo locale pubblico dove si può liberamente fumare: Palazzo Chigi. Ovvero il luogo dov'è nato il divieto. Ministri e sottosegretari continuano allegramente a tirare una sigaretta dopo l'altra, con tanto di posacenere di stato. Cioè continuano serenamente a fare ciò che proibiscono agli altri cittadini. Lo fa il vicepremier Fini, lo fa il cosiddetto ministro Calderoli, lo fa il responsabile (si fa sempre per dire) della Sanità Storace. Calderoli, come i bambini dell'asilo, dà la colpa al vicino: «Vedo fumare Storace e viene voglia anche a me». Replica Storace: «Sto provando a smettere. Quanto ai colleghi, non spetta a me bacchettarli. Non sono mica il loro guardiano». Strano, perché la legge ha trasformato in guardiani migliaia di baristi e ristoratori, costretti a minacciare gli avventori fumanti di chiamare la forza pubblica. Chi è il responsabile dell'osservanza della legge a Palazzo Chigi? Lorsignori non si pongono nemmeno il problema.

Il nuovo miracolo italiano ci ha trascinati indietro di 250 anni, a prima dello stato moderno, quando l'Occidente cominciò a distinguersi dall'Oriente perché i sovrani furono tenuti a rispettare almeno le leggi che approvavano. D'altronde lorsignori sono i figli e i figliocci della classe politica che nel 1974 e nell'81 varò le leggi sul finanziamento dei partiti, per poi violarle selvaggiamente e meravigliarsi se un giudice li chiamava a rispettarle. Una classe politica che denuncia chiunque osi criticarla, ma pretende di insultare chicchessia trincerandosi dietro l'insindacabilità. E alla fine saluta, alla maniera di Bellachioma, col dito medio alzato.

Seconda scena. Sit-in di giuristi padani a Bergamo contro il processo a Oriana Fallaci, alla presenza dell'ingegner ministro Castelli. Questi non fuma, ma denuncia come un turco. Trascina dinanzi al Csm i migliori magistrati d'Italia, come Colombo e la Boccassini, «rei» di tener segreto un fascicolo segreto agli imputati Berlusconi e Previti che pretenderebbero di darci un'occhiata (per loro il segreto è pubblico). Ma quando viene denunciato qualche suo amico, allora strilla come una vergine violata. «Noi cristiani – delirava a Bergamo il ministro sposato con rito celtico, cioè pagano – abbiamo metabolizzato da secoli i principi di libertà, mentre i musulmani intolleranti ricorrono alla denuncia per colpire chi non la pensa come loro». Chiedeva l'immediata «abolizione dei reati di opinione, previsti da un codice fascista». E domandava: «Perché non siamo ancora riusciti ad abrogarli?». Non si capisce con chi ce l'avesse, visto che sventuratamente il ministro della Giustizia è lui, con una maggioranza di 100 voti alla camera. Anziché prendersela con sé stesso ed, eventualmente, con madre natura, lo sventurato si scagliava contro «il pensiero unico» della sinistra, che c'entra come i cavoli a merenda.

La Fallaci, in compenso, non c'era. Secondo il «Corriere», la virago sarebbe addirittura «in esilio a New York» (chi l'abbia esiliata e perché, non è dato sapere). Ma, tramite il «Foglio», ha preannunciato che in aula non comparirà mai: «Non degnerò i giudici della mia presenza». Pare che non intenda degnare nemmeno quelli che importuna da due anni perché processino Massimo Fini, reo di aver scritto male di lei. Ora si attende un sit-in del cosiddetto Castelli in favore di Fini (Massimo). E poi una sfilata di camicie verdi in difesa di Franca Rame, ingiustamente processata per aver dato del «pirla» a un ministro intollerante, dunque probabilmente musulmano, che l'ha denunciata per colpire chi non la pensa come lui. Un certo Castelli. *(1/06/2005)*

Informazione assistita/1

Proseguono le grandi manovre per il nuovo Cda Rai. Nominati dai partiti i primi sette membri e dal governo l'ottavo, manca il presidente: Berlusconi telefona all'ex ragioniere dello stato Andrea Monorchio, che però viene impallinato. Intanto Sandro Curzi, di Rifondazione comunista, guida l'azienda come «consigliere anziano».

Scusandoci per la parola grossa, si potrebbe dire che in questi giorni va in scena, nella maniera più sfacciata, l'ultima (in ordine di tempo) puntata del conflitto d'interessi. Senza nemmeno nascondersi dietro il dito medio, senza nemmeno uscire dalla stanza come ai tempi della legge Gasparri e dal decreto salva-Retequattro, il Cavalier Bellachioma passa il suo tempo a nominare e snominare presidenti e consiglieri della Rai. È la stessa persona che nel '94 assicurava: «Alla Rai non sposterò neanche una pianta», e nel 2001 rigarantiva: «Non mi occuperò mai più di televisioni». In un certo senso era vero: anziché occuparsene, le occupò. Le cronache sono piene di illazioni sui motivi che hanno ispirato l'indicazione del povero Monorchio, ma sul designatore non c'è alcun dubbio: il presidente del consiglio, nonché proprietario di Mediaset, sceglie il capo della concorrenza. Riuscendo così a violare persino una delle leggi che s'era fatto ad personam: la Gasparri. Essa, infatti, affida la nomina al ministro del Tesoro, cioè al noto Siniscalcolo. Invece a telefonare a Monorchio è stato Bellachioma, che gli ha dato la sua parola sul fatto che «il centrosinistra è d'accordo». Monorchio, l'unico che crede ancora alla parola di Bellachioma, ci è cascato. In questo penoso minuetto, Siniscalcolo non è mai entrato. Nemmeno una telefonata gli han lasciato fare. Del resto, con un tocco di umorismo davvero delizioso, la Gasparri prevede pure che il Cda Rai sia formato da «persone di assoluto prestigio e competenza professionale e di notoria indipendenza di comportamenti». Infatti sono stati finora nominati otto personaggi di notoria dipendenza: un ministro trombato (Urbani), quattro sono parlamentari (Rognoni, Malgieri, Bianchi Clerici e lo stesso Urbani), tre sono ex direttori di giornali di partito (Curzi, Rizzo Nervo e lo stesso Malgieri). Nel gioco dei regolamenti e delle interpretazioni, ne è venuto fuori un risultato paradossale, una specie di comica finale: il presidente «anziano» della Rai più berlusconiana del decennio berlusconiano è il Komandante Kurzi, l'unico komunista dell'intero Cda.

A questo punto, in attesa che il padrone privato del servizio pubblico rimetta le cose a posto, bisogna avvertire i voltagabbana perché prendano buona nota ed evitino di perdersi un giro di valzer. Per esempio Anna La Garofana, che è già al quarto o al quinto ballo con partner diverso e rischia seriamente la labirintite. Socialista nella Prima repubblica, berlusconiana nella Seconda (come dimostra inequivocabilmente il processo in corso a suo carico per corruzione giudiziaria), dopo le regionali si era agilmente smarcata dal regime con un'intervista in cui rivendicava la sua militanza di sinistra (nel senso di De Michelis) che tante discriminazioni le era costata. E quando, per abitudine, lo staff di Scapagnini l'aveva inserita in una lista di supporter, aveva pubblicamente smentito di aver a che fare col Cagliostro personale di Bellachioma e con i suoi elisir di lunga vita. Poi, purtroppo, lo Scapagnini vinse contro ogni pronostico a Catania. E lei fu prontissima a rimediare, con una leggendaria intervista per «Libero» allo Scapagnini medesimo. Intervista controcorrente, come al solito, irta di domande trabocchetto per mettere in imbarazzo l'interlocutore. Prima lo colpiva definendolo «il politico che fece l'impresa». Poi lo metteva alle corde domandandogli: «Posso continuare a chiamarla professore o preferisce il titolo di sindaco?». E lo finiva con una raffica di uppercut dei suoi: «I garibaldini conquistarono l'Italia partendo dalla Sicilia: Scapagnini e Catania potrebbero rappresentare la Marsala degli azzurri di Berlusconi?», «C'è un lifting nel suo futuro?», «Berlusconi cosa fa per essere tecnicamente quasi immortale? Qual è il segreto? Patrimonio genetico esclusivo del presidente?», «Lei ha avuto il dono della fede?»,

«Il suo angelo custode come si chiama?», «Il suo filosofo preferito?», «Cosa apprezza di più in un uomo? E in una donna?», «Cosa farà da grande?», «Un augurio per i nostri lettori?». Ormai al tappeto, il Cagliostro della mutua esalava: «Lunga vita a Vittorio Feltri». Poi lo portavano via. Questo accadeva il 29 maggio, quando la Rai sembrava tornata saldamente in mano a Bellachioma. Poi, il giorno 31, l'ascesa di Kurzi. Ora Anna dai capelli rossi sarà costretta a smentire di aver mai intervistato Scapagnini. Ma si può vivere così? Si può lasciare una donna in simili ambasce? Cavaliere, si autononimi presidente della Rai e non se ne parli più. Se non vuol farlo per noi, lo faccia per La Garofana. *(2/06/2005)*

Informazione assistita/2

Dall'America giunge notizia che un tizio s'è fatto 35 anni di galera per aver rubato un televisore in bianco e nero. Un televisore, non sei televisioni. *(3/06/2005)*

L'assistente barista

Che il Cavalier Crescina sia un eclettico di specie mutante, si sa. «Berlusconi transformer» era il giochino dell'*Ottavo nano*, quando la satira era ancora consentita e l'Italia era ancora una democrazia. Se, come dice Luttazzi, «Berlusconi mente anche con i capelli», figurarsi con l'autobiografia. Ritoccata anche quella, come tutto il resto. L'altro giorno, ricevendo a colazione ad Arcore la maglia rosa del Giro d'Italia Angelo Savoldelli, fervente forzista (primo dei non eletti alle comunali di Bergamo), gli ha cacciato qualche balla autobiografica, con il pregio della novità. «Quando gli ho detto che ero di Clusone – ha riferito il campione al "Giornale" di famiglia – lui mi ha raccontato che a 14 anni ci era andato per fare il barista al bar Stazione». Dunque, dopo il presidente operaio, il presidente contadino, il presidente miliardario eccetera, abbiamo anche il presidente barista. E non basta. All'altro house organ, «Panorama», Bellachioma ha testualmente rivelato: «Non ho fatto il professore universitario perché, dopo avere fatto l'assistente, mi sono trovato in un nido di vipere e sono scappato».

Tutti quei pericolosi uomini di cultura lo spaventarono, così decise di raggiungere Previti, Dell'Utri, Carboni, Gelli, Craxi e altri galantuomini. Tutti molto colti, anche sul fatto. In quale materia sia stato assistente universitario, e in quale università, non è dato sapere. Si sa soltanto che studiava legge (sembra incredibile, ma è così) alla Statale di Milano, dove conobbe Marcello Dell'Utri (anche lui, per quanto strano possa sembrare, laureato in giurisprudenza). Un paio d'anni fa sostenne che il professor avvocato Giandomenico Pisapia lo voleva nel suo studio, ma lui rifiutò: dunque stava pure per diventare avvocato. Naturalmente non era vero niente, come subito precisò il figlio del luminare, Giuliano Pisapia: «Berlusconi incontrò mio padre per chiedergli di difenderlo in una causa, ma mio padre rifiutò e lo mise alla porta».

Sia come sia, non c'è ramo dell'attività umana che, almeno a sentir lui, non l'abbia visto impegnato col consueto entusiasmo. E sempre con grande successo. «Sono stato campione juniores di canottaggio», diceva alle convention di Publitalia. Dai controlli effettuati presso il Coni, non risulta che abbia mai messo piede su una canoa. «Quando studiavo alla Sorbona ho avuto molte fidanzate parigine», millantava agli stessi venditori della ditta. Peccato che dai registri della Sorbona non risultino studenti con quel nome (ma forse ci andava in incognito, o mandava un prestanome). Quel che risulta, invece, è che a 18 anni vendeva aspirapolvere porta a porta (di qui la predilezione per Bruno Vespa) per la Folletto, di cui casualmente era rappresentante per l'Italia il boss Joe Adonis. Poi si buttò nell'edilizia, anche se d'estate arrotondava come cantante sulle navi da crociera della flotta Lauro, con Fidel Confalonieri alla pianola. «Faceva ballare le vecchie», per dirla con Enzo Biagi. Da allora, un crescendo rossiniano. Contadino, operaio, persino «donnino di casa», come confidò all'assemblea della Federcasalinghe. «Consulente progettista di Milano2», come disse alla guardia di finanza che ispezionava i cantieri di cui era proprietario unico. E poi allenatore dell'Edilnord Football Club, dove giocava il fratello Paolo: le maglie erano nerazzurre perché all'epoca il futuro presidente del Milan «milanista da sempre» era dell'Inter. E poi finanziere dai capitali misteriosi. E poi allevatore di cavalli e stallieri (mafiosi). E poi costruttore, assicuratore, banchiere, tycoon televisivo in Italia, Francia e Spagna, piduista incappucciato, editorialista economico del «Corriere della Sera» (sempre grazie alla P2), editore di giornali, finanziatore di politici e di giudici romani all'estero, massone ma cattolico, pelato ma capelluto, erede di Mosè, Giustiniano, Napoleone, Einaudi, Sturzo, De Gasperi, Reagan e Thatcher, collezionista di società off-shore e di mogli, di debiti e di processi, padre cinque volte, nonno tre volte, premier due, capo dell'opposizione una (almeno ufficialmente: di fatto sempre, da 12 anni a questa parte), imputato quindici, amnistiato una, prescritto sei, miracolato sempre.

Come abbia fatto in soli 68 anni (che poi, grazie all'elisir Scapagnini, sono «al massimo 55») a fare ciò che uno normale non riuscirebbe a fare in tre vite, non si sa. Ma si sa che ciascuna esperienza gli è molto servita per governare. Basta sentirlo parlare o vederlo all'opera, e anche la balle più grosse diventano credibili. Magari, a Clusone, non era proprio barista. Magari, all'università, non era proprio assistente. Ma un fatto è certo: da quattro anni, a Palazzo Chigi, siede un assistente barista. *(8/06/2005)*

Euri padani

Dopo il No della Francia al referendum sulla costituzione europea, la Lega Nord propone il ritorno alla lira al posto dell'euro.

Se si pensa a com'era partito, fra squilli di tromba e rulli di tamburi padani, vien da ridere. «Riscriveremo il codice penale, poi passeremo al civile», promise l'ingegner ministro Roberto Castelli nel 2001, manco fosse Giustiniano. Non se n'è più saputo nulla. Poi tentò col nuovo ordinamento giudiziario, fortunatamente incostituzionale. Riprovò con la giustizia minorile: bocciato dalla sua stessa maggioranza. Ora il pover'ometto si contenta di poco. S'è ridotto alle ripicche personali: la guerra al burqa, la cacciata del capo degl'ispettori Giovanni Schiavon che aveva firmato l'appello contro la legge salvabancarottieri, cosine così. Adesso – rivela il «Corriere» – mette in mora gli altri ispettori che non ispezionano nella direzione giusta. In missione a Milano, stabiliscono che i pm Colombo, Greco e Taddei han fatto il loro dovere liquidando 5 miliardi di lire a Kpmg per le perizie sui conti Fininvest, dunque non meritano l'azione disciplinare; invece la merita il presidente del tribunale fallimentare a Milano che non s'è accorto di un ammanco di 70 miliardi di lire sottratti da una curatrice e riciclati in parte nella Credieuronord, in parte nella Radio 101, per poi uscire per ignote destinazioni. Gl'incauti ispettori, evidentemente digiuni di politica, ignorano che la Credieuronord era la banca della Lega Nord, fallita e salvata dalla bancarotta dalla Bpl di Fiorani; e che Radio 101 era molto vicina alla Lega Nord, prima che l'acquistasse la Mondadori. Guardacaso il ministro leghista ribalta le conclusioni degli 007 e non muove azione disciplinare alla Fallimentare, mentre la muove a Colombo, Greco e Taddei. Questi volevano processare Berlusconi per 2.000 miliardi di falsi in bilancio Fininvest. Castelli, nell'ispezione, li accusava di aver speso troppo per la consulenza Kpmg. Ora però quell'accusa è scomparsa, sostituita da un'altra: aver liquidato la somma non ai tre consulenti come persone fisiche, ma alla Kpmg come persona giuridica. Il che, tuona Castelli sdegnato, «ha ingenerato equivoci». Forse il presunto ministro della Giustizia farebbe meglio a indignarsi per quanto aveva scoperto la Kpmg: le centinaia di miliardi sottratti al fisco, secondo la perizia, dall'azienda del premier. Invece no: lui s'indigna per l'indirizzo delle fatture della perizia. Intanto, in quel processo, Berlusconi l'ha fatta franca perché la sua «riforma» del falso in bilancio ha mandato in prescrizione il suo reato; in compenso il suo ministro fa processare al Csm i pm che avevano scoperto il reato.

Tiratissimo con le consulenze del pool di Milano, il Giustiniano di Lecco si dimostra larghissimo di manica con quelle che lui elargisce agli amichetti suoi. Per questo è indagato per abuso d'ufficio dinanzi al tribunale dei ministri e alla corte dei conti del Lazio. Qui il viceprocuratore generale Guido Patti gli ha chiesto di restituire la metà dei 211.989,61 euro di denaro pubblico generosamente elargiti dal 2001 al 2004 all'ex sindaco leghista di Calco (Lecco) Giuseppe Magni per imprecisate consulenze sull'«edilizia penitenziaria». L'altra metà dovrebbe rifonderla il Magni medesimo, ingaggiato dal ministero con queste prestigiose referenze: «Socio ordinario militante della Lega Nord dal 1995 e parlamentare eletto dalla provincia di Lecco al parlamento di Chignolo Po». Per quattro anni l'insigne luminare padano, esperto di non si sa bene cosa, ha svolto - scrive il pg - «attività dall'indefinito contenuto», senza render conto ai dirigenti del ministero né «raggiungere alcuno degli obiettivi menzionati nel decreto di conferimento incarico». Per quattro anni ha percorso in lungo e in largo l'Italia con «autovettura blindata e due auto di scorta», senza contare le trasvolate con aereo di stato, al seguito dell'amico ministro, «a Mosca, a Tirana e negli Usa». Che cosa facesse nessuno lo sa, visto che presentava «relazioni quasi in codice, con riferimenti per così dire criptici». Il 1° febbraio 2002, un mese dopo l'entrata in vigore dell'euro, Castelli scrive a Magni che intende continuare ad avvalersi della sua «qualificata collaborazione e specializzazione» per altri sei mesi, ma il suo compenso di 48 milioni di lire a semestre passa a 46.482 euro: praticamente il doppio. Ecco: c'è almeno un italiano che, nel cambio lira-euro, ci ha guadagnato. Ed è un leghista: il Magni. Il quale ora, c'è da giurarci, si dissocerà dalla linea anti-euro di Maroni e Calderoli. È un caso di coscienza.

(9/06/2005)

Comunione e Ristorazione

Al pellegrinaggio al santuario di Loreto, in programma per sabato notte a cura di Comunione e liberazione, parteciperanno anche il patriarca di Venezia Angelo Scola, il segretario della Cisl Savino Pezzotta e il direttore del «Foglio» Giuliano Ferrara. Che cosa induca due laici come Scola e Pezzotta a mescolarsi con il noto clericale Ferrara, non è dato sapere.

Quel che è certo è che anche il Platinette Barbuto, con grave sprezzo del pericolo, percorrerà a piedi la lunga strada da Macerata a Loreto. Già allertata la Protezione civile per ogni evenienza, con apposite carrucole. La conversione dell'ex sessantottino, ex comunista, ex craxiano, ex Cia, ex Parmalat, postberlusconiano e neodevoto al bigottismo ateo (Ferrara crede in Bush, in Ruini e in Buttiglione, ma non in Dio), ricorda un'immortale battuta di Montanelli: «De Gasperi e Andreotti entrano in chiesa. De Gasperi parla con Dio, Andreotti col prete». E rinverdisce la nobile tradizione dell'intellighenzia italiota, sempre dalla parte del più forte di turno. Però sta creando notevoli smottamenti nella redazione del «Foglio», che ormai pare la succursale di Guantanamo. I vicedirettori Ludovico Festa e Oscar Giannino sono fuggiti a gambe levate qualche mese fa, alle prime avvisaglie della trasfigurazione del direttore in arciprete. Ma per i redattori superstiti sono tempi duri.

Di prima mattina, tornei di rosario in sala riunioni, seguiti dall'omelia dell'Arciprete Giuliano, che ormai parla in gregoriano stretto. A ogni rintocco del pendolo, orazioni carponi in direzione Arcore: lodi mattutine, ora media, terza, sesta, nona, vespri e compieta. Poi esercizi liberi di levitazione, da cui il direttore è per ora esentato, in attesa che il jogging Macerata-Loreto sortisca gli effetti sperati. Severamente vietato nominare il nome di Ruini invano. Rigorosamente proibito masturbarsi, per non uccidere i genitori dell'embrione, cioè gli spermatozoi. Vivamente consigliata la confessione una volta al giorno, nell'ufficio dell'Arciprete, che infligge penitenze draconiane: particolarmente temuta la lettura ad alta voce dell'opera omnia di Antonio Socci, prima e dopo i pasti. Per i recidivi è prevista una nuova forma laica di mortificazione: Ferrara che divora un cinghiale arrosto dinanzi al penitente digiuno e genuflesso su un tappeto di ceci secchi. Entusiasti i redattori ciellini e Carlo Panella (già autore di un'agiografia dell'ayatollah Khomeini), un po' meno i vecchi miscredenti, come Vincino, Pace, Marcenaro e Boncompagni.

Poi si passa alla confezione del «Foglio», che ormai è la versione noiosa dell'«Osservatore romano» e della «Riza psicosomatica». Un festival di trattati e trattatelli su gameti, ovociti, spermatozoi, ovaie, crioconservazioni e fecondazioni (immortale un titolo dell'altroieri: *Caravaggio e l'embrione*). Senza dimenticare il pensiero neocon che fa da sfondo alla mattanza irachena e alle torture di Guantanamo e Abu Ghraib (non trattandosi di embrioni, ma di vite già formate, possono pure mori' ammazzate). Poi gli scritti dei 120 cardinali del conclave su su fino all'incolpevole papa Ratzinger, comprese le liste della spesa e i segnapunti dei tornei di rubamazzo, con glosse di Socci e testo latino a fronte. Ciò che l'organo vaticano ritiene troppo ostico per i suoi lettori, lo passa al «Foglio». Ieri, raschiato il fondo del barile, il quotidiano platinettiano dedicava un'intera pagina alle dichiarazioni di voto di redattori e collaboratori, fra i quali spicca un certo Nicola Dell'Arciprete (quasi certamente uno pseudonimo del direttore). Su 96 interpellati, 52 andranno a votare, quasi tutti Sì. L'appello di Platinette all'astensione ha sortito l'effetto opposto. Risolutivo l'argomento da lui usato al dibattito con Fassino: «Ho il diabete, la fibrillazione e l'obesità: nel 1952 mi avrebbero cancellato». Un punto decisivo in favore della diagnosi preimpianto.

Sempre ieri, il «Foglio» ha inaugurato un nuovo filone, con l'ultimo discorso integrale di Francesco Rutelli. Due agili paginoni di piombo illustrati da gigantografie di Er Cicoria sotto un titolo sobrio: *Una guerra culturale, un leader coraggioso*. La chiosa dell'Arciprete è struggente, da crioconservare: «Rutelli ha sorpreso tutti. Si è presentato con in mano pochi fogli di appunti. Una lezione di biopolitica di un'ora e mezzo. Rutelli ha parlato a braccio, da uomo politico e con competenza. Ha analizzato, esemplificato e ragionato in modo laico e rigoroso. Ascoltandolo, abbiamo provato un brivido di piacere...». A questo punto, anche per la legge sulla privacy, abbassiamo le luci e lasciamoli soli. *(10/06/2005)*

Kurzi, l'autoreggente

All'ombra di un gigantesco embrione, accadono cose avvincenti alla Rai. L'altro giorno, come ha rivelato il «Corriere» senza ricevere smentite, il Cavalier Bellachioma ha telefonato al compagno Sandro Kurzi. Di che cosa abbiano parlato i due, non si sa. E neppure a che titolo il premier, nonché proprietario di Mediaset, abbia chiamato il presidente «reggente» della Rai. Si sa invece che Kurzi non gli ha messo giù il telefono, come avrebbe dovuto. E si sa pure che la notizia non ha destato alcuna reazione. Esattamente come nessuna reazione aveva suscitato la telefonata di Bellachioma al ragionier Monorchio, che lui stesso, non si sa a che titolo, aveva contattato per proporgli di presiedere l'azienda concorrente alla sua. Il conflitto d'interessi – come dice Luttazzi – «è diventato ambiente», tant'è che l'opposizione ha smesso da tempo di denunciarlo e prosegue le trattative con una maggioranza che riesce persino a violare una legge, la Gasparri-2, da essa stessa approvata non più tardi di un anno fa.

Piuttosto distratto sul conflitto d'interessi, il compagno Kurzi si mostra molto preoccupato per il vuoto di potere che s'è creato ad *Affari tuoi* dopo la dipartita di Bonolis, tornato a casa dopo un biennio di prestito d'uso. «Dobbiamo definire al più presto chi condurrà *Affari tuoi*», ha scritto allarmato nel suo *Diario del Reggente* sul «Corriere». Del ritorno di Biagi, Santoro, Luttazzi & C., invece, nessuno parla. Kurzi aggiunge che un «ticket, cioè presidente e direttore generale della Rai concordati da maggioranza e opposizione», come chiedono Prodi e Giulietti, «nella legge non c'è e non si può esigere». Lo dice pure Bellachioma. Resta da capire in quale legge Kurzi abbia letto che il padrone di Mediaset decide e chiama il presidente Rai.

Conflitto d'interessi chiama conflitto d'interessi. La scorsa settimana, puntatona di *Punto e a capo* con Giovanni Masotti che intervista Er Cicoria, al secolo Francesco Rutelli, sul balcone di piazza Santi Apostoli. Segue dibattito in studio sul caso Rutelli. E chi c'è in studio a dibattere sul caso Rutelli? Barbara Palombelli, la signora Rutelli. Intanto sul berlusconiano «Panorama», Bruno Vespa intervista Bruno Vespa per celebrare degnamente le mille puntate di *Porta a Porta*. Ormai l'insetto si crede la Fallaci. E regala al suo eventuale pubblico un paio di rivelazioni davvero succulente. Prima: «Sono sempre stato contrario alle epurazioni, anche perché sono un ex epurato» (Vespa epurato: ma certo, come no). Seconda: «Nel '94 Berlusconi non lo conoscevo quasi». Vespa pubblica i suoi libri per la Mondadori di Berlusconi, ma non lo conosce. Sua moglie Augusta Iannini, nel '93, arresta De Benedetti e rifiuta di arrestare Letta e Galliani perché «sono amici di famiglia», ma Vespa non conosce Berlusconi. Riconosciamolo, questa è da urlo.

Frattanto gli ascolti Rai colano a picco. E si lavora alacremente per peggiorarli ancora l'anno prossimo. Fabrizio Del Noce, che sembra incredibile ma da tre anni è direttore di Rai1, annuncia che trascinerà in tribunale la mite Enza Sampò, colpevole di aver letto qualche libro e di aver dato un tocco di classe a *Unomattina*: in galera! Lo stesso Noisette riesce a litigare persino con quell'altro noto sovversivo di Celentano, con la partecipazione straordinaria di Flavio Cattaneo, questo «freddo ragioniere da fiera» come lo chiama Adriano. Poi c'è il Tg1, la «Pravda» di Bellachioma. Orfani del traino di Bonolis e dei suoi pacchi, Mimun e i suoi pacchi vengono regolarmente battuti dal Tg5 di Rossella 2000. Lunedì la «Pravda» mimuniana ha totalizzato il 26,33 per cento di share, mentre quella rosselliana volava al 32,02. L'indomani, ancora peggio: 28,23 contro 34,91. Il comitato di redazione del Tg1 parla di «crollo drammatico» e lamenta continui servizi sui gusti dei gelati e sulle vacanze a Rimini. Senza dimenticare quelli su un inedito fenomeno estivo: il caldo, con dotte analisi di studiosi ed esperti. La replica di Clemente J. è strepitosa: «L'unico dramma è l'autolesionismo dei sindacalisti del Tg1». Per anni, quando gli rinfacciavano censure ed epurazioni, il presunto direttore ha tirato in ballo il primato di ascolti: raccontiamo un sacco di frottole, ma la gente ci guarda. Ora che non fa nemmeno più gli ascolti, causa prematura dipartita di Bonolis e Amadeus, non ne parla più. E se la prende con i giornalisti che ne parlano. Fa come i bambini capricciosi: quando ha la febbre, dà la colpa al termometro. *(11/06/2005)*

Armi di distrazione di mafia

Mentre a Palermo spadroneggia la borghesia mafiosa, si attendono le motivazioni della condanna di Dell'Utri per mafia e si processa il governatore Totò Cuffaro per favoreggiamento alla mafia, mentre sono imputati i due ultimi comandanti del ros, generali Mori e Ganzer, l'informazione di regime che fa? Insegue l'antimafia delle figurine Panini, quelle che Sabina Guzzanti chiama «armi di distrazione di massa». Dopo aver taciuto sugli incontri dei boss con Andreotti, Mannino e Dell'Utri, accertati rispettivamente dalla cassazione, dalla corte d'appello e dal tribunale di Palermo, giornali e tv sbarcano a Marsiglia con troupe aviotrasportate al seguito della mega-indagine sulla nuova prostata di Bernardo Provenzano. Spedizione capitanata nientemeno che dal procuratore Capo di Palermo, Piero Grasso. Titoli cubitali sull'avviso di garanzia alla badante, in attesa che venga smascherata anche la nurse. Queste sì che son notizie. Da far tremare Cosa Nostra. Perché ora, dell'arzillo vecchietto che ha 72 anni e latita da 42, c'è il nuovo identikit. È uguale a quello vecchio, già esibito dal procuratore a *Chi l'ha visto?* ma con tre fondamentali novità: una cicatrice sul collo, una sul gomito, una sull'inguine. Se Provenzano fa la cortesia di andare in giro con canotta e perizoma, è fatta. *(14/06/2005)*

Villa Arzilla

Proseguono le ricerche per nominare un consigliere Rai più anziano di Curzi che possa subentrargli come «reggente».

Nell'ambito della campagna di pubblicità progresso contro le teletruffe, trasmettiamo un messaggio rivolto a tutti gli anziani d'Italia: se vi telefona un tizio dallo spiccato accento brianzolo che dice di essere il presidente del consiglio e, fra una barzelletta sporca e l'altra, vi propone di fare il presidente della Rai, non prendetelo sul serio: è Bellachioma che sta violando persino la legge Gasparri che s'è fatto fare su misura un anno fa. Rifiutate l'offerta e, prima di mettere giù il telefono, minacciatelo di chiamare la Boccassini se ci riprova. Questa nuova forma di raggiro, particolarmente odiosa in quanto rivolta a un pubblico esclusivamente anziano, sta prendendo piede in tutt'Italia e va stroncata sul nascere. Un'organizzazione piuttosto collaudata, annidata a Palazzo Chigi ed evidentemente già esperta in questo genere di truffe, va molestando da alcune settimane uno stuolo di rispettabili pensionati di età avanzata, facendo balenare loro una promozione sulla poltrona più alta di Viale Mazzini. I vecchietti, un po' per l'umana ambizione, un po' per la sordità galoppante, prendono sul serio l'offerta e si precipitano ad accettarla, disposti anche a metterci qualche soldo pur di non farsela scappare.

Un mese fa toccò all'ex ragioniere dello stato, il professor Andrea Monorchio: se ne stava tranquillo in una beauty farm dell'Alto Adige, quando squillò il telefono. Era la solita voce suadente: «Le interessa la presidenza della Rai? Anche la sinistra è d'accordo». Lo sventurato rispose di sì. Poi naturalmente non divenne presidente della Rai: non era vero niente. Nel frattempo in Viale Mazzini prese provvisoriamente il potere il consigliere anziano Sandro Kurzi, 75 anni, presidente «reggente», anzi autoreggente. E, soprattutto, comunista. Per lavare l'onta, Bellachioma lanciò la caccia all'ottuagenario, alla ricerca di qualche amico che fosse nato anche soltanto un'ora prima del komandante Kurzi. Un vecchietto purchessia, da far bocciare dal parlamento (ci vogliono i due terzi) ma da lasciare in sella comunque, in attesa del presidente che verrà, se verrà. Possibilmente uno che al settimo piano di Viale Mazzini non riesca nemmeno a salirci quando gli ascensori si guastano. Si tentò con Francesco Alberoni, ma pare che la sua signora abbia posto il veto. Si provò con Antonio Maccanico, quello della prima legge salva-Retequattro e del lodo, ma non sentiva gli squilli del telefono. Si ventilò il missino Franco Servello, che era già in pensione ai tempi della marcia su Roma, ma era troppo legato a Fini, dunque sospetto di comunismo. Si ipotizzò l'ex garante-mummia Vincenzo Santaniello, che a dispetto dall'aria incartapecorita si è subito detto «lusingato»: poi, con molto tatto, gli hanno spiegato la truffa e ci è rimasto male. L'altro giorno è toccato al professor Vittorio Mathieu, classe 1923, «probo viro» di Forza Italia (un ossimoro vivente). Questa volta, per non farsi riconoscere dalla vittima, Bellachioma ha mandato avanti Gianni Letta che, come diceva Saviane, «sembra sempre sua sorella». La sua vocina flautata ha fatto breccia nel pur roccioso cuore del filosofo ligure-piemontese, provocandogli anche una pericolosa fibrillazione. L'anziano accademico, un sincero democratico ammiratore del tiranno portoghese Salazar, ha accettato l'offerta immantinente, poi è corso (si fa per dire) a spolverare dalla cassapanca il moschetto, il kepì, la giberna e la gavetta in vista della dura trasferta a Roma, dove manca dai tempi della trasvolata di Italo Balbo. «Letta mi ha detto che c'è un piano per farmi eleggere presidente», ha raccontato, «e in mancanza del necessario quorum potrei restare presidente sin quando non ne eleggessero uno». L'unico attimo di smarrimento l'ha avuto quando gli han detto che era per la Rai. «Non era per l'Eiar?», avrebbe risposto, «ah, ora la chiamate così?». Intervistato da RepubblicaRadio, Mathieu ha avuto parole di elogio per Del Noce, ma non per Fabrizio: per il padre Augusto («una persona formidabile»). Poi deve aver capito la truffa.

Ora, prima che vengano contattati anche gli ultimi ragazzi del '99 a Villa Arzilla, col girello e la cornetta acustica, e che qualcuno finisca per cadere nella trappola, si pensa a un comitato per mettere in guardia le potenziali vittime e istruirle sulle più efficaci tecniche di autodifesa. Si chiamerà Cpatb: Comitato protezione anziani truffati da Bellachioma.

(15/06/2005)

Il citofono di Ruini

Al referendum sulla fecondazione assistita, una prevalenza schiacciante di astenuti (75 per cento) fa mancare il quorum. Esultano gli avversari del voto, dal cardinale Camillo Ruini al «Foglio» di Giuliano Ferrara.

Quando ancora esisteva la logica, gli assenti avevano sempre torto. Ora il partito di Ponzio Pilato ci spiega che hanno sempre ragione. Corre voce infatti che i vincitori del referendum siano il cardinal Ruini, l'arciprete Ferrara e il sagrestano Socci. È la prima volta che qualcuno vince un'elezione astenendosi. Naturalmente Ruini, persona intelligente, non lo pensa: sa bene che le chiese sono sempre più vuote. Ma quei gran geni del Platinette Barbuto e di Antonio Socci si son convinti che il 75 per cento di italiani che non hanno votato abbiano votato per loro (come se il presidente della Roma calcolasse i tifosi romanisti dal numero dei romani che non vanno a vedere la Lazio). Non sanno che almeno il 75 per cento di quel 75 per cento ignora che cosa sia la fecondazione eterologa e, di conseguenza, chi siano Ferrara e Socci. Altrimenti non si spiega perché mai, quando Platinette compare in tv (tutte le sere), non va mai oltre il 2 per cento di share e Socci, partito dal 20 per cento di Santoro, precipitò al 3,2 prima di cambiare mestiere. L'idea che gli italiani, prima di votare, si premurino di sapere che faranno Ferrara e Socci poteva venire giusto a Ferrara e Socci, noti frequentatori di sé stessi.

Ma ora Socci s'è convinto di un'altra bizzarria: che al referendum non si decidesse se abolire o no alcune parti di una legge, ma se sulla fecondazione assistita abbia ragione lui o no. E ne ha dedotto di aver ragione lui. Poi, sul «Giornale» e sul «Foglio», ha iniziato a scomunicare chiunque non si sia speso allo spasimo per l'astensione, se l'è presa persino con Berlusconi, che lo stipendia generosamente da anni («Signor Berlusconi, non sapevo che anche lei stava dalla nostra parte»), e con il grande scrittore cattolico Vittorio Messori che, essendo cattolico davvero, preferisce occuparsi della resurrezione di Gesù che di quella del cardinal Ruini. Il che fra l'altro spiega perché i libri di Messori vendano milioni di copie e quelli di Socci decisamente meno. Ma ora Socci rivela che Messori «non ha capito il paese» perché «non ha difeso le posizioni della Chiesa in questo referendum: sebbene più volte sollecitato, si è sempre rifiutato». Capito, il fellone? Socci lo sollecitava, e Messori si faceva negare. «A questo punto», scrive Socci, «in un paese normale, ci si aspetterebbero mea culpa a raffica». Questi teo-pon-pon sono fatti così: prima si annettono gli astenuti, poi chiedono l'abiura a chi ha votato.

Come se l'astensione del 75 per cento significasse che il 25 per cento ha torto.

Oltre alle altre nefaste conseguenze, il fiasco del referendum ha prodotto questo effetto collaterale: da lunedì sera Socci appare continuamente a Ferrara, il quale appare continuamente a Socci, credendosi l'uno a Lourdes e l'altro a Fatima. Poi purtroppo, ancora in estasi, scrivono. Socci sostiene che il 13 giugno 2005 «è un evento storico paragonabile al 18 aprile 1948», una vittoria strepitosa da lui ottenuta a mani nude al termine di una «battaglia impari e temeraria», combattuta «come Davide contro Golia, con le fionde contro i carri armati». Da una parte «la cultura dominante, l'establishment, un bombardamento mediatico a reti unificate». Dall'altra lui, con «una pattuglia stupenda di uomini liberi» (i celebri ateo-cons Ferrara, Adornato, Pera e Fallaci, senza dimenticare i celtic-cons Calderoli e Castelli) e poi – detto così en passant – «solo la Chiesa». Una robina da niente. Nella fretta, s'è scordato il presidente della camera, il 99 per cento della Cdl, Rutelli, Mastella, la stampa berlusconiana, Rai e Mediaset. Anzi no, secondo Socci Rai e Mediaset erano sfacciatamente per il Sì: «Posso citare almeno quattro programmi Rai chiaramente orientati», mentre quel diavolo di «Canale5, in piena vigilia, ha ritrasmesso una vecchia fiction con Sabrina Ferilli, la testimonial del Sì. Complimenti a Confalonieri». Comunista anche lui.

Prima di dissolversi nell'empireo, di bianco vestito, Socci cita i versi di Eliot: «Dov'è la conoscenza che abbiamo perso vivendo? Dov'è la saggezza che abbiamo perso nella conoscenza? Dov'è la conoscenza che abbiamo perso nell'informazione?». Ma soprattutto: dov'è l'informazione che abbiamo perso con Socci? E dov'è il folto pubblico di Socci? Dev'essere un pubblico di soli embrioni, per questo non si vede. Lui però, al microscopio elettronico, se lo guarda e se lo accarezza amorevolmente ogni giorno, fra un'apparizione e l'altra. Si crede il nuovo padre Lombardi, il celebre «microfono di Dio». E non s'accorge di essere soltanto il citofono di Ruini, peraltro guasto. *(17/06/2005)*

Silvio Berlusconi, rivendicando il merito della scelta di Parma come sede dell'Authority europea per l'alimentazione, rivela che sarebbe toccato a Helsinki, ma lui fece la corte alla presidente finlandese «rispolverando le mie vecchie arti di play-boy» e la convinse a cedere il passo all'Italia. L'indomani il governo finlandese smentisce tutto e convoca l'ambasciatore italiano per esigere spiegazioni.

Se cinque anni fa ci avessero predetto una crisi diplomatica con la Finlandia, avremmo pensato a una barzelletta. Ma l'Italia del Presidente Playboy ha questo di bello: prima o poi le barzellette si avverano. Infatti, dal 2001 a oggi, siamo riusciti a scontrarci anche con Danimarca, Svezia e Norvegia. Con la Danimarca fu quando il Cavaliere di Hardcore, in diretta tv fuori dalla fascia protetta, offrì la sua signora al premier Rasmussen, che «è molto più bello di Cacciari». Con la Norvegia fu quando il nostro ambasciatore intimò al Festival di Oslo di oscurare il documentario della Pbs americana *Citizen Berlusconi* (risposta: prima una pernacchia, poi la proiezione del film per tre sere consecutive). Con la Svezia fu quando la tv pubblica di Stoccolma trasmise uno spot che diceva: «Siamo una tv libera, non la Rai di Berlusconi». Il governo italiano convocò l'ambasciatore svedese per protestare. Questi rispose che i reclami per gli spot della tv svedese vanno rivolti alla tv svedese, che non ha nulla a che fare col governo svedese: lì si usa così. Insomma ci siamo fatti conoscere in tutta la Scandinavia. E c'è ancora un anno (almeno) di tempo per allargarci alla Lapponia e all'Isola di Pasqua.

Lo schema è fisso: il governo italiano convoca gli ambasciatori esteri quando accade qualcosa di normale, che Bellachioma ovviamente trova anormale; i governi stranieri convocano l'ambasciatore italiano quando accade qualcosa di anormale, che Bellachioma ovviamente trova normale. Il nostro pensiero commosso va ai rappresentanti del corpo diplomatico nazionale che, a ogni passaggio del Cavalier Crescina, devono inventarsi scuse penose per giustificarne le parole e le opere. Meritano doppia l'indennità-rischio: appena lui apre bocca, perdono la faccia.

Ma stupisce lo stupore. Che ci si aspettava da uno così?

Uno che non distingue un partito da un'azienda, un governo da una società off-shore, un parlamento da un villaggio Méditerranée, come può distinguere una bandana da una feluca? Lui, diciamo la verità, non ci ha mai nascosto niente. È sempre rimasto sé stesso. Quello che la notte del Capodanno 1987 telefonò mogio a Dell'Utri (intercettato) per dargli una ferale notizia: «Sono qui ad Arcore con Bettino, aspettavamo le ragazze del *Drive in*, ma non sono venute. Sai, chi non tromba a Capodanno non tromba tutto l'anno...». È cambiato solo il fondale: al posto di Villa San Martino c'è ora Palazzo Chigi, ora il parlamento europeo, ora il G8. E, al posto delle ragazze di *Drive in*, la signora Tarja Halonen. Ma lui è sempre lui. Han voglia Pera e Ferrara a menargliela col ritorno dei valori e la dittatura del relativismo. Han voglia Bondi e Adornato a promuovere convegni e riempire riviste con struggente dedizione per accreditarlo come il nuovo De Gasperi o il nuovo don Sturzo. Lui è sempre quello delle tettone di *Drive in*, delle corna, della bandana, del dito medio alzato. E non fa nulla per nasconderlo. Sono gli altri che si ostinano a prenderlo sul serio. Se l'opposizione lo considera un interlocutore e le tv e la stampa al seguito lo scambiano per un politico, è ovvio che i capi di governo stranieri lo prendano per un collega. Oltre le Alpi, se un premier dice una cosa, si pensa che voglia dire quella cosa, anche perché all'estero non esiste quell'esercito di terzisti, riformisti e pompieri che minimizzano, smentiscono e sorridono a ogni impresa del pornopremier, seguiti a ruota dal portavoce, anzi dal portacazzate Bonaiuti: «Quella sulla presidente finlandese – balbettava nel pieno della crisi diplomatica con Helsinki – era una carineria detta in clima festoso». Intanto Bellachioma chiudeva l'incidente alla sua maniera: mostrando la foto della signora Halonen, commentando: «Ma chi poteva credere che io corteggiassi una così? Ma l'avete vista bene?». Il tocco di finezza che ci voleva. Quando sarà finita, Bonaiuti dovrà farsi la plastica facciale come un ambasciatore o un premier qualsiasi.

Ora si attendono col fiato sospeso le prossime carinerie del latrin lover brianzolo. Ricevimento al Quirinale: lui fa il piedino a Franca Ciampi. Vertice all'Eliseo: fa l'occhiolino a Bernadette Chirac. Gita premio alla Casa Bianca: dà un pizzicotto sul sedere a Laura Bush («lo facevo già con quella gnocca di tua suocera Barbara») e chiede simpaticamente a Condoleeza Rice quando gliela dà. Sbarco dei coniugi Putin a Villa La Certosa: tastatina alle tette di Ludmilla («per vedere se è tutta roba genuina»). Primo summit a Berlino con la neo-leader della Cdu Angela Merkel: la riceve in boxer e le regala una guèpiere in pizzo nero con autoreggenti, manette e frustino («Siamo tutti nel Ppe, dobbiamo conoscerci meglio. Mi consenta, perché non mi fa la governante tedesca?»). Visita dei Blair a Villa La Certosa: lui lascia Tony con Apicella e si apparta con Cherie con una scusa in dolce stil novo: «Vieni che ti mostro la mia collezione di cactus». *(20/06/2005)*

INDICE

Franco Cordero

LE STRANE REGOLE DEL SIGNOR B.

pagine 262

Premio Bagutta 2004

La più precisa e puntuale ricostruzione del dibattito politico sui temi della giustizia (e non solo) e delle conseguenze dei vari provvedimenti del governo Berlusconi, sia dal punto di vista dei loro effetti immediati sia da quello dell'ordinamento complessivo del sistema penale.
A caratterizzare la puntuale analisi e la feroce diagnosi di Cordero sono una prospettiva storica di ampio respiro, una corrosiva vena satirica e un peculiare talento stilistico, che ne fanno un polemista divertente e persuasivo.

Pancho Pardi

LA SPINA NEL FIANCO

I movimenti e l'anomalia italiana

pagine 336

I movimenti, e in particolare i Girotondi, sono stati l'autentica novità politica degli ultimi anni: straordinario esperimento di partecipazione democratica, ricerca di inediti strumenti di rappresentanza e impegno.
Pancho Pardi è stato un protagonista e un animatore di questa nuova stagione. Nella *Spina nel fianco* racconta la storia dei movimenti, dal primo corteo convocato dal Laboratorio per la Democrazia a Firenze alla sferzante critica di Nanni Moretti ai dirigenti della sinistra, dal Social Forum di Genova al Palavobis e oltre. È una vicenda storica vissuta in prima persona, ma anche un'analisi di ampio respiro su una vicenda ancora in corso.
Ricostruzione in presa diretta di questa esperienza, *La spina nel fianco* offre una riflessione sul valore e sulle potenzialità dei movimenti quando si pongono in rapporto con le istituzioni.

Dal catalogo
Garzanti

Corrado Stajano

I CAVALLI DI CALIGOLA

L'Italia riveduta e corretta

pagine 264

Corrado Stajano non si rassegna al degrado del «paese dei furbi» – una crisi prima morale che economica o ideologica. Esercita una spietata e lucida critica del presente, dall'intervento in Iraq al conflitto di interessi, dalla guerra contro la magistratura al declino della classe dirigente, dalla controriforma della scuola alle censure di regime. Ma recupera anche la memoria di un passato che continua a risuonare: l'eterno ritorno della Dc e la rivalutazione di Craxi, la P2 e i poteri oscuri, la stagione delle bombe e la lotta a mafia e camorra, ma anche le stragi naziste rimaste impunite.
È una testimonianza che va al di là della cronaca politica e coinvolge alcuni dei protagonisti della vita sociale e culturale, da Piero Calamandrei a Benedetto Croce e Luigi Einaudi, da Raffaele Mattioli a Cesare Garboli, da Giorgio Ambrosoli a Falcone e Borsellino.

Finito di stampare nel mese di ottobre 2005
da Rotolito Lombarda S.p.A.